사회조사분석사 2급 실기
한 방에 끝내기

미디어정훈에서는 교재의 잘못된 부분을 아래의 홈페이지에서 확인할 수 있도록 하였습니다.

www.정훈에듀.com > 고객센터 > 정오표

머리말

현대 사회에서 통계는 중요한 학문으로 자리 잡고 있다. 다양한 사회정보의 수집 및 분석이 점차 중요한 능력으로 요구되고 있으며, 사회조사분석사는 이러한 요구에 맞춰 시장조사 및 여론조사에 대한 계획을 수립하고 조사·분석할 수 있는 능력을 검증하는 시험이다.

이 책은 통계분석 프로그램 SPSS(Statistical Package for the Social Science)를 이용하여 사회조사분석사 2급 실기시험에 합격할 수 있도록 하였다. 뿐만 아니라 자격시험 이후 통계를 활용한 실제 연구분석에서도 도움이 되도록 노력하였다.

SPSS 체험판 사용이 기한 제한으로 어렵거나 정품 구입이 어려운 독자들을 위하여 SPSS 사용법에 대하여 자세히 설명하였으며 특히 실제 실행화면과 함께 사용방법 및 내용을 기술하였다. 또한 통계가 익숙하지 않은 독자들을 위해 단순 자격증 합격에 대한 지식뿐만 아니라 통계학 전반에 대한 이해를 돕기 위하여 통계적 내용을 함께 기술하였으며 사회조사분석사 시험이 기존 기출문제와 유사한 문제들이 출제되는 경향이 있으므로 최근 기출유사문제와 이에 대한 자세한 해설을 기술하였다. 이를 통하여 시험 합격에 도움이 되리라 기대한다.

작업형의 경우 많은 기출문제를 푸는 것보다 문제에 대한 이해와 문제를 2~3회 정도 완벽히 푸는 것이 시험에 도움이 될 것이다. 그리고 필답형의 경우 기출문제 및 예제를 기반으로 자주 나오는 문제유형에 대한 내용을 집중적으로 숙지하기 바란다.

마지막으로 본 서가 출판되도록 많은 도움을 주신 미디어 정훈 임직원님께 감사의 말씀을 드리며 책 출간에 많은 조언을 해준 김효중 박사님, 안치경 박사님께도 감사드린다.

-저자 드림

이 책의 구성

첫째, SPSS의 기본 사용법과 함께 자료 불러오기, 자료의 변환 등과 같이 SPSS를 이용하여 자료처리 및 관리와 관련되어 있는 내용을 먼저 설명하였다.

둘째, 통계이론과 함께 SPSS를 이용하여 통계분석을 실행할 수 있도록 예제파일을 통한 설명과 통계분석 결과의 해석방법을 설명하였다.

셋째, 마지막으로 필답형 시험을 위하여 조사방법론의 이론과 함께 기출유사문제와 풀이를 포함하였다.

이 책의 특성

첫째, 작업형과 관련하여 필요한 지식과 문제풀이 방법을 예제 및 문제와 함께 상세하게 설명하였다.

둘째, 작업형과 필답형에 관련된 최근 기출유사문제를 상세한 풀이와 함께 설명하였다.

셋째, 기출유사문제에서 부족한 문제는 적중예상문제나 예제를 통해서 확인할 수 있다.

넷째, 필답형과 관련된 기출유사문제와 예상문제를 압축적으로 정리하였다.

시험안내

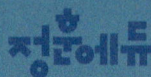

사회조사분석사의 의미

사회조사분석사란 다양한 사회정보의 수집·분석·활용을 담당하는 새로운 직종으로 기업, 정당, 지방자치단체, 중앙정부 등 각종 단체의 시장조사 및 여론조사 등에 대한 계획을 수립하고 조사를 수행하며 그 결과를 분석, 보고서를 작성하는 전문가이다.

완벽한 사회조사를 위하여 필요한 지식

① '사회조사방법론(조사방법론)'은 물론이고 자료분석을 위한 '통계지식(사회통계)', 통계분석을 위한 '통계패키지 프로그램(2차 실기)' 이용법 등을 알아야 한다.
② 부가적으로 알아야 할 분야는 마케팅관리론이나 소비자행동론, 기획론 등의 주변 관련분야로 이는 사회조사의 많은 부분이 기업과 소비자를 중심으로 발생하기 때문이다.
③ 사회조사분석사는 더욱 정밀한 조사업무를 수행하기 위해 관련분야를 더욱 폭넓게 경험하는 것이 중요하다.

사회조사분석사의 직무와 전망

① 직무 : 기업, 정당, 정부 등 각종단체에 시장조사 및 여론조사 등에 대한 계획을 수립하여 조사를 수행하고 그 결과를 통계처리 및 분석보고서를 작성하는 업무를 수행한다.
② 전망 : 각종연구소, 연구기관, 국회, 정당, 통계청, 행정부, 지방자치단체, 용역회사, 기업체, 사회단체 등의 조사업무를 담당한 부서, 특히 지방자치단체에서의 수요가 클 것으로 전망된다.

사회조사분석사 2급 시험 일정(2025년 기준)

구분	필기원서접수 (인터넷)	필기시험	필기합격 (예정자) 발표	실기 원서접수	실기시험	최종합격자 발표일
1회	1.13~1.16	2.7 ~ 3.4	3.12	3.24~3.27	4.19~5.9	6.13
2회	4.14~4.17	5.10 ~ 5.30	6.11	6.23~6.26	7.19~8.6	9.12
3회	7.21~7.24	8.9 ~ 9.1	9.10	9.22~9.25	11.1~11.21	12.24

※ 원서접수시간은 원서접수 첫날 10:00부터 마지막 날18:00이며 휴일은 제외

시험안내

사회조사분석사 2급 응시 현황

연 도		필 기			실 기		
		응시	합격	합격률(%)	응시	합격	합격률(%)
2024	3회						
	2회	3,293	1,747	53.1			
	1회	3,620	2,205	60.09	1,938	1,147	59.2
2023	3회	4,415	2,396	54.3	2,158	1,165	54.0
	2회	3,232	1,815	56.2	2,329	1,451	62.3
	1회	3,663	2,244	61.3	2,109	1,647	78.1
2022		10,999	6,912	62.8	7,867	4,911	62.4
2021		14,315	9,472	66.2	9,334	6,222	66.7
2020		10,589	7,948	75.1	8,595	6.072	70.6
2919		9,635	6,887	71.5	6,921	4,029	58.2
2018		8,629	5,889	68.2	5,907	3,234	54.7
2017		7,752	5,348	69	5,335	3,731	69.9
2016		7,254	4,731	65.2	4,673	3,204	68.6
2015		7,432	5,057	68	5,288	3,231	61.1
2014		6,982	4,745	68	5,041	3,745	74.3

사회조사분석사 시험 소개

시행처		한국산업인력공단
출제경향		시장조사, 여론조사 등 사회조사 계획 수립, 조사를 수행하고 그 수행결과를 통계처리하여 분석결과를 작성할 수 있는 업무능력 평가
시험과목	필기	1. 조사방법과 설계 (30문제) 2. 조사관리와 자료처리 (30문제) 3. 통계분석과 활용 (40문제)
	실기	사회조사실무 1. 설문작성 2. 단순통계처리 및 분석
검정방법		1. 필기 : 객관식 4지 택일형 100문제(150분) 2. 실기 : 복합형 [작업형 2시간 정도(40점) + 필답형 2시간(60점)]
합격기준		1. 필기 : 매 과목 40점 이상, 전 과목 평균 60점 이상 2. 실기 : 60점 이상
응시수수료	필기	19,400원
	실기	33,900원

차 례

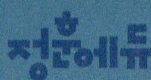

제1편 작업형

제1장 SPSS와 자료 다루기

- 1절 SPSS 소개 ······ 3
- 2절 SPSS 기초 ······ 5
- 3절 자료입력 ······ 7
  - 적중예상문제 ··· 15
- 4절 SPSS에서 자료 불러오기 ······ 20
  - 적중예상문제 ··· 46
- 5절 데이터 편집기 ······ 51
  - 적중예상문제 ··· 57
- 6절 데이터의 변환 ······ 61
  - 적중예상문제 ··· 76
- 7절 데이터의 선택 및 추가 ······ 83
  - 적중예상문제 ··· 105
- 참고자료 설문지의 예 ······ 108

제2장 통계분석

- 1절 기초자료 분석(기술통계) ······ 114
  - 적중예상문제 ··· 134
- 2절 교차분석 ······ 139
  - 적중예상문제 ··· 150
- 3절 신뢰도분석 ······ 155
  - 적중예상문제 ··· 162
- 4절 평균의 추정과 비교 ······ 165
  - 적중예상문제 ··· 186
- 5절 분산분석 ······ 190
  - 적중예상문제 ··· 201
- 6절 상관분석 ······ 205
  - 적중예상문제 ··· 213
- 7절 단순회귀분석 ······ 217
  - 적중예상문제 ··· 231
- 8절 다중 회귀분석 ······ 235
  - 적중예상문제 ··· 251

제3장 작업형 기출유사문제

1절 제1회 작업형 모의고사 ··· 258
2절 제2회 작업형 모의고사 ··· 294
3절 제3회 작업형 모의고사 ··· 336
4절 제4회 작업형 모의고사 ··· 373
5절 제5회 작업형 모의고사 ··· 403
6절 제6회 작업형 모의고사 ··· 433

제2편 필답형

제1장 조사방법론

1절 과학적 연구방법과 조사연구 ·· 471
   • 적중예상문제 … 474
2절 연구문제와 모형 ·· 476
   • 적중예상문제 … 482
3절 측정 ·· 484
   • 적중예상문제 … 496
4절 조사설계 ·· 503
   • 적중예상문제 … 509
5절 표본추출 ·· 513
   • 적중예상문제 … 521
6절 설문지 작성과 자료 조사 ··· 528
   • 적중예상문제 … 536

제2장 필답형 기출유사문제

1-1절 2024년 제3회 필답형 기출유사문제 ··· 546
1-2절 2024년 제2회 필답형 기출유사문제 ··· 552
1-3절 2024년 제1회 필답형 기출유사문제 ··· 558
2절 2023년 필답형 기출유사문제 ·· 564
3절 2022년 필답형 기출유사문제 ·· 570
4절 2021년 필답형 기출유사문제 ·· 574
5절 2020년 필답형 기출유사문제 ·· 580
6절 2019년 필답형 기출유사문제 ·· 584

제3장 설문지 작성법

1절 설문지 설계 및 작성 ·· 588
2절 척도와 문항 ··· 592
3절 설문지 작성 예제 ·· 594

제1편
작업형

제1장 • SPSS와 자료 다루기
제2장 • 통계분석
제3장 • 작업형 기출유사문제

사회조사분석사 2급 실기
한방에 끝내기

미디어정훈에서는 교재의 잘못된 부분을 아래의 홈페이지에서 확인할 수 있도록 하였습니다.

www.정훈에듀.com > 고객센터 > 정오표

제1장 SPSS와 자료 다루기

01 SPSS 소개

1 통계분석 소프트웨어

일상생활에서 워드편집을 위한 한글, 워드와 같은 여러 가지 소프트웨어(software)가 존재하는 것처럼 통계분석을 위한 전문 소프트웨어도 R, SAS, SPSS 등으로 여러 가지가 존재한다. 그 중 SPSS(Statistical Package for the Social Science)는 엑셀과 같은 스프레드시트 형식의 전문 통계분석 소프트웨어이다. 1969년 National Opinion Research Center, Chicago University에서 사회과학분야의 데이터 분석을 위한 소프트웨어로 시작하여 SPSS란 이름으로 판매되고 있다. SPSS을 이용하면 연구자들이 원하는 통계결과를 신속하고 용이하게 얻어낼 수 있다는 장점이 있다. 이러한 장점 때문에 국가공인 사회조사분석사 자격시험에서 70% 이상이 SPSS를 선택하여 시험을 치루고 있는 실정이다.

2 유용성

SPSS는 엑셀과 유사한 환경의 인터페이스(interface)를 가지고 있어 초보자에게 친숙하고 통계분석을 메뉴선택으로 실행할 수 있어 다른 통계분석 소프트웨어에 비해 접근성이 좋다. 하지만 SPSS의 구매가격이 높아 개인이 쉽게 구매하기가 어렵기 때문에 수험을 대비하거나 짧은 기간의 학습이 목적이라면 SPSS 홈페이지(http://spss.datasolution.kr/main/main.asp)에서 제공하는 평가판을 이용하는 것이 유용하다. 평가판은 SPSS 회원가입을 이후 다운로드가 가능하다. 평가판은 2주 동안 사용할 수 있다. 자세한 사항은 SPSS 홈페이지 등을 참고하길 바란다. 본 교재는 SPSS 22 버전을 이용하였다. 버전이 달라도 용어 등이 약간 다를 뿐 사용방법은 비슷하므로 프로그램 사용에는 어려움이 없다.

[SPSS 홈페이지(http://spss.datasolution.kr)]

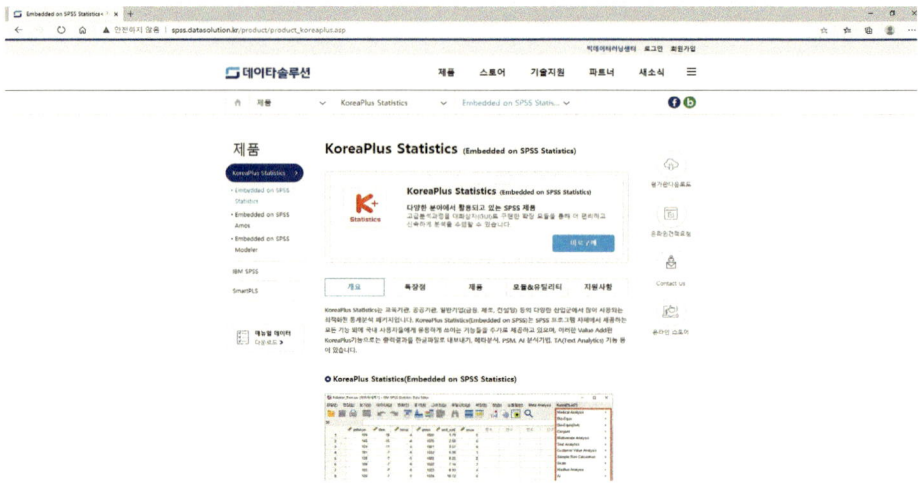

[SPSS 평가판 다운로드]

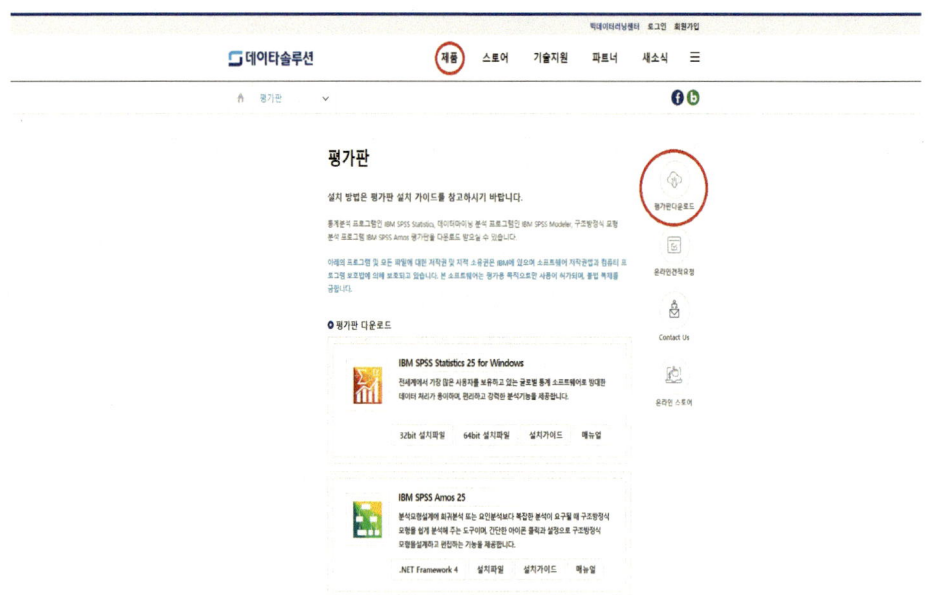

www.정훈에듀.com

02 SPSS 기초

SPSS를 실행하면 기본적으로 자료의 입력을 데이터편집기와 같이 작업선택 대화상자가 실행되어 SPSS 형식의 데이터 파일 또는 기타 원시 데이터를 불러오기 또는 자습서, 데이터 입력 등의 작업이 선택 가능하다. 데이터 불러오기 등에 대하여는 다음 장에 설명하도록 하고 이번 장에서는 SPSS의 기초 화면에 대하여 설명하도록 한다.

1 데이터 편집기

우선 SPSS를 실행할 때 나타나는 대화상자를 이용하여 데이터를 불러오고 싶지 않으면 오른쪽 아래의 취소를 클릭하면 엑셀과 유사한 시트형식의 데이터편집기가 나타난다. 만약 SPSS를 실행할 때마다 나타나는 작업선택 대화상자를 나타나지 않게 하기 위해선 작업선택 대화상자 왼쪽 아래의 [이 대화상자를 다시 표시 안함] 옵션을 체크하면 이후 SPSS를 실행할 때 작업선택 대화상자가 나타나지 않는다.

SPSS 작업선택 대화상자

제1장 SPSS와 자료 다루기 **5**

2 데이터 편집구성

데이터편집기는 '데이터 보기'와 '변수 보기' 두 시트로 구성되어 있다. 데이터 보기는 불러온 데이터의 자료를 확인하거나 직접 데이터 입력이 가능한 공간이며 열마다 해당되는 변수가 입력 또는 출력된다. 변수 보기에서는 데이터 보기에서 나타나거나 입력한 변수들의 이름, 유형, 너비, 소수점 이하 자리, 설명, 값, 결측값, 열, 맞춤, 측도, 역할을 보여주거나 지정할 수 있다. SPSS의 데이터보기는 시트형식의 편집기로 많은 사용자에게 익숙할 뿐만 아니라 복사하기(Ctrl+C), 붙여넣기(Ctrl+V) 등의 기능을 이용하여 손쉽게 자료의 입력 및 수정이 가능하다.

SPSS 데이터 보기 기본화면

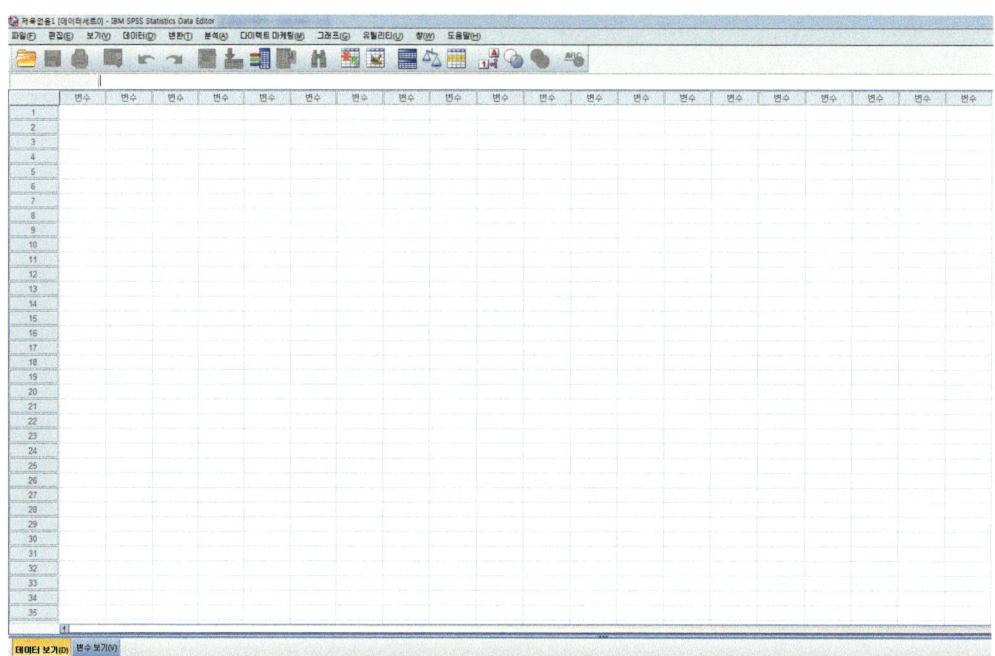

SPSS 출력창(결과)은 통계분석 및 자료 처리 결과를 보여주는 화면이다. 출력창에 출력된 결과물을 수정·편집·저장할 수 있다

SPSS 출력창(결과)

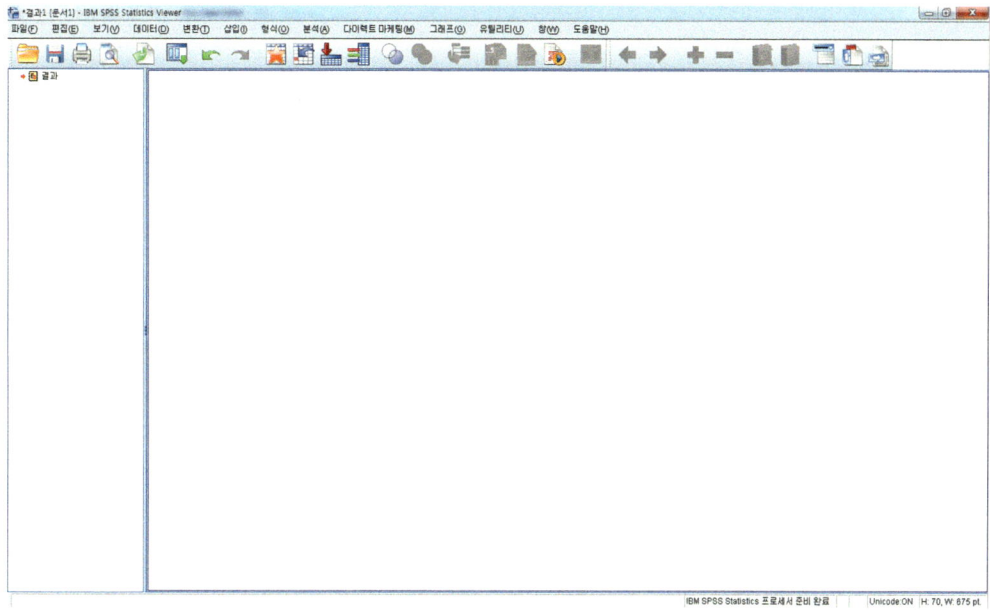

03 자료입력

1 원시 데이터 입력

(1) 원시 데이터

통계분석을 위한 데이터의 입력은 일반적으로 엑셀, 텍스트, 콤마로 구분된 자료(CSV) 등의 형식으로 작성한다. 이렇게 설문지 또는 조사 결과를 입력한 데이터를 원시 데이터(raw data)라고 한다. 설문자료를 활용하기 위하여 앞에서 언급한 형식의 자료로 입력하고 SPSS로 불러온 후 사용하거나 SPSS의 데이터 보기에서 자료를 직접 입력하여 생성된 SPSS 데이터파일을 사용하기도 한다.

(2) 원시 데이터의 형태

① 원시 데이터 생성에 사용된 설문조사의 예 : 원시 데이터를 생성하기 위하여 먼저 아래 표와 같은 내용이 포함되어 있는 설문조사를 하였다고 하자. 다음 표의 설문문항들에 대한 데이터 입력의 예시는 다음과 같다.

② 설문조사 결과의 예시
  ㉠ 일반적으로 설문조사가 진행되었을 때, 자료 입력은 아래와 같이 처리한다.
  ㉡ 예제 : 교육프로그램 설문조사를 진행한 결과 다음과 같은 응답결과를 얻었다고 하자.

> **설문지의 예**
>
> **01** 귀하의 성별에 대하여 응답 바랍니다.
>   ① 남자   ② 여자
>
> **02** 귀하의 연령에 응답 바랍니다.
>   (   )세
>
> **03** 귀하의 소득수준은 다음 중 어느 곳에 속하는지 응답 바랍니다.
>   ① 100만 원 미만   ② 100만 원 이상 200만 원 미만
>   ③ 200만 원 이상 300만 원 미만 ④ 300만 원 이상 400만 원 미만
>   ⑤ 400만 원 이상 500만 원 미만 ⑥ 500만 원 이상
>
> **04** 귀하의 거주 지역은 다음 중 어느 곳에 속하는지 응답 바랍니다.
>   ① 서울   ② 광역시
>   ③ 중소도시   ④ 읍면지역
>
> **05** 이전에도 당사의 교육프로그램을 이수하였는지 응답 바랍니다.
>   ① 예   ② 아니오
>
> **06** 교육프로그램 이수를 위한 주당 평균 자습시간은 어느 정도인지 응답 바랍니다.
>   (   )시간
>
> **07** 한 해 평균 이와 같은 교육프로그램 이수를 위하여 지출하는 비용은 얼마입니까?
>   (   )원
>
> **08** 교육프로그램 만족도에 대한 내용입니다. 아래 질문에 응답 바랍니다.
>   8-1. 교육프로그램 내용은 원하는 내용을 충분히 포함하고 있었다.
>   ① 매우 아니다.   ② 아니다.   ③ 보통이다.
>   ④ 그렇다.   ⑤ 매우 그렇다.
>   8-2. 교육프로그램의 교재 구성은 충분하다.
>   ① 매우 아니다.   ② 아니다.   ③ 보통이다.
>   ④ 그렇다.   ⑤ 매우 그렇다.
>   8-3. 교육프로그램을 다른 사람에게 추천할 의향이 있다.
>   ① 매우 아니다.   ② 아니다.   ③ 보통이다.
>   ④ 그렇다.   ⑤ 매우 그렇다.
>
> [응답결과]
> 01. ② 02. 18 03. ③ 04. ① 05. ② 06. 18 07. 7,386 08-1. ④ 08-2. ③ 08-3. ④

ⓒ 자료관리의 편의성을 위하여 설문 응답을 입력할 때 설문 문항의 내용('여자', '18시간')이 아니라 응답 번호 또는 수치('2', '18)로 입력한다. 주관식 문항이 있는 경우 주관식 내용을 몇 개의 범주로 분류하여 수치로 입력한다. 이러한 분류는 연구자가 중복되지 않도록 규칙을 정한다. 이렇게 설문 내용을 수치로 지정하는 것을 코딩(coding)이라고 하며 실제로 입력하는 작업을 펀칭(punching)이라고 한다. 다만 많은 경우 코딩과 펀칭 작업을 통틀어 **코딩**이라고 일컫고 있다. 따라서 위와 같은 응답결과의 입력은 1번 문항의 경우 '2', 2번 문항의 경우 '18', 3번 문항은 '3', 4번 문항은 '1', …와 같이 수치화하여 입력한다.

③ **설문조사 결과의 입력** : 설문조사에 대한 통계분석을 실시하기 위하여 응답자 개개인(개체)에 대한 조사 결과를 수치화하여 입력하는 과정이 필요하다. 일반적으로 설문조사 결과를 입력은 SPSS 데이터편집기에서 직접 입력하기보다는 엑셀(Excel)이나 텍스트(Text) 파일을 이용하여 입력한다.

　　㉠ 엑셀을 이용한 자료 입력 : 엑셀의 경우 자료의 입력이 쉽고 널리 사용되고 있으며 엑셀 기능을 이용하여 데이터의 가공, 수정 등이 수월하기 때문에 가장 많이 이용한다. 엑셀을 이용하기 어려운 환경이거나 데이터의 양이 많아 파일의 용량이 커지는 경우엔 텍스트 파일형식으로 저장하면 파일 용량이 적게 차지할 뿐만 아니라 엑셀 등의 소프트웨어로 열람이 가능하다는 장점이 있다.

　　㉡ 메모장을 이용한 자료 입력 : 메모장을 이용하여 데이터를 입력하는 경우 변수 간의 구분자는 탭(tab) 또는 공백(space)을 이용하는 것이 용이하다. 탭은 정해진 위치까지 자동적으로 공백을 삽입하는 기능을 수행하기 때문에 변수 간의 간격을 일정하게 유지시켜주는 역할을 한다. 탭을 변수 간 구분자로 사용하면 TXT 형식의 원시 데이터를 메모장으로 열람하였을 때 데이터 내 입력된 변수들의 파악이 용이하여 탭을 변수 간 구분자로 사용하는 것을 추천한다.

　　㉢ 자료 입력의 구성 : 많은 경우 수집된 자료를 입력하게 되는 경우 맨 위에는 변수명(문항번호) 혹은 문항명을 입력한 후, 이후로 응답 결과를 수치화하여 입력한다. 그렇지 않고 응답 결과만을 입력하는 경우에는 각 변수들에 내용을 별도의 파일로 같이 제공한다. 자료 입력 시 하나의 개체에 대한 정보는 한 행에 입력하도록 하는 것이 일반적이며, 각 열에는 개체에 대한 변수를 입력한다.

④ **예제 – 교육프로그램 설문조사 입력** : 본 교재에서는 예제의 설문내용을 입력하기 위하여 설문내용을 다음과 같이 [설문문항내용](문항번호; 변수명)으로 입력하였다. 응답자들의 개별 식별번호(id), 성별(문항1; gender), 나이(문항2; age), 소득수준(문항3; income), 지역(문항4; region), 프로그램 이수 여부(문항5; parti), 프로그램 이수를 위한 자습시간(문항6; time), 한 해 교육투자 비용(문항 7; won), 프로그램 만족도에 관한 세 문항(문항 8-1, 8-2, 8-3; i1, i2, i3)을 입력하였다.

㉠ 탭으로 입력한 예제 데이터 : 다음은 탭을 변수 간 구분자로 입력한 예제 데이터의 일부이다.

탭으로 입력한 자료(교육프로그램 예제 자료 중 일부)

id	gender	age	income	region	parti	time	won	i1	i2	i3
1	2	28	3	1	1	18	7386	4	3	4
2	2	29	2	1	1	7	2314	4	4	5
3	2	22	3	2	1	18	7039	3	3	3
4	2	42	3	3	1	7	1999	2	2	4
5	2	46	5	4	1	13	2716	3	3	3
6	2	36	3	1	1	8	4059	4	4	2
7	2	40	4	1	1	2	1552	5	4	5
8	2	33	3	2	1	8	2116	2	2	4
9	2	33	5	3	1	3	3002	4	4	3
10	2	31	4	4	1	11	4125	3	3	4

㉡ 메모장에 입력하기 : 사회조사분석사 시험의 경우, 시험장에서 엑셀의 사용이 불가능할 수 있으므로 메모장을 이용한 텍스트 파일로 원시 데이터를 제공하고 있다. 또한 시험에서 주어지는 자료의 변수별 구분은 탭(tab)을 이용한다. 다음은 탭을 구분자로 이용하여 메모장에 입력한 결과이다.

tab을 구분자로 이용하여 자료를 메모장에 입력한 결과

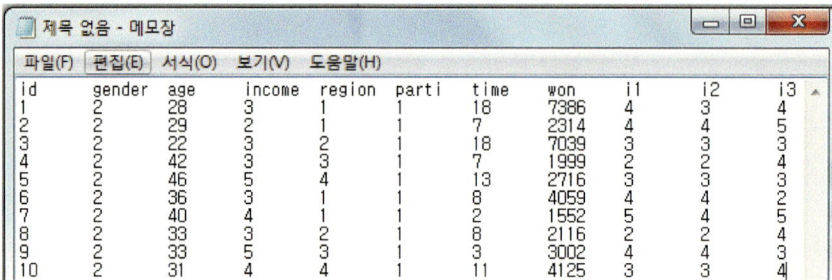

㉢ 엑셀에 입력하기 : 실제로 많은 경우 메모장 또는 엑셀에 조사 결과를 입력하며, 엑셀에 입력된 자료의 경우 자료 입력된 자료를 이용하여 산술 계산 및 간단한 통계분석이 가능하기 때문에 엑셀이 자료입력에 많이 이용된다. 특히 엑셀에 입력된 자료는 SPSS 데이터 보기에 복사하여 붙여넣기가 가능하며, 데이터 불러오기 또한 가능하다. 엑셀을 이용한 자료관리는 SPSS와 호환이 유용하다. 엑셀의 자료 입력은 각 열을 변수로 하고 셀별로 자료값을 입력하면 된다. 엑셀의 자료를 입력하는 경우도 맨 첫 줄은 변수명을 입력하는 것이 일반적이다. 다음은 엑셀에 자료를 입력한 결과이다.

자료를 엑셀에 입력한 결과

	A	B	C	D	E	F	G	H	I	J	K
1	id	gender	age	income	region	parti	time	won	i1	i2	i3
2	1	2	28	3	1	1	18	7386	4	3	4
3	2	2	29	2	1	1	7	5314	4	4	5
4	3	2	22	3	2	1	18	7039	3	3	3
5	4	2	42	3	3	1	7	1999	2	2	4
6	5	2	46	5	4	1	13	2716	3	3	3
7	6	2	36	3	1	1	8	4059	4	4	2
8	7	2	40	4	1	1	3	3552	5	4	5
9	8	2	33	3	2	1	8	2116	2	2	4
10	9	2	33	5	3	1	3	3002	4	4	3
11	10	2	31	4	4	1	11	4125	3	3	4

ⓔ SPSS에 입력하기 : 상황에 따라서 SPSS에 직접 자료를 입력하여 사용하는 경우도 있다. SPSS를 실행화면은 '데이터 보기'와 '변수 보기'로 나누어져 있으며 데이터 보기에는 자료의 결과만을 변수 보기에는 변수명과 그 속성을 지정한다. 메모장이나 엑셀에서는 변수명을 가장 첫 줄에 입력한 후 자료 결과를 입력하지만 SPSS의 경우 변수명은 변수 보기에 따로 입력을 하기 때문에 다음 그림과 같이 자료 결과는 데이터 보기에 입력한다.

데이터 편집기에 직접 자료 입력의 예시

	id	gender	age	income	region	parti	time	won	i1	i2	i3
1	1	2	28	3	서울	1	18	7386	4	3	4
2	2	2	29	2	서울	1	7	5314	4	4	5
3	3	2	22	3	광역시	1	18	7039	3	3	3
4	4	2	42	3	중소도시	1	7	1999	2	2	4
5	5	2	46	5	읍면지역	1	13	2716	3	3	3
6	6	2	36	3	서울	1	8	4059	4	4	2
7	7	2	40	4	서울	1	3	3552	5	4	5
8	8	2	33	3	광역시	1	8	2116	2	2	4
9	9	2	33	5	중소도시	1	3	3002	4	4	3
10	10	2	31	4	읍면지역	1	11	4125	3	3	4

ⓜ SPSS에서 변수 속성 지정
  ⓐ 변수명은 다음과 같이 변수 보기에 따로 입력한다. SPSS에 자료를 입력하는 경우 변수 보기에서 입력한 자료의 특성을 변수 보기에서 지정할 수 있으며 이에 대해서는 뒤에서 설명하도록 한다.

변수 보기 예시

	이름	유형	너비	소수점이	레이블	값	결측값	열	맞춤	측도	역할
1	id	숫자	3	0	ID	없음	없음	8	오른쪽	척도(S)	입력
2	gender	숫자	1	0	성별	없음	없음	8	오른쪽	명목(N)	입력
3	age	숫자	2	0	나이	{1, 남자}...	없음	8	오른쪽	척도(S)	입력
4	income	숫자	1	0	소득	없음	없음	8	오른쪽	순서(O)	입력
5	region	숫자	1	0	지역	{1, 서울}...	없음	8	오른쪽	명목(N)	입력
6	parti	숫자	1	0	이전 교육 참여...	없음	없음	8	오른쪽	척도(S)	입력
7	time	숫자	2	0	자율시간	없음	없음	8	오른쪽	척도(S)	입력
8	won	숫자	4	0	지출비용	없음	없음	8	오른쪽	척도(S)	입력
9	i1	숫자	1	0	만족도1	없음	9	8	오른쪽	척도(S)	입력
10	i2	숫자	1	0	만족도2	없음	없음	8	오른쪽	척도(S)	입력
11	i3	숫자	1	0	만족도3	없음	없음	8	오른쪽	척도(S)	입력

  ⓑ 앞으로 본 교재에서 다룰 많은 예제는 [예제 : 교육프로그램 설문조사 문항]의 결과를 이용하여 설명하도록 한다. 'example.txt', 'example.xlsx', 'example.sav' 등 다양한 파일 형식으로 제공되며 각 자료를 SPSS로 불러오는 방법과 불러온 자료를 이용하여 통계분석을 하는 방법을 배우도록 한다.

2 무응답 입력

(1) 무응답(non-response)

자료 입력 시 주의해야 할 사항 중 하나가 무응답(결측값) 입력을 어떻게 하는지 결정해야 하는 것이다. '무응답'이란 설문조사 중에 특정 문항에 응답을 하지 않은 경우를 일컫는다. 통계분석에 결측값을 어떻게 처리하느냐도 중요한 주제이며 일반적으로 결측값을 추정된 값으로 대체(imputation)하여 사용하는 경우도 있으나 간단한 설문조사의 경우 결측값을 가진 개체를 제외하고 분석한다.

(2) 무응답의 입력

자료를 입력하는 과정에서 무응답한 문항을 공백으로 두기도 하지만 많은 경우 무응답을 쉽게 구분할 수 있도록 따로 부호화하여 입력한다. 그럼 결과가 존재하지 않는 무응답(결측값)은 어떻게 입력해야 하는가?

① 특정값으로 무응답 입력
  ㉠ 일반적으로 해당 문항의 최댓값으로 부호화한다. 가령 [예제 : 교육프로그램 설문조사]의 1번 문항인 성별이나 리커드 척도인 8번 문항인 경우 자료의 응답 범위가 한 자리 숫자이므로 무응답을 입력하기 위하여 설문 문항에서 가질 수 없는 결과값인 '9'로 입력한다. 만약 응답 범위가 9를 포함하고 있는 경우 '99' 또는 '999'로 입력한다.
  ㉡ 무응답을 입력할 때 가능한 응답의 최대 너비(자리수)에 맞게 무응답값을 사용하는 것이 좋다(응답 범위가 '1-5'라면 무응답은 '9', 응답범위가 '1-12'이면 무응답은 '99'). 이는 코딩 시간의 단축과 원시 데이터의 용량을 최소화하는 데 용이하다.

② 빈칸 또는 점(.)으로 무응답 입력 : 경우 따라 무응답을 빈칸 또는 점(.)으로 입력하는 경우도 있다. 통계분석 프로그램에 따라 기본값으로 결측값을 인식하는 경우가 있기 때문인데, 결측값을 공백으로 하는 경우(특히 척도형 변수; 숫자로 되어 있는 연속형 변수인 경우) 자료를 이용한 값의 변환, 대체, 계산에서 0 또는 오류로 인식할 가능성이 있다. 따라서 자료를 입력하는 경우, 무응답을 어떻게 처리하느냐의 문제는 자료 입력 전에 기준을 명확히 하는 것이 좋다.

> **[일러두기]**
> 무응답을 지정하지 않아 0으로 인식되는 경우 통계분석의 오류로 이어질 수 있다. 예를 들어, 관측값이 2, 3, 4, (무응답)인 경우 무응답을 제외한 평균은 3이 된다. 이때, 무응답이 0으로 인식되면 평균은 2.25로 무응답을 제외하였을 때보다 낮게 나타난다.

③ 무응답의 통계분석 : 그럼 '9', '99', '999'와 같이 무응답을 숫자로 부호화한 경우 "통계분석 시 결과에 영향을 주지 않을까?"라는 의문을 가질 수 있다. 엑셀에서는 이러한 결측값을 따로 구분하는 기능이 없지만 SPSS에서는 결측값을 변수 보기에서 따로 지정하여 결측값 처리된 값에 대하여 숫자가 아닌 결측값으로 인식하게 할 수 있다. 결측값 처리에 대해서는 뒤에서 설명하도록 한다. SPSS는 결측값 처리를 통해 무응답으로 입력된 자료에 대하여 통계 분석 시 제외한다.

www.정훈에듀.com

3 다중응답

(1) 다중응답

연구자가 응답을 얻어내기 위해 복수로 응답하는 설문을 이용하는 경우가 있다. 복수로 응답되는 자료는 설문방식에 따라 이분형과 다중 범주형으로 구분되고, 입력하는 방식도 각각 다르다. 여러 종류의 다중응답설문 중 어느 것을 선택할 것인가는 연구자의 연구 목적에 따라 선택하게 된다.

① 다중응답 문항의 예 : 다음 표는 다중응답을 허용하는 설문 문항의 예이다.

> **다중문항의 예**
>
> 01 다음 중 당신이 평소에 즐겨보는 TV 프로그램 종류를 2개만 고르시오.
>   ① 교양(　)   ② 오락(　)
>   ③ 뉴스(　)   ④ 연속극(　)
>
> 02 다음 중 당신이 평소에 즐겨보는 TV 프로그램 종류를 모두 고르시오.
>   ① 교양(　)   ② 오락(　)
>   ③ 뉴스(　)   ④ 연속극(　)
>
> 01. ②,③ 02. ①,②,③

② 다중응답 결과의 예 : 다중응답 문항 중 "(문제01) 다음 중 당신이 평소에 즐겨보는 TV 프로그램 종류를 2개만 고르시오."에 대하여 다음과 같은 응답결과를 얻었다고 하자. 앞에서도 언급했지만 다중응답의 경우 설문 결과를 입력하는 방식은 두 가지로 나뉘며 연구자의 목적에 따라 입력방법을 선택하면 된다.

다중응답 문항 조사 결과 예시

ID	교양	오락	뉴스	연속극
1		✔	✔	
2	✔	✔		
3	✔	✔		
4			✔	✔
5	✔		✔	
6	✔			✔

(2) 이분형 응답처리

이분형 응답처리는 각 응답자에 대한 다중응답처리의 한 가지 방법으로 각 응답자가 선택한 응답에 값 '1'을 부여하고 선택하지 않은 변수에는 '0'을 부여하는 방법이다. 이분형 응답처리를 위해서는 모든 응답에 대하여 변수를 만들어야 한다.

제1장 SPSS와 자료 다루기   13

① 이분형 응답처리 예 : 예시의 첫 번째 응답자의 경우 '오락'과 '뉴스'에 대하여 응답하였으며 이를 이분형으로 입력하기 위해서 다음 그림에서 보는 바와 같이 각각 교양, 오락, 뉴스, 연속극에 해당하는 'pro1', 'pro2', 'pro3', 'pro4'와 같이 응답 가능한 4개의 응답에 대한 변수를 먼저 만들어야 한다. 그리고 첫 번째 응답자가 응답한 오락에 해당되는 변수 'pro2'와 뉴스에 해당하는 'pro3'에 '1'로 입력하고 나머지 변수에는 '0'으로 입력한다.

다중응답의 이분형 응답처리의 예

	A	B	C	D	E
1	ID	pro1	pro2	pro3	pro4
2	1	0	1	1	0
3	2	1	1	0	0
4	3	1	1	0	0
5	4	0	0	1	1
6	5	1	0	1	0
7	6	1	0	0	1

(3) 범주형 응답처리

이분형 응답처리 입력시에 0과 1을 이용하였다. 범주형 응답처리의 경우 질문 번호를 그대로 사용한다.

① 범주형 응답처리의 예 : 다음 그림에서 보는 바와 같이, 첫 번째 응답자는 'pro1'에 2번 '오락', 'pro2'에 3번 '뉴스'를 선택하고 있음을 나타낸다. 이 방법은 설문지 상에 요구한 선택개수와 동일한 수의 변수(예 pro1과 pro2)를 만들어 처리하는 방법이다.

다중응답의 범주형 응답처리의 예

	A	B	C
1	ID	pro1	pro2
2	1	2	3
3	2	1	2
4	3	1	2
5	4	3	4
6	5	1	3
7	6	1	4

적중예상문제

> ✓ **[일러두기]**
> 사회조사분석사 2급 실기 시험에서는 입력된 자료를 텍스트 파일(*.txt)로 제공하므로 자료 입력을 직접할 필요가 없다. 하지만 예시 자료를 직접 입력함으로써 독자들은 통계 자료가 어떻게 입력이 되는지 이해해 볼 필요가 있다. 실제 자료가 어떻게 입력되는지 이해하면 설문조사를 계획하거나 조사 결과를 분석하는 데 많은 도움이 된다.

※ 다음은 [인터넷 개인정보보호 인식에 관한 연구] 조사에 대한 설문 결과 중 한 부이다. 다음과 같은 설문 결과를 얻었을 때, 엑셀 또는 SPSS에서 직접 자료를 입력하시오.

제33조(비밀의 보호)
① 통계의 작성과정에서 알려진 사항으로서 개인이나 법인 또는 단체 등의 비밀에 속하는 사항은 보호되어야 한다.
② 통계의 작성을 위하여 수집된 개인이나 법인 또는 단체 등의 비밀에 속하는 자료는 통계 작성 외의 목적으로 사용되어서는 아니 된다.

안녕하십니까?

　귀중한 시간을 내어주심에 진심으로 감사드립니다. 본 설문은 '인터넷 개인정보보호에 관한 연구'에 대한 바람직한 방안을 제시하는 데 커다란 도움이 될 것이며, 이 점에 있어서 귀하게 설문을 부탁드리고자 하오니 많이 바쁘시겠지만 꼭 도와주시기 바랍니다. 본 설문은 무기명으로 진행되며, 통계법 제33조에 의거하여 답변해 주시는 내용은 오직 조사와 연구 목적으로만 사용될 것이고, 철저한 비밀로 처리될 것이며, 관련 정보는 외부에 유출하지 않을 것입니다. 귀하의 의견이 정확히 반영될 수 있도록 성의 있는 답변을 부탁드립니다.

　다시 한 번 설문에 협조해 주심을 감사드리며 귀하의 무궁한 발전을 기원합니다.

조사기간 : 20XX.XX.XX ~ 20XX.XX.XX
조사기관 : XXX 리서치연구소, TEL : 00-000-0000
주관기관 : XXXX, TEL : 00-000-0000

Ⅰ. 응답자의 기초 조사 관련 문항입니다.
( ) 안에 해당하는 응답번호를 기입해 주십시오.

01 응답자의 성별은?
① 남자　　　　　　　　☑ 여자

02 응답자의 연령대는?
☑ 20대　　　　② 30대　　　　③ 40대
④ 50대　　　　⑤ 60대 이상

03 응답자의 최종 학력은?
☑ 고졸 이하　　　　② 전문대졸
③ 대졸　　　　　　　④ 대학원졸 이상

04 응답자의 결혼 여부는?
☑ 미혼　　　　　　　② 기혼

Ⅱ. 응답자의 개인정보보호 우려에 관한 문항입니다.
다음 해당하는 사항에 체크(V)해 주십시오.

01 가입되어 있는 사이트에서 나에 대한 개인정보를 자주 요청받을 때 귀찮다고 느낀다.

전혀 그렇지 않다	그렇지 않다	보통이다	그렇다	매우 그렇다
			V	

02 가입하려는 인터넷 사이트가 개인정보를 내부시스템으로 잘 통제하는 경우에만 개인정보를 제공할 것이다.

전혀 그렇지 않다	그렇지 않다	보통이다	그렇다	매우 그렇다
			V	

03 가입하려는 인터넷 사이트가 수집한 개인정보의 수집, 처리, 사용에 대한 방법을 공개해 주길 원한다.

전혀 그렇지 않다	그렇지 않다	보통이다	그렇다	매우 그렇다
		V		

04 내가 가입한 인터넷 사이트는 나에 대한 개인정보를 보안이 신뢰할 만하다.

전혀 그렇지 않다	그렇지 않다	보통이다	그렇다	매우 그렇다
	V			

Ⅲ. 응답자의 인터넷 사용현황에 관련 문항입니다.
　( ) 안에 해당하는 응답번호를 기입해 주십시오.

01 일주일 동안 개인적으로 사용하는 평균 인터넷 사용시간은?
　① 1~3시간　　　　② 4~6시간
　③ 7~10시간　　　 ④ 10시간 이상

02 응답자는 개인 컴퓨터에 공인인증서 등의 개인정보와 관련된 중요한 파일을 저장하고 있습니까?
　① 예　　　　　　② 아니오

제1장 SPSS와 자료 다루기

사회조사분석사 2급 실기

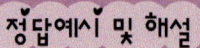

Ⅰ 01. ② 02. ① 03. ① 04. ① | Ⅱ 01. 그렇다 02. 그렇다 03. 보통이다
04. 그렇지 않다 | Ⅲ 01. ③ 02. ②

엑셀을 이용하여 적중예상문제의 설문조사 결과를 입력해보자.

1. 변수명 정하기
   ① 가장 먼저 자료를 입력하기 전에 입력할 자료들의 변수명(변수이름)을 어떻게 입력할지 먼저 구상해야 한다. 설문조사에서 각 문항은 각각 하나의 변수가 되며 변수명으로 문항의 질문을 전부 입력할 수는 없으며 변수명이 설문문항과 연관 없이 복잡하면 통계 분석 시 혼란을 가져올 수 있다. 따라서 각 문항을 알아보기 쉽고 규칙성 있게 정해야 한다.
   ② 적중예상문제의 설문조사를 입력하기 위하여 다음과 같이 변수명을 이용하도록 한다. 설문지가 파트 Ⅰ, Ⅱ, Ⅲ와 같이 세 개로 나누어진 구조를 가지고 있기 때문에 설문조사 결과를 입력하기 위해서 파트 Ⅰ의 문항 1, 2, 3, 4번은 'Q1_1', 'Q1_2', 'Q1_3', 'Q1_4'와 같이 다른 파트의 문항들도 이와 같은 규칙으로 변수명을 정한다. 이때 변수명의 숫자를 '1-1'이 아닌 '1_1'로 하는 이유는 SPSS와 같은 통계분석 프로그램을 사용하기 위해서 오류를 최소화하기 위해서이다. 그리고 변수명은 영문이나 한글로 시작해야 한다.
   ③ 엑셀의 스프레드시트 가장 첫 번째 행에 변수명을 아래와 같이 입력하였다면, 응답자가 응답한 응답결과를 입력하도록 하자. 이때 맨 앞에는 응답자를 구분하기 위한 식별번호(ID)를 기입하는 것이 좋다. 간혹 동일한 응답자가 중복 입력되었거나, 연구자의 실수로 자료 입력을 잘못할 때 몇 번째 응답자의 응답이 잘못 기입되었는지 확인 작업 시 식별번호가 유용하게 사용된다.

   엑셀에 변수명을 입력하기

	A	B	C	D	E	F	G	H	I	J	K
1	id	Q1_1	Q1_2	Q1_3	Q1_4	Q2_1	Q2_2	Q2_3	Q2_4	Q3_1	Q3_2
2											

2. 자료입력하기
   ① 자료 입력은 응답자가 응답번호에 맞게 입력하면 된다. 먼저 가장 먼저 입력하는 설문조사 결과이므로 식별번호를 1로 입력한다. 즉, 스프레드시트에 'ID'가 입력되어 있는 열의 두 번째 행에 '1'이라고 입력한다. 다음부터는 설문결과를 입력하며 다음과 같이 진행한다.
   ② 먼저 설문지 파트 Ⅰ에 해당되는 문항을 입력한다. 'Q1_1'은 응답자의 성별에 관한 문항이며 응답자가 여성(②)으로 응답하였기 때문에 엑셀의 'Q1_1'이 입력되어 있는 열에 '2'를 입력한다. 이와 같이 설문지 파트 Ⅰ과 Ⅲ에 해당되는 응답결과를 입력한다.
   ③ 설문지 파트 Ⅱ에 해당되는 문항들은 리커드 5점 척도를 이용한 설문문항이다. 응답자는 '전혀 그렇지 않다', '그렇지 않다', '보통이다', '그렇다', '매우 그렇다' 중 하나에 체크(V)를 하도록 되어 있다. 리커드 척도에 대한 응답을 자료로 입력하기 위해서 각 응답을 점수화하여 입력한다. 5점 척도인 경우 '전혀 그렇지 않다' 또는 '매우 그렇다'를 1점 또는 5점으로 사용하여 반대쪽 응답으로 갈수록 1점씩 감소 또는 증가하도록 입력한다. 본 해설의 경우 '전혀 그렇지 않다'를 1점으로 하여 '매우 그렇다' 방향으로 응답할수록 1점씩 증가하도록 한다. 즉, '전혀 그렇지 않다'=1, '그렇지 않다'=2, '보통이다'=3, '그렇다'=4, '매우

그렇다'=5로 입력한다. 'Q2_1'의 경우 응답자가 '그렇다'에 체크(V)하였기 때문에 'Q2_1'이 입력되어 있는 열에 '4'를 입력한다. 이와 같이 설문지 파트 II에 해당되는 응답결과를 입력한다.
④ 적중예상문제에서 제시된 설문결과 한 부를 엑셀에 입력한 결과는 다음과 같다.

엑셀에 설문 응답을 입력한 결과(한 부 입력)

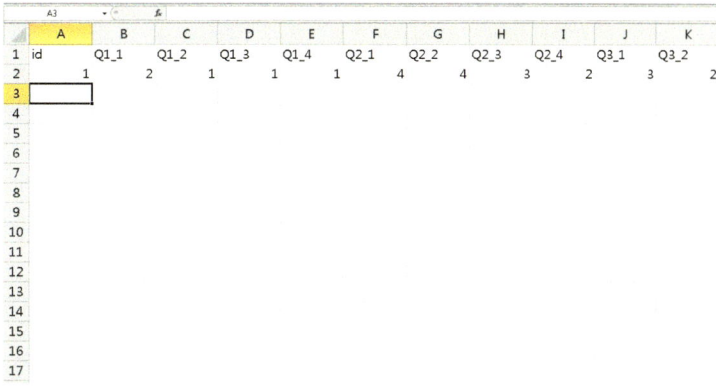

⑤ 이와 같은 조사한 모든 설문지 결과를 엑셀(또는 텍스트 파일)에 입력하면 해당 설문조사에 대한 원시 데이터(raw data)가 된다.

04 SPSS에서 자료 불러오기

1 자료 불러오기의 실행

앞장에서 언급했듯이 통계분석을 위한 데이터의 입력은 일반적으로 엑셀, 텍스트 등의 형식으로 작성한다. 이렇게 설문지 또는 조사의 결과를 입력한 데이터를 원시 데이터 (raw data)라고 하며 대부분의 통계자료는 원시 데이터를 포함하는 자료로 제공된다. SPSS를 이용하여 통계분석을 실행하기 위해서는 이러한 원시 데이터를 불러오고, 분석이 가능한 형태로 가공하는 작업이 필요하다. 이번 장에서는 SPSS에서 원시 데이터를 불러오는 방법에 대하여 다루기로 한다.

(1) 데이터 불러오기 실행

① 우선 SPSS에서 자료를 불러오기 위해서 SPSS 실행 후 상단의 메뉴창에서 [파일] → [열기] → [데이터]를 선택하면 된다.

    파일(F)
        열기(O)
            데이터(D)

SPSS에서 데이터 불러오기

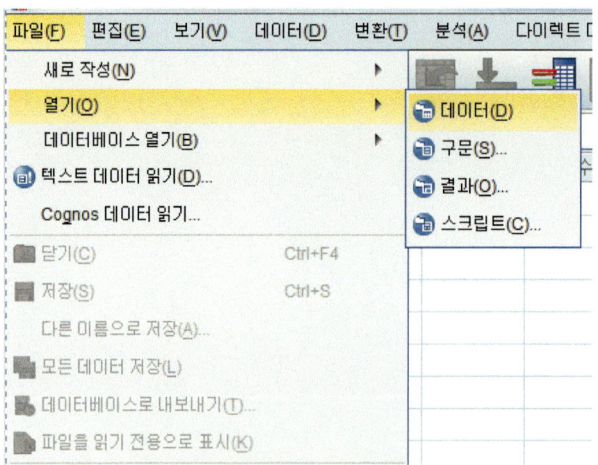

② [데이터 불러오기] 창이 다음과 같이 나타나는데 SPSS에서는 기본적으로 SPSS 데이터 파일(*.sav)을 불러올 수 있다.

데이터 열기 탐색창

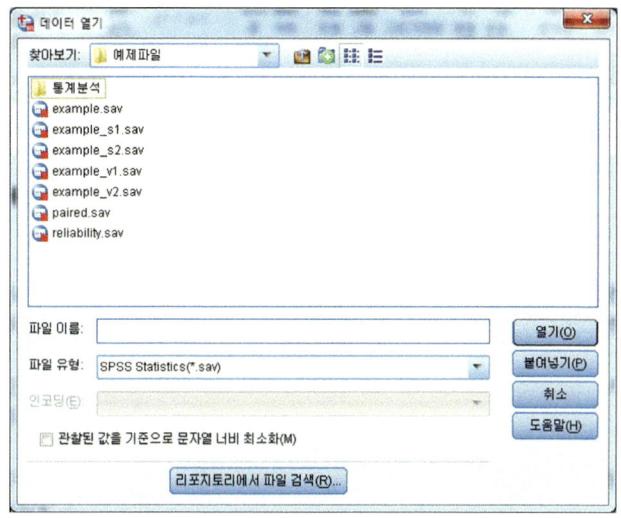

③ 사회조사분석사 시험에서는 텍스트 파일(*.txt)을 시험자료로 제공하고 있으나 본 교재에서는 구분자가 있는 텍스트(text) 파일 형식, 구분자가 없는 텍스트 파일 형식, 그리고 엑셀 파일을 불러오는 방법도 기술하도록 한다.

2. 텍스트 형식의 자료 불러오기

(1) 텍스트 형식 파일 불러오기

① **텍스트 형식 지정** : 먼저 데이터 열기 탐색창에서 파일 유형으로 텍스트(*.txt, *.dat)를 선택한 후 원시 데이터 파일이 위치한 경로를 탐색하여 데이터를 불러온다. 이후 불러오려고 하는 텍스트 데이터 파일을 선택하면 된다.

데이터 열기 탐색창에서 텍스트 파일 유형 선택하기

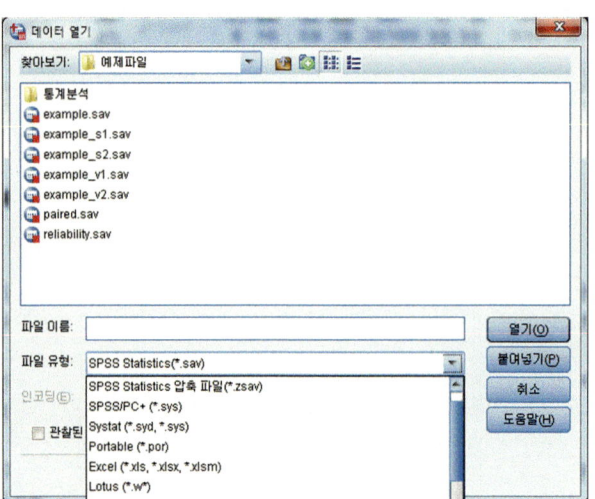

② 텍스트 데이터 열기 : 텍스트 데이터를 불러오기 위한 다른 방법으로는 [파일] → [텍스트 데이터 열기]를 선택하면 된다.

파일(F)
　　텍스트 데이터 읽기(D)

SPSS에서 텍스트 데이터 불러오기

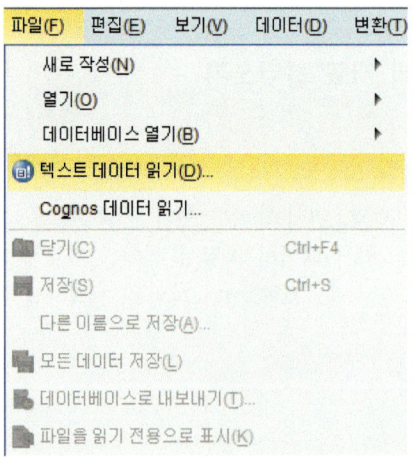

③ 텍스트 파일 선택하기 : 이와 같이 SPSS의 파일 메뉴탭에서 ① [열기] → [데이터] 에서 파일 유형을 TXT로 설정하거나 ② [텍스트 데이터 열기]를 이용하여 다음과 같이 불러오려고 하는 텍스트 데이터 파일을 선택하면 텍스트 가져오기 마법사(Text Import Wizard)를 이용하여 텍스트 데이터를 SPSS로 불러올 수 있다.

텍스트 데이터 선택하기

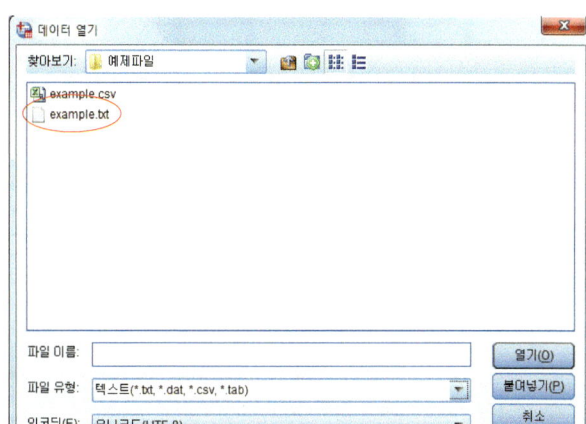

④ 텍스트 형식 파일 불러오기의 유의점 : 원시 데이터를 불러올 때에는 반드시 원시 데이터를 확인하여 변수명이 첫 행(줄)에 입력이 되어 있는지, 구분자는 무엇으로 구분되어 있는지 확인해야 한다.

첫 줄에 변수명이 있는 원시 데이터의 예

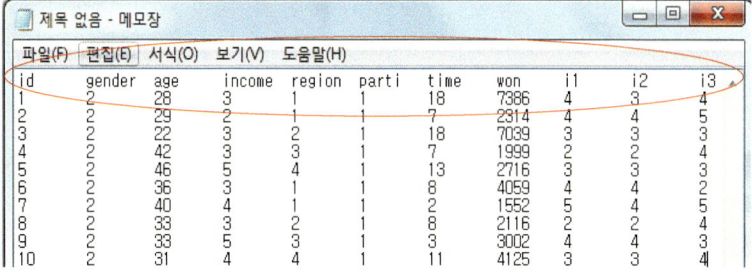

(2) 구분자로 구분된 텍스트 파일 형식

아래와 같은 텍스트 가져오기 마법사 6단계(Text Import Wizard Step 6)를 통해 SPSS로 텍스트 형식의 원시 데이터 파일을 불러올 수 있다.

① 텍스트 가져오기 마법사 1단계

    ㉠ 텍스트 가져오기 마법사 1단계에서 사전에 텍스트 형식의 원시 데이터가 이전에 불러왔던 데이터 형식과 일치하고 [텍스트 마법사 미리 정의된 형식]으로 저장을 해놓았다면, "텍스트 파일이 사전 정의된 형식과 일치합니까?"에서 [예]를 선택하고 [찾아보기]를 통해 해당 파일(*.tpf)을 선택하면 같은 형식으로 텍스트 원시 데이터를 불러올 수 있다.

    ㉡ 사전에 정의된 형식이 없다면 [텍스트 파일이 사전 정의된 형식과 일치합니까?]에서 [아니오]를 선택한 후 [다음]을 클릭한다.

    ㉢ 본 교재의 예제파일 [example.txt] 파일을 불러오기 위해 사전 정의된 형식이 없기 때문에 "텍스트 파일이 사전 정의된 형식과 일치합니까?"에서 [아니오]를 선택한 후 [다음]을 클릭한다.

텍스트 가져오기 마법사 1단계

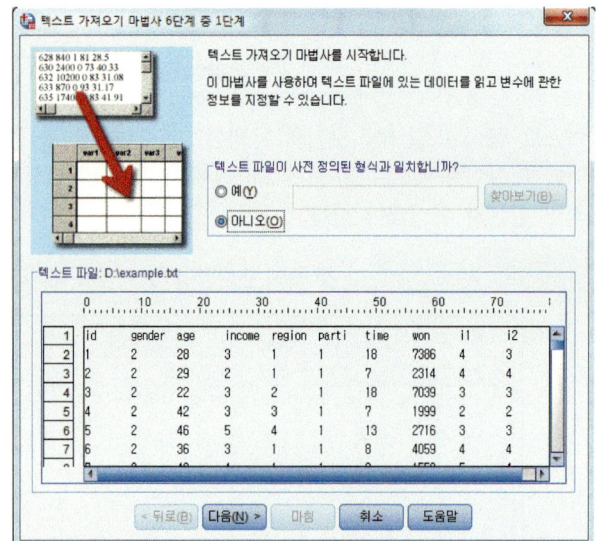

② 텍스트 가져오기 마법사 2단계 : 텍스트 가져오기 마법사 2단계에서는 원시 데이터가 어떻게 배열되어 있는지 또는 변수명이 입력되어 있는지 지정한다. 원시 데이터의 첫 번째 행에 변수 이름이 저장되어 있는 경우 "변수이름이 파일의 처음에 있습니까?"에서 [예]를 선택한다. 그리고 입력된 변수들이 구분자로 구분이 되어 있는지 구분자로 구분이 되어 있지 않은지 선택하여야 한다. 본 교재의 예제파일 [example.txt] 파일은 tab으로 구분되어 있기 때문에 [구분자에 의한 배열]을 선택한 후 [다음]을 클릭한다.

텍스트 가져오기 마법사 2단계

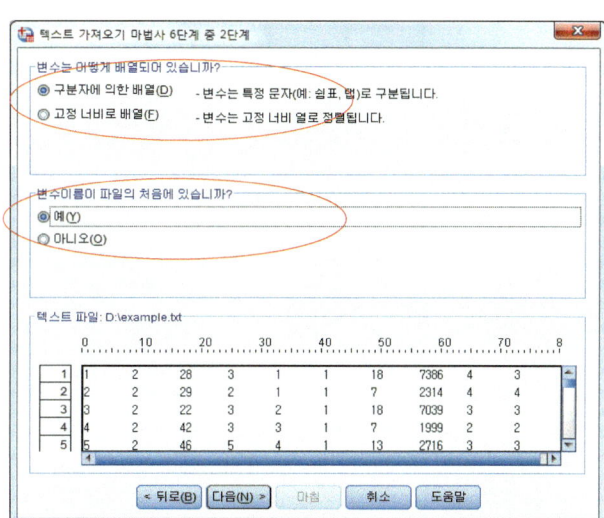

③ 텍스트 가져오기 마법사 3단계 : 텍스트 가져오기 마법사 3단계에서는 자료의 각 행이 케이스(case, 개체 : subject)를 나타내고 있는지, 주어진 자료 중 몇 개의 케이스를 불러올 것인지 선택할 수 있다. 큰 용량의 자료의 경우, 자료들의 간략한 형식 및 변수들의 특성을 파악하는 용도로 데이터 불러오기를 통해 일부 자료만을 불어오기도 한다. 텍스트 가져오기 마법사 3단계 대화창 하단에서는 앞으로 불러올 데이터의 입력된 형태를 미리 볼 수 있다. 이러한 사항들을 선택한 후 [다음]을 클릭한다.

텍스트 가져오기 마법사 3단계

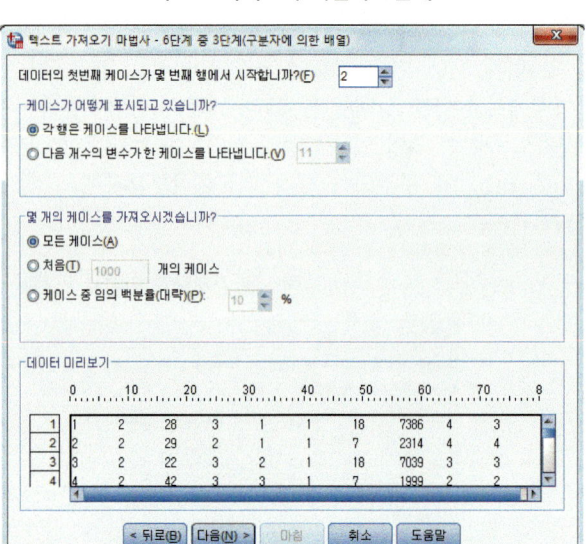

④ 텍스트 가져오기 마법사 4단계

㉠ 텍스트 가져오기 마법사 4단계에서는 원시 데이터가 어떤 구분자로 구분되어 있는지 지정한다. 구분자로 변수가 구분되어 있는 데이터를 불러오기 위하여 앞의 텍스트 가져오기 마법사 2단계에서 [구분자에 의한 배열]을 선택하였다. 텍스트 가져오기 마법사 4단계의 대화상자 좌측에서 변수 사이에 어떤 구분자로 구분되어 있는지 지정해주어야 한다.

㉡ 보통 [탭](tab)이 기본으로 설정되어 있으나 불러오려고 하는 데이터 특징에 따라 사용된 구분자를 선택하면 된다. 본 교재의 예제파일 [example.txt] 파일은 탭으로 구분되어 있기 때문에 [공백] 또는 [탭]을 선택하면 된다.

> **plus study**
>
> 종종 데이터를 CSV(Comma-Separated Values) 형식의 파일로 제공하는 경우가 있다. CSV 파일 형식은 오래전부터 스프레드시트나 데이터베이스 소프트웨어에서 많이 쓰이고 있는 방식으로 각 변수들이 콤마(comma)로 구분되어 있다. 이와 같이 콤마로 구분되어 있는 데이터를 불러오는 경우에는 구분자를 [콤마]로 지정해주어야 한다. [기타]에서는 특수한 문자 등으로 구분자를 사용한 경우 지정할 수 있도록 되어 있기 때문에 데이터 특징에 따라 변수를 구분되어 있는 구분자를 선택하면 된다.

㉢ 만약 데이터 가져오기 대화상자 하단의 데이터 미리보기처럼 변수명, 실제 입력된 변수 값, 데이터가 일치하지 않는다면 구분자를 다시 확인하여 구분자를 데이터에서 입력된 형식으로 지정해야 한다. 이러한 사항들을 선택한 후 [다음]을 클릭한다.

텍스트 가져오기 마법사 4단계

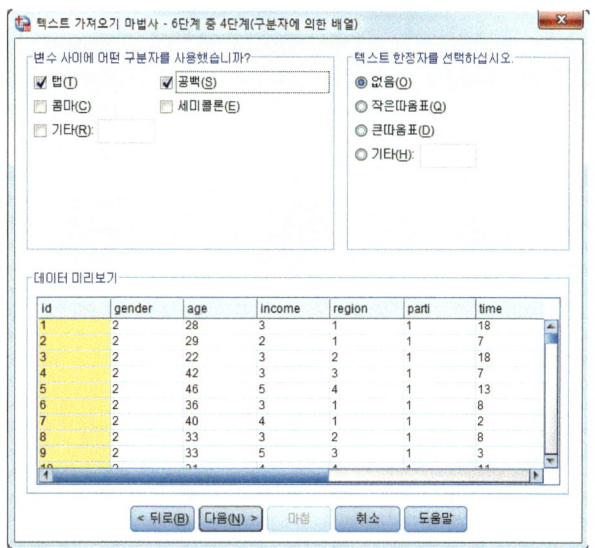

⑤ 텍스트 가져오기 마법사 5단계 : 텍스트 가져오기 마법사 5단계에서는 불러올 데이터의 미리보기와 변수명과 형식을 입력, 수정할 수 있다. 본 예제처럼 데이터 첫 행에 변수명이 지정되어 있는 데이터를 불러오는 상황에서는 앞의 2단계에서 변수명이 첫 행에 있다고 지정하였기 때문에 SPSS의 텍스트 가져오기 마법사 5단계에서는 변수명을 자동으로 가져와 설정한다. 대화상자 상단의 [변수이름]에서 각 변수명을 수정하거나 [데이터 형식]에서 변수의 형식을 지정할 수 있다. 변수명과 형식을 전부 지정하거나 수정할 부분이 없으면 [다음]을 클릭한다.

텍스트 가져오기 마법사 5단계

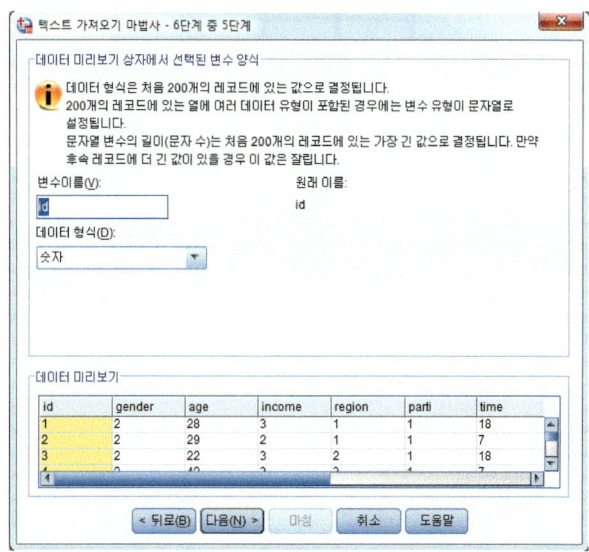

제1장 SPSS와 자료 다루기

⑥ 텍스트 가져오기 마법사 6단계 : 텍스트 가져오기 마법사 6단계에서는 데이터 미리보기를 통해 최종적으로 불러오게 되는 데이터가 제대로 불러오게 될지 확인하고 문제가 없다면 [마침]을 클릭하면 텍스트 형식의 데이터 불러오기가 마무리된다.

텍스트 가져오기 마법사 6단계

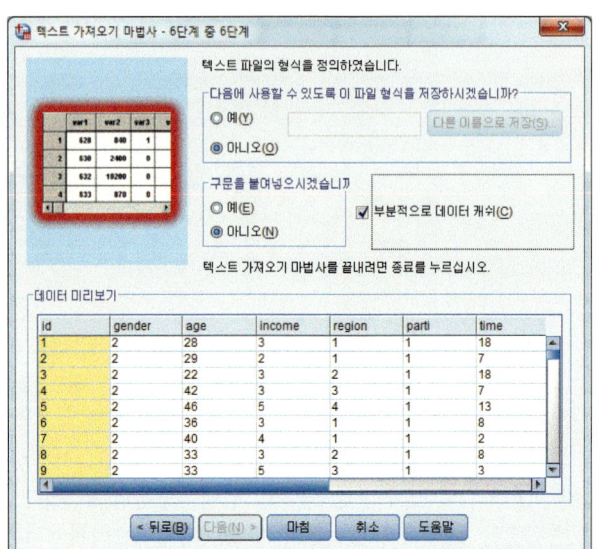

(2) 여러 개의 구분자로 구분된 텍스트 파일형식

① 원시 데이터의 경우에 따라 변수를 구분하기 위하여 여러 개의 구분자가 사용될 수가 있다. 예를 들어 설문조사 결과를 여러 명의 연구자가 나누어 입력하는 경우, 설문조사 결과를 입력하는 연구자별로 변수를 구분하기 위해 각자 다른 구분자를 사용하여 원시 데이터로 입력하는 경우를 생각할 수 있다. 이 경우 나누어진 원시 데이터를 통합하면서 구분자를 통일할 수도 있겠지만, 구분자를 통일하지 않고 개별 입력된 자료를 그대로 통합할 수도 있을 것이다.

② 본 교재의 예제파일 [example2.txt] 파일은 앞에서 다룬 [example.txt]와 동일한 내용을 포함하고 있는 원시 데이터이다. 다만 변수명과 50번째 조사결과까지는 구분자가 '#'으로 그 이후 51번째부터 100번째까지는 '&'로 구분자가 사용되었다. 이와 같이 여러 개의 구분자가 사용된 텍스트 파일의 경우 어떻게 원시 데이터를 불러올지 살펴보도록 하자.

③ **텍스트 가져오기 1단계** : 텍스트 가져오기 1단계에서는 본 교재의 예제파일[example2.txt] 파일을 불러오기 위해 사전 정의된 형식이 없기 때문에 [텍스트 파일이 사전 정의된 형식과 일치합니까?]에서 [아니오]를 선택한 후 [다음]을 클릭한다.

텍스트 가져오기 마법사 1단계

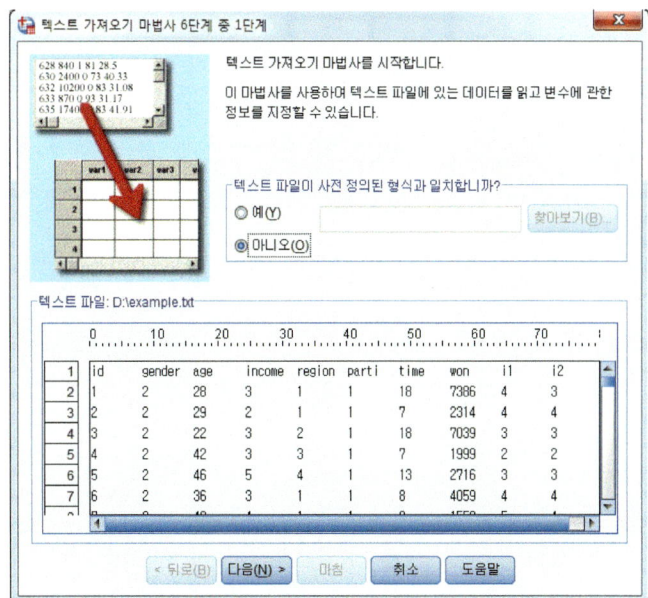

④ 텍스트 가져오기 마법사 2단계 : 텍스트 가져오기 마법사 2단계에서는 원시 데이터가 어떻게 배열되어 있는지 변수명이 입력되어 있는지 지정한다. 원시 데이터의 첫 번째 행에 변수 이름이 저장되어 있는 경우 "변수이름이 파일의 처음에 있습니까?"에서 [예]를 선택한다. 그리고 입력된 변수들이 구분자로 구분이 되어 있는지 구분자로 구분이 되어 있지 않은지 선택하여야 한다. 본 교재의 예제파일 [example.txt2] 파일은 여러 가지 구분자로 구분되어 있기 때문에 [구분자에 의한 배열]을 선택한 후 [다음]을 클릭한다.

텍스트 가져오기 마법사 2단계

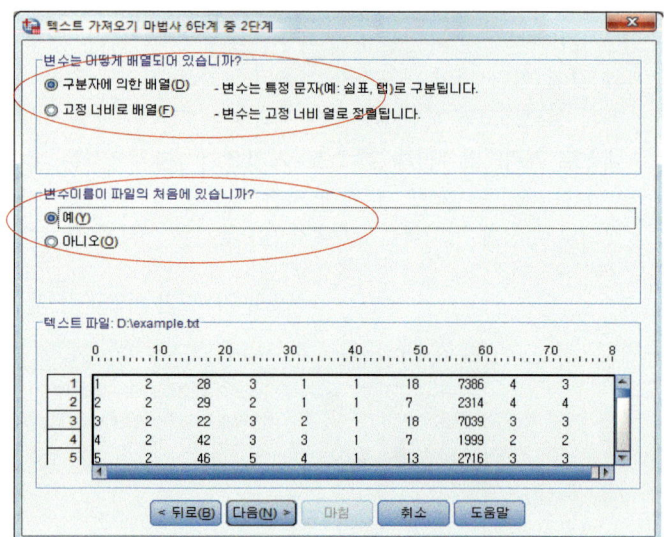

⑤ 텍스트 가져오기 마법사 3단계 : 텍스트 가져오기 마법사 3단계에서는 앞에서와 같이 [구분자로 의한 배열]과 변수명이 파일의 몇 행에 있는지를 선택한 후 [다음]을 클릭한다.

텍스트 가져오기 마법사 3단계

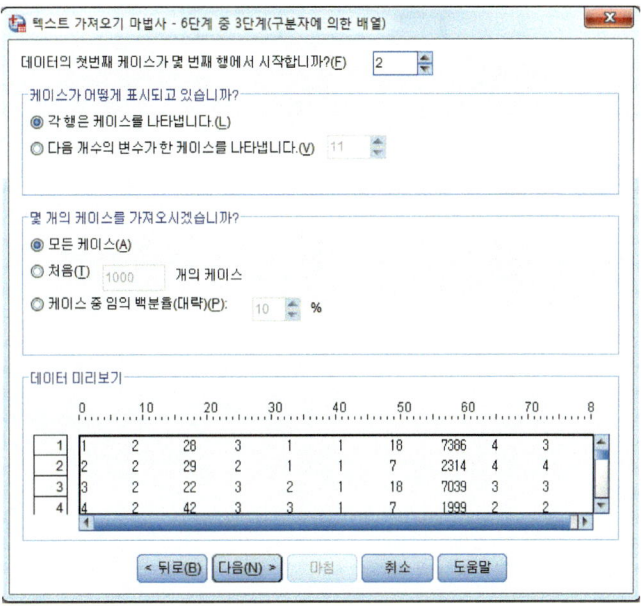

⑥ 텍스트 가져오기 마법사 4단계

  ㉠ 앞에서 텍스트 가져오기 마법사 4단계에서는 원시 데이터가 어떤 구분자로 구분되어 있는지를 지정한다고 설명하였다. 본 교재의 예제파일 [example2.txt] 파일은 구분자로 '#'과 '&'이 사용되어 있다. 이와 같은 구분자들은 텍스트 가져오기 마법사 4단계에서 선택할 수 있는 구분자로 지정이 안 되어 있기 때문에 [기타]에서 지정해주어야 한다. [기타]를 선택한 후 공백에 불러올 원시 데이터에서 사용된 구분자를 입력할 때, 사용된 각 구분자들을 구분하기 위해 쉼표(,)를 다음과 같이 사용한다.

텍스트 가져오기 마법사 4단계
(example2.txt의 경우)

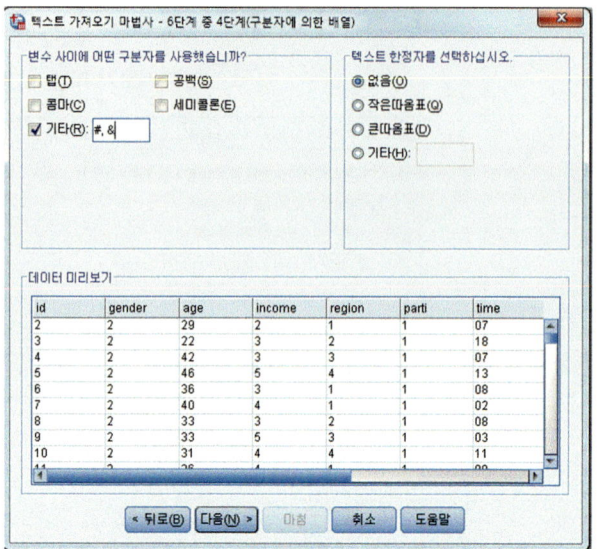

ⓛ 이외에도 '세미콜론'이나 '콤마' 등 텍스트 가져오기 마법사에서 설정 가능한 구분자가 사용이 되었다면 사용된 여러 개의 구분자를 다음과 같이 전부 선택하면 된다.

텍스트 가져오기 마법사 4단계
(여러 구분자를 지정한 경우)

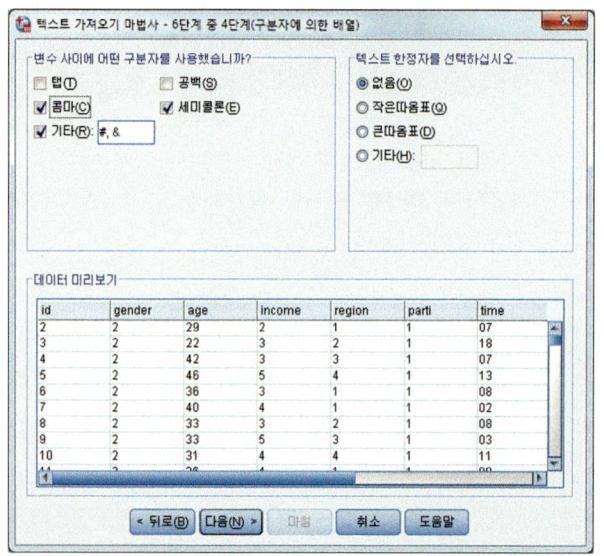

⑦ 텍스트 가져오기 마법사 5단계 : 이후 텍스트 가져오기 마법사 5단계부터는 앞의 구분자가 하나인 경우와 동일하다. 대화상자 상단의 [변수이름]에서 각 변수명을 수정하거나 [데이터 형식]에서 변수의 형식을 지정할 수 있다. 변수명과 형식을 전부 지정하거나 수정할 부분이 없으면 [다음]을 클릭한다.

텍스트 가져오기 마법사 5단계

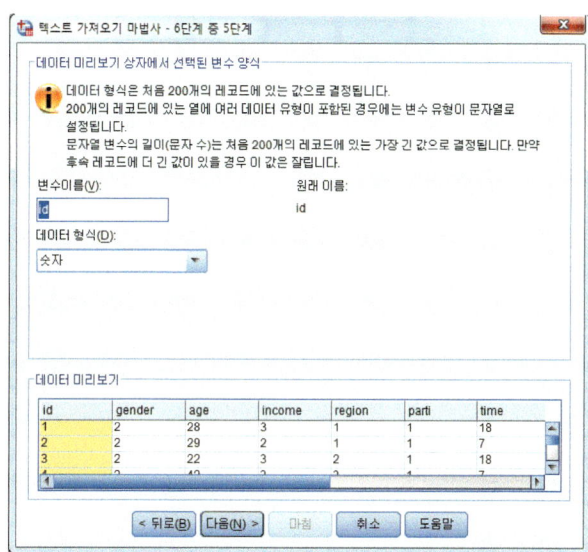

⑧ 텍스트 가져오기 마법사 6단계 : 텍스트 가져오기 마법사 6단계에서는 데이터 미리보기를 통해 최종적으로 불러오게 되는 데이터를 최종적으로 확인하고 [마침]을 클릭하면 여러 개의 구분자로 구분된 텍스트 형식의 데이터 불러오기가 마무리된다.

텍스트 가져오기 마법사 6단계

(3) 고정 너비로 구분된 텍스트 파일형식

경우에 따라 구분자와 변수명이 없이 각 변수별로 정해진 칼럼수(입력된 값의 너비)만 고정되어 텍스트 형식의 원시 데이터가 주어지기도 한다. 이런 경우 코드북이 별도로 제공되며 코드북에는 변수의 이름, 각 변수별 칼럼의 수가 기재되어 있다.

① **고정 너비 텍스트 파일의 코드북** : 이번 단원에서는 예제파일 [example_non.txt] 파일과 같이 구분자와 변수명이 없고 변수별로 고정된 칼럼수로 입력되어 있는 원시 데이터를 불러오는 과정을 살펴보도록 한다.

예제파일 [example_non.txt]의 코드북

변수명(variable name)	칼럼 수	내 용
일련번호(id)	3	세 자리 숫자
성별(gender)	1	1 : 남자, 2 : 여자
나이(age)	2	두 자리 숫자
소득(income)	1	1 : 100만 원 미만, 2 : 100~200만 원, 3 : 200~300만 원, 4 : 300~400만 원, 5 : 400~500만 원, 6 : 500만 원 이상
지역(region)	1	1 : 서울, 2 : 광역시, 3 : 중소도시, 4 : 읍면지역
이전 교육 참여여부(party)	1	1 : 예, 2 : 아니오
자습시간(time)	2	두 자리 숫자
지출비용(won)	4	네 자리 숫자 (결측값 : 9999)
교육프로그램 만족도(i1)	1	1 : 매우 아니다, 2 : 아니다, 3 : 보통이다, 4 : 그렇다, 5 : 매우 그렇다 (결측값 : 9)
교육프로그램 만족도(i2)	1	
교육프로그램 만족도(i3)	1	

② 고정 너비 텍스트 파일 데이터 불러오기
  ㉠ 고정 너비 텍스트 원시 데이터를 불러오는 방법은 앞에서 설명한 구분자 있는 텍스트 원시 데이터를 불러오는 방법과 동일하다. 두 방법 중 하나인 [파일] → [텍스트 데이터 열기]를 선택하도록 한다.

  파일(F)
  　　텍스트 데이터 읽기(D)

SPSS에서 텍스트 데이터 불러오기

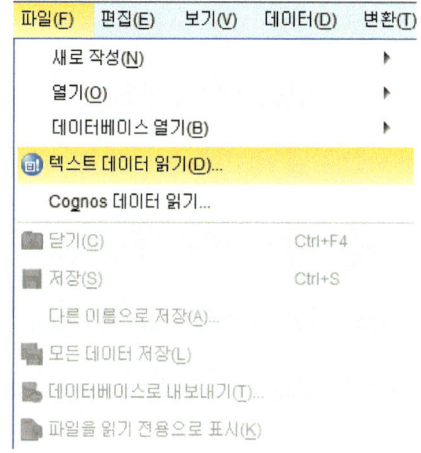

  ㉡ 데이터 열기 대화상자에서 불러오려고 하는 구분자 없는 텍스트 파일인 예제파일 [example_non.txt] 파일을 선택한다.

③ 텍스트 가져오기 마법사 1단계
  ㉠ 텍스트 가져오기 마법사 1단계에서 사전에 정의된 형식이 없다면 [텍스트 파일이 사전 정의된 형식과 일치합니까?]에서 [아니오]를 선택한 후 [다음]을 클릭한다.
  ㉡ 본 교재의 예제파일 [example_non.txt] 파일을 불러오기 위해 사전 정의된 형식이 없기 때문에 [텍스트 파일이 사전 정의된 형식과 일치합니까?]에서 [아니오]를 선택한 후 [다음]을 클릭한다.

텍스트 가져오기 마법사 1단계

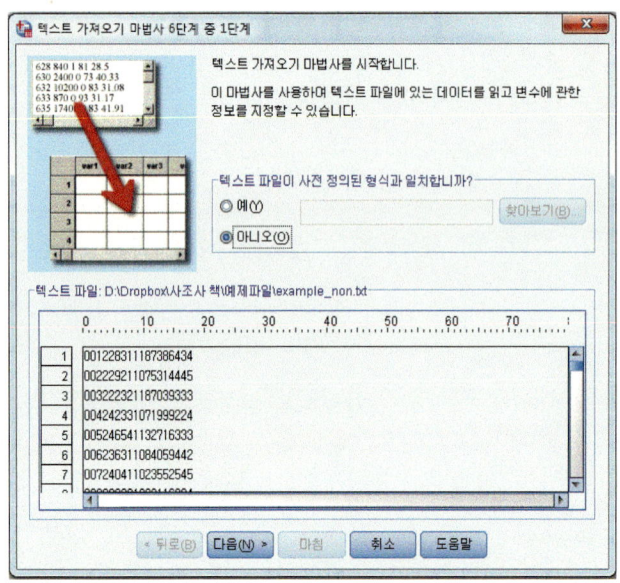

④ **텍스트 가져오기 마법사 2단계** : 텍스트 가져오기 마법사 2단계에서는 원시 데이터가 어떻게 배열되어 있는지 변수명이 입력되어 있는지 지정한다. [고정 너비로 배열]된 원시 데이터는 일반적으로 첫 번째 행에 변수 이름이 저장되어 있지 않다. 첫 행에 변수명이 없는 경우 "변수이름이 파일의 처음에 있습니까?"에서 [아니오]를 선택한다. 그리고 입력된 변수들이 구분자로 구분이 되어 있는지 구분자로 구분이 되어 있지 않은지 선택하여야 한다. 본 교재의 예제파일 [example_non.txt] 파일은 고정 너비로 구분되어 있기 때문에 [고정 너비로 배열]을 선택한 후 [다음]을 클릭한다.

텍스트 가져오기 마법사 2단계

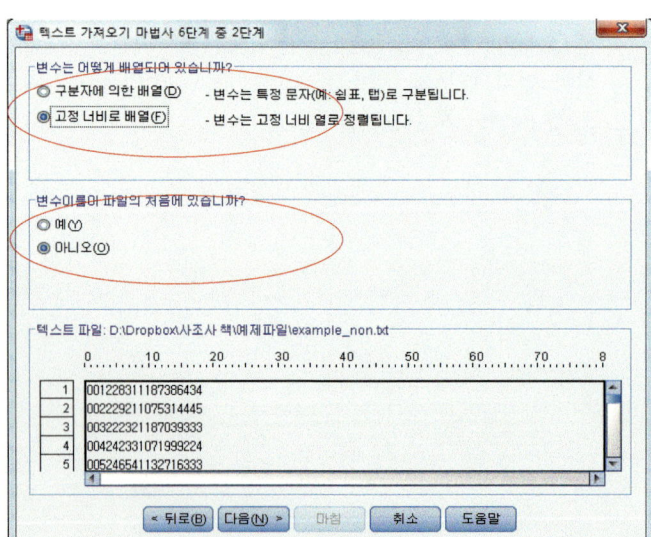

> **plus study**
>
> 텍스트 마법사 오류 메시지 해결방법
> 1. 텍스트 형식의 원시 데이터를 불러올 때 텍스트 가져오기 마법사 2단계에서 간혹 [고정 너비로 배열]을 선택하여 [다음]을 선택하였을 때 아래와 같이 "텍스트 마법사는 고정 너비 유니코드 파일을 지원하지 않습니다"라는 경고 메시지와 함께 진행이 되지 않는다.
>
> **텍스트 마법사 오류 메세지**
>
>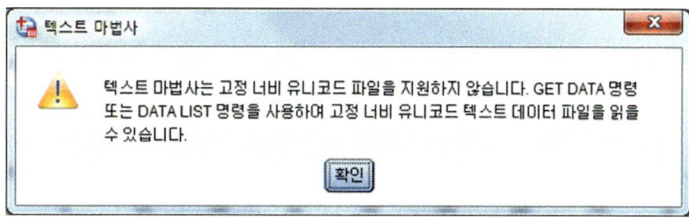
>
> 2. 이 경우 [파일] → [텍스트 데이터 열기]와 같은 메뉴를 이용하지 않고 텍스트 파일을 불러오면 오류가 발생하지 않는다. 그 방법은 다음과 같다. 윈도우 탐색기에서 예제 파일이 저장되어 있는 폴더에서 예제파일 [example_non.txt]와 같은 불러오려고 하는 파일을 선택 후 SPSS 데이터 편집기 창으로 드래그하면 텍스트 가져오기 마법사가 실행된다.
> 3. 위와 같이 드래그를 이용하여 텍스트 파일의 원시 데이터를 불러오면 텍스트 가져오기 마법사 2단계에서 다음 단계로 진행 시 오류가 발생하지 않는다.

⑤ **텍스트 가져오기 마법사 3단계** : 텍스트 가져오기 마법사 3단계에서는 자료의 각 행이 케이스(case, 개체; subject)를 나타내고 있는지, 주어진 자료 중 몇 개의 케이스를 불러올 것인지 선택할 수 있다. 이전 단계에서 변수명이 파일의 첫 행에 없다고 지정하였기 때문에 "데이터의 첫번째 케이스가 몇 번째 행에서 시작합니까?"에서 '1'로 입력되어 있다. 사항들을 선택한 후 [다음]을 클릭한다.

텍스트 가져오기 마법사 3단계

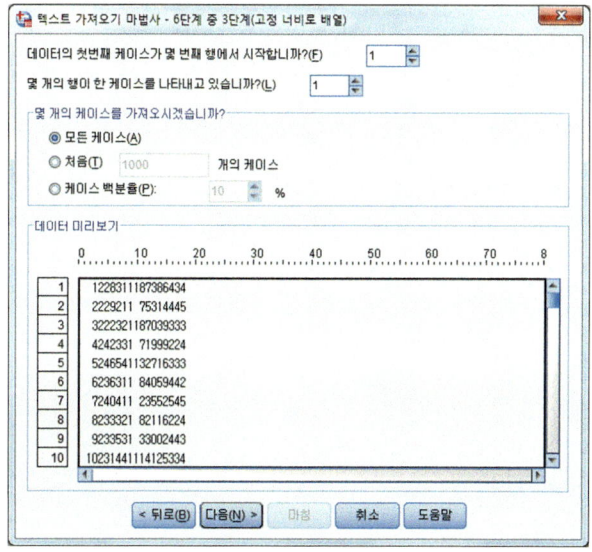

⑥ 텍스트 가져오기 마법사 4단계 : 구분자로 변수가 구분되어 있는 데이터를 불러오기 위하여 앞의 텍스트 가져오기 마법사 2단계에서 [고정 너비에 의한 배열]을 선택하였다. 이때 텍스트 가져오기 마법사 4단계에서는 원시 데이터에 각 변수가 시작되는 위치를 지정한다.

㉠ 변수가 시작하는 위치 지정

ⓐ 다음과 같이 두 번째 변수가 시작되는 위치를 마우스로 클릭하면 변수가 시작되는 위치가 지정된다.

텍스트 가져오기 마법사 4단계(고정 너비)

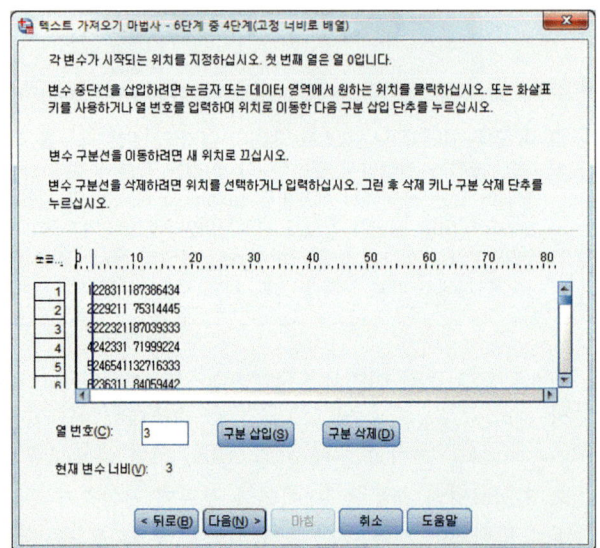

ⓑ 첫 번째 입력되어 있는 변수는 첫 번째 열부터 시작하여 그 다음 변수가 시작되는 위치 전까지 입력되어 있음으로 지정된다. 역시 두 번째 입력되어 있는 변수는 두 번째 변수가 시작되는 위치부터 세 번째 변수가 시작되는 위치 전까지로 지정된다. 어떤 구분자로 구분되어 있는지 지정한다. 이때 각 변수의 시작 위치는 코드북을 참고한다.

ⓒ 변수 위치 지정 완료 : 예제파일 [example_non.txt]의 변수 위치를 코드북을 참고하여 지정하면 다음과 같다. 각 변수에 대한 시작 위치를 전부 지정하였으면 [다음]을 클릭한다.

고정 너비에 의한 변수 시작 위치 지정

⑦ 텍스트 가져오기 마법사 5단계 : 텍스트 가져오기 마법사 5단계에서는 불러올 데이터의 미리보기와 변수명과 형식을 입력, 수정할 수 있다. 본 예제는 데이터 첫 행에 변수명이 지정되어 있지 않은 데이터이므로 앞의 텍스트 가져오기 마법사 2단계에서 변수명이 첫 행에 없다고 지정하였기 때문에 SPSS의 텍스트 가져오기 마법사 5단계에서는 변수명을 V1, V2, …와 같이 지정되어 있다. 텍스트 가져오기 마법사 5단계에서는 대화상자 상단의 [변수이름]에서 각 변수명을 수정하거나 [데이터 형식]에서 변수의 형식을 지정할 수 있다. 변수명과 형식은 데이터를 불러온 후 [변수 보기]에서 지정할 수도 있기 때문에 본 예제에서는 지정하지 않는다. 변수명과 형식을 전부 지정하거나 수정할 부분이 없으면 [다음]을 클릭한다.

텍스트 가져오기 마법사 5단계

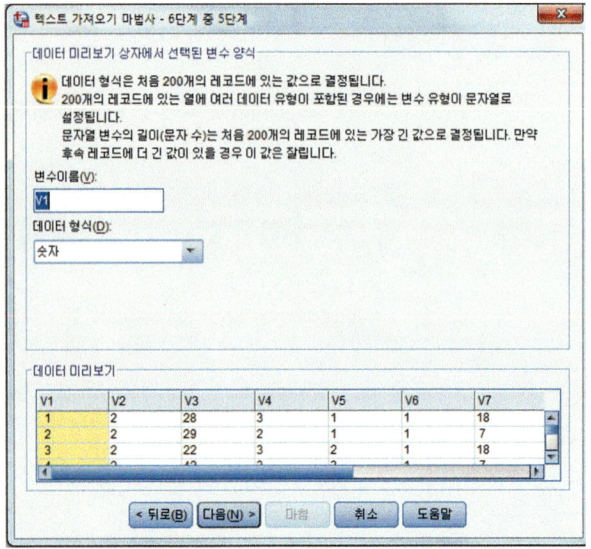

⑧ **텍스트 가져오기 마법사 6단계** : 텍스트 가져오기 마법사 6단계에서는 데이터 미리보기를 통해 최종적으로 불러오게 되는 데이터가 제대로 불러오게 될지 확인하고 문제가 없다면 [마침]을 클릭하면 텍스트 형식의 데이터 불러오기가 마무리된다.

텍스트 가져오기 마법사 6단계

3 Excel 형식의 자료 불러오기

사회조사분석사 2급에서는 원시 데이터로 엑셀을 제공한 적이 없으나 엑셀 불러오기는 텍스트 불러오기보다 수월할뿐만 아니라 SPSS 사용의 기초적인 내용이므로 설명하도록 한다.

(1) 엑셀 형식의 원시 데이터

이때 다음 그림과 같이 불러오려는 엑셀 형식의 데이터 첫 행에 변수 이름이 있는지 확인하여야 한다.

첫 행에 변수명이 있는 엑셀 형식의 원시 데이터

(2) 엑셀 형식의 원시 데이터

① 데이터 불러오기 실행 : SPSS에서 엑셀 자료를 불러오기 위해서 SPSS 실행 후 상단의 메뉴창에서 [파일] → [열기] → [데이터]를 선택하면 된다.

　　파일(F)
　　　　열기(O)
　　　　　　데이터(D)

SPSS에서 데이터 불러오기

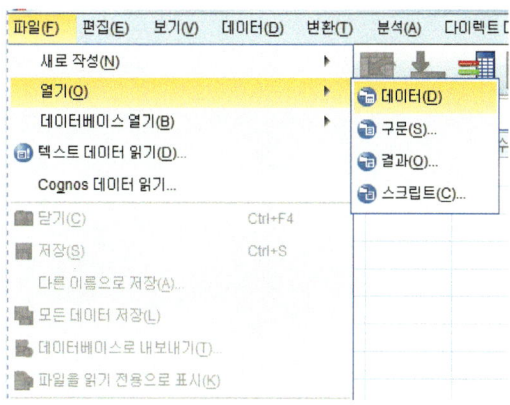

② 엑셀 형식 지정

㉠ 엑셀(Excel) 형식으로 입력된 원시 데이터를 불러오기 위한 방법은 다음과 같다. 먼저 데이터 열기 탐색창에서 파일 유형으로 Excel(*.xls, *.xlsx, *.xlsm)를 선택한 후 원시 데이터 파일이 위치한 경로를 탐색하여 데이터를 불러온다. 이후 아래와 같은 엑셀 가져오기 마법사(Excel Import Wizard)를 통해 SPSS로 엑셀(Excel) 형식의 원시 데이터 파일을 불러 올 수 있다.

데이터 열기 탐색창에서 엑셀 파일 유형 선택하기

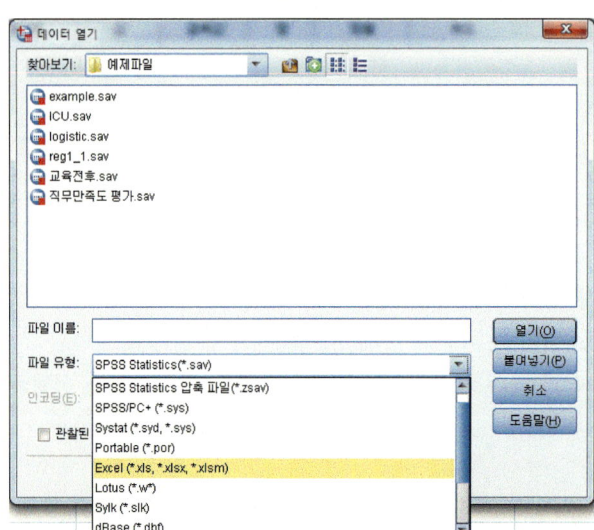

㉡ 본 교재에서는 [예제 : 교육프로그램]의 실습예제 데이터가 입력되어 있는 엑셀 파일인 예제파일 [example.xlsx]을 다음와 같이 불러오도록 한다.

엑셀 데이터 선택하기

3. Excel 형식의 자료 불러오기

사회조사분석사 2급에서는 원시 데이터로 엑셀을 제공한 적이 없으나 엑셀 불러오기는 텍스트 불러오기보다 수월할뿐만 아니라 SPSS 사용의 기초적인 내용이므로 설명하도록 한다.

(1) 엑셀 형식의 원시 데이터

이때 다음 그림과 같이 불러오려는 엑셀 형식의 데이터 첫 행에 변수 이름이 있는지 확인하여야 한다.

첫 행에 변수명이 있는 엑셀 형식의 원시 데이터

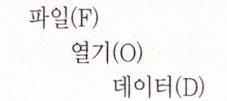

	A	B	C	D	E	F	G	H	I	J	K
1	id	gender	age	income	region	parti	time	won	i1	i2	i3
2	1	2	28	3	1	1	18	7386	4	3	4
3	2	2	29	2	1	1	7	5314	4	4	5
4	3	2	22	3	2	1	18	7039	3	3	3
5	4	2	42	3	3	1	7	1999	2	2	4

(2) 엑셀 형식의 원시 데이터

① 데이터 불러오기 실행 : SPSS에서 엑셀 자료를 불러오기 위해서 SPSS 실행 후 상단의 메뉴창에서 [파일] → [열기] → [데이터]를 선택하면 된다.

　　파일(F)
　　　　열기(O)
　　　　　　데이터(D)

SPSS에서 데이터 불러오기

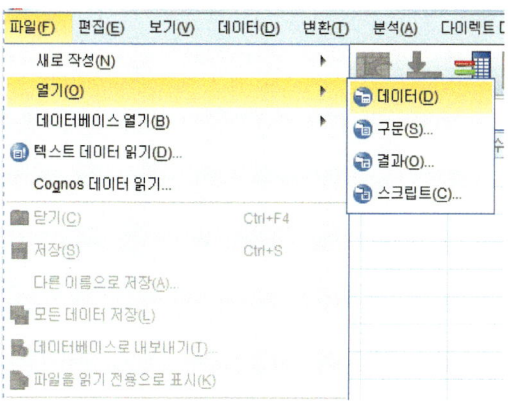

② 엑셀 형식 지정

㉠ 엑셀(Excel) 형식으로 입력된 원시 데이터를 불러오기 위한 방법은 다음과 같다. 먼저 데이터 열기 탐색창에서 파일 유형으로 Excel(*.xls, *.xlsx, *.xlsm)를 선택한 후 원시 데이터 파일이 위치한 경로를 탐색하여 데이터를 불러온다. 이후 아래와 같은 엑셀 가져오기 마법사(Excel Import Wizard)를 통해 SPSS로 엑셀(Excel) 형식의 원시 데이터 파일을 불러 올 수 있다.

데이터 열기 탐색창에서 엑셀 파일 유형 선택하기

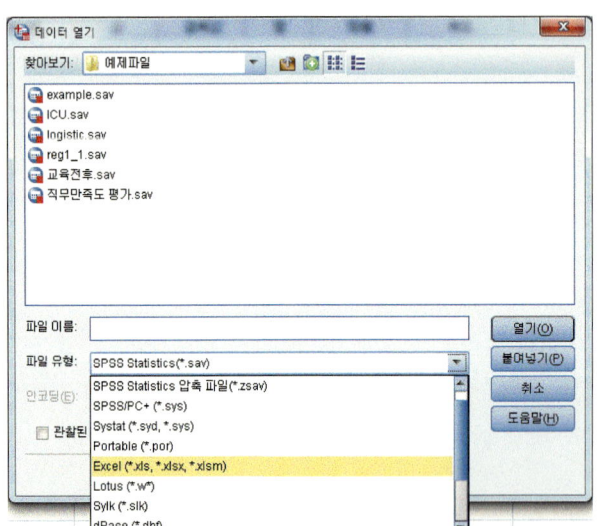

㉡ 본 교재에서는 [예제 : 교육프로그램]의 실습예제 데이터가 입력되어 있는 엑셀 파일인 예제파일 [example.xlsx]을 다음와 같이 불러오도록 한다.

엑셀 데이터 선택하기

③ 데이터 첫 행에서 변수 이름 읽어오기
　㉠ 첫 행에 변수 이름이 있다면 [데이터 첫 행에서 변수 이름 읽어오기]를 선택한다. 그리고 불러오려고 하는 데이터가 엑셀파일의 어느 워크시트(worksheet)에 포함되어 있는지 선택한다.
　㉡ 많은 원시 데이터에서는 첫 행에 변수명이 입력되어 있다. 그 경우 [Excel 데이터 소스 열기] 대화상자에서 [데이터 첫 행에서 변수 이름 읽어오기]를 선택 후 불러오면 된다. 예제파일 [example.xlsx]를 불러오는 경우 첫 행에 변수명이 있으므로 [데이터 첫 행에서 변수 이름 읽어오기]를 선택한 후 [확인]을 클릭한다.

엑셀 테이블 소스 열기 대화상자

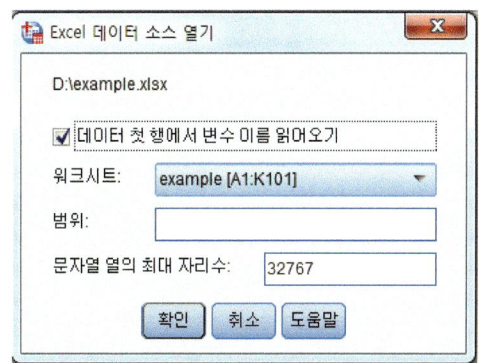

　㉢ 만약 엑셀 형식의 원시 데이터의 첫 행에 변수명이 없다면 [데이터 첫 행에서 변수 이름 읽어오기]를 해제 후 불러오면 된다. 이와 같이 SPSS에서는 엑셀과 같이 다른 데이터 형식으로 입력된 원시 데이터 파일을 불러올 수 있다.

3 SPSS 데이터 파일로 저장

① 예제파일 [example.txt], 예제파일 [example2.txt] 또는 예제파일 [example.xlsx]는 [예제 : 교육프로그램]의 실습예제 데이터로 SPSS로 불러온 결과는 데이터보기를 통하여 다음과 같이 확인할 수 있다.

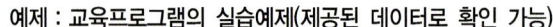

예제 : 교육프로그램의 실습예제(제공된 데이터로 확인 가능)

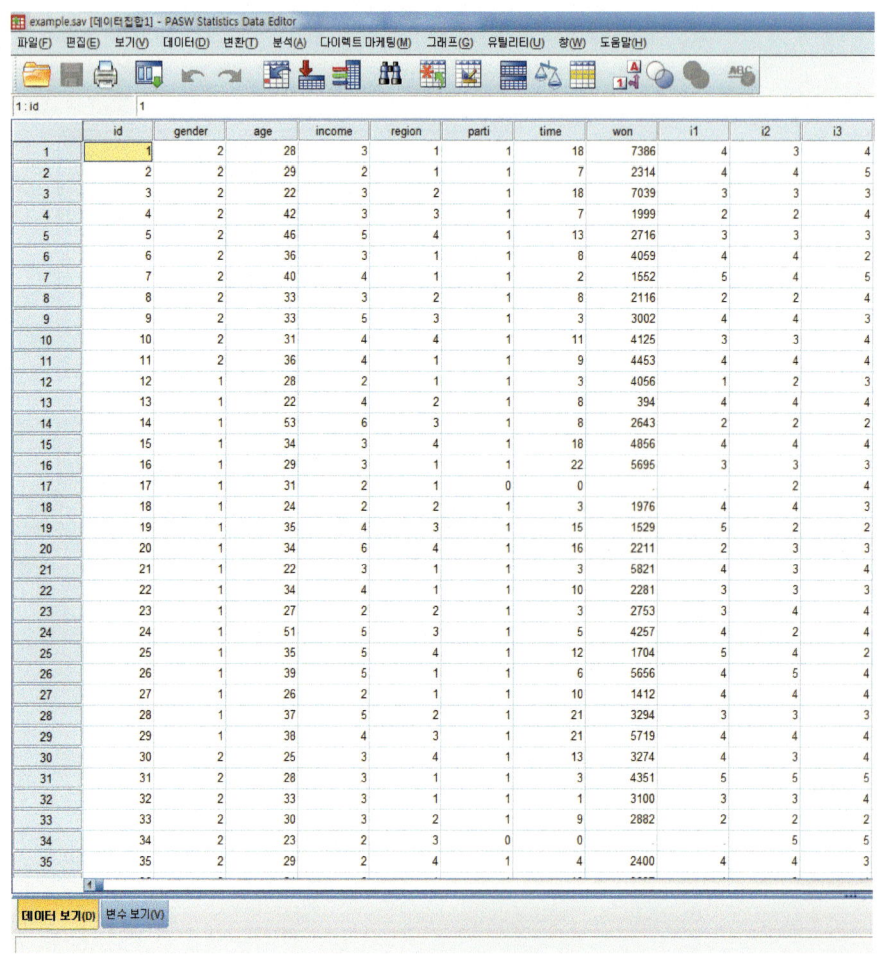

② 원시 데이터를 SPSS 불러왔다면 메뉴창의 [파일] → [저장] 또는 화면 상단의 디스크 아이콘을 클릭하면 SPSS 데이터 형식(*.sav)으로 저장할 수 있다. 원시 데이터를 불러왔다면 SPSS 데이터 형식으로 데이터를 저장하도록 하자.

  파일(F)
    저장(O)

SPSS 데이터 파일로 저장하기

적중예상문제

※ '인터넷 개인정보보호 인식에 관한 연구' 조사결과가 입력되어 있는 [data1.txt] 파일은 탭 (Tab)으로 구분된 자료이다. 원시 데이터를 SPSS를 이용하여 불러오시오.

해설 우선 [파일] → [텍스트 데이터 열기]을 이용하여 실습파일 [data1.txt] 파일을 선택하도록 하자.
1. 실습파일 [data1.txt]를 불러오기 위해 사전 정의된 형식이 없기 때문에 텍스트 가져오기 마법사 1단계에서 [텍스트 파일이 사전 정의된 형식과 일치합니까?]에서 [아니오]를 선택한 후 [다음]을 클릭한다.
2. 텍스트 가져오기 마법사 2단계에서는 원시 데이터가 어떻게 배열되어 있는지 또는 변수명이 입력되어 있는지 지정해야 한다. 실습파일 [data1.txt]을 열어보면 첫 번째 행에 변수 이름이 저장되어 있음을 알 수 있다. 따라서 "변수이름이 파일의 처음에 있습니까?"에서 [예]를 선택한다. 그리고 문제에서 [data1.txt]은 탭으로 구분되어 있다고 하였기 때문에 [구분자에 의한 배열]을 선택한 후 [다음]을 클릭한다.

[data1.txt] 텍스트 가져오기 마법사 2단계

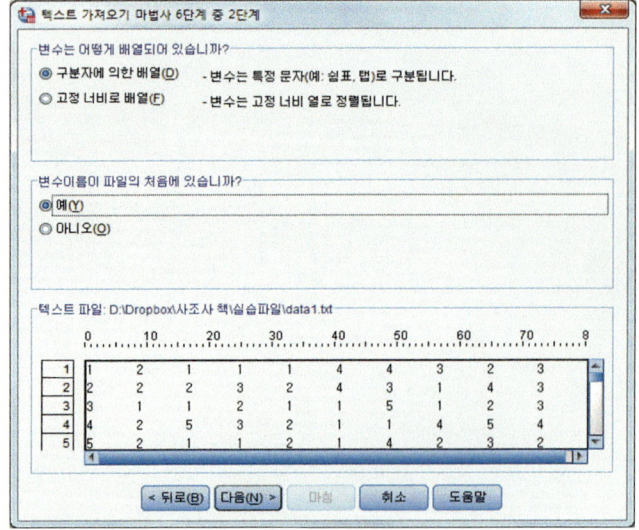

3. 텍스트 가져오기 마법사 3단계에서는 본 실습파일은 각 행마다 하나의 케이스 자료가 입력되어 있고 두 번째 행부터 자료가 시작하므로 별다른 옵션을 선택하지 않고 바로 [다음]을 클릭한다.

www.정훈에듀.com

4. 구분자로 변수가 구분되어 있는 데이터를 불러오기 위하여 앞의 텍스트 가져오기 마법사 2단계에서 [구분자에 의한 배열]을 선택하였으므로 텍스트 가져오기 마법사 4단계에서는 원시 데이터가 구분자를 지정하여야 한다. 문제에서 탭으로 구분된 원시 데이터라고 명시되었기 때문에 [탭](tab)을 선택하면 되나 간혹 [탭]만으로 변수 구분이 되지 않는 경우가 있다. 대화상자 하단의 데이터 미리보기를 확인 후 변수가 제대로 구분이 되지 않았다면 [공백]을 추가로 선택한다. 데이터 미리보기를 확인 후 [다음]을 클릭한다.

[data1.txt] 텍스트 가져오기 마법사 4단계

5. 텍스트 가져오기 마법사 5단계에서는 코드북 또는 설문지를 참고하여 변수명과 데이터 형식을 지정한다. 변수명은 첫 행에 입력되어 있으므로 따로 입력할 필요가 없으므로 [다음]을 클릭한다.

[data1.txt] 텍스트 가져오기 마법사 5단계

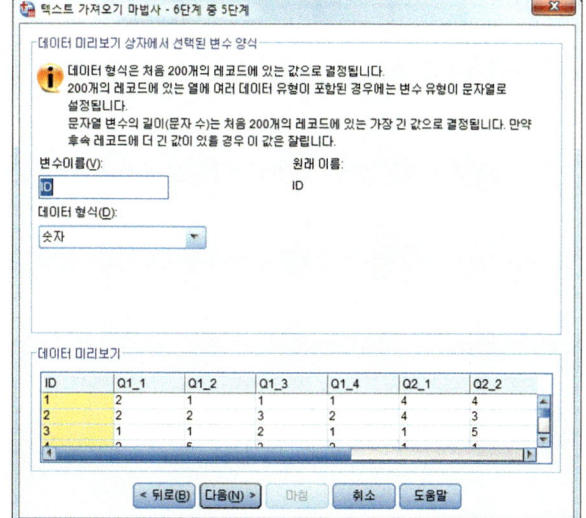

6. 텍스트 가져오기 마법사 6단계 대화상자 하단의 데이터 미리보기를 통해 최종적으로 불러오게 되는 데이터를 확인하고 문제가 없다면 [마침]을 클릭한다.

※ '30대 이하 직장인들의 직장생황 만족도' 조사결과가 입력되어 있는 [data2.txt] 파일은 고정 너비로 구분된 자료이며 해당 자료의 코드북은 다음 표와 같다. 원시 데이터를 SPSS를 이용하여 불러오시오.

'30대 이하 직장인들의 직장생활 만족도' 조사 코드북

변수명(variable name)	칼럼 수	내 용
일련번호	2	세 자리 숫자
성별	1	1 : 남자, 2 : 여자
연령	2	두 자리 숫자
기업규모	1	1 : 중소기업, 2 : 중견기업, 3 : 대기업 (결측값 : 9)
고용형태	1	1 : 정규직, 2 : 비정규직, 3 : 기타 (결측값 : 9)
연봉	1	1 : 2천만 원 이하, 2 : 2천~3천만 원, 3 : 3천~4천만 원, 4 : 4천~5천만 원, 5 : 5천~6천만 원, 6 : 6천만 원 이상
만족도 1	1	1 : 매우 아니다, 2 : 아니다, 3 : 보통이다, 4 : 그렇다, 5 : 매우 그렇다 (결측값 : 9)
만족도 2	1	
만족도 3	1	
만족도 4	1	
이직 고려	1	

해설 고정 너비로 구분되어 있는 텍스트 파일을 불러올 때에는 주의를 기울여야 한다. [파일] → [텍스트 데이터 열기]을 이용하여 실습파일 [data2.txt] 파일을 선택하도록 하자.

1. 실습파일 [data2.txt]를 불러오기 위해 사전 정의된 형식이 없기 때문에 텍스트 가져오기 마법사 1단계에서 [텍스트 파일이 사전 정의된 형식과 일치합니까?]에서 [아니오]를 선택한 후 [다음]을 클릭한다.
2. 텍스트 가져오기 마법사 2단계에서는 원시 데이터가 어떻게 배열되어 있는지 또는 변수명이 입력되어 있는지 지정해야 한다. 실습파일 [data2.txt]을 열어보면 첫 번째 행에 변수 이름이 저장되어 있지 않다 (대부분의 고정 너비로 배열된 자료는 첫 번째 행에 변수명이 없다). 따라서 "변수이름이 파일의 처음에 있습니까?"에서 [아니오]를 선택한다. 그리고 문제에서 [data2.txt]는 고정 너비로 구분되어 있다고 하였기 때문에 [고정 너비에 의한 배열]을 선택한 후 [다음]을 클릭한다.

[data2.txt] 텍스트 가져오기 마법사 2단계

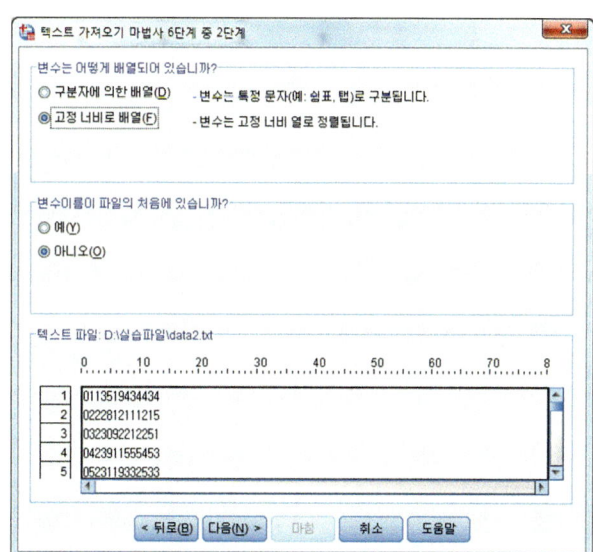

3. 텍스트 가져오기 마법사 3단계에서는 본 실습파일은 각 행마다 하나의 케이스 자료가 입력되어 있고 두 번째 행부터 자료가 시작하므로 별다른 옵션을 선택하지 않고 바로 [다음]을 클릭한다.
4. 구분자로 변수가 구분되어 있는 데이터를 불러오기 위하여 앞의 텍스트 가져오기 마법사 2단계에서 [고정 너비에 의한 배열]을 선택하였으므로 텍스트 가져오기 마법사 4단계에서는 각 변수의 시작 위치를 지정하여야 한다. 코드북을 참고하여 각 변수의 시작위치를 지정하도록 한다. 데이터 미리보기를 확인 후 [다음]을 클릭한다.

[data2.txt] 텍스트 가져오기 마법사 4단계

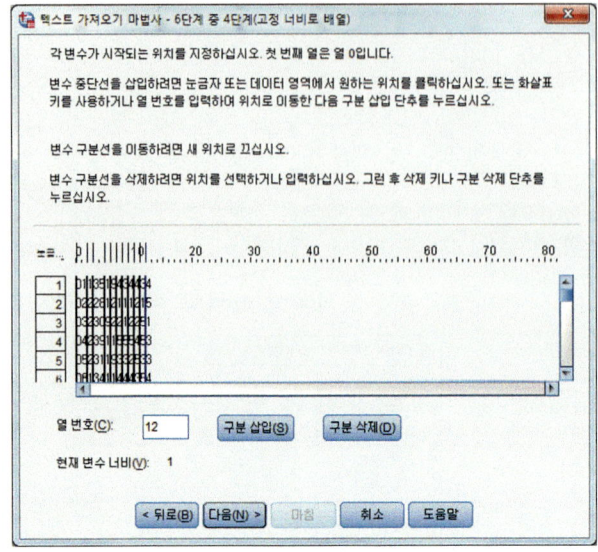

5. 텍스트 가져오기 마법사 5단계에서는 코드북 또는 설문지를 참고하여 변수명과 데이터 형식을 지정한다. 코드북을 참고로 변수명을 입력한 후 [다음]을 클릭한다.

[data2.txt] 텍스트 가져오기 마법사 5단계

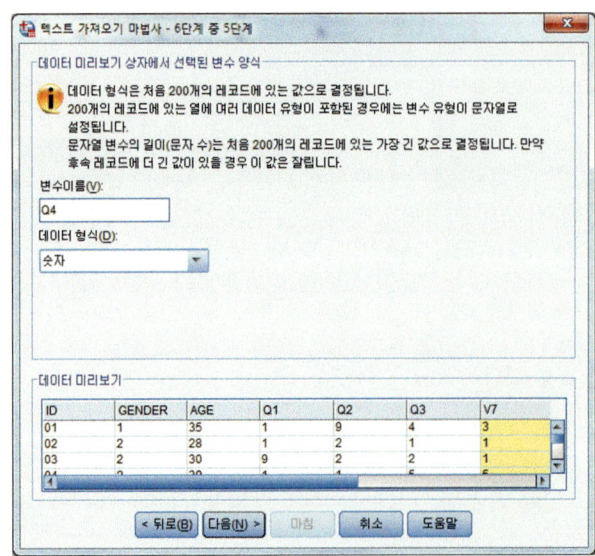

6. 텍스트 가져오기 마법사 6단계 대화상자 하단의 데이터 미리보기를 통해 최종적으로 불러오게 되는 데이터를 확인하고 문제가 없다면 [마침]을 클릭한다.

www.정훈에듀.com

05 데이터 편집기

데이터 불러오기 또는 입력한 후엔 입력된 자료들의 변수에 대한 정의를 실시해야 한다. 그 후 자료 분석의 용도에 맞게 자료를 변환하거나 선택하는 등의 과정이 필요하다. SPSS에서 이러한 과정은 데이터 편집기에서 이루어지며 이번 장에서는 이와 관련하여 설명하도록 한다.

1 변수보기

불러오기 또는 입력된 자료들을 사용하기 위해서 우선, 입력되어 있는 데이터의 변수들에 대한 정보를 정의해야 한다. SPSS 데이터 편집기창의 [변수보기] 탭을 선택하면 변수의 이름(name), 유형(type), 너비(width), 소수점 이하 자리(decimals), 설명(label), 값(values), 결측값(missing), 열(columns), 맞춤(align), 측도(measure) 등을 정의할 수 있다.

(1) 이름

① [이름]에서는 변수의 이름을 지정한다. SPSS는 변수명이 없이 원시 데이터를 불러오거나 자료를 직접 입력한 경우 변수 이름이 표시되고 할당된 변수가 없으면 자동으로 이름을 할당(예 VAR00001, VAR00002,...)한다.
② 변수명으로 영문 또는 한글로 입력할 수 있으나 숫자 또는 기호로 변수 이름을 시작할 수 없다. 그리고 변수명에는 공백 또는 특수 문자(!, ?, /, * 등)가 포함될 수 없다.
③ 여러 변수가 입력되는 경우 각 변수들의 이름은 서로 중복될 수 없으므로 변수명을 입력할 때 유의해야 한다.

(2) 유형

① [유형]에서는 변수의 유형과 너비(자리수), 소수점 이하 자리 수를 지정한다. 관측 자료를 표기하는 방식을 설명해준다. 일반적으로 SPSS의 변숫값들은 숫자(numeric)형식으로 간주하나, 적합한 통계분석을 위해서 변수의 형식을 임의로 바꿀 수 있다.
② [유형]의 '숫자'를 선택하고 [...] 단추를 누르면 다음과 같이 여러 가지 유형을 선택할 수 있으며 각 유형에 대한 설명은 [표 : 변수 유형과 내용 및 예시]와 같다.

변수 유형 대화상자

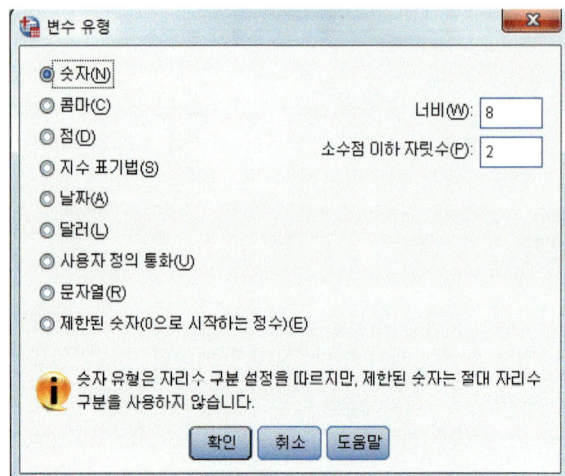

변수 유형과 내용 및 예시

유형	내용	예
숫자	변수의 값이 수치인 경우	-
콤마	3자리마다 콤마를 표기하는 경우	1,234.56
점	3자리마다 점을 표기하는 경우	1.234,56
지수 표기	지수형식으로 표기하는 경우	1.2E+3
날짜	날짜 및 시간으로 표기하는 경우	01/01/2016
달러	미국 화폐를 접두어로 표기하는 경우	$1,234.56
문자	문자, 숫자, 특수문자를 표기하는 경우	-

(3) 유형

변수가 입력될 값의 길이(length)를 의미한다. 문자변수의 경우 실제 입력될 값보다 너비가 커도 되지만 작은 경우 지정된 너비 이후의 값은 제외된다(예 실제값=abcde, 너비=4, 입력값=abcd).

(4) 소수점 이하 자리

숫자의 경우 표기할 소수점 이하 자리를 지정한다.

(5) 설명 레이블

변수이름과 변숫값에 대한 이해를 돕기 위해 사용되는 설명문이다. 설명의 종류에는 변수의 의미를 설명하는 변숫값 설명이 있다. 예를 들어 본 교재의 예제파일 [example.sav]에서 변수 'parti'는 교육프로그램 이수 여부를 나타내는 변수이므로 이를 설명하기 위해 [설명]에 '교육프로그램 이수 여부'와 같이 입력할 수 있다.

(6) 설명 레이블

값(변숫값 레이블) 대화상자

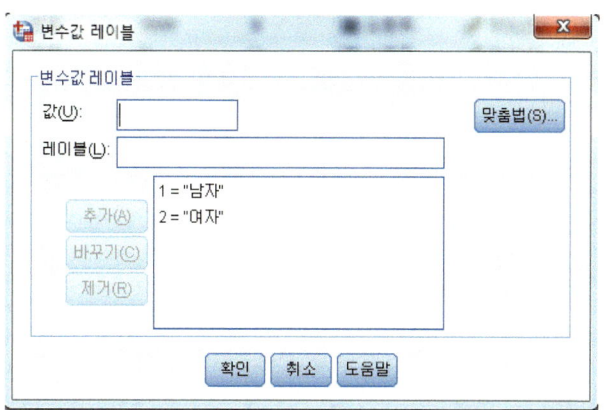

[값] 밑에 있는 해당 변수에 대한 위치를 선택하고 [...] 단추를 누르면 변숫값 설명이라는 대화상자가 나타난다. 예를 들어 본 교재의 예제파일 [example.sav]에서 변수 gender 는 성별을 나타내는 변수이다. [값]란에 1부터 2까지의 값 중 하나를 입력하고 그에 해당하는 설명을 입력한 후 추가 버튼을 누른다. 예제의 경우 1은 "남자", 2는 "여자"라고 정하였다. 그 결과 하단 상자에서 1 = "남자", 2 = "여자"와 같이 최종 입력이 된다.

(7) 결측값

결측값 대화상자

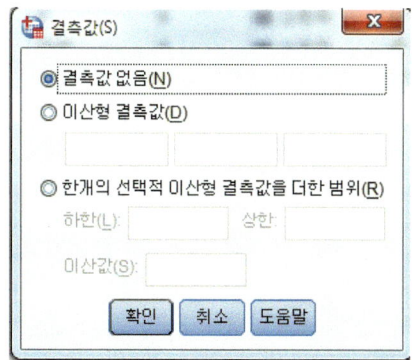

결측값은 응답자가 설문에 응답하지 않는 경우, 코딩 시에 여백으로 또는 특별한 수치(9, 99, 999) 등으로 처리한 경우를 의미한다. 결측값의 종류에는 시스템 결측값과 사용자 결측값의 두 가지 방법이 있다.

① **시스템 결측값** : 시스템 결측값은 응답치가 공백으로 처리된 경우, 이를 시스템 결측값이라고 한다. 이때 결측값은 점(.)으로 표시된다. 사용자 결측값은 응답치가 구체적으로 어떻게 누락되었는가를 나타내기 위해 사용되는 경우이다.
② **이산형 결측값** : 이산형 결측값으로 정해진 숫자 및 문자를 결측값으로 정의하여 처리할 수 있다. 예를 들어 설문조사에서 '잘 모르겠음'은 99, '해당 없음'은 999, '응답거부'는 9999 등으로 사용자 결측값를 지정하는 등의 방법이 있다. 8자가 넘는 문자의 경우는 결측값으로 정의할 수 없다.
③ **범위형 결측값** : 숫자변수에만 대해서는 결측값은 범위로 지정할 수도 있다. [한 개의 선택 이산형 결측값을 더한 범위]에서 결측값으로 정할 범위의 하한과 상한 및 결측값으로 포함할 숫자를 정의할 수가 있다.

(8) 열

열은 문자의 수를 지정한다. 이는 데이터 보기에서 표기될 자료의 길이를 지정하며 열의 수가 바뀌어도 실제 정의된 변수의 자리 수에는 영향을 주지 않는다. 실제 값의 자리수가 지정된 열의 수보다 크면 데이터 보기 창에서 [...]으로 나타난다.

(9) 맞춤

맞춤은 편집창의 셀 안에서 표기될 자료의 정렬방식을 알려주며 '왼쪽', '오른쪽', '가운데 정렬' 중 선택한다.

(10) 측도

측도는 변수의 척도를 결정하는 방식을 의미한다. '명목', '순서', '척도'로 지정할 수 있다. 그 중 척도는 등간척도와 비율척도에 해당되는 변수를 지정할 경우에 사용하며, 순서척도는 순서(서열)척도를 지정하는 경우 사용한다. 그리고 명목척도는 분류·구분하는 경우에 사용되는 경우 사용한다.

(11) 예제 자료의 변수들에 대한 정의

본 교재의 예제파일 [example.sav]의 경우 각 변수에 대한 입력내용은 다음과 같이 정의하였다.
① **변수 유형** : 자료들은 설문문항의 번호로 코딩하여 입력하였기 때문에 우선 변수의 유형은 모두 숫자로 지정하였다.
② **너비** : 너비는 각 변수의 최대길이로 자동설정하도록 하였다.
③ **소수점** : 소수점을 갖는 자료가 없어 소수점 이하 자리는 0으로 통일하였다.
④ **기타 정의** : 이외에 설명(레이블), 결측값 처리, 측도는 다음 표와 같다.

예제파일 [example.sav]의 변수명과 설명, 결측값, 측도에 대한 설정

변수명	설명(레이블)	결측값	측도
id	ID	없음	척도
gender	성별	없음	명목
age	나이	없음	척도
income	소득	없음	순서
region	지역	없음	명목
party	이전 교육 참여여부	없음	척도
time	자습시간	없음	척도
won	지출비용	9999	척도
i1	만족도1	9	척도
i2	만족도2	없음	척도
i3	만족도3	없음	척도

⑤ **결측값** : won(지출비용; 문항 7)과 i1(만족도1; 문항 8-1)의 경우 결측값을 가지고 있지만 won의 경우 결측값이 원시자료에서 공백으로 입력되어 SPSS에서 마침표(.)로 SPSS에서 자동 결측값 처리가, i1의 경우 결측값이 9로 입력되어 SPSS에서 결측값으로 인식하도록 하기 위하여 사용자가 직접 결측값을 지정해 주어야 한다. 예제에서는 [결측값]에서 이산형 결측값란에 9를 지정해주어야 한다.

예제파일 [example.sav]에서 변수 보기의 설정 결과

	이름	유형	너비	소수점이...	레이블	값	결측값	열	맞춤	측도	역할
1	id	숫자	3	0		없음	없음	2	를 오른쪽	척도(S)	입력
2	gender	숫자	1	0		없음	없음	8	를 오른쪽	명목(N)	입력
3	age	숫자	2	0		{1, 남자}...	없음	8	를 오른쪽	척도(S)	입력
4	income	숫자	1	0		없음	없음	8	를 오른쪽	순서(O)	입력
5	region	숫자	1	0		{1, 서울}...	없음	8	를 오른쪽	명목(N)	입력
6	parti	숫자	1	0		없음	없음	8	를 오른쪽	척도(S)	입력
7	time	숫자	2	0		없음	없음	8	를 오른쪽	척도(S)	입력
8	won	숫자	4	0		없음	9999	8	를 오른쪽	척도(S)	입력
9	i1	숫자	1	0		없음	9	8	를 오른쪽	척도(S)	입력
10	i2	숫자	1	0		없음	없음	8	를 오른쪽	척도(S)	입력
11	i3	숫자	1	0		없음	없음	8	를 오른쪽	척도(S)	입력

2 데이터의 편집

편집(edit)은 데이터의 내용을 수정하거나 복사하는데 사용되는 메뉴이다. 그중 데이터 복구하기, 수정하기, 잘라내기, 복사하기, 붙이기 등에 관하여 알아본다.

(1) 지워진 데이터 복구하기

입력된 데이터가 지워진 경우, 복구(undo)를 누르거나, Ctrl+Z를 누르면 원래의 데이터를 복구할 수 있다.

(2) 입력된 자료의 수정

이미 입력된 자료를 수정하려면 셀에 마우스의 포인트를 이동시켜 이미 입력되어 있는 자료값을 더블 클릭한 후 자료를 수정하거나 delete 키로 입력되어 있던 값을 삭제 또는 마우스 우클릭 후 생성되는 메뉴에서 지우기를 선택하여 입력되어 있던 값을 삭제한 후 새로운 자료값을 입력한다.

(3) 잘라내기, 복사하기, 붙이기

① 자료를 잘라내거나, 복사하거나, 붙이기를 위해서는 편집(edit) 메뉴에서 작업을 진행하면 된다. 이는 기존의 엑셀이나 문서작업에서 사용하는 방법과 동일, 유사하다.
② 잘라내기(cut)는 잘라내는 범위를 정한 후 편집메뉴에서 [잘라내기]을 누르거나 Ctrl+X를 누른다. 복사(copy)는 복사하는 범위를 정한 후 편집메뉴에서 [복사]를 누르거나 Ctrl+C를 누른다. 붙여넣기(paste)는 붙여넣는 범위를 정한 후 편집메뉴에서 [붙여넣기]를 누르거나 Ctrl+V를 누른다.

적중예상문제

※ '30대 이하 직장인들의 직장생활 만족도' 조사결과가 입력되어 있는 [data2.txt] 파일은 고정 너비로 구분된 자료이며 해당 자료의 코드북은 다음 표와 같다. 원시 데이터를 SPSS를 이용하여 불러온 후 변수 보기에서 변수명, 설명, 결측값 등을 정의하시오.

'30대 이하 직장인들의 직장생활 만족도' 조사 코드북

변수명(variable name)	칼럼 수	내 용
일련번호	2	세 자리 숫자
성별	1	1 : 남자, 2 : 여자
연령	2	두 자리 숫자
기업규모	1	1 : 중소기업, 2 : 중견기업, 3 : 대기업 (결측값 : 9)
고용형태	1	1 : 정규직, 2 : 비정규직, 3 : 기타 (결측값 : 9)
연봉	1	1 : 2천만 원 이하, 2 : 2천~3천만 원, 3 : 3천~4천만 원, 4 : 4천~5천만 원, 5 : 5천~6천만 원, 6 : 6천만 원 이상
만족도 1	1	1 : 매우 아니다, 2 : 아니다, 3 : 보통이다, 4 : 그렇다, 5 : 매우 그렇다 (결측값 : 9)
만족도 2	1	
만족도 3	1	
만족도 4	1	
이직 고려	1	

해설 [data2.txt] 파일은 [고정 너비로 분류]된 텍스트 파일이다. [data2.txt] 불러오기는 1장 4절의 적중예상 문제 2번째 문제의 해설을 참고하기 바란다.

1. 변수 보기

   텍스트 파일을 SPSS로 불러왔다면 코드북을 이용하여 각 변수의 명칭과 특성을 [변수 보기]에서 지정하도록 하자. 먼저 텍스트 가져오기 5단계에서 특별히 변수명을 지정하지 않았다면 다음과 같이 총 11개의 변수가 V1~V11이라는 이름으로 불려 왔을 것이다.

   SPSS로 적중예상문제 [data2.txt] 파일을 불러온 결과

2. 변수명 입력

   먼저 변수명(이름)을 입력하기 위해서 한글 또는 영문으로 시작해야 함을 주의하자. 각 변수를 쉽게 알아보기 위해서 다음과 같이 일련번호는 'ID', 성별은 'GENDER', 연령은 'AGE', 기업규모, 고용형태, 연봉은 각각 'A1, A2, A3'로, 만족도 1~4는 'B1~B4'로, 이적 고려는 'C1'으로 입력하도록 하자.

   변수명 입력

	이름
1	ID
2	GENDER
3	AGE
4	A1
5	A2
6	A3
7	B1
8	B2
9	B3
10	B4
11	C1
12	

www.정훈에듀.com

3. 너비 및 설명

너비는 코드북에 나와 있는 너비를 그대로 입력하고, 설명(레이블) 또한 코드북에 나와 있는 각 변수의 설명을 입력한다.

4. 결측값

이와 같이 [변수 보기]에서 각 변수의 특성을 지정할 때 중요한 점이 코드북의 내용을 보면 각 변수별로 결측값이 어떤 값으로 입력되어 있는지 확인할 수 있다. 결측값은 처음 변수를 정의할 때 제대로 해두면 이후 분석에서 문제가 발생하지 않으므로 신경을 써서 입력하여야 한다.

5. 값과 측도

값에 해당 변수의 내용에 맞는 값들을 입력하고 최종적으로 해당 변수들이 각각 어떤 측도인지 생각하여 입력하는 것이 좋다.

6. 측도 정의의 유용성

모든 변수는 코딩과정에서 숫자로 표현되었지만, 실제 변수들의 어떤 측도인지 알고 있고 정의해두면 통계 분석 시 용이하다. 예를 들어 일련번호(ID), 성별(GENDER), 기업규모(A1), 고용형태(A2)는 전부 숫자로 입력되어 있지만 '명목형 측도'이며 연령(AGE)는 '척도'(SPSS에서 등간척도와 비율척도는 전부 '척도'로 정의함), 연봉(A3)은 '순서형 측도'로 생각할 수 있다. 만족도 1-4(B1-B4)와 이직고려(C1)은 리커드 척도로서 '순서형 측도' 또는 '척도'로 생각할 수 있다. 본 교재에서는 리커드 척도는 '척도'로 정의한다.

7. 변수 정의의 결과

[data2.txt]을 불러온 후 변수들에 대한 특성 정의

	이름	유형	너비	소수점이	레이블	값	결측값	열	맞춤	측도	역할
1	ID	숫자	2	0	일련번호	없음	없음	8	오른쪽	명목(N)	입력
2	GENDER	숫자	1	0	성별	{1, 남자...	없음	8	오른쪽	명목(N)	입력
3	AGE	숫자	2	0	연령	없음	없음	8	오른쪽	척도(S)	입력
4	A1	숫자	1	0	기업규모	{1, 중소기업...	9	8	오른쪽	명목(N)	입력
5	A2	숫자	1	0	고용형태	{1, 정규직...	9	8	오른쪽	명목(N)	입력
6	A3	숫자	1	0	연봉	{1, 2천만원...	없음	8	오른쪽	순서(O)	입력
7	B1	숫자	1	0	만족도 1	{1, 매우 아...	9	8	오른쪽	척도(S)	입력
8	B2	숫자	1	0	만족도 2	{1, 매우 아...	9	8	오른쪽	척도(S)	입력
9	B3	숫자	1	0	만족도 3	{1, 매우 아...	9	8	오른쪽	척도(S)	입력
10	B4	숫자	1	0	만족도 4	{1, 매우 아...	9	8	오른쪽	척도(S)	입력
11	C1	숫자	1	0	이직고려	{1, 매우 아...	9	8	오른쪽	척도(S)	입력

위와 같이 코드북을 참고하여 [변수 보기]에서 변수들의 특성을 전부 정의하였으면 SPSS 데이터 파일로 저장하면 된다. 독자들은 [data2.sav]의 변수 보기와 비교하여 올바르게 변수들의 특성을 정의하였는지 확인하기 바란다.

변수 보기에서 변수의 특성을 전부 지정한 결과

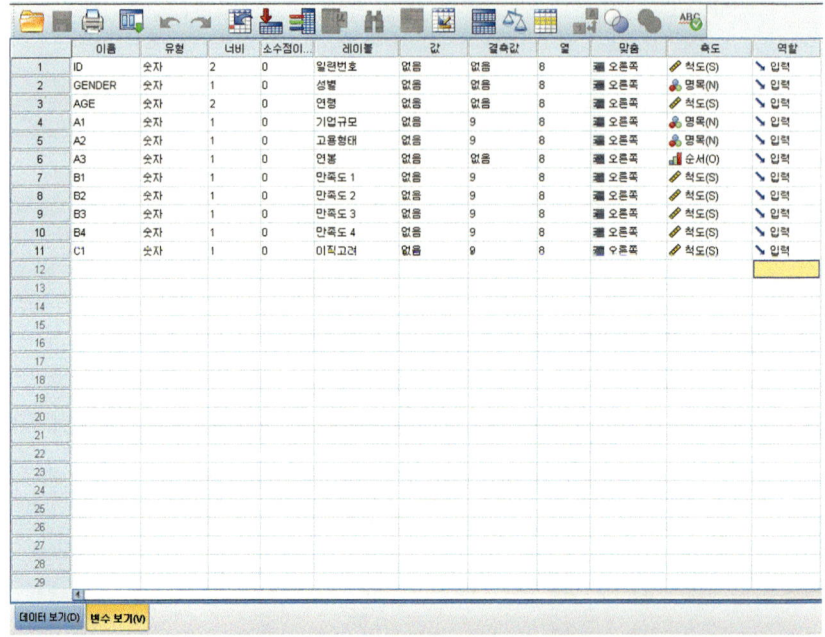

www.정훈에듀.com

06 데이터의 변환

데이터의 변환은 기존 데이터에 포함된 변수를 이용하여 새로운 변수계산하거나 기존 코딩값을 다른 값으로 변환하는 코딩변경을 필요로 하거나 금융자료의 경우 시계열변수 생성 등 다양한 작업을 할 수 있게 해준다. 이번 장에서는 코딩변경 및 변수 계산에 대하여 다루도록 한다.

1 코딩변경

(1) 코딩변경 필요성

① **범주형 변수의 코딩변경** : 예제파일 [example.sav]의 지역 변수(region)는 네 개의 범주로 주어진 변수이다. 지역 변수를 다음과 같은 세 개의 큰 범주로 바꾸어 생각해보도록 하자. 우선 서울(1)과 광역시(2)를 '대도시'로 바꾸어 생각할 수 있고 중소도시(3)와 읍면지역(4)는 그대로 '중소도시'와 '읍면지역'으로 표현하고자 한다. 즉 연구자는 4개의 지역이 아닌 3개의 지역으로 구분하고자 할 때 기존의 변수에 대하여 코딩변경이 필요하다.

② **연속형 변수의 코딩변경** : 예제파일 [example.sav]의 연속형 변수인 자습시간(time)을 10시간을 기준으로 학습 시간이 적은 집단과 많은 집단으로 나누는 범주형 범주로 바꾸는 경우를 생각해보자. 이 경우는 연속형 변수를 범주형 변수로 변환하는 코딩변경이 필요하다. 이렇게 기존의 변수를 새로운 변수로 변환할 수 있는 SPSS의 코딩변경 메뉴를 통하여 변환하여 보도록 한다.

③ **SPSS에서 코딩변경** : SPSS에서 코딩변경하는 방법은 두 가지로 나뉜다. 하나는 기존의 변수에 입력된 값을 재할당하거나 새로운 값으로 변경하는 [같은 변수로 코딩변경]이며 또 다른 하나는 기존의 변수에 입력된 값을 이용하여 새로운 변수를 생성하는 [다른 변수로 코딩변경]이다.

(2) 같은 변수로 코딩변경

같은 변수로 코딩변경은 기존 변수의 값이 새로운 코딩 값으로 대체되는 방법이다. 같은 변수로 코딩변경을 위해서 다음과 같이 실행한다.

① **같은 변수로 코딩변경 실행** : 메뉴의 [변환] → [같은 변수로 코딩변경]을 실시하면 다음과 같은 대화 상자가 나타난다.

같은 변수로 코딩변경
변환(T)
같은 변수로 코딩변경(S)

② 같은 변수로 코딩변경 대화상자 : 대화상자에서 코딩변경을 실행할 변수를 선택하여 우측으로 화살표를 클릭하거나 더블 클릭하면 [변수] 칸에 선택한 변수가 추가된다. 그 후 대화상자에서 [기존값 및 새로운 값]을 선택하면 아래와 같은 다음과 같이 '기존값 및 새로운 값' 대화상자가 나타난다.

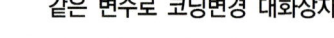

같은 변수로 코딩변경 대화상자

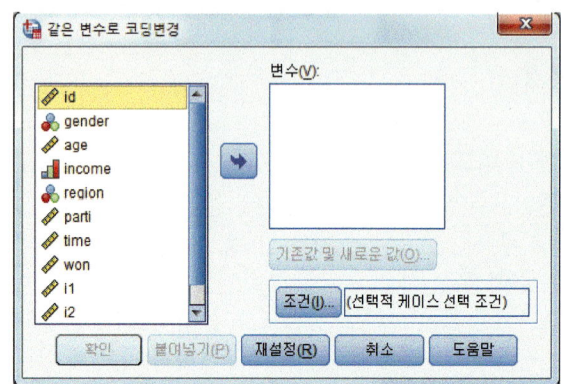

③ 기존값 및 새로운 값

같은 변수로 코딩변경 : 기존값 및 새로운 값 지정

㉠ 좌측은 [기존값]의 하나의 일정한 값, 일정 범위, 결측값 등의 코딩변경될 값 또는 범위를 선택, 입력하며 우측은 코딩변경될 값 또는 범위를 새로운 특정값 또는 결측값으로 지정할 수 있다. 기존값을 새로운 값으로 코딩변경하기 위해서 우선 좌측에서 새로운 값(또는 범위)을 입력하거나 우측에 변경하게 될 새로운 값을 입력한 후 좌측 [기존값 → 새로운 값]의 [추가] 버튼을 클릭하면 된다.
㉡ 코딩을 변경할 값들에 대하여 입력이 끝나고 [확인]을 누르면 최종적으로 기존의 변수의 값들이 설정한 새로운 코딩값으로 변경된다.

ⓒ 이러한 코딩변경은 결측값(시스템-결측값, 사용자 결측값)을 새로운 값으로 갖는 변수로 변경하거나 기존값을 결측값으로 변경도 가능하다. 또한 특정 값들을 코딩변경한 후 남은 모든 값에 대하여 [기타 모든 값]을 새로운 값으로 지정하여 남은 모든 값을 하나의 값으로 한 번에 바꿀 수 있다.

④ **예제를 통한 같은 변수로 코딩변경** : 앞서 예제파일 [example.sav]를 통하여 다음과 같이 코딩변경이 가능하다.

㉠ 지역 변수 코딩변경

ⓐ 지역 변수(region)을 서울(1)과 광역시(2)를 '대도시'로 바꾸고 중소도시(3)와 읍면지역(4)은 그대로 중소도시와 읍면지역으로 하는 같은 변수로 코딩변경을 하려고 한다. 이때 새로운 코딩은 대도시는 1로 중소도시는 2로 읍면지역은 3으로 바꾼다고 하자.

ⓑ 이때 대도시의 경우 서울(1)과 광역시(2)를 '1'이라고 지정해야 한다. 이를 위해 기존값의 [값]를 선택하여 '1'까지 입력하고 이후 새로운 값의 [값]에 '1'(대도시)을 입력한 후 추가를 클릭한다. 그리고 기존값의 [값]를 선택하여 '2'까지 입력하고 이후 새로운 값의 [값]에 '1'(대도시)을 입력한 후 추가를 클릭한다.

지역변수의 기존값을 새로운 값으로 코딩 변환

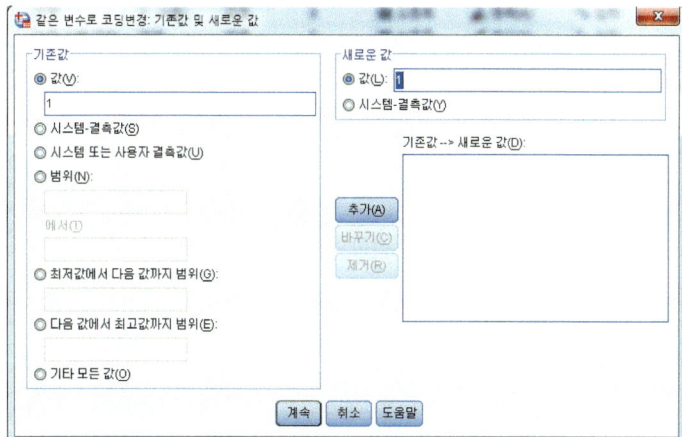

ⓒ 이와 같은 과정을 기존의 중소도시(3)를 새로운 값의 중소도시에 해당되는 '2'로 기존의 읍면지역(4)을 새로운 값의 읍면지역에 해당되는 '3'으로 코딩변경을 추가한 결과는 다음과 같다

같은 변수로 코딩변경의 예시 1

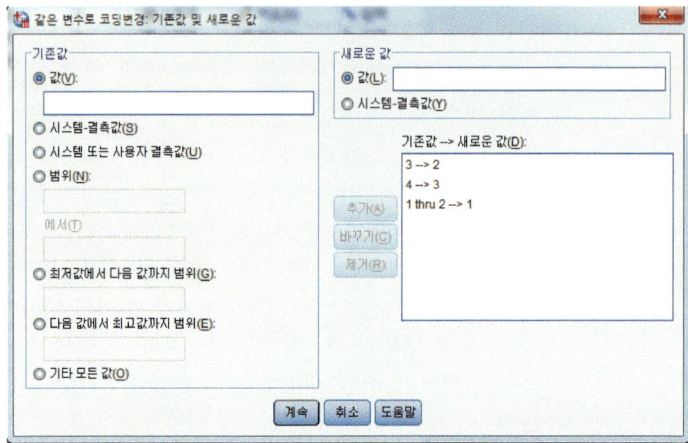

ⓓ 이와 같이 새롭게 변경될 코딩값을 설정한 후 [확인]을 클릭하고 [같은 변수로 코딩변경] 대화상자의 [확인]을 클릭하면 최종적으로 기존의 지역 변수의 값이 설정한 새로운 코딩으로 변경된다.

ⓛ 자습시간 변수 코딩변경

ⓐ 예제파일 [example.sav]를 통하여 연속형 변수를 새로운 범주형 변수로 다음과 같이 코딩변경이 가능하다. 자습시간(time)을 10시간을 기준으로 학습시간이 적은 집단과 많은 집단으로 나누는 범주형 범주로 바꾸려 한다.

ⓑ 이를 위해 [최젓값에서 다음값까지 범위]를 선택하여 '10'까지 입력하고 [추가]를 클릭한다. 이후 새로운 값에 '0'을 입력한다.

자습시간의 기존값을 새로운 값으로 코딩변경

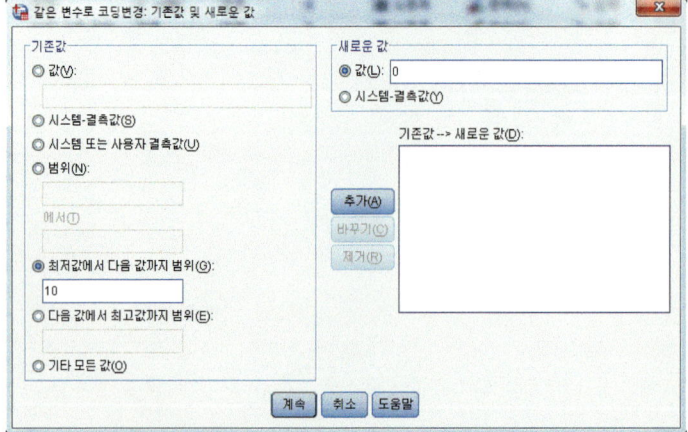

ⓒ 그리고 [기타 모든 값]을 선택한 후 새로운 값에 '1'을 입력하고 추가를 클릭한다. 이 때 자습시간의 새로운 코딩은 10시간 이하인 경우는 '0'으로 10시간 초과인 경우는 '1'로 코딩되며 코딩변경되도록 정의한 결과는 다음과 같다.

같은 변수로 코딩변경의 예시 2

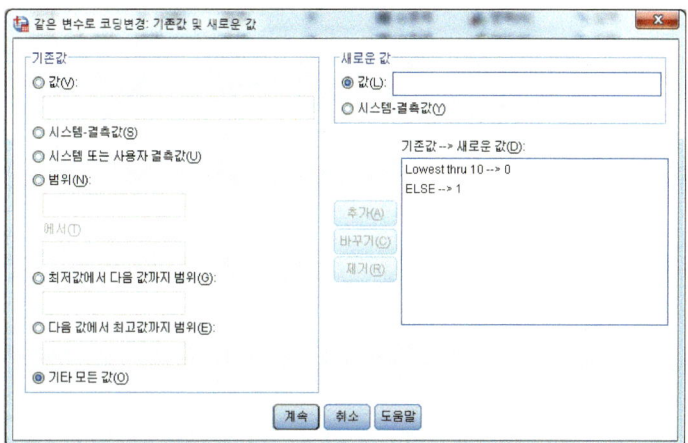

ⓓ 이와 같이 새롭게 변경될 코딩값을 설정한 후 [확인]을 클릭하고 [같은 변수로 코딩변경] 대화상자의 [확인]을 클릭하면 최종적으로 기존의 자습시간 변수의 값이 설정한 새로운 범주형 코딩으로 변경된다.

(3) 다른 변수로 코딩변경

다른 변수로 코딩변경은 기존 변수는 그대로 있고 지정한 코딩에 맞게 새로운 변수가 생성되는 방법이다. 다른 변수로 코딩변경을 실시하기 위해서 다음과 같은 과정을 따른다.

① **다른 변수로 코딩변경 실행** : 메뉴의 [변환] → [다른 변수로 코딩변경]을 실시하면 다음과 같은 대화 상자가 나타난다.

다른 변수로 코딩변경
변환(T)
다른 변수로 코딩변경(S)

② **다른 변수로 코딩변경 대화상자** : 우선 대화상자에서 코딩변경을 실행할 변수를 선택하여 우측으로 화살표를 클릭하거나 더블 클릭하면 [변수 입력 → 결과 변수] 칸에 선택한 변수가 추가된다. [결과 변수]의 이름에 새롭게 생성될 변수이름을 입력하고 변수에 대한 설명은 레이블에 입력한다. 그 후 [바꾸기]를 클릭하면 [변수 입력 → 결과 변수] 칸에 [기존의 코딩변경할 변수 → 새로운 변수]로 입력됨을 확인할 수 있다.

새로운 변수로 코딩변경 대화상자

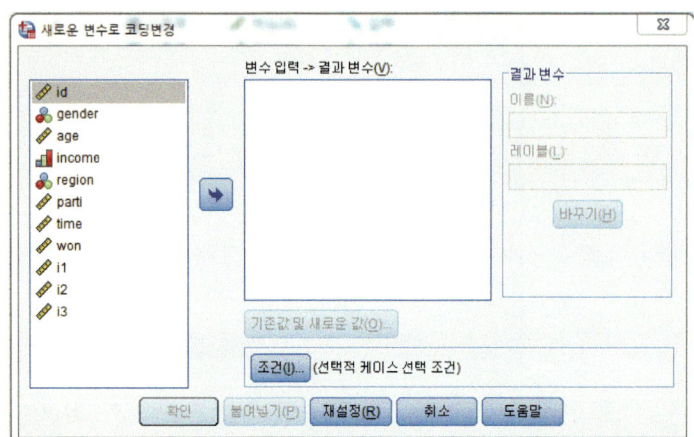

③ **기존값 및 새로운 값** : 그 후 대화상자에서 [기존값 및 새로운 값]을 선택하면 아래와 같은 '기존값 및 새로운 값' 대화상자가 나타난다. 좌측의 코딩이 변경할 기존값 설정과 우측의 변경될 새로운 값 설정은 앞의 같은 변수로 코딩하기와 동일하다. 좌측 하단에 코딩변경하여 새롭게 만들어질 변수의 유형을 문자형으로 바꾸고 싶다면 [결과변수가 문자열임]을 체크하면 된다.

새로운 변수로 코딩변경 : 기존값 및 새로운 값 지정

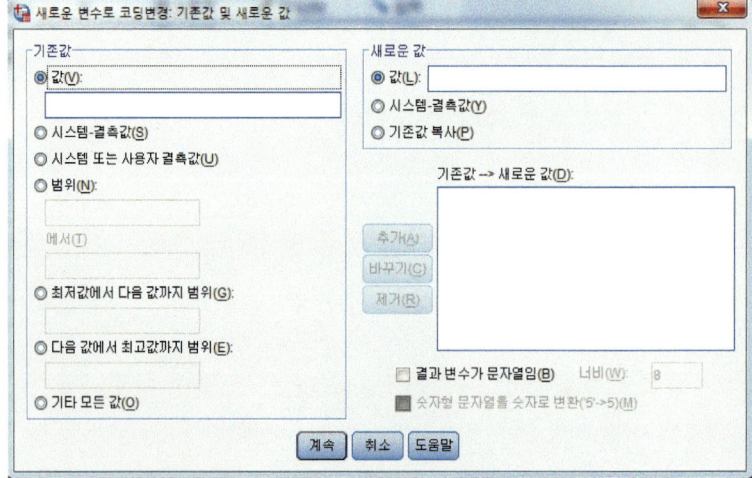

④ 예제를 통한 같은 변수로 코딩변경 : 예제파일 [example.sav]를 통하여 예를 들면 다음과 같이 코딩변경이 가능하다.
  ㉠ 지역 변수 코딩변경 : 먼저 지역 변수(region)를 서울(1)과 광역시(2)를 '대도시'로 바꾸고 중소도시(3)와 읍면지역(4)은 그대로 중소도시와 읍면지역으로 하는 region2(지역2)라는 새로운 변수로 코딩변경을 하고 이때 새로운 코딩은 앞서와 같이 대도시는 1로 중소도시는 2로 읍면지역은 3으로 바꾼다고 하자. 해당되는 코딩변경을 추가한 결과는 다음과 같다.

지역변수를 새로운 변수로 코딩변경

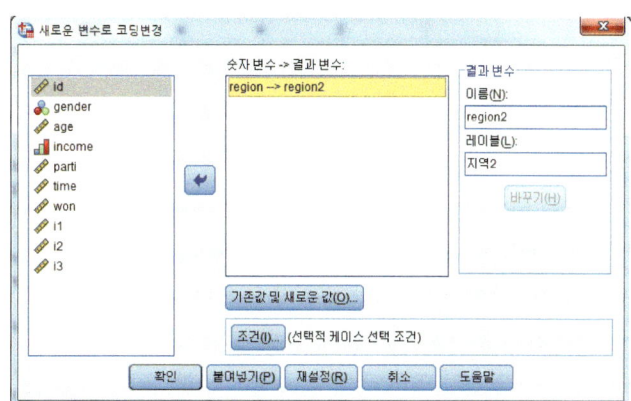

  ㉡ 이때 대도시의 경우 서울(1)과 광역시(2)를 '1'이라고 지정해야 한다. 이를 위해 기존값의 [값]를 선택하여 '1'까지 입력하고 이후 새로운 값의 [값]에 '1'(대도시)을 입력한 후 추가를 클릭한다. 그리고 기존값의 [값]를 선택하여 '2'까지 입력하고 이후 새로운 값의 [값]에 '1'(대도시)을 입력한 후 추가를 클릭한다.

지역변수의 기존값을 새로운 값으로 코딩변경

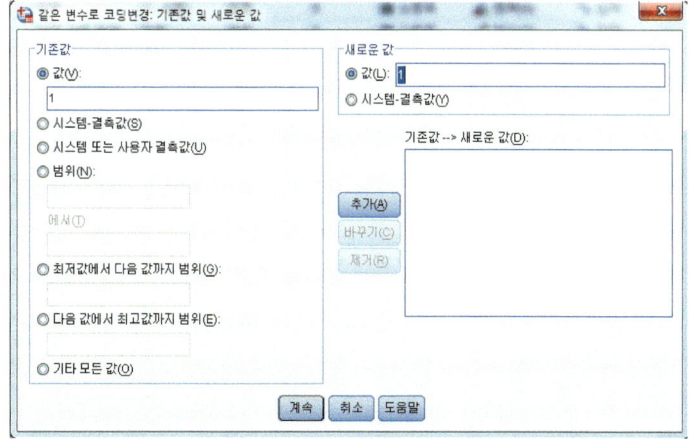

ⓒ 이와 같은 과정을 기존의 중소도시(3)를 새로운 값의 중소도시에 해당되는 '2'로 기존의 읍면지역(4)을 새로운 값의 읍면지역에 해당되는 '3'으로 코딩변경을 추가한 결과는 다음과 같다.

새로운 변수로 코딩변경의 예시 1

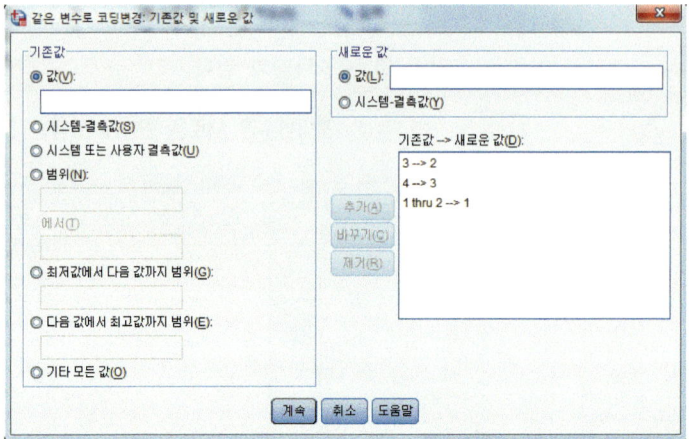

ⓔ 이와 같이 새롭게 변경될 코딩값을 설정한 후 [확인]을 클릭하고 [새로운 변수 코딩변경] 대화상자에서도 [확인]을 클릭하면 최종적으로 지역 변수를 이용하여 코딩변경이 변경된 지역2(region2) 변수가 생성된다.

⑤ 자습시간 변수 코딩변경

㉠ 예제파일 [example.sav]를 통하여 연속형 변수를 새로운 범주형 변수를 생성할 수 있다. 기존에 주어진 변수인 자습시간(time)을 이용하여 10시간을 기준으로 학습 시간이 적은 집단과 많은 집단으로 나누는 새로운 범주형 범주로 바꾸려 한다.

자습시간을 새로운 변수로 코딩변경

ⓛ 이를 위해 [최젓값에서 다음값까지 범위]를 선택하여 '10'까지 입력하고 [추가]를 클릭한다. 이후 새로운 값에 '0'을 입력한다.

자습시간의 기존 변수를 새로운 변수로 코딩 변환

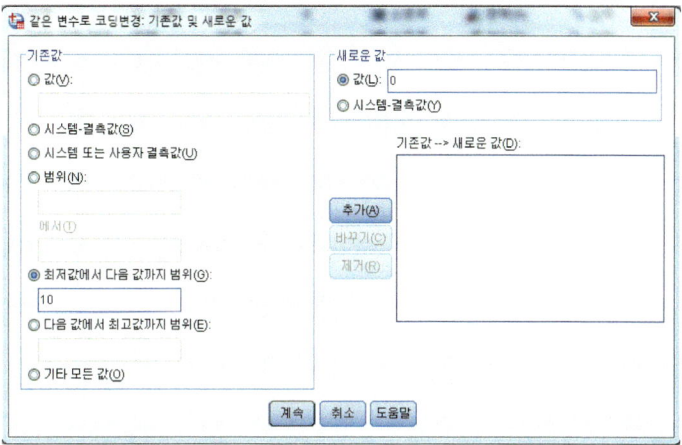

ⓒ 그리고 [기타 모든 값]을 선택한 후 새로운 값에 '1'을 입력하고 추가를 클릭한다. 이때 자습시간의 새로운 코딩은 10시간 이하인 경우는 '0'으로 10시간 초과인 경우는 '1'로 코딩되며 코딩변경 되도록 정의한 결과는 다음과 같다.

같은 변수로 코딩변경의 예시 2

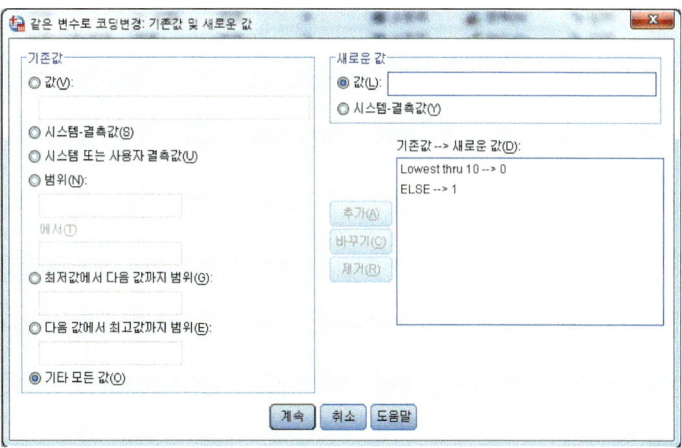

ⓔ 이와 같이 새롭게 변경될 코딩값을 설정한 후 [확인]을 클릭하고 [새로운 변수 코딩변경] 대화상자에서도 [확인]을 클릭하면 최종적으로 지역 변수를 이용하여 코딩변경이 변경된 자습시간2(time2) 변수가 생성된다.

⑥ 새로운 변수 생성 확인 : 새로운 변수 지역2(region2)와 자습시간 2(time2)가 생성된 결과는 다음과 같다. 자동으로 생성된 변수는 너비가 '8', 소수점 자리수가 '2'이므로 변수의 속성을 사용하고자 하는 용도에 정의해두는 것이 좋다. 본 예제의 경우 너비는 '1', 소주점 자리수는 '0'으로 정의하였다.

다른 변수로 코딩변경으로 생성된 새로운 변수들의 값

	id	gender	age	income	region	parti	time	won	i1	i2	i3	region2	time2
1	1	2	28	3	서울	1	18	7386	4	3	4	1	1
2	2	2	29	3	서울	1	7	5314	4	4	5	1	0
3	3	2	22	3	광역시	1	18	7039	3	3	3	1	1
4	4	2	42	3	중소도시	1	7	1999	2	2	4	2	0
5	5	2	46	5	읍면지역	1	13	2716	3	3	3	3	1
6	6	2	36	3	서울	1	8	4059	4	4	4	1	0
7	7	2	40	4	서울	1	2	3552	5	4	5	1	0
8	8	2	33	3	광역시	1	8	2116	2	2	4	1	0
9	9	2	33	5	중소도시	1	3	3002	4	4	3	2	0
10	10	2	31	4	읍면지역	1	11	4125	3	3	4	3	1
11	11	2	36	3	서울	1	9	4453	4	4	4	1	0
12	12	1	28	2	서울	1	3	5056	1	2	3	1	0
13	13	1	22	4	광역시	1	8	394	4	4	4	1	0
14	14	1	53	6	중소도시	1	8	3643	2	2	2	2	0
15	15	1	34	3	읍면지역	1	18	4856	4	4	4	3	1
16	16	1	29	3	서울	1	22	5695	3	3	3	1	1
17	17	1	31	2	서울	0	0	9999	9	2	4	1	0
18	18	1	24	2	광역시	1	3	2976	4	4	4	1	0
19	19	1	35	5	중소도시	1	15	1529	5	2	5	2	1
20	20	1	34	6	읍면지역	1	16	2211	2	3	3	3	1
21	21	1	22	3	서울	1	3	5821	4	3	4	1	0
22	22	1	34	2	서울	1	10	5581	3	3	3	1	0
23	23	1	27	2	광역시	1	3	2753	3	4	4	1	0
24	24	1	51	5	중소도시	1	5	2257	4	2	2	2	0
25	25	1	35	5	읍면지역	1	12	1704	5	4	4	3	1
26	26	1	39	5	서울	1	6	5656	4	5	4	1	0
27	27	1	26	2	서울	1	10	3412	4	4	4	1	0
28	28	1	37	5	광역시	1	21	3294	3	3	3	1	1
29	29	1	38	4	중소도시	1	21	4719	4	4	4	2	1
30	30	2	25	3	읍면지역	1	13	3274	4	3	4	3	1
31	31	2	28	2	서울	1	3	4351	5	5	5	1	0
32	32	2	33	3	서울	1	1	3100	3	3	4	1	0
33	33	2	30	3	광역시	1	9	2882	2	2	2	1	1
34	34	2	23	2	중소도시	0	0	9999	9	5	5	2	0
35	35	2	29	2	읍면지역	1	4	2400	4	4	3	3	0

다른 변수로 코딩변경으로 생성된 새로운 변수들의 특성

	이름	유형	너비	소수점이...	레이블	값	결측값	열	맞춤	측도	역할
1	id	숫자	3	0	ID	없음	없음	8	오른쪽	척도(S)	입력
2	gender	숫자	1	0	성별	없음	없음	8	오른쪽	명목(N)	입력
3	age	숫자	2	0	나이	{1, 남자}...	없음	8	오른쪽	척도(S)	입력
4	income	숫자	1	0	소득	없음	없음	8	오른쪽	순서(O)	입력
5	region	숫자	1	0	지역	{1, 서울}...	없음	8	오른쪽	명목(N)	입력
6	parti	숫자	1	0	이전 교육 참여...	없음	없음	8	오른쪽	척도(S)	입력
7	time	숫자	2	0	자습시간	없음	없음	8	오른쪽	척도(S)	입력
8	won	숫자	4	0	지출비용	없음	9999	8	오른쪽	척도(S)	입력
9	i1	숫자	1	0	만족도1	없음	9	8	오른쪽	척도(S)	입력
10	i2	숫자	1	0	만족도2	없음	없음	8	오른쪽	척도(S)	입력
11	i3	숫자	1	0	만족도3	없음	없음	8	오른쪽	척도(S)	입력
12	region2	숫자	1	0	지역2	없음	없음	10	오른쪽	명목(N)	입력
13	time2	숫자	1	0	자습시간2	없음	없음	10	오른쪽	명목(N)	입력

2 변수계산(Compute)

(1) 변수계산의 필요성

본 교재의 [예제 : 교육프로그램 설문조사]에서 교육프로그램에 마지막 8번 문항은 교육프로그램 만족도를 세 문항(문항 8-1, 8-2, 8-3; i1, i2, i3)으로 나누어 응답하도록 하였다. 교육프로그램 만족도에 대한 세 문항을 결과를 대표하는 하나의 값 바꿀 수 있다면 새롭게 만들어진 변수는 '교육프로그램의 전반적인 만족도'로 생각할 수 있다. 이를 위하여 세 문항에 대한 결과값들의 평균을 내거나 합 계산하여 '교육프로그램의 전반적인 만족도'를 나타내는 변수로 이용할 수 있다. 이렇게 변수들의 통합은 평균을 내거나 합쳐야할 변수들이 설명하는 새로운 변수에 대한 타당성과 신뢰성이 확보되어야 하므로 새로운 변수의 계산은 신중히 접근하여야 한다.

① 평균을 통한 새로운 변수 : 다시 말해 본 교재의 [예제 : 교육프로그램 설문조사]에서 교육프로그램에 대한 세 문항의 값의 평균을 '교육프로그램의 전반적인 만족도'로 사용하기 위하여 변수 계산을 이용하는 문제이다. 즉, 기존의 변수들의 평균을 이용하여 새로운 변수를 만드는 것이다.

교육프로그램 설문조사 중 8번 문항

08 교육프로그램 만족도에 대한 내용입니다. 아래 질문에 응답 바랍니다.

8-1. 교육프로그램 내용은 원하는 내용을 충분히 포함하고 있었다.
① 매우 아니다.   ② 아니다.   ③ 보통이다.
④ 그렇다.   ⑤ 매우 그렇다.

8-2. 교육프로그램의 교재 구성은 충분하다.
① 매우 아니다.   ② 아니다.   ③ 보통이다.
④ 그렇다.   ⑤ 매우 그렇다.

8-3. 교육프로그램을 다른 사람에게 추천할 의향이 있다.
① 매우 아니다.   ② 아니다.   ③ 보통이다.
④ 그렇다.   ⑤ 매우 그렇다.

(2) 변수계산 실행하기

SPSS에서 여러 수치형 변수들을 하나의 변수로 만들려면 다음과 같은 과정을 거친다.

① **변수계산 대화상자 호출** : 메뉴에서 다음과 같이 [변환] → [변수 계산]을 이용하면 다음과 같은 대화상자가 나타난다.

> 변환(T)
>   변수 계산(C)

변수 계산 대화상자

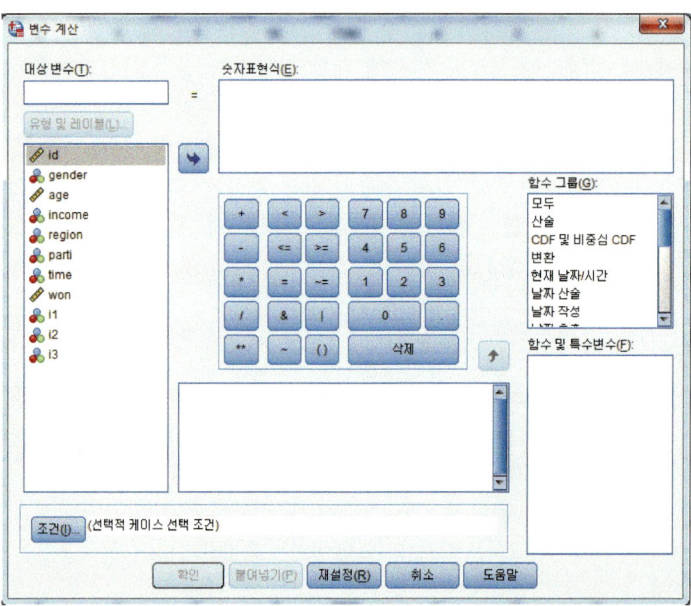

② **변수 계산 대화상자** : [대상변수]는 새롭게 만들어질 변수, [숫자표현식]은 새롭게 만들어질 변수에 이용되는 변수들과 그에 관한 함수를 나타내는 공간이다.

③ **함수 그룹 사용**

    ㉠ 예제파일 [example.sav]에서 세 문항(i1, i2, i3)에 대한 평균을 계산하여야 하므로, 우선 [대상변수]에 새롭게 생성될 변수의 이름(만족도)을 입력하고 [함수 그룹]에서 통계 관련 함수를 찾기 위해서 통계(Statistical)을 선택하면 [함수 및 특수변수]에 세부적인 함수들이 나타난다.

    ㉡ 예제에서는 평균을 사용하기 때문에 [함수 및 특수변수]에서 Mean(평균)을 선택하면 된다. 그리고 Mean(숫자표현식, 숫자표현식, …)에 평균을 낼 변수 i1, i2, i3를 다음과 같이 각각 입력한다.

평균(Mean)을 이용한 변수 계산

④ 새로운 변수의 유형 및 레이블

㉠ 새로 생성하는 변수 '만족도'에 대한 유형 및 설명을 설정하기 위하여 [유형 및 레이블]을 선택하면 [변수계산 : 유형 및 레이블] 대화상자가 나타난다. 레이블(설명)에 새롭게 생성되는 변수의 설명과 유형으로 문자 또는 숫자를 선택하면 된다. 유형의 디폴트는 숫자형이다.

㉡ 예제의 경우 아래와 같이 새로 생성하는 변수 '만족도'는 숫자 변수이며 레이블(설명)으로 '교육프로그램만족도'라고 입력하면 된다.

레이블 및 숫자 정의

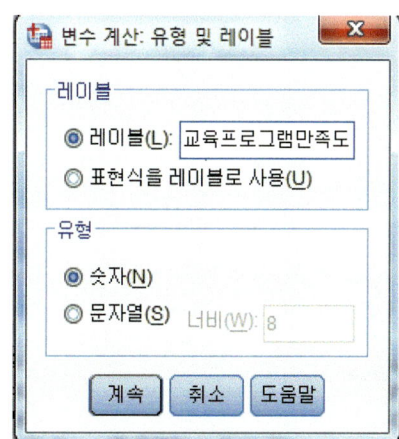

제1장 SPSS와 자료 다루기

⑤ 새로운 변수 생성 확인 : 그 결과 다음과 같이 교육프로그램의 전반적인 만족도를 대표하는 '만족도'라는 변수가 생성되어 있음을 확인할 수 있다.

변수계산으로 생성된 만족도 변수 1

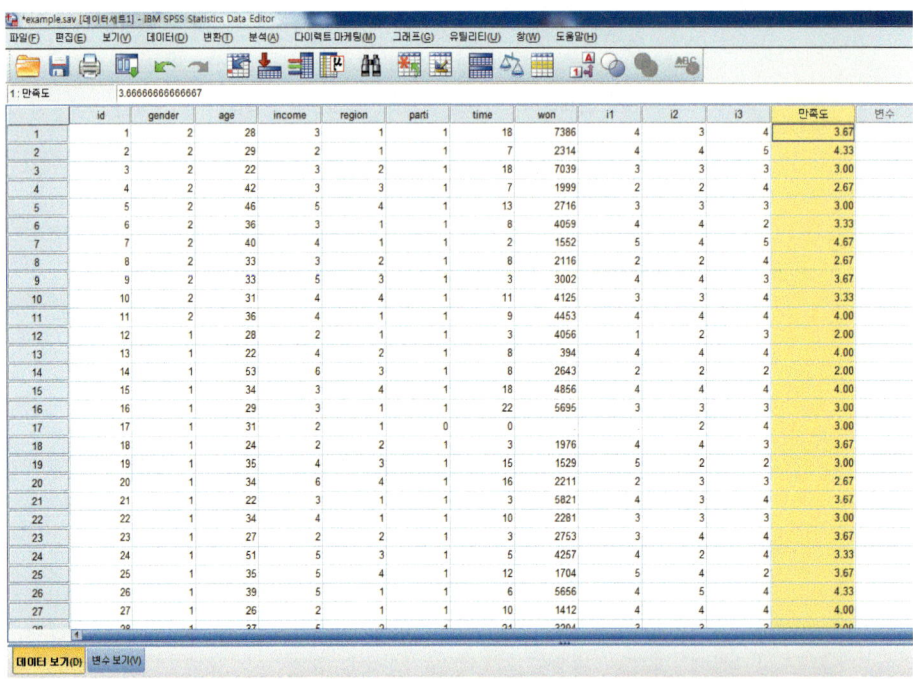

변수계산으로 생성된 만족도 변수 2

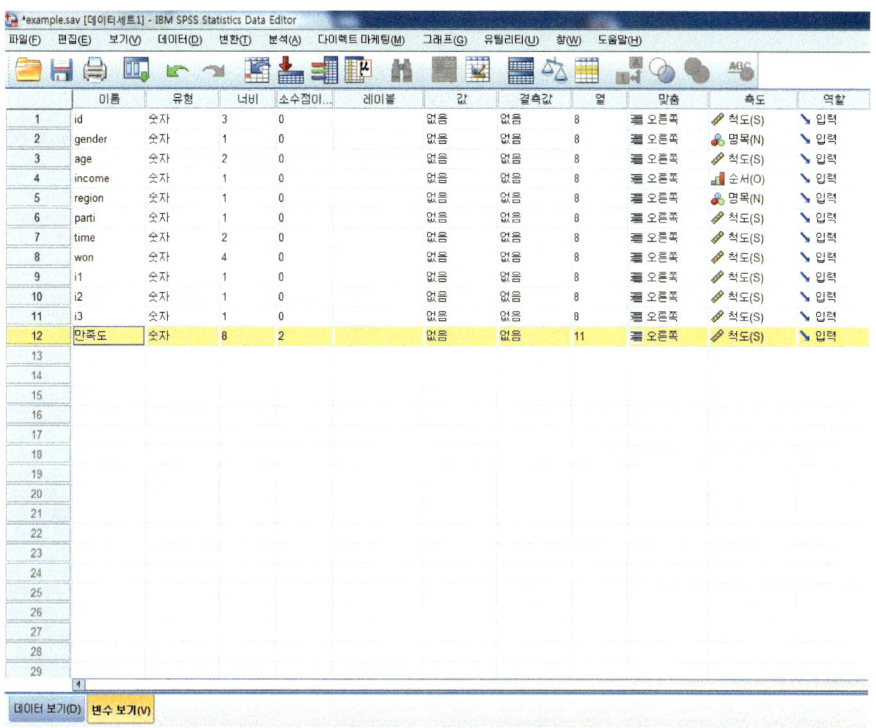

⑥ **변수계산에서 사용 가능한 함수들** : 변수계산을 이용하여 평균 이외에도 다양한 함수(사칙연산 포함)를 이용할 수 있다. 특히 기본적인 사칙연산인 +(더하기), -(빼기), *(곱하기), /(나누기)와 Ln(자연로그), Lg10(상용로그), Exp(지수) 등과 같은 산술계산이 가능하다. 다음 표는 변수 계산에서 사용하는 함수 중 통계 함수 그룹에서 제공하는 함수들에 대한 내용이다.

통계 함수 그룹의 함수들

이 름	내 용
Cfvar	변동계수(표준편차를 평균으로 나눈 값)를 계산
Max	입력된 변숫값들(2개 이상) 중 최댓값을 계산
Mean	입력된 변숫값들(2개 이상)의 평균을 계산
Median	입력된 변숫값들(2개 이상)의 중앙값을 계산
Min	입력된 변숫값들(2개 이상) 중 최솟값을 계산
Sd	입력된 변숫값들(2개 이상)의 표준편차를 계산
Sum	입력된 변숫값들(2개 이상)의 총합을 계산
Variance	입력된 변숫값들(2개 이상)의 분산을 계산

적중예상문제

※ '30대 이하 직장인들의 직장생활 만족도' 조사결과가 입력되어 있는 [data2.sav] 파일은 고정 너비로 구분된 자료이며 해당 자료의 코드북은 다음 표와 같다.

'30대 이하 직장인들의 직장생활' 조사 코드북

변수명	변수 설명	칼럼 수	내 용
ID	일련번호	2	세 자리 숫자
GENDER	성별	1	1 : 남자, 2 : 여자
AGE	연령	2	두 자리 숫자
A1	기업규모	1	1 : 중소기업, 2 : 중견기업, 3 : 대기업 (결측값 : 9)
A2	고용형태	1	1 : 정규직, 2 : 비정규직, 3 : 기타 (결측값 : 9)
A3	연봉	1	1 : 2천만 원 이하, 2 : 2천~3천만 원, 3 : 3천~4천만 원, 4 : 4천~5천만 원, 5 : 5천~6천만 원, 6 : 6천만 원 이상
B1	만족도 1	1	1 : 매우 아니다, 2 : 아니다, 3 : 보통이다, 4 : 그렇다, 5 : 매우 그렇다 (결측값 : 9)
B2	만족도 2	1	
B3	만족도 3	1	
B4	만족도 4	1	
C1	이직 고려	1	

01 추가 조사 결과 기업규모에서 결측값은 모두 중견기업으로 밝혀졌다. 이를 적용하여 기업규모의 결측값을 중견기업으로 바꾼 새로운 변수 A1_1을 생성하시오.

02 연속형 변수인 연령(AGE)을 20대와 30대 두 개의 범주로 바꾸어 사용하려고 한다. 연령에 대하여 두 개 범주를 갖는 변수 AGE_1을 생성하시오.

03 직장생활 만족도에 4개의 문항을 하나의 값으로 만들어 직장생활 만족도 전반에 대한 변수로 사용하고자 한다. 이때 새로운 변수는 만족도 1-4(B1-B4)의 평균과 중앙값 두 가지를 고려한다. 만족도 평균에 대한 변수 M1과 중앙값에 대한 변수 M2를 생성하시오. (결측값은 평균 및 중앙값 계산에서 제외하도록 한다)

해설 문제01

1. 결측값 확인 : 기업규모(A1)은 결측값이 9로 기입되어 있다. 추가 조사에서 결측값은 모두 중견기업이라고 했기 때문에 기업규모(A1)에서 결측값(9)으로 코딩되어 있는 값들을 중견기업(2)으로 바꾸어야 한다.
2. 다른 변수로 코딩변경 이용 : 새로운 변수 A1_1를 생성해야 하므로 [다른 변수로 코딩변경]을 이용한다.
   ① 새로운 변수 이름 설정 : [변환] → [다른 변수로 코딩변경]을 실행하고 변경할 변수로 기업규모(A1)를 지정하고 결과 변수 이름에 A1_1을 지정하여 [바꾸기]를 클릭하면 다음과 같다.

기업변수(A1)을 새로운 변수로 코딩할 A1_1 지정

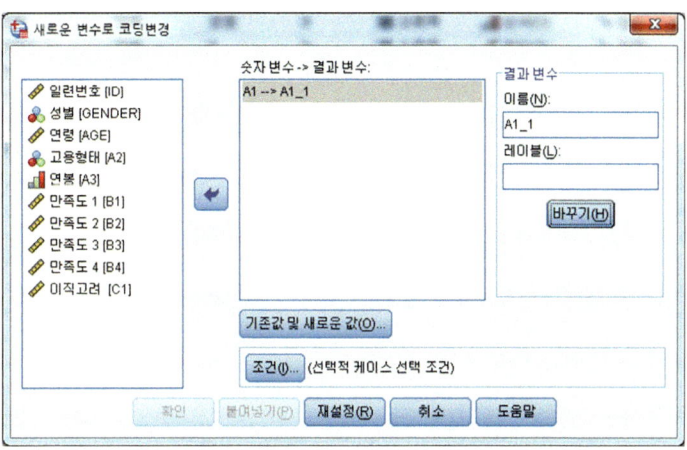

② 기존값 및 새로운값 설정
   ㉠ [기존값 및 새로운 값]을 선택하여 i) [시스템 또는 사용자 결측값]을 새로운 값 '2'로 지정하거나 ii) 결측값인 9를 [값]에서 지정하여 새로운 값 '2'로 지정한다. 그리고 [기타 모든 값]을 새로운 값에서 [기존값 복사]를 지정하면 결측값(9)만 2로 코딩이 변경되고 다른 값들은 그대로 갖는 새로운 변수가 생성된다.

시스템 또는 사용자 결측값을 2로 코딩변경

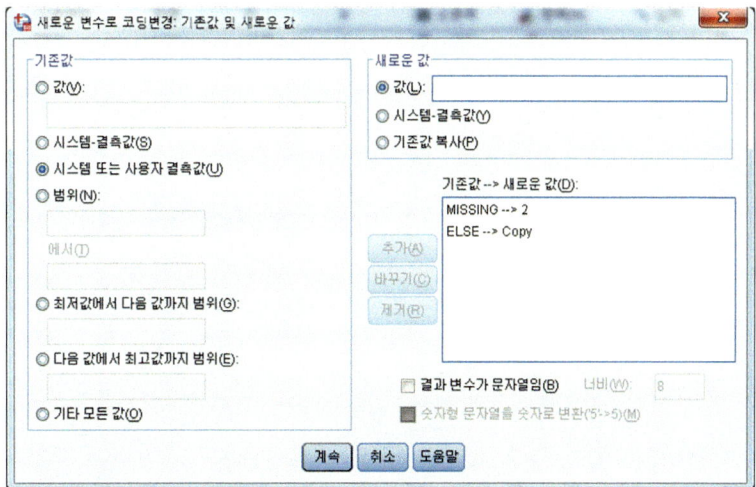

결측값의 값(9)를 2로 코딩변경

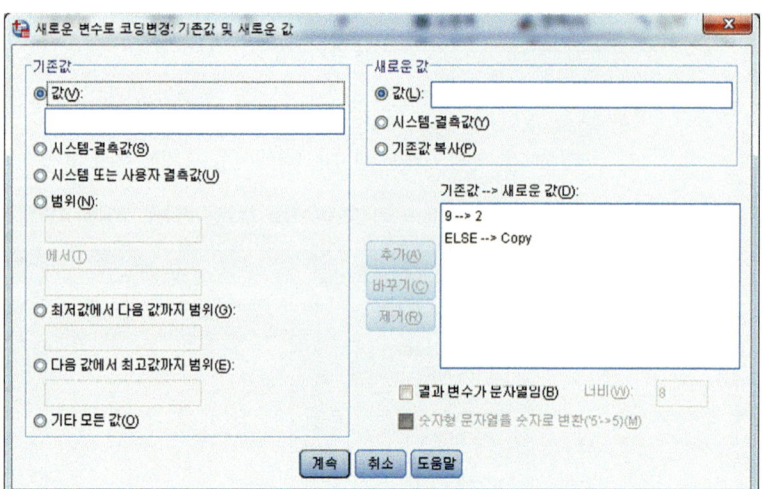

ⓒ 코딩변경을 전부 지정하였으면 [계속]을 클릭하고 새로운 변수로 코딩변경 대화상자에서 [확인]을 선택한다.

문제02
1. 다른 변수로 코딩변경 이용 : 연령(AGE)은 연속형 변수이다. 연속형 변수를 범위를 이용하여 새로운 변수를 만들기 위해서는 [다른 변수로 코딩변경]을 이용한다.
   ① 새로운 변수 이름 설정 : [변환] → [다른 변수로 코딩변경]을 실행하고 변경할 변수로 연령(AGE)을 지정하고 결과 변수 이름에 AGE_1을 지정하여 [바꾸기]를 클릭하면 다음과 같다.

연령(AGE)을 새로운 변수로 코딩할 AGE_1 지정

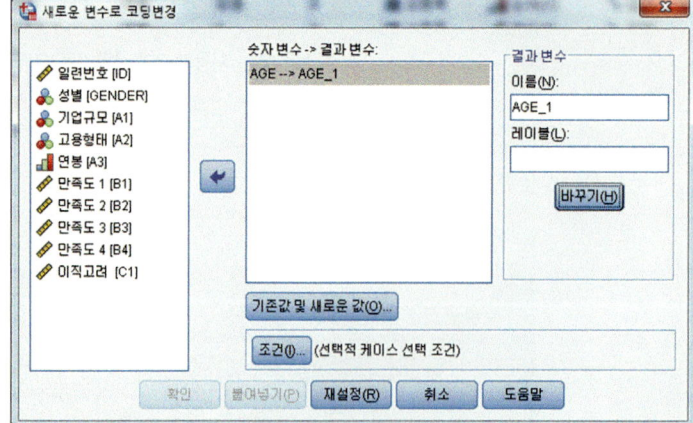

② 기존값 및 새로운 값 설정 : [기존값 및 새로운 값]에서 연속형 값들을 구간을 나누어 범주로 지정해주어야 한다. 먼저 20대를 지정하기 위해 i) [data2.sav]자료는 20~30대만을 조사하였기 때문에 [최저값에서 다음 값까지 범위]를 선택하여 '29'를 입력하고 새로운 값에서 '1'을 지정하고 [다음 값에서 최곳값까지 범위]를 선택하여 '30'을 입력하고 새로운 값에서 '2'를 지정한다. 또는 ii) [범위]를 선택하고 '20'에서 '29'를 입력하고 새로운 값에서 '1'을 지정하고 다시 [범위]를 선택하여 '30'에서 '39'를 입력하고 새로운 값에서 '2'를 지정한다.

새로운 값 코딩을 위해 최젓값 또는 최곳값을 이용

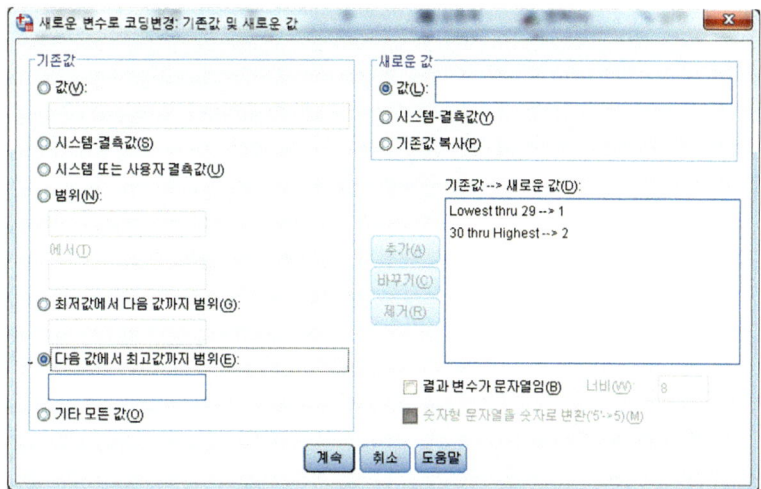

새로운 값 코딩을 위해 범위를 이용

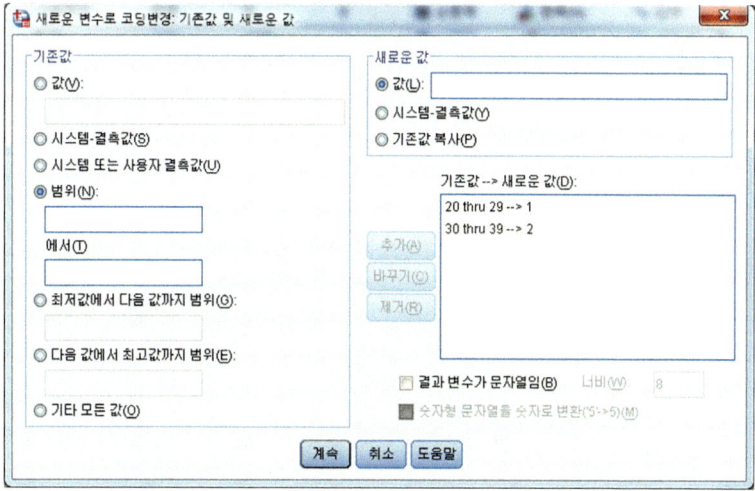

3. 생성된 변수 확인 : 코딩변경을 전부 지정하였으면 [계속]을 클릭하고 새로운 변수로 코딩변경 대화상자에서 [확인]을 선택한다.

코딩변경된 AGE_1 변수

	ID	GENDER	AGE	A1	A2	A3	B1	B2	B3	B4	C1	AGE_1
1	1	1	35	1	9	4	3	4	4	3	4	2.00
2	2	2	28	1	2	1	1	1	2	1	5	1.00
3	3	2	30	9	2	2	1	2	2	5	1	2.00
4	4	2	39	1	1	5	5	5	4	5	3	2.00
5	5	2	31	1	9	3	3	2	5	3	3	2.00
6	6	1	34	1	1	4	4	4	3	5	4	2.00
7	7	1	32	1	2	2	2	2	1	3	3	2.00
8	8	1	33	1	1	3	4	4	3	3	5	2.00
9	9	1	24	2	3	1	2	1	2	9	3	1.00
10	10	1	28	2	3	1	2	1	3	2	3	1.00
11	11	1	29	2	2	2	3	1	3	3	2	1.00
12	12	1	27	2	1	3	4	3	5	4	2	1.00
13	13	1	31	2	1	3	?	2	1	3	3	2.00
14	14	1	32	2	1	4	4	5	5	5	4	2.00
15	15	2	34	2	2	5	5	4	4	2	3	2.00
16	16	2	36	2	3	4	3	4	4	5	2	2.00
17	17	2	36	3	3	3	2	4	4	4	3	2.00
18	18	2	32	3	1	3	2	5	4	4	4	2.00
19	19	1	34	3	2	2	2	1	2	3	2	2.00
20	20	2	35	3	2	3	2	3	4	3	2	2.00
21	21	1	27	3	2	1	1	9	1	2	1	1.00
22	22	1	28	3	1	5	4	3	3	5	4	1.00
23	23	1	32	3	1	4	3	5	3	4	2	2.00
24	24	1	37	3	2	2	1	2	1	2	1	2.00
25	25	2	27	3	2	2	1	2	3	1	1	1.00
26	26	2	29	3	1	3	3	2	3	3	3	1.00
27	27	2	32	3	2	2	2	3	1	2	2	2.00

문제03

통계 함수(평균, 중앙값 등)를 이용하여 새로운 변수를 생성하기 위해서 [변수 계산]을 이용하면 된다.

1. 결측값 확인

① 다만 문제와 같이 결측값을 가지고 있는 경우 [변수 보기]에서 결측값이 제대로 지정되어 있는지 확인해야 한다.

산술계산에 사용되는 변수의 결측값 지정 확인

	이름	유형	너비	소수점이...	레이블	값	결측값	열	맞춤	측도	역할
1	ID	숫자	2	0	일련번호	없음	없음	8	오른쪽	척도(S)	입력
2	GENDER	숫자	1	0	성별	없음	없음	8	오른쪽	명목(N)	입력
3	AGE	숫자	2	0	연령	없음	없음	8	오른쪽	척도(S)	입력
4	A1	숫자	1	0	기업규모	없음	9	8	오른쪽	명목(N)	입력
5	A2	숫자	1	0	고용형태	없음	9	8	오른쪽	명목(N)	입력
6	A3	숫자	1	0	연봉	없음	없음	8	오른쪽	순서(O)	입력
7	B1	숫자	1	0	만족도 1	없음	9	8	오른쪽	척도(S)	입력
8	B2	숫자	1	0	만족도 2	없음	9	8	오른쪽	척도(S)	입력
9	B3	숫자	1	0	만족도 3	없음	9	8	오른쪽	척도(S)	입력
10	B4	숫자	1	0	만족도 4	없음	9	8	오른쪽	척도(S)	입력
11	C1	숫자	1	0	이직고려	없음	9	8	오른쪽	척도(S)	입력

② 결측값이 지정되어 있지 않는다면 결측값으로 지정되었던 '9'가 숫자로 인식되어 평균 또는 중앙값 계산 등에서 영향을 주기 때문에 이와 같은 결측값 지정여부를 반드시 확인해야 한다.

> 결측값으로 지정되어 있지 않다면 B1 : 2, B2 : 1, B3 : 2, B4 : 9 와 같이 입력되어 있는 경우 평균값은 (2+1+2+9)/4=3.5와 같이 계산되며, 결측값으로 '9'가 지정되어 있으면 (2+1+2)/3=1.67과 같이 계산된다.

2. 변수계산 대화상자 호출 : 산술계산에 사용할 변수들의 결측값이 제대로 지정되어 있다면 메뉴에서 [변환] → [변수 계산]을 통해 변수 계산 대화상자를 불러온다.
3. 평균 숫자표현식 입력
   ① 먼저 만족도 1~4(B1~B4)까지의 평균을 계산하기 위해 [숫자표현식]에는 mean(B1,B2,B3,B4)을, 새로 만들어질 [대상변수]에는 'M1'을 입력한다.

평균값을 갖는 변수 M1 만들기

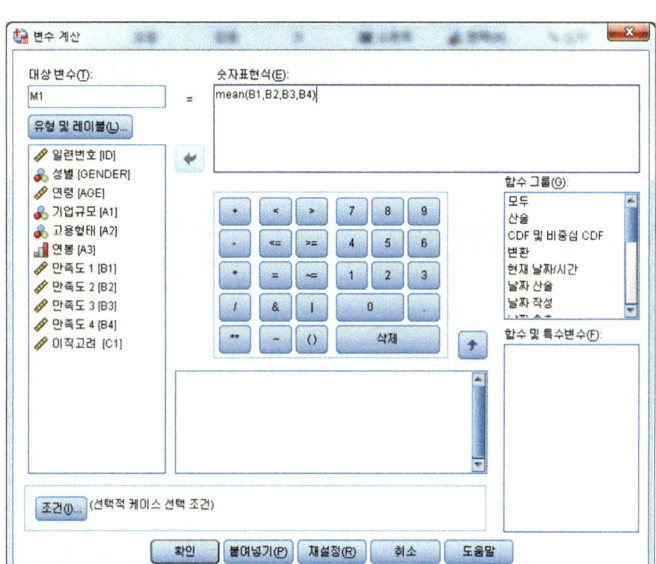

② [대상 변수]와 [숫자표현식]을 입력하였으면 새로운 변수를 만들기 위해 [확인]을 클릭하면 된다.

4. 중앙값 숫자표현식 입력
   ① 만족도 1-4(B1-B4)까지의 중앙값을 갖는 변수 M2를 생성하기 위해서는 [변수 계산]을 실행한 후 [숫자표현식]에는 median(B1,B2,B3,B4)를, 새로 만들어질 [대상변수]에는 'M2'를 입력한다.

중앙값을 갖는 변수 M2 만들기

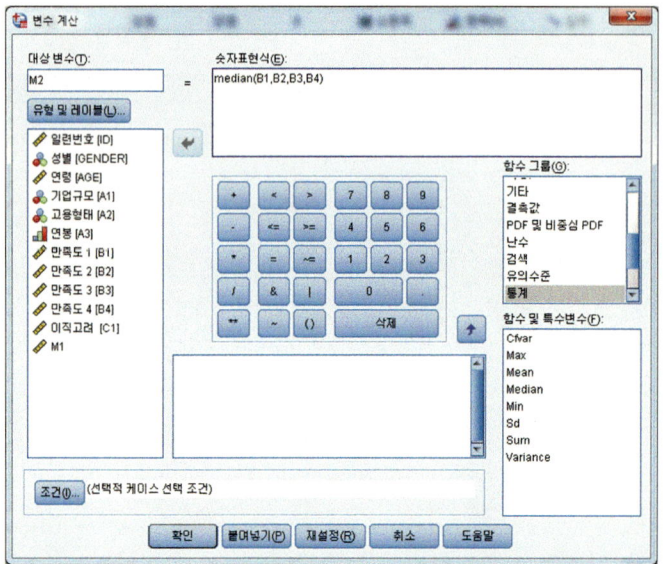

② 평균, 중앙값 등을 계산하려고 할 때 해당 함수가 생각나지 않는다면 [함수 그룹]을 잘 이용하면 된다. 통계함수의 경우 [함수 그룹]의 '통계' 부분에서 SPSS에서 계산 가능한 통계함수들이 나타나며 난수를 만들거나, 밀도함수의 값도 계산이 가능하다.

5. 생성된 변수 확인

변수 계산을 이용해 만들어진 변수 M1과 M2

ID	GENDER	AGE	A1	A2	A3	B1	B2	B3	B4	C1	M1	M2
1	1	35	1	9	4	3	4	4	3	4	3.50	3.50
2	2	28	1	1	1	1	2	1	1	5	1.25	1.00
3	2	30	9	2	2	1	2	2	5	1	2.50	2.00
4	2	39	1	1	5	5	5	4	5	3	4.75	5.00
5	2	31	1	9	3	3	2	5	3	3	3.25	3.00
6	1	34	1	1	4	4	4	3	5	4	4.00	4.00
7	1	32	1	2	2	2	2	1	3	3	2.00	2.00
8	1	33	1	1	3	4	4	3	3	5	3.50	3.50
9	1	24	2	3	1	2	1	2	9	3	1.67	2.00
10	1	28	2	3	1	2	1	3	2	3	2.00	2.00
11	1	29	2	2	2	3	1	3	3	2	2.50	3.00
12	1	27	2	1	3	4	3	5	4	2	4.00	4.00
13	1	31	2	1	3	2	2	1	3	3	2.00	2.00
14	1	32	2	1	4	4	5	5	5	4	4.75	5.00
15	2	34	2	2	5	5	4	4	2	3	3.75	4.00
16	2	36	2	3	4	3	4	4	5	2	4.00	4.00
17	2	36	3	3	2	4	4	4	2	3	3.50	4.00
18	2	32	3	1	3	2	5	4	4	4	3.75	4.00
19	1	34	3	2	2	2	1	2	3	2	2.00	2.00
20	2	35	3	2	2	3	4	3	2	2	3.00	3.00
21	1	27	3	2	1	1	9	1	2	1	1.33	1.00
22	1	28	3	1	2	4	3	3	5	4	3.75	3.50
23	1	32	3	1	4	3	5	3	4	2	3.75	3.50
24	1	37	3	2	2	1	2	1	2	1	1.50	1.50
25	2	27	3	1	2	2	2	3	1	1	2.00	2.00
26	2	29	3	1	3	2	3	3	3	2	2.75	3.00
27	2	32	3	2	2	2	3	1	2	2	2.00	2.00

www.정훈에듀.com

07　데이터의 선택 및 추가

특정 조건을 만족하는 집단만을 대상에 대하여 통계분석을 실시할 필요가 있다. 예를 들어 특정 성별('남' 또는 '여')에 대해서만 관심이 있는 경우 해당 성별의 집단에 대해서만 통계분석을 실시하게 된다. 이 경우 해당 성별을 만족하는 개체(case)만을 선택 또는 제외한 후 분석을 실시해야 한다. 또다른 경우를 생각해보자. 이미 설문조사가 끝나고 데이터를 입력이 끝나 데이터를 가지고 있다고 하자. 이때 똑같은 설문조사를 추가로 실시하여 새로운 데이터가 만들어졌다면 앞에서 한 데이터와 새로운 데이터는 관측값만 다르고 동일한 변수와 구조를 가지고 있다. 이 경우 두 데이터를 합쳐 더 많은 표본을 가진 데이터로 사용할 수 있다. 이 경우 기존 데이터에 새로 조사한 데이터를 추가해야 할 방법이 필요하다. 이번 장에서는 SPSS 데이터 파일을 합치거나 분할 또는 특정 조건을 만족하는 집단만을 선택하는 방법을 다루도록 한다. 또한 기존 데이터에 새로운 케이스(관측값)를 추가하거나 새로운 변수를 추가하는 방법에 대해서도 살펴본다.

1 케이스 선택(Select Cases)

(1) 케이스 선택 사용의 필요성

① 예제파일 [example.sav]에서 성별이 남자인 응답자만을 고려하여 분석한다고 생각하자. 이 경우엔 전체 자료 중에서 성별이 남자인 하위집단을 선택하여야 하며, SPSS에서는 [케이스 선택(select cases)]을 통하여 가능하다. 또는 표본 수가 많은 경우 전체 표본 중 일부 표본집단만을 추출하여 변수의 특징을 파악하는 데 사용할 수도 있다.

② 이렇게 케이스 선택 특정한 조건을 만족시키는 개체(case)를 선택하여 선택된 하위집단에 대한 분석하기 위하여 사용된다. 하위집단을 선택하기 위한 조건은 변숫값과 날짜 및 시간의 범위, 케이스(행) 번호, 산술 계산 또는 함수 등이 적용된다. 본서에서는 이 중 예제를 통하여 조건 함수를 이용하는 방법과 무작위(random)로 케이스 선택하는 방법을 소개하도록 한다.

(2) 케이스 선택 실행하기

① 케이스선택 대화상자 호출

㉠ 케이스 선택을 실행하기 위해서 다음과 같은 과정을 거치면 된다. 우선 메뉴에서 다음과 같이 [데이터] → [케이스 선택]을 이용하면 된다.

　　데이터(D)
　　　케이스 선택(S)

메뉴의 케이스 선택

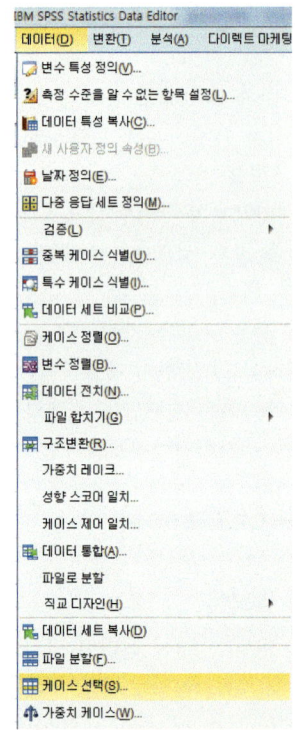

ⓛ [케이스 선택]을 실행하면 다음과 같은 케이스 선택 대화상자가 나타난다.

케이스 선택 대화상자

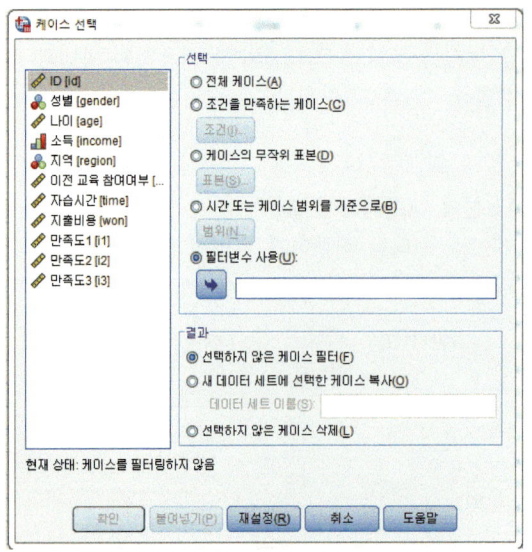

② 케이스 선택 방법 : 케이스 선택 대화상자에서 케이스 선택 방법으로 5가지가 있으며 각 선택 방법에 대한 내용은 다음 표와 같다. 기본값(default)으로 모든 케이스(개체)를 사용하는 경우가 적용되어 있으며 케이스를 선택하고자 하는 경우에 따라 적절한 방법을 이용한다.

케이스 선택 방법과 내용

선 택	내 용
모든 케이스(All cases)	케이스 선택을 취소하고 모든 케이스를 사용
조건을 만족하는 케이스 (If condition is satisfied)	케이스를 선택하기 위한 조건식을 사용. 조건식의 결과가 '참(True)'이면 선택하고, '거짓(False)'이거나 결측(Missing)이면 선택하지 않음
케이스의 무작위 표본 (Random sample of cases)	근사한 퍼센트나 정확한 케이스 수에 근거하여 무작위 표본 선택
시간 또는 케이스 범위를 기준으로 (Based on time or case range)	케이스 개수의 범위나 날짜/시간의 범위에 기초하여 케이스 선택
필터변수 사용 (Use filter variable)	데이터 파일에서 선택된 숫자형 변수를 필터 변수로 사용. 필터 변수가 0이나 결측이 아닌 케이스들을 선택

③ 케이스 선택 결과 처리

㉠ 대화상자 하단의 [결과]에서는 케이스 선택 이후 선택되지 않은 케이스들의 처리를 제어한다. 선택되지 않은 케이스들에 대하여 다음 방법 중 하나를 선택한다.

케이스 선택 결과 처리 방법과 내용

결과 처리 방법	내 용
선택하지 않은 케이스 필터 (Filter out unselected cases)	선택되지 않은 케이스들을 분석에서 제외하지만 데이터셋에는 그대로 남음. 선택되지 않은 케이스들은 데이터 보기의 맨 좌측의 케이스 번호에 빗금(/)으로 표기됨. 또한 선택한 케이스는 1, 선택되지 않은 케이스는 0인 값을 갖는 'filter_$'라는 변수가 생성됨
새 데이터 파일에 선택한 케이스 복사 (Copy selected cases to a new dataset)	원 데이터는 그대로 두고 선택된 케이스들을 새로운 데이터셋으로 복사
선택하지 않은 케이스 삭제 (Delete unselected cases)	선택되지 않은 케이스들을 데이터셋에서 삭제

㉡ 본 예제에서는 선택되지 않은 케이스들에 대한 결과처리를 모두 [선택하지 않은 케이스 필터]로 사용하여 설명하도록 한다. 본 교재에서는 전체 데이터 중 특정 조건을 만족하는 케이스를 선택하는 [조건을 만족하는 케이스] 선택과 난수를 이용하여 전체 데이터 중 일부를 선택하는 [케이스의 무작위 표본] 선택에 대하여 설명한다.

(3) 조건을 만족하는 케이스(If condition is satisfied)

앞에서 예제파일 [example.sav]에서 성별이 '남자'인 응답자만을 고려하는 경우를 설명하였다. 즉, 설문조사로 수집된 전체 표본 중에서 성별이 남자인 표본만을 선택하여 통계 분석을 하고자 한다. 이를 위하여 SPSS에서 성별='남자'와 같은 조건식이 참인 경우의 하위집단을 선택해야 한다.

① 조건을 만족하는 케이스

㉠ 이를 위하여 [데이터] → [케이스 선택]을 실행 후, 케이스 선택 대화상자에서 [조건을 만족하는 케이스]를 다음과 같이 선택하자.

조건을 만족하는 케이스 선택

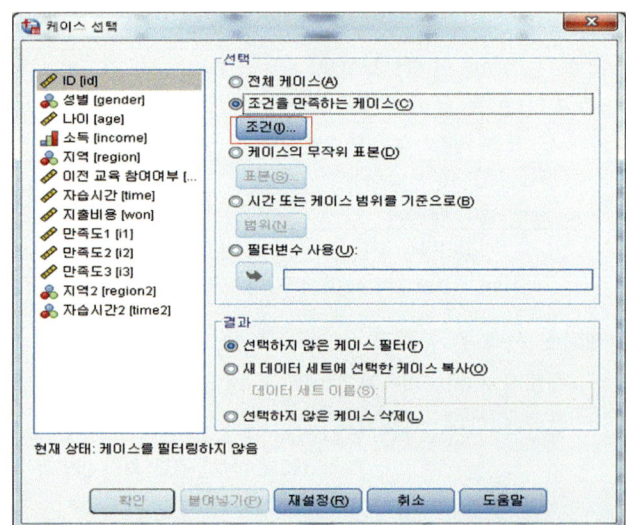

㉡ 그리고 [조건을 만족하는 케이스] 하단의 [조건]을 클릭하면 다음과 [그림] 같은 [케이스 선택 : 조건] 대화상자가 나타난다.

② 조건식 입력
  ㉠ 대화상자 우측 상자에 선택하기 위한 조건식을 입력하면 조건을 만족하는 케이스를 선택하게 된다.

케이스 선택 : 조건 대화상자

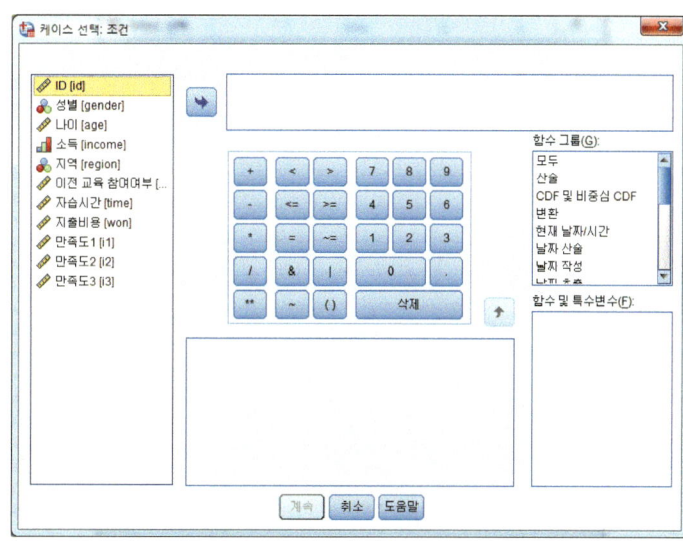

  ㉡ 이제 조건에 맞는 케이스를 선택하기 위해 [케이스 선택 : 조건] 대화상자에 조건을 입력하면 된다.
  ㉢ 성별=남자 조건식 : 성별이 남자인 응답자는 [성별(gender)]을 1로 응답한 사람이다. 즉, 성별='남자'와 같은 조건을 입력된 변수명을 이용하여 표현하면 조건식은 'gender=1'과 같이 입력하면 된다.

성별이 남자인 케이스 선택을 위한 조건식 입력

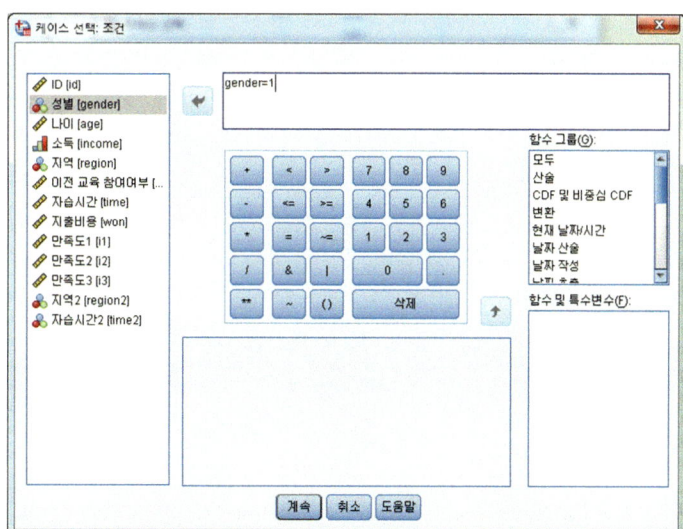

③ 케이스 선택 결과

㉠ 조건식을 입력한 후 [계속]을 클릭한 후 [케이스 선택] 대화상자에서 [확인]을 클릭하면 다음과 같은 결과를 얻는다.

케이스 선택 결과(성별이 남자 '1'인 경우 선택)

id	gender	age	income	region	parti	time	won	i1	i2	i3	filter_$
1	2	28	3	서울	1	18	7386	4	3	4	0
2	2	29	2	서울	1	7	5314	4	4	5	0
3	2	22	3	광역시	1	18	7039	3	3	3	0
4	2	42	3	중소도시	1	7	1999	2	2	4	0
5	2	46	5	읍면지역	1	13	2716	3	3	3	0
6	2	36	3	서울	1	8	4059	4	4	2	0
7	2	40	4	서울	1	2	3552	5	4	5	0
8	2	33	3	광역시	1	8	2116	2	2	4	0
9	2	33	5	중소도시	1	3	3002	4	4	3	0
10	2	31	4	읍면지역	1	11	4125	3	3	4	0
11	2	36	4	서울	1	9	4453	4	4	4	0
12	1	28	2	서울	1	3	5056	1	2	3	1
13	1	22	4	광역시	1	8	394	4	4	4	1
14	1	53	6	중소도시	1	8	3643	2	2	2	1
15	1	34	3	읍면지역	1	18	4856	4	4	4	1
16	1	29	3	서울	1	22	5695	3	3	3	1
17	1	31	2	서울	0	0	9999	9	2	4	1
18	1	24	2	광역시	1	3	2976	4	4	3	1
19	1	35	4	중소도시	1	15	1529	5	2	2	1
20	1	34	6	읍면지역	1	16	2211	2	3	3	1
21	1	22	3	서울	1	3	5821	4	3	4	1
22	1	34	4	서울	1	10	5581	3	3	3	1
23	1	27	2	광역시	1	3	2753	3	4	4	1
24	1	51	5	중소도시	1	5	2257	4	2	4	1
25	1	35	5	읍면지역	1	12	1704	5	4	2	1
26	1	39	5	서울	1	6	5656	4	5	4	1
27	1	26	2	서울	1	10	3412	4	4	4	1
28	1	37	5	광역시	1	21	3294	3	3	3	1
29	1	38	4	중소도시	1	21	4719	4	4	4	1
30	2	25	3	읍면지역	1	13	3274	4	3	4	0
31	2	28	3	서울	1	3	4351	5	5	5	0
32	2	33	3	서울	1	1	3100	3	3	4	0
33	2	30	3	광역시	1	9	2882	2	2	2	0
34	2	23	2	중소도시	0	0	9999	9	5	5	0
35	2	29	2	읍면지역	1	4	2400	4	4	3	0

㉡ 좌측 케이스 번호(행번호)에서 빗금(/)으로 표기된 케이스는 통계분석에서 제외된다. 새로운 변수인 'filter_$'가 우측에 생성된 것을 확인할 수 있다. 'filter_$'는 선택되지 않은 케이스의 경우 0 또는 선택된 케이스의 경우 1의 값을 가진다. 선택된 케이스를 취소하고 전체 데이터를 사용하기 위해서는 'filter_$' 변수를 삭제하면 된다.

(4) 케이스의 무작위 표본(Random sample of cases)

전체 데이터 중 일부 케이스를 무작위로 선택하고 싶은 경우 [케이스의 무작위 표본]을 이용한다. [데이터] → [케이스 선택]을 실행 후, 케이스 선택 대화상자에서 [케이스의 무작위 표본]를 다음과 같이 선택하자.

① 케이스의 무작위 표본

케이스의 무작위 표본 선택

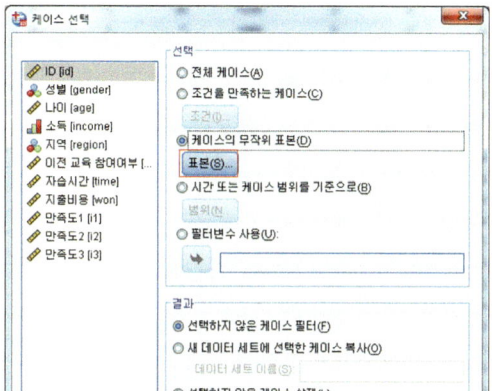

② 무작위 표본 비율 : [케이스의 무작위 표본] 하단의 [표본]을 클릭하면 다음과 [그림] 같은 [케이스 선택 : 무작위 표본] 대화상자가 나타난다. 무작위 선택의 경우 [대략(Approximately)] 과 [정확하게(Exactly)] 두 가지 방법을 제공한다.

케이스 선택 : 무작위 표본 대화상자

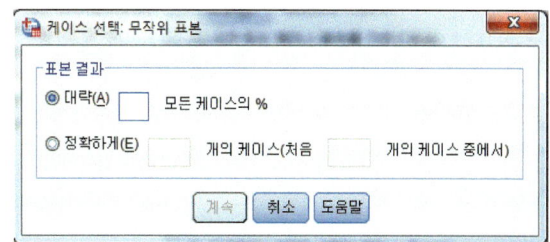

- ㉠ 대략 : 먼저 [대략]의 경우 설정한 케이스의 퍼센트에 따라 대략적으로 무작위 난수를 추출하며 전체 케이스 중 선택된 케이스의 퍼센트는 설정한 케이스의 퍼센트와 근사한 값을 가질 뿐이다. 자료에서 케이스의 수가 많을수록 전체 케이스 중 선택된 케이스의 퍼센트는 설정한 값과 같아진다.
- ㉡ 정확하게 : [정확하게]의 경우 사용자가 설정한 케이스 수를 가져오는 방법이다. 선택될 케이스의 수를 설정할 때 처음 몇 개의 케이스 중에서 무작위로 가져와야 하는지 설정해주어야 한다.

③ 25% 무작위 표본 선정 : 예제파일 [example.sav]에서 전체 데이터 중 [대략] 방법을 이용하여 무작위로 25%의 케이스를 선택하려면 [케이스 선택 : 무작위 표본]에서 '25'를 입력한다.

대략 방법을 이용하여 25% 케이스 선택

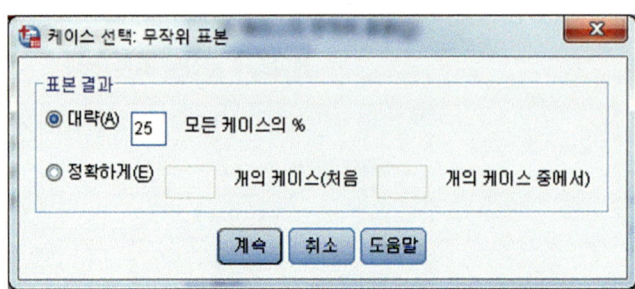

④ 무작위 케이스 선택 결과
㉠ 그리고 [계속]을 클릭한 후 [케이스 선택] 대화상자에서 [확인]을 클릭하면 다음과 같은 결과를 얻는다.

무작위로 케이스 선택한 결과

	id	gender	age	income	region	parti	time	won	i1	i2	i3	filter_$
1	1	2	28	3	서울	1	18	7386	4	3	4	
2	2	2	29	2	서울	1	7	5314	4	4	5	
3	3	2	22	3	광역시	1	18	7039	3	3	3	
4	4	2	42	3	중소도시	1	7	1999	2	2	4	
5	5	2	46	5	읍면지역	1	13	2716	3	3	3	
6	6	2	36	3	서울	1	8	4059	4	4	2	
7	7	2	40	4	서울	1	2	3552	5	4	5	
8	8	2	33	3	광역시	1	8	2116	2	2	4	
9	9	2	33	5	중소도시	1	3	3002	4	4	3	
10	10	2	31	4	읍면지역	1	11	4125	3	3	4	
11	11	2	36	4	서울	1	9	4453	4	4	4	
12	12	1	28	2	서울	1	3	5056	1	2	3	
13	13	1	22	4	광역시	1	8	394	4	4	4	
14	14	1	53	6	중소도시	1	8	3643	2	2	2	
15	15	1	34	3	읍면지역	1	18	4856	4	4	4	
16	16	1	29	3	서울	1	22	5695	3	3	3	
17	17	1	31	2	서울	0	0	9999	9	2	4	
18	18	1	24	2	광역시	1	3	2976	4	4	3	
19	19	1	35	4	중소도시	1	15	1529	5	2	2	
20	20	1	34	6	읍면지역	1	16	2211	2	3	3	
21	21	1	22	3	서울	1	3	5821	4	3	4	
22	22	1	34	4	서울	1	10	5581	3	3	3	
23	23	1	27	2	광역시	1	3	2753	4	4	4	
24	24	1	51	5	중소도시	1	5	2257	4	2	4	
25	25	1	35	5	읍면지역	1	12	1704	5	4	2	
26	26	1	39	5	서울	1	6	5656	4	5	4	
27	27	1	26	2	서울	1	10	3412	4	4	4	
28	28	1	37	5	광역시	1	21	3294	3	3	3	
29	29	1	38	4	중소도시	1	21	4719	4	4	4	
30	30	2	25	3	읍면지역	1	13	3274	4	3	4	
31	31	2	28	3	서울	1	3	4351	5	5	5	
32	32	2	33	3	서울	1	1	3100	3	3	4	
33	33	2	30	3	광역시	1	9	2882	2	2	2	
34	34	2	23	2	중소도시	0	0	9999	9	5	5	
35	35	2	29	2	읍면지역	1	4	2400	4	4	3	

www.정훈에듀.com

　　ⓛ 이러한 무작위로 케이스 선택은 난수(random number)를 이용하여 케이스를 선택하기 때문에 실행할 때마다 선택되는 케이스의 차이가 있다. 앞에서 언급했 듯이 좌측 케이스 번호에서 빗금(/)으로 표기된 케이스는 통계분석에서 제외된다. 'filter_$'는 선택되지 않은 케이스의 경우 0 또는 선택된 케이스의 경우 1의 값을 가진다. 선택된 케이스를 취소하고 전체 데이터를 사용하기 위해선 'filter_$' 변수를 삭제하면 된다.

2 새로운 사례 및 변수의 삽입과 삭제

(1) 새로운 사례 및 변수 추가의 필요성
① 동일한 설문조사를 두 명 이상의 연구자가 입력을 하였다고 생각해보자. 이때 동일한 변수와 특성을 가지고 있는 두 개 이상의 데이터 파일이 존재하게 된다. 통계분석을 실시하기 위해서는 여러 개의 데이터 파일을 하나로 합쳐서 사용해야 할 것이다.
② 동일한 대상으로 추가적인 정보(새로운 변수)를 입력한 데이터 파일이 있다면 이 역시 통계분석을 실시하기 위해서는 여러 개의 데이터 파일을 하나로 합쳐서 사용해야 할 것이다.
③ 이와 같이 두 개 이상의 SPSS 데이터 파일을 합치고자 할 때 [케이스 추가] 또는 [변수 추가]를 사용하게 된다.

(2) 다른 데이터 파일을 이용한 새로운 사례의 삽입(케이스 추가)
① **병합하려는 파일의 조건** : 두 개 이상의 SPSS 데이터 파일을 이용하여 기존 데이터파일에 새로운 케이스(case; 개체, 사례)를 추가할 경우, 다음과 같이 진행한다. 이때 새로 추가될 자료는 기존 SPSS 파일로 저장되어 있거나 다른 SPSS 창으로 열람되어 있어야 한다. 그리고 새롭게 추가될 자료의 변수와 기존 자료의 변수가 대응되어야 한다(일치하여야 한다).
② **예제를 통한 새로운 사례 삽입** : 예제파일 [교육프로그램 설문조사]의 예제 파일인 예제 파일 [example.sav]을 분할한 예제파일 [example_s1.sav]과 예제파일 [example_s2.sav]를 살펴보자. 두 파일은 기존의 예제인 예제파일 [example.sav]을 각각 50개의 케이스로 나누어 입력된 데이터 파일이다.

케이스 1-50가 저장되어 있는 예제파일
[example_s1.sav]

id	gender	age	income	region	parti	time	won	i1	i2	i3
25	1	35	5	읍면지역	1	12	1704	5	4	2
26	1	39	5	서울	1	6	5656	4	5	4
27	1	26	2	서울	1	10	3412	4	4	4
28	1	37	5	광역시	1	21	3294	3	3	3
29	1	38	4	중소도시	1	21	4719	4	4	4
30	2	25	3	읍면지역	1	13	3274	4	3	4
31	2	28	3	서울	1	3	4351	5	5	5
32	2	33	3	서울	1	1	3100	3	3	4
33	2	30	3	광역시	1	9	2882	2	2	2
34	2	23	2	중소도시	0	0	9999	9	5	5
35	2	29	2	읍면지역	1	4	2400	4	4	3
36	2	54	6	서울	1	10	8627	4	3	4
37	2	46	6	서울	1	16	5769	3	3	3
38	2	21	1	광역시	1	5	2706	3	3	2
39	2	27	4	중소도시	1	1	2392	4	3	4
40	2	32	5	읍면지역	1	15	4295	4	4	4
41	1	31	4	서울	1	16	5434	2	2	4
42	1	29	4	서울	1	6	5512	5	4	5
43	1	27	4	광역시	0	0	9999	9	5	5
44	1	36	3	중소도시	1	15	4506	4	4	4
45	1	33	5	읍면지역	1	5	106	4	4	3
46	1	45	5	서울	1	10	5821	3	4	4
47	1	48	6	서울	1	11	4578	3	3	2
48	1	30	2	광역시	0	0	9999	9	5	5
49	1	28	2	중소도시	1	11	2587	3	3	4
50	1	42	3	읍면지역	1	5	4106	2	4	3

케이스 51-100이 저장되어 있는 예제파일
[example_s2.sav]

	id	gender	age	income	region	parti	time	won	i1	i2	i3
1	51	1	39	5	서울	1	20	5857	4	4	4
2	52	2	24	3	서울	1	13	3849	3	3	3
3	53	2	32	4	광역시	1	15	4116	4	4	4
4	54	1	21	3	중소도시	1	14	4176	4	4	3
5	55	1	36	4	읍면지역	1	7	1786	4	2	3
6	56	1	34	3	서울	1	17	8959	4	3	4
7	57	1	52	6	서울	1	18	1939	3	3	2
8	58	1	32	3	광역시	1	11	1584	4	4	4
9	59	1	42	5	중소도시	1	20	4587	4	4	4
10	60	1	22	3	읍면지역	1	2	4023	4	4	5
11	61	1	27	5	서울	1	9	5865	4	4	2
12	62	1	24	3	서울	1	13	6434	4	3	4
13	63	1	35	5	광역시	1	8	3296	5	5	5
14	64	2	40	4	중소도시	1	16	5646	4	4	4
15	65	2	39	4	읍면지역	1	13	4407	4	4	5
16	66	2	46	4	서울	1	10	4474	5	3	4
17	67	2	34	5	서울	1	15	5494	4	4	4
18	68	2	40	5	광역시	1	9	3508	5	5	5
19	69	2	49	6	중소도시	1	10	5271	4	4	4
20	70	2	24	1	읍면지역	0	0	9999	9	4	4
21	71	2	42	5	서울	1	9	3164	2	2	4
22	72	2	22	3	서울	1	2	4176	3	2	4
23	73	2	31	3	광역시	1	6	2421	4	4	4
24	74	1	29	3	중소도시	1	20	3905	4	3	4
25	75	1	28	3	읍면지역	1	11	4689	1	2	4
26	76	1	31	3	서울	0	0	4521	9	3	3
27	77	2	30	3	서울	1	9	3904	2	3	4
28	78	2	30	3	광역시	1	8	7528	4	4	4
29	79	2	49	5	중소도시	1	14	2059	3	4	4
30	80	2	48	4	읍면지역	1	15	7353	4	4	2
31	81	2	40	5	서울	1	8	3482	4	4	4
32	82	2	47	6	서울	1	18	7056	4	4	3
33	83	2	38	4	광역시	1	10	4999	4	4	4
34	84	2	32	2	중소도시	1	2	5941	4	4	5
35	85	1	38	5	읍면지역	1	5	587	4	4	4

데이터 보기(D) 변수 보기(V)

③ 케이스 추가 실행하기 : 이제 케이스 추가를 위하여 두 개의 SPSS 데이터 파일을 예제 파일 [example_s1.sav]과 예제파일 [example_v2.sav]를 합치도록 하자.

㉠ 케이스 추가 대화상자 호출 : 먼저 SPSS 데이터 편집기에서 [example_v1.sav]을 불러온 후 메뉴에서 다음과 같이 [데이터] → [파일 합치기] → [케이스 추가]를 이용한다.

데이터(D)
   파일 합치기(G)
      케이스 추가(C)

메뉴의 파일 합치기의 케이스 추가

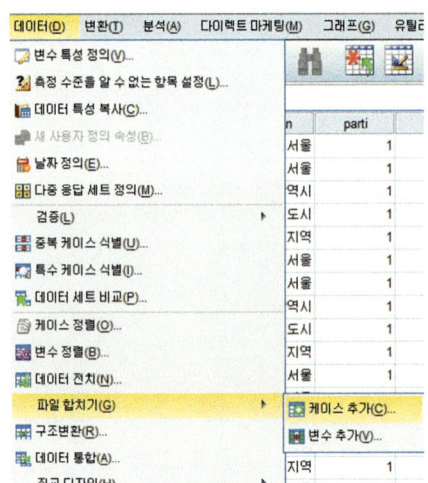

ⓒ 케이스 추가 대화상자 : [케이스 추가] 대화상자는 다음과 같다. 대화상자에서 합치려고 하는 데이터 파일을 선택하면 된다. 이때 SPSS 데이터 편집기에서 다른 창으로 합치려고 하는 데이터 파일이 있는 경우 [열려 있는 데이터 세트]에 해당 파일 목록으로 나타기 때문에 선택한다. 하지만 합치려는 데이터 파일이 열려 있지 않은 경우에는 [외부 SPSS Statistics 데이터 파일]을 선택하고 [찾아보기]를 이용하여 합치려고 하는 데이터 파일을 선택한다.

케이스 추가 대화상자

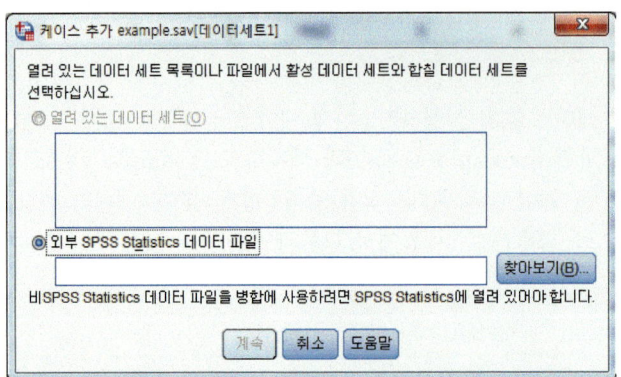

ⓒ 추가할 외부 데이터파일 선택
ⓐ 예제파일 [example_s1.sav]과 예제파일 [example_s2.sav]를 합치기 위해서는 먼저 예제파일 [example_s1.sav]을 데이터 편집기에서 불러온 후에 [데이터] → [파일 합치기] → [케이스 추가]을 실행하여 [케이스 추가] 대화상자에서 다음 [그림]과 같이 [외부 SPSS Statistics 데이터 파일]을 선택 후 [찾아보기]를 이용하여 예제파일 [example_s2.sav]를 선택한다.

기존의 SPSS 데이터에 새로운 케이스 추가

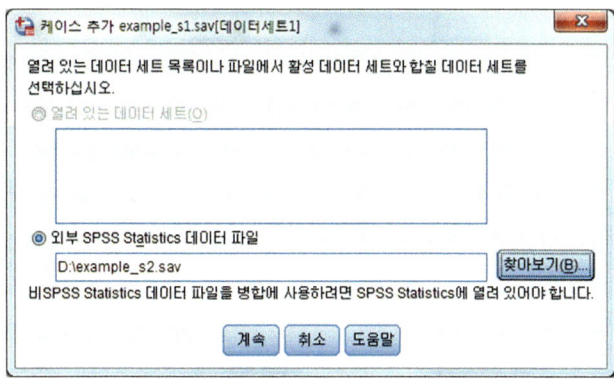

ⓑ 합치려고 하는 데이터 파일을 선택 후 [계속]을 클릭하면 된다.
ㄹ. 다음에서 케이스 추가 대화상자
ⓐ 그러면 [다음에서 케이스 추가] 대화상자가 나타난다. 여기서는 기존의 데이터 파일과 합치려는 데이터 파일에서 [대응되지 않는 변수]를 표기해주며 [새 활성 데이터 세트의 변수]에서는 두 데이터 파일을 합쳐서 생성될 데이터 파일에 포함될 변수들을 표기해준다. (*)는 이미 열려 있던 활성 데이터 파일의 변수를 나타내고 (+)는 새로 추가하려는 데이터 파일의 변수를 나타낸다.

다음에서 케이스 추가 대화상자

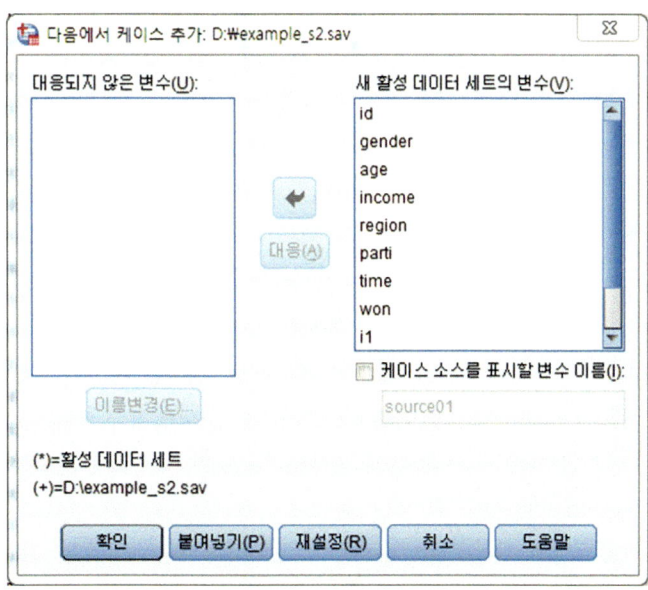

ⓑ 위 예시의 경우 예제파일 [example_s1.sav]과 예제파일 [example_s2.sav]에 입력된 모든 변수의 이름이 같기 때문에 대응되지 않은 변수가 없는 것을 확인할 수 있다.

ⓒ 만약 실제로는 같은 변수가 두 데이터 파일에서 다른 변수명으로 입력이 되었다면 대응되지 않은 변수 목록에서 실제로 같지만 이름이 다른 두 변수를 [Shift] 클릭으로 두 변수를 선택한 후 ➡을 클릭하여 [새 활성 데이터 세트의 변수]에 포함시킨다.

ⓓ 데이터 파일 간에 대응되지 않은 변수를 새로운 데이터 세트에 추가하고자 할 때에도 해당 변수를 선택한 후 ➡을 클릭한다.

④ 케이스 추가 확인 : [새 활성 데이터 세트의 변수] 목록이 완성되었다면 [확인]을 클릭한다. 그러면 기존 열려있던 데이터 파일에 마지막 케이스 아래로 새로운 케이스들이 추가되어 있는 것을 확인할 수 있다. 다음은 예제파일 [example_s1.sav]에서 예제파일 [example_s2.sav]의 케이스를 추가한 결과이다.

[파일 합치기] → [케이스 추가] 결과

	id	gender	age	income	region	parti	time	won	i1	i2	i3
37	37	2	46	6	서울	1	16	5769	3	3	3
38	38	2	21	1	광역시	1	5	2706	3	3	2
39	39	2	27	4	중소도시	1	1	2392	4	3	4
40	40	2	32	5	읍면지역	1	15	4295	4	4	4
41	41	1	31	4	서울	1	16	5434	2	2	4
42	42	1	29	4	서울	1	6	5512	5	4	5
43	43	1	27	4	광역시	0	0	9999	9	5	5
44	44	1	36	3	중소도시	1	15	4506	4	4	4
45	45	1	33	1	읍면지역	1	5	106	4	4	3
46	46	1	45	5	서울	1	10	5821	3	4	4
47	47	1	48	6	서울	1	11	4578	3	3	2
48	48	1	30	2	광역시	0	0	9999	9	5	5
49	49	1	28	2	중소도시	1	11	2587	3	3	4
50	50	1	42	3	읍면지역	1	5	4106	2	4	3
51	51	1	39	5	서울	1	20	5857	4	4	4
52	52	2	24	3	서울	1	13	3849	3	3	3
53	53	2	32	4	광역시	1	15	4116	4	4	4
54	54	1	21	3	중소도시	1	14	4176	4	4	3
55	55	1	36	4	읍면지역	1	7	1786	4	2	3
56	56	1	34	5	서울	1	17	8959	4	3	4
57	57	1	52	6	서울	1	18	1939	3	3	2
58	58	1	32	3	광역시	1	11	1584	4	4	4
59	59	1	42	5	중소도시	1	20	4587	4	4	4
60	60	1	22	3	읍면지역	1	2	4023	4	4	5
61	61	1	27	5	서울	1	9	5865	4	4	2
62	62	1	24	3	서울	1	13	6434	4	3	4
63	63	1	35	5	광역시	1	8	3296	5	5	5
64	64	2	40	4	중소도시	1	16	5646	4	4	4
65	65	2	39	4	읍면지역	1	13	4407	4	4	5
66	66	2	46	4	서울	1	10	4474	5	3	4
67	67	2	34	5	서울	1	15	5494	4	4	4
68	68	2	40	5	광역시	1	9	3508	5	5	5
69	69	2	49	6	중소도시	1	10	5271	4	4	4
70	70	2	24	1	읍면지역	0	0	9999	9	4	4
71	71	2	42	5	서울	1	9	3164	2	2	4

(3) 다른 데이터 파일을 이용한 새로운 변수의 삽입(변수 추가)

① 병합하려는 파일의 조건

㉠ 이번에는 두 개 이상의 SPSS 데이터 파일을 이용하여 기존 데이터 파일에 새로운 변수(variable)를 추가할 경우를 살펴보자. 즉, 서로 다른 변수를 가지고 있는 데이터 파일을 합치는 방법에 대하여 살펴보자. 이는 다음과 같이 진행한다. 이 때 새로 추가될 자료는 기존 SPSS 파일로 저장되어 있거나 다른 SPSS 창으로 열람되어 있어야 한다.

㉡ [변수 추가]는 두 개의 데이터 파일에 서로 다른 변수들을 포함하고 있는 경우 사용되나 이때 반드시 두 개의 데이터 파일에는 두 변수 간 케이스를 구분하게 하는 변수가 필요하다. 즉, 동일한 케이스 여부를 구분하게 하는 일련변호(예 ID)가 필요며 이를 이용하여 두 데이터 파일을 합치게 된다.

② 예제를 통한 새로운 사례 삽입 : 예제파일 [교육프로그램 설문조사]의 예제 파일인 예제파일 [example.sav]을 분할한 예제파일 [example_v1.sav]과 예제파일 [example_v2.sav]를 살펴보자. 두 파일 모두 설문조사 대상에 대한 일련번호(ID)를 가지고 있으나 일련번호를 제외한 변수는 전체 자료 중 각기 다른 일부 변수만을 포함하고 있다.

교육프로그램 설문조사의 일부 변수만 포함한 예제파일 [example_v1.sav]

	id	gender	age	income	region	변수	변수	변수	변수
1	1	2	28	3	서울				
2	2	2	29	2	서울				
3	3	2	22	3	광역시				
4	4	2	42	3	중소도시				
5	5	2	46	5	읍면지역				
6	6	2	36	3	서울				
7	7	2	40	4	서울				
8	8	2	33	3	광역시				
9	9	2	33	5	중소도시				
10	10	2	31	4	읍면지역				
11	11	2	36	4	서울				
12	12	1	28	2	서울				
13	13	1	22	4	광역시				
14	14	1	53	6	중소도시				
15	15	1	34	3	읍면지역				
16	16	1	29	3	서울				
17	17	1	31	2	서울				
18	18	1	24	2	광역시				
19	19	1	35	4	중소도시				
20	20	1	34	6	읍면지역				
21	21	1	22	3	서울				
22	22	1	34	4	서울				
23	23	1	27	2	광역시				
24	24	1	51	5	중소도시				
25	25	1	35	5	읍면지역				
26	26	1	39	5	서울				
27	27	1	26	2	서울				
28	28	1	37	5	광역시				
29	29	1	38	4	중소도시				
30	30	2	25	3	읍면지역				
31	31	2	28	3	서울				
32	32	2	33	3	서울				
33	33	2	30	3	광역시				
34	34	2	23	2	중소도시				
35	35	2	29	2	읍면지역				

교육프로그램 설문조사의 일부 변수만 포함한 예제파일 [example_v2.sav]

	id	parti	time	won	i1	i2	i3	변수	변수	변수
1	1	1	18	7386	4	3	4			
2	2	1	7	5314	4	4	5			
3	3	1	18	7039	3	3	3			
4	4	1	7	1999	2	2	4			
5	5	1	13	2716	3	3	3			
6	6	1	8	4059	4	4	2			
7	7	1	2	3552	5	4	5			
8	8	1	8	2116	2	2	4			
9	9	1	3	3002	4	4	3			
10	10	1	11	4125	3	3	4			
11	11	1	9	4453	4	4	4			
12	12	1	3	5056	1	2	3			
13	13	1	8	394	4	4	4			
14	14	1	8	3643	2	2	2			
15	15	1	18	4856	4	4	4			
16	16	1	22	5695	3	3	3			
17	17	0	0	9999	9	2	4			
18	18	1	3	2976	4	4	3			
19	19	1	15	1529	5	2	2			
20	20	1	16	2211	2	3	3			
21	21	1	3	5821	4	3	4			
22	22	1	10	5581	3	3	3			
23	23	1	3	2753	3	4	4			
24	24	1	5	2257	4	2	4			
25	25	1	12	1704	5	4	2			
26	26	1	6	5656	4	5	4			
27	27	1	10	3412	4	4	4			
28	28	1	21	3294	3	3	3			
29	29	1	21	4719	4	4	4			
30	30	1	13	3274	4	3	4			
31	31	1	3	4351	5	5	5			
32	32	1	1	3100	3	3	4			
33	33	1	9	2882	2	2	2			
34	34	0	0	9999	9	5	5			
35	35	1	4	2400	4	4	3			

③ **변수 추가 실행하기** : 이제 변수 추가를 위하여 두 개의 SPSS 데이터 파일을 예제파일 [example_v1.sav]와 예제파일 [example_v2.sav]를 합치도록 하자.
  ㉠ 변수 추가 대화상자 호출 : 먼저 SPSS 데이터 편집기에서 [example_s1.sav]를 불러온 후 메뉴에서 다음과 같이 [데이터] → [파일 합치기] → [변수 추가]를 이용한다.

> 데이터(D)
>   파일 합치기(G)
>   변수 추가(V)

메뉴의 파일 합치기의 변수 추가

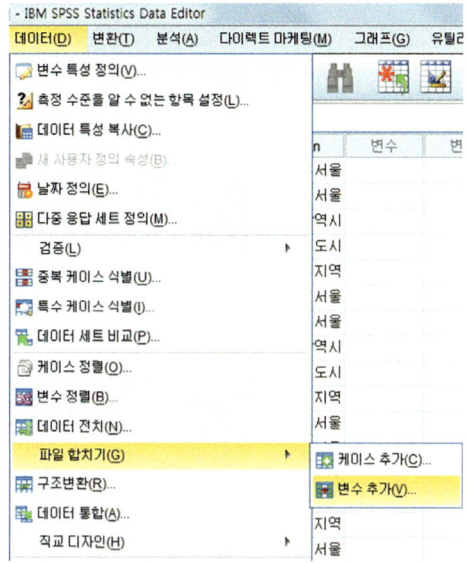

ⓒ 케이스 추가 대화상자 : [변수 추가] 대화상자는 다음과 같다. 대화상자에서 합치려고 하는 데이터 파일을 선택하면 된다. 이때 SPSS 데이터 편집기에서 다른 창으로 합치려고 하는 데이터 파일이 있는 경우 [열려 있는 데이터 세트]에 해당 파일 목록으로 나타기 때문에 선택한다. 하지만 합치려는 데이터 파일이 열려 있지 않은 경우에는 [외부 SPSS Statistics 데이터 파일]을 선택하고 [찾아보기]를 이용하여 합치려고 하는 데이터 파일을 선택한다.

변수 추가 대화상자

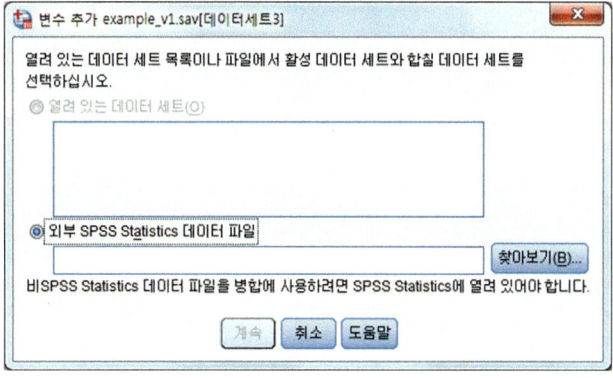

제1장 SPSS와 자료 다루기 **99**

ⓒ 예제파일 [example_v1.sav]과 예제파일 [example_v2.sav]들의 변수들을 합치기 위해서는 먼저 예제파일 [example_v1.sav]를 데이터 편집기에서 불러온 후에 [데이터] → [파일 합치기] → [변수 추가]을 실행하여 [변수 추가] 대화상자에서 다음 [그림]과 같이 [외부 SPSS Statistics 데이터 파일]을 선택 후 [찾아보기]를 이용하여 예제파일 [example_v2.sav]를 선택한다.

기존의 SPSS 데이터에 새로운 변수 추가

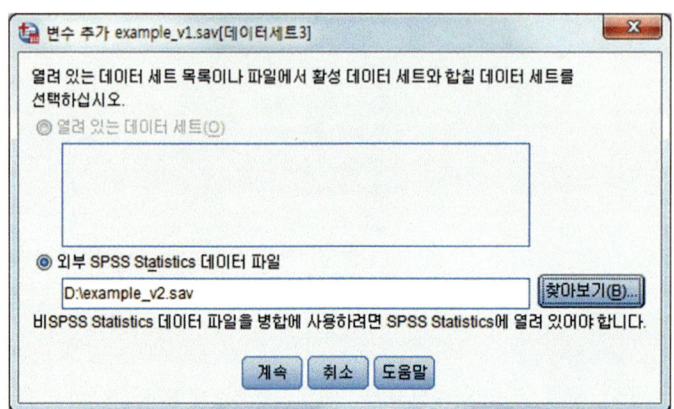

ⓓ 합치려고 하는 데이터 파일을 선택 후 [계속]을 클릭하면 된다. 그러면 다음 [그림]과 같은 [변수 추가 위치] 대화상자가 나타난다.

ⓜ 다음에서 케이스 추가 대화상자 : 여기서는 앞의 케이스 추가와 비슷하게 기존의 데이터 파일과 합치려는 데이터 파일에서 [제외된 변수]를 표기해주며 [새 활성 데이터 세트의 변수]에서는 두 데이터 파일을 합쳐서 생성될 데이터 파일에 포함될 변수들을 표기해준다. (*)는 이미 열려 있던 활성 데이터 파일의 변수를 나타내고 (+)는 새로 추가하려는 데이터 파일의 변수를 나타낸다.

변수 추가 위치 대화상자

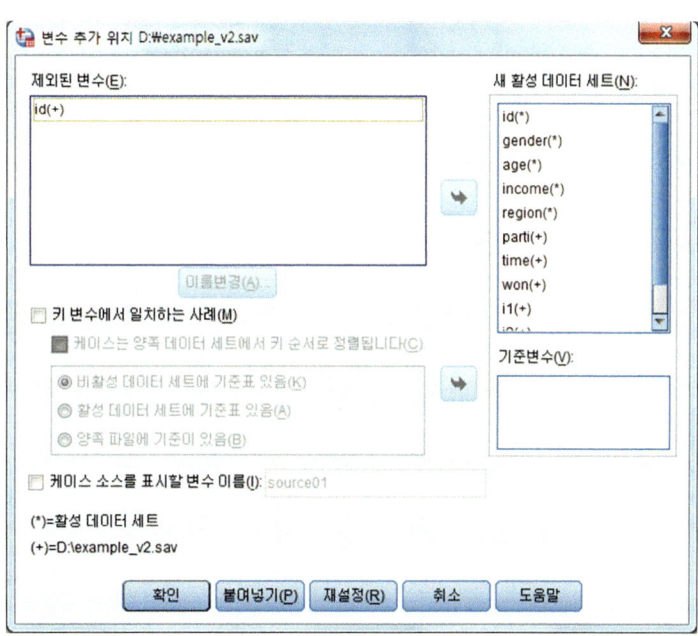

ⓑ 이때 각각의 케이스별로 변수를 추가하는 것이므로 데이터를 합치기 위한 기준 변수(키 변수)를 지정해주어야 한다. 기준 변수는 동일한 케이스 여부를 확인하게 하는 변수이며 이는 양쪽 파일에 모두 저장이 되어 있어야 한다. 그리고 두 데이터 파일은 모두 기준 변수를 기준으로 오름차순으로 정렬되어 있어야 한다.

ⓐ 이제 예제파일 [example_v1.sav]과 예제파일 [example_v2.sav]들의 변수들을 합치기 위해서는 다음과 같이 지정한다. 두 데이터 파일에는 기준 변수가 있으므로 [키 변수에서 일치하는 사례]와 [케이스는 양쪽 데이터 세트에서 키 순서로 정렬됩니다]를 선택하고 [양쪽 파일에 기준이 있음]을 선택한다. 그리고 기준 변수인 일렬번호(ID)를 [기준 변수] 좌측 ➡을 클릭하여 다음과 같이 지정한다.

변수 추가 위치 대화상자에서 기준 변수 지정

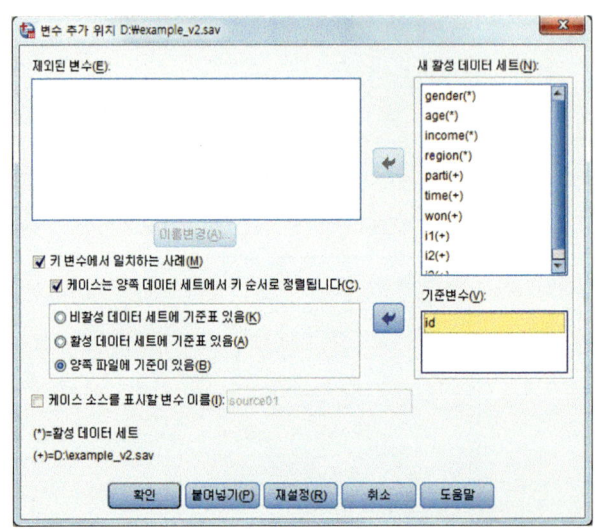

ⓑ 기준 변수를 지정하였으면 [확인]을 클릭한다. 이때 데이터가 기준 변수의 오름차순으로 정렬되어 있지 않은지 경고 메세지가 나타나며 기준 변수의 오름차순으로 정렬되어 있다면 [확인]을 클릭한다.

④ 케이스 추가 확인 : 그러면 기존 열려있던 데이터 파일의 좌측으로 새로운 변수들이 추가되어 있는 것을 확인할 수 있다. 다음은 예제파일 [example_v1.sav]에서 예제파일 [example_v2.sav]의 케이스를 추가한 결과이다.

[파일 합치기] → [변수 추가] 결과

	id	gender	age	income	region	parti	time	won	i1	i2	i3
1	1	2	28	3	서울	1	18	7386	4	3	4
2	2	2	29	2	서울	1	7	5314	4	4	5
3	3	2	22	3	광역시	1	18	7039	3	3	3
4	4	2	42	3	중소도시	1	7	1999	2	2	4
5	5	2	46	5	읍면지역	1	13	2716	3	3	3
6	6	2	36	3	서울	1	8	4059	4	4	2
7	7	2	40	4	서울	1	2	3552	5	4	5
8	8	2	33	3	광역시	1	8	2116	2	2	4
9	9	2	33	5	중소도시	1	3	3002	4	4	3
10	10	2	31	5	읍면지역	1	11	4125	3	3	4
11	11	2	36	4	서울	1	9	4453	4	4	4
12	12	1	28	2	서울	1	3	5056	1	2	3
13	13	1	22	3	광역시	1	8	394	4	4	4
14	14	1	53	6	중소도시	1	8	3643	2	2	2
15	15	1	34	3	읍면지역	1	18	4856	4	4	4
16	16	1	29	3	서울	1	22	5695	3	3	3
17	17	1	31	2	서울	0	0	9999	9	2	4
18	18	1	24	2	광역시	1	3	2976	4	4	3
19	19	1	35	4	중소도시	1	15	1529	5	2	2
20	20	1	34	6	읍면지역	1	16	2211	2	3	3
21	21	1	22	3	서울	1	3	5821	4	3	4
22	22	1	34	4	서울	1	10	5581	3	3	3
23	23	1	27	2	광역시	1	3	2753	3	4	4
24	24	1	51	5	중소도시	1	5	2257	4	4	4
25	25	1	35	5	읍면지역	1	12	1704	5	4	4
26	26	1	39	5	서울	1	6	5656	4	5	4
27	27	1	26	2	서울	1	10	3412	4	4	4
28	28	1	37	5	광역시	1	21	3294	3	3	3
29	29	1	38	5	중소도시	1	21	4719	4	4	4
30	30	2	25	3	읍면지역	1	13	3274	4	3	4
31	31	2	28	3	서울	1	3	4351	5	5	5
32	32	2	33	3	서울	1	1	3100	4	4	4
33	33	2	30	3	광역시	1	9	2882	2	2	2
34	34	2	23	2	중소도시	0	0	9999	9	5	5
35	35	2	29	2	읍면지역	1	4	2400	4	4	3

데이터 보기(D) 변수 보기(V)

(4) 하나의 새로운 사례의 삽입

① 이미 입력된 파일에 새로운 사례를 추가할 경우, 삽입하고자 하는 행 위치에 사례 행을 마우스로 선택한다. 그리고 다음과 같이 진행하면 새로운 행이 추가된다. 또는 마우스 우클릭 후 나타나는 창에서 [편집] → [케이스 삽입]를 선택한다.

편집
    케이스 삽입(I)

② 다음과 같이 기존의 자료의 지정한 위치에서 하나의 사례를 추가로 입력할 수 있도록 공간이 생성된다.

기존 데이터에 하나의 케이스 삽입

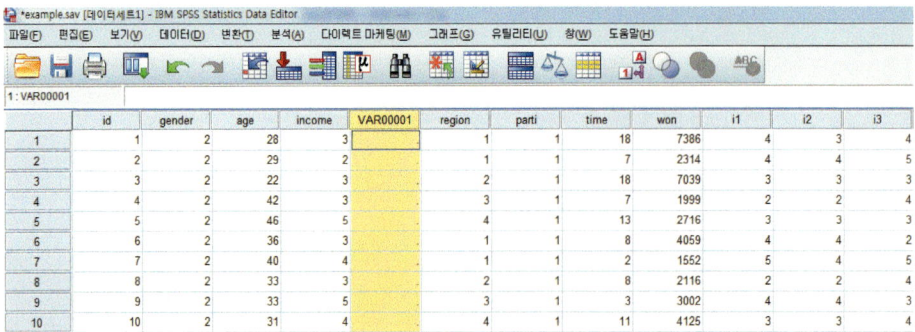

(5) 하나의 새로운 변수 삽입

① 이미 입력된 파일에 새로운 변수 하나를 추가할 경우, 삽입하고자 하는 변수 위치에 변수열을 마우스로 선택한다. 그리고 다음과 같이 진행하면 새로운 변수가 추가된다. 또는 마우스 우클릭 후 나타는 창에서 [편집] → [변수 삽입]를 선택한다.

> 편집(E)
>   변수 삽입(A)

② 다음과 같이 기존의 자료의 지정한 위치에서 하나의 변수를 추가로 입력할 수 있도록 공간이 생성된다.

기존 데이터에 하나의 변수 삽입

(6) 간단한 하나의 변수 및 사례 삭제

하나의 변수 또는 하나의 사례를 삭제하고자 할 경우에는 삭제하고자 하는 변수나 사례를 마우스로 선택한 후, 편집 메뉴에서 지우기(Del)을 누르거나, 마우스의 오른쪽 단추를 눌러 잘라내기(Cut)나 지우기(Del)를 선택하면 된다.

적중예상문제

※ '인터넷 개인정보보호 인식에 관한 연구' 조사결과를 SPSS 데이터 파일 [data1.sav]와 같이 저장하였다. 실습파일 [data1.sav]의 코드북이 다음과 같을 때, 최종학력이 전문대졸 이하인 케이스를 선택하기 조건식을 제시하고 SPSS에서 해당 케이스를 선택하시오.

'인터넷 개인정보보호 인식에 관한 연구' 조사 코드북

변수명	변수 설명	칼럼 수	내 용
ID	일련번호	2	세 자리 숫자
Q1_1	성별	1	1 : 남자, 2 : 여자
Q1_2	연령대	2	1 : 20대, 2 : 30대, 3 : 40대, 4 : 50대, 6 : 60대 이상
Q1_3	최종학력	1	1 : 고졸 이하, 2 : 전문대졸, 3 : 대졸, 4 : 대학원졸 이상
Q1_4	결혼 여부	1	1 : 미혼, 2 : 기혼
Q2_1	개인정보1	1	1 : 매우 아니다, 2 : 아니다, 3 : 보통이다, 4 : 그렇다, 5 : 매우 그렇다
Q2_2	개인정보2	1	
Q2_3	개인정보3	1	
Q2_4	개인정보4	1	
Q3_1	인터넷 사용시간	1	1 : 1~3시간, 2 : 4~6시간, 3 : 7~10시간, 4 : 10시간 이상
Q3_2	정보보호 여부	1	1 : 예, 2 : 아니오

해설 1. 케이스 선택 조건식 : 먼저 최종학력이 전문대졸 이하인 케이스를 선택하기 조건식을 고려한다. 최종학력은 데이터에서 'Q1_3'이란 변수명으로 지정되어 있으므로 'Q1_3'이 2보다 작거나 같으면 최종학력이 전문대졸 또는 고졸 이하가 된다. 즉, 'Q1_3 ≤ 2'를 만족하면 최종학력이 전문대졸 이하가 된다.
2. SPSS를 이용한 케이스 선택
  ① 조건에 맞는 케이스 선택 실행 : 'Q1_3 ≤ 2'를 만족하는 케이스를 선택하기 위해서 케이스 선택을 실행하고 조건에 맞는 케이스 선택을 선택한다.
  ② 조건식 입력 : SPSS의 케이스 선택 : 조건 대화상자에서 이와 같은 조건식은 'Q1_3<=2'와 같이 사용하면 된다. 이와 같은 조건식이 바로 생각나지 않는다면 메뉴의 [데이터] → [케이스 선택]을 통해 실행하고 케이스 선택 대화상자에서 조건에 만족하는 케이스 선택 후, 하단의 조건을 클릭하여 다음과 같은 케이스 선택 : 조건 대화상지의 수식과 함수들을 이용하면 된다.

케이스 선택 : 조건 대화상자

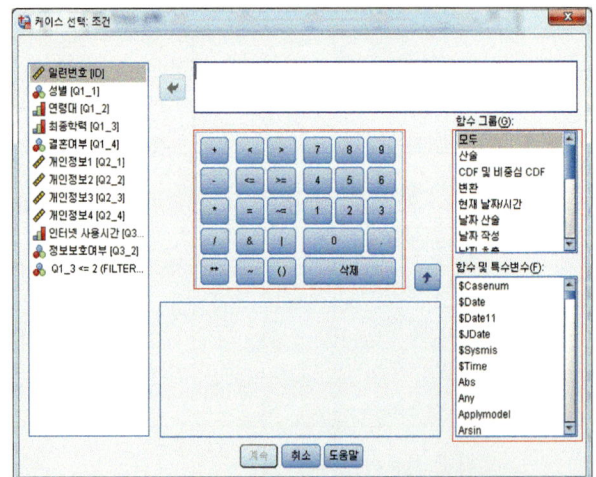

  ㉠ 인터넷 개인정보보호 인식에 관한 연구 자료에서 최종학력이 전문대졸 이하인 케이스를 선택하기 위해 케이스 선택 : 조건 대화상자의 조건식 'Q1_3<=2'을 입력한 결과는 다음과 같다.

전문대졸 이하를 선택하기 위한 조건 입력

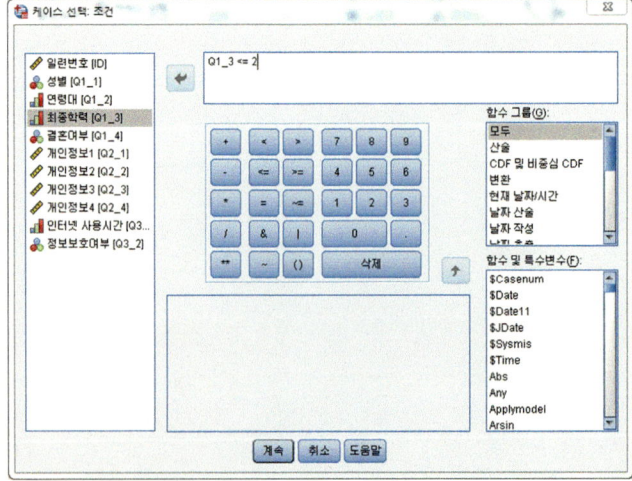

③ 조건식 입력 결과 : 조건식 입력 후 [계속]을 클릭하면 다음과 같이 케이스 선택 대화상자에 입력한 조건식이 표현된다.

케이스 선택 조건식을 입력한 대화상자

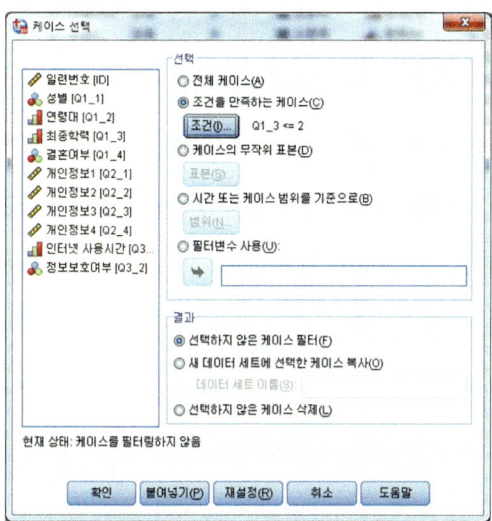

3. 케이스 선택 확인 : 조건식이 제대로 입력되었는지 확인 후 [확인]을 클릭하면 지정한 조건으로 케이스가 선택된다. 즉, 최종학력이 전문대졸 이하인 케이스가 선택된다.

[data1.sav]에서 전문대졸 이하만 선택한 결과

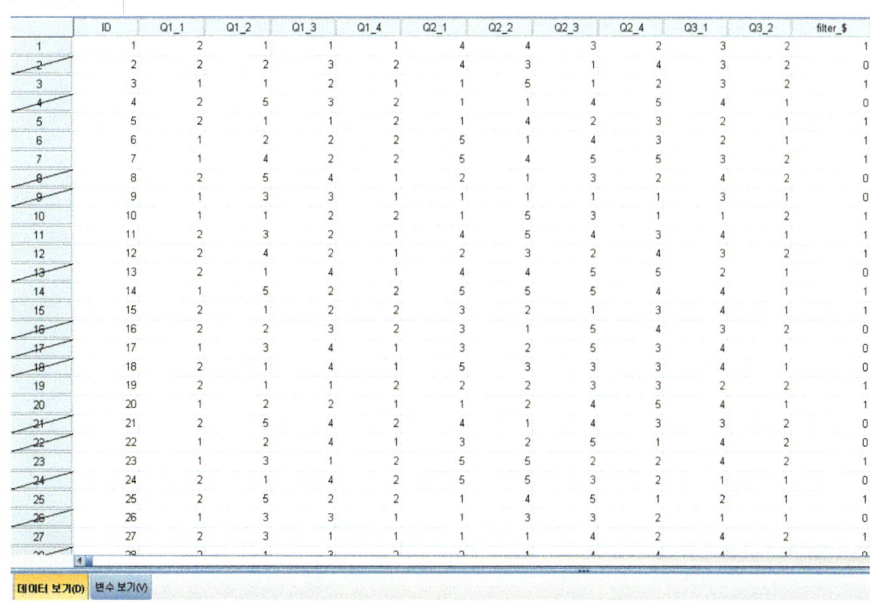

제1장 SPSS와 자료 다루기 ●●● 107

설문지의 예

※ '인터넷 개인정보보호에 관한 연구' 설문지 [data1.txt], [data1.sav]

제33조(비밀의 보호)
① 통계의 작성과정에서 알려진 사항으로서 개인이나 법인 또는 단체 등의 비밀에 속하는 사항은 보호되어야 한다.
② 통계의 작성을 위하여 수집된 개인이나 법인 또는 단체 등의 비밀에 속하는 자료는 통계작성 외의 목적으로 사용되어서는 아니 된다.

안녕하십니까?

　귀중한 시간을 내어주심에 진심으로 감사드립니다. 본 설문은 '인터넷 개인정보보호에 관한 연구'에 대한 바람직한 방안을 제시하는 데 커다란 도움이 될 것이며, 이 점에 있어서 귀하께 설문을 부탁드리고자 하오니 많이 바쁘시겠지만 꼭 도와주시기 바랍니다. 본 설문은 무기명으로 진행되며, 통계법 제33조에 의거하여 답변해 주시는 내용은 오직 조사와 연구 목적으로만 사용될 것이고, 철저한 비밀로 처리될 것이며, 관련 정보는 외부에 유출하지 않을 것입니다. 귀하의 의견이 정확히 반영될 수 있도록 성의 있는 답변을 부탁드립니다.

　다시 한 번 설문에 협조해 주심을 감사드리며 귀하의 무궁한 발전을 기원합니다.

조사기간 : 20XX.XX.XX ~ 20XX.XX.XX
조사기관 : XXX 리서치연구소, TEL : 00-000-0000
주관기관 : XXXX, TEL : 00-000-0000

Ⅰ. 응답자의 기초 조사 관련 문항입니다.
　　( ) 안에 해당하는 응답번호를 기입해 주십시오.

01 응답자의 성별은?　　　　　　　　　　　　　　　　( )
　　① 남자　　　　　　② 여자

02 응답자의 연령대는?　　　　　　　　　　　　　　　( )
　　① 20대　　　　　　② 30대　　　　　　③ 40대
　　④ 50대　　　　　　⑤ 60대 이상

03 응답자의 최종 학력은?   (   )
   ① 고졸 이하   ② 전문대졸
   ③ 대졸   ④ 대학원 이상

04 응답자의 결혼 여부는?   (   )
   ① 미혼   ② 기혼

Ⅱ. 응답자의 개인정보보호 우려에 관한 문항입니다.
   다음 해당하는 사항에 체크(V)해 주십시오.

01 가입되어 있는 사이트에서 나에 대한 개인정보를 자주 요청받을 때 귀찮다고 느낀다.

전혀 그렇지 않다	그렇지 않다	보통이다	그렇다	매우 그렇다

02 가입하려는 인터넷 사이트가 개인정보를 내부시스템으로 잘 통제하는 경우에만 개인정보를 제공할 것이다.

전혀 그렇지 않다	그렇지 않다	보통이다	그렇다	매우 그렇다

03 가입하려는 인터넷 사이트가 수집한 개인정보의 수집, 처리, 사용에 대한 방법을 공개해 주길 원한다.

전혀 그렇지 않다	그렇지 않다	보통이다	그렇다	매우 그렇다

04 내가 가입한 인터넷 사이트는 내 개인정보에 대한 보안이 신뢰할 만하다.

전혀 그렇지 않다	그렇지 않다	보통이다	그렇다	매우 그렇다

Ⅲ. 응답자의 인터넷 사용현황에 관련 문항입니다.
( ) 안에 해당하는 응답번호를 기입해 주십시오.

01 일주일 동안 개인적으로 사용하는 평균 인터넷 사용시간은? ( )

① 1~3시간　　　　　　② 4~6시간
③ 7~10시간　　　　　 ④ 10시간 이상

02 응답자는 개인 컴퓨터에 공인인증서 등의 개인정보와 관련된 중요한 파일을 저장하고 있습니까? ( )

① 예　　　　　　　　　② 아니오

'인터넷 개인정보보호 인식에 관한 연구' 조사 코드북

변수명	변수 설명	칼럼 수	내 용
ID	일련번호	2	세 자리 숫자
Q1_1	성별	1	1 : 남자, 2 : 여자
Q1_2	연령대	2	1 : 20대, 2 : 30대, 3 : 40대, 4 : 50대, 6 : 60대 이상
Q1_3	최종학력	1	1 : 고졸 이하, 2 : 전문대졸, 3 : 대졸, 4 : 대학원 이상
Q1_4	결혼여부	1	1 : 미혼, 2 : 기혼
Q2_1	개인정보1	1	1 : 전혀 아니다, 2 : 아니다, 3 : 보통이다, 4 : 그렇다, 5 : 매우 그렇다
Q2_2	개인정보2	1	
Q2_3	개인정보3	1	
Q2_4	개인정보4	1	
Q3_1	인터넷 사용시간	1	1 : 1~3시간, 2 : 4~6시간, 3 : 7~10시간, 4 : 10시간 이상
Q3_2	정보보호여부	1	1 : 예, 2 : 아니오

※ '30대 이하 직장인들의 직장생활 만족도' 설문지 [data2.txt], [data2.sav]

> **제33조(비밀의 보호)**
> ① 통계의 작성과정에서 알려진 사항으로서 개인이나 법인 또는 단체 등의 비밀에 속하는 사항은 보호되어야 한다.
> ② 통계의 작성을 위하여 수집된 개인이나 법인 또는 단체 등의 비밀에 속하는 자료는 통계 작성 외의 목적으로 사용되어서는 아니 된다.

> 안녕하십니까?
>   귀중한 시간을 내어주심에 진심으로 감사드립니다. 본 설문은 '회사생활 만족도 및 이직'에 대한 바람직한 방안을 제시하는 데 커다란 도움이 될 것이며, 이 점에 있어서 귀하께 설문을 부탁드리고자 하오니 많이 바쁘시겠지만 꼭 노와주시기 바랍니다. 본 실문은 무기명으로 진행되며, 통계법 제33조에 의거하여 답변해 주시는 내용은 오직 조사와 연구 목적으로만 사용될 것이고, 철저한 비밀로 처리될 것이며, 또한 관련 정보는 외부에 유출하지 않을 것입니다. 귀하의 의견이 정확히 반영될 수 있도록 성의 있는 답변을 부탁드립니다.
>   다시 한 번 설문에 협조해 주심을 감사드리며 귀하의 무궁한 발전을 기원합니다.
>
> 조사기간 : 20XX.XX.XX ~ 20XX.XX.XX
> 조사기관 : XXX 리서치연구소, TEL : 00-000-0000
> 주관기관 : XXXX, TEL : 00-000-0000

I. 응답자의 기초 조사 관련 문항입니다.
( ) 안에 해당하는 응답번호를 기입해 주십시오.

01 귀하의 성별은?   ( )
   ① 남자   ② 여자

02 귀하의 연령은?   ( )
   ① 20대   ② 30대   ③ 40대
   ④ 50대   ⑤ 60대 이상

03 귀하가 재직 중인 회사의 규모는?   ( )
   ① 중소기업   ② 중견기업   ③ 대기업

04 귀하의 회사에서의 고용형태는?　　　　　　　　　　　　　　( )

① 정규직　　　　　　② 비정규직　　　　　　③ 기타

05 귀하의 연봉은?　　　　　　　　　　　　　　　　　　　　( )

① 2천만 원 이하　　　　② 2천~3천만 원
③ 3천~4천만 원　　　　④ 4천~5천만 원
⑤ 5천~6천만 원　　　　⑥ 6천만 원 이상

Ⅱ. 응답자의 회사만족도에 관한 문항입니다.
　해당하는 사항에 체크(V)해 주십시오.

01 내가 다니고 있는 회사로 출퇴근하는 교통편이 잘 갖춰져 있다.

전혀 그렇지 않다	그렇지 않다	보통이다	그렇다	매우 그렇다

02 내가 다니고 있는 회사는 직원들에 대한 복지가 잘되어 있다.

전혀 그렇지 않다	그렇지 않다	보통이다	그렇다	매우 그렇다

03 내가 다니고 있는 회사는 연차 사용이 자유로운 편이다.

전혀 그렇지 않다	그렇지 않다	보통이다	그렇다	매우 그렇다

04 내가 하고 있는 업무에 대하여 적절한 연봉을 받고 있다.

전혀 그렇지 않다	그렇지 않다	보통이다	그렇다	매우 그렇다

Ⅲ. 응답자의 회사만족도에 관련 문항입니다.
( ) 안에 해당하는 응답번호를 기입해 주십시오.

01 내가 다니고 있는 회사에서 가까운 시일 이내에 다른 곳으로 이직할 생각이 있다.

전혀 그렇지 않다	그렇지 않다	보통이다	그렇다	매우 그렇다

'30대 이하 직장인들의 직장생활 만족도' 조사 코드북

변수명(variable name)	칼럼 수	내 용
일련번호	2	세 자리 숫자
성별	1	1 : 남자, 2 : 여자
연령	2	두 자리 숫자
기업규모	1	1 : 중소기업, 2 : 중견기업, 3 : 대기업 (결측값 : 9)
고용형태	1	1 : 정규직, 2 : 비정규직, 3 : 기타 (결측값 : 9)
연봉	1	1 : 2천만 원 이하, 2 : 2천~3천만 원, 3 : 3천~4천만 원, 4 : 4천~5천만 원, 5 : 5천~6천만 원, 6 : 6천만 원 이상
만족도 1	1	1 : 매우 아니다, 2 : 아니다, 3 : 보통이다, 4 : 그렇다, 5 : 매우 그렇다 (결측값 : 9)
만족도 2	1	
만족도 3	1	
만족도 4	1	
이직 고려	1	

제2장 통계분석

01 기초자료 분석(기술통계)

각종 통계분석에 앞서 측정된 변수들이 지닌 분포의 특성을 알아볼 필요가 있다. 분포의 특성이란 자료가 어느 곳에 몰려 있는 정도(중심경향 ; 대푯값) 또는 흩어져 있는 정도(산포도)를 말한다. 분포의 특성은 이산형(범주형) 변수인 경우 빈도와 비율 등으로, 연속형 변수인 경우 평균, 분산, 왜도, 첨도 등을 통하여 알 수 있다.

1 빈도분석

빈도분석(frequency analysis)은 변수들의 도수분포표나 막대그림을 이용하여 측정된 변수들이 지닌 특성을 알려준다. 빈도분석으로 이산형 변수의 분포를 파악할 수 있고, 관측된 자료를 기반으로 도표를 그림으로써 자료의 시각 표현이 가능하다.

(1) 빈도분포

이산형 변수의 도수분포표(빈도분포표)를 구함으로써 자료를 한 눈에 파악할 수 있을 뿐만 아니라 이후 통계처리를 위한 정보를 얻을 수 있다. 분포를 빈도분석을 통하여 이산형 변수의 경우 다음과 같은 분포의 특성을 알 수 있다.

① 상대적 빈도분포(relative frequency distribution) : 각 변숫값의 빈도를 비율이나 백분율(퍼센트; %)로 표기하는 것을 상대적 빈도분포표라고 하며 총합은 1(또는 100%)이다. 그 이유는 상대 빈도는 한 변숫값(또는 구간값)의 빈도를 전체 케이스 수로 나눈 상대적인 값이기 때문이다. 이렇게 상대 빈도(비율)를 구함으로써 자료의 해석은 물론 해당 이산형 변수가 어떤 형태의 분포를 기자고 있는지 파악이 가능하다.

② 누적빈도분포(cumulative frequency distribution) : 각 변숫값(또는 구간값)의 빈도가 아니라 그 값을 기준으로 아래와 위로 얼마나 많은 케이스가 분포되어 있는지 확인할 필요가 있다. 이런 경우 누적빈도표를 확인하여 쉽게 확인할 수 있으며 이는 해당 변수의 누적분포를 추측하는 데 도움이 된다.

(2) 도표

도수분포표로 자료를 간단한 표로 정리하여 보여줌으로써 많은 정보를 얻을 수 있다. 도수분포표의 내용을 그림으로 작성한다면 전달효과가 더 높아질 것이다. 즉, 시각적 표현으로 직관적인 정보전달이 가능하다. 다양한 상황에 따라 활용되는 도표들이 개발되어 있으며 현대 통계학에서 중요한 부분을 차지고하고 있다. SPSS에서는 자료 요약을 위한 기본적인 도표를 제공하고 있다. 빈도분석에서 제공하는 도표에 대하여 알아보자.

① **막대도표(Bar chart)** : 막대도표는 이산형 변수의 각 변숫값에 대한 빈도 또는 백분율을 그림으로 표현한다. 각 변숫값은 크기에 따라 막대의 높이로 표시된다. 연속형 변수를 표현하는 히스토그램과 유사하지만 막대도표는 이산형 변수(범주형 자료)를 표현하는데 사용된다. 막대도표의 특징은 각 변숫값은 개별 구분이 된다는 점이다. 다시 말해 막대도표의 막대는 서로 떨어져 그려진다.

막대도표의 예

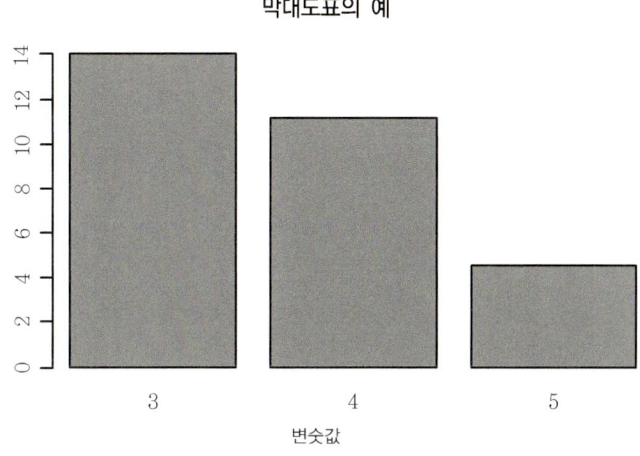

② **원도표(Pie chart)** : 한 변수를 구성하고 있는 각 범주의 사례수에 해당되는 백분율을 원 속에 표시하는 그림이다. 원도표에서는 원 전체의 백분율 합이 100%가 되도록 한다. 이산형 변수가 명목형인 경우 주로 사용한다.

원도표의 예

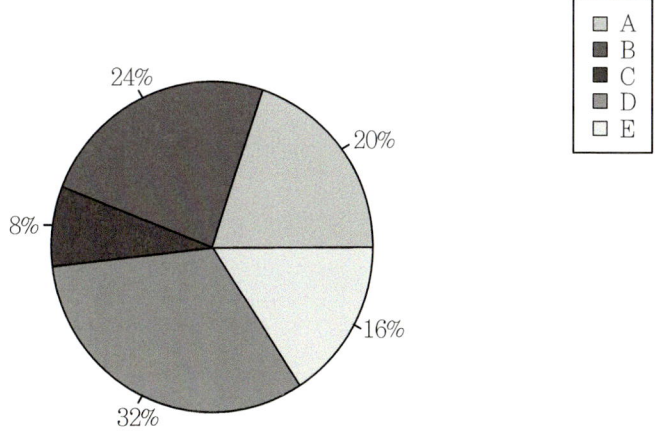

제2장 통계분석 **115**

③ 히스토그램(Histogram) : 연속형 변수를 몇 개의 계급으로 분류하여 각 계급에 속하는 빈도 또는 비율 등을 작성하는 방법이다. 연속형 변수에 대한 정보를 한눈에 정리·요약하며 막대의 면적과 높이는 각 계급이 차지하고 있는 비율에 비례한다. 다음 그림과 같이 히스토그램은 막대도표와 달리 각 막대를 연속되어 그림으로써 연속형 변수의 개념을 가진다.

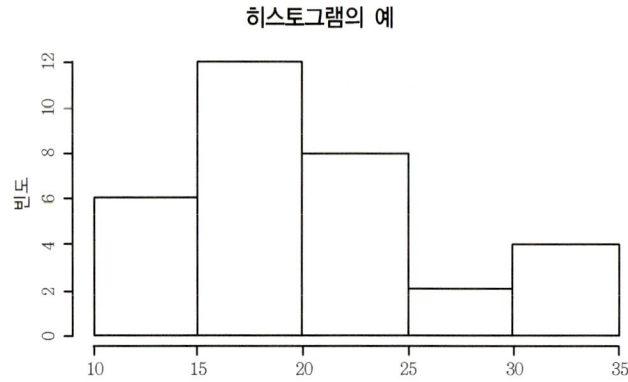

히스토그램의 예

2 빈도분석 실행하기

SPSS에서 빈도분석은 기본적으로 이산형 변수에 대한 빈도와 비율을 파악 및 원도표(pie chart), 막대도표(bar chart)를 제공한다. 그리고 연속형 변수의 경우 여러 가지 기술 통계량과 히스토그램을 제공한다.

(1) 빈도분석 대화상자 호출

빈도분석은 메뉴에서 [분석] → [기술통계] → [빈도]를 선택하면 실행된다.

분석(A)
    기술통계(E)
        빈도(F)

빈도분석 실행하기

(2) 빈도분석 변수 선택

빈도분석을 위하여 분석을 원하는 변수들을 우측창으로 선택한 후(해당 변수를 더블 클릭 또는 화살표 클릭) 목적에 따라 원하는 결과가 출력되도록 옵션을 선택한다.

빈도 대화상자

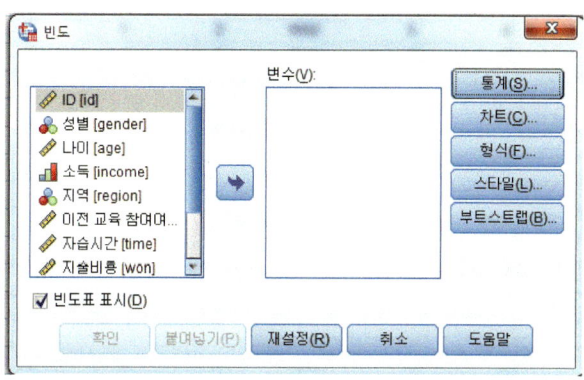

(3) 빈도분석의 통계 대화상자

빈도분석의 [통계] 대화상자에서는 변수의 통계량으로 백분위수 값, 중심경향(평균, 중앙값, 최빈값, 합계), 산포도(표준편차, 분산, 범위 등), 왜도, 첨도 등을 제공한다. 각 통계량에 대한 자세한 설명은 다음 장에서 기술하도록 한다.

빈도 : 통계 대화상자

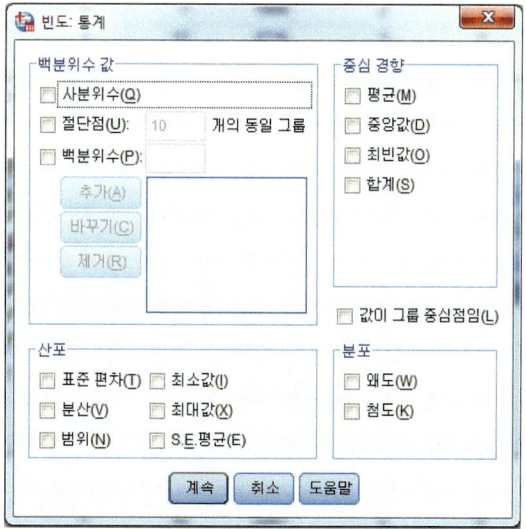

빈도 : 통계에서 제공하는 통계량

명칭		설명
백분위수 (Percen-tile values)	사분위수(Quantiles)	사분위수로서 25번째, 50번째, 75번째 비율을 출력
	절단점(Cut points)	전체 케이스를 지정한 수만큼의 동일집단으로 나누는 기준값
	백분위수(Percentiles)	프로그램 사용자가 0과 100 사이의 값을 입력할 수 있다.
중심경향 (Central tendency)	평균(Mean)	산술평균, 관찰값 전체를 합한 후에 관찰값 총 개수로 나눈 값
	중앙값(Median)	주어진 변수를 크기 순서대로 배열한 상태의 정 중앙값
	최빈값(Mode)	주어진 변수의 분포에서 빈도수가 가장 높은 관찰값
	합계(Sum)	주어진 변수들의 총합
값이 그룹 중심점임 (Values are group midpoints)		변수집단의 중앙값
산포 (Dispersion)	표준편차(Standard deviation)	분산의 제곱근
	분산(Variance)	각 편차 제곱의 합을 관찰값의 수로 나눈 값
	범위(Range)	주어진 변수의 최댓값과 최솟값의 차이
	최솟값(Minimum)	주어진 변수의 최솟값
	최댓값(Maximum)	주어진 변수의 최댓값
	S.E. 평균 (S.E. Mean)	표본평균의 분산에 제곱근을 취한 표준편차, 평균의 표준오차
분포 (Distribution)	왜도(Skewness)	분포의 편중(치우침)
	첨도(Kurtosis)	대칭인 분포에서 꼬리가 두터운 정도

(4) 빈도분석의 차트 대화상자

[차트] 대화상자에서는 변수의 특성을 쉽게 알려주는 도표로 '막대도표', '원도표', '히스토그램'을 제공한다.

빈도 : 차트 대화상자

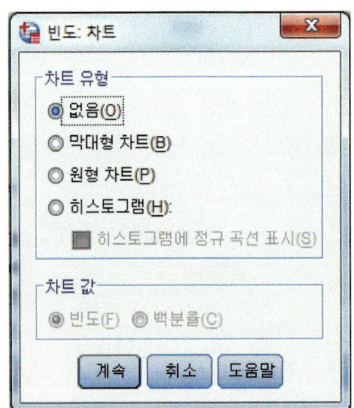

빈도 : 차트에서의 옵션

명 칭		설 명
차트 유형 (Chart Type)	없음(None)	도표(차트)를 그리지 않음
	막대형 차트 (Bar Chart)	막대도표를 그림
	원형 차트(Pie Chart)	원도표를 그림
	히스토그램(Histogram)	히스토그램을 그림(연속형 변수인 경우 사용)
히스토그램에서 정규곡선 표시 (with normal curve)		정규분포곡선이 히스토그램에 겹치게 되어 해당 데이터의 분포와 정규분포를 비교할 수 있음
값이 그룹 중심점임 (Values are group midpoints)		변수집단의 중앙값
차트 값 (Chart value)	빈도(Frequencies)	도표의 세로축(도표 내 값)에 빈도로 표시(기본값)
	백분율(Percentages)	도표의 세로축(도표 내 값)에 비율로 표시

(5) 빈도분석의 차트 대화상자

[출력형식] 대화상자에서는 빈도분석의 출력 형식을 결정할 수 있다.

빈도 : 형식 대화상자

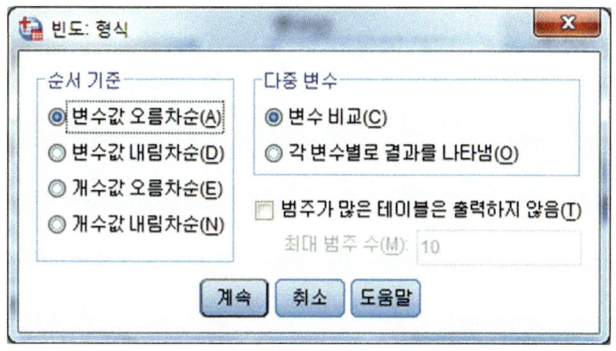

빈도 : 형식 옵션

명 칭		설 명
순서 기준 (Order by)	변숫값 오름차순 (Ascending values)	변숫값을 오름차순으로 정리
	변숫값 내림차순 (Ascending values)	변숫값을 내림차순으로 정리
	개수값 오름차순 (Ascending counts)	빈도수에 따라 오름차순으로 정리
	개수값 내림차순 (Ascending counts)	빈도수에 따라 내림차순으로 정리
다중 변수 (Multiple variables)	변수 비교 (Compare variables)	변수들의 통계량을 하나의 표로 정리
	각 변수별로 결과를 나타냄 (Organize output by variables)	변수들의 통계량을 변수별로 표로 정리

[예제를 통한 이해 : 예제1] 빈도분석

1 [example.sav]를 이용한 빈도분석

앞에서부터 다루었던 예제 : 교육프로그램 설문조사 결과를 정리한 예제파일 [example. sav] 파일을 살펴보자. [example.sav]에는 각 변수에 대한 정의와 관측값이 입력되어 있으며 앞으로 다룰 통계분석의 대부분 예제는 [example.sav]을 이용하여 설명하도록 한다.

2 빈도분석 대화상자 호출

설문에 응답자들의 거주 지역별 빈도를 알고자 할때 빈도분석을 이용하여 응답자 100명에 대한 거주 지역별 빈도를 알 수 있다. 메뉴에서 [분석] → [기술통계] → [빈도]를 선택하면 빈도 대화상자가 나타난다.

3 변수 지정

대화상자의 우측에 분석하고자 하는 변수를 지정하는데, 본 예제의 경우 범주형 변수인 지역(region)의 빈도를 파악하려고 하기 때문에 해당 변수를 다음과 같이 설정하고 [빈도표 표시]에 체크한다.

빈도분석을 이용한 지역 분석

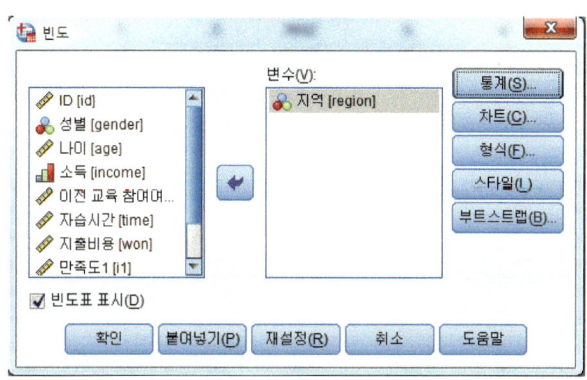

4 원도표 지정

그리고 빈도표와 함께 원도표를 출력하려고 한다. 빈도 대화상자 우측의 [차트]를 클릭하여 다음과 같이 차트 대화상자에서 [원도표]를 선택한다.

원도표를 출력하도록 설정

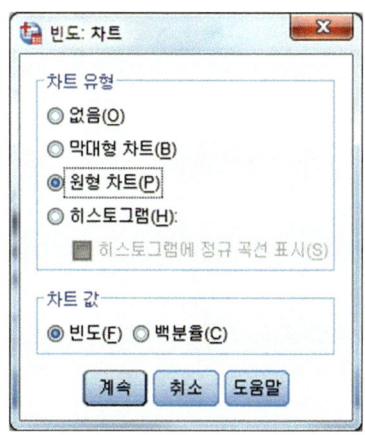

5 분석 결과

설정이 끝난 후 빈도 대화상자에서 [확인]을 클릭하면 SPSS 출력창에서 응답자 100명에 대한 지역빈도를 알 수 있다.

① SPSS의 빈도분석 : SPSS의 빈도분석에서는 이산형 변수에 대하여 빈도와 비율을 계산해 주는데 비율(퍼센트)의 경우 퍼센트, 유효 퍼센트, 누적 퍼센트로 계산을 한다. 퍼센트는 전체 케이스수 대비 빈도의 상대 비율을 나타내며, 유효(올바른) 퍼센트는 결측값을 제외한 케이스 수 대비 빈도의 상대 비율을 나타내며, 누적 퍼센트는 유효 퍼센트의 누적값을 나타낸다.

지역변수에 대한 빈도표

N	유효함	100
	결측값	0

		빈도	퍼센트	올바른 퍼센트	누적 퍼센트
유효함	서울	40	40.0	40.0	40.0
	광역시	20	20.0	20.0	60.0
	중소도시	20	20.0	20.0	80.0
	읍면지역	20	20.0	20.0	100.0
	총계	100	100.0	100.0	

② 예제의 지역 변수 빈도분석 결과 : 예제의 지역 변수의 경우에 대한 결측값은 존재하지 않아 퍼센트와 유효 퍼센트가 동일하며, 서울(코딩값 1)이 40명(40%), 광역시(코딩값 2)는 20명(20%), 중소도시(코딩값 3)는 20명(20%), 읍면지역(코딩값 4)은 20명(20%)이다.

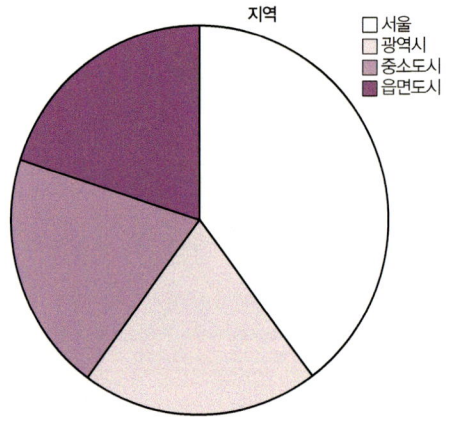

지역변수에 대한 원도표

[예제를 통한 이해 : 예제2] 빈도분석

1 [example.sav]을 이용한 기술통계분석

예제파일 [example.sav]에서 연속형 변수를 이용하여 변수의 특성을 파악하여 보자. 설문 응답자들의 나이에 대한 특성을 파악하기 위하여 기술통계량(평균, 분산 등)을 구해 보자.

2 빈도분석 대화상자 호출

SPSS에서는 연속형 변수의 기술통계량을 구하기 위해서 [빈도분석]과 [기술통계분석]을 이용할 수 있으나 이 장에서는 [빈도분석]을 이용하여 응답자들의 나이에 대한 평균, 분산 등 기술통계량을 알아보고자 한다. 메뉴에서 [분석] → [기술통계] → [빈도]를 선택하면 빈도 대화상자가 나타난다.

3 변수 지정

연속형 변수에 대한 기술통계량들을 알고자하기 때문에 분석하고자 하는 변수인 나이(age)를 선택한 후 [빈도표 표시]에 체크를 해제한다. 빈도표 표시를 해제하지 않으면 연속형 변수의 각각 값에 대한 빈도표를 제공하는 데 이는 불필요한 결과이다. 그 이유는 만약 100명에 대해서 모두 다른 값이 있다면 연속형 변수의 관측값 각각에 대한 빈도표는 100개의 범주를 갖는 빈도표가 생성되기 때문에 연구자에게 큰 정보를 주지 못하기 때문이다.

빈도분석을 이용한 나이(연속형 변수) 분석

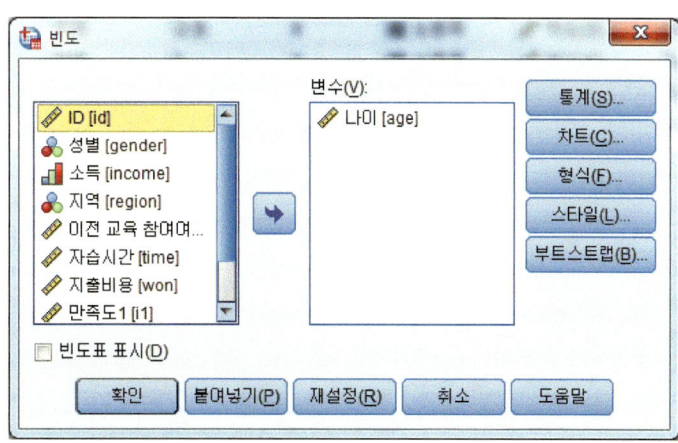

4 통계량 지정

출력하고 싶은 기술통계량을 선택하도록 하자. 빈도 대화상자에서 [통계] 옵션을 클릭하여 빈도 : 통계 대화상자에서 알고자 하는 기술통계량을 선택한다. 예제의 경우 다음과 같이 평균, 중앙값, 최빈값, 합계, 표준편차, 분산, 최솟값, 최댓값, 범위, 왜도, 첨도를 선택하였다.

빈도 : 통계 대화상자에서 옵션 선택

5 히스토그램 지정

차트기능을 이용하여 나이의 히스토그램을 출력하기 위하여 빈도 대화상자에서 [차트] 옵션을 클릭하여 빈도 : 차트 대화상자에서 히스토그램을 선택한다.

히스토그램 출력하도록 설정

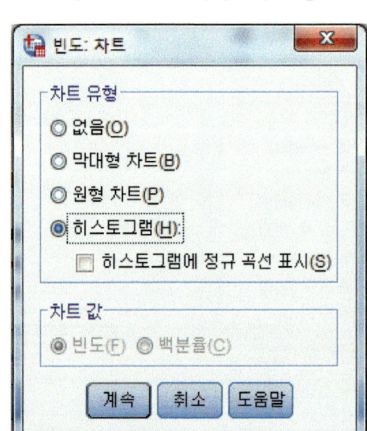

6 분석 결과

나이에 대한 기술통계를 확인하기 위한 결과는 다음과 같다.

통 계

나이

N	유효함	100
	결측값	0
평균		34.35
중앙값		33.00
최빈값		34
표준편차		8.433
분산		71.119
왜도		.631
왜도의 표준 오차		.241
첨도		-.261
첨도의 표준 오차		.478
범위		34
최솟값		21
최댓값		55
합계		3435

나이에 대한 결측값은 없으며 응답자의 평균 나이는 33.35세, 중앙값은 33세이다. 표준편차는 8.433이고 최소 나이는 21세, 최대 나이는 55세이다. 다음은 응답자의 나이에 대한 히스토그램이다.

나이에 대한 히스토그램

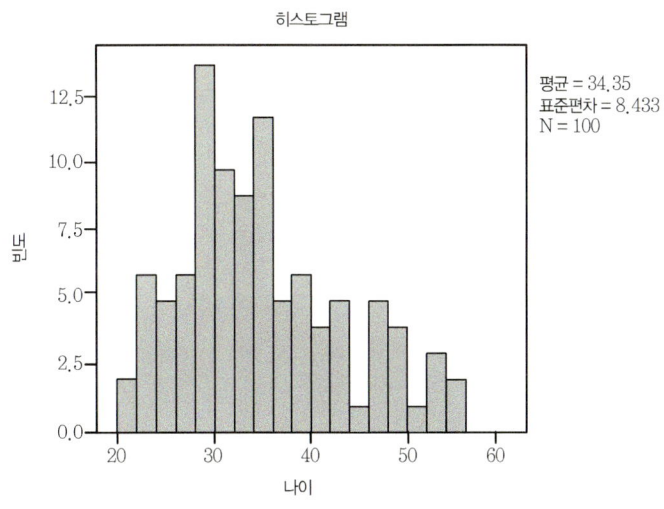

3 기술통계분석

기술통계분석(descriptive analysis)에서 필요한 통계량을 지정하여 자료의 특징을 파악할 수 있다. 기술통계분석은 앞 장의 빈도분석과 달리 연속형 변수(continuous variable)을 분석하는 방법이다. 기술통계분석에서 계산 가능한 기술통계량은 다음과 같다.

(1) 대푯값, 중심경향
자료 전체를 대표하는 값으로서 자료의 분포에 대한 중심 경향을 나타낸다. 평균(mean), 중앙값(median), 최빈값(mode) 등이 있다.

① 평균
  ㉠ 정의
    ⓐ 평균(산술평균)은 널리 사용되고 있는 대푯값으로 모든 관측값을 더한 후 그 자료의 총 개수로 나눈 값이다. SPSS에서 평균은 결측값을 제외한 관측값을 더한 후 마찬가지로 결측값을 제외한 총 자료의 개수로 나눈 값이다.
    ⓑ 확률표본이 $x_1, x_2, ..., x_n$과 같이 있다면 표본평균은 다음과 같다.

$$\overline{X} = \frac{1}{n}\sum_{i=1}^{n} x_i$$

    ⓒ x_i, $i = 1, ..., n$은 유효한 관측값이며 n은 유효한 자료의 총 개수이다.
  ㉡ 평균과 이상값 : 평균은 자료 중 이상값(outlier)이 존재할 때 민감하게 반응한다. 즉, 자료 중 지나치게 크거나 작은 값이 존재할 때 평균값은 영향을 크게 받는다.

② 중앙값
  ㉠ 정의
    ⓐ n개의 관측값을 순서대로 정렬한 값을 순서통계량(order statistic)이라 한다. 중앙값은 순서대로 정렬된 순서통계량 중에서 50%에 위치한 관측값이다. 자료의 수가 짝수이면 중앙값이 없으므로 중앙의 두 개의 관측값의 평균을 중앙값으로 사용한다.
    ⓑ 총 x_i, $i = 1, ..., n$의 관측값이 있으며 이를 순서대로 나열한 순서통계량들을 $x_{(i)}$, $i = 1, ..., n$이라고 하면 중앙값은 다음과 같다.

$$\widetilde{X} = \begin{cases} x_{\left(\frac{n+1}{2}\right)} & n\text{이 홀수} \\ \dfrac{x_{\left(\frac{n}{2}\right)} + x_{\left(\frac{n}{2}+1\right)}}{2} & n\text{이 짝수} \end{cases}$$

  ㉡ 중앙값과 이상값 : 중앙값은 자료의 분포가 양 극단에 퍼져있는 경우 대푯값으로 자주 사용된다. 이는 중앙값은 자료의 크기를 이용하기 때문에 이상값에 둔감하기 때문이다. 즉, 자료 중 지나치게 크거나 작은 값이 존재할 때 평균과 달리 중앙값은 영향을 크게 받지 않는다.

③ **최빈값** : 최빈값은 가장 많은 빈도를 가진 자료의 값이다. 즉, 주어진 자료 중에서 가장 자주 관측되는 값을 대푯값으로 사용한다.

(2) 산포도

대푯값만으로는 자료에 대한 설명이 부족하다. 대푯값은 자료 중 전체를 대표하는 중심경향을 나타내지만, 자료들이 얼마나 퍼져 있는지 알려주지 않는다. 따라서 자료의 퍼짐을 나타내는 산포도가 필요하다.

① **분산**
  ㉠ 정의 : 자료의 흩어진 정도를 나타내는 대표적인 척도이다. 표본의 각 관측값에서 평균을 뺀 값을 편차(deviation)이라고 하는데, 이는 각 관측값이 평균으로부터 얼마나 떨어져 있는지를 나타낸다. 편차들의 합은 0이 되기 때문에 자료의 퍼짐을 나타내는 값으로 나타내기 위해 편차 제곱의 합을 사용한다. 편차들의 제곱합을 총 자료의 수로 나눈 값을 분산(variance)이라고 한다. 모집단에 대한 분산(모분산)은 총 자료 수로 나눈다. 표본을 이용한 모분산의 추정량인 표본의 분산(표본분산)을 계산할 때는 (총 자료 수 − 1)로 나눈다.

  ㉡ 모분산 : 모분산은 $\sigma^2 = \frac{1}{n}\sum_{i=1}^{n}(X_i - \mu)^2$ 이며, 여기서 $X_1, X_2, ..., X_n$은 모집단의 관측값, μ는 모평균, n은 자료의 수이다.

  ㉢ 표본분산 : 표본분산은 모분산의 추정량으로서 $S^2 = \frac{1}{n-1}\sum_{i=1}^{n}(x_i - \overline{X})$ 이며, 여기서 $x_1, x_2, ..., x_n$은 확률표본, $\overline{X}$는 표본평균, n은 자료의 수이다.

② **표준편차**
  ㉠ 필요성 : 분산은 편차를 제곱하였기 때문에 원래 자료와 분산을 직접 비교할 수가 없다. 그 이유는 제곱을 하면서 단위가 변하기 때문인데, 이에 단위를 맞추기 위하여 분산에 제곱근을 취해 단위를 원래 자료에 적합하도록 변환한다. 이렇게 변환하여 얻은 값을 표준편차(standard deviation)라고 한다.

  ㉡ 정의 : 일반적으로 모집단의 표준편차는 σ(모표준편차), 표본에 의한 σ의 추정량을 s(표본표준편차)라고 한다. 표본표준편차는 다음과 같다. 여기서 $x_1, x_2, ..., x_n$은 확률표본, $\overline{X}$는 표본평균, n은 자료의 수이다.

$$S = \sqrt{S^2} = \sqrt{\frac{1}{n-1}\sum_{i=1}^{n}(x_i - \overline{X})}$$

③ **표준오차** : 표준오차(standard error)는 추정량의 표준편차를 의미한다. SPSS 기술통계분석에서 표준오차는 표본평균의 표준편차이다. 평균의 표준오차는 다음과 같다. 여기서 n은 표본의 크기, S는 표본표준편차이다.

$$SE = S/\sqrt{n}$$

④ 범위 : 범위(range)는 관측값 중 최댓값과 최솟값과의 차이이다. 범위는 최댓값과 최솟값을 이용하여 구하기 때문에 이상값에 민감하다. X_{max}를 최댓값, X_{min}을 최솟값이라고 할 때 범위는 다음과 같다.

$$Range = X_{max} - X_{min}$$

⑤ 변동계수 : 변동계수(CV; Coefficient of Variation)는 표준편차를 평균값으로 나눈 값으로 서로 다른 단위를 가진 두 변수의 산포도를 비교할 때 사용한다.

$$CV = \frac{S}{\overline{X}}$$

(3) 왜도와 첨도

대푯값과 산포도 외에도 분포를 대표하는 통계량으로 분포의 비대칭도를 나타내는 왜노(skewness)와 분포의 뾰족한 정도를 나타내는 첨도(kurtosis)가 있다.

① 왜도

㉠ 정의

ⓐ 왜도는 분포의 비대칭 정도를 나타내는 척도로 분포가 기울어진 방향과 정도를 나타낸다.

ⓑ 확률표본 $x_1, x_2, ..., x_n$이 주어졌을 때, 왜도 S_k는 다음과 같다. 여기서 $\overline{X}$는 표본평균, S는 표본표준편차이며 n은 표본의 크기이다.

$$S_k = \frac{\sum_{i=1}^{n}(x_i - \overline{X})^3/n}{S^3}$$

㉡ 특징 : 왜도는 자료의 분포가 오른쪽으로 꼬리가 나 있으면(skewed to the right) 양의 값을, 자료의 분포가 왼쪽으로 꼬리가 나 있으면(skewed to the left) 음의 값을 갖는다.

㉢ 왜도가 양수인 경우 : 아래 그림과 같이 왜도가 양수인 분포의 경우 최빈값 〈 중앙값 〈 평균을 가진다.

왜도가 양수인 분포

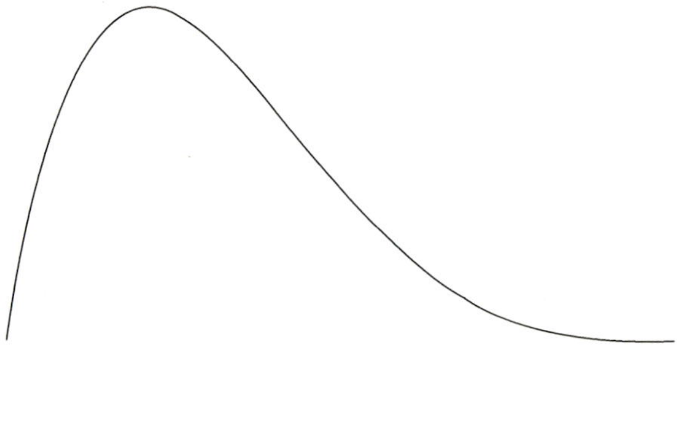

ⓔ 왜도가 음수인 경우 : 아래 그림과 같이 왜도가 음수인 분포의 경우 최빈값 >
중앙값 > 평균을 갖는다.

왜도가 음수인 분포

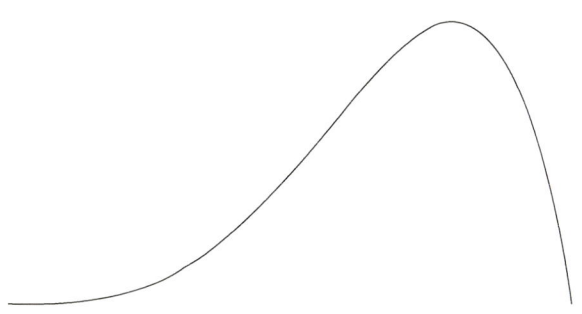

ⓜ 왜도가 0인 경우 : 왜도가 0인 경우 최빈값=중앙값=평균을 가진다. 왜도가 0이면 분포가 대칭적(symmetric)이라고 한다. 대표적인 왜도가 0인 분포로 정규분포(normal distribution)나 T 분포가 있다.

왜도가 0인 분포

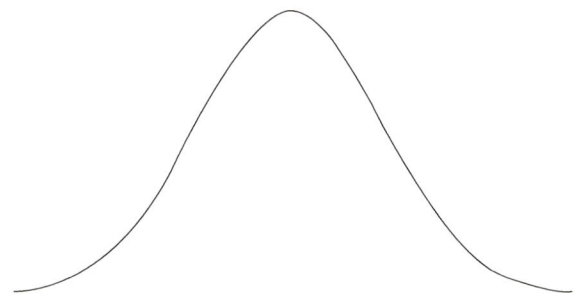

② 첨도
  ㉠ 첨도는 대칭인 분포에서 꼬리가 두터운 정도를 나타내는 척도이다. 정규분포의 경우 첨도 통계 값은 0이다.
  ㉡ 확률표본 $x_1, x_2, ..., x_n$이 주어졌을 때, 첨도 K는 다음과 같다. 여기서 $\overline{X}$는 표본평균, S는 표본표준편차이며 n은 표본의 크기이다.

$$K = \frac{\sum_{i=1}^{n}(x_i - \overline{X})^4/n}{S^4} - 3$$

4 기술통계분석 실행하기

기술통계량을 구하기 위한 절차는 다음과 같다.

(1) 기술통계 대화상자 호출

메뉴에서 [분석] → [기술통계] → [기술통계]를 선택하면 다음과 같은 기술통계 대화상자가 나타난다.

> 분석(A)
>   기술통계량(E)
>   기술통계(D)

기술통계분석 실행

(2) (연속형) 변수 선택

기술통계분석을 위하여 분석을 원하는 연속형 변수들을 우측창으로 선택한다.

기술통계 대화상자

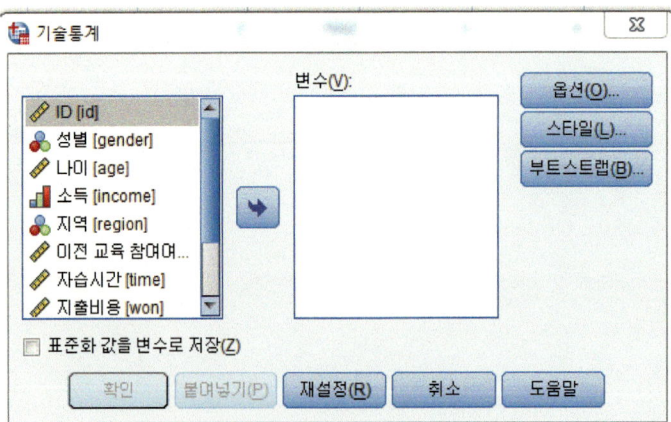

(3) 옵션 대화상자

① 목적에 따라 원하는 결과가 출력되도록 [옵션]을 선택한다. 옵션 대화상자에서는 변수의 통계량으로 백분위수 값, 중심경향(평균, 합계), 산포도(표준편차, 분산, 범위 등), 왜도, 첨도 등을 제공하여 준다.

기술통계 : 옵션 대화상자

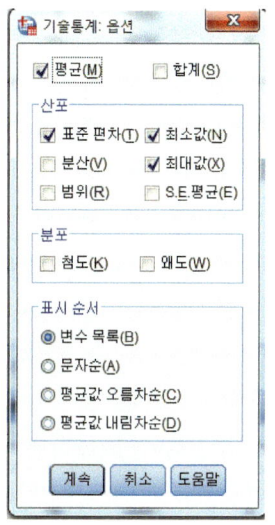

② 구하고자 하는 기술통계량을 선택한 후, 기술통계 대화상자에서 [확인]을 클릭하면 출력창에 결과가 나타난다. 다음 예제를 통하여 기술통계분석을 실행해보도록 한다.

[예제를 통한 이해 : 예제3]

1. 예제파일 [example.sav]을 통한 기술통계분석

예제파일 [example.sav]의 응답자들의 나이에 대한 기술통계량(평균, 분산 등)을 파악하고자 한다.

2. 기술통계 대화상자에서 변수 선택

기술통계량들을 파악하기 위해 대화상자 우측에 연속형 변수인 나이(age)를 선택한다.

기술통계분석을 이용한 연속형 변수 나이 분석

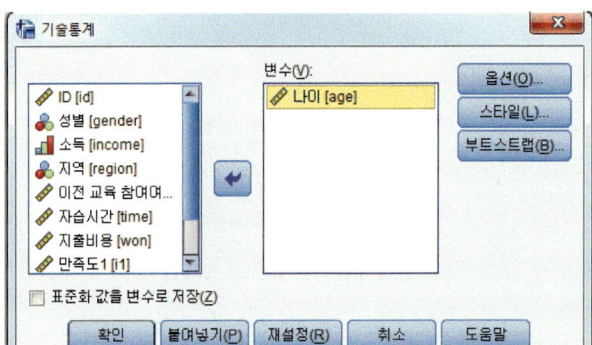

3. 기술통계량 선택

출력하고 싶은 기술통계량을 선택하도록 하자. 기술통계 대화상자에서 옵션을 클릭하여 [기술통계 : 옵션] 대화상자에서 알고자 하는 기술통계량을 선택한다. 예제의 경우 다음과 같이 평균, 표준편차, 최솟값, 최댓값, 첨도, 왜도를 선택하였다.

출력할 기술통계 선택

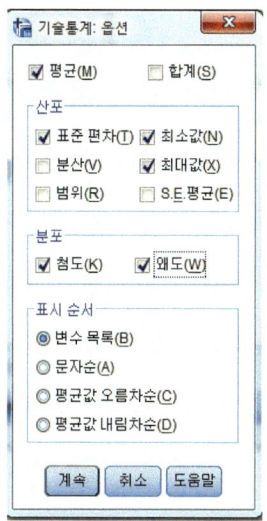

4 분석 결과

① 구하려는 기술통계량을 선택하고 기술통계 대화상자의 [확인]을 클릭하면, 나이에 대한 기술통계 결과가 다음과 같이 나타난다.

기술통계

	N	최솟값	최댓값	평균	표준편차	왜도		첨도	
	통계	통계	통계	통계	통계	통계	표준오차	통계	표준오차
나이	100	21	55	34.35	8.433	.631	.241	-.261	.478
유효한 N (목록별)	100								

② 나이에 대한 결측값은 없으며 응답자의 평균 나이는 33.35세, 표준편차는 8.433이고 최소나이는 21세, 최대나이는 55세이다. 왜도는 0.631으로 양의 값을 가지므로 오른쪽으로 꼬리친 분포를 가지며, 첨도는 -0.261으로 나이의 분포는 정규분포보다 덜 뾰족한 형태임을 알 수 있다.

> ✓ [일러두기]
> 기술통계분석에서 제공하는 통계량은 빈도분석에서 실시한 것과 동일하다. 따라서 연속형 변수의 기초통계분석을 실시할 경우 반드시 기술통계분석을 이용해야만 하는 것이 아니다.

적중예상문제

※ '인터넷 개인정보보호 인식에 관한 연구' 조사결과가 입력되어 있는 실습파일 [data1.sav]에서 연령대(Q1_2), 최종학력(Q1_3), 결혼여부(Q1_4) 각각에 대한 빈도표를 구하고, 막대도표를 그리시오.

해설 연령대(Q1_2), 최종학력(Q1_3), 결혼여부(Q1_4)는 모두 이산형 변수이다. 이산형 변수의 분포를 파악하기 위해 빈도표 작성은 자료를 이해하는 데 도움을 준다.

1. 빈도분석 실행 및 변수 지정 : 연령대(Q1_2), 최종학력(Q1_3), 결혼여부(Q1_4)의 빈도를 파악하려고 하므로 해당 변수들을 빈도분석 대화상자 우측에 다음과 같이 설정하고 [빈도표 표시]에 체크한다.

연령대, 최종학력, 결혼여부에 대한 빈도분석

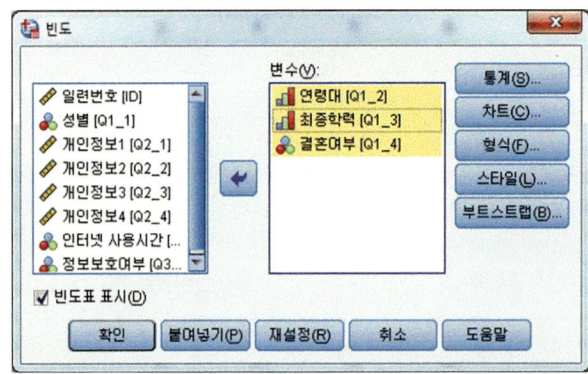

2. 막대도표 지정 : 그리고 빈도표와 함께 막대도표를 출력하려고 한다. 빈도 대화상자 우측의 [차트]를 클릭하여 다음과 같이 차트 대화상자에서 [막대도표]를 선택한다.

막대도표 설정하기

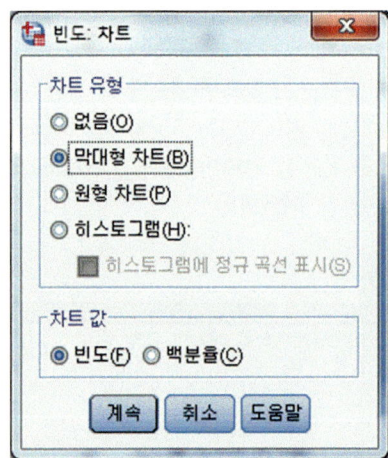

3. 분석 결과 : 이와 같이 빈도분석과 도표 출력에 관한 설정을 마친 후, 빈도분석 대화상자에서 [확인]을 선택하면 결과가 출력된다. 빈도분석 결과 중 연령대에 대한 결과는 다음과 같다.

연령대

		빈 도	퍼센트	올바른 퍼센트	누적 퍼센트
유효함	20대	13	26.0	26.0	26.0
	30대	9	18.0	18.0	44.0
	40대	9	18.0	18.0	62.0
	50대	10	20.0	20.0	82.0
	60대 이상	9	18.0	18.0	100.0
	총 계	50	100.0	100.0	

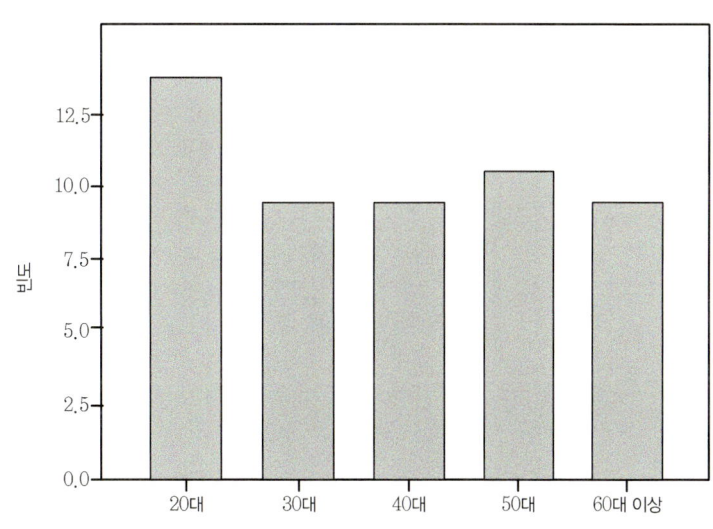

※ '30대 이하 직장인들의 직장생활 만족도' 조사결과가 입력되어 있는 실습파일 [data2.sav]에서 만족도 1-4(B1-B4)와 이직고려(C1) 각각에 대한 평균, 분산, 표준편차를 구하시오. 그리고 이직고려(C1)에 대한 히스토그램을 그리시오.

해설 실습파일 [data2.sav]에서 만족도 1-4(B1-B4)와 이직고려(C1)는 모두 연속형 변수이다. 연속형 변수의 특성을 파악하기 위해 기술통계량을 구하는 방법으로는 [빈도분석]과 [기술통계분석]이 있다. [기술통계분석]의 경우 히스토그램을 구하지 못하기 때문에 실습문제를 풀기 위하여 [빈도분석]을 이용하도록 한다.

1. 빈도분석 실행 및 변수 지정 : 만족도 1-4(B1-B4)와 이직고려(C1)의 평균, 분산, 표준편차와 같은 기술통계량을 파악하려고 하므로 해당 변수들을 빈도분석 대화상자 우측에 다음과 같이 설정하고 [빈도표 표시]에 체크를 해제한다.

빈도분석을 이용한 만족도 1-4와 이직고려에 대한 기술통계분석

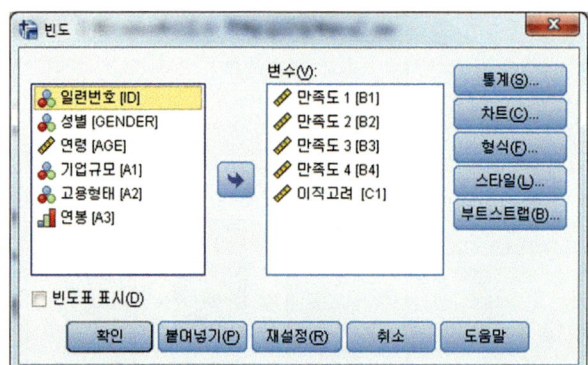

2. 기술통계량 지정 : 그리고 기술통계량을 구하기 위해 빈도 대화상자 우측의 [통계]를 클릭하여 다음과 같이 구하려는 통계량 평균, 분산, 표준편차를 선택한다.

기술통계량 설정하기

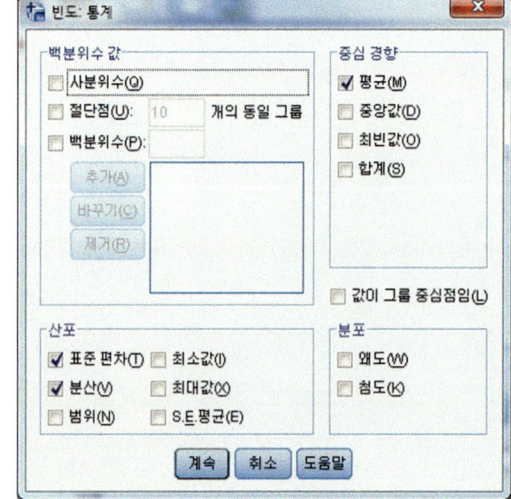

3. 히스토그램 지정 : 빈도 대화상자 우측의 [차트]를 클릭하여 다음과 같이 차트 대화상자에서 [히스토그램]을 선택한다.

히스토그램 설정하기

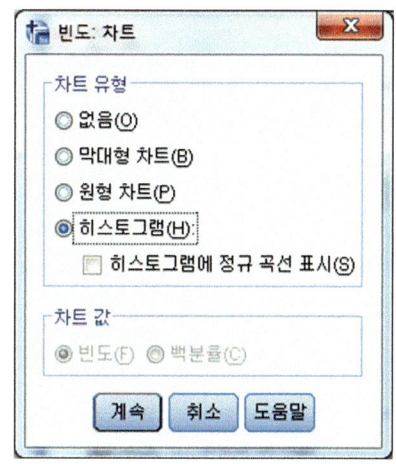

4. 분석 결과
   ① 이와 같이 빈도분석에서 연속형 변수에 대한 기술통계량과 도표(히스토그램) 출력에 관한 설정을 마친 후, 빈도분석 대화상자에서 [확인]을 선택하면 결과가 출력된다. 먼저 평균, 분산, 표준편차에 대한 기술통계량은 다음과 같다.

통 계

		만족도1	만족도2	만족도3	만족도4	이직고려
N	유효함	33	32	33	32	33
	결측값	0	1	1	1	0
평 균		2.64	2.97	30.3	3.09	3.15
표 준 편 차		1.113	1.356	1.185	1.254	1.202
분 산		1.239	1.838	1.405	1.572	1.445

② 이때 각 변수별로 유효함(유효값)의 수가 다름을 확인할 수 있다. 만족도 2와 만족도 4의 경우 결측값이 각각 하나의 케이스가 포함되어 있어 이를 제외한 기술통계량이 계산되었다. 그리고 이직고려에 대한 히스토그램은 다음과 같다.

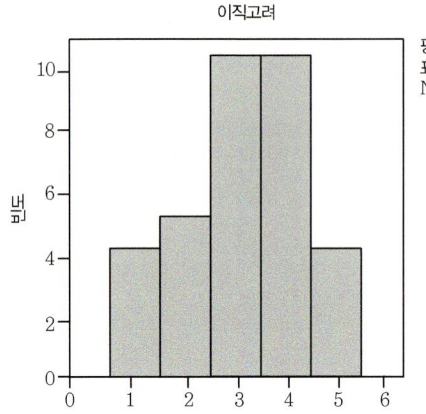

02 교차분석

1. 교차분석의 원리

(1) 분할표

① **분할표의 필요성** : 범주형 자료(명목 또는 서열 척도)는 반응범주에서 관측되는 빈도(frequency)로 이루어져 있고 두 개의 범주형 변수를 가지고 있는 자료의 경우 각각의 변수를 X와 Y라 하며, X는 I개의 수준과 Y는 J개의 수준을 갖고 있다고 하자. 그러면, $I \times J$개의 모든 가능한 결과를 변수 X의 범주를 I개의 행과 변수 Y의 범주를 J개의 열로 나타내는 직사각형 표로 정리할 수 있다.

② **분할표** : 각 칸(cell)은 $I \times J$개의 가능한 결과를 나타내며 관측된 결과의 빈도를 각 칸에 정리한 표를 분할표(contingency table : 교차표)라고 한다. 두 개의 변수를 분류한 분할표를 이차원 분할표(two-way table), 세 변수를 분류한 것을 삼차원 분할표(three-way table)라고 한다.

③ **이차원 분할표**

㉠ 행으로 구분하는 변수와 열로 구분하는 변수가 수준(level)이 모두 2개라면 이에 대한 결과는 2×2 이차원 분할표로 나타낼 수 있으며 그 형식은 다음과 같다.

2×2 이차원 분할표

	Y		합 계
X	n_{11}	n_{12}	n_{1+}
	n_{21}	n_{22}	n_{2+}
합 계	n_{+1}	n_{+2}	n

㉡ n_{ij}는 X의 i번째 수준, 변수 Y의 j번째 수준 칸의 관측빈도이며, n_{i+}는 변수 X의 i번째 수준의 전체 관측빈도, n_{+j}는 변수 Y의 j번째 수준의 전체 관측빈도, n은 전체 관측빈도이다. 2×2 이차원 분할표는 $I \times J$ 이차원 분할표로 쉽게 확장할 수 있다.

(2) 교차분석

① **교차분석의 정의**

㉠ 교차분석(crosstabulation analysis)은 분할표를 통하여 범주형 자료를 두 개 혹은 그 이상의 변수에 대한 결합분포(결합빈도)로 나타낼 수 있음을 이용하는 방법이다. 만일 두 변수가 주어진 이차원 분할표에서는 결합분포를 이용하여 두 변수가 결합된 기대빈도를 구할 수 있다. 그리고 기대빈도와 실제 관측된 빈도를 비교함으로써 두 변수의 연관성(association) 또는 독립성(independence)이 존재하는지 파악할 수 있다. 범주형 자료연구자가 복잡한 자료를 상황표로 만들어서 변수 사이의 상관관계 여부를 파악하는 분석방법이다.

    ⓛ 교차분석은 상황에 따라 적합도 검정(test of goodness-of-fit), 독립성 검정(test of independence)과 동질성 검정(test of homogeneity)으로 나뉜다. 세 방법 모두 귀무가설 하에서의 기대빈도와 실제 관측빈도의 차이를 이용하여 두 변수 간에 상관관계를 파악하며, 이들 검정은 모두 최종적으로 카이제곱 통계량을 이용한 카이제곱 검정(χ^2test : chi-squared test)를 이용한다.

② 교차분석의 원리

    ㉠ 카이제곱통계량은 두 변수가 서로 독립(또는 연관성이 없음)이라는 귀무가설을 가정하였을 때, 즉 각 칸의 사건이 발생할 확률이 각각 변수들의 사건이 발생할 확률의 곱($\pi_{ij} = \pi_{i+}\pi_{+j}$)으로 나타난다고 가정하고 계산한다. i번째 행, j번째 열의 칸이 관측빈도가 $\{n_{ij}\}$이라고 하자. 귀무가설이 참일 때 전체 표본크기가 n인 분할표에서 n_{ij}의 기댓값 $\{E(n_{ij})\}$은 기대빈도는 E_{ij}는 $E_{ij} = n\pi_{ij}$와 같다. 교차분석은 관측된 자료가 귀무가설과 모순이 되는지 알아보기 위하여 관측빈도와 기대빈도를 비교하는 방법이다. 이차원 분할표에서 귀무가설이 참이라면 관측빈도 n_{ij}는 기대빈도 μ_{ij}에 가까운 값을 가진다. 따라서 관측빈도와 기대빈도의 차이($n_{ij} - E_{ij}$)가 클수록 귀무가설을 기각할 수 있게 된다. 이러한 비교를 위해 사용하는 검정통계량은 대표본 이론에 의하여 카이제곱분포를 따른다.

    ⓛ 이차원 분할표에서 카이제곱통계량은 다음과 같다. 여기서 n_{ij}는 i번째 행, j번째 열의 관측빈도, E_{ij}는 i번째 행, j번째 열의 기대빈도, df는 자유도이다. 카이제곱통계량은 자유도가 (행의 수 $-$ 1)×(열의 수 $-$ 1)인 카이제곱분포(chi-squared distribution)를 따른다.

$$\chi^2 = \sum_{i=1}^{I}\sum_{j=1}^{J}\frac{(n_{ij}-E_{ij})^2}{E_{ij}}, \ df = (I-1)\times(J-1)$$

    ⓒ 또한 해당 카이제곱분포에서 유의수준하의 임계값과 검정통계량값을 비교 또는 유의확률을 구하여 가설검정을 한다. 가설검정에 대한 구체적인 내용은 필기 교재의 내용을 참고하기를 바란다. 본 교재에서는 가설검정에 대하여 2장 4절에서 간략하게 소개하도록 한다.

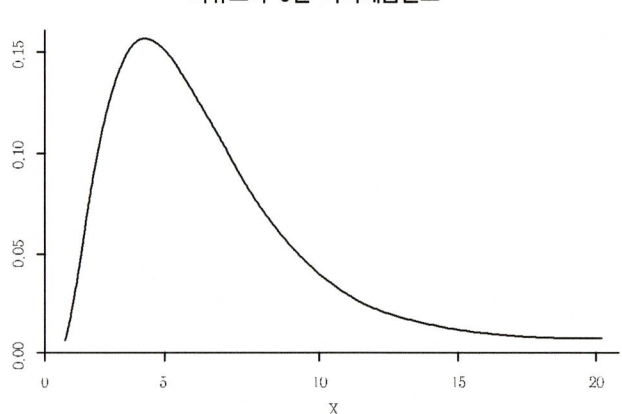

자유도가 5인 카이제곱분포

③ **독립성 검정** : 독립성 검정은 자료에 포함된 두 변수 사이에 어떠한 연관관계가 있는지 검정하는 방법이다. 독립성 검정의 귀무가설은 "두 변수는 서로 독립(independent)이다."와 같다. 이는 "두 변수는 서로 연관관계가 없다"이며, 어느 한 변수가 변화와 다른 한 변수는 변화는 서로 연관성을 갖지 않는다는 의미이다. 예를 들어 사람들의 최종학력과 소득 수준 간에 연관관계가 있는지, 부모의 소득에 따른 자녀의 성적과 관계가 있는지 확인하는 것이 독립성 검정이다.

④ **동질성 검정**

　㉠ 동질성 검정은 기준이 되는 어떤 변수에 따른 자료(다른 변수)의 분포가 동일(동질)한지 검정하는 방법이다. 얼핏 생각하면 독립성 검정과 유사하지만, 동질성 검정과 독립성 검정은 자료를 얻는 개념이 다르다. 독립성 검정은 빈도가 n인 전체 자료가 주어졌을 때 두 변수 간의 연관성을 생각하는 방법이지만, 동질성 검정은 기준(원인)이 되는 변수의 각 특성별로 자료가 주어졌을 때(범주의 각 특성값별 빈도가 고정됨) 다른 변수의 분포를 살펴보는 방법이다. 동질성 검정을 위한 분할표 작성 시, 기준이 되는 변수를 행으로 하며 분포를 살펴보고자 하는 변수를 열로 배치한다.

　㉡ X를 기준이 되는 변수, Y를 분포를 파악하고자 하는 변수라 한다면 분할표를 다음과 같이 작성한다.

$I \times J$ 이차원 분할표(동질성 검정)

	Y				합계(고정)
X	n_{11}	n_{12}	$\cdots$	$n_{1,J}$	n_{1+}
	n_{21}	n_{22}	$\cdots$	$n_{2,J}$	n_{2+}
	$\vdots$	$\vdots$	$\ddots$	$\vdots$	$\vdots$
	n_{J1}	n_{22}	$\cdots$	n_{IJ}	n_{J+}
합계	n_{+1}	n_{+2}	$\cdots$	n_{+J}	n

　㉢ 동질성 검정에서는 기준이 되는 변수 X의 각 행별로 표본 수(n_{i+}, $i=1,...,I$)가 고정되어 있다. 반면에 독립성 검정은 전체 빈도 n이 고정되어 있다고 가정한다. 동질성 검정은 위와 같은 상황에서 각 X의 값별로 Y의 분포가 동질한지 확인한다.

> ✓ **[일러두기]**
> 카이제곱검정에서 각 칸의 기대빈도가 5 이하인 칸이 많으면 올바른 가설검정이 이뤄지지 않는다. 보통 기대빈도가 5 이하인 칸의 수가 전체 칸의 수의 20% 이상으로 나타나는 경우, 카이제곱검정의 결과를 신뢰할 수 없다고 알려져 있다. 이때는 행 또는 열의 수를 줄여 범주를 줄이는 붕괴(collapse) 과정을 거쳐야 한다. 즉, 행 또는 열의 변수를 재분류(recoding)하여 기대빈도가 5 이상이 되도록 해야 한다.

2 교차분석 실행하기

두 개의 범주형 변수가 주어졌을 때, SPSS에서 이에 대한 결과를 분할표로 작성하고 교차분석을 실시하기 위한 과정과 옵션은 다음과 같다.

(1) 교차 분석표 대화상자 호출

먼저 교차분석은 메뉴에서 [분석] → [기술통계량] → [교차 분석표]를 통해 실행된다.

분석(A)
    기술통계량(E)
        교차 분석표(C)

교차 분석표 실행하기

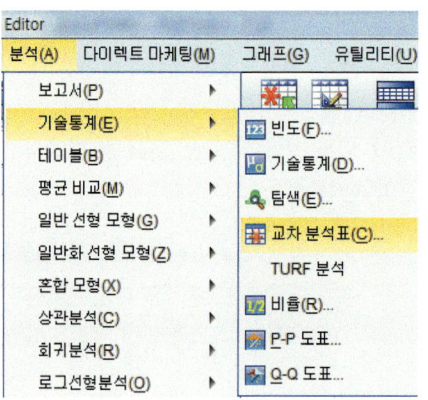

(2) 교차 분석표 대화상자

다음과 같은 교차 분석표 대화상자에서 [정확], [통계], [셀], [형식] 등의 옵션이 있으며 그 중 사회조사분석사 시험에 필요한 내용들을 중심으로 설명하도록 한다. 교차 분석표 작성 및 교차분석을 위해서 두 이산형 변수(범주형 변수)를 각각 행과 열에 선택한 후, 분할표 작성에 관련된 옵션인 셀(cell)과 교차분석과 관련된 통계량을 계산하도록 하는 통계(statistic) 옵션을 이용한다.

교차 분석표 대화상자

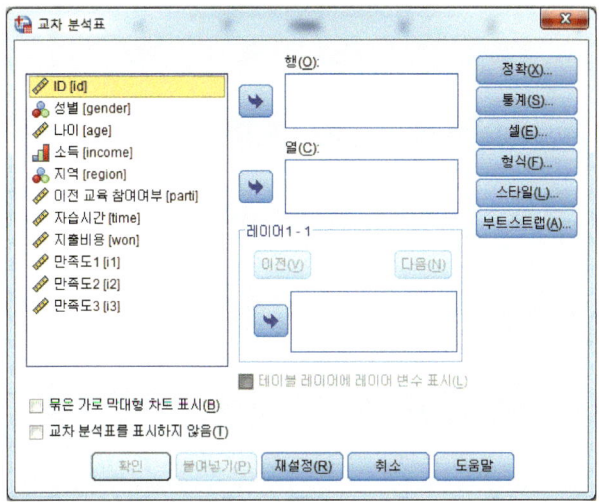

(3) 셀 표시 옵션 대화상자

먼저 셀(칸; cell) 표시 옵션에 대하여 알아보자. 분할표 작성 시 분할표의 행과 열에 배치될 변수를 지정하고 대화상자 우측에 메뉴 중 [셀]은 분할표 작성 시 각 칸의 출력값을 지정하는 메뉴이다. 관측빈도, 기대빈도, 행 퍼센트, 열 퍼센트 등을 선택할 수 있으며 자세한 내용은 다음 표와 같다.

교차 분석표 : 셀 표시 대화상자

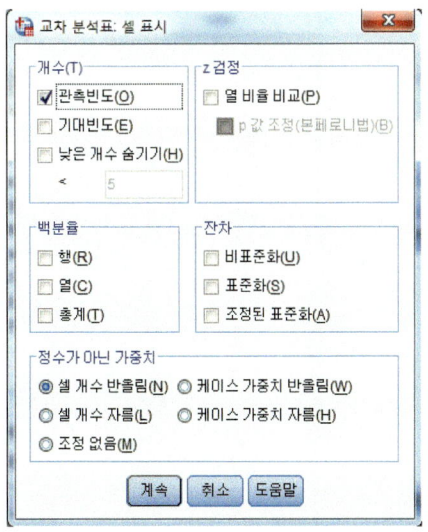

셀 옵션에 따라 출력하는 결과

옵 션	출력 내용
관측빈도(Observed)	실제 관측된 사례의 빈도 수
기대빈도(Expected)	행변수와 열변수가 통계적으로 독립인 경우, 기대되는 빈도 수
행(Row)	행의 퍼센트
열(Column)	열의 퍼센트
전체(Total)	각 셀의 총합 퍼센트
표준화되지 않음(Unstandardized)	표준화되지 않은 잔차
표준화된 잔차(Standardized)	표준화된 잔차
수정된 표준화 잔차(Adjusted standardized)	수정된 표준화 잔차

(4) 통계 옵션 대화상자

① 통계 옵션은 교차분석에 관련한 통계량을 계산하도록 하는 옵션이다. 앞에서 교차분석과 관련된 통계량은 여러 가지가 있지만 사회조사분석사 시험에서는 카이제곱통계량과 관련하여 출제되므로 카이제곱통계량 이외는 다루지 않도록 한다.

교차 분석표 : 통계 대화상자

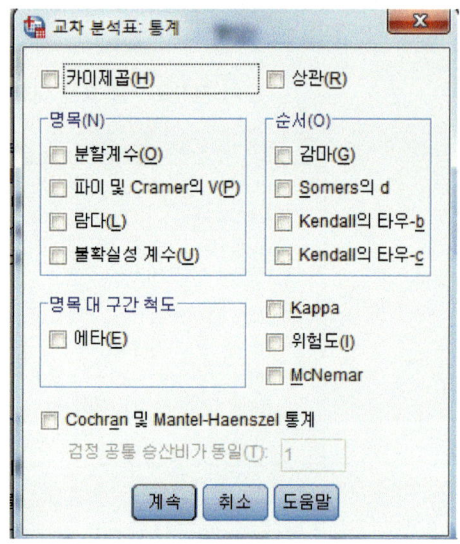

② 카이제곱통계량 이외의 다른 통계량들에 대한 내용은 다음과 같다.

교차분석의 통계량(연관성 측도)

변수형태	통계량	내용
	상관	피어슨(Pearson) 및 스피어만(Spearman) 상관계수
명목	분할계수	분할계수는 분할표의 크기에 따라 달라지므로 동일한 크기의 분할표를 비교하는 데 적당
	파이(Phi) 및 크래머(Cramer)의 V	분할표가 2×2일 때 유용
	람다	대칭/비대칭 람다 값을 제공하며 두 변수 사이의 관계를 기초하여 이용
	불확실성 계수	엔트로피에 기초하여 계산되는 통계량
순서	감마(Gamma)	행렬 수에 무관하여 사용
	소머스(Somers)의 D	켄달의 타우-b를 비대칭 관계에서 고려
	켄달(Kendall)의 타우-b	분할표의 행과 열이 같은 경우 유용
	켄달(Kendall)의 타우-c	분할표의 행과 열이 다른 경우 유용

③ 분할표의 두 변수가 명목형 변수이면 분할계수, 파이 및 크래머의 V, 람다, 불확실성 계수를 이용한다. 일반적으로 0과 1 사이의 값을 갖으며 값이 클수록 두 변수 사이의 연관성이 크다. 그리고 두 변수가 순서형 변수이면 감마, 소머스의 D, 켄달의 타우를 이용한다. 이들 값은 -1에서 1의 값을 가지며 절댓값이 클수록 두 변수 사이의 연관성이 크다.

④ 분할표 작성과 교차분석에 대한 옵션을 선택하였다면 교차분석표 대화상자의 [확인]을 클릭하면 출력창에 분할표와 교차분석(카이제곱검정) 결과가 출력된다.

[예제를 통한 이해]

1 예제파일 [example.sav]을 통한 교차분석

예제파일 [example.sav]의 자료는 지역별(서울, 광역시, 중소도시, 읍면지역)마다 성비를 동일하다고 가정하여 자료를 수집하였다. 조사된 자료를 이용하여 지역(region)과 성별(gender)에 대한 이차원 분할표를 만들고 지역에 따른 성별의 차이가 있는지 살펴보도록 하자. 즉, 지역에 따른 성별의 분포가 동질한지 확인하도록 한다. [교차 분석표]를 실행하다록 하자.

2 분할표의 행과 열 지정

먼저 분할표를 작성하기 위하여 먼저 분할표의 행과 열을 정의해주어야 한다. 지역에 따른 성별의 차이를 보고자 하는 문제에서 다음과 같이 분할표를 고려한다. 지역을 기준으로 성별의 차이를 보기 때문에 기준이 되는 지역을 행에 배치하고 결과가 되는 성별을 열에 설정하도록 한다. 이와 같이 분할표 작성 시 기준(원인)이 되는 변수가 있고 이를 행으로 결과(종속)가 되는 변수가 있다면 이를 열에 배치한다. 두 변수 간에 원인과 결과가 구분이 되지 않는 경우는 행과 열을 상황에 따라 자유롭게 배치한다.

분할표 설정하기

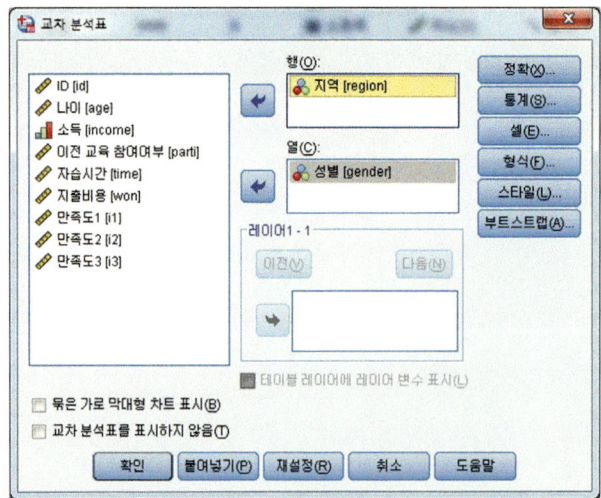

3 교차분석의 귀무가설 설정

'지역에 따른 성별의 차이가 있는지'를 검정하기 위한 가설의 형태는 다음과 같은 동질성 검정을 고려한다.

H_0 : 지역에 따라 성별 분포의 차이가 없다.

H_1 : 지역에 따라 성별 분포의 차이가 있다.

귀무가설(H_0)의 의미는 지역과 성별, 두 변수 간의 관계가 독립이라는 뜻이고, 대립가설은 두 변수 간의 관계가 독립적이지 않아 지역에 따라 성별 분포가 다르게 나타남을 뜻한다.

4 카이제곱검정 지정

교차분석 중 카이제곱검정을 통하여 귀무가설을 검정하고자 하므로 [통계] 옵션을 선택하여 [교차 분석표 : 통계] 대화상자의 카이제곱을 선택하도록 한다.

카이제곱통계량 설정하기

5 셀 표시 옵션 지정

교차표를 만들 때 빈도 이외에 백분율 등의 필요한 정보가 필요하다면 해당되는 옵션을 선택한다. 예제의 경우 지역에 따른 성별의 차이를 보고자 하므로 지역에 따른 성별의 비율을 확인하고자 한다. 이를 위하여 교차 분석표 대화상자의 [셀] 옵션을 선택하고 다음과 같이 행 백분율을 선택한다. 이러한 셀의 빈도, 백분율 옵션 설정은 분석하고자 하는 목적에 따라 적절히 사용하여야 한다.

분할표에 표시할 옵션 선택

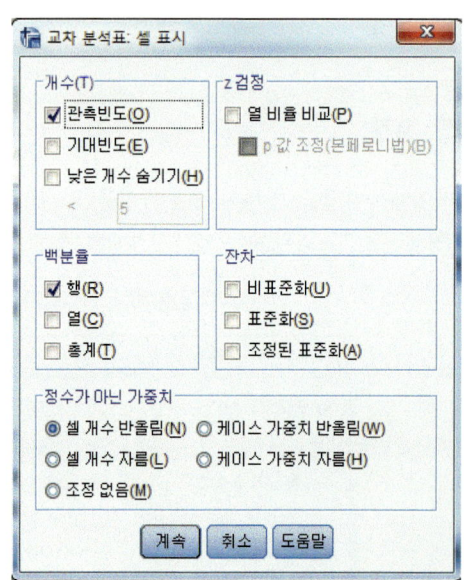

6 분석 결과

① 필요한 옵션을 선택하였다면 교차분석표 대화상자에서 [확인]을 클릭한다. 그 결과 지역과 성별에 대한 이차원 분할표와 지역에 따른 성별에 대한 교차분석 결과가 출력된다.
② 먼저 지역과 성별에 대한 이차원 분할표는 다음과 같다.

지역·성별 교차 분석표

			성별		총계
			남자	여자	
지역	서울	개수	23	17	40
		지역 내 %	57.5%	42.5%	100.0%
	광역시	개수	11	9	20
		지역 내 %	55.0%	45.0%	100.0%
	중소도시	개수	11	9	20
		지역 내 %	55.0%	45.0%	100.0%
	읍면지역	개수	11	9	20
		지역 내 %	55.0%	45.0%	100.0%
총계		개수	56	44	100
		지역 내 %	56.0%	44.0%	100.0%

㉠ 분할표를 살펴보면 각 지역에 따른 성별의 비율을 확인할 수 있다. 서울의 경우 남자가 57.5%, 여자가 42.5%이며 다른 지역의 경우 남자가 55.0%, 여자가 45.0%이다. 지역별로 남녀 성비가 크게 다르지 않음을 확인할 수 있다.

㉡ 다음은 지역에 따라 성별의 차이가 없다는 귀무가설에 대한 카이제곱검정 결과이다.

카이제곱검정

	값	df	점근 유의확률 (양면)
Pearson 카이제곱	.061[a]	3	.996
우도비	.061	3	.996
선형 대 선형 연결	.043	1	.837
유효 케이스 N	100		

※ a. 0 셀(0.0%)에 5 미만의 개수가 있어야 합니다. 예상되는 최소 개수는 8.80입니다.

㉢ 카이제곱 결과를 확인하기 위하여 피어슨(Pearson) 카이제곱 결과를 확인하면 된다. 피어슨 카이제곱 값은 0.61이고, 자유도(df)가 3이다. 그리고 검정통계량에 대한 유의확률은 점근 유의확률로 나타난 맨 우측 칸에 나타난다. 따라서 유의확률은 0.996으로 유의수준 0.05에서 유의하지 않다. 즉, 유의수준 0.05에서 귀무가설을 기각할 수 없으며 지역에 따른 성별 분포의 차이는 없다.

적중예상문제

※ '인터넷 개인정보보호 인식에 관한 연구' 조사결과가 입력되어 있는 실습파일 [data1.sav]에서 최종학력(Q1_3)과 결혼여부(Q1_4) 사이에 관계가 있는지 확인하고자 한다.

01 두 변수에 대한 분할표를 작성하시오.

02 문제에 대한 가설을 기술하고 검정통계량 값과 분포의 자유도를 기술하시오.

03 문제의 가설을 고려하여 유의수준 0.05에서 교차분석 결과를 설명하시오.

해설 문제01

1. 분할표의 행과 열 지정 : 최종학력(Q1_3)과 결혼여부(Q1_4), 두 변수에 대한 분할표를 작성하기 위해서 [교차 분석표]를 이용하도록 한다. 이를 위하여 교차분석표를 실행 후 대화상자에서 다음과 같이 행에는 최종학력, 열에는 결혼여부를 설정한다.

최종학력과 결혼여부에 대한 분할표 설정

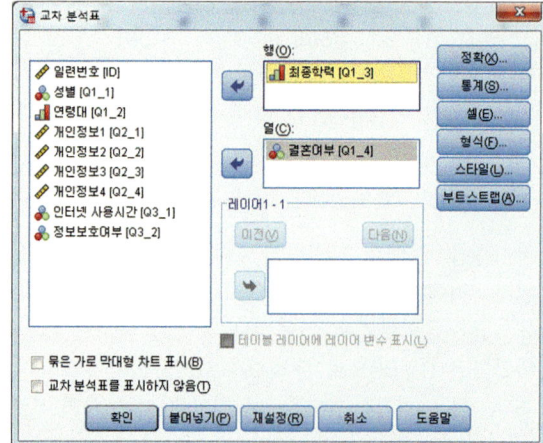

2. 셀 표시 옵션 지정 : 또한 분할표에 표시될 값을 선택하기 위해 대화상자 우측의 [셀]을 선택하면 분할표에서 빈도 이외에 값들을 표시할 수 있다. 본 문제의 경우 각각 행과 열에 대한 백분율을 추가로 표시하도록 한다.

분할표에 표시될 백분율 선택하기

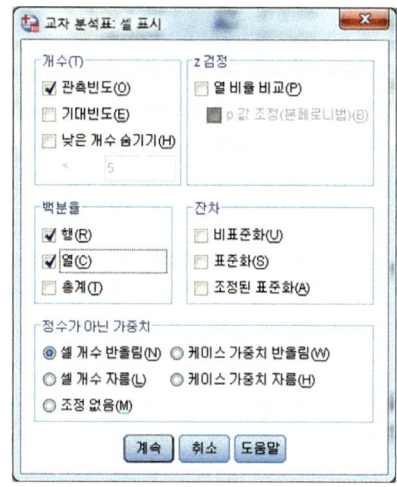

3. 분석 결과 : 이와 같이 분할표에 표시될 내용을 설정하였다면 교차분석표 대화상자에서 [확인]을 클릭하면 다음과 같은 결과를 얻는다.

최종학력 * 결혼여부 교차 분석표

			결혼여부		총 계
			미혼	기혼	
최종학력	고졸 이하	개수	3	6	9
		최종학력 내 %	33.3%	66.7%	100.0%
		결혼여부 내 %	13.0%	22.2%	18.0%
	전문대졸	개수	8	9	17
		최종학력 내 %	47.1%	52.9%	100.0%
		결혼여부 내 %	34.8%	33.3%	34.0%
	대졸	개수	3	7	10
		최종학력 내 %	30.0%	70.0%	100.0%
		결혼여부 내 %	13.0%	25.9%	20.0%
	대학원졸 이상	개수	9	5	14
		최종학력 내 %	64.3%	35.7%	100.0%
		결혼여부 내 %	39.1%	18.5%	28.0%
총 계		개수	23	27	50
		최종학력 내 %	46.0%	54.0%	100.0%
		결혼여부 내 %	100.0%	100.0%	100.0%

문제02

1. 교차분석의 가설
    ① 최종학력과 결혼여부 사이의 연관성을 알아보고자 하기 때문에 이 경우 독립성 검정을 고려한다. 이 경우 다음과 같은 가설을 고려한다.

    H_0 : 최종학력과 결혼여부는 서로 독립이다.

    H_1 : 최종학력과 결혼여부는 서로 독립이 아니다.

    ② 이와 같은 두 이산형(범주형) 변수의 독립성 검정은 교차분석 중 하나이며 이에 대이제곱통계량을 이용한다.

2. 교차분석의 카이제곱통계량 지정 : 카이제곱통계량을 구하기 위해서 교차분석표 대화상자 우측의 [통계] 옵션을 선택하여 [교차분석표 : 통계] 대화상자의 카이제곱을 선택하도록 한다.

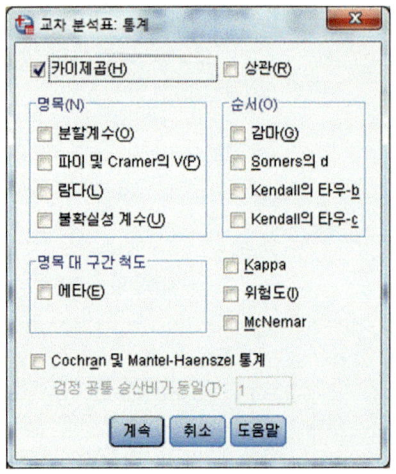

3. 분석 결과
    ① 이와 같이 카이제곱통계량을 구하도록 설정하였다면 교차분석표 대화상자에서 [확인]을 클릭하면 다음과 같은 결과를 얻는다.

카이제곱검정

	값	df	점근 유의확률(양면)
Pearson 카이제곱	3.504[a]	3	.320
우도비	3.563	3	.313
선형 대 선형 연결	1.473	1	.225
유효 케이스 N	50		

※ a. 0 셀(0.0%)에 5 미만의 개수가 있어야 합니다. 예상되는 최소 개수는 8.80입니다.

② 카이제곱검정에서 각 칸의 기대빈도가 5 이하인 칸이 많으면 올바른 가설검정이 이뤄지지 않는다고 하였으나, 문제 풀이에서는 이를 무시하도록 한다. 카이제곱검정 결과에서 피어슨(Pearson) 카이제곱 통계량은 3.504, 자유도는 3임을 확인할 수 있다.

문제03

앞의 문제02번에서 유의확률이 0.320으로 유의수준 0.05에서 귀무가설을 채택한다. 따라서 최종학력과 결혼여부는 서로 독립이다(연관성 없다).

※ '30대 이하 직장인들의 직장생활 만족도' 조사결과가 입력되어 있는 실습파일 [data2.sav]에서 연령(age)에 따라 고용형태(A2)의 차이가 있는지 확인하고자 한다.

01 다음의 분할표에 대한 빈도를 채워 넣으시오.

		고용형태			합 계
		정규직	비정규직	기타	
연령	20대				
	30대				
합 계					

02 위 분할표를 이용하여 문제에 대한 연령에 따른 고용형태(A2)의 차이가 있는지 유의수준 0.05에서 교차분석을 실시하시오. 이때 검정통계량 값과 분포의 자유도를 기술하시오.

해설 문제01

1. 새로운 변수 만들기 : 먼저 연속형 변수인 연령(AGE)을 20대와 30대, 두 개의 범주로 나누는 새로운 이산형 변수를 생성해야 한다. 이에 대한 내용은 1장 6절 적중예상문제 문제02번의 풀이를 참고하길 바란다. 새로 만들어진 연령대를 AGE_1이라 한다.

2. 분할표의 행과 열 지정 : AGE_1과 고용형태(A2), 두 변수에 대한 분할표를 작성하기 위해서 [교차 분석표]를 이용하도록 한다. 교차 분석표 대화상자에서 AGE_1을 행으로 고용형태(A2)를 열로 설정한다. 이때 문제에서 제시된 분할표는 빈도 작성을 요구하였기 때문에 [셀] 옵션은 선택하지 않는다.

교차 분석표 대화상자

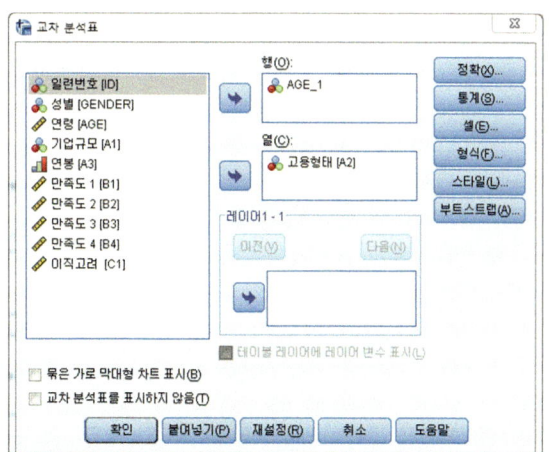

3. 분석 결과
   ① 대화상자의 [확인]을 클릭하면 다음과 같은 결과를 얻을 수 있다.

   AGE_1 * 고용형태 교차 분석표

   개수

		고용형태			총 계
		정규직	비정규직	기타	
AGE_1	20대	3	5	2	10
	30대	8	8	3	19
총 계		11	13	5	29

   ② SPSS의 결과를 이용하여 표를 다음과 같이 작성하면 된다.

		고용형태			합 계
		정규직	비정규직	기타	
연령	20대	3	5	2	10
	30대	8	8	3	19
합 계		11	13	5	29

문제02

1. 교차분석의 가설 : 연령형태와 고용형태 사이의 연관성을 알아보고자 하기 때문에 이 경우 동질성 검정을 고려한다. 이 경우 다음과 같은 가설을 고려한다.

   H_0 : 연령대(20대, 30대)에 따라 고용형태의 차이가 없다.

   H_1 : 연령대(20대, 30대)에 따라 고용형태의 차이가 있다.

2. 교차분석의 카이제곱통계량 지정 : 이와 같은 두 이산형(범주형) 변수의 동질성 검정은 교차분석 중 하나이며 이에 대한 검정통계량은 카이제곱통계량을 이용한다. 카이제곱통계량을 구하기 위해서 교차분석표 대화상자 우측의 [통계] 옵션을 선택하여 [교차분석표: 통계] 대화상자의 카이제곱을 선택한 한다.

3. 분석 결과
   ① 필요한 옵션을 모두 지정하였다면, 교차 분석표 대화상자에서 [확인]을 클릭한다.

   카이제곱검정

	값	df	점근 유의확률(양면)
Pearson 카이제곱	.412[a]	2	.814
우도비	.418	2	.811
선형 대 선형 연결	.331	1	.565
유효 케이스 N	29		

   ※ a. 4 셀(66.7%)에 5 미만의 개수가 있어야 합니다. 예상되는 최소 개수는 1.72입니다.

   ② 카이제곱검정에서 각 칸의 기대빈도가 5 이하인 칸이 많으면 올바른 가설검정이 이뤄지지 않는다고 하였으나, 문제 풀이에서는 이를 무시하도록 한다. 출력창의 결과에서 카이제곱통계량은 0.412, 자유도는 2, 유의확률은 0.814로 나타났다. 따라서 유의수준 0.05에서 귀무가설을 기각할 수 없다. 즉, 연령대(20대, 30대)에 따라 고용형태의 차이가 없다.

03 신뢰도분석

1. 신뢰도의 개념

(1) 오차

우리가 어떤 개념 또는 현상을 측정(measure)할 때, 크게 두 가지 종류의 오류가 발생하는데 이는 체계적 오차와 비체계적 오차로 구분할 수 있다. 체계적 오차는 측정할 때마다 일정한 방향으로 발생하는 오차이며, 비체계적 오차는 측정할 때마다 방향이 일정하지 않다. 즉, 비체계적 오차는 무작위(random)으로 발생하는 오차이다. 측정값을 식으로 나타내면 다음과 같다. 여기서 O는 측정값(관측값), T는 실제값, Se는 체계적 오차, Re는 비체계적 오차이다.

$$O = T + Se + Re$$

(2) 측정오차와 신뢰도, 타당도

① **신뢰도와 타당도** : 측정오차를 신뢰도와 타당도에 관련하여 생각하면 다음과 같다. 신뢰도는 비체계적 오차와 관련되고, 타당도는 체계적 오차와 관련 있다. 즉 타당도는 측정하고자 하는 개념이나 현상을 정확히 측정하였는가를 의미한다. 설문조사에서 타당도는 설문을 작성할 때 조사자가 원하는 개념을 정확히 측정하고 있는가와 같은 측정문항의 작성과 관련 있다.

② **신뢰도와 타당도의 예** : 신뢰도와 타당도의 개념을 알기 위하여 다음 그림을 살펴보자.

상황에 따른 신뢰도와 타당도

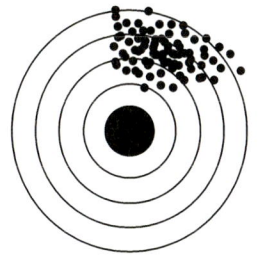
Reliable but Not Valid

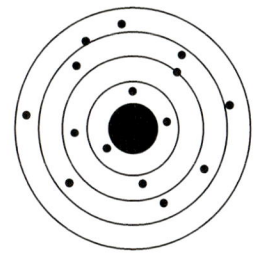
Valid but Not Reliable

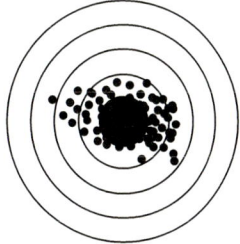
Valid and Reliable

　㉠ 신뢰도는 높고 타당도가 낮은 경우 : 좌측 그림의 경우 신뢰도는 있으나 타당도는 없는 경우이다. 측정값들이 한 곳에 몰려 있어 신뢰도가 있다고 볼 수 있지만 참값인 중심과 멀어 타당도가 없다. 즉, 측정값들의 분산이 적어 신뢰도가 높지만, 평균이 참값에서 멀어 타당도가 없다.
　㉡ 신뢰도는 낮고 타당도가 높은 경우 : 중앙 그림의 경우는 타당도는 있지만 신뢰도는 없는 경우이다. 측정값들의 평균을 고려하면 참값에 가깝지만 각 측정값들이 산만하게 분포되어 있어 신뢰도가 없다.

ⓒ 신뢰도가 높고 타당도도 높은 경우 : 우측 그림의 경우는 신뢰도와 타당도가 좋은 경우로 이상적인 상황이다. 측정값들이 참값을 중심으로 모여 있어 참값을 대표할 뿐만 아니라 분산도 적어 측정상의 오차가 가장 적은 상황이라고 할 수 있다.

(3) 설문지의 문항 신뢰도

설문지 분석에서의 문항 신뢰도(reliability) 또는 어떤 대상에 대한 척도에 관한 신뢰도는 하나의 대상을 유사한 측정도구로 여러 번 측정하거나, 한 가지 측정도구로 반복 측정했을 때 일관성 있는 결과(consistent results)가 나타나야 한다. 즉, 설문문항에 대한 일관성 있는 결과기 산출될수록 그 척도(혹은 측정치)의 신뢰도가 높다.

(4) 신뢰도 측정

① **신뢰도 측정 방법** : 신뢰도를 측정하는 방법에는 내적일관성(internal consistency), 반복측정 신뢰도(test-retest reliability), 대안항목 신뢰도(alternative-form reliability) 등이 있다. 이번 장에서는 내적일관성을 측정하는 신뢰도 분석을 다루도록 한다.

② **내적일관성** : 내적일관성은 한 항목을 다(多)항목으로 측정했을 때 항목들의 측정 결과가 일관성(consistency) 혹은 동질성(homogeneity)을 갖는가에 관한 것이다. 내적일관성은 항목 간의 상관관계로써 평가되는데, 항목 간의 상관관계가 높을수록 내적일관성이 높다.

③ **크론바하 알파계수**
ⓐ 일반적으로 가장 많이 쓰이는 내적일관성에 의한 척도의 신뢰도 평가방법은 크론바하 알파계수(Cronbach's α coefficient)이다.
ⓑ 크론바하 알파계수를 구하는 공식은 다음과 같다.

$$\alpha = \left(\frac{k}{k-1}\right)\left(1 - \sum_{i=1}^{k}\sigma_i^2/\sigma_t^2\right) \text{ 혹은 } \frac{k\bar{r}}{1+\bar{r}(k-1)}$$

ⓒ 여기서 k=항목들의 수, σ_i^2=항목 i의 분산값, σ_t^2=항목의 전체 분산값, $\bar{r}$=항목 간 평균상관계수이다.

④ **크론바하 알파계수와 내적일관성** : 크론바하 알파계수는 0에서 1 사이의 값을 가지며, 높을수록 바람직하나 반드시 몇 점 이상이어야 한다는 기준은 없다. 흔히 0.8~0.9 이상이면 바람직하고, 0.6~0.7이면 수용할 만한 것으로 여겨진다. 그러나 0.6보다 작으면 내적일관성을 결여한 것으로 받아들여진다.

⑤ **크론바하 알파계수와 문항의 신뢰도** : 측정된 문항의 수가 여러 개이고, 크론바하 알파계수가 낮게 나타나는 경우에는 크론바하 알파계수의 크기를 저해하는 항목들을 제거함으로써 계수 값을 크게 할 수 있다. 이때 제거되는 항목들은 그 항목과 전체 항목들 간의 상관관계(item-to-total correlation)가 낮은 항목들이 된다.

2. 신뢰도 분석 실행하기

(1) 신뢰성 분석 대화상자 호출

신뢰성 분석은 다음과 같이 실행한다.

  분석(A)
    척도(A)
      신뢰성 분석(R)...

신뢰도 분석 실행하기

(2) 신뢰성 분석 대화상자

우측의 항목란에 분석하고자 하는 변수를 선택한다. 크론바하 알파계수를 구하기 위하여 [모형]에서 '알파'를 선택한다.

신뢰성 분석 대화상자

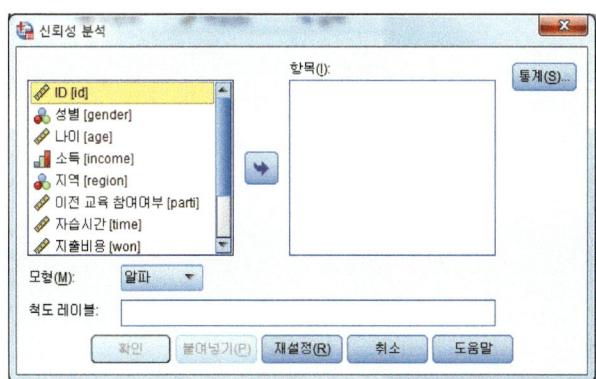

(3) 통계 옵션 대화상자

① 옵션의 [통계]에서는 통계량 창에서 다양한 기술통계를 제공한다. 항목 간 상관계수, 공분산 평균 등의 기술통계량을 제공하며, 크론바하 알파계수의 크기를 저해하는 항목을 찾아내기 위하여 일반적으로 항목제거 시 척도가 이용된다. 항목제거 시 척도를 이용하여 해당 항목이 포함되지 않았을 때 크론바하 알파계수를 구함으로써 해당 문항이 내적일관성을 저해시키는 항목인지 판단할 수 있으며 상황에 따라 저해시키는 문항을 제거할 수 있다.

신뢰도 분석 : 통계 대화상자

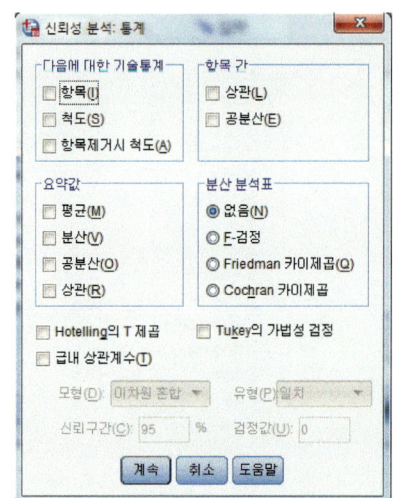

② 신뢰도 분석에서 제공하는 통계량에 관한 간략한 내용은 다음 표와 같다.

신뢰도 분석에서 제공하는 통계량

통계량		내 용
기술통계	항목	해당 항목(변수, 문항)의 평균과 표준편차
	척도	척도 평균, 표준편차 및 분산
	항목제거 시 척도	각 항목이 제외되었을 경우의 통계량을 제시
항목 간	상관	항목 간의 상관관계 행렬
	공분산	항목 간의 공분산 행렬
요약값	평균	항목들의 평균, 분산, 공분산, 상관관계에 대한 요약값
	분산	
	공분산	
	상관	

③ 필요한 옵션을 선택한 후 신뢰성 분석 대화상자에서 [확인]을 클릭하면 신뢰도 분석 결과가 출력된다.

[예제를 통한 이해]

1. 예제파일 [example.sav]를 통한 신뢰도 분석

예제파일 [example.sav]에서 교육프로그램 만족도에 관한 세 개(문8-1, 8-2, 8-3)의 세부문항이 내적일관성을 갖는지 신뢰도 분석을 실시하도록 한다.

2. 신뢰도 분석 변수 지정

신뢰도 분석 대화상자를 호출한 후, 우측의 항목란에 분석하고자 하는 변수인 만족도1(i1), 만족도2(i2), 만족도3(i3)을 선택한다. 크론바하 알파계수를 구하기 위하여 [모형]에서 알파를 선택한다.

교육프로그램 만족도에 대한 신뢰도 분석

3 통계 옵션 지정

통계 옵션에서 크론바하 알파계수의 크기를 저해하는 문항을 찾아내기 위하여 항목제거 시 척도를 선택한다.

통계 옵션 지정

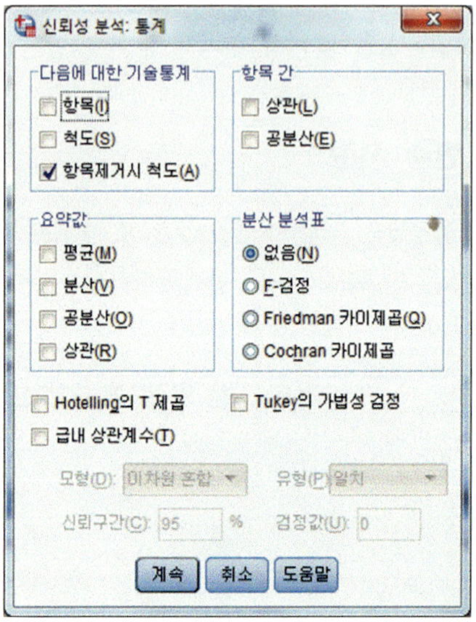

4 분석 결과

최종적으로 신뢰도 분석 대화상자의 [확인]을 클릭하면 다음과 같은 결과를 얻을 수 있다.
① 교육프로그램 만족도에 관한 세 개(문8-1, 8-2, 8-3)의 세부문항에 관한 크론바하 알파계수는 0.640으로 내적일관성이 높지 않으나 적은 문항 수에 비해 일관성이 있다고 볼 수 있다.

신뢰도 통계

Cronbach의 알파	항목의 N
.640	3

② 크론바하 알파계수의 크기를 저해하는 문항이 있는지 확인하기 위해 항목 총계 통계의 맨 우측의 항목 삭제 시 크론바하의 알파를 해당 문항이 제외되면 크론바하 알파계수가 낮아지거나 크게 바뀌지 않음을 확인할 수 있다. 만족도 1-3을 포함한 크론바하 알파가 0.640이고, 만족도 1 문항 삭제 시 크론바하 알파가 0.429, 만족도 2 문항 삭제 시 크론바하 알파가 0.484, 만족도 3 문항 삭제 시 크론바하 알파가 0.683이다. 만족도 1과 2를 삭제 시 0.640보다 낮아져 해당 문항이 제외되었을 때 남은 두 문항 간 내적 일관성이 떨어진다고 볼 수 있다. 만족도 3을 삭제 시 0.683으로 높아지므로 만족도 3 제외 시 남은 두 문항 간 내적일관성이 높아진다고 볼 수 있으나 그 정도가 크지 않으므로 문항 1, 2, 3을 모두 사용하여 교육 만족도를 측정하도록 한다.

항목 총계 통계

	항목 삭제 시 척도 평균	항목 삭제 시 척도 분산	수정된 항목 총계 상관	항목 삭제 시 Cronbach의 알파
만족도1	7.20	1.785	.525	.429
만족도2	7.36	1.969	.492	.484
만족도3	7.12	2.238	.341	.683

적중예상문제

※ [reliability.sav]는 다음과 같은 직무만족도에 대한 결과이다. 회사생활만족에 대한 문항들에 대한 신뢰도 분석을 실시하고, 신뢰도를 저하시키는 문항이 있다면 이를 제거하시오.

문 항	전혀 그렇지 않다	그렇지 않다	보통	그렇다	매우 그렇다
1. 상사는 부하 간 화합을 위한 노력을 한다.					
2. 현재 맡고 있는 직무가 나에게 적당하다.					
3. 현재 받는 임금에 만족하지 않는다.					
4. 내 잠재능력을 개발할 수 있는 계기가 주어진다.					
5. 충분한 승진기회가 주어진다.					
6. 상사는 부하직원의 불만사항을 수용하려고 노력한다.					

해설 1. 신뢰도 분석 변수 지정 : 설문지 문항에서 신뢰도를 측정하기 위하여 내적일관성을 이용한다. SPSS의 신뢰도 분석을 실행한 후 다음과 같이 6개 문항을 대화상자 우측에 설정하였다.

문항 1-6에 대한 신뢰도 분석

2. 통계 옵션 지정 : 내적일관성을 저해하는 문항을 파악하기 위하여 옵션 통계에서 다음과 같이 항목제거 시 척도를 선택한다.

항목제거 시 척도 설정

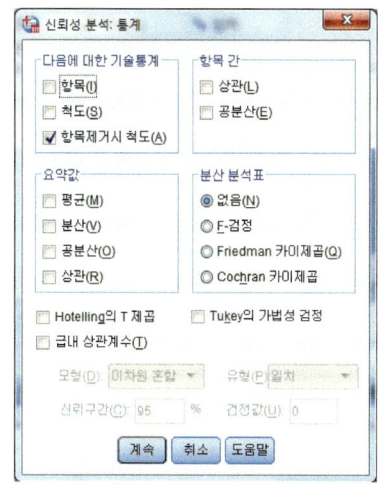

3. 분석 결과

① 신뢰도 분석 대화상자에서 [확인]을 클릭하면 다음과 같은 결과를 확인할 수 있다. 10개 문항을 포함한 직무만족도에 신뢰도 분석 결과는 아래 표와 같다. 회사생활만족에 대한 10개 문항에 대한 크론바하 알파계수를 살펴보면 0.660으로 내적일관성이 높다고 볼 수 없다. 즉, 6개 문항 중 신뢰도를 저해하는 문항이 있다고 의심할 수 있다. 따라서 회사생활만족도를 평가하기 위하여 내적일관성을 저해하는 문항을 제외하도록 하자.

신뢰도 통계

Cronbach의 알파	항목의 N
.660	6

② 내적일관성을 저해하는 문항을 파악하기 위해 다음 항목 총계 통계의 항목 삭제 시 크론바하 알파를 살펴보면 다음과 같다.

항목 총계 통계

	항목 삭제 시 척도 평균	항목 삭제 시 척도 분산	수정된 항목 총계 상관	항목 삭제 시 Cronbach의 알파
q1	12.6822	10.841	.527	.569
q2	12.8972	9.923	.582	.539
q3	11.7850	15.359	-.116	.768
q4	13.2430	10.525	.521	.567
q5	13.1495	10.034	.640	.523
q6	12.5047	12.177	.277	.657

③ 항목 총계 통계의 항목 삭제 시 크론바하 알파는 각 항목을 제거했을 경우 변화되는 크론바하 알파계수 값을 나타낸다. 즉 특정문항을 제외하였을 남은 5개의 크론바하 알파계수 값이 증가한다면 해당 항목(문항)은 내적일관성을 저해하는 항목(문항)이라고 생각할 수 있다.

4. 신뢰도 저하하는 문항을 제외하고 신뢰도 분석
   ① 예제의 경우 문항 3번 문항을 제외하였을 때 크론바하 알파계수 값이 증가함을 확인할 수 있다. 따라서 3번 문항을 제외하고 신뢰도 분석을 다시 실시한다.

3번 문항을 제외한 신뢰도 분석

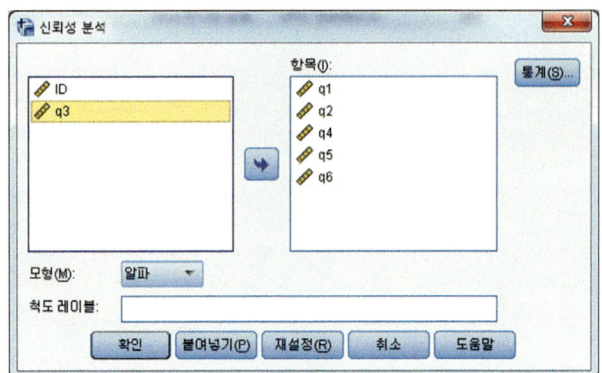

신뢰도 통계

Cronbach의 알파	항목의 N
.768	5

② 3번 문항을 제외한 5개 문항에 대한 신뢰도 계수가 0.768로 높게 나타난다. 따라서 문항 1, 2, 4, 5, 6을 이용하여 회사생활 만족도를 충분히 평가할 수 있을 것이다.

04 평균의 추정과 비교

1. 모평균의 추정과 검정

(1) 추정과 신뢰구간

모평균에 대한 추정은 모집단으로부터 추출한 표본에서 얻은 표본평균과 그에 대한 신뢰구간을 통하여 이루어진다. 통계학에서 신뢰구간이란 일정한 확률범위 내에 모수가 포함될 가능성이 있는 구간을 의미하며 모평균 추정의 경우 표본평균을 중심으로 신뢰구간을 구해 실제 모평균이 존재하는 구간을 알고자 하는 것이다.

(2) 가설검정의 절차

① **가설검정** : 모집단의 특성을 나타내는 미지의 상수를 모수(parameter)라고 하며 모수에 대하여 가설을 설정하고 표본을 통해 그 가설의 채택(accept) · 기각(reject) 여부를 결정하는 일련의 과정을 가설검정(hypothesis testing)이라고 한다.
② **통계적 가설과 제1종 오류** : 통계적 가설은 귀무가설(null hypothesis)과 대립가설(alternative hypothesis)로 구분된다. 귀무가설이 참임에도 불구하고 귀무가설을 기각하여 대립가설을 선택하게 되는 오류를 제1종 오류(type I error)라고 한다.
③ **유의수준** : 제1종 오류를 범할 최대 확률을 유의수준이라 한다. 가설검정은 귀무가설을 정해진 유의수준(significance level)에서 기각하느냐 채택하느냐를 결정한다.
④ **임계값** : 가설검정은 통계량(statistics)을 이용하여 일정한 기준(임계값, critical value)을 기준으로 하여 귀무가설의 채택 · 기각 여부를 결정하며 이때 임계값은 유의수준에 의하여 결정된다.
⑤ **가설검정의 절차** : 일반적으로 가설검정의 절차는 다음과 같다.

가설검정의 절차

Step1.	가설의 설정
Step2.	유의수준 결정
Step3.	검정통계량 계산
Step4.	임계값 계산
Step5.	검정통계량과 임계값 비교
Step6.	귀무가설의 기각여부 결정

⑥ **유의확률** : 많은 통계프로그램이 개발되면서 가설검정에서 위와 같이 검정통계량과 임계값을 비교하여 가설의 기각여부를 결정하는 방법 이외에 다음과 같은 방법을 많이 사용한다. 통계량으로부터 귀무가설을 기각할 최대 허용확률인 유의확률(p-value)를 구하여 미리 정해둔 유의수준과 비교하여 결정한다. 이때 유의확률이 유의수준보다 크면 귀무가설을 채택하며, 유의확률이 유의수준보다 작으면 귀무가설을 기각한다.

⑦ 유의확률을 이용한 가설검정의 절차

가설검정의 절차

Step1.	가설의 설정
Step2.	유의수준 결정
Step3.	검정통계량 계산
Step4.	유의확률 계산
Step5.	유의수준과 유의확률 비교
Step6.	귀무가설의 기각여부 결정

⑧ **통계프로그램과 유의확률** : 현대에서는 통계프로그램의 발달로 컴퓨터가 상황에 따른 유의확률을 구해주기 때문에 유의확률을 통한 가설검정이 일반석으로 시행되고 있다. 통계분석에서의 모든 가설검정은 이러한 개념을 바탕으로 한다. SPSS의 경우 통계분석 실시 후 제공되는 표에서는 유의수준이라고 표기되는 유의확률이 제공된다.

(3) 모평균과 가설검정

모평균에 대한 검정은 역시 가설검정의 과정을 따르며 모평균에 대한 상황에 따라서 가설검정의 형태가 결정된다. 모평균의 가설검정은 크게 단일 표본문제와 두 표본문제로 나눌 수 있다.

① **단일 모집단** : 먼저 단일표본은 하나의 모집단에서 추출된 표본을 이용하여 사전에 정해둔 모평균값에 대해서 검정한다.

② **두 모집단** : 두 표본집단의 평균차이에 대한 가설검정은 독립적인 두 모집단으로부터 각각 추출된 두 표본(독립 표본)의 평균을 비교하는 경우와 동일한 모집단으로부터 추출된 두 표본(대응표본)의 평균을 비교하는 경우로 나눌 수 있다. 일반적인 연구에서 두 표본집단의 평균 비교가 단일 표본의 평균에 대한 검정보다 더 많이 사용된다.

③ **두 표본집단의 평균 비교의 예** : 두 표본집단의 평균 비교의 예는 다음과 같이 생각할 수 있다.
    ㉠ 두 종류의 산업에서 기업들의 평균 성장률이나 임금의 차이를 비교
    ㉡ 광고를 하기 전과 한 후의 고객들의 반응을 비교
    ㉢ 식이요법 전후의 체중을 비교하여 식이요법 효과를 분석

2 단일 모집단의 평균

(1) 단일 모집단의 평균 추정

단일표본에서 평균 추정은 모분산 σ^2을 아는 경우와 모르는 경우로 나누어 분석한다. 평균의 신뢰구간은 다음과 같다.

단일 모집단의 평균에 대한 검정

상 황	신뢰구간	통계량
σ^2을 아는 경우	$\mu \in \overline{X} \pm Z_{\alpha/2} \times \dfrac{\sigma}{\sqrt{n}}$	$Z = \dfrac{\overline{X} - \mu_0}{\sigma/\sqrt{n}}$
σ^2을 모르고 대표본인 경우	$\mu \in \overline{X} \pm Z_{\alpha/2} \times \dfrac{S}{\sqrt{n}}$	$Z = \dfrac{\overline{X} - \mu_0}{S/\sqrt{n}}$
σ^2을 모르고, 소표본인 경우 (모집단 정규분포 가정)	$\mu \in \overline{X} \pm t_{n-1,\alpha/2} \times \dfrac{S}{\sqrt{n}}$	$T = \dfrac{\overline{X} - \mu_0}{S/\sqrt{n}}$

※ $\overline{X}$: 표본평균, μ_0 : 귀무가설에서의 모평균값, σ : 모표준편차, S : 표본표준편차

(2) SPSS에서의 단일 모집단의 평균 추정

일반적으로 모분산 σ^2을 모르기 때문에 SPSS에서는 모분산 σ^2을 모르는 경우 사용하는 T분포를 이용한 방법(단일표본 T검정)을 사용한다.

(3) 양측검정과 단측검정

단일표본 T검정에서의 가설은 대립가설의 형태에 따라 양측검정(two-side test)과 단측검정(one-side test)으로 구분되며 각 경우에 따른 귀무가설과 대립가설은 다음과 같다.

단일 모집단의 평균에 대한 검정

상 황	귀무가설	대립가설
양측검정	$H_0 : \mu = \mu_0$	$H_1 : \mu \neq \mu_0$
우단측검정	$H_0 : \mu \leq \mu_0$	$H_1 : \mu > \mu_0$
좌단측검정	$H_0 : \mu \geq \mu_0$	$H_1 : \mu < \mu_0$

(4) SPSS에서의 유의확률

SPSS 등 통계프로그램에서는 양측검정에 대한 유의확률만 제공한다. 따라서 사용하고자 하는 가설이 단측검정인 경우, 양측검정으로 제공된 유의확률을 이용하여 적절히 원하는 유의확률을 구해야 한다.

① 양측검정의 유의확률 : 예를 들어 양측검정의 유의확률과 단측검정의 유의확률에 대하여 살펴보도록 한다. 먼저 양측검정에서의 통계량이 주어졌을 때, 유의확률은 다음에서 그림에서 표시된 면적이다.

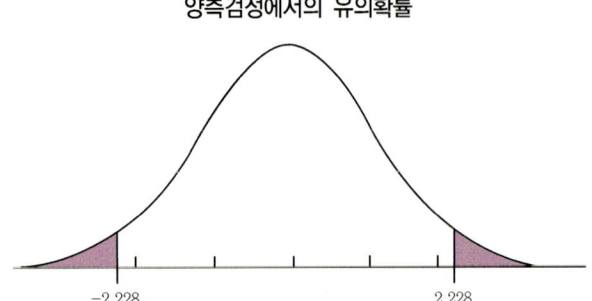

양측검정에서의 유의확률

② 단측검정의 유의확률
   ㉠ 우단측검정의 경우 유의확률을 어떻게 구해야 하는지 알아보자. 우단측검정의 경우 유의확률은 위 그림의 우측부분만 고려하면 된다. 따라서 통계량이 양수라면(중앙으로부터 우측) 우단측검정의 양측검정의 유의확률의 절반이다. 그러나 통계량이 음수라면(중앙으로부터 좌측)이면 우단측검정의 유의확률은 1-(유의확률의 절반)이 된다.
   ㉡ 마찬가지로 좌단측검정의 경우 유의확률은 통계량이 음수라면(중앙으로부터 좌측) 좌단측검정의 양측검정의 유의확률의 절반이며 통계량이 양수라면(중앙으로부터 우측이면) 좌단측검정의 유의확률은 1-(유의확률의 절반)이 된다.

(5) SPSS의 단일표본 T 검정

① 일표본 T 검정 대화상자 호출 : 이제 SPSS에서 단일표본 T 검정을 위한 과정은 다음과 같다. 메뉴에서 [분석] → [평균 비교] → [일표본 T 검정]을 실행한다.

분석(A)
   평균 비교(M)
      일표본 T 검정(S)

일표본 T 검정 실행

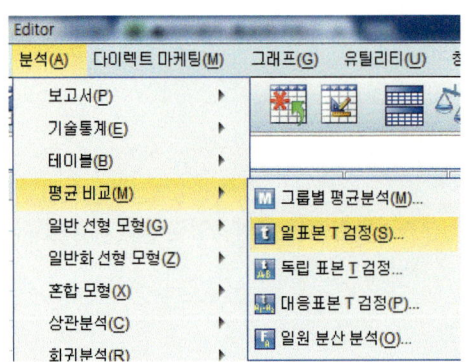

② 일표본 T 검정 대화상자 : 일표본 T 검정 대화상자에서 평균에 대한 검정을 실시할 변수를 [검정변수(T)]에 설정하면 된다. 그리고 [검정값]에 귀무가설로 지정할 해당 변수의 모평균값을 입력한다.

일표본 T 검정 대화상자

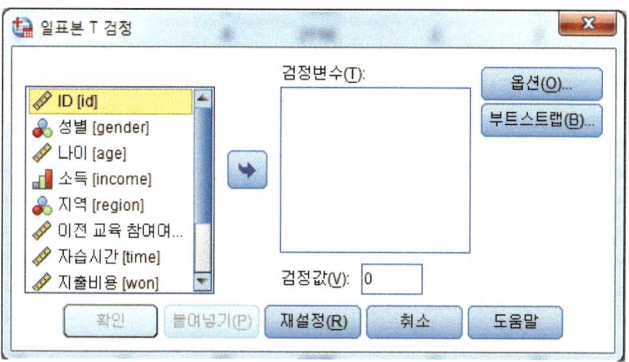

③ 옵션 대화상자 : 옵션에서는 신뢰구간을 조정과 결측값 처리를 결정할 수 있다. 신뢰구간은 디폴트로 95%로 주어지며 자세한 내용은 다음과 같다.

일표본 T 검정 : 옵션 대화상자

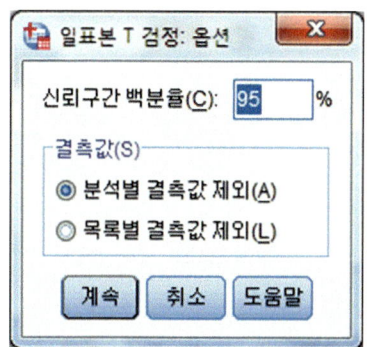

옵 션		내 용
신뢰구간 : 95%		• 신뢰수준 95%가 기본으로 설정 • 필요에 따라 사용자가 임의로 신뢰수준을 입력 가능
결측값	분석별 결측값 제외	해당 검정과 관련된 변수에 대해 결측값이 있는 케이스는 제외
	목록별 결측값 제외	분석 시 변수에 대한 결측값이 있는 케이스는 제외

[예제를 통한 이해 1]

1 예제파일 [example.sav]를 통한 단일표본 T 검정

예제파일 [example.sav]는 교육 프로그램을 이수한 수강생 중 임의로 선정된 100명을 대상으로 한 설문조사 결과이다. 교육 프로그램을 준비할 때 수강생들이 교육과정을 이수하기 위하여 평균 10시간의 자습을 할 것으로 예상하였다. 교육 이수자들이 교육 프로그램을 이수하기위한 평균 자습시간이 10시간인지 가설을 설정하고 이에 대한 검정을 실시하도록 한다.

2 단일표본 T 검정의 가설

먼저 평균 자습시간이 10시간이라는 가설검정 검정을 위한 가설은 다음과 같다.

$$H_0 : \mu = 10$$
$$H_1 : \mu \neq 10$$

3 검정변수 지정

단일평균 T 검정을 위하여 평균비교의 일표본 T 검정을 실행하도록 한다. 그리고 검정하고자 하는 변수 자습시간(time)을 검정변수로 설정하고 검정값으로 귀무가설에 대한 상수값 10을 입력한다.

자습시간에 대한 일표본 T 검정(검정값 10)

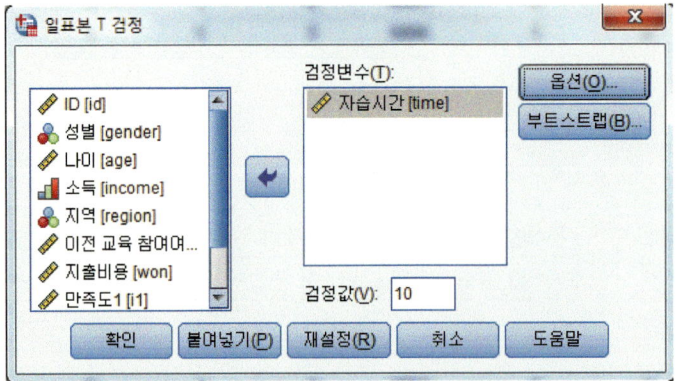

4 옵션 지정

옵션으로는 평균 추정에 대한 신뢰구간을 조정할 수 있으나, 일반적으로 사용하는 신뢰구간 95%가 디폴트로 설정되어 있기 때문에 그대로 사용하도록 한다.

5 분석 결과

일표본 T 검정 대화상자에서 [확인]을 클릭하면 일표본 T검정 결과는 다음과 같다.

일표본 통계

	N	평 균	표준 편차	표준 오차 평균
자습시간	100	9.82	6.216	.622

일표본 검정

	검정값 = 10					
	t	df	유의확률 (양쪽)	평균 차이	차이의 95% 신뢰구간	
					하한	상한
자습시간	-.290	99	.773	-.180	-1.41	1.05

① 평균 자습시간이 10시간이라는 귀무가설에 대한 유의확률은 유의확률(양쪽)에서 확인 가능하다. 유의확률은 0.773으로 유의수준 0.05보다 크므로 귀무가설을 기각할 수 없다. 따라서 교육 프로그램 이수한 응답자들의 평균 자습시간이 10시간이라고 할 수 있다.

② SPSS는 표본평균과 귀무가설의 상수값 차이에 대한 신뢰구간을 제공한다. 귀무가설의 수치(10시간)와 표본평균(9.82시간) 간의 차이에 대한 95% 신뢰구간은 [-1.41~1.05]이다. 따라서 자습시간에 대한 입력한 검정값을 더하여 계산하며, 95% 신뢰구간은 [9.41~11.05]가 된다. 신뢰구간이 10값을 포함하고 있으므로 모평균에 대한 신뢰구간에서도 평균 자습시간이 10시간이라는 귀무가설 채택을 지지하게 된다.

③ 앞에서 SPSS는 양측검정의 유의확률만 제공한다고 하였다. 다음과 같이 귀무가설이 단측인 경우는 SPSS로부터 주어진 유의확률을 이용하여 해당 가설에 맞는 유의확률을 구한다. 먼저 귀무가설이 $H_0 : \mu \leq 10$, 즉 "평균 자습시간이 10시간 이하이다."라는 형태를 고려하자. 이때 통계량은 -0.290으로 음수이다. 따라서 유의확률은 $(0.773/2) = 0.3865$이 된다. 이 역시 유의수준 0.05보다 크기 때문에 귀무가설을 기각할 수 없다. 즉, 평균 자습시간이 10 이하라고 할 수 있다.

3 독립 표본에 의한 모평균 차이

(1) 독립 표본 T 검정

① **독립 표본 T 검정** : 서로 다른 두 집단의 평균을 비교하는 문제는 독립 표본 T 검정을 사용한다. 독립 표본 T 검정도 다른 통계방법들과 마찬가지로 귀무가설이 옳다는 가정 하에 두 모집단으로부터 추출된 표본들로부터 검정통계량에 근거하여 귀무가설을 부정할 만한 상당한 근거를 보이면 귀무가설을 기각하고, 그렇지 않은 경우에는 귀무가설을 받아들인다.

② **가설의 형태** : 독립 표본 T 검정에서의 가설 역시 대립가설의 형태에 따라 양측검정과 단측검정으로 구분되며 각 경우에 따른 귀무가설과 대립가설은 다음과 같다.

독립 표본 T 검정에서의 가설 형태

상 황	귀무가설	대립가설
양측검정	$H_0 : \mu_1 = \mu_2$	$H_1 : \mu_1 \neq \mu_2$
우단측검정	$H_0 : \mu_1 \leq \mu_2$	$H_1 : \mu_1 > \mu_2$
좌단측검정	$H_0 : \mu_1 \geq \mu_2$	$H_1 : \mu_1 < \mu_2$

③ **분산의 동질성 검정**

㉠ 필요성 : 독립 표본 T 검정에서는 두 집단의 모분산이 동일한지 그렇지 않은지에 따라 '등분산 T 검정'을 사용할지 '이분산 T 검정'을 사용할지 정하게 된다. 따라서 독립 표본 T 검정을 위해서는 평균의 비교 이전에 두 모집단의 분산이 동일여부를 파악해야 한다. 즉, 두 집단의 분산의 동질성 가정을 검정이 필요하다. SPSS에서는 독립적인 두 집단의 평균비교를 실시하면 분산의 동질성 여부에 대한 분산의 동질성 검정(homogeneity of variance test) 결과를 제공한다.

㉡ 가설

ⓐ 분산의 동질성 검정의 귀무가설은 "두 모집단의 분산이 동일하다."이며 다음과 같이 나타낸다.

$$H_0 : \sigma_1^2 = \sigma_2^2,$$
$$H_1 : \sigma_1^2 \neq \sigma_2^2$$

ⓑ 이때 사용되는 검정통계량은 $F = s_1^2/s_2^2$이며, 귀무가설하에서 F-분포를 따른다. 이를 이용하여 두 집단의 모분산이 동일성에 대한 가설검정을 실시할 수 있다. SPSS에서는 이에 대한 검정통계량과 유의확률을 모두 제공하므로 이를 이용한다.

(2) 통계량

이제 각 경우에 대한 통계량을 살펴보도록 한다. 먼저 두 집단의 평균을 각각 $\overline{X}$와 $\overline{Y}$라 하고, 분산은 S_X^2과 S_Y^2, 표본 크기는 n_1과 n_2이라고 하자.

① 등분산 T 검정의 검정통계량

㉠ 등분산을 만족하는 경우(Levene의 검정의 귀무가설을 기각하지 못하는 경우) 등분산 T 검정을 실시하며 이때 사용되는 통계량은 다음과 같다.

$$T_0 = \frac{\overline{X} - \overline{Y}}{S_p \sqrt{\frac{1}{n_1} + \frac{1}{n_2}}} \sim t_{(n_1 + n_2 - 2)}$$

㉡ 여기서 T_0는 자유도 $(n_1 + n_2 - 2)$인 t-분포를 따르며, S_p^2을 의미하며 S_p^2는 합동분산은 다음과 같다.

$$S_P^2 = \frac{(n_1 - 1)S_1^2 + (n_2 - 1)S_2^2}{n_1 + n_2 - 2}$$

② 이분산 T 검정의 검정통계량

㉠ 등분산을 만족하지 못하는 경우(Levene의 검정의 귀무가설을 기각하는 경우) 이분산 T 검정을 실시하며 이때 사용되는 통계량은 다음과 같다.

$$T_0 = \frac{\overline{X} - \overline{Y}}{\sqrt{\frac{S_1^2}{n_1} + \frac{S_2^2}{n_2}}} \sim t_{(\nu)}$$

㉡ 여기서 T_0는 새터스웨이트(Satterthwaite) 자유도 ν인 t-분포를 따르며, 자유도 ν는 다음과 같이 계산한다.

$$\nu = \frac{\left(\frac{S_1^2}{n_1} + \frac{S_2^2}{n_2}\right)^2}{\frac{(S_1^2/n_1)^2}{n_1 - 1} + \frac{(S_2^2/n_2)^2}{n_2 - 1}}$$

(3) SPSS의 독립 표본 T 검정

SPSS에서는 독립 표본 T 검정을 실시하면 분산의 동질성 검정과 등분산 T 검정, 이분산 T 검정을 한 번에 보여준다. 따라서 분산의 동질성 검정의 결과를 참고하여 등분산 T 검정을 사용할지, 이분산 T 검정을 사용할지 선택해야 한다.

① **독립 표본 T 검정 대화상자 호출** : 독립 표본 T 검정을 실행하는 과정은 다음과 같다. 먼저 메뉴에서 [분석] → [평균 비교] → [독립 표본 T 검정]을 실행한다.

> 분석(A)
>   평균 비교(M)
>   독립 표본 T 검정(T)

독립 표본 T 검정 실행하기

② **독립 표본 T 검정 대화상자**

㉠ 독립 표본 T 검정을 실시하면 다음과 같은 대화상자가 나타난다.

독립 표본 T 검정 대화상자

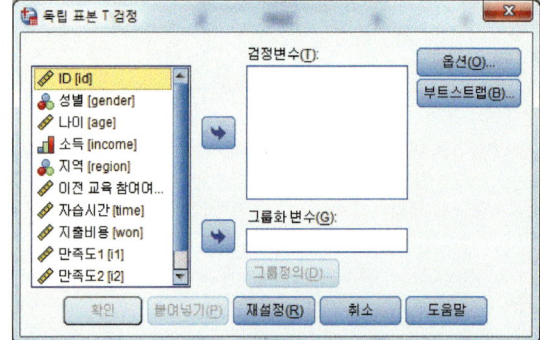

㉡ 검정변수에는 평균을 구하고자 하는 변수를 지정하고 그룹화 변수(또는 집단변수라고 표시됨)에는 두 개의 집단을 구분할 수 있는 변수를 지정한다. 검정변수와 그룹화 변수를 지정하면 그룹화 변수에 (? ?)와 같이 표시된다. 이는 그룹화 변수에 입력된 값이 각각 어떤 집단을 나타내는지 집단에 대한 정의가 필요하기 때문이다. 이를 위하여 집단 정의를 위하여 그룹정의(집단정의)을 선택하면 집단에 대한 정의를 할 수 있다.

③ 그룹정의(집단정의) 대화상자 : 지정값 사용은 그룹화 변수가 범주형으로 주어져 있을 때, 두 집단의 평균 비교에 적합하고 분리점은 그룹화 변수가 연속형 변수로 주어지고 그룹화 변수의 특정값을 기준으로 두 집단으로 구분하여 평균 비교에 유용하다.

그룹정의(집단정의) 대화상자

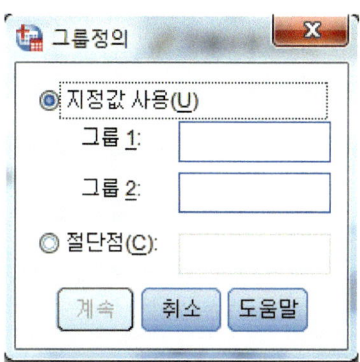

옵 션	내용 설명
지정값 사용 (Use specified values)	사용자 정의 기본설정으로 집단화한 변수 집단 1과 집단 2의 값을 입력함
절단점(Cut point)	분리값을 지정하면 분리값보다 작은 값은 한 집단에, 분리점보다 크거나 같은 값은 다른 집단에 속함

④ 옵션 대화상자 : 마지막으로 옵션을 선택하면 신뢰구간을 위한 확률을 정의하거나 결측값 처리에 대한 옵션을 선택할 수 있다.

독립 표본 T 검정 : 옵션 대화상자

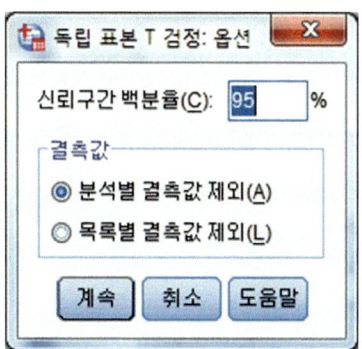

제2장 통계분석 175

[예제를 통한 이해 2]

1. 예제파일 [example.sav]을 통한 독립 표본 T 검정

예제를 통해 독립 표본 T 검정 과정을 살펴보도록 하자. 예제파일 [example.sav]은 교육 프로그램을 이수한 수강생 중 임의로 선정된 100명을 대상으로 한 설문조사를 결과이다. 교육 프로그램 대상자들을 대상으로 성별에 따른 교육 관련 평균 지출비용에 차이가 있는지 확인하고자 한다. 즉, 성별(gender)에 따른 연간 교육프로그램 지출비용(won)의 평균차이를 분석하고자 한다.

2. 독립 표본 T 검정의 가설

이에 대한 가설은 다음과 같다. 여기서 μ_1은 남자의 평균 지출비용, μ_2는 여자의 평균 지출비용이다.

$$H_0 : \mu_1 - \mu_2 = 0$$
$$H_1 : \mu_1 - \mu_2 \neq 0$$

3. 검정변수 지정

위와 같은 가설에 대한 독립 표본 T 검정을 실행하기 위한 과정은 다음과 같다. SPSS에서 독립 표본 T 검정을 실행한 후, 다음과 같이 대화상자에서 지출비용을 검정변수로 성별을 그룹화 변수로 지정한다.

성별에 따른 평균 지출비용 차이 분석

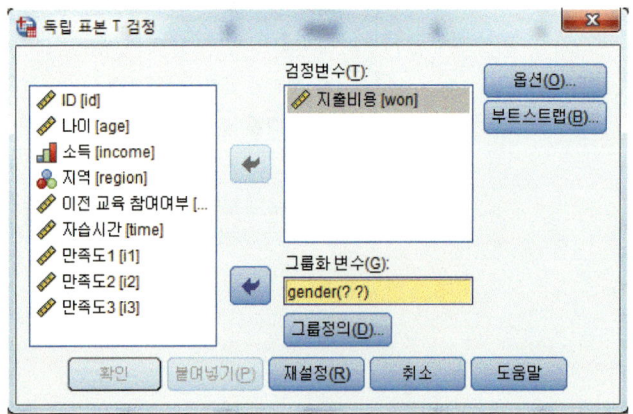

4 그룹(집단)정의

성별은 이산형(범주형) 변수이며 남자인 경우 1, 여자인 경우 2로 코딩되어 있어 그룹 정의(집단정의)에서 지정값 사용이 유용하다. 남자를 그룹 1로 지정하여 [그룹(집단) 1 : 1]와 같이 입력하고 여자를 그룹 2로 지정하여 [그룹(집단) 2 : 2]와 같이 입력한다.

성별에 대한 그룹(집단) 정의

5 그룹정의 확인

집단 정의가 되었다면 독립 표본 T 검정 대화상자의 그룹화 변수(집단 변수)에 지정된 값이 설정되어 있음을 확인할 수 있다.

독립 표본 T 검정에서 그룹화 변수 지정된 결과

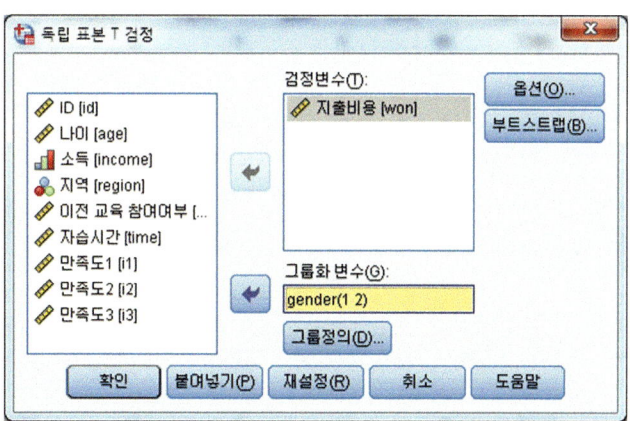

6 분석 결과

대화상자의 [확인]을 클릭하면 출력창에 다음과 같은 결과를 얻으며 우선 집단 통계량의 결과는 다음과 같다.

그룹 통계

	성별	N	평균	표준 편차	표준 오차 평균
지출비용	남자	53	3937.38	1927.227	264.725
	여자	42	4363.74	1678.434	258.988

① 성별(gender)의 남자(1집단)의 연간 사교육비는 총 53명이 연간 평균 3939.38원을 지출하였으며 표준편차는 1927.227이고 표준오차는 264.725임을 알 수 있다. 여기서 표준오차는 표준편차를 표본 수의 제곱근, 즉 $\sqrt{53}$ 으로 나눈 값이다. 또한 여자(2집단)의 연간 사교육비는 총 42명이 연간 평균 4363.74원을 지출하였으며 표준편차는 1678.434이고 표준오차는 258.988임을 알 수 있다.

② 이때 남녀의 총합이 95명인 이유는 지출비용에서 5명의 무응답(결측값)이 발생하였기 때문이다. SPSS에서는 기본값으로 결측값을 제외하여 분석하도록 되어 있기 때문에 독립 표본 T 검정에서 결측값을 갖는 케이스는 제외되었다.

③ 독립 표본 T 검정은 두 집단 분산의 동일여부에 따라서 합동분산을 이용한 등분산 T검정과 새터스웨이트 자유도를 이용하는 이분산 T 검정으로 나누어진다고 설명하였다. SPSS에서는 등분산 T 검정과 이분산 T 검정을 모두 계산하며, 경우에 따라 어떤 분석 방법을 사용할 것인지는 분산의 동질성 검정(등분산 검정)을 통하여 결정한다.

④ 예제의 결과에서 분산의 동질성 검정(Levene 등분산 검정) 결과는 다음과 같았다. 검정결과로 검정통계량 F-값과 유의수준이라고 표기되는 유의확률이 제공된다. F-값이 1.335이고 유의확률이 0.251로 유의수준 0.05보다 크다.

Levene의 등분산 검정

F	유의확률
1.335	.251

⑤ 따라서 두 모집단의 분산이 동일하다는 귀무가설을 채택하여, 등분산 가정을 이용하는 등분산 T 검정을 실시한다. 등분산 T 검정 결과는 다음과 같다.

		평균 등식에 대한 T검정					
		t	df	유의확률 (양쪽)	평균 차이	표준 오류 편차	차이의 95% 신뢰구간	
							하한	상한
지출비용	등분산을 가정함	-1.133	93	.260	-426.361	376.344	-1173.705	320.984

등분산 T 검정에서의 검정통계량 t-값은 -1.133이며 유의확률(양쪽)은 0.260이다. 또한 남자의 연간 사교육비의 평균과 여자의 연간 사교육의 평균 차이는 -426.361이며 95% 신뢰구간은 [-1173.705, 320.984]이다. 유의확률(양쪽)은 0.260으로 유의수준 0.05보다 크므로, 다음의 귀무가설은 채택한다.

⑥ 위에서 보는 것처럼 남자와 여자의 연간 교육프로그램에 평균 지출 비용의 차이는 통계적으로 유의하지 않다. 즉, 성별에 따른 연간 교육프로그램에 평균 지출 차이가 없다.

⑦ 아래의 표는 SPSS에서 독립 표본 T 검정에 대한 전체 결과이다. 결과에서 보듯이 SPSS에서 독립 표본 T 검정을 하면, 하나의 표에 분산의 동질성 검정(Levene의 등분산 검정)과 등분산 T 검정(등분산을 가정함), 이분산 T 검정(등분산을 가정하지 않음)이 모두 제시된다. 연구자는 분산의 동질성 검정의 결과를 참고로 하여 적절한 분석방법의 결과를 이용하여 가설검정을 해야 한다.

독립 표본 검정

		Levene의 등분산 검정		평균 등식에 대한 T 검정					차이의 95% 신뢰구간	
		F	유의확률	t	df	유의확률 (양쪽)	평균 차이	표준오류편차	하한	상한
지출비용	등분산을 가정함	1.335	.251	-1.133	93	.260	-426.361	376.344	-1173.705	320.984
	등분산을 가정하지 않음			-1.151	92.132	.253	-426.361	370.343	-1161.880	309.159

4 대응표본에 의한 모평균의 차이

(1) 대응 표본 T 검정

① 대응표본의 예

㉠ 다음과 같이 동일한 사람들 대상 또는 연관성 있는 표본들이 주어진 상황을 고려해보자.

> - 다이어트약의 효과 검사 : 사람들에게 다이어트약을 먹기 전과 먹은 후의 체중을 비교하여 약효를 확인
> - 교육프로그램의 효과를 조사 : 교육프로그램 이수 후 성적의 차이가 있는지 확인
> - 타이어 마모도 조사 : 동일한 차량을 대상으로 일정 거리를 주행한 뒤 두 종류 타이어 마모도 비교

㉡ 이러한 연구를 위해서는 실험을 위해 동질적인 쌍을 모집단으로 추출하여 두 처리에 대한 결과를 획득하거나, 모집단으로부터 추출된 표본을 처리 전후로 결과를 측정하여 전후에 대한 결과를 비교하게 된다.

② 대응표본 : 이와 같이 동일한 대상으로부터 두 집단의 표본이 얻어진 경우, 두 집단의 표본들은 서로 짝지어(paired) 비교한다. 이때 표본은 두 집단의 표본들이 서로 독립이 아니다. 동일한 표본에 대하여 전후 측정을 하는 경우의 표본을 대응표본(짝지어진 표본; paired-sample)이라 한다. 대응표본에 대해서는 독립적인 두 표본 검정을 할 수 없으며 대응표본 T 검정(Paired-samples T test)을 사용한다.

③ 대응표본 T 검정의 가설 : 특정 시점을 전후로 n개의 짝지은 표본들이 (X_1, Y_1), $(X_2, Y_2), ..., (X_n, Y_n)$ 수집되었다면 각 표본에 대하여 전후 차이 $D_1, ..., D_n$ $(D_i = X_i - Y_i, i = 1, ..., n)$를 고려할 수 있다. 양측검정의 경우, 대응표본 T 검정의 귀무가설은 다음과 같다.

$$H_0 : \mu_D = d_0$$

④ 대응표본 T 검정의 검정통계량 : 여기서 검정통계량 T_0는 자유도가 $n-1$인 t-분포를 따른다. 여기서 $S_d^2 = \dfrac{1}{n-1}\sum_{i=1}^{n}(D_i - \overline{D})^2$, $\overline{D} = \dfrac{1}{n}\sum_{i=1}^{n}D_i$이다.

$$T_0 = \dfrac{\overline{D} - d_0}{S_d/\sqrt{n}} \sim t_{(n-1)}$$

⑤ 대응표본 T 검정의 가설 형태 : 대응표본 T 검정에서의 가설의 형태 역시 양측검정과 단측검정 모두 가능하나, SPSS에서는 양측검정의 결과만 제공한다.

대응표본 T 검정에서의 가설 형태

상 황	귀무가설	대립가설
양측검정	$H_0 : \mu_D = d_0$	$H_1 : \mu_D \neq 0$
우단측검정	$H_0 : \mu_D \leq d_0$	$H_1 : \mu_D > 0$
좌단측검정	$H_0 : \mu_D \geq d_0$	$H_1 : \mu_D < 0$

(2) SPSS의 대응표본 T 검정

SPSS에서 대응표본 T 검정을 위한 과정은 다음과 같다.

① 대응표본 T 검정 대화상자 호출 : 먼저 메뉴에서 [분석] → [평균 비교] → [대응표본 T 검정]을 실행한다.

> 분석(A)
>   평균 비교(M)
>   대응표본 T 검정(P)

대응표본 T 검정 실행하기

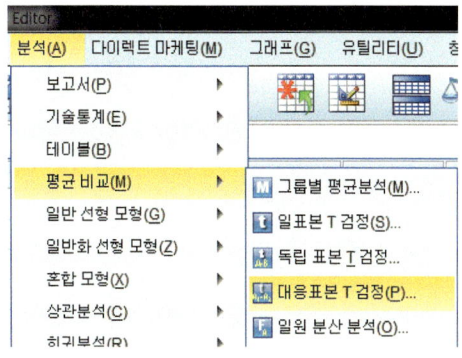

② 대응표본 T 검정 대화상자
  ㉠ 대응표본 T 검정 대화상자에서 짝지어진 두 개의 변수를 같이 우측의 대응변수로 선택한 후 실행하면 된다. 이때 두 개의 변수를 [Shift]를 이용하여 같이 선택 후, 화살표를 클릭하면 대응변수에서 변수1, 변수2에 설정된다.

대응표본 T 검정 대화상자

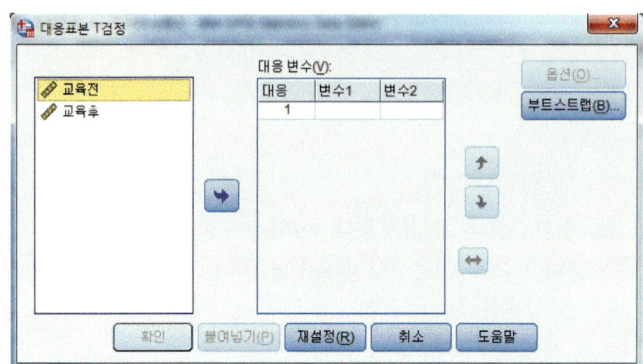

  ㉡ 대응표본 T 검정 대화상자에서 [확인]을 클릭하면 분석 결과를 얻을 수 있다.

[예제를 통한 이해 3]

1 예제파일 [paired.sav]를 통한 대응표본 T 검정

임의로 선발된 16명을 선발한 후 특별 시험을 치르게 하였다. 그 후 이들을 대상으로 해당 시험에 과한 교육을 실시한 후 비슷한 유형의 시험을 다시 실시하였다. 그 결과는 다음 표와 같으며 예제파일 [paired.sav]에 입력되어 있다.

예제파일 [paired.sav] 자료

일련번호	1	2	3	4	5	6	7	8
교육 전	75	83	96	77	81	90	82	67
교육 후	85	87	92	80	94	92	88	75
일련번호	9	10	11	12	13	14	15	16
교육 전	94	85	78	82	96	80	87	81
교육 후	90	88	82	88	91	95	93	89

	교육전	교육후
1	75.00	85.00
2	83.00	87.00
3	96.00	92.00
4	77.00	80.00
5	81.00	94.00
6	90.00	92.00
7	82.00	88.00
8	67.00	75.00
9	94.00	90.00
10	85.00	88.00
11	78.00	82.00
12	82.00	88.00
13	96.00	91.00
14	80.00	95.00
15	87.00	93.00
16	81.00	89.00

2 대응표본 T 검정의 가설

여기서 교육대상자들의 교육 전후 시험 성적의 차이가 있는지 통계적으로 확인하기 위하여 대응표본 T 검정을 실시하여야 한다. 먼저 교육 전후 시험 성적 차이에 대한 가설을 생각하자. D_i를 교육 전후 시험 성적의 차(교육 전 성적 - 교육 후 성적)이라고 하면 귀무가설과 대립가설은 다음과 같다.

$$H_0 : \mu_D = 0 \text{(교육 전후 성적 차이가 없다.)}$$
$$H_1 : \mu_D \neq 0 \text{(교육 전후 성적 차이가 있다.)}$$

3 대응변수 지정

이와 같은 가설을 검정하기 위해서 SPSS에서 대응표본 T 검정을 실시하자. 대응표본 T 검정 대화상자에서 교육 전과 교육 후 변수를 다음과 같이 선택한다.

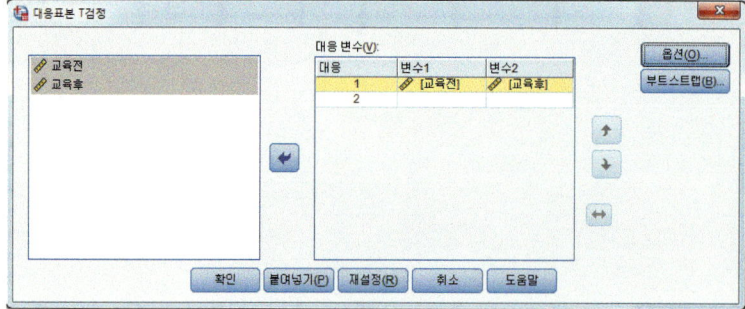

4 옵션 지정

① 옵션에서는 앞에서 설명한 다른 평균비교와 같이 신뢰구간과 결측값에 대한 설정이 가능하다.

대응표본 T 검정 : 옵션 대화상자

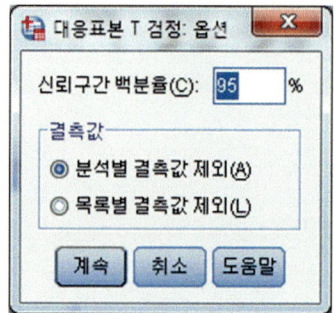

② 유의수준 0.05에서 가설검정을 진행할 것이기 때문에 신뢰구간은 그대로 두도록 한다.

5 분석 결과

대응표본 T 검정 대화상자에서 [확인]을 클릭하여 얻은 결과를 다음과 같다.

① 먼저 교육 전후에 관한 기술통계는 아래 표와 같다. 대응표본 통계를 살펴보면, 교육 전 평균 성적은 83.3750이고, 교육 후 평균 성적은 88.0625로 5점가량 향상된 것을 알 수 있다.

대응 표본 통계

		평균	N	표준 편차	표준 오차 평균
쌍1	교육 전	83.3750	16	7.85600	1.96400
	교육 후	88.0625	16	5.38478	1.34619

② 그리고 다음의 대응 표본 상관에서는 두 변수(두 집단)가 얼마나 서로 연관성 있는지 확인할 수 있다.

대응 표본 상관

		N	상관	유의확률
쌍1	교육 전 & 교육 후	16	.687	.003

대응 표본 상관계수는 0.687이며 유의확률이 0.003으로 양의 상관관계를 갖는다. 따라서 교육 전후 관측된 결과는 대응 표본이라는 가정을 충분히 뒷받침한다. 따라서 독립 표본 T 검정보다 대응 표본 T 검정의 사용이 적절하다고 본다.

③ 마지막으로 대응표본 T 검정 결과는 다음과 같다.

대응 표본 검정

		대응차이					t	df	유의확률 (양쪽)
		평균	표준 편차	표준 오차 평균	차이의 95% 신뢰구간				
					상한	하한			
쌍1	교육 전·교육 후	-4.68750	16	1.42805	-7.73131	-1.64369	-3.282	15	.005

㉠ 먼저 검정통계량 t-값은 -3.282이며 유의확률은 0.005이다. 따라서 귀무가설을 기각하여 교육 전후 점수 차이가 있다는 대립가설을 채택한다. 또한 교육 전의 평균 점수와 교육 후의 평균 점수의 차이가 -4.6875(83.375-88.0625)이며 표준편차는 5.71219, 표준오차는 1.42805이다.

㉡ 평균차이의 95% 신뢰구간은 [-7.73131, -1.64369]로 이것은 0을 포함하고 있지 않아 교육 전후 평균 점수 차이가 있다는 가설검정 결과와 일치한다.

적중예상문제

※ '인터넷 개인정보보호 인식에 관한 연구' 조사결과가 입력되어 있는 실습파일 [data1.sav]에서 응답자들의 개인정보에 대한 생각을 물어본 문항들은 리커드 5점 척도로 측정되었다. 네 개의 문항의 평균을 이용하여 종합적인 '개인정보 인식'이라고 고려하도록 한다. 이때 다음에 답하시오.

01 '개인정보에 대한 인식'에 대한 응답의 평균이 '보통이다(3점).'인지 확인하고자 한다. 이에 대한 가설과 유의수준 0.05에서 검정 결과를 기술하시오.

02 기혼자와 미혼자에 따라 개인정보 인식의 평균이 같은지 검정하고자 한다. 이때 가설을 설정하고 유의수준 0.05에서 검정 결과를 기술하시오.

해설 ※ 문제풀이 INTRO
1. 새로운 변수의 정의 : 통계 분석에 앞서 개인정보에 대한 네 개의 문항의 평균을 '개인정보 인식'이란 개념으로 사용하기 위해 개인정보 1-4(Q2_1-Q2_4), 네 문항에 대한 평균을 값으로 가지는 새로운 변수를 생성할 필요가 있다.
2. 변수 계산 대화상자 호출 : 평균함수를 이용하여 네 개의 문항(Q2_1-Q2_4)의 평균을 구해야 하므로, 새로운 변수를 만들기 위해서 변수 계산을 이용한다. 변수 계산은 메뉴의 [변환] → [변수 계산]을 통해 실행하도록 한다.
3. 변수 계산 숫자표현식 입력 : 변수 계산 대화상자에서 대상변수에 새롭게 만들어질 변수의 이름을 넣으며, 본 풀이에서는 'Q2'라고 입력한다. 문항들의 평균을 계산하기 위해 숫자표현식에는 MEAN 함수를 이용하며, 문제의 경우 'MEAN(Q2_1, Q2_2, Q2_3, Q2_4)'를 입력한다. 이때 평균을 계산하는 함수명이 기억나지 않는다면 함수 그룹에서 통계를 선택하여 찾도록 한다.

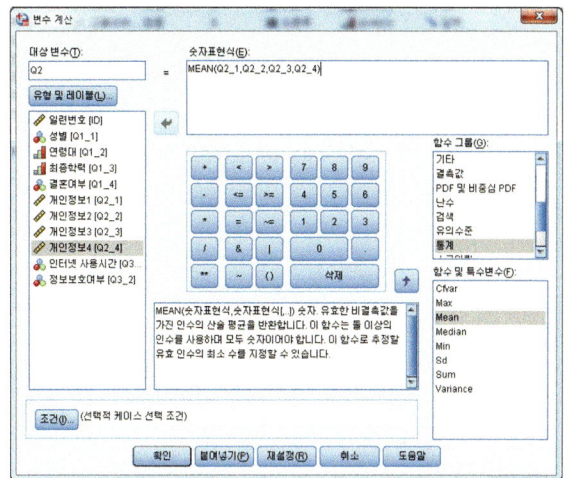

4. 변수 생성 : 위와 같이 새롭게 만들어질 변수와 그에 대한 함수식을 입력하였다면, [확인]을 클릭하면 개인 정보에 대한 네 개의 문항의 평균을 값으로 갖는 '개인정보 인식(Q2)'가 생성된다. 이후 이렇게 새로 만들어진 Q2를 이용하여 분석하도록 한다.

문제01

1. 단일표본 T 검정의 귀무가설 : '개인정보 인식(Q2)의 평균이 3이다'라는 주장을 검정하기 위한 가설은 다음과 같다. μ를 모집단의 개인정보 인식의 평균이라고 할 때, 다음과 같다.

$$H_0 : \mu = 3$$
$$H_1 : \mu \neq 3$$

2. 단일표본 T 검정 호출 : 이와 같은 단일 모집단에 대한 평균 검정은 일표본 T 검정을 이용한다. SPSS에서 일표본 T 검정을 실행한다.

3. 검정변수와 검정값 지정 : 단일표본 T 검정 대화상자의 검정변수에 앞에서 생성한 '개인정보 인식(Q2)'을 지정하고 검정값으로 귀무가설의 평균값인 '3'을 입력한다.

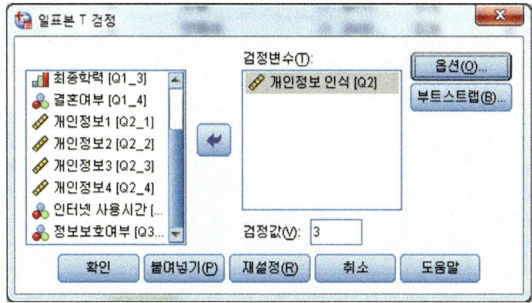

4. 분석 결과
① 일표본 T 검정을 실시하면 다음과 같은 결과를 얻는다. 먼저 개인정보 인식에 대한 기술통계는 다음과 같다. 전체 50명의 표본에 대한 개인정보 인식의 평균은 3.03으로 평균이 3에 가깝게 나타났다. 표준편차는 0.83397, 평균의 표준 오차는 0.11794이다.

일표본 통계

	N	평균	표준 편차	표준 오차 평균
개인정보 인식	50	3.0300	.83397	.11794

일표본 검정

	검정값 = 3					
	t	df	유의확률 (양쪽)	평균 차이	차이의 95% 신뢰구간	
					하한	상한
개인정보 인식	.254	49	.800	.03000	-.2070	.2670

② 일표본 T 검정 결과는 검정통계량 t-값이 0.254, 자유도(df)가 49, 유의확률이 0.8로 나타났다. 유의확률이 유의수준 0.05보다 높아 귀무가설을 기각할 수 없다. 따라서 개인정보 인식(Q2)의 평균이 3이라고 주장할 수 있다.

문제02

1. 독립 표본 T 검정의 귀무가설 : 기혼과 미혼에 대한 내용은 결혼여부(Q1_4)에 기입되어 있다. 본 문제에서는 이를 이용하여 기혼자와 미혼자 따라 개인정보 인식(Q2)의 평균이 같은지 검정하고자 한다. μ_1을 미혼자들의 개인정보 인식의 평균, μ_2을 미혼자들의 개인정보 인식의 평균이라 하면 귀무가설은 다음과 같다. 이와 같은 독립적인 두 모집단에 대한 평균 검정은 독립 표본 T 검정을 이용한다.

$$H_0 : \mu_1 = \mu_2$$
$$H_1 : \mu_1 \neq \mu_2$$

2. 검정변수와 그룹(집단) 지정 : SPSS에서 독립 표본 T 검정 실행 후, 검정변수에 앞에서 생성한 '개인정보 인식(Q2)'을 지정하고 그룹화 변수(집단변수)에서는 결혼여부(Q1_4)를 설정한다. 그리고 그룹정의(집단 정의)에 집단의 지정값으로 1과 2를 입력한다.

검정변수와 그룹(집단) 지정 대화상자

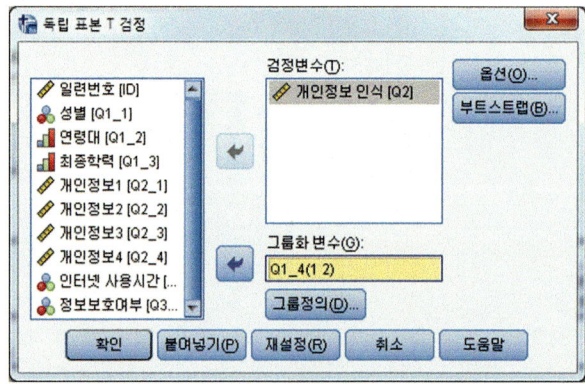

3. 분석 결과 : 독립 표본 T 검정에 대한 결과는 다음과 같다.

① 먼저 두 집단(미혼, 기혼)에 대한 개인정보 인식에 대한 평균과 분산은 다음과 같다. 미혼인 사람의 수는 23명, 평균은 2.9674이고 기혼인 사람의 수는 27명, 평균은 3.0833으로 두 집단의 개인정보 인식에 대한 평균차이는 0.1159(=3.0833-2.9674)이다.

그룹 통계

	결혼여부	N	평 균	표준 편차	표준 오차 평균
개인정보 인식	미혼	23	2.9674	.91485	.19076
	기혼	27	3.0833	.77211	.14859

② 이러한 평균 차이가 통계적으로 유의한지 독립 표본 T 검정 결과를 살펴보면 다음과 같다. 독립 표본 T 검정은 두 집단의 모분산이 동일여부에 따라 등분산 T 검정과 이분산 T 검정으로 나뉜다. 따라서 두 집단의 평균에 대한 검정결과를 살펴보기 전에 두 집단의 분산이 동일한지 먼저 등분산 검정의 결과를 살펴보아야 한다.

독립 표본 검정

		Levene의 등분산 검정		평균 등식에 대한 T 검정						
		F	유의 확률	t	df	유의 확률 (양쪽)	평균 차이	표준 오류 편차	차이의 95% 신뢰구간	
									하한	상한
개인 정보 인식	등분산을 가정함	1.158	.287	-.486	48	.629	-.11594	.23851	-.59549	.36361
	등분산을 가정하지 않음			-.479	43.306	.634	-.11594	.24180	-.60349	.37160

③ 독립 표본 T 검정 결과표 좌측의 Levene의 등분산 검정 결과를 보면, 검정통계량 F-값이 1.158, 유의확률이 0.287로 귀무가설 "두 집단의 모분산이 동일하다."를 기각할 수 없다. 따라서 두 집단의 모분산이 동일하다는 가정을 갖고 있는 등분산 T 검정을 이용한다.

④ 등분산 T 검정 결과는 검정통계량 t-값이 -0.486, 자유도(df)가 48, 유의확률이 0.629이다. 유의 수준 0.05에서 귀무가설을 기각할 수 없으므로, 기혼자와 미혼자에 따라 개인정보 인식의 평균이 같다고 할 수 있다.

05 분산 분석

1 분산 분석

(1) 일원배치 분산 분석

① **분산 분석의 필요성** : 독립적인 두 집단에 대한 연속형 종속변수의 평균 비교는 집단을 구분하는 변수의 수준(level)이 두 개인 경우이다. 즉, 독립 표본 T 검정은 집단이 두 개의 집단으로만 구분되는 경우 평균의 비교이다. 이와 다르게 집단을 구분하는 요인에 의하여 세 개 이상의 집단으로 구분되는 경우 평균의 비교를 고려하도록 하자. 독립 표본 T 검정을 세 개 집단에 대하여 적용하면 다음과 같은 문제가 발생한다. 세 개의 집단 A, B, C에 대한 두 집단의 평균비교는 'A-B', 'A-C', 'B-C' 세 가지 조합에 대하여 실시하여야 한다. 이때 유의수준 0.05 또는 신뢰수준 95%로 독립 T 검정을 한다면 세 집단 평균에 대한 비교는 신뢰수준 95%의 독립 T 검정을 세 번 실행한 결과가 되어 최종적인 신뢰수준이 85.7%($(0.95)^3$ = 0.857)가 된다. 이 경우 유의수준은 14.3%(100-85.7)로 일반적으로 사용하는 유의수준 0.05를 초과한다. 이와 같이 독립 표본 T 검정을 세 개 이상의 집단에 대하여 실행하면 일반적으로 사용하는 신뢰수준 95%(유의수준 0.05)로 제어하기가 어렵다. 따라서 연속형 반응변수에 대한 세 개 이상 집단의 평균에 대한 비교는 분산 분석(Analysis Of Variance ; ANOVA)를 이용한다.

② **분산 분석의 가설** : 분산 분석은 평균을 비교하고자 하는 집단이 K개인 경우 사용하며 이때 귀무가설과 대립가설은 다음과 같다.

$$H_0 : \mu_1 = \mu_2 = \cdots = \mu_K (\text{모든 } K\text{개 집단의 평균이 같다.})$$
$$H_1 : K\text{개 집단의 평균 중 적어도 하나의 평균이 다르다.}$$

③ **일원배치 분산 분석의 확장** : 집단을 구분하는 요인이 하나인 경우 일원배치 분산 분석이라고 하며 집단을 구분하는 요인의 수가 늘어날수록 이원배치 분산 분석, 삼원배치 분산 분석이라고 한다. 사회조사분석사 2급의 경우 일원배치 분산 분석만을 고려한다.

④ **분산 분석의 원리**

㉠ 일반적인 분산 분석을 위해 다음과 같은 상황을 생각하자. 총 집단 K개가 주어졌을 때, i번째 집단에 대해 j번째 관측된 자료를 x_{ij}라 하자. 이때 집단별로 m번 관측된 자료들의 배열은 다음과 같이 생각할 수 있다.

일원배치법 데이터의 배열

	A_1	A_2	$\cdots$	A_K	
	x_{11}	x_{21}	$\cdots$	x_{K1}	
	x_{12}	x_{22}	$\cdots$	x_{K2}	
실험의 반복	.	.		.	
	.	.		.	
	x_{1m}	x_{2m}	$\cdots$	x_{Km}	
합 계	$T_1.$	$T_2.$	$\cdots$	$T_K.$	T
평 균	$\overline{x}_1.$	$\overline{x}_2.$	$\cdots$	$\overline{x}_K.$	$\overline{X}$

ⓛ 먼저 제1번째 집단의 m개의 관측값은 다음과 같은 정규분포를 따른다.
$$x_{1j} = \mu_1 + e_{1j}, \qquad j = 1, 2, \ldots, m$$

ⓒ 마찬가지로 l까지의 다른 집단에서도 이와 같이 성립하므로
$$x_{ij} = \mu_i + e_{ij}, \qquad i = 1, 2, \ldots, K, \quad j = 1, 2, \ldots, m$$

ⓔ 각 집단별 모평균을 μ_i, 전체의 모평균을 $\mu = \sum_{i=1}^{K} \mu_i / K$라 하면 μ_i와 μ 간의 차이를 $\alpha_i = \mu_i - \mu$라고 표현할 수 있다. 즉, 집단별 모평균 μ_i가 전체의 모평균 μ로부터 어느 정도의 차이를 갖는지 나타내는 수치로 인자 A(독립변수)의 주 효과(main effect)라고 부른다. 이를 이용하여 일원배치 분산 분석 모형은 다음과 같이 표현한다.

$$\begin{aligned} x_{ij} &= \mu_i + e_{ij} & & e_{ij} \sim N(0, \sigma^2) \\ &= \mu + \alpha_i + e_{ij} & i = 1, 2, \cdots, K, \quad j = 1, 2, \cdots, m \end{aligned}$$

ⓜ 분산 분석은 총 변동을 집단-내 변동과 집단-간 변동으로 구분하여 변동의 합을 각각의 자유도로 나눈 평균제곱의 비를 이용한다. 이 때 평균제곱의 비가 작으면 요인에 의한 집단-간 차이가 오차를 대변하는 집단-내 차이와 차이가 없음을 의미하며, 반대로 평균제곱의 비가 크면 요인에 의한 집단-간 차이가 오차를 대변하는 집단-내 차이와 차이가 커 요인의 효과가 있음을 의미한다.

⑤ 분산 분석표
㉠ 일반적으로 분산 분석을 실시하면 다음과 같은 분산 분석표(ANOVA table)로 정리하여 제공한다.

분산 분석표(ANOVA table)

	제곱합(SS)	자유도(DF)	평균제곱(MS)	F
집단-간	$SSA = m_i \sum (\overline{x_i}. - \overline{X})^2$	$df_A = K-1$	$MSA = SSA/df_A$	$\dfrac{MSA}{MSE}$
집단-내	$SSE = \sum\sum (x_{ij} - \overline{x_i}.)^2$	$df_E = K(m-1)$	$MSE = SSE/df_E$	
합 계	$SST = \sum\sum (x_{ij} - \overline{X})^2$	$df_T = Km-1$	-	

㉡ 분산 분석표의 작성은 매우 중요하다. 사회조사분석사 시험에서 분산 분석표의 작성이 종종 제출되므로 분산 분석표의 개념이 이해가 되지 않는다면, 통계학 서적이나 필기시험에서의 분산 분석 부분을 다시 읽어보길 바란다.

⑥ **검정통계량** : 검정통계량인 F통계량은 자유도 $K-1$, $K(m-1)$인 F-분포를 따른다. 따라서 표본이 주어졌을 때 검정통계량 F를 계산하여 임계값보다 작으면 귀무가설을 채택하여 평균들이 같다고 결론을 내리며, 반대로 검정통계량 F가 임계값보다 커서 귀무가설을 기각시키는 경우에는 적어도 하나의 평균이 다르다고 결론을 내린다.

⑦ **유의확률** : SPSS와 같은 통계패키지에서는 분산 분석표를 자동으로 계산하여 주고 검정통계량 F에 대한 유의확률 역시 제공하기 때문에 계산된 유의확률과 유의수준과의 대소비교를 통하여 귀무가설을 기각 또는 채택한다.

(2) 사후분석(다중비교)

① **사후분석의 필요성** : 일원배치 분산 분석을 실시한 결과, 귀무가설을 기각하게 된다면 요인(독립변수)에 따라서 적어도 하나의 집단의 평균이 다르다는 의미가 된다. 분산 분석의 결과로는 주어진 집단 중 어떤 집단 간의 평균 차이가 있는지 통계적인 결과를 알려주지 않기 때문에 일원배치 분산 분석의 귀무가설을 기각하는 경우 사후분석(post-hoc analysis)을 통하여 평균 차이가 있는 집단에 대한 정보를 얻도록 한다. 일반적으로 사후분석을 다중비교(multiple comparisons)라 부르기도 한다. 즉, 다중비교는 분석분석에서 귀무가설이 통계적으로 기각된 경우(유의확률이 유의수준보다 작은 경우) 사용되며 다중비교를 통하여 실제 모집단 사이에 어떤 모평균의 차이가 있는지 알 수 있다.

② **다중비교의 종류** : 다중비교는 Fisher의 LSD, Bonferroni, Tukey, Duncan, Scheff 등 다양한 방법이 있고, 각각의 장단점이 달라 방법들 사이에 좋고 나쁨을 단정하기 어렵다. 또한 방법에 따라서 결과가 다르게 나타나기 때문에 각 방법을 사용하고 난 뒤에 결과를 종합적으로 판단하여 결론을 내린다. 사회조사분석사 시험에서는 사용할 사후분석 방법을 지정하여 문제가 출제된다.

(3) 등분산 검정

① **등분산 가정** : 분산 분석의 경우엔 각 집단의 모분산이 동일하다는 가정(등분산 가정)이 존재하며 SPSS에서 분산 분석 실행 시 분산의 동질성을 확인하기 위한 Levene의 검정 결과를 실행하도록 할 수 있다.

② **분산의 동질성 검정** : 분산 분석에서의 Levene의 분산의 동질성 검정의 가설은 다음과 같다. 이때 K는 집단을 구분하는 범주의 총 수이며, σ_i^2, $i = 1, ..., K$는 각 집단의 분산이다.

$$H_0 : \sigma_1^2 = \sigma_2^2 = \cdots = \sigma_K^2,$$

H_1 : 적어도 한 집단의 분산이 다르다.

2 분산 분석 실행하기

일원배치 분산 분석을 위하여 다음과 같은 과정을 실행한다.

(1) 일원배치 분산 분석 대화상자 호출

먼저 메뉴에서 [분석] → [평균 비교] → [일원 분산 분석]을 실행한다.

분석(A)
    평균 비교(M)
        일원 분산 분석(O)

일원 분산 분석 실행하기

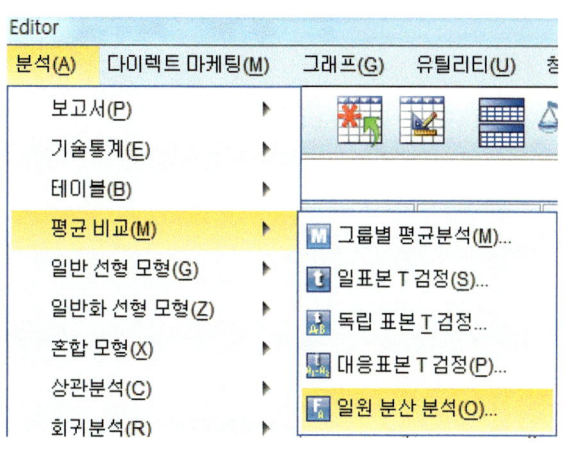

(2) 분산 분석 대화상자

일원 분산 분석 대화상자 우측의 종속목록에는 평균을 비교하고자 하는 종속변수를 지정하고 요인에는 집단을 구분할 수 있는 변수(집단변수)를 지정한다.

일원 분산 분석 대화상자

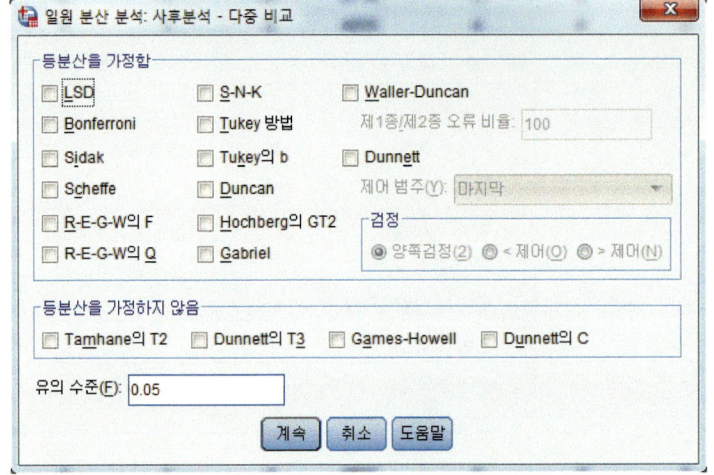

(3) 사후분석-다중비교 대화상자

사후분석을 실시하기 위해서는 일원배치 분산 분석을 위한 일원 분산 분석 대화상자의 우측 옵션을 선택하면 된다. 사후분석 옵션을 선택하면 다음과 같은 대화상자가 나타난다.

일원 분산 분석 : 사후분석-다중비교 대화상자

(4) 옵션 대화상자

등분산 검정을 위하여 일원 분산 분석 대화상자 우측의 [옵션]을 이용한다. 옵션 대화상자에서 집단별 기술통계, 분산 동질성 검정(등분산 검정), 각 집단의 평균값에 도표 출력 등의 지정이 가능하다. 기술통계를 선택하면 각 집단별 평균 및 분산 등 간단한 기술통계량이 제공되며 분산 동질성 검정을 선택하면 Levene의 등분산 검정 결과가 제공된다.

일원 분산 분석 : 옵션 대화상자

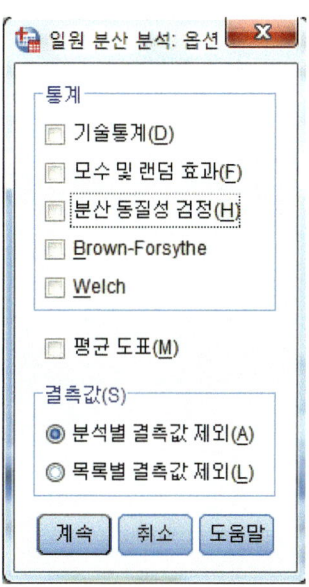

[예제를 통한 이해]

1. 예제파일 [example.sav]를 통한 분산 분석

예제파일 [example.sav]에서 지역(region)에 따른 지출비용(won)의 평균 차이 여부를 알고 싶다. 이를 위하여 다음과 같이 지역변수는 총 4개 집단을 구분하게 하는 변수(수준이 총 4개)이므로 일원배치 분산 분석을 사용하여 평균비교를 실시하도록 한다.

2. 가 설

지역에 따른 지출 비용의 평균 차이를 검정하기 위한 귀무가설과 대립가설은 다음과 같다. 여기서 μ_i, $i = 1, 2, 3, 4$는 각각 지역별 지출비용의 평균이다.

$$H_0 : \mu_1 = \mu_2 = \mu_3 = \mu_4$$

H_1 : 적어도 하나의 평균이 다르다.

3. 종속변수와 요인 지정

이를 위해 일원배치 분산 분석을 위한 일원 분산 분석 대화상자에서 지역에 따른 지출비용의 차이를 알고자 한다. 따라서 지출비용을 종속목록으로 지역을 요인으로 다음과 같이 지정한다.

지역별 지출비용의 평균 비교를 위한 설정

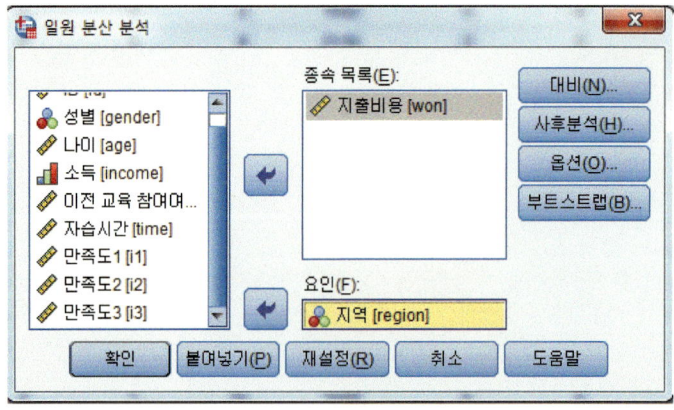

4 사후분석 방법 지정

분산 분석을 실시하기 전에 실시한 사후비교를 먼저 선택하도록 한다. 본 예제에서는 일원 분산 분석 대화상자에서 사후분석 옵션을 선택한 후 여러 가지 사후분석 방법 중 다음과 같이 Tukey 방법을 사용하도록 한다.

사후분석에서 Tukey 방법 설정

5 분산 동질성 검정 지정

예제에서는 분산 분석과 같이 지역별 비용에 대한 기술통계와 함께 등분산 가정을 확인하기 위하여 기술통계와 분산 동질성 검정 옵션을 선택한다.

기술통계 및 분산 동질성 검정 설정

6 분석 결과

앞의 과정을 이용한 분산 분석 결과는 다음과 같다.

① 우선 각 집단별(서울, 광역시, 중소도시, 읍면지역)에 따른 평균 및 표준편차와 같은 기술통계량은 아래 표와 같다. 기술통계량만 살펴보았을 때 서울이 가장 평균이 높게 나타났다. 하지만 통계적으로 이러한 결과만으로는 집단 간 평균이 차이가 있다고 할 수 없다. 따라서 통계적 가설검정을 이용하기 위하여 분산 분석 결과를 살펴보도록 한다.

기술통계

지출비용

	N	평균	표준편차	표준오차	평균의 95% 신뢰구간		최솟값	최댓값
					하한	상한		
서울	39	5040.38	1640.298	262.658	4508.66	5572.11	1564	8959
광역시	18	3616.28	1798.115	423.820	2722.10	4510.46	394	7528
중소도시	19	3650.79	1502.337	344.660	2926.69	4374.89	1034	5941
읍면지역	19	3206.58	1786.234	409.790	2345.64	4067.52	106	7353
총계	95	4125.87	1824.482	187.188	3754.21	4497.54	106	8959

② 분산 분석을 위한 여러 가정 중 등분산 가정에 대한 Levene의 등분산 검정 결과는 아래 표와 같다. Levene의 분산의 동질성 검정 결과 유의확률이 0.964로 유의수준 0.05에서 귀무가설을 기각할 수 없다. 즉, 분산 분석의 등분산 가정을 만족한다고 생각할 수 있다. 이를 토대로 분산 분석에 대한 결과를 살펴보도록 한다.

분산의 동질성 검정

지출비용

Levene 통계	df1	df2	유의확률
.093	3	91	.964

③ 분산 분석의 결과는 아래희 분산 분석표를 통하여 제시하기 때문에 이들 각 통계값이 산출되는 과정을 이해하는 것이 중요하다. 집단 간(between groups) 자유도는 3(요인수준의 수 - 1)으로 구해지며, 집단 내(within groups) 자유도는 91(전체 관찰수 - 요인수준의 수)이다. 평균제곱은 각각 제곱합을 각 원천별로 자유도로 나눈 값이 되며, F 통계량은 집단 간 평균제곱을 집단 내 평균제곱으로 나눈 값이다.

분산 분석

지출비용

	제곱합	df	평균 제곱	F	유의확률
그룹 사이	57636611.85	3	19212203.95	6.849	.000
그룹 내	255264278.6	91	2805101.963		
총 계	312900890.5	94			

④ 검정통계량 F값은 6.849이며 이에 대한 유의확률은 0.000으로 표기(0이라는 의미가 아님)되어 이때 유의확률이 0.001보다 작음을 알 수 있다. 유의수준 0.05에 비하여 유의확률이 작으므로 귀무가설을 기각할 수 있다. 따라서 네 개 지역의 평균 지출비용(won)이 동일하다는 귀무가설이 기각한다. 통계적으로 지역별로 평균이 다름을 알 수 있다.

⑤ 구체적으로 어느 지역의 평균이 다른지 확인하기 위하여 Tukey의 방법을 이용하여 사후분석 결과를 살펴보도록 한다. 첫 번째 제공된 표로는 어느 지역의 평균이 차이가 있는지 한눈에 확인이 어렵다. SPSS에서는 사후비교 방법 중 일부에 대하여 두 번째 표와 같이 사후분석결과 평균차이가 있는 집단별로 집단 지정을 해주어 쉽게 사후분석 결과를 해석할 수 있도록 도와준다. 예제의 경우 서울이 2번 집단으로 나머지 광역시, 중소도시, 읍면지역이 1번 집단으로 구분이 되어, 사후분석결과 서울이 다른 세 개의 지역에 비하여 평균이 높음을 보여준다.

다중 비교

종속 변수 : 지출비용

Tukey HSD

(I) 지역	(J) 지역	평균 차이 (I-J)	표준 오차	유의확률	95% 신뢰구간	
					하한	상한
서울	광역시	1424.107*	477.247	.019	175.08	2673.13
	중소도시	1389.595*	468.575	.020	163.27	2615.92
	읍면지역	1833.806*	468.575	.001	607.48	3060.13
광역시	서울	-1424.107*	477.247	.019	-2673.13	-175.08
	중소도시	-34.512	550.887	1.000	-1476.26	1407.24
	읍면지역	409.699	468.575	.879	-1032.05	1851.45
중소도시	서울	-1389.595*	550.887	.020	-2615.92	-163.27
	광역시	34.512	550.887	1.000	-1407.24	1476.26
	읍면지역	444.211	543.391	.846	-977.92	1866.34
읍면지역	서울	-1833.806*	468.575	.001	-3060.13	-607.48
	광역시	-409.699	550.887	.879	-1851.45	1032.05
	중소도시	-444.211	543.391	.846	-1866.34	977.92

※ *. 평균 차이가 0.05 수준에서 유의합니다.

지출비용

Tukey HSD[a,b]

지역	N	알파의 서브세트 = 0.05	
		1	2
읍면지역	19	3206.58	
광역시	18	3616.28	
중소도시	19	3650.79	
서울	39		5040.38
유의확률		.821	1.000

※ 동일 서브세트에 있는 그룹의 평균이 표시됩니다.
※ a. 조화 평균 표본 결과 = 21.452를 사용합니다.
※ b. 그룹 크기가 서로 같지 않습니다. 그룹 크기의 조화 평균이 사용됩니다. 유형 I 오류수준이 보장되지 않습니다.

적중예상문제

※ '인터넷 개인정보보호 인식에 관한 연구' 조사결과가 입력되어 있는 실습파일 [data1.sav]에서 응답자들의 개인정보에 대한 생각을 물어본 문항들은 리커드 5점 척도로 측정되었다. 5장 적중예상문제와 같이 네 개의 문항의 평균을 이용하여 종합적인 '개인정보 인식'이라고 고려하도록 한다. 최종학력(고졸 이하, 전문대졸, 대졸, 대학원졸 이상)에 따라 개인정보 인식의 평균이 같은지 검정하고자 한다. 이때 다음에 답하시오.

01 문제에서 제기한 검정을 위한 가설을 설정하시오.

02 분산 분석표를 작성하고 유의수준 0.05에서 최종학력에 따라 개인정보 인식의 평균이 같은지 검정하시오.

03 만약 유의수준 0.05에서 귀무가설이 기각되었다면, 어느 집단에서 평균이 다른지 Tukey의 방법을 이용하여 다음과 같은 동일집단군을 다음 표에 표시(V)하시오.

	고졸 이하	전문대졸	대졸	대학원졸 이상
고졸 이하				
전문대졸				
대졸				
대학원졸 이상				

해설 ※ 문제풀이 INTRO

네 문항(Q2_1~Q2_4)의 평균값을 갖는 '개인정보 인식'에 대한 새로운 변수를 만드는 과정은 2장 4절 적중예상문제의 문제풀이를 참고하도록 하자. 이와 같이 생성된 개인정보 인식(Q2)을 이용하여 문제를 풀도록 한다.

문제01

각각 고졸 이하, 전문대졸, 대졸, 대학원졸 이상에 대한 모평균을 μ_1, μ_2, μ_3, μ_4라고 하면 네 집단의 평균을 비교하는 문제에 대한 가설은 다음과 같이 나타낸다.

$$H_0 : \mu_1 = \mu_2 = \mu_3 = \mu_4$$
$$H_1 : 적어도 하나의 \mu_i 가 다르다.$$

문제02

일원배치 분산 분석을 실시하기 위하여 SPSS의 일원 분산 분석을 실시한다. 대화상자 우측의 종속목록에는 종속변수가 되는 개인정보 인식(Q2)을 설정하고, 요인에는 독립변수가 되는 이산형 변수인 최종학력을 설정한다.

일원 분산 분석

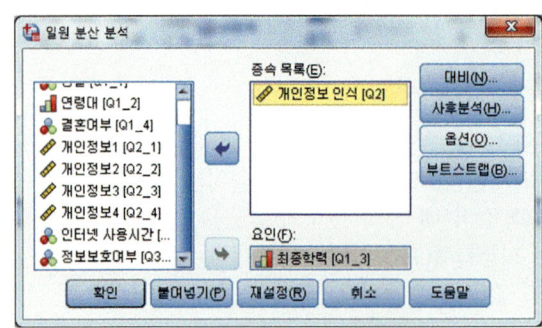

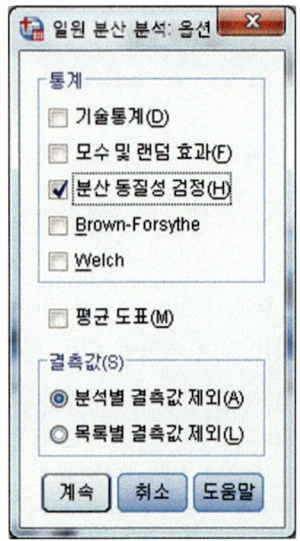

분산의 등질성 검정

개인정보 인식

Levene 통계	df1	df2	유의확률
.768	3	46	.518

분산 분석

개인정보 인식

	제곱합	df	평균 제곱	F	유의확률
그룹 사이	1.526	3	.509	.719	.546
그룹 내	32.554	46	.708		
총계	34.080	49			

문제03

1. 앞에서 분산 분석에 대한 귀무가설이 기각되지 않아, 집단별 차이가 없다고 결론이 났다. 원칙적으로는 이런 경우 사후비교를 실시하지 않는다.
2. 하지만 문제에서 기각되었을 때를 가정하고 Tukey의 방법을 이용하여 사후분석을 실시하도록 한다. 사후비교는 일원 분산 분석 대화상자의 우측 옵션을 선택하면 지정할 수 있다. 다음과 같이 Tukey의 방법을 지정하여 분석을 실시한다.

3. 사후분석 결과 각 집단별로 다른 집단들과 차이가 있는지 비교하여 다음의 결과를 얻는다.

다중비교

종속변수 : 지출비용

Tukey HSD

(I) 최종학력	(J) 최종학력	평균 차이 (I-J)	표준 오차	유의확률	95% 신뢰구간	
					하한	상한
고졸 이하	전문대졸	-.05556	.34679	.999	-.9799	.8688
	대졸	.14444	.38653	.982	-.8858	1.1747
	대학원졸 이상	-.34127	.35942	.778	-1.2993	.6188
전문대졸	고졸 이하	0.5556	.34679	.999	-.8688	.9799
	대졸	.20000	.33526	.933	-.6936	1.0936
	대학원졸 이상	-.28571	.30361	.783	-1.0950	.5236
대졸	고졸 이하	-.14444	.38653	.982	-1.1747	.8858
	전문대졸	-.20000	.33526	.933	-1.0936	.6936
	대학원졸 이상	-.48571	.34831	.509	-1.4141	.4427
대학원졸 이상	고졸 이하	.34127	.35942	.778	-.6168	1.2993
	전문대졸	.28571	.30361	.783	-.5236	1.0950
	대졸	.48571	.34831	.509	-.4427	1.4141

개인정보 인식

Tukey HSD[a,b]

최종학력	N	알파의 서브세트 = 0.05
		1
대졸	10	2.8000
고졸 이하	9	2.9444
전문대졸	17	3.0000
대학원졸 이상	14	3.2857
유의확률		.507

※ 동일 서브세트에 있는 그룹의 평균이 표시됩니다.

4. 이를 참고로 하여 표에 세시된 동일집단을 V 표시를 하면 다음과 같이 모든 집단의 평균이 동일하다고 작성한다.

	고졸 이하	전문대졸	대졸	대학원졸 이상
고졸 이하				
전문대졸	V			
대졸	V	V		
대학원졸 이상	V	V	V	

06 상관분석

1. 상관분석

(1) 상관분석의 필요성

두 개의 연속형 변수를 고려해보자. 두 변수 간 서로 연관이 없다면(독립이라면) 각각의 변수에 대하여 변수의 특성(평균, 분산 등)만을 살펴보지만, 두 변수가 서로 밀접한 상관관계가 있다면(독립이 아니라면) 각각에 대한 특성뿐만 아니라 두 변수 간에 어떠한 관계가 존재하는지도 하나의 관심사가 된다. 예를 들어, 마케팅에서 다음과 같은 관계를 생각할 수 있다. 광고비의 지출이 많으면 많을수록 매출액은 증가할 것이고, 판매원의 수가 많으면 많을수록 시장점유율은 증가할 것이다.

(2) 상관분석

이와 같이 두 변수 간에 어떤 관계가 존재할 수 있는데 두 변수의 관계가 선형(linear)적인 관계가 있는지 그리고 어떤 방향으로 상관이 있는지 확인하는 방법을 상관분석(correlation analysis)이라고 한다. 2절의 교차분석에서는 두 이산형 변수에 대한 연관성 여부만을 알려주지만, 상관분석은 두 연속형 변수의 연관성뿐만 아니라 크기와 방향성을 알려주는 특징이 있다.

① 이변량 상관계수 : 두 개의 연속형 변수 사이의 선형관계를 알기 위해 이변량 상관계수(bivariate correlation)를 이용한다. 상관계수는 두 변수 사이의 일차적인(선형적인) 관계가 얼마나 강한가를 측정해주는 지수이다. 이것은 두 변수 사이의 일차관계(선형)적인 방향과 관련정도를 나타낸다. 또한 상관관계는 인과관계를 설명하지 않는다. 즉, 상관분석은 종속과 독립이라는 인과관계가 아니라, 상호 동등한 관계에서 변수들 상호 간 변화의 방향과 정도를 파악하고자 하는 방법이다.

② 피어슨(Pearson) 상관계수 : 가장 많이 사용되는 피어슨(Pearson) 상관계수를 많이 사용한다. 피어슨 상관계수는 변수들이 정규분포를 따른다고 가정할 때, 변수들의 공분산(covariance, 한 변수가 변화하면 다른 변수가 같이 변화하는 분산)을 이용하여 그 정도가 어느 정도인지에 따라 변수들 간에 연관성의 크기를 결정한다. 공분산은 변수들의 단위에 민감하게 반응하기 때문에 이를 일정한 단위로 바꾸기 위해 공분산을 두 변수의 표준편차로 나누면 단위가 항상 −1에서 1 사이의 값을 가진다. 이를 상관계수(correlation coefficient)라 한다. 모집단과 표본에 대한 상관계수를 구하는 식은 다음과 같다.

㉠ 피어슨(Pearson) 모집단 상관계수(population correlation coefficient) : 아래 식의 σ_{xy}는 모집단의 X와 Y에 대한 공분산이며 σ_x^2, σ_y^2는 각각 X와 Y에 대한 모분산이다.

$$\rho = \frac{\sigma_{xy}}{\sqrt{\sigma_x^2}\sqrt{\sigma_y^2}} = \frac{\sigma_{xy}}{\sigma_x \sigma_y}, \ -1 \leq \rho \leq 1$$

ⓛ Pearson 표본 상관계수(sample correlation coefficient) : 아래 식의 S_{xy}는 X와 Y에 대한 표본공분산이며 S_x^2, S_y^2는 각각 X와 Y에 대한 표본분산이다.

$$r = \frac{S_{xy}}{\sqrt{S_x^2}\sqrt{S_y^2}} = \frac{S_{xy}}{S_x S_y}, \ -1 \leq r \leq 1$$

ⓒ 편(부분) 상관계수(partial correlation coefficient) : 아래 식의 $r_{12.3}$는 X_3을 통제한 상태에서 X_1과 X_2의 부분적인 상관계수이다. 사회조사분석사 2급에서는 편 상관계수는 다루지 않아, 본 교재에서 더 이상 설명을 하지 않도록 한다.

$$r_{12.3} = \frac{r_{12} - r_{13}r_{23}}{\sqrt{1-r_{13}^2}\sqrt{1-r_{23}^2}}$$

③ 상관분석의 해석 : 변수 관계의 방향은 양수 또는 음수가 되며 관계의 방향에 따라 한쪽이 증가할 때 다른 쪽도 증가하게 되는 관계, 즉 증감의 방향이 같은 경우 양(정적인)의 상관관계가 있는 것이며, 증감의 방향이 반대인 경우 음(부적인)의 상관관계가 있는 것으로 볼 수 있다. 상관계수는 -1에서 0, 0에서 1 사이의 값을 취하며 0에 가까울수록 상관관계는 선형의 관계가 없으며 절댓값이 1에 가까울수록 두 변수의 선형관계는 높아진다.

④ 상관계수에 따른 표본의 분포
ⓐ 피어슨 상관계수는 두 변수의 선형관계를 나타내며 상관계수가 주어졌을 때, 표본의 분포는 다음 그림과 같다.

상관관계에 따른 표본의 분포

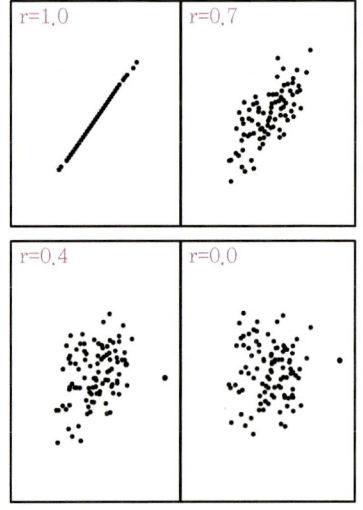

ⓒ 상관분석에서는 가설검정은 두 변수 사이의 선형관계가 통계적으로 유의한지 여부를 검정하여야 한다. 표본상관계수 r에 근거하여, 모집단의 상관관계 ρ(rho)에 대한 가설을 검정한다. 이때 가설을 검정하기 위해서는 두 변수 모두 정규분포를 따르는 분포로부터 확률표본이 추출되었다는 가정이 존재한다.

⑤ 상관분석의 가설 : 가설과 대립가설은 다음과 같다. 상관분석의 가설에서도 양측검정과 단측검정이 모두 사용되나, 교재에서는 양측검정만 대하여 다룬다.

$H_0 : \rho_{xy} = 0$, 두 변수 간에 상관관계가 없다.
$H_1 : \rho_{xy} \neq 0$, 두 변수 간에 상관관계가 있다(양측검정).

⑥ 검정통계량
  ㉠ 표본을 이용하여 피어슨의 표본상관계수 r을 구하면, 모집단에 상관계수에 대하여 위와 같은 가설에 대한 가설검정을 실시할 수 있다. 이때 귀무가설을 검정하기 위한 검정통계량은 다음과 같다.

$$T = \frac{r}{\sqrt{(1-r^2)/(n-2)}} \sim t_{n-2}$$

  ㉡ 검정통계량은 귀무가설하에서 자유도 $n-2$인 t-분포를 따른다. SPSS와 같은 통계프로그램에서는 검정통계량에 대한 유의확률을 계산하여 제공한다.

2 상관분석 실행하기

SPSS에서 상관분석을 위해 다음과 같이 진행한다.

(1) 이변량 상관계수 대화상자 호출

먼저 메뉴에서 [분석] → [상관분석] → [이변량 상관계수]를 실행한다.

분석(A)
    상관분석(C)
        이변량 상관계수(B)

이변량 상관계수 실행하기

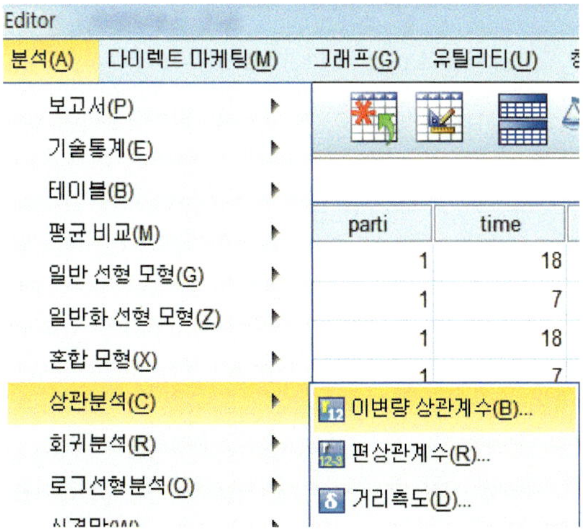

(2) 이변량 상관계수 대화상자

이변량 상관계수 대화상자

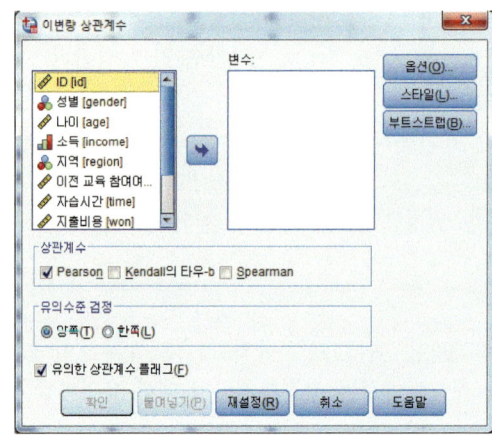

상관계수를 구하고자 하는 변수를 우측 [변수]에 지정하면 된다. SPSS에서 제공하는 상관계수는 앞서 설명한 피어슨 상관계수 이외에 켄달(Kendall)의 타우와 스피어만(Spearman)의 상관계수를 제공한다. 해당 상관계수를 선택하면 각 상관계수의 추정값과 유의확률을 얻을 수 있다.

이변량 상관계수의 종류

키 워 드	내용 설명
Pearson	피어슨 상관계수, 모집단의 분포를 정규본포로 가정하며 등간척도, 비율척도에서 사용
Kendall의 타우-b	켄달 상관계수, 모집단의 분포를 가정하지 않으며 서열척도에 대하여 사용하고 부등식 관계의 확률로 정의되는 상관관계의 측도
Spearman	스피어만 상관계수, 모집단의 분포를 가정하지 않으며 서열척도에 대하여 사용하고 순서통계량을 이용함

※ 사회조사분석사 2급 시험에서는 피어슨의 상관계수만을 다룬다.

(3) 옵션 대화상자

이변량 상관계수 대화상자 우측 상단의 [옵션]을 통하여 변수 사이에 기초통계량(평균, 표준편차, 공분산 등)을 구할 수 있으며, 결측값 처리에 대한 옵션을 선택할 수 있다.

이변량 상관계수 : 옵션 대화상자

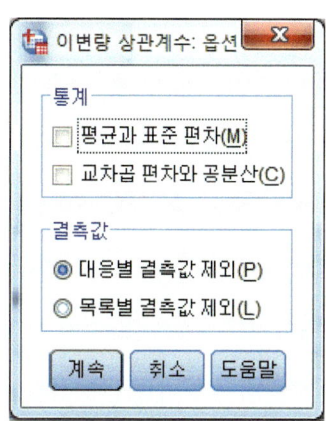

[예제를 통한 이해]

1 예제파일 [example.sav]을 통한 상관분석

예제파일 [example.sav]에서 연간 교육 프로그램 관련 지출비용(지출비용 : won)과 교육 프로그램 이수를 위한 자습시간(자습시간 : time) 사이에 연간관계를 살펴보기 위하여 상관분석을 고려하도록 하자.

2 가 설

상관분석을 위한 가설은 다음과 같다. 이때 독립은 선형적 독립을 의미한다.

H_0 : 지출비용과 자습시간은 서로 독립이다.
H_1 : 지출비용과 자습시간은 서로 독립이 아니다.

3 변수와 분석 방법 지정

두 변수 사이에 선형적인 상관관계를 구하기 위하여 피어슨 상관분석을 실시하며 비모수적 방법은 켄달의 타우와 스피어만 상관계수를 같이 진행하도록 한다. 이를 위하여 이변량 상관계수 대화상자의 왼쪽의 변수상자에서 오른쪽 변수상자로 해당 변수를 이동하고, 상관계수에서 Pearson, Kendall, Spearman을 선택하고 유의성검정은 양쪽검정을 선택한다.

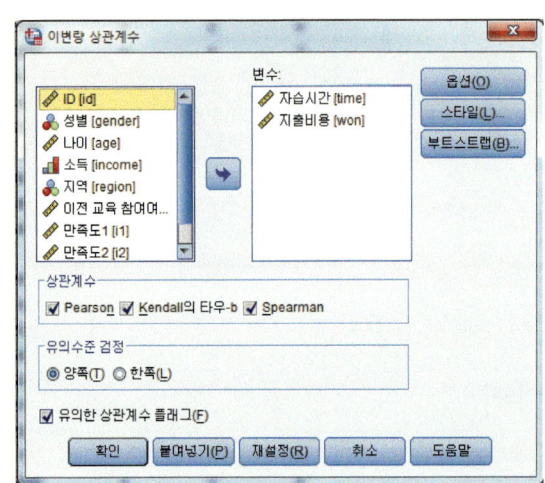

자습시간과 지출비용에 대한 상관분석

4 옵션 지정

옵션을 통하여 두 변수에 관한 기초통계량(평균, 표준편차, 공분산 등)을 구하기 위하여 다음과 같이 설정하였다.

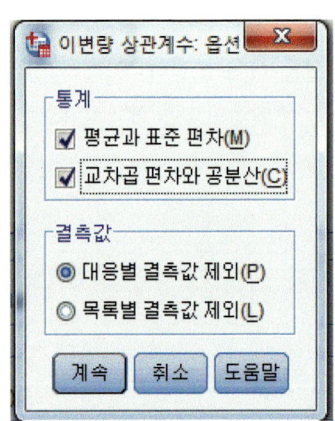

기술통계량 출력 옵션 설정

5 분석 결과

필요로 하는 옵션을 모두 선택하였다면, 이변량 상관계수 대화상자에서 [확인]을 클릭하면 결과를 얻을 수 있다.

① 우선 각 변수별 평균과 표준편차는 아래 표와 같다. 자급시간의 평균은 9.82, 지출비용의 평균은 4125.87이다. 이때 자습시간의 표본 수는 100, 지출비용의 표본 수는 95인데, 이는 지출비용에 결측값이 5명이 포함되어 있기 때문이다. [옵션]에서 결측값은 '대응별 결측값 제외'를 선택하였기 때문에 자습시간의 표본 100개 중 지출비용에서 결측값이 있는 표본들은 상관계수를 구하는 과정에서 제외된다.

기술 통계

	평 균	표준 편차	N
자습시간	9.82	6.216	100
지출비용	4125.87	1824.482	95

② 피어슨 상관계수와 공분산 등을 계산한 상관분석 결과는 아래 표와 같다. 자습시간과 지출비용은 강한 정방향(+)의 상관관계(0.257)를 가지고 있으며 유의확률이 0.012로 유의수준 0.05에서 통계적으로 유의하다. 즉, 자습시간이 많으면 지출비용이 크며, 반대로 지출비용이 크면 자습시간이 많은 경향을 확인할 수 있다(인과관계는 알 수 없다).

상 관

		자습시간	지출비용
자습시간	Pearson 상관계수	1	.257*
	유의확률(양쪽)		.012
	제곱 및 외적의 합	3824.760	262154.042
	공분산	38.634	2788.873
	N	100	95
지출비용	Pearson 상관계수	.257*	1
	유의확률(양쪽)	.012	
	제곱 및 외적의 합	262154.042	312900890.5
	공분산	2788.873	3328732.877
	N	95	95

※ *. 평균 차이가 0.05 수준에서 유의합니다.

③ 비모수 방법인 켄달의 타우와 스피어만의 상관계수 결과는 아래 표와 같다. 켄달의 타우와 스피어만의 상관계수에 대한 유의확률은 모두 0.05 이하로 유의수준 0.05에서 통계적으로 유의한다. 즉, 피어슨 상관계수와 동일한 결과를 나타낸다.

상 관

			자습시간	지출비용
Kendall의 타우-b	자습시간	상관계수	1.000	.172*
		유의확률(양쪽)	.	.015
		N	100	95
	지출비용	상관계수	.172*	1.000
		유의확률(양쪽)	.015	.
		N	95	95
Spearman의 Rho	자습시간	상관계수	1.000	.257*
		유의확률(양쪽)	.	.012
		N	100	95
	지출비용	상관계수	.257*	1.000
		유의확률(양쪽)	.012	.
		N	95	95

※ *. 상관이 0.05 수준에서 유의합니다(양쪽).

적중예상문제

※ '인터넷 개인정보보호 인식에 관한 연구' 조사결과가 입력되어 있는 실습파일 [data1.sav]의 개인정보에 관한 문항들, 개인정보1-4(Q2_1-Q2_4) 중에서 가장 큰 상관관계를 갖는 두 변수는 무엇과 무엇인지 찾고, 두 변수의 상관계수가 통계적으로 유의한지 유의수준 0.05에서 검정하시오.

해설
1. 이변량 상관계수 대화상자 호출 : 개인정보에 관한 문항들, 개인정보1-4(Q2_1-Q2_4)에 대한 상관계수를 구하기 위해서 [상관분석] → [이변량 상관계수]를 실행한다.
2. 변수 지정 : 이변량 상관계수 대화상자 좌측의 변수에 개인정보1-4(Q2_1-Q2_4)를 설정한다.

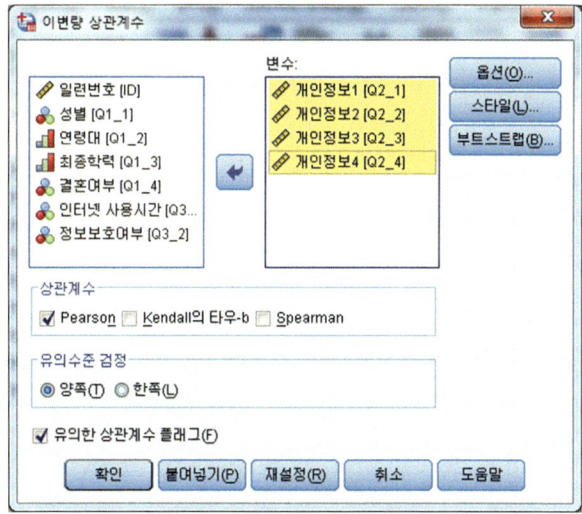

✓ **[일러두기]**
사회조사분석사 2급 시험에서는 피어슨의 상관계수만을 다루기 때문에 피어슨의 상관계수만을 구하도록 한다.

3. 분석 결과 : 대화상자에서 [확인]을 클릭하면 다음과 같이 분석 결과를 얻을 수 있다.

상 관

		개인정보1	개인정보2	개인정보3	개인정보4
개인정보1	Pearson 상관계수	1	.219	.096	.214
	유의확률(양쪽)		.126	.506	.135
	N	50	50	50	50
개인정보2	Pearson 상관계수	.219	1	−091	.111
	유의확률(양쪽)	.126		.529	.445
	N	50	50	50	50
개인정보3	Pearson 상관계수	.096	−0.91	1	.171
	유의확률(양쪽)	.506	.529		.234
	N	50	50	50	50
개인정보4	Pearson 상관계수	.214	.111	.171	1
	유의확률(양쪽)	.135	.445	.234	
	N	50	50	50	50

① 3개 이상의 변수에 대한 상관분석 결과는 위와 같은 상관행렬(correlation matrix)로 나타난다. 상관행렬은 각 행과 열에 관련된 변수들의 상관계수와 유의확률을 제공한다. 위에서 제시된 상관행렬를 살펴보면 개인정보1(Q2_1)과 개인정보2(Q2_2)가 가장 상관계수가 높음을 확인할 수 있다.

② 개인정보1(Q2_1)과 개인정보2(Q2_2)의 상관계수는 0.219로 가장 높은 상관계수를 가지고 있다. 그러나 두 변수의 연관성 여부를 위한 귀무가설(H_0: 개인정보 1과 개인정보 2의 연관성이 없다)에 대한 유의확률은 0.126으로 유의수준 0.05에서 귀무가설을 기각할 수 없다. 따라서 개인정보1과 개인정보2는 상관행렬 중 가장 높은 상관계수를 가지지만 통계적으로 유의하지 않아 연관관계가 없다고 할 수 있다.

※ '30대 이하 직장인들의 직장생활 만족도' 조사결과가 입력되어 있는 실습파일 [data2.sav]에서 회사에 대한 만족도(B1-B4)와 이직고려(C1) 간의 상관계수를 구하여 다음 표를 작성하시오.

	이직고려	
	상관계수	유의확률
만족도1		
만족도2		
만족도3		
만족도4		

해설 1. 이직고려(C1)에 대한 회사에 대한 만족도(B1-B4)의 상관계수를 구하기 위해서 이변량 상관계수를 이직고려(C1)와 만족도를 개별로 구할 필요가 없다.
2. [상관분석] → [이변량 상관계수]를 실행 후 대화상자 좌측의 변수에 만족도(B1-B4)와 이직고려(C1)을 설정하고 실행하면 다음과 같은 상관행렬을 얻는다.

상 관

		만족도1	만족도2	만족도3	만족도4	이직고려
만족도1	Pearson 상관계수	1	.582**	.601**	.458**	-.401*
	유의확률(양쪽)		.000	.000	.008	.021
	N	33	32	33	32	33
만족도2	Pearson 상관계수	.582**	1	.521**	.456**	-.322
	유의확률(양쪽)	.000		.002	.010	.072
	N	32	32	32	31	32
만족도3	Pearson 상관계수	.601**	.521**	1	.385*	-.288
	유의확률(양쪽)	.000	.002		.029	.104
	N	33	32	33	32	33
만족도4	Pearson 상관계수	.458**	.456**	.385**	1	-.284
	유의확률(양쪽)	.008	.010	.029		.115
	N	32	31	32	32	32
이직고려	Pearson 상관계수	-.401*	-.322	-.288	-.284	1
	유의확률(양쪽)	.021	.072	.104	.115	
	N	33	32	33	32	33

※ **. 상관이 0.01 수준에서 유의합니다(양쪽).
※ *. 상관이 0.05 수준에서 유의합니다(양쪽).

3. 구해진 상관행렬에서 이직고려와 만족도에 관한 행 또는 열을 참고로 하여 다음 표를 작성한다.

	이직고려	
	상관계수	유의확률
만족도1	−0.401	0.021
만족도2	−0.332	0.072
만족도3	−0.288	0.104
만족도4	−0.284	0.115

07 단순회귀분석

1 단순회귀분석의 개요

(1) 회귀분석

① 회귀분석의 개념
  ㉠ 회귀분석(regression analysis)은 관찰된 연속형 변수들에 대해 인과관계를 고려한 독립변수(independent variable)와 종속변수(dependent variable) 사이의 상관관계를 나타내는 선형 관계식을 구하는 방법이다.
  ㉡ 예를 들면, 사람의 특성 중 하나인 키와 몸무게를 생각해보자. 일반적으로 키가 클수록 몸무게가 많이 나가며, 몸무게와 같이 어떤 변수에 의하여 결과가 되는 변수를 종속변수 또는 반응변수(response variable)라 부르고, 키와 같이 종속 변수에 영향을 주는 변수를 독립변수 또는 설명변수(explanatory variable)라 한다. 개개인의 키와 몸무게의 정보가 주어진다면 키와 몸무게 사이의 함수관계를 생각해 볼 수 있을 것이며 두 변수 간의 함수 관계를 파악하는 분석방법 중 하나로 회귀분석을 생각할 수 있다.

② 회귀분석의 유래 : 회귀(regression)라는 용어의 유래는 유전학자 Galton(1822~1911)의 연구결과에 유래한다. Galton의 연구에 의하면, 키가 작은(큰) 아버지를 가진 아들의 키는 평균치보다 작지만(크지만) 아버지의 키보다는 커서(작아서) 평균치 쪽으로 '회귀'하는 경향이 있다고 한다. 현대 통계학에서는 종속변수에 대한 2개 이상의 독립변수들의 인과관계식을 찾아내고, 추정된 관계식의 타당도와 정확성을 검토하는 통계적 방법을 회귀분석이라 한다.

③ 단순 회귀분석 : 일반적으로 회귀분석은 한 개의 독립변수와 한 개의 종속변수 간의 관계 분석에 제한되어 있지 않고 여러 개의 독립변수가 주어졌을 때 종속변수와의 관계 분석에도 많이 쓰이고 있다. 이때 독립 변수가 한 개인 경우를 단순 회귀분석(simple regression)이라 하며, 두 개 이상인 경우를 다중 회귀분석(multiple regression)이라 한다. 이번 장에서는 독립변수가 한 개인 단순 회귀분석을 다루고 독립변수가 두 개 이상인 다중 회귀분석은 다음 장에서 다루도록 한다.

④ 단순 회귀분석의 모형식 : 단순 선형회귀모형(simple linear regression model)의 모형(회귀분정식)은 아래의 식과 같다. 여기서 Y_i는 종속변수, X_i는 독립변수, β_0, β_1는 회귀계수, ϵ_i는 오차항이다. 회귀분석에서 추정되어야 할 모수(parameter)는 회귀계수, 회귀계수의 분산 및 오차항의 분산 등이 있다. β_1은 독립변수 X가 한 단위(e.g. 1) 증가할 때 종속변수 Y가 평균적으로 증가(또는 감소)하는 양이며, β_0는 Y에 대한 선형식의 절편(i.e. $X=0$)값이다.

$$Y_i = \beta_0 + \beta_1 X_i + \epsilon_i, \quad \epsilon_i \sim {}^{iid} N(0, \sigma^2)$$

⑤ 단순회귀분석의 가정

㉠ 단순선형회귀모형은 다음과 같은 가정을 갖고 있다. 먼저 회귀분석은 독립변수와 종속변수 간의 선형식을 기반으로 한다. 따라서 독립변수와 종속변수 간의 선형관계를 가정한다. 오차항(error term)이란 독립변수에 의하여 설명되지 않는 부분을 의미한다. 또한 회귀분석에서 오차항은 일정한 분산을 가진다고 가정한다. 회귀분석에서 오차항은 정규분포(normal distribution)를 가진다고 가정한다. 오차항(관측값)들은 서로 독립적으로 추출되었다는 가정이 필요하다.

선형회귀분석의 가정
독립변수와 종속변수 간의 선형적 관계
오차항의 등분산성
오차항의 정규성
오차항의 독립성

㉡ 회귀분석은 표본들로부터 위와 같은 이와 같은 가정을 갖는 이론적 모형에 적합한 회귀계수를 추정하는 것이다.

⑥ 회귀분석의 예

㉠ 다음과 같은 예를 생각해보자. 통계수업에 참가하는 학생들의 수업태도가 좋을수록 시험점수가 좋을 것이라고 기대할 수 있다. 즉, 학생들의 수업태도와 시험점수의 관계식을 추정하는 문제를 고려해 보자. 이때 학생들의 수업태도 X는 독립변수, 시험점수 Y는 종속변수이다. 총 20명의 표본을 통하여 학생들의 수업태도와 시험점수의 결과를 수집하였다고 하자. 그리고 회귀모형을 추정한 결과 다음과 같은 선형관계식을 얻었다.

$$\hat{y_i} = 0.67 + 10.38 x_i$$

㉡ 다음 그림은 독립변수인 학생들의 수업태도를 가로축으로 표시하고 종속변수인 시험점수를 세로축으로 하여 두 변수 간의 관계를 나타내는 직선(붉은색)을 표시한 것이다.

수업태도와 시험성적과의 단순회귀분석

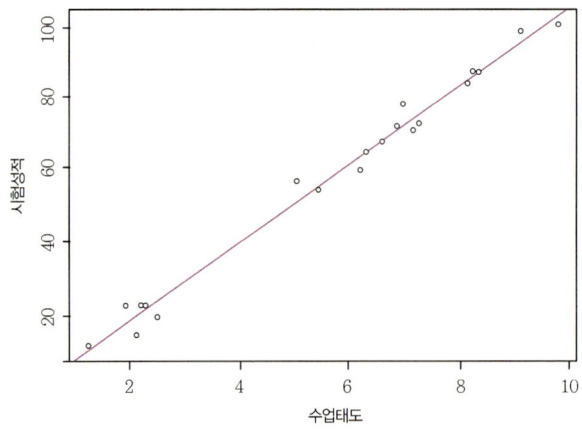

이 그림에서 보면 학생들의 수업태도에 따른 시험성적이 회귀직선에 모여 있는 형태를 볼 수 있다. 독립변수인 수업태도가 8로 주어졌을 때 종속변수인 시험점수에 대한 기댓값(평균)은 다음과 같다.

$$\hat{y} = 0.67 + 10.38 \times 8 = 83.71$$

위와 같이 83.71점임을 알 수 있다. 회귀분석의 논리에 대해 조금 더 깊게 알아보자.

⑦ **회귀계수의 추정** : 회귀계수를 구하는 가장 좋은 방법은 관측값에 가장 적합한 식을 구하는 것이다. 적합도가 가장 큰 식이란 오차(=실제값-예측값)의 합계가 최소가 되도록 하는 식이라고 할 수 있다. 따라서 오차의 합은 항상 0이 되기 때문에 오차의 제곱의 합이 최소가 되게 하는 회귀식을 구하게 된다. 이러한 추정방법을 보통최소자승법[Method of Ordinary Least Squares(OLS)]이라 한다.

(2) 회귀분석의 추정

독립변수 x와 종속변수 y를 고려한 단순회귀모형은 $y_i = \beta_0 + \beta_1 x_i + \epsilon_i$이다. 회귀분석에서 일차적 목표는 회귀모형의 모수 β_0와 β_1 추정이다. 이는 반응변수 대 설명변수의 산점도에 있는 점들을 가장 잘 적합(fit) 혹은 표현하는 직선을 찾는 것과 동일하다. 우리는 통상적인 보통최소자승법(OLS)을 이용하여 모수를 추정하는데, 앞에서도 언급했듯이 이 방법은 오차의 제곱합을 최소로 하는 선을 추정하는 것이다.

① **오차** : 오차들을 회귀모형에 이용하여 다음과 같이 표현할 수 있다.

$$\epsilon_i = y_i - \beta_0 - \beta_1 x_i, \quad i = 1, 2, \cdots, n$$

② **오차들의 제곱합** : 오차들의 제곱합은 다음과 같다.

$$S(\beta_0, \beta_1) = \sum_{i=1}^{n} \epsilon_i^2 = \sum_{i=1}^{n} (y_i - \beta_0 - \beta_1 x_i)^2$$

③ **정규방정식** : $S(\beta_0, \beta_1)$을 최소로 하는 값 $\hat{\beta_0}$과 $\hat{\beta_1}$은 다음과 같이 주어진다.

$$\frac{\partial S(\beta_0, \beta_1)}{\partial \beta_1} = -2 \sum_{i=1}^{n} (y_i - \beta_0 - \beta_1 x_i) x_i = 0 \Leftrightarrow \sum_{i=1}^{n} x_i y_i = \beta_0 \sum_{i=1}^{n} x_i + \beta_1 \sum_{i=1}^{n} x_i^2$$

$$\frac{\partial S(\beta_0, \beta_1)}{\partial \beta_0} = -2 \sum_{i=1}^{n} (y_i - \beta_0 - \beta_1 x_i) = 0 \Leftrightarrow \sum_{i=1}^{n} y_i = n\beta_0 + \beta_1 \sum_{i=1}^{n} x_i$$

④ **회귀계수의 추정량** : 위 두 식을 연립하여 풀면 최종적으로 아래의 식과 같은 추정량을 얻는다. $\hat{\beta_0}$이 $\hat{\beta_1}$을 이용하기 때문에, $\hat{\beta_0}$에 대한 공식보다 $\hat{\beta_1}$에 대한 공식이 먼저 제시하였다. $\hat{\beta_0}$과 $\hat{\beta_1}$은 β_0과 β_1에 대한 최소제곱추정치라고 불리는데, 이는 $\hat{\beta_0}$과 $\hat{\beta_1}$이 최소제곱법의 해 $\hat{\beta_0}$이며, 선의 각 점으로부터 수직거리의 가능한 제곱합을 최소로 하는 선에 대한 절편(intercept)과 기울기(slope)이기 때문이다. 이러한 이유로 그 선을 최소제곱회귀선(least squares regression line)이라고 한다.

$$\widehat{\beta_1} = \frac{\sum(y_i - \bar{y})(x_i - \bar{x})}{\sum(x_i - \bar{x})^2}$$

$$\widehat{\beta_0} = \bar{y} - \widehat{\beta_1}\bar{x}$$

⑤ 최소제곱회귀선
  ㉠ 회귀식에 대한 추정식인 최소제곱회귀선은 다음과 같이 주어진다.
  $$\hat{Y} = \widehat{\beta_0} + \widehat{\beta_1}X$$
  ㉡ 이를 이용하여 우리는 자료가 주어졌을 때 다음과 같이 회귀식을 얻을 수 있다.
  $$\hat{y_i} = \widehat{\beta_0} + \widehat{\beta_1}x_i, \quad i = 1, 2, \cdots, n$$

⑥ 적합값 : 각 개체에 대한 독립변수 x_i가 주어졌을 때 $\hat{y_i}$는 적합값(fitted value)이라 불린다. 이는 i번째 적합값 $\hat{y_i}$는 최소제곱회귀선에서 x_i에 대응되는 점이다.

⑦ 잔차 : 적합값과 실제 관측값의 차이는 아래의 식과 같이 표현한다. 이를 잔차(residual)라고 하며 오차항에 대한 가정의 검토는 잔차를 이용한다.
$$e_i = y_i - \hat{y_i}, \quad i = 1, 2, \cdots, n$$

⑧ 최대가능도추정법 : 회귀모형의 추정에는 보통최소자승법(OLS) 이외에 오차항이 정규분포를 따른다는 가정을 이용한 최대가능도추정법(Maximum Likelihood Estimator; MLE)이 있다. 이에 대한 결과는 보통최소자승법(OLS)과 동일하기 때문에 다루지 않는다.

(3) 회귀모형의 가설 검정

① 가설 : 회귀분석에서 모형식의 기울기를 나타내는 회귀계수 β_1에 대한 가설검정을 위한 가설은 다음과 같다.
$$H_0 : \beta_1 = 0 \text{(즉, 독립변수 X가 종속변수 Y에 영향을 주지 않는다)}$$
$$H_1 : \beta_1 \neq 0 \text{(즉, 독립변수 X가 종속변수 Y에 영향을 준다)}$$

② 회귀계수 추정량의 분포 : 그리고 표본으로부터 얻는 회귀계수 β_1의 추정량 $\widehat{\beta_1}$은 다음의 평균과 분산을 갖는 표본분포에 따른다. 이때 $\widehat{\sigma_u^2} = \sum e_i^2/(n-2)$는 오차의 분산 추정량이며 MSE라고 한다. $\widehat{\beta_1}$은 σ_μ^2가 미지인 경우 MSE를 활용한 T분포(자유도 n-2)를 따른다.

$$\widehat{\beta_1} \sim N(\beta_1, \sigma_u^2 \frac{1}{\sum(X_i - \bar{X})^2})$$

③ 검정통계량 : 귀무가설에 대한 검정통계량은 다음과 같다. 검정통계량은 자유도 $n-2$인 t-분포를 따른다. 이때 앞에서 언급한 귀무가설 $H_0 : \beta_1 = 0$에 대한 검정통계량은 $\beta_1 = 0$을 대입한 값이 된다. SPSS에서는 이에 대한 검점통계량과 유의확률을 제공한다.

$$T = \frac{\widehat{\beta_1} - \beta_1}{\sqrt{Var(\widehat{\beta_1})}} \sim t_{n-2}$$

④ **신뢰구간** : 회귀계수 β_1의 추정량 $\hat{\beta_1}$은 평균과 분산을 알고 있으므로 회귀계수 β_1에 대한 신뢰구간을 구할 수 있다. β_1에 대한 $(1-\alpha) \times 100\%$ 신뢰구간은 다음과 같다. 회귀계수 β_1의 신뢰구간을 통하여 독립변수 X가 종속변수 Y에 미치는 효과를 확률적으로 추정할 수 있다.

$$\hat{\beta_1} \pm t_{n-2, \alpha/2} se(\hat{\beta_1}) = \hat{\beta_1} \pm t_{n-2, \alpha/2} \sqrt{\frac{MSE}{\sum (X_i - \overline{X})^2}}$$

⑤ **회귀분석과 분산 분석표** : 회귀분석에서는 모형 전체에 대한 가설검정 또한 진행되며 이는 분산 분석의 분산 분석표와 유사하다. 이 경우 F-분포를 이용하여 가설검정을 진행하며 모형에 포함된 독립변수의 모든 회귀계수가 0이라는 귀무가설을 갖는다. 단순회귀모형의 경우 독립변수의 회귀계수가 하나이기 때문에 앞서 설명한 t-분포를 이용한 β_1에 대한 가설검정의 결과와 동일한 결과가 나온다(F-값은 β_1에 대한 검정통계량 값의 제곱이며, 유의확률은 동일).

(4) 결정계수

① **제곱합** : 회귀모형에 포함된 모수들의 최소제곱추정치를 구한 후, 아래 식과 같은 값들을 계산할 수 있다. 여기서 SST는 그의 종속변수의 평균 $\overline{y}$로부터 종속변수의 제곱편차의 총합(total sum of squared deviations)을 나타내고, SSR은 회귀모형에 의한 제곱합(sum of squares due to regression)을 나타내며, SSE는 제곱잔차(오차)의 합계[sum of squared residuals(errors)]를 나타낸다.

$$SST = \sum (y_i - \overline{y})^2$$
$$SSR = \sum (\hat{y_i} - \overline{y})^2$$
$$SSE = \sum (y_i - \hat{y_i})^2$$

② **제곱합들의 관계** : 단순회귀모형 또는 다중회귀모형에서 다음과 같은 기본적인 관계가 성립한다.

$$SST = SSR + SSE$$

③ **제곱합의 의미**

㉠ 관측값과 적합값의 관계 : 위 식을 각 관측값과 적합값에 대한 관계로 살펴보면 다음과 같이 나타낼 수 있다.

$$y_i = \hat{y_i} + (y_i - \hat{y_i})$$

관측값 = 적합값 + 관측값과 적합값의 차이

㉡ 편차와 잔차 : 양 변에서 $\overline{y}$를 빼면 다음을 얻는다.

$$y_i - \overline{y} = (\hat{y_i} - \overline{y}) + (y_i - \hat{y_i})$$

평균으로부터의 편차 = 적합에 기인한 편차 + 잔차

ⓒ 편차들의 관계 : 편차들의 관계를 그림으로 나타내면 다음과 같다.

편차에 대한 이해

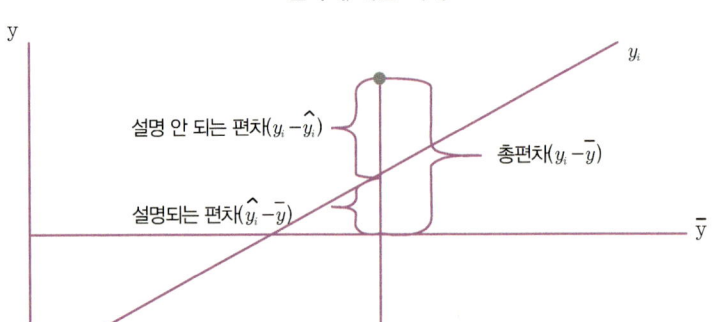

④ 결정계수
　㉠ 편차 제곱의 분해 : 제곱 따라서 Y의 편차 제곱의 총합은 두 개의 값으로 분할될 수 있는데, 첫 번째는 Y에 대한 설명변수로서의 X의 질(quality)을 나타내는 SSR이고 두 번째는 X를 설명변수로 하는 모형의 오차를 측정하는 SSE이다.
　㉡ R^2 : 그러므로 $R^2 = SSR/SST$는 Y의 전체 변이(variation) 중에서 독립변수 X에 의해 설명되는 비율로 해석될 수 있다. R^2은 다음과 같이 다시 나타낼 수 있다.

$$R^2 = \frac{SSR}{SST} = 1 - \frac{SSE}{SST}$$

　㉢ R^2의 의미 : 적합도지수(goodness-of-index) R^2은 반응변수 Y의 전체 변이(variability) 중에서 예측변수 X에 의하여 설명되는 비율로 해석될 수 있다. $SSE \leq SST$이므로 결정계수의 범위는 항상 $0 \leq R^2 \leq 1$이다. 만약 R^2이 1에 가까우면 독립변수 X가 종속변수 Y의 변동 중 많은 부분을 설명한다는 것을 의미한다.
　㉣ 결정계수 : 독립변수 X가 종속변수 Y를 얼마나 설명(결정)하는지에 관한 정보를 우리에게 제공하기 때문에, R^2을 결정계수(coefficient of determination)라고 한다. 결정계수 R^2에 대한 이러한 해석은 다중회귀의 경우에도 그대로 적용될 수 있다.

(5) 회귀모형 진단

① **단순 회귀모형의 가정** : 앞에서 단순 회귀모형은 다음의 4가지 가정을 갖는다고 하였다.

단순 회귀분석의 가정
독립변수와 종속변수 간의 선형적 관계
오차항의 등분산성
오차항의 정규성
오차항의 독립성

② **독립변수와 종속변수 간의 선형적 관계** : 첫 번째 가정의 경우 선형모형을 가정한 회귀모형의 경우 반드시 필요한 가정이다. 일반적으로 종속변수와 독립변수의 선형관계에 대한 내용은 선행 연구 등에서 확인하며, 본 교재에서는 중점적으로 다루지 않도록 한다.

③ **오차항의 등분산성** : 두 번째 가정인 등분산성 가정의 경우, 회귀분석의 표준화 잔차를 세로축으로 적합값(예측값, 표준화 예측값)을 가로축으로 하는 산점도를 이용하여 잔차의 등분산성을 판단한다. 회귀 표준화 잔차 값이 0을 기준으로 고르게 퍼져 있으면 등분산성을 만족하는 데 문제가 없다고 판단한다. 또한 잔차들이 특정한 패턴 없이 무작위로 퍼져있다면 선형성을 가정하는 데 문제가 없다.

④ **오차항의 정규성** : 세 번째 가정인 오차항이 정규분포를 따르는 가에 대한(정규성 가정) 검토는 다음과 같다. 먼저 잔차값들을 새로운 변수로 저장한 후, 잔차를 이용한 콜모고로프-스미르노프 검정(Kolmogorov-Smirnov test; K-S test) 또는 샤피로-윌크스 검정(Shapiro-Wilks test)와 같은 정규성 검정을 실시하는 방법을 사용하는 방법이 있다. 이는 통계적 가설검정 절차를 이용하여 분포가 정규분포임을 확인하는 방법이다. 그러나 정규성 가정은 간단한 도표로 확인할 수 있다. 이때 사용되는 도표는 표준화잔차를 이용하여 그리는 정규확률도(P-P plot)이다. 정규확률도의 대각선에 표준화잔차값이 직선에 가깝게 나타나면 정규분포를 따른다고 생각한다.

⑤ **오차항의 독립성** : 네 번째 가정인 오차항의 독립성 가정은 회귀분석에서 더빈-왓슨(Durbin-Watson) 통계량으로 확인한다. 더빈-왓슨 통계량은 0부터 4까지의 값을 가지며 2에 가까우면 오차들이 독립이라고 생각한다. 통계량 값이 2보다 작을수록 오차항 사이에 양의 상관관계를, 통계량 값이 2보다 클수록 오차항 사이에 음의 상관관계를 갖는다. 그리고 통계량의 값이 2에 가까운 값을 가지면 오차항의 독립성이 만족되고 이때 자기상관문제가 발생하지 않았다고 판단한다.

2 단순회귀분석 실행하기

단순 선형 회귀분석을 실행과 가설검정에 대한 과정은 다음과 같다.

(1) 회귀분석 대화상자 호출

먼저 메뉴에서 [분석] → [회귀분석] → [선형]을 실행한다.

분석(A)
    회귀분석(R)
        선형(L)

선형 회귀분석 실행하기

(2) 회귀분석의 대화상자

선형 회귀분석을 실시하면 다음은 선형 회귀분석 대화상자가 나타난다. 우측의 종속변수에는 연속형 종속변수를 지정하고, 독립변수 칸에 독립변수를 지정한다. 이번 장에서는 단순 회귀모형을 고려하기 때문에 하나의 독립변수만을 지정하면 된다.

선형 회귀분석 대화상자

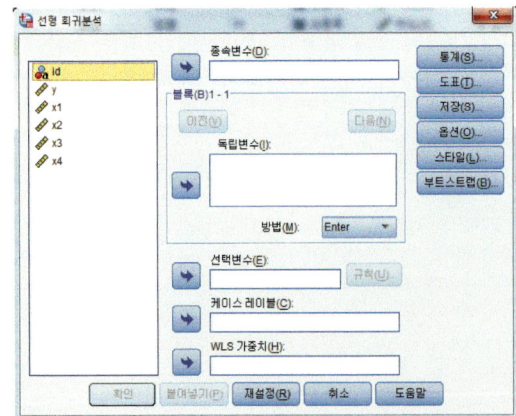

(3) 통계 대화상자

다음은 선형회귀분석의 [통계] 옵션을 실행하였을 때 나타나는 대화상자이다. 이에 대한 설명은 아래 표와 같다.

선형 회귀분석 : 통계 대화상자

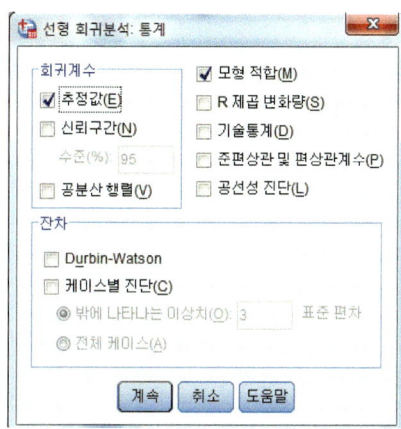

통계 옵션의 내용

		내 용
회귀계수	추정값	회귀계수의 추정값 및 관련 통계량
	신뢰구간	각 비표준회귀 계수에 대한 95% 신뢰구간을 표시
	공분산 행렬	비표준 회귀계수에 대한 분산-공분산 행렬
모형의 적합		결정계수 R, R^2, 수정된 R^2, 표준오차 등을 제공
R 제곱 변화량		독립변수를 추가하거나 삭제함으로 변하는 결정계수 R^2의 변화량을 제공(다중회귀의 변수선택에서 사용)
기술통계		평균, 표준편차, 그리고 단측 검정 유의수준을 가진 상관행렬
부분상관 및 편상관계수		0차, 부분 및 편상관을 표시한다.
공선성 진단		개별 변수에 대한 공차한계와 다중공선성 문제 진단을 위한 통계량
잔차	더빈-왓슨 (Durbin-Watson)	오차항의 독립성에 대한 더빈-왓슨(Durbin-Watson) 통계량을 제공
	케이스별 진단	선택기준을 만족하는 케이스에 대한 케이스별 진단을 생성

(4) 도표 대화상자

① 회귀분석에서는 [도표] 옵션을 통하여 여러 가지 도표를 상황에 맞게 그릴 수 있다. 또한 도표 옵션에서 잔차들의 히스토그램과 정규확률도표(P-P plot)을 제공한다. 도표 옵션을 실행하였을 때 대화상자와 그에 대한 설명은 다음과 같다.

선형 회귀분석 : 도표 대화상자

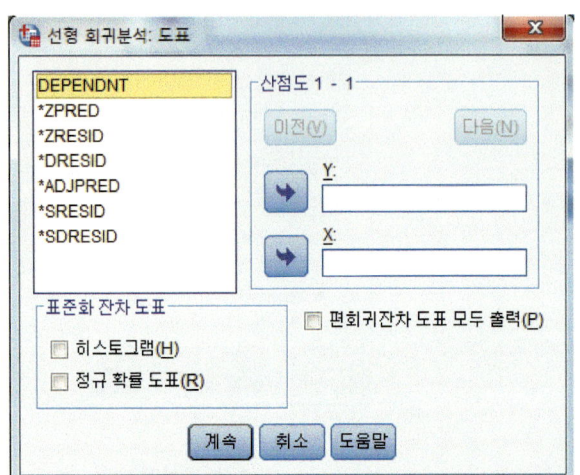

도표 옵션의 내용

		내 용
DEPENDENT		종속변수(y_i)
*ZPRED		예측값($\hat{y_i}$)의 표준화된 값
*ZRESID		잔차($y_i - \hat{y_i}$)의 표준화된 값, 표준화 잔차
*DRESID		삭제된 잔차($y_i - \hat{y}_{(i)}$, $\hat{y}_{(i)}$는 i번째 케이스를 제외하고 추정한 값)
*ADJPRED		조정예측값(조정된 $\hat{y_i}$)
*SRESID		스튜던트화된 잔차(잔차/잔차의 개별표준편차)
*SDRESID		스튜던트화된 삭제 잔차
표준화 잔차도표	히스토그램	표준잔차의 임시변수에 대한 히스토그램을 출력
	정규확률 도표	지정한 임시변수의 정규확률 산포도를 출력

② 도표 옵션을 통하여 회귀분석의 가정을 검토할 수 있다. 가령 회귀분석의 표준화 잔차를 세로축으로 표준화 예측값을 가로축으로 하는 도표를 이용하여 오차의 등분산성을 판단할 수 있으며 앞에서 언급한 것처럼 정규확률도표를 통하여 오차의 정규성을 확인할 수 있다.

[예제를 통한 이해]

1 예제파일 [example.sav]을 통한 단순 회귀분석

예제파일 [example.sav]에서 만족도 1-3(i1-i3)의 평균을 전체 만족도로 고려하도록 한다. 이에 대한 내용은 2장 6절 데이터의 변환 예제를 참고토록 한다. 이렇게 기존의 만족도 1-3(i1-i3)으로부터 평균값인 만족도를 종속변수로 하고 자습시간을 독립변수로 하는 단순 회기분석을 고려하도록 한다.

2 변수 지정하기

SPSS에서 선형 회귀분석을 실시한 후 회귀분석 대화상자에서 종속변수로 만족도를, 독립변수로 자습시간을 지정한다.

3 통계 옵션 지정

[통계] 옵션에서 잔차들의 독립성을 확인하기 위하여 Durbin-Watson 통계량 옵션을 설정하고 기술통계량을 살펴보기 위해 기술통계를 설정하였다.

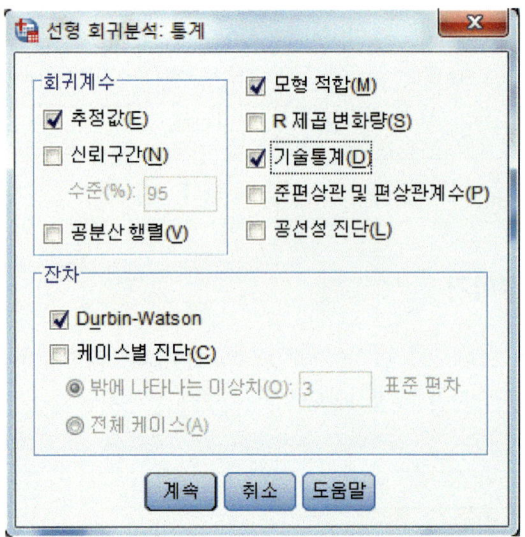

4 도표 옵션 지정

그리고 잔차들의 등분산성과 특정한 패턴 여부를 확인하기 위하여 도표에서 정규확률도표(P-P plot)와 회귀 표준화 잔차를 세로축으로, 회귀 표준화 예측값을 가로축으로 하는 산점도를 출력하도록 다음과 같이 지정한다.

정규확률도와 표준화잔차와 표준화예측값에 대한 도표 설정

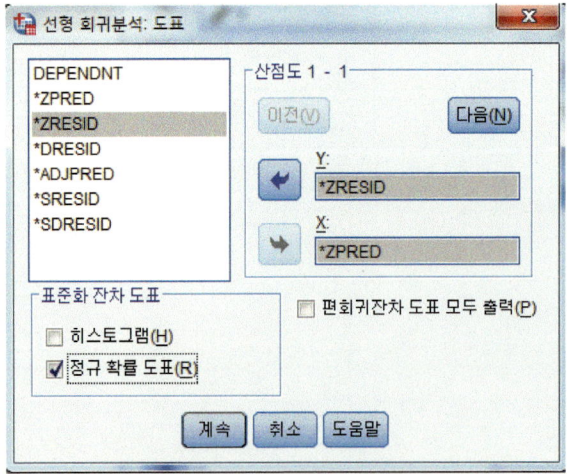

5 분석결과

선형 회귀분석 대화상자에서 [확인]을 클릭하면 다음과 같은 결과를 얻는다.

① 우선 독립변수 X1과 종속변수 Y의 기술통계량은 아래 표와 같다. 종속변수인 만족도에 대한 평균은 3.67, 독립변수인 자습시간에 대한 평균은 9.82이다. 두 변수 모두 관측값(N)이 100으로 결측값이 없다. 만약 결측값이 있다면 SPSS에서는 기본값으로 회귀분석에서 결측값이 있는 케이스는 제외하고 분석한다.

기술 통계

	평 균	표준 편차	N
만족도	3.6733	.70110	100
자습시간	9.82	6.216	100

② 아래의 표는 적합된 회귀모형에 대한 결정계수 R^2과 더빈-왓슨 통계량이다. 결정계수 R^2이 0.046으로 독립변수가 종속변수의 변동의 4.6%를 설명한다. 그리고 더빈-왓슨 통계량이 1.841로 2에 가까워 잔차들 간에 독립성을 만족함을 알 수 있다.

모형요약[b]

모 형	R	R 제곱	조정된 R 제곱	표준 추정값 오류	Durbin-Watson
1	.215[a]	.046	.037	.68814	1.841

※ a. 예측 변수 : (상수), 자습시간
※ b. 종속 변수 : 만족도

③ 종속변수 Y에 대한 독립변수 $X1$의 영향력을 파악하기 위한 가설은 다음과 같다. 이러한 가설에 대한 검정통계량 및 유의확률은 다음을 통하여 확인 가능하다.

$$H_0 : \beta_1 = 0$$
$$H_0 : \beta_1 \neq 0$$

④ 검정통계량 t-값은 -2.182, 유의확률은 0.031로 유의수준 0.05에서 귀무가설을 기각한다. $X1$의 회귀계수는 -0.024로 $X1$이 한 단위 증가할 때 종속변수 Y는 0.024씩 감소한다.

계수[a]

모 형		비표준 계수		표준 계수	t	유의확률
		B	표준 오차	베타		
1	(상수)	3.912	.129		30.294	.000
	자습시간	-.024	.011	-.215	-2.182	.031

※ a. 종속변수 : 만족도

⑤ 다음은 정규성과 등분산성 가정을 만족하는지 확인하기 위한 정규확률도표(P-P 도표)와 잔차의 산점도이다.

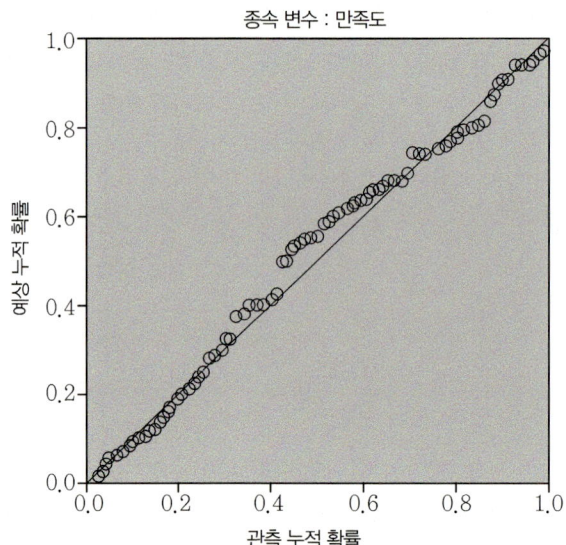

⑥ 정규확률도표(P-P 도표)에서 관측값의 잔차(○ 표시)가 직선에 가깝게 나열되어 있으면 잔차들은 정규성을 만족한다. 위의 정규확률도표에서 직선을 따라 나열되어 있어 정규성을 따른다고 볼 수 있다. 이를 통해 오차항의 정규성이 확인될 수 있다.

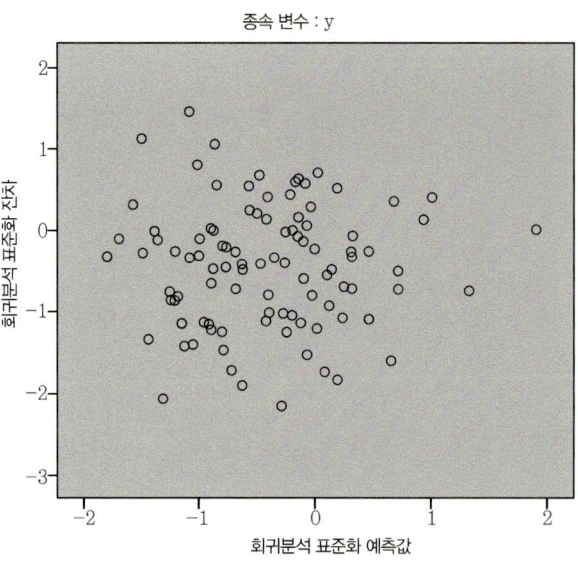

⑦ 가로축(X축)을 표준화 예측값으로, 세로축(Y축)은 표준화 잔차를 잔차의 산점도로 살펴보면, 특정한 패턴이 없이 일정한 분산을 갖고 있음을 확인할 수 있어 잔차들이 등분산성도 만족한다고 볼 수 있다. 이를 통해 오차항의 등분산성이 확인될 수 있으며, 자기상관도 없다(오차항들 간의 독립)고 볼 수 있다.

적중예상문제

※ 실습파일 [reg1.sav]는 연속형 종속변수 Y와 독립변수 $X1-X5$에 대한 자료이다. 독립변수들 중 $X1$이 종속변수 Y에 영향력을 주는 살펴보도록 한다. 단순 회귀분석의 회귀계수에 대한 귀무가설을 적고, 이에 대한 가설검정을 하시오.

해설

1. 변수 지정 : 선형 회귀분석을 실시한 후, 선형 회귀분석 대화상자에서 종속변수에는 Y를 독립변수에는 $X1$을 다음과 같이 지정한다.

단순회귀분석 설정

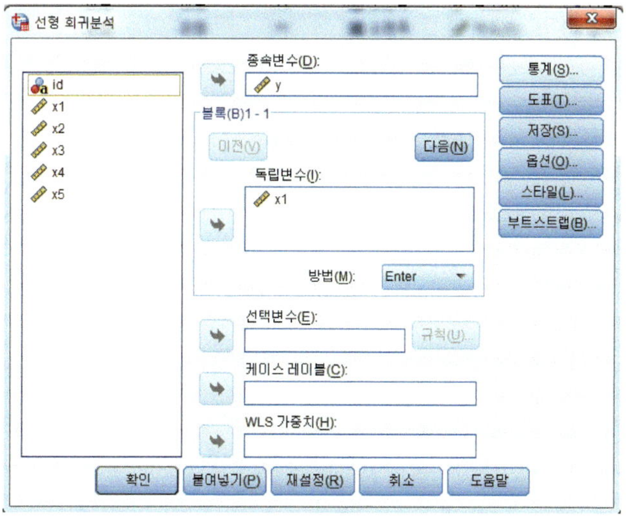

2. 분석 결과 : 선형 회귀분석 대화상자에서 [확인]을 클릭하면 다음과 같은 결과를 얻는다.
   ① 독립변수 $X1$과 종속변수 Y의 기술통계량은 다음과 같다. 독립변수 $X1$의 평균은 3.2673, 종속변수 Y의 평균은 1.2310이며 표본 수는 100으로 나타났다.

기술 통계

	평균	표준 편차	N
Y	1.2310	4.74977	100
X1	3.2673	2.09925	100

② 회귀분석에 앞서 두 변수 사이의 상관관계는 다음과 같다. 두 변수 사이에 음(-)의 상관관계가 있음을 알 수 있다. 상관계수는 -0.666이며 유의확률이 매우 낮아 두 변수 사이에 선형 상관관계가 있다.

상 관

		Y	X1
Pearson 상관계수	Y	1.000	-.666
	X1	-.666	1.000
유의확률(한쪽)	Y	.	.000
	X1	.000	.
N	Y	100	100
	X1	100	100

③ 단순 회귀분석결과는 다음과 같다.

분산 분석[a]

모 형		제곱합	df	평균 제곱	F	유의확률
1	회귀분석	991.319	1	991.319	78.210	.000[b]
	잔차	1242.156	98	12.675		
	총계	2233.474	99			

※ a. 종속 변수 : y
※ b. 예측 변수 : (상수), x1

계수[a]

모 형		비표준계수		표준 계수	t	유의확률
		B	표준 오차	베타		
1	(상수)	6.156	.661		9.314	.000
	X1	-1.507	.170	-.666	-8.844	.000

※ a. 종속 변수 : y

④ 종속변수 Y에 대한 독립변수 $X1$의 영향력을 파악하기 위한 가설은 아래의 식과 같다. 위와 같은 가설에 대한 검정통계량 t-값은 -8.844, 유의확률은 0.001보다 작게 나타나 유의수준 0.05에서 귀무가설을 기각한다. $X1$의 회귀계수는 -1.507이므로 $X1$이 한 단위 증가할 때 종속변수 Y는 1.507씩 감소한다.

$$H_0 : \beta_1 = 0$$
$$H_0 : \beta_1 \neq 0$$

※ '30대 이하 직장인들의 직장생활 만족도' 조사결과가 입력되어 있는 실습파일 [data2.sav]에서 독립변수인 회사에 대한 만족도(B1-B4)가 종속변수인 이직고려(C1)에 개별로 미치는 영향력에 유무에 대한 검정을 실시하여 다음의 표를 작성하고 유의수준 10%에서 판단하여 표의 유의성 여부에 체크(V)를 하시오.

변 수	회귀계수	유의확률	유의성 여부
만족도1			
만족도2			
만족도3			
만족도4			

해설

1. 종속변수인 이직고려(C1)에 대하여 독립변수 만족도(B1-B4)별로 회귀분석을 실시한 결과 중 회귀계수와 관련된 결과들은 다음과 같다.

계수ᵃ

모 형		비표준 계수		표준 계수	t	유의확률
		B	표준 오차	베타		
1	(상수)	4.294	.507		8.465	.000
	만족도1	-.433	.178	-.401	-2.440	.021

※ a. 종속 변수 : 이직고려

계수ᵃ

모 형		비표준 계수		표준 계수	t	유의확률
		B	표준 오차	베타		
1	(상수)	3.923	.487		8.053	.000
	만족도2	-.279	.150	-.322	-1.866	.072

※ a. 종속 변수 : 이직고려

계수ᵃ

모 형		비표준 계수		표준 계수	t	유의확률
		B	표준 오차	베타		
1	(상수)	4.038	.566		7.130	.000
	만족도3	-.292	.174	-.288	-1.677	.104

※ a. 종속 변수 : 이직고려

계수

모형		비표준 계수		표준 계수	t	유의확률
		B	표준 오차	베타		
1	(상수)	4.012	.568		7.063	.000
	만족도4	-.276	.171	-.284	-1.621	.115

※ a. 종속 변수 : 이직고려

2. 위의 결과에서 유의수준 0.1에서 유의한 변수는 만족도1(B1)과 만족도2(B2)이다. 이들의 결과를 표를 작성하면 다음과 같다.

변 수	회귀계수	유의확률	유의성 여부
만족도1	-0.433	0.021	V
만족도2	-0.279	0.072	V
만족도3	-0.292	0.104	
만족도4	-0.276	0.115	

08 다중 회귀분석

1 다중 회귀분석

(1) 다중 회귀분석 개요

① 다중 회귀분석의 정의 : 다중 회귀분석은 종속변수가 하나이고 독립변수가 2개 이상인 회귀분석을 말한다. 사회과학과 같이 복잡한 현상에 대한 종속변수의 변화를 설명하기 위하여 2개 또는 그 이상의 독립변수들을 필요하므로 다중 회귀분석이 중요시된다.

② 모형식 : 종속변수 Y에 대하여 $X_1, X_2, ..., X_p$와 같이 p개의 독립변수를 가지는 다중 회귀모형은 아래와 같다. 여기서 β_0는 단순 회귀분석에서와 같이 회귀직선의 절편을 나타내는 회귀계수이며, $\beta_1, \beta_2, ..., \beta_p$는 각각 p개의 독립변수들에 대한 회귀계수이다.

$$Y = \beta_0 + \beta_1 X_1 + \beta_2 X_2 + \cdots + \beta_i X_i + \cdots + \beta_p X_p + \epsilon, \ \epsilon \sim N(0, \sigma^2)$$

③ 다중 회귀분석의 가정 : 오차항 ϵ에 대한 가정은 단순 회귀분석과 동일하다. 다중 회귀분석의 경우 p개의 독립변수들은 모두 선형적으로 독립이라는 가정이 있다.

④ 다중 회귀분석의 기하학적 의미 : 다중 선형 회귀분석의 경우 기하학적인 의미는 다음과 같다. 예를 들어 두 독립변수 X_1과 X_2가 종속변수 Y에 미치는 영향을 나타낸 회귀직선은 그림과 같이 나타난다.

종속변수 Y와 두 개의 독립변수 X_1, X_2와의 선형관계

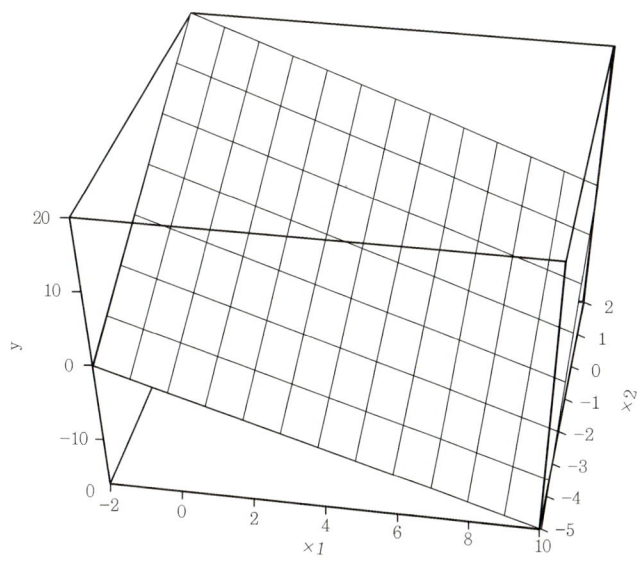

⑤ 독립변수의 선형 독립성 : 다중 회귀분석은 단순 회귀분석의 가정과 더불어 독립변수 간의 독립성을 가정한다. 즉, 독립변수 사이에 상관관계가 없어야 한다. 독립변수 간에 상관관계가 나타나는 경우 다중공선성이 발생한다고 한다. 다중공선성의 가정 검토에 대하여 뒤에서 설명하도록 하며 다른 가정은 단순 회귀분석에서와 동일한 방법으로 가정을 검토한다.

⑥ 다중 회귀분석의 의의 : 다중 회귀분석은 추가적인 독립변수를 도입함으로써 오차항의 값을 줄일 수 있으며 다른 독립변수가 통제(control)되었을 때 해당 독립변수의 효과를 알 수 있다. 또한 종속변수를 설명하는 독립변수가 두 개일 때 단순회귀모형을 설정한다면, 모형설정(specification)이 부정확할 뿐 아니라 종속변수에 대한 중요한 독립변수를 누락함으로써 계수 추정량에 대해 편의(bias)를 야기시킬 수 있으므로 다중 회귀분석을 통해 편의현상(bias)이 제거 가능하다.

(2) 다중 회귀분석에서의 추정

다중 회귀분석에서 회귀계수들에 대한 추정은 단순회귀분석에서 사용된 최소제곱법이나 최대가능도법을 사용한다.

① 벡터와 행렬로 회귀식 표기

㉠ 최소제곱법의 경우 표본들 자료들과 회귀계수들을 벡터(vector)와 행렬(matrix)로 이용하여 최소제곱법의 해를 쉽게 구할 수가 있다. p개의 독립변수와 종속변수에 대한 크기 n의 표본이 있다면 다음과 같이 생각할 수 있다.

$$\begin{pmatrix} y_1 \\ y_2 \\ \vdots \\ y_n \end{pmatrix} = \begin{pmatrix} x_{11} & x_{12} & \cdots & x_{1p} \\ x_{21} & x_{22} & \cdots & x_{2p} \\ \vdots & \vdots & \ddots & \vdots \\ x_{n1} & x_{n2} & \cdots & x_{np} \end{pmatrix} \begin{pmatrix} \beta_1 \\ \beta_2 \\ \vdots \\ \beta_p \end{pmatrix} + \begin{pmatrix} \epsilon_1 \\ \epsilon_2 \\ \vdots \\ \epsilon_n \end{pmatrix}$$

㉡ 여기서 y_i는 i번째 표본의 종속변수의 관측값, x_{ij}는 i번째 표본의 독립변수 X_j의 관측값, ϵ_i는 i번째 표본의 오차이다. 이를 행렬을 이용하여 표현하면 다음과 같다. 여기서 y, β, ϵ은 각각 y_i, β_j, ϵ_i에 대한 벡터이며 X는 x_{ij}에 대한 $n \times p$ 행렬이다.

$$y = X\beta + \epsilon$$

② 다중 회귀계수의 추정량 : 이와 같이 벡터와 행렬로 자료를 생각하였을 때, 최소제곱법에 의한 회귀계수의 추정량은 다음과 같다.

$$\hat{\beta} = (X^T X)^{-1} X^T y$$

(3) 다중 회귀분석에서의 가설검정

① 모형에 대한 검정

㉠ 모형에 대한 검정의 필요성 : 회귀모형에 대한 검정은 전체적으로 독립변수들이 종속변수에 대하여 설명력을 가지고 있는지 검정하는 것이다. 종속변수에 대하여 p개의 독립변수를 고려한 회귀모형이 의미가 없다면 모든 회귀계수는 0이 될 것이다. 따라서 $H_0 : \beta_1 = \beta_2 = \beta_3 = \ldots = \beta_p = 0$과 같은 귀무가설을 이용한 가

설검정을 통하여 p개의 독립변수의 종속변수에 대한 설명력을 볼 수 있다. 그러나 종속변수에 대하여 독립변수들을 고려한 회귀모형이 설명력이 있다는 의미가 모든 회귀계수 β_j가 0이 아니라는 의미가 아니다. 종속변수에 대하여 p개의 독립변수를 고려한 회귀모형이 설명력이 있으려면 하나의 β_k만 유의하더라도 설명력을 갖는다.

ⓒ 다중 회귀모형에 대한 가설 : p개의 독립변수를 고려한 회귀모형에 대한 가설은 다음과 같다.

$$H_0 : \beta_1 = \beta_2 = \beta_3 = ... = \beta_p = 0$$
$$H_1 : 적어도 하나의 \beta_j가 0이 아니다.$$

ⓒ 다중 회귀분석과 분산 분석표 : 이와 같이 회귀모형에 포함된 모든 독립변수의 회귀계수들에 대한 검정은 분산 분석의 F-통계량을 사용하며, 모형에 대한 검정에서는 분산 분석과 같이 분산 분석표를 이용한다.

분산 분석표

	제곱합(SS)	자유도(DF)	평균제곱(MS)	F
모형	$SSA = \sum(\hat{y}_i - \overline{y})^2$	$df_A = p$	$MSA = SSA/df_A$	$\dfrac{MSA}{MSE}$
오차	$SSE = \sum\sum(y_{ij} - \hat{y}_i)^2$	$df_E = n-p-1$	$MSE = SSE/df_E$	
합계	$SST = \sum\sum(y_{ij} - \overline{y})^2$	$df_T = n-1$		

② 회귀계수에 대한 검정 : 회귀모형에 대한 검정으로는 각 회귀계수 β_j가 0인지 확인할 수가 없다. 따라서 각 회귀계수 β_j가 0인지 검정하기 위에 대한 가설검정이 필요하다.

㉠ 회귀계수에 대한 가설 : 먼저 각 회귀계수 β_j에 대한 가설은 다음과 같다.

$$H_0 : \beta_j = 0$$
$$H_1 : \beta_j \neq 0$$

㉡ 회귀계수의 추정량의 분포 : 회귀계수 β_j의 추정량 $\hat{\beta}_j$는 평균 β_j와 분산 $\sigma_u^2 / \sum_{i=1}^{n}(X_{ij} - \overline{X_j})^2$을 갖는 표본분포에 가지며 자유도 $n-p-1$인 t-분포를 따른다.

㉢ 회귀계수의 신뢰구간 : 기울기를 나타내는 회귀계수 β_j의 신뢰구간은 다음과 같다. β_j에 대한 $(1-\alpha) \times 100\%$ 신뢰구간은 $\hat{\beta}_j \pm t_{n-p-1, \alpha/2} se(\hat{\beta}_j)$이다.

㉣ 회귀계수에 대한 가설검정 : 이와 같은 회귀계수의 분포를 이용하여 각 회귀계수에 대한 가설검정이 가능하다. 유의수준이 주어진다면 임계값과 유의확률을 구해 회귀계수 β_j가 0인지에 대한 가설검정을 단순회귀분석같이 할 수 있다.

(4) 결정계수

① **결정계수의 정의** : 다중회귀모형을 위한 결정계수(coefficient of determination)는 단순회귀모형과 같은 방법으로 정의된다. 즉, 결정계수 R^2은 추정된 회귀식에 의해 설명된 변동이 총변동에서 차지하는 상대적인 크기를 나타낸다.

$$R^2 = \frac{SSR}{SST} = 1 - \frac{SSE}{SST}$$

② **결정계수의 의미** : 다중회귀에 있어서 결정계수 R^2은 항상 0과 1 사이의 값을 가지며, 결정계수값이 1에 가까울수록 추정된 회귀식에 의하여 설명된 종속변수의 변동부분이 그 만큼 더 크다는 뜻으로 추정된 회귀모형의 적합도(goodness of fit)가 좋다.

③ **결정계수의 한계** : 다중 회귀분석의 경우 독립변수의 수가 증가할수록 종속변수에 대한 오차가 감소하기 때문에, 결정계수 R^2의 값은 독립변수의 수가 많아짐에 따라 증가한다. 이는 결정계수 R^2의 값을 정의함에 있어 단순히 전체 변동량과 회귀선에 의해 설명되는 변동량을 비교함으로써 각 변동량이 가지는 자유도를 고려하지 않았기 때문이다. 따라서 결정계수 R^2만으로 모형의 설명도를 비교한다면 불필요한 독립변수가 추가되더라도 결정계수 R^2가 증가하여 불필요한 독립변수를 포함하는 회귀모형을 사용하게 된다. 불필요한 독립변수의 수가 증가하면 모형도 복잡해지고, 독립변수의 상관관계가 높아져서 독립변수 간에 서로 영향을 미치는 다중공선성의 문제가 발생할 가능성이 커진다.

④ **조정된 결정계수** : 이러한 문제점을 방지하고 보다 적합한 평가기준을 위해 자유도를 동시에 고려하는 조정된 결정계수(adjusted coefficient of determination)를 사용한다. 조정된 결정계수 R_{adj}^2는 아래의 식과 같다. 여기서 SST는 그의 종속변수의 평균 $\bar{y}$로부터 종속변수의 제곱편차의 총합, SSE는 제곱잔차(오차)의 합계, n은 표본의 크기, k는 회귀모형에 포함된 독립변수의 수이다. 조정된 결정계수는 설명변수가 추가된다고 해서 반드시 커지지 않는다.

$$R_{adj}^2 = 1 - \frac{SSE/(n-k-1)}{SST/(n-1)}$$

(5) 다중공선성

다중 회귀분석은 독립변수 간 상호 관계가 밀접하지 않는 것을 가정으로 한다. 이는 회귀계수를 이용하여 다른 독립변수가 통제되었을 때, 특정 독립변수의 효과를 측정하고자 하기 때문이다.

① **다중공선성의 정의** : 만약 독립변수 간에 강한 선형관계(linear relationship)이 존재한다면 회귀계수의 해석은 심각한 문제를 발생시킨다. 또한 이때 회귀계수는 자료나 회귀식의 변화에 민감하게 반응하여 큰 표준오차를 가지게 되어 통계적 유의성 판단에도 문제를 가져온다. 이와 같이 독립변수 간에 강한 선형관계(linear relationship)이 존재하는 경우를 다중공선성이라 한다.

② **다중공선성의 판단** : 다중공선성은 독립변수 간의 상관계수가 높을 때 발견된다고 알려져 있으나, 상관계수가 높다고 해서 반드시 다중공선성이 발생하지는 않는다. 일반적으로 다중공선성 문제는 분산팽창계수(Variance Inflation Coefficient; VIF) 또는 VIF의 역수인 공차한계(tolerance)를 이용하여 판단한다. VIF의 경우 통계량 값이 10 이하일 때, 공차한계가 0.1 이상일 때 다중공선성 문제가 발생하지 않았다고 판단한다.

③ **다중공선성의 해결** : 다중공선성 문제가 발생한 경우 회귀계수 β_i를 추정하는데 수리적 문제가 발생하게 된다. 이러한 경우 능형회귀분석, 주성분회귀분석 등 다른 분석방법을 이용하여 처리할 수 있다. 능형회귀, 주성분회귀분석은 다른 통계분석과의 결합된 복합분석방법이므로 여기서 다루지 않는다.

(6) 베타회귀계수(표준화된 회귀계수)

① **베타회귀계수의 정의** : 회귀모형에서 독립변수의 상대적인 중요성을 알고자 할 경우 다음과 같은 회귀모형을 추정하고 이때 추정된 회귀계수를 베타회귀계수(beta coefficients) 또는 표준화된 회귀계수(standardized regression coefficients)라고 한다.

$$\frac{Y_i - \overline{Y}}{s_Y} = \beta_2^* \frac{X_{2i} - \overline{X_2}}{s_{X_2}} + \ldots + \beta_k^* \frac{X_{ki} - \overline{X_k}}{s_{X_k}} + \epsilon_i$$

② **베타회귀계수와 회귀계수의 관계** : 아래의 식은 베타회귀계수와 회귀계수의 관계이다. 추정된 베타회귀계수의 값에 대한 해석은 다음과 같다. 예를 들어 그 값이 0.7이면 독립변수의 표준편차 하나 크기(one standard deviation change in the independent variable)만큼 변할 때 다른 변수들의 영향들을 통제한 상태에서 종속변수는 평균적으로 0.7×종속변수의 표준편차만큼 변한다고 해석한다.

$$\widehat{\beta_j^*} = \widehat{\beta_j} \frac{s_{X_j}}{s_Y}$$

③ **표준화된 회귀계수** : 다중 회귀분석에서는 먼저 회귀계수를 직접 구하고, 그것을 표준오차로 나누어 베타회귀계수를 구한다. 베타회귀계수란 변수의 값을 표준점수(Z)로 바꾼 후 산출한 회귀계수로서, 표준화된 회귀계수(standardized regression coefficient)라고 한다. 이에 비해 회귀계수 추정값은 원래의 측정치에 기초하여 산출되기 때문에 표준화되지 않은 회귀계수라고 할 수 있다.

④ **베타회귀계수의 유용성** : 변수들의 측정 단위가 서로 다른 다중 회귀분석에서 종속변수에 대한 독립변수들의 영향의 상대적 중요도를 판단할 때는 베타회귀계수가 적합하다. 그러나 베타회귀계수는 절대적 영향의 크기가 아니라 모든 변수를 어떤 기준에 의해 표준화시킨 결과에 기초하고 있는 계수이기 때문에 상대적 영향의 크기로 이해하여야 한다.

(7) 가변수

① **가변수** : 다중 선형 회귀분석에서 명목변수와 서열변수가 독립변수로 사용되는 경우, 그 변수를 의미 있게 만들기 위해서는 가변수를 만들어 사용해야 한다. 명목변수의 분류코드나 서열변수의 등급코드를 2분법의 원칙에 맞도록 분류항목이나 등급을 각각 하

나씩의 독립변수로 만들어야 하는데, 이때 만들어진 변수를 가변수(더미변수; dummy variable)라고 한다.

② **가변수 필요의 예** : 종교의 경우 1) 기독교, 2) 가톨릭, 3) 불교, 4) 기타의 4가지 항목을 만들 수 있다. 이것을 1점에서 4점까지의 등간척도로 간주하여 종교에 따른 각 값을 사용한다면 정확한 분석이 되지 않는다. 회귀분석을 위해서는 이 4가지 범주를 각기 하나의 독립된 변수로 간주하고, 기독교면 1, 아니면 0, 가톨릭이면 1, 아니면 0 등으로 바꾸어 쓴다. 이렇게 1과 0의 범주만으로 구성된 변수를 가변수라고 하는 것이다.

③ **가변수와 회귀분석** : 단순 선형 회귀분석에서 성별에 따른 소득을 예측한다고 할 때, $Y_i = \beta_0 + \beta_1 X_i$라는 회귀방정식을 설정한다고 했을 때($Y_i$는 소득이고 X_i는 성별로서 남자는 1, 여자는 0의 값을 부여), 여기서 여자는 $X_i = 0$, $Y_i = \beta_0$로서 이것은 여자의 평균소득에 대한 예측값이며, 남자는 $X_i = 1$, $Y_i = \beta_0 + \beta_1$로서, 남자의 평균소득에 대한 예측값이 된다. 여기서 회귀계수 β_1은 남자와 여자의 평균소득의 차이가 된다. 다시 말해, β_1가 양수(+)이면 남자가, 음수(-)이면 여자가 소득이 더 높다는 것을 의미한다. 여자와 같이 가변수의 값이 0인 집단을 참조집단(reference group)이라 한다.

④ **가변수 생성 방법** : 가변수(dummy variable)를 만들 때는 일반적으로 0과 1을 조합하여 만든다. 예를 들어 종교의 경우 분류 항목이 기독교, 가톨릭, 불교, 기타인 경우 더미변수는 다음과 같이 만든다.

독립변수	가변수		
종 교	D1	D2	D3
기독교	1	0	0
가톨릭	0	1	0
불 교	0	0	1
기 타	0	0	0

(8) 변수선택

다중 회귀분석에서 여러 개의 독립변수가 주어졌을 때 모든 변수가 종속변수에 영향을 준다고 보기 어렵다.

① 모형 선택

㉠ 사실, 다중 회귀분석에서 가장 중요하고 또한 가장 어려운 주제는 소위 '모형 선택(model selection)'이라는 것이다. 모형 선택이란 종속변수를 조금씩이나마 설명할 수 있는 모든 가능한 독립변수 중에서 어떤 것은 취하고 어떤 것은 버릴 것인가를 결정하는 것이다. 예를 들면 모든 가능한 독립변수를 모두 포함시킨 모형을 포화모형이라 하고 독립변수의 개수를 k라 하면, $\{\beta_1, \cdots, \beta_k\}$ 중에서 하나 이상을 0으로 놓은 것(즉, 특정 독립변수를 회귀모형에 포함하지 않는 것)이 축소모형인데 가능한 한 축소 모형 중에서 가장 좋은 모형을 선택하는 것이 모형 선택이다.

ⓒ 이를 위하여 독립변수를 선택하는 여러 가지 방법이 있으며 정확한 기준의 정답이 없다. 아주 쉽게 생각한다면 다음과 같은 모형선택의 과정도 모형 선택이라고 할 수 있다.
　　ⓐ 유의수준과 관계없이 독립변수를 일시에 투입하여 이를 모형으로 선택
　　ⓑ 독립변수를 단계별로 투입하는 방식으로 모형을 선택
　　ⓒ 연구자가 각 독립변수의 유의수준을 먼저 지정하고 그에 적합한 변수만으로 모형을 선택

② 일반적인 통계 패키지에 의한 방법
　ⓐ 전진 선택법(forward selection) : 이는 독립변수의 개수를 하나씩 증가시키는 방법이다. 하나의 독립변수만을 고려한 단순회귀모형에서 단계가 추가될수록 독립변수를 하나씩 더 추가하는데 독립변수를 추가하는 기준(연구자가 지정한 유의수준 이하의 유의확률을 갖는)을 통과하여야 한다. 이렇게 독립변수가 더 이상 추가되지 않을 때까지 독립변수를 추가하는 방법이 전진 방법이다.
　ⓑ 후진 제거법(backward elimination) : 후진 제거방법은 모든 변수가 포함되어 있는 다중회귀모형으로 시작해서 독립변수를 하나씩 제거하는 방법이다. 예제를 들어 모든 독립변수를 포함한 다중회귀모형을 생각해보자. 이 중에서 기준미달인 독립변수가 있다면 이를 제거한다. 그리고 다음 단계에서는 남아 있는 독립변수 중에서 다시 기준미달의 변수를 찾아내어 제거한다. 이렇게 더 이상 제거할 변수가 없을 때까지 변수를 제거하는 방법이 후진 방법이다.
　ⓒ 단계 선택법 : 전진 선택법과 후진 제거법의 방법을 같이 고려한 방법이 세 번째 방법인 단계 선택(stepwise selection)방법이다. 즉, 변수를 선택하였다가 제거할 변수를 찾고, 제거할 변수를 제외한 후 다시 추가할 변수를 찾는 방법이다.

③ 전진 선택법과 후진 제거법의 예 : 전진 선택과 후진 제거방법의 결론은 동일할 수도 그렇지 않을 수도 있다. 예를 들어, 처음에는 독립변수 X_5가 힘을 발휘하다가 나중에 독립변수 X_6가 등장하고 나서는 (독립변수 X_5의) 힘이 약해지는 수가 있다. 또한 반대되는 현상도 가능하다. 즉, 처음에는 독립변수 X_5가 유의하지 않다가 나중에 독립변수 X_6가 등장하면서 함께 큰 힘을 발휘하는 수도 있다.

④ 모형 선택에서 고려사항 : 위의 세 가지 방법 중 어떤 방법이 정답이라고 할 수 없다. 앞에서 언급했듯이 회귀분석의 목적 중 하나는 '한 변수(종속변수)에 대한 다른 여러 변수의 영향을 통제한 후 어떤 특정 변수만의 영향력을 알고자 할 때'이므로 연구에 따라 중요하다고 생각되는 독립변수는 실제 통계적인 유의성에 관계없이 모형에 포함시킬 수 있다. 이러한 연유로 모형선택에는 특별한 정답이 없다고 하며, 적절한 모형을 선택하기 위해서는 연구자의 판단과 연구 그리고 통계적인 검증과정이 모두 필요하다.

2 다중회귀분석 실행하기

(1) 회귀분석 대화상자 호출

다중선형회귀분석을 실행하려면 단순 회귀모형과 마찬가지로 메뉴에서 [분석] → [회귀분석] → [선형]을 실행한다.

```
분석(A)
    회귀분석(R)
        선형(L)
```

(2) 회귀분석 대화상자

선형 회귀분석을 실시하면 다음은 선형 회귀분석 대화상자가 나타난다. 우측의 종속변수에는 연속형 종속변수를 지정하고, 독립변수 칸에 독립변수들을 지정한다.

선형 회귀분석 대화상자

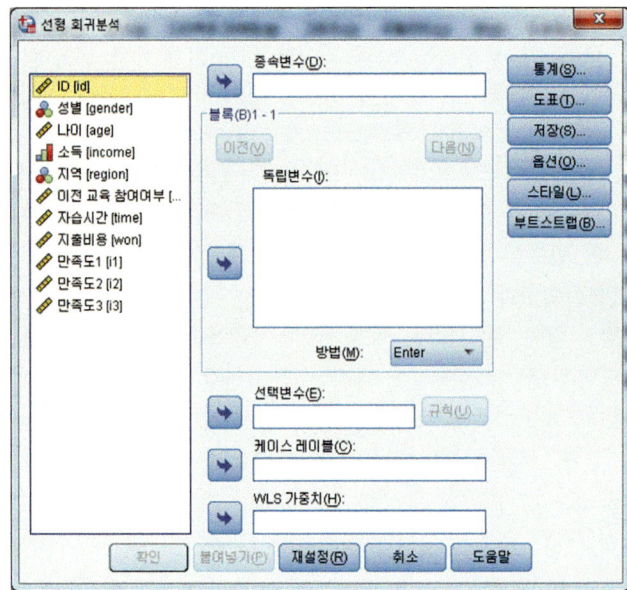

(3) 변수 선택법

독립변수 하단에 [방법] 메뉴가 있다. 이는 변수선택 방법에 대한 옵션을 지정할 수 있다.

선 택		설 명
방법	입력(Enter)	• 단 한 번 만에 지정한 변수들을 모두 진입 • 변수를 지정하지 않았을 때는 모든 독립변수들을 진입
	단계선택(Stepwise)	각각의 단계마다 변수들을 유의도에 따라 진입과 탈락을 지정
	제거(Removed)	지정한 변수들을 한 번에 탈락시킨다.
	후진(Backward)	후진변수제거법 : 먼저 모든 변수를 진입시킨 후 제거기준에 따라 한 번에 변수 하나씩 제거
	전진(Forward)	전진변수선택법 : 진입기준에 따라 한 번에 하나씩 진입

(4) 통계 옵션 대화상자

[통계] 옵션에서는 회귀계수의 추정값 및 모형 적합도, 공선성 진단 및 잔차검정에 대한 옵션을 제공하며 각 옵션에 대한 내용은 다음과 같다.

선형 회귀분석 : 통계 대화상자

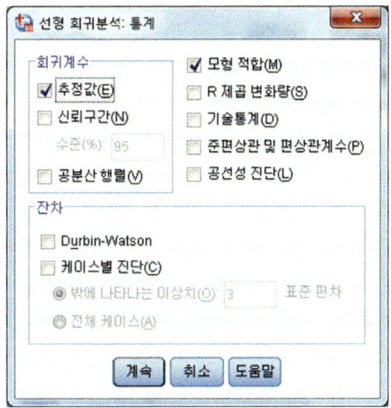

		내 용
회귀계수	추정값	회귀계수의 추정값 및 관련 통계량
	신뢰구간	각 비표준회귀 계수에 대한 95% 신뢰구간을 표시
	공분산 행렬	비표준 회귀계수에 대한 분산-공분산 행렬
모형의 적합		다중 R, R^2, 수정된 R^2, 표준오차 등을 제공
R 제곱 변화량		R^2 통계량의 변화량으로서 독립변수를 추가·삭제해 생성
기술통계		평균, 표준편차, 그리고 단측 검정 유의수준을 가진 상관행렬
부분상관 및 편상관계수		0차, 부분 및 편상관을 표시
공선성 진단		개별 변수에 대한 공차한계와 다중공선성 문제 진단을 위한 통계량
잔차	Durbin-Watson	연속으로 수정된 잔차에 대한 Durbin-Watson 검정과 잔차 및 예측값에 대한 요약통계량
	케이스별 진단	선택기준을 만족하는 케이스에 대한 케이스별 진단

(5) 도표 옵션 대화상자

도표 옵션은 7절 단순회귀분석을 참고하기 바란다.

[예제를 통한 이해]

1 예제파일 [example.sav]을 통한 다중 회귀분석

예제파일 [example.sav]에서 만족도 1-3(i1-i3)의 평균을 전체 만족도로 고려하도록 한다. 이에 대한 내용은 1장 6절 데이터의 변환 예제를 참고하도록 한다. 이렇게 기존의 만족도 1-3(i1-i3)으로부터 평균값인 만족도를 종속변수로 하고 자습시간과 지출비용 그리고 지역을 독립변수로 하는 다중 회귀분석에 대하여 생각해보자.

2 새로운 변수 생성

다중 회귀분석을 실시하기에 앞서, 이산형 변수인 지역변수를 독립변수로 사용하기 위해서는 지역변수를 가변수로 만들어야 한다. 이를 위하여 1장 6절에서 설명하였던 '다른 변수로 코딩 변경'을 이용하도록 한다.

① 다른 변수로 코딩변경 실행 : 메뉴의 [변환] → [다른 변수로 코딩변경]을 실시하여, 읍면지역을 참조집단으로 하는 가변수를 만들도록 한다.
② 가변수 이름 지정 : 먼저 변수명 region1을 갖는 서울을 지칭하는 지역(서울) 변수를 만든다. 이는 다른 변수로 코딩변경에서 기존값 서울(1)을 '1'로 그 외는 '0'으로 하는 변수이다.

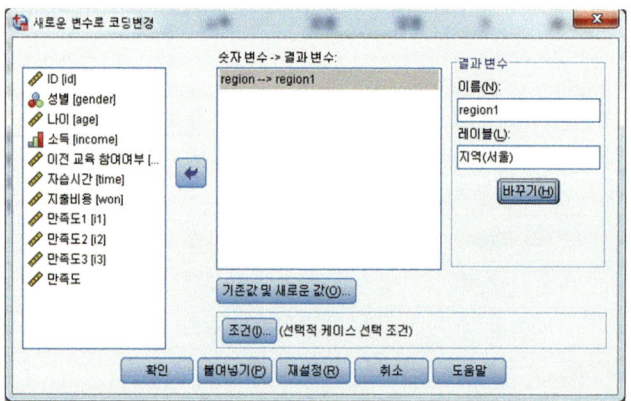

③ 가변수 값 지정

④ 남은 가변수 생성 : 이와 같은 가변수를 '대도시'와 '중소도시'에 대하여 각각 변수명 region2[지역(대도시)], region3[지역(중소도시)]를 만든다. 각 변수는 해당 지역의 값을 '1'로 그 외는 '0'으로 하는 변수이다.

⑤ 가변수 생성 결과

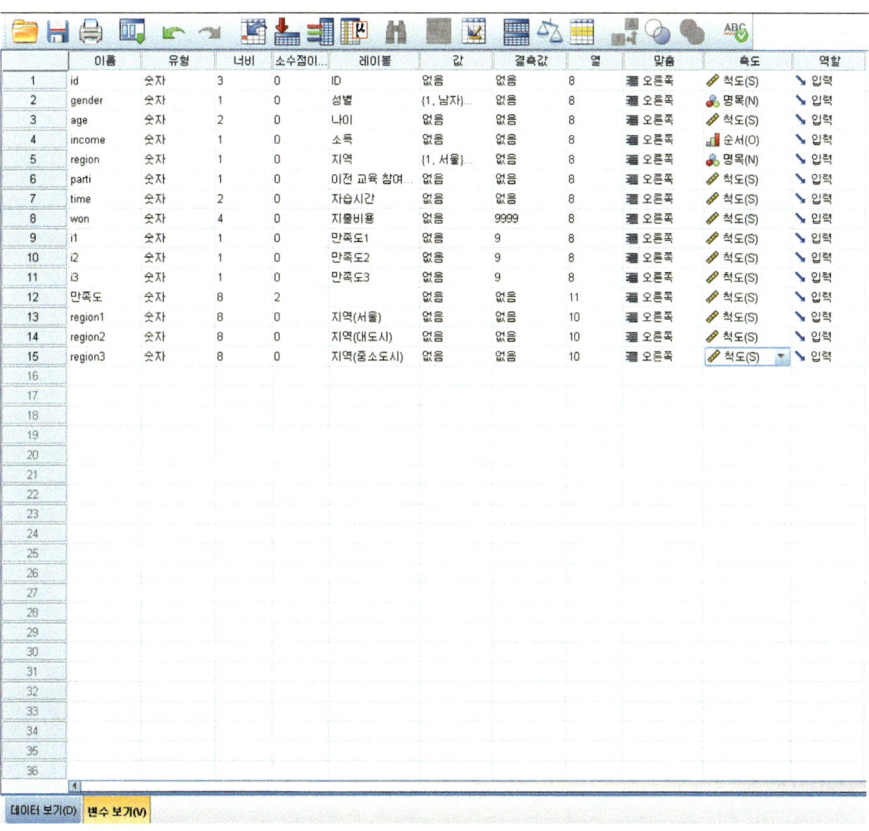

3 변수 지정

자습시간과 지출비용 그리고 지역을 독립변수로 하는 다중 회귀분석을 위해서 선형 회귀분석 대화상자에 다음과 같이 종속변수와 독립변수를 설정한다.

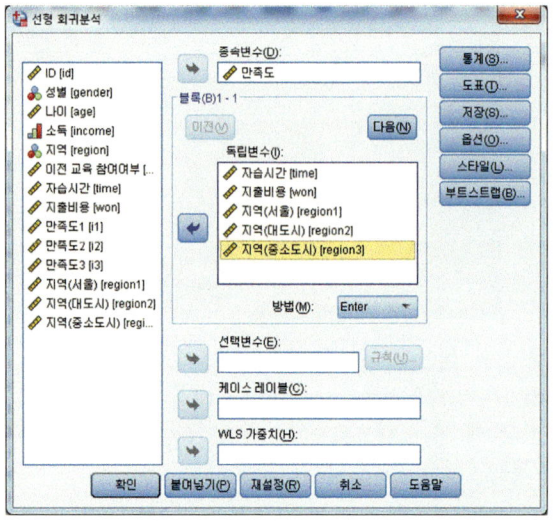

4 통계 옵션 지정

통계 옵션에서 잔차들의 독립성을 확인을 위한 Durbin-Watson 통계량, 독립변수들의 공선성 여부를 확인하기 위해 공선성 진단 옵션을 설정하였다.

모형 적합, 공선성 진단 등 옵션 설정

5 도표 옵션 지정

잔차들의 등분산성과 특정한 패턴 여부를 확인하기 위하여 도표에서 정규확률도표(P-P plot)와 회귀 표준화 잔차를 세로축으로 회귀 표준화 예측값을 가로축으로 하는 산점도를 출력하도록 다음과 같이 지정한다.

잔차 산점도를 그리기 위한 설정

6 분석 결과

선형 회귀분석 대화상자의 [확인]을 클릭하면 다음과 같은 다중 회귀분석을 실시한 결과를 얻는다.

① 먼저 종속변수 및 독립변수들에 대한 기술통계 : 아래 표에서 각 변수들에 대한 평균과 표준편차를 살펴볼 수 있으며, 이때 표본 수(N)가 95임을 확인할 수 있다. 이는 SPSS 회귀분석에서 변수들 중에 결측값이 있는 경우 해당 케이스를 제외하여 분석하기 때문이다. 즉, 전체 100명 중 종속변수와 독립변수들에 대하여 결측이 없는 95명의 케이스에 대하여 다중 회귀분석이 실시되었다.

기술통계

	평균	표준 편차	N
만족도	3.6351	.67385	95
자습시간	10.34	5.941	95
지출비용	4125.87	1824.482	95
지역(서울)	.41	.495	95
지역(대도시)	.19	.394	95
지역(중소도시)	.20	.402	95

② 독립변수들이 종속변수에 유의한 설명력을 가지고 있는지, 즉 회귀모형의 적합도는 분산 분석표를 이용하여 검정한다. 이때 모형 적합도에 대한 귀무가설은 다음과 같다.

$$H_0 : \beta_1 = \beta_2 = \beta_3 = ... = \beta_5 = 0$$
$$H_1 : 적어도 하나의 \beta_k 가 0이 아니다.$$

③ 다중 회귀분석 결과는 다음과 같다.

분산 분석[a]

모 형		제곱합	df	평균 제곱	F	유의확률
1	회귀분석	2.485	5	.497	1.100	.366[b]
	잔차	40.198	89	.452		
	총계	42.683	94			

※ a. 종속 변수 : 만족도
※ b. 예측 변수 : (상수), 지역(중소도시), 자습시간, 지역(대도시), 지출비용, 지역(서울)

모형의 적합도를 보기 위한 분산분석표에서 F-값이 1.1이며 유의확률이 0.366으로 유의수준 0.05보다 크다. 이 경우 주어진 독립변수들을 고려한 모형이 적합하지 않다. 즉, 모든 회귀계수가 0이다.

④ 각 회귀계수의 추정값이 0인지 확인하도록 한다. 각 회귀계수에 대한 유의성을 확인할 수 있는 계수 추정 결과는 아래의 표와 같다. 앞에서 분산 분석에서 귀무가설을 기각하지 못했기 때문에 각 회귀계수들에 대한 t-검정에서도 상수항을 제외한 독립변수들의 회귀계수에 대한 귀무가설($H_0 : \beta_k = 0$)를 유의수준 0.05에서 기각할 수 없다.

계수[a]

모 형		비표준 계수		표준 계수	t	유의확률	공선성 통계	
		B	표준 오차	베타			허용 오차	VIF
1	(상수)	3.577	.221		16.173	.000		
	자습시간	-.023	.012	-.203	-1.876	.064	.903	1.107
	지출비용	7.461E-5	.000	.202	1.689	.095	.740	1.352
	지역(서울)	-.099	.205	-.073	-.483	.630	.466	2.144
	지역(대도시)	.132	.222	0.77	.593	.554	.629	1.589
	지역(중소도시)	.019	.219	0.11	.086	.931	.620	1.612

※ a. 종속 변수 : 만족도

⑤ 회귀계수에 대한 검정 우측에는 다중공선성 여부에 대한 통계량이 제공된다. 다중공선성 여부 확인에 흔히 사용되는 분산팽창계수(VIF)가 10 이상이면 다중공선성이 있다고 의심되며 예제의 경우 큰 값을 가진 경우가 없어 다중공선성이 없다고 볼 수 있다.

⑥ 모형에 포함된 독립변수에 대한 회귀계수에 대한 유의확률이 유의수준 0.05보다 높아 종속변수(만족도)에 통계적으로 유의한 영향을 주지 않는다고 볼 수 있다. 실제 분석에서 통계적으로 유의하지 않은 변수는 제거하여야 마땅하나, 예제에서는 유의하다는 가정하에서 회귀계수에 대해 설명하도록 한다.

⑦ 자습시간에 대한 회귀계수 추정값은 -0.023로 다른 독립변수들을 보정(adjust)하였을 때 자습시간이 한 단위 증가할 때마다 종속변수의 평균(기댓값)이 0.023 감소한다.

⑧ 이외에 적합된 모형에 대한 결정계수와 같은 모형의 요약통계량과 회귀모형의 다른 가정을 만족하는지 살펴보기 위한 통계량을 살펴보면 아래의 표와 같다. 결정계수는 0.058로 주어진 모형(자습시간, 지출비용, 지역이 포함된 모형)의 설명력이 종속변수의 변동을 5.8% 정도 설명한다. 또한 더빈-왓슨(Durbin-Watson) 통계량이 1.771로 2에 매우 가까워 잔차들이 독립적이라고 볼 수 있어 주어진 모형은 오차의 독립성 가정을 만족한다.

모형 요약[b]

모형	R	R 제곱	조정된 R 제곱	표준 추정값 오류	Durbin-Watson
1	.241[a]	.058	.005	.67206	1.771

※ a. 예측 변수 : (상수), 지역(중소도시), 자습시간, 지역(대도시), 지출비용, 지역(서울)
※ b. 종속 변수 : 만족도

⑨ 아래 그림은 정규성과 등분산성 가정을 만족하는지 확인하기 위한 정규확률도표(P-P 도표)와 잔차의 산점도이다. 정규확률도표(P-P 도표)에서 관측값의 잔차(○ 표시)가 직선에 가깝게 나열되어 있으면 잔차들은 정규성을 만족한다. 위의 정규확률도표에서 직선을 따라 나열되어 있어 정규성을 따른다고 볼 수 있다.

다중 회귀분석 후 잔차들의 정규확률도

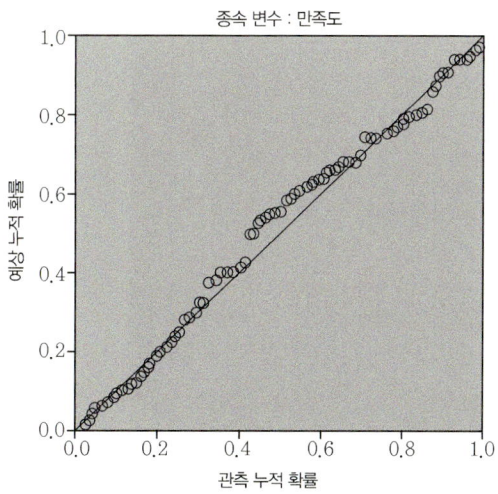

⑩ 다음은 가로축을 표준화 예측값으로 세로축을 표준화 잔차로 갖는 산점도이다. 잔차의 산점도를 살펴보면, 특정한 패턴이 없이 일정한 분산을 갖고 있음을 확인할 수 있어 잔차들이 등분산성도 만족한다고 볼 수 있다.

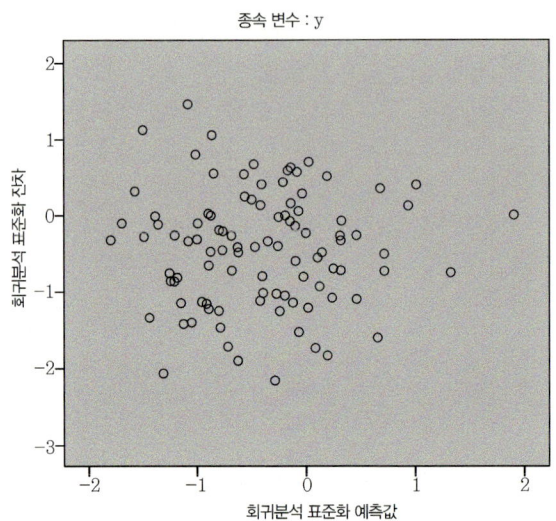

다중 회귀분석 후 표준화 예측값과 표준화 잔차의 산점도

적중예상문제

※ '30대 이하 직장인들의 직장생활 만족도' 조사결과가 입력되어 있는 실습파일 [data2.sav]에서 회사에 대한 만족도(B1-B4)와 성별(GENDER)를 독립변수로, 이직고려(C1)를 종속변수로 하여 다중 회귀분석을 실시하고자 한다.

01 회귀모형에 대한 다음 분산 분석표를 작성하시오.

	제곱합(SS)	자유도(DF)	평균제곱(MS)	F	유의확률
모 형					
오 차					
합 계					

02 회귀모형에 대한 결정계수를 구하시오.

03 각 회귀계수에 대한 다음 표를 채우고, 해석하시오.

변 수	회귀계수	t-값	유의확률
만족도1			
만족도2			
만족도3			
만족도4			
성 별			

해설 ※ 문제풀이 INTRO

다중 회귀분석을 실시하기에 앞서, 이산형 변수인 성별 변수를 독립변수로 사용하기 위해서는 성별 변수를 가변수로 만들어야 한다. 이를 위하여 '다른 변수로 코딩변경'을 이용하도록 한다.

1. 가변수 생성 : 메뉴의 [변환] → [다른 변수로 코딩변경]을 실시한다.
    ① 가변수 이름 지정 : 여자 또는 남자를 참조집단으로 하는 새로운 가변수 GENDER1을 만들도록 한다.

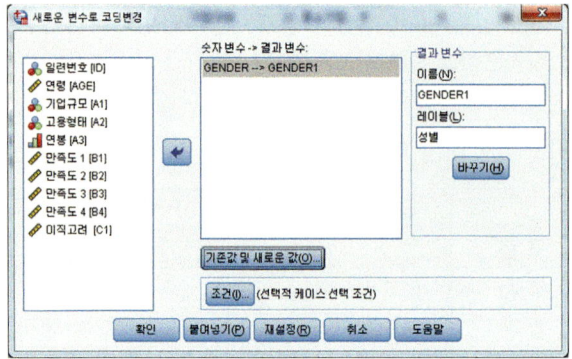

② 가변수 값 지정 : 본 풀이에서는 남자를 참조집단으로 가변수를 만들도록 한다. '다른 변수로 코딩변경'을 실행 후, 새로운 변수 GENDER1은 기존 코딩 남자(1)은 '0'으로, 여자(2)는 '1'의 값을 갖도록 설정한다.

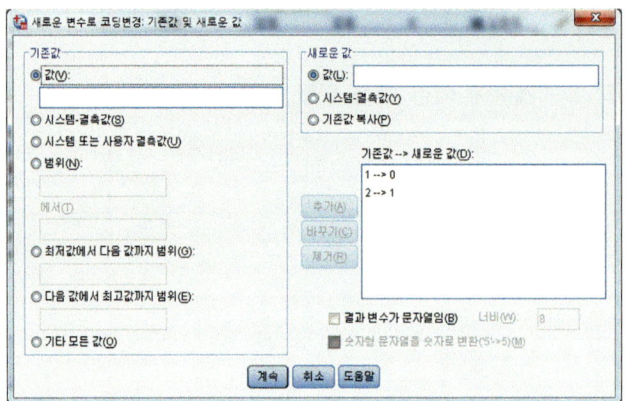

2. 다중 회귀분석 변수 지정 : 먼저 선형 회귀분석 대화상자에서 종속변수로 이직고려(C1)를, 독립변수로는 만족도1-4(B1-B4)와 성별(GENDER1)을 설정하도록 한다.

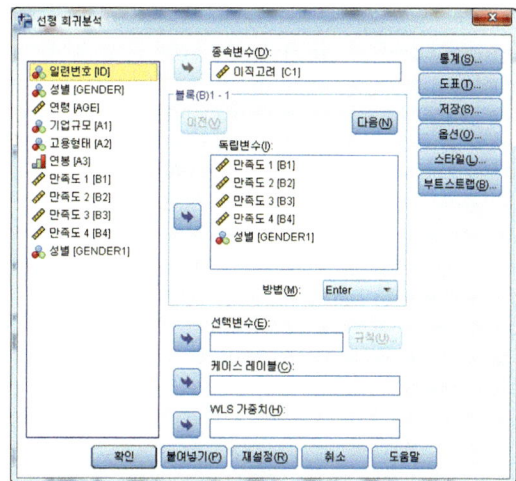

3. 통계 옵션 지정 : [통계] 옵션에서 결정계수 R^2를 구하기 위하여 모형 적합을 선택한다. 선형 회귀분석에서 [확인]을 클릭하면 다중 회귀분석 결과를 얻을 수 있다.

문제01

분산 분석표는 별다른 옵션을 지정하지 않아도 다음과 같이 구한다.

	제곱합(SS)	자유도(DF)	평균제곱(MS)	F	유의확률
모 형	6.842	5	1.374	0.958	0.462
오 차	35.842	25	1.434		
합 계	42.710	30			

문제02

모형요약 결과에서 결정계수 R^2를 구할 수 있다.

모형 요약[b]

모 형	R	R 제곱	조정된 R 제곱	표준 추정값 오류
1	.401[a]	.161	-.007	1.197

※ a. 예측 변수 : (상수), 성별, 만족도2, 만족도4, 만족도3, 만족도1

결정계수 : 0.161

문제03

1. 각 회귀계수에 대한 결과는 '계수' 결과에서 확인이 가능하다.

계수[a]

모 형		비표준 계수		표준 계수	t	유의확률
		B	표준 오차	베타		
1	(상수)	4.371	.789		5.537	.000
	만족도1	-.224	.291	-.207	-.772	.447
	만족도2	-.174	.223	-.194	-.782	.442
	만족도3	-.004	.257	-.004	-.017	.987
	만족도4	-.061	.208	-.064	-.292	.773
	성별	.119	.503	.051	.238	.814

※ a. 종속 변수 : 이직고려

2. 이를 참고로 하여 문제의 표를 작성하면 된다.

변 수	회귀계수	t-값	유의확률
만족도1	-0.224	-0.772	0.447
만족도2	-0.174	-0.782	0.442
만족도3	-0.004	-0.017	0.987
만족도4	-0.061	-0.292	0.773
성별	0.119	0.238	0.814

3. 모든 회귀계수에 대한 유의확률이 0.05를 넘어 귀무가설($H_0 : \beta_k = 0$)을 기각할 수 없다. 독립변수들(만족도1-만족도4, 성별)은 종속변수 이직고려에 영향을 주지 않는다.

> ✓ [일러두기]
> 이와 같은 결과는 2장 8절 적중예상문제 2번 문제의 결과와 상이하다. 다중 회귀분석의 목적 중 하나는 다른 독립변수들이 조정되었을 때의 특정 독립변수의 효과를 살펴보고자 함에 있기 때문이다. 단순 회귀분석에서 유의했던 변수가 다중 회귀분석에서 반드시 유의하리라는 보장은 없다. 이는 연구자에게 다중 회귀분석의 필요성을 부여한다.

※ 실습파일 [reg1.sav]는 종속변수 Y와 독립변수 $X1 - X5$에 대한 자료이다. 종속변수 Y에 대하여 독립변수 $X1 - X5$를 갖는 회귀모형을 고려한다. 회귀모형이 유의한지, 각 계수는 유의한지 살펴보고, 독립변수 $X1 - X5$를 포함하는 회귀모형의 설명력은 구하시오. 또한 회귀모형의 가정을 검토하시오.

해설

1. 이 문제는 사회조사분석사 시험에 대비하기보다는, 독자들의 회귀분석에 대한 이해를 위하여 준비된 문제이다. 실습파일 [reg1.sav]의 종속변수 Y에 대하여 독립변수 $X1 - X5$를 갖는 회귀모형을 고려하고 이를 이용하여 회귀계수의 유의성 검정, 모형의 설명력, 가정의 검토들에 대하여 살펴보도록 한다.
2. 먼저 선형 회귀분석 대화상자에서 종속변수로 Y를, 독립변수로는 $X1 - X5$를 설정하도록 한다.

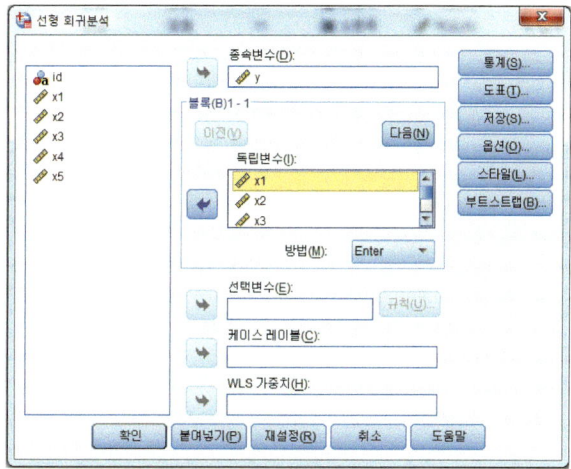

3. 가정의 검토를 위하여 [통계] 옵션에서 잔차들의 독립성을 확인하기 위하여 더빈-왓슨(Durbin-Watson)을 설정하고 기술통계량을 살펴보기 위해 기술통계를 설정하였다. 다중회귀모형이므로 다중공선성에 대한 검토가 필요하다. 이를 위하여 공선성진단 옵션을 설정하였다.
4. 잔차들의 등분산성과 특정한 패턴 여부를 확인하기 위하여 도표에서 정규확률도표(P-P plot)와 회귀 표준화 잔차를 세로축으로 회귀 표준화 예측값을 가로축으로 하는 산점도를 출력하도록 설한다.
5. 이와 같은 옵션을 지정하고 난 후, 선형 회귀분석 대화상자의 [확인]을 클릭하면 다중 회귀분석을 결과를 얻는다. 결과를 하나씩 살펴보도록 한다. 먼저 모형의 적합도를 알 수 있는 분산 분석표와 각 회귀계수 값과 유의성을 확인할 수 있는 계수 추정을 살펴보도록 한다.
6. 독립변수 $X1 - X5$가 포함된 회귀모형이 종속변수에 대하여 설명력이 있는지 분산 분석을 통하여 검정할 수 있다.

분산 분석[a]

모 형		제곱합	df	평균 제곱	F	유의확률
1	회귀분석	2174.596	5	434.919	694.350	.000[b]
	잔차	58.879	94	.626		
	총계	2233.474	99			

※ a. 종속 변수 : y
※ b. 예측 변수 : (상수), x5, x3, x4, x1, x2

7. 다중 회귀분석의 경우 모형의 적합도와 하나의 독립변수의 유의성은 동일한 결과를 갖지 않는다. 먼저 모형 전체에 대한 적합도를 보기 위한 분산 분석표를 보면 F-값이 694.350이며 유의확률이 0.000(0이 아님)으로 매우 작아 유의수준 0.05에서 독립변수 $X1-X5$를 고려한 모형이 적합함을 확인할 수 있다. 이때 귀무가설은 아래와 같으며, 귀무가설을 기각하였기 때문에 주어진 독립변수 중 적어도 하나는 종속변수 Y에 유의한 영향을 미친다고 볼 수 있다. 따라서 다중 회귀분석에서 모형이 적합하다면 주어진 독립변수 중 어떤 변수가 유의한 결과를 가졌는지가 관심사가 된다. 이를 위한 결과는 다음의 회귀계수에 대한 결과를 통하여 알 수 있다.

$$H_0 : \beta_1 = \beta_2 = \beta_3 = ... = \beta_5 = 0$$
$$H_1 : \text{적어도 하나의 } \beta_k \text{가 0이 아니다.}$$

계수[a]

모형		비표준 계수		표준 계수	t	유의확률	공선성 통계	
		B	표준 오차	베타			허용 오차	VIF
1	(상수)	10.267	.311		33.034	.000		
	X1	-1.541	.039	-.681	-39.527	.000	.944	1.059
	X2	3.079	.090	.616	34.404	.000	.874	1.144
	X3	.875	.036	.417	24.439	.000	.964	1.037
	X4	2.064	.162	.218	12.775	.000	.961	1.040
	X5	.012	.044	.005	.275	.784	.860	1.163

※ a. 종속 변수 : y

8. $X1-X4$는 유의확률이 매우 낮아 종속변수에 통계적으로 유의한 영향을 준다고 볼 수 있다. 그러나 X5의 경우 유의확률이 0.784로 유의수준 0.05에서 종속변수 Y에 영향을 주지 않는다. 이와 같이 다중 회귀분석에서는 모형 자체가 유의하더라도 각 독립변수에 대한 회귀계수가 모두 유의하지 않을 수가 있다.

9. 독립변수 중 $X1$이 종속변수에 주는 영향력은 다음과 같다. $X1$에 대한 회귀계수 β_1 추정값은 -1.541로 다른 독립변수들(X2, X3, X4, X5)가 보정(adjust)하였을 때 $X1$이 한 단위 증가할 때마다 종속변수 Y의 평균(기댓값)이 1.541씩 감소한다. 이는 단순회귀분석을 실시하였을 때 값과 차이가 있다. 이유는 다른 변수가 보정됨으로써 나타나는 현상으로 회귀분석에서는 다른 독립변수들이 어떻게 고려되는가에 따라 회귀계수의 추정값이 바뀔 수 있다.

10. 계수 추정 우측에는 공선성 통계라고 하여 독립변수들 사이에 다중공선성이 있는지 확인할 수 있는 분산팽창계수(VIF)를 제공한다. 이때 VIF가 모두 1 근처로 매우 낮아 독립변수들 사이에 다중공선성이 없다. 즉, "독립변수들은 서로 선형성이 강하지 않다."라는 가정을 만족한다.

11. 적합된 모형이 얼마나 변동을 잘 설명하는지 나타내는 결정계수는 모형 요약에서 나타난다.

모형 요약[b]

모형	R	R 제곱	조정된 R 제곱	표준 추정값 오류	Durbin-Watson
1	.987[a]	.974	.972	.79143	2.204

※ a. 예측 변수 : (상수), x5, x3, x4, x1, x2
※ b. 종속 변수 : y

12. 결정계수는 0.974로 주어진 모형($X1-X5$를 독립변수로 고려한 모형)의 설명력이 종속변수의 변동을 97.4% 정도 설명한다. 이는 2장 8절 적중예상문제의 $X1$만 고려한 단순회귀모형에 비해 매우 높다. 조정된 결정계수(조정된 R 제곱) 또한 0.972로 매우 높다.

13. 또한 오차들의 독립성 가정을 확인할 수 있는 더빈-왓슨(Durbin-Watson) 통계량이 2.204로 2에 매우 가까워 잔차들이 독립적이라고 볼 수 있어 주어진 모형은 오차의 독립성 가정을 만족한다.
14. 다음은 정규성과 등분산성 가정을 만족하는지 확인하기 위한 정규확률도표(P-P 도표)와 잔차의 산점도이다.

회귀분석 표준화 잔차의 정규 P-P 도표

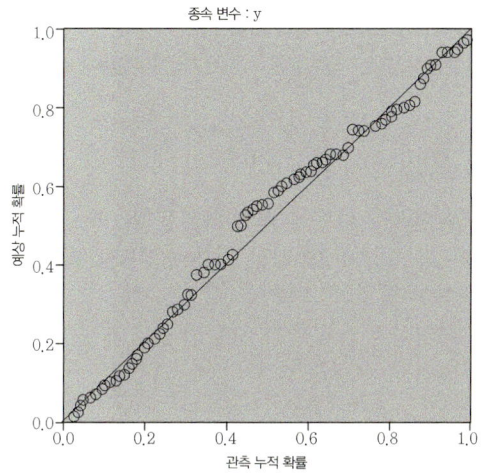

산점도

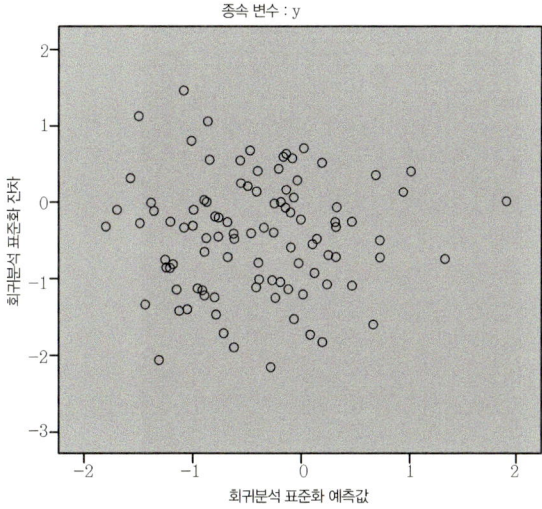

15. 정규확률도표(P-P 도표)에서 관측값의 잔차(○ 표시)가 직선에 가깝게 나열되어 있으면 잔차들은 정규성을 만족한다. 위의 정규확률도표에서 직선을 따라 나열되어 있어 정규성을 따른다고 볼 수 있다. 또한 잔차의 산점도를 살펴보면, 특정한 패턴이 없이 일정한 분산을 갖고 있음을 확인할 수 있어 잔차들이 등분산성도 만족한다고 볼 수 있다.

제3장 작업형 기출유사문제

01 제1회 작업형 모의고사

요구사항 아래의 모든 질문에 대한 답안은 통계 패키지(package)를 이용하여 수행한 결과(화면이용)를 바탕으로 문제지에 직접 작성하시기 바랍니다.

※ 주어진 자료는 어느 회사에서 단순임의 추출된 300명의 직원들을 대상으로 직원들의 인사 고과 및 회사 만족도를 평가하기 위해 수집한 자료이다. 데이터 파일은 지급 받은 디스켓에 [2015.txt]로 저장되어 있으며, 아래의 〈표1〉은 데이터의 코딩 양식이다. 업무 만족도 및 복리후생 만족도에는 응답자가 응답하지 않은 무응답이 존재하며 이러한 결측값은 9의 값을 부여하여 입력하였다.

〈표1〉 자료 파일의 코딩 양식

변수명	내 용	변수 설명
ID	일련번호	일련번호
PART	① 마케팅, ② 상품개발, ③ 기타	부서유형
AGE	① 25-29세, ② 30-39세, ③ 40-49세, ④ 50세 이상	연령대
S	① 매우 낮음, ② 낮음, ③ 보통, ④ 높음, ⑤ 매우 높음	인사 고과
B1	① 매우 불만족, ② 불만족, ③ 보통, ④ 만족, ⑤ 매우 만족	업무 만족도 1
B2		업무 만족도 2
B3		업무 만족도 3
B4		업무 만족도 4
B5		업무 만족도 5
W1	① 매우 불만족, ② 불만족, ③ 보통, ④ 만족, ⑤ 매우 만족	복리후생 만족도 1
W2		복리후생 만족도 2
W3		복리후생 만족도 3
W4		복리후생 만족도 4
W5		복리후생 만족도 5

◀문제해결을 위한 기초작업▶

1. 자료 불러오기

사회조사분석사 시험문제는 탭(tab)으로 구분된 텍스트(text) 파일로 제공된다. 제공된 파일을 SPSS로 불러오기 위해서는 텍스트 가져오기 마법사를 사용해야 한다.

    파일(F)
        텍스트 데이터 읽기(D)

① 제공된 [2015.txt]는 첫 번째 행에 변수 이름이 있고 탭으로 구분되어 있어 텍스트 가져오기 마법사 2단계에서 다음과 같이 구분자에 의한 배열이 되어 있고, 변수이름이 파일의 처음에 되어 있다고 지정한다.

텍스트 가져오기 마법사 2단계

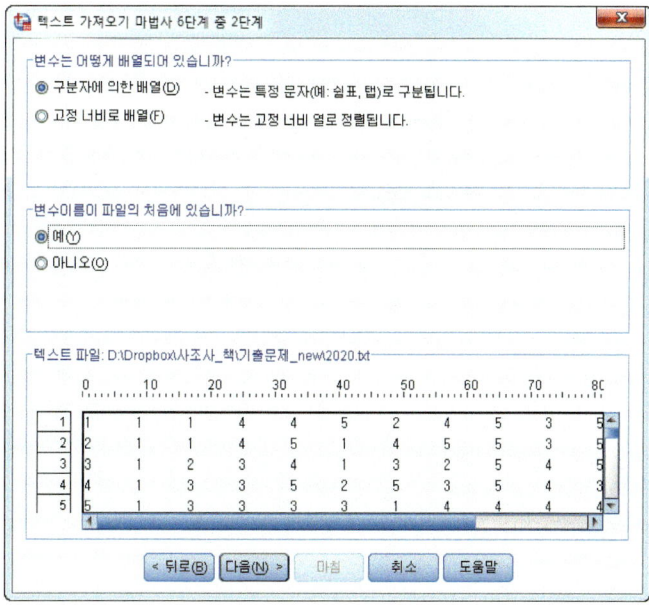

② 텍스트 가져오기 마법사 4단계에서는 구분자를 탭(T)으로 지정한다.

텍스트 가져오기 마법사 4단계

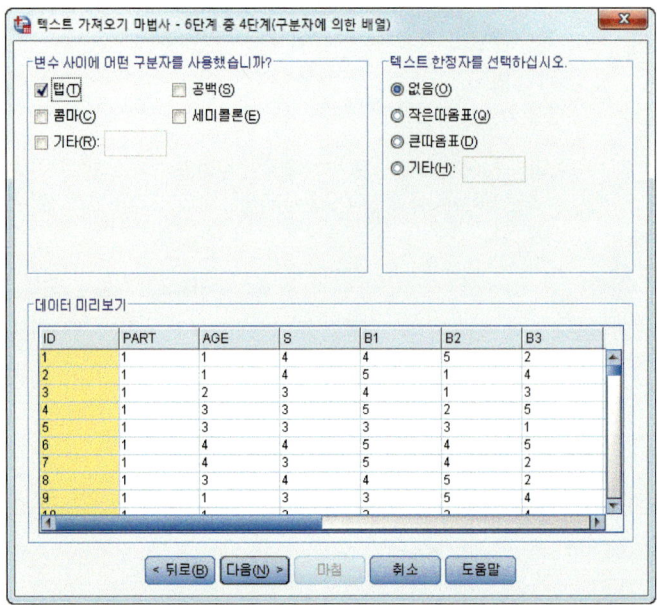

③ 다음과 같이 SPSS로 불러온 자료를 확인한다.

텍스트 가져오기로 [2015.txt] 불러온 결과

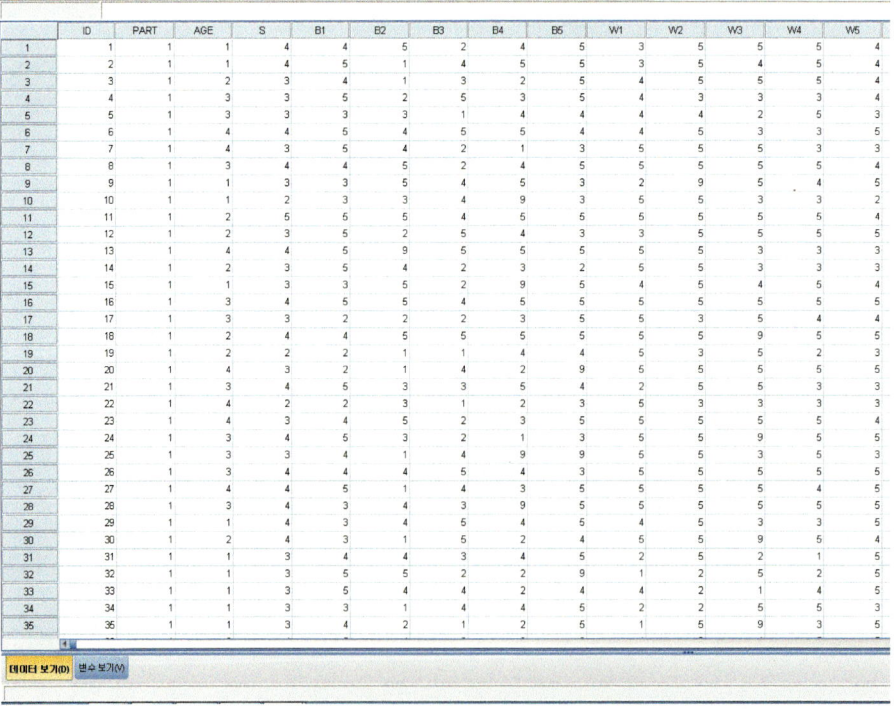

그리고 분석하기에 앞서 변수 보기에서 변수들의 특성을 지정한다. 각 변수에 대한 레이블(설명)과 측도를 지정한다. 이때 명목측도가 되는 변수는 ID, PART이며, 서열측도가 되는 변수는 AGE이다. 척도(등간·비율척도)가 되는 변수는 S, B1-B5, W1-W5이다.

> ☑ **[일러두기]**
> 리커드 척도는 서열(순서)척도이지만, 통계분석에서 등간척도로 구분하여 분석하여도 상관없다.

각 변수별 속성 지정

01 인사고과를 기존의 다섯 개의 범주에서 아래와 같은 세 개의 범주로 고려하고자 한다. 인사고과(S) 변수를 이용하여 인사고과가 낮음(기존 1번과 2번), 보통(기존 3번), 높음(기존 4번과 5번)과 같이 3가지로 구분하여 새로운 인사고과(TS) 변수를 생성하시오.

(가) 다음 빈도 분석표를 완성하시오.

새로운 인사고과	빈 도	퍼센트
낮 음		
보 통		
높 음		
총 계		

(나) 새로운 인사고과(TS)에 따른 업무만족도1의 기술계량을 아래와 같이 구하시오.

새로운 인사고과	평 균	중앙값	표준편차	왜 도
낮 음				
보 통				
높 음				

《문제해결을 위한 기초작업》

1. '인사고과(S)'를 다음과 같은 범주형 변수로 변환해야 한다.

인사고과(S)	새로운 인사고과(TS)
1, 2	1
3	2
4, 5	3

2. 이를 위하여 다른 변수로 코딩변경을 실행한다.

변환(T)
　　　다른 변수로 코딩변경(R)

3. 다른 변수로 코딩변경 실행 후, 대화상자에서 '인사고과(S)'를 숫자변수로 이동하고 출력변수에 '새로운 인사고과(TS)'를 입력하여 바꾸기를 클릭한다.

새로운 변수 지정

4. 새로 코딩될 값을 지정하기 위하여 기존값 및 새로운 값을 클릭하여 대화상자에서 1.의 기준에 맞게 기존값을 새로운 값으로 설정한다. 이때 범위, 최젓값에서 다음 값까지 범위, 다음 값에서 최곳값까지 범위를 적절히 이용한다.

[기존값 → 새로운 값] 조건 설정

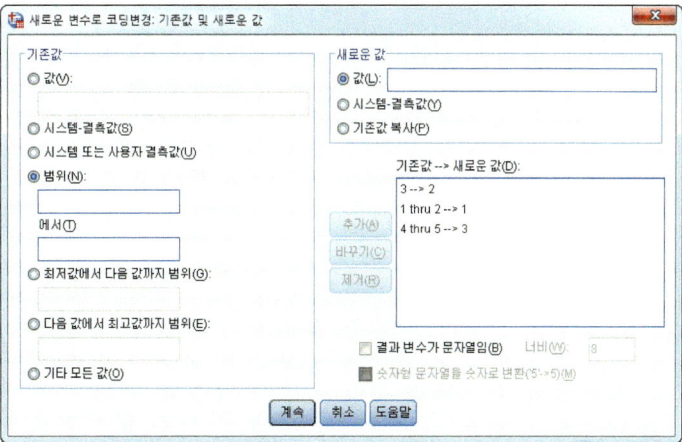

5. 조건을 모두 지정한 후, 새로운 변수로 코딩변경 대화상자에서 확인을 클릭하면 새로운 변수 TS가 생성된다.

새로운 변수 TS 생성

ID	PART	AGE	S	B1	B2	B3	B4	B5	W1	W2	W3	W4	W5	TS
1	1	1	1	4	4	5	2	4	5	3	5	5	5	4	3.00
2	2	1	1	4	5	1	4	5	5	3	5	4	5	4	3.00
3	3	1	2	3	4	1	3	2	5	4	5	5	5	4	2.00
4	4	1	3	3	5	2	5	3	5	4	3	3	3	4	2.00
5	5	1	3	3	3	3	1	4	4	4	4	2	5	3	2.00
6	6	1	4	4	5	4	5	5	4	4	5	3	3	5	3.00
7	7	1	4	3	5	4	2	1	3	5	5	5	3	3	2.00
8	8	1	3	4	4	5	2	4	5	5	5	5	5	4	3.00
9	9	1	1	3	3	5	4	5	3	2	9	5	4	5	2.00
10	10	1	1	2	3	3	4	9	3	5	5	3	3	2	1.00
11	11	1	2	5	5	5	4	5	5	5	5	5	5	4	3.00
12	12	1	2	3	5	2	5	4	3	3	5	5	5	5	2.00
13	13	1	4	5	9	5	5	5	5	5	3	3	3	3.00
14	14	1	2	3	5	4	2	3	2	5	5	3	3	3	2.00
15	15	1	1	3	3	5	2	9	5	4	5	4	5	4	2.00
16	16	1	3	4	5	5	4	5	5	5	5	5	5	5	3.00
17	17	1	3	3	2	2	2	3	5	5	3	5	4	4	2.00
18	18	1	2	4	4	5	5	5	5	5	9	5	5	3.00
19	19	1	2	2	2	1	1	4	4	5	3	5	2	3	1.00
20	20	1	4	3	2	1	4	2	9	5	5	5	5	5	2.00
21	21	1	3	4	5	3	3	5	4	2	5	5	3	3	3.00
22	22	1	4	2	2	3	1	2	3	5	3	3	3	3	1.00
23	23	1	4	3	4	5	2	3	5	5	5	5	5	4	2.00
24	24	1	3	4	5	3	2	1	3	5	5	9	5	5	3.00
25	25	1	3	3	4	1	4	9	5	5	3	5	3	2.00
26	26	1	3	4	4	4	5	4	3	5	5	5	5	5	3.00
27	27	1	4	4	5	1	4	3	5	5	5	5	4	5	3.00
28	28	1	3	4	3	4	3	9	5	5	5	5	5	5	3.00
29	29	1	1	4	3	4	5	4	5	4	5	3	3	5	3.00
30	30	1	2	4	3	1	5	2	4	5	5	9	5	4	3.00
31	31	1	1	3	4	4	3	4	5	2	5	2	1	5	2.00
32	32	1	4	3	5	5	2	2	9	1	2	5	2	5	2.00
33	33	1	1	3	5	4	4	2	4	4	2	1	4	5	2.00
34	34	1	1	3	3	1	4	4	5	2	2	5	5	3	2.00
35	35	1	1	3	4	2	1	2	5	1	5	9	3	5	2.00

6. 이후 분석이 용이성을 위하여 변수 보기에서 변숫값을 입력한다.

TS 변숫값 입력

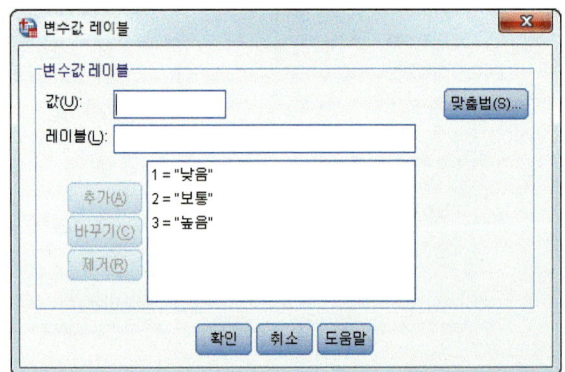

해설 문제01-(가)

1. 새로운 인사고과(TS)에 따른 빈도분석표를 작성하기 위하여 빈도분석을 실시한다.

    분석(A)
        기술 통계(E)
            빈도(F)

2. 빈도분석 대화상자에서 새로운 인사고과(TS)를 선택하여 우측의 변수에 지정한다(더블클릭 또는 화살표 클릭).

빈도분석 변수 지정

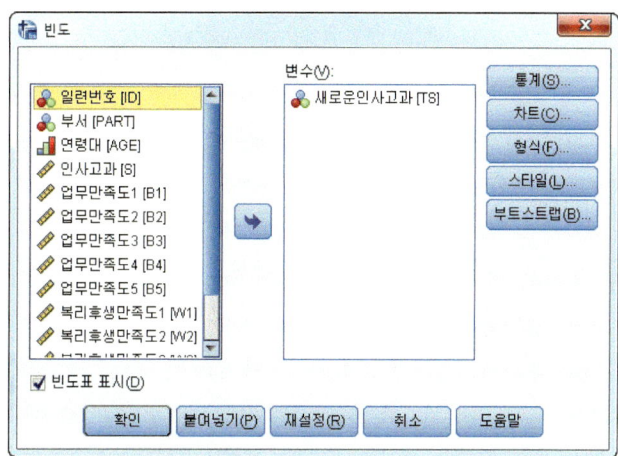

3. 빈도분석 대화상자에서 확인을 클릭하면 다음과 같은 결과를 얻는다.

새로운 인사고과

		빈 도	퍼센트	올바른 퍼센트	누적 퍼센트
유효함	낮 음	9	3.0	3.0	3.0
	보 통	46	15.3	15.3	18.3
	높 음	245	81.7	81.7	100.0
	총 계	300	100.0	100.0	

4. 위의 결과를 이용하여 다음의 표를 완성할 수 있다.

새로운 인사고과	빈 도	퍼센트
낮 음	9	3.0
보 통	46	15.3
높 음	245	81.7
총 계	300	100.0

문제01-(나)

1. 범주별(새로운 인사고과) 평균과 표준편차 등의 기술통계량을 구하기 위해 기술통계의 탐색을 이용하도록 한다.

   분석(A)
   　　기술 통계(E)
   　　　　탐색(E)

2. 탐색 대화상자에서 종속 변수(종속 목록)에 업무만족도1(B1)을, 요인에 새로운 인사고과(TS)를 지정한다.

종속 변수 및 요인 설정

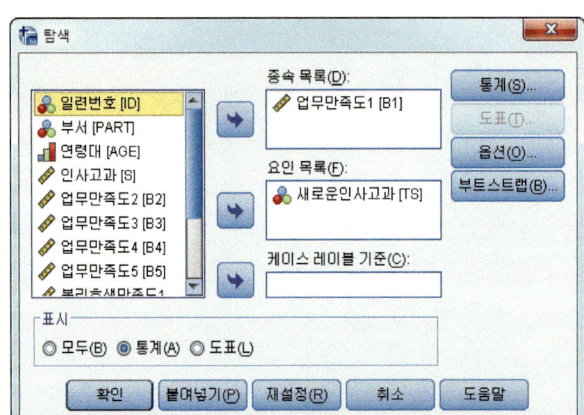

3. 각 범주별 평균과 표준편차를 알기 위해 탐색 대화상자에서 통계를 선택한 후, 기술통계를 선택한다.

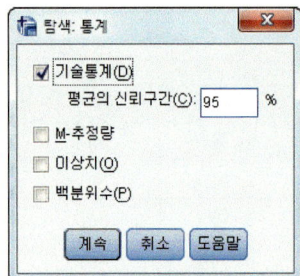

4. 탐색 대화상자에서 확인을 클릭하면 다음과 같은 결과를 얻을 수 있다.

새로운 인사고과				통 계	표준 오류
업무만족도1	낮음	평 균		3.33	.333
		평균의 95% 신뢰구간	하한	2.56	
			상한	4.10	
		5% 잘린 평균		3.31	
		중앙값		3.00	
		분 산		1.000	
		표준 편차		1.000	
		최솟값		2	

	새로운 인사고과		통계	표준 오류
업무만족도1	낮음	최댓값	5	
		범위	3	
		사분위수 범위	2	
		왜도	.107	.717
		첨도	-.643	1.400
	보통	평균	4.09	.137
		평균의 95% 신뢰구간 하한	3.81	
		평균의 95% 신뢰구간 상한	4.37	
		5% 잘린 평균	4.15	
		중앙값	4.00	
		분산	.829	
		표준 편차	.910	
		최솟값	2	
		최댓값	5	
		범위	3	
		사분위수 범위	2	
		왜도	-.573	.357
		첨도	-.703	.702
	높음	평균	4.23	.051
		평균의 95% 신뢰구간 하한	4.13	
		평균의 95% 신뢰구간 상한	4.33	
		5% 잘린 평균	4.26	
		중앙값	4.00	
		분산	.630	
		표준 편차	.794	
		최솟값	3	
		최댓값	5	
		범위	2	
		사분위수 범위	1	
		왜도	-.441	.156
		첨도	-1.280	.310

5. 앞에서 얻은 결과를 이용하여 다음의 표를 완성할 수 있다.

새로운 인사고과	평균	중앙값	표준편차	왜도
낮음	3.33	3.00	1.000	0.107
보통	4.09	4.00	0.910	-0.573
높음	4.23	4.00	0.794	-0.441

02 문제01에서 생성한 새로운 인사고과(TS) 변수를 이용하고 새로운 인사고과(TS)를 범주형 변수로 가정한다. 이때 각 부서(PART)별 새로운 인사고과에 대한 교차 분석을 실시하고자 한다.

(가) 각 부서(PART)에 따라 새로운 인사고과(TS)에 대한 교차표를 완성하시오.

부서(PART)		새로운 인사고과(TS)			전 체
		낮 음	보 통	높 음	
마케팅	부서원 수				
	총계 백분율(%)				
상품개발	부서원 수				
	총계 백분율(%)				
기 타	부서원 수				
	총계 백분율(%)				
총 계					

(나) 각 부서(PART)별 새로운 인사고과(TS)의 연관성을 확인하기 위한 귀무가설과 대립가설을 작성하시오.

귀무가설(H_0) :

대립가설(H_1) :

(다) (나)의 가설을 검정하기 위한 검정통계량과 유의수준 0.05에서 검정한 결과를 쓰시오.

검정통계량 값	
결 과	

해설 문제02-(가)

1. 두 범주(부서와 새로운 인사고과)에 대한 빈도와 비율을 구하는 문제로 교차표(분할표)가 필요하다.

    분석(A)
        기술 통계량(E)
            교차 분석표(C)

2. 교차 분석표 대화상자에서 행은 부서(PART)로, 열은 새로운 인사고과(TS)로 지정한다.

교차표를 위한 행(PART)과 열(TS) 지정

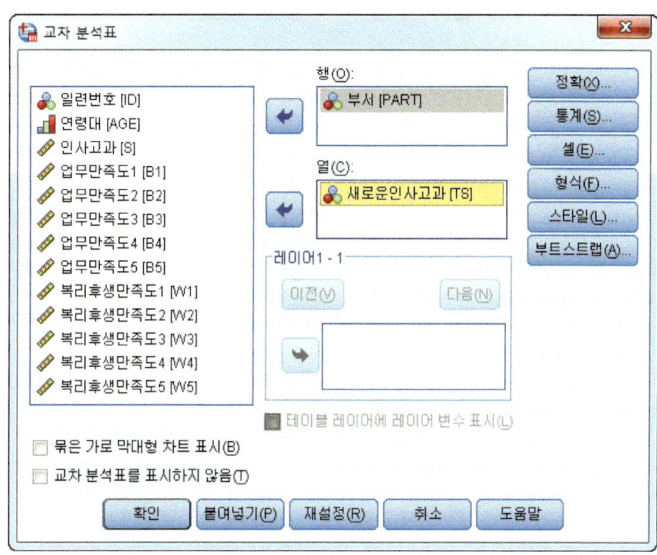

3. 이때 빈도와 함께 각 행에 대한 비율이 필요하므로 셀 옵션을 선택하여 관측빈도와 총계 백분율을 선택한다.

관측빈도와 총계 백분율 표시 지정

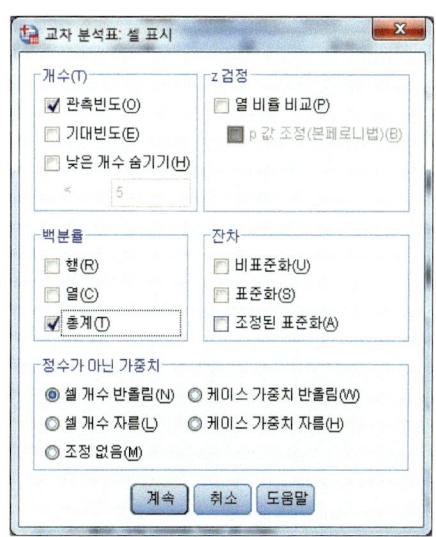

4. 모든 설정이 끝난 후, 교차 분석표 대화상자에서 확인을 클릭하면 결과를 얻을 수 있다.

			새로운 인사고과			총 계
			낮음	보통	높음	
부 서	마케팅	개 수	4	27	69	100
		총계의 %	1.3%	9.0%	23.0%	33.3%
	상품개발	개 수	4	15	79	98
		총계의 %	1.3%	5.0%	26.3%	32.7
	기 타	개 수	1	4	97	102
		총계의 %	0.3%	1.3%	32.3%	34.0%
총 계		개 수	9	46	245	300
		총계의 %	3.0%	15.3%	81.7%	100.0%

5. 교차표(분할표)를 이용하여 다음의 표를 완성할 수 있다.

부서(PART)		새로운 인사고과(TS)			전 체
		낮음	보통	높음	
마케팅	부서원 수	4	27	69	100
	총계 백분율(%)	1.3	9.0	23.0	33.3
상품개발	부서원 수	4	15	79	98
	총계 백분율(%)	1.3	5.0	26.3	32.7
기 타	부서원 수	1	4	97	102
	총계 백분율(%)	0.3	1.3	32.3	34
총 계		9	46	245	300

문제02-(나)

문제를 해결하기 위한 가설은 다음과 같다.

귀무가설(H_0) : 부서와 인사고과 간에 연관성이 없다.
대립가설(H_1) : 부서와 인사고과 간에 연관성이 있다.

문제02-(다)

1. 두 범주(학교유형과 새로운 학업 만족도)에 대한 교차 분석을 실시하는 문제이다.

분석(A)
    기술통계량(E)
        교차 분석표(C)

2. 교차 분석표 대화상자에서 행은 부서(PART)로, 열은 새로운 인사고과(TS)로 지정한다.

교차표를 위한 행(PART)과 열(TS) 지정

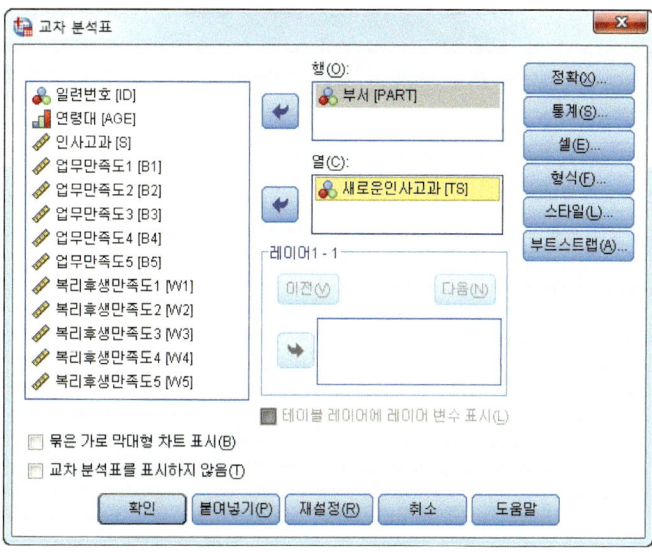

3. 이때 교차 분석을 위하여 통계 옵션에서 카이제곱을 선택한다.

4. 모든 설정이 끝난 후, 교차 분석표 대화상자에서 확인을 클릭하면 교차 분석 결과를 얻을 수 있다.

카이제곱 검정

	값	df	점근 유의확률(양면)
Pearson 카이제곱	23.873[a]	4	.000
우도비	26.347	4	.000
선형 대 선형 연결	18.755	1	.000
유효 케이스 N	300		

※ a. 0 셀(33.3%)에 5 미만의 개수가 있어야 합니다. 예상되는 최소 개수는 2.94입니다.

5. 교차 분석 결과를 이용하여 다음의 표를 완성할 수 있다(소수점 넷째 자리에서 반올림).

검정통계량 값	23.873
결 과	0.000

03 부서 변수를 이용하여 마케팅부서와 비마케팅부서를 구분하는 새로운 변수인 마케팅부서(GPART) 변수를 생성하시오. 그리고 생성한 마케팅부서(GPART)여부에 따른 인사고과에 평균 차이가 있는지를 검정하고자 한다.

(가) 문제 해결을 위한 귀무가설과 대립가설을 작성하시오.

> 귀무가설(H_0) :
>
> 대립가설(H_1) :

(나) 마케팅부서(GPART) 여부에 따른 인사고과(S)의 평균 차이가 있는지 확인하기 위한 검정통계량 및 유의확률을 구하고 아래 표를 작성하시오. (단, 두 집단은 등분산을 가진다고 가정함)

부 서	관측값의 수	평 균	검정통계량	유의확률
마케팅부서				
비마케팅부서				

(평균은 소수점 둘째 자리에서 반올림, 검정통계량은 소수점 넷째 자리에서 반올림)

(다) 마케팅부서 여부별로 인사고과에 차이가 있는지 유의수준 0.01에서 검정하시오.

> 결과 :
>
> 이유 :

〔문제해결을 위한 기초작업〕

1. 부서(PART)를 다음과 같은 범주형 변수로 변환해야 한다.

부서(PART)	마케팅부서(GPART)
1	1
2, 3	2

2. 이를 위하여 다른 변수로 코딩변경을 실행한다.

   변환(T)
     다른 변수로 코딩변경(R)

3. 다른 변수로 코딩변경 실행 후, 대화상자에서 부서(PART)를 숫자변수로 이동하고 출력변수에 마케팅부서(GPART)를 입력하여 바꾸기를 클릭한다.

새로운 변수 지정

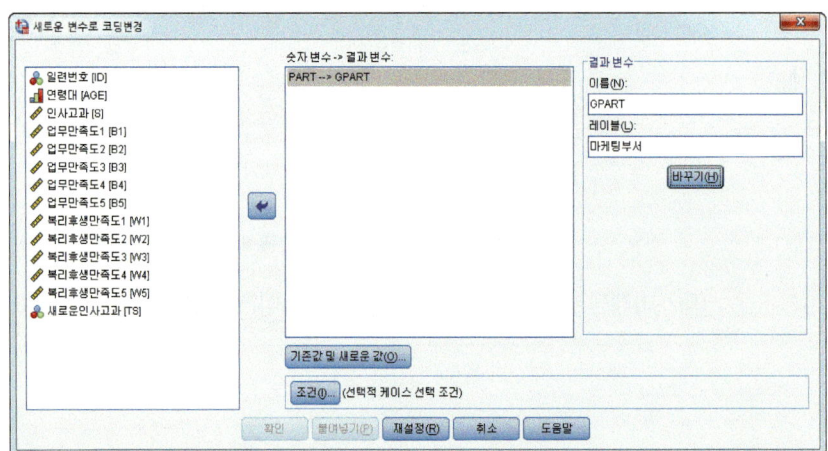

4. 새로 코딩될 값을 지정하기 위하여 기존값 및 새로운 값을 클릭하여 대화상자에서 1.의 기준에 맞게 기존값을 새로운 값으로 설정한다.

[기존값 → 새로운 값] 조건 설정

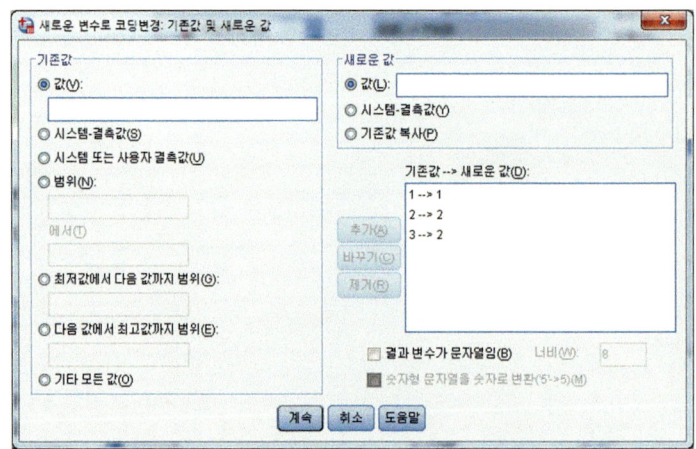

5. 새로운 변수로 코딩변경 대화상자에서 확인을 클릭하면 새로운 변수가 생성된다.

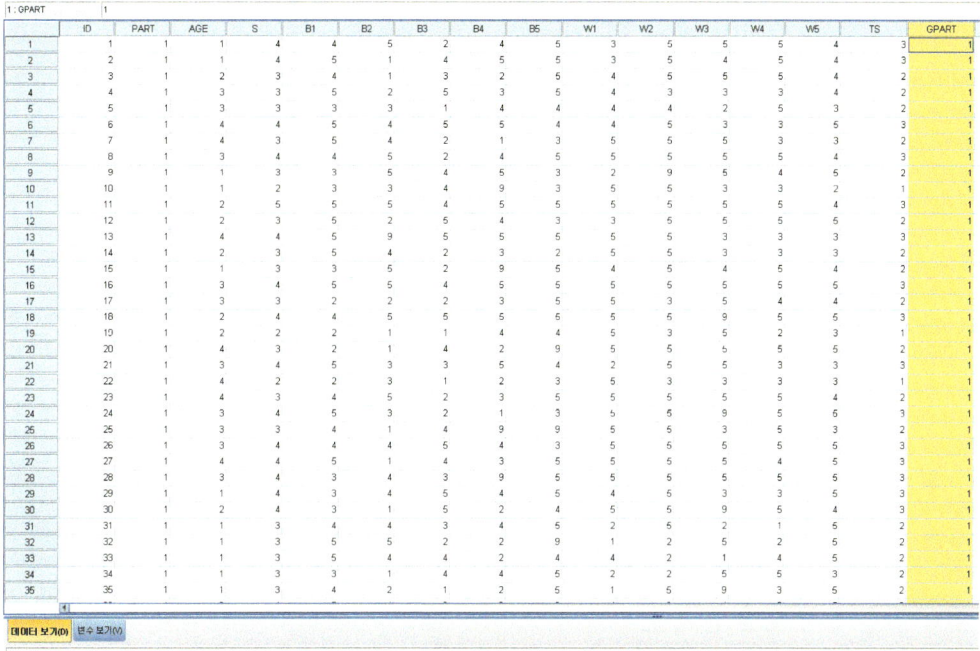

6. 이후 분석의 용이성을 위하여 변수 보기에서 변숫값을 입력한다.

마케팅부서 변숫값 입력

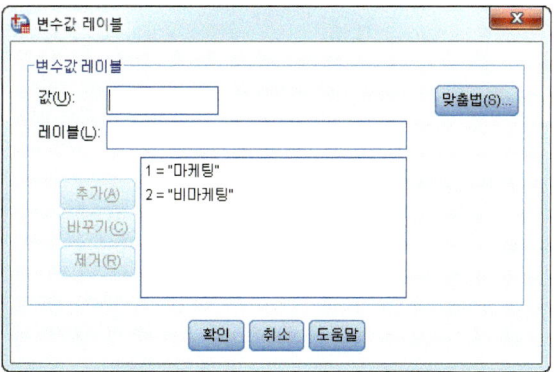

해설 문제03-(가)

1. 문제 해결을 위한 가설은 다음과 같다.

   귀무가설(H_0) : 마케팅부서 여부에 따른 인사고과의 평균 차이가 없다.
   대립가설(H_1) : 마케팅부서 여부에 따른 인사고과의 평균 차이가 있다.

문제03-(나)

1. 마케팅부서(GPART)는 두 개의 집단을 구분하는 변수이다. 따라서 마케팅부서(GPART) 여부에 따른 인사고과(S)의 평균 차이가 있는지 확인하기 위하여 독립표본 T 검정을 실시한다.

   > 분석(A)
   >   평균 비교(M)
   >   독립표본 T 검정(T)

2. 독립표본 T 검정 대화상자에서 검정변수로 인사고과(S)를, 그룹화(집단)변수로 마케팅부서(GPART)를 지정한다.

검정변수와 그룹화(집단)변수 지정

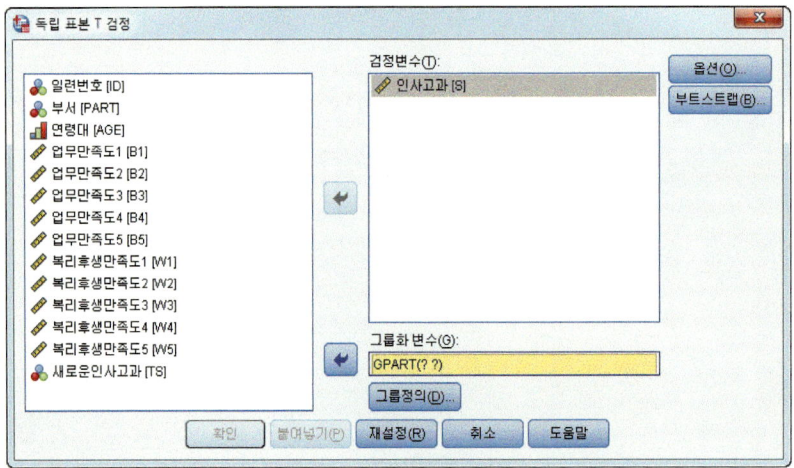

3. 그룹(집단)정의를 선택하여, 그룹(집단)정의 중 지정값 사용에 두 집단을 지정하는 값을 입력한다. 본 문제의 경우, 마케팅부서는 그룹(집단) 1에 1을, 비마케팅부서는 그룹(집단) 2에 2를 입력한다.

그룹(집단)정의

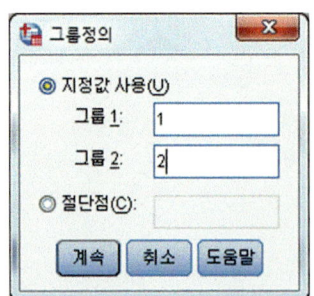

4. 모든 설정이 끝난 후, 독립표본 T 검정 대화상자에서 확인을 클릭하면 다음과 같은 결과를 얻을 수 있다.

그룹통계

	마케팅부서	N	평균	표준 편차	표준 오차 평균
인사고과	마케팅	100	3.81	.748	.075
	비마케팅	200	4.17	.695	.049

독립표본 검정

		Levene의 등분산 검정		평균등식에 대한 T 검정						
		F	유의 확률	t	df	유의 확률 (양쪽)	평균 차이	표준 오류 편차	차이의 95% 신뢰구간	
									하한	상한
인사 고과	등분산을 가정함	1.108	.293	-4.121	298	.000	-.360	.087	-.532	-.188
	등분산을 가정하지 않음			-4.022	185.784	.000	-.360	.090	-.537	-.183

5. 집단(그룹) 통계와 두 모집단의 등분산 가정하는 등분산 T 검정 결과를 이용하여 다음의 표를 완성할 수 있다.

부 서	관측값의 수	평 균	검정통계량	유의확률
마케팅부서	100	3.81	-4.121	0.000
비마케팅부서	200	4.17		

(평균은 소수점 둘째 자리에서 반올림, 검정통계량은 소수점 넷째 자리에서 반올림)

문제03-(다)

- 결과 : 유의수준 0.1에서 귀무가설을 기각한다. 즉, 마케팅부서 여부에 따라 인사고과의 평균 차이가 있다($\mu_1 \neq \mu_2$).
- 이유 : t값이 -4.121, 유의확률이 0.000으로 매우 낮아(<0.0001) 유의수준 0.01에서 귀무가설을 기각한다.

04 연령이 40세 이상인 직원들을 대상으로 부서에 따른 인사고과의 평균 차이를 살펴보려고 한다.

(가) 부서에 따른 인사고과에 대한 기술통계표를 작성하시오.

부 서	인사고과		
	표본 수	평 균	표준편차
마케팅			
상품개발			
기 타			
전 체			

(나) 분산 분석에서 분산의 동질성을 유의수준 0.05에서 평가하시오. (단, ABSOLUTE RESIDUALS을 이용한 LEVENE 검정을 실시하시오)

(다) 분산 분석표를 작성하시오.

구 분	제곱합	자유도	평균 제곱	F	유의확률
그룹 간					
그룹 내					
합 계					

(라) 문제 해결을 위한 귀무가설과 대립가설을 작성하시오.

귀무가설(H_0) :

대립가설(H_1) :

(마) 40대 이상인 직원에 대하여 부서별로 인사고과의 평균 차이가 있는지 유의수준 0.05에서 검정하고 이유를 쓰시오.

결과 :

이유 :

(바) 분산 분석에서 귀무가설을 기각하였다고 가정하고, 구체적으로 어떤 부서별로 인사고과의 평균에 차이가 있는지 Tukey 방법으로 사후분석을 실시하시오. 아래 표에 평균 크기순으로 부서명을 쓰고 유의수준 0.05에서 통계적으로 유의한 집단에 (V)로 표시하시오.

평균순위	1	2	3
부 서			
유의한 평균 차이	(1)-----[　]-----(2)		
	(1)-----------[　]-----------(3)		
		(2)-----[　]-----(3)	

【문제해결을 위한 기초작업】

1. 통계분석을 실시하기에 앞서 연령(AGE)이 40세 이상인 직원들만을 선택하도록 한다. 연령대 변수가 40세 이상(3 또는 4)인 케이스를 선택하기 위하여 케이스 선택을 실행한다.

   데이터(D)
       케이스 선택(S)

2. 케이스 선택 대화상자에서 조건을 만족하는 케이스를 선택한다.

조건에 맞는 케이스 선택

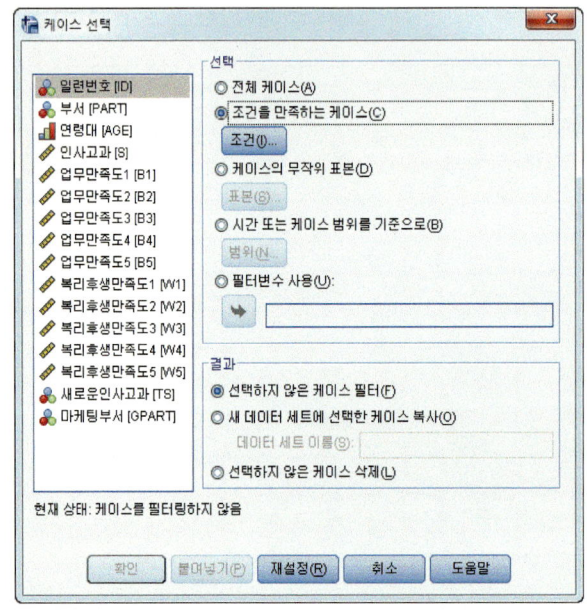

3. 연령(AGE)이 40세인 직원을 선택하기 위한 조건으로 입력하기 위하여 조건을 선택하고 연령(AGE)이 3 또는 4를 만족하는 조건[(AGE=3) or (AGE=4)]을 입력한다. 이때 조건을 'AGE>=3'과 같이 입력하여도 된다.

케이스 선택을 위한 조건 입력

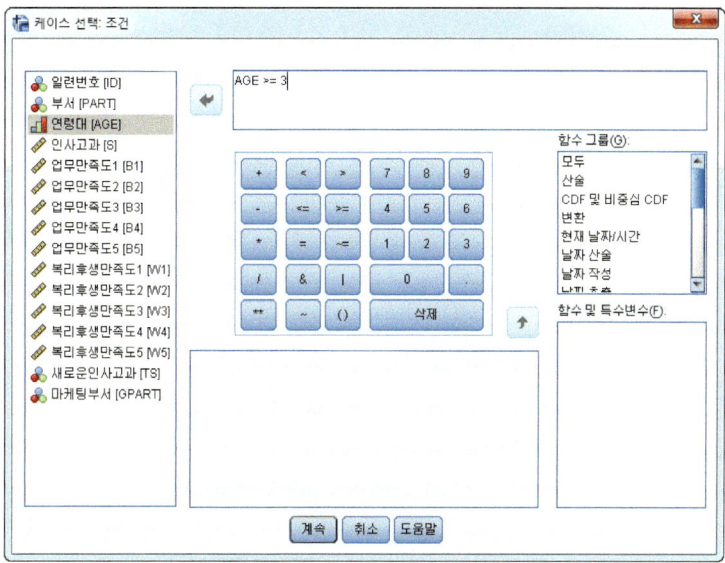

4. 조건을 입력하였으면, 케이스 선택 대화상자에서 확인을 클릭하면 연령이 40세 이상(입력값이 3보다 큰)인 직원이 선택된다.

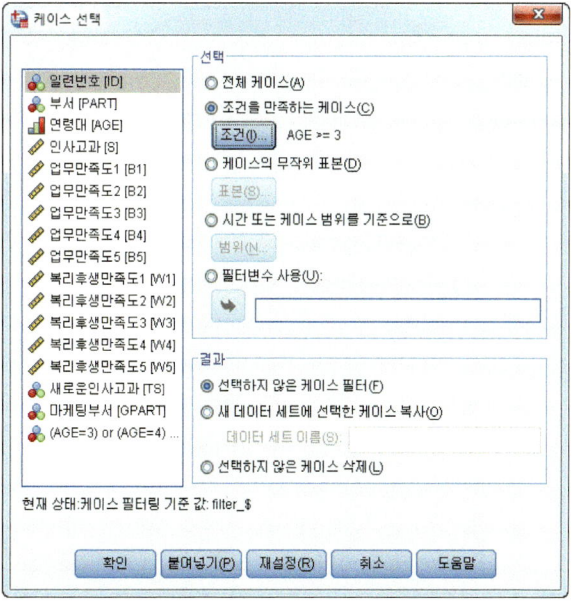

5. 다음과 같이 선택된 케이스(관측값)에 대하여 분산 분석을 실시한다.

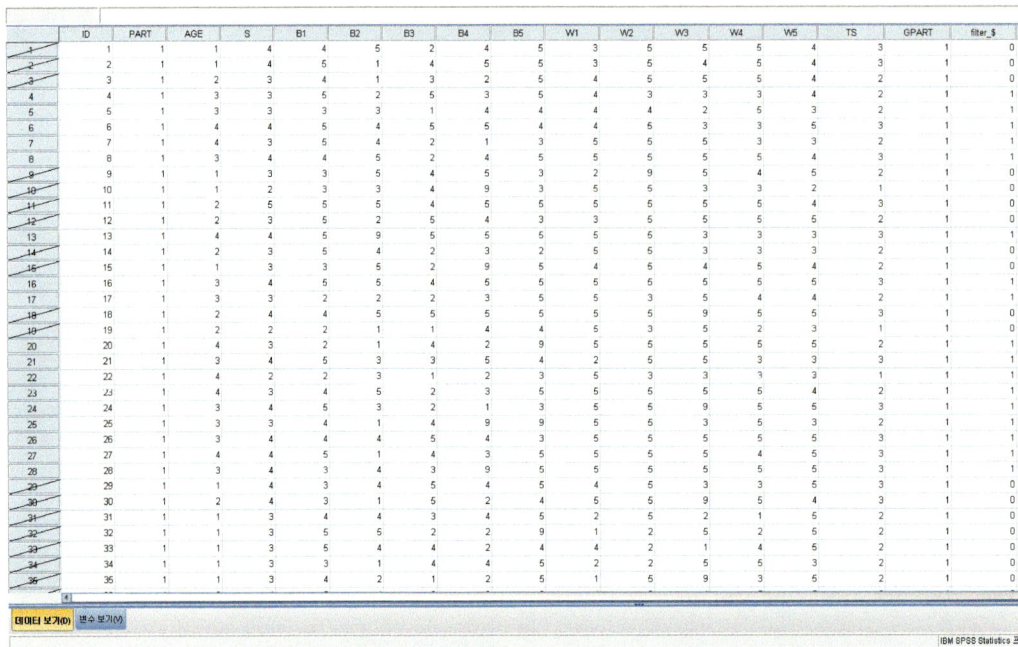

6. 부서에 따른 인사고과의 평균과 표준편차 등을 구하기 위해 일원배치 분산 분석의 기술통계량 옵션 기능을 이용하도록 한다.

   분석(A)
      평균 비교(M)
         일원배치 분산 분석(O)

7. 일원배치 분산 분석 대화상자에서 종속 변수(종속 목록)에 인사고과(S)를, 요인에 부서(PART)을 지정한다.

일원배치 분산 분석의 종속 변수와 요인 지정

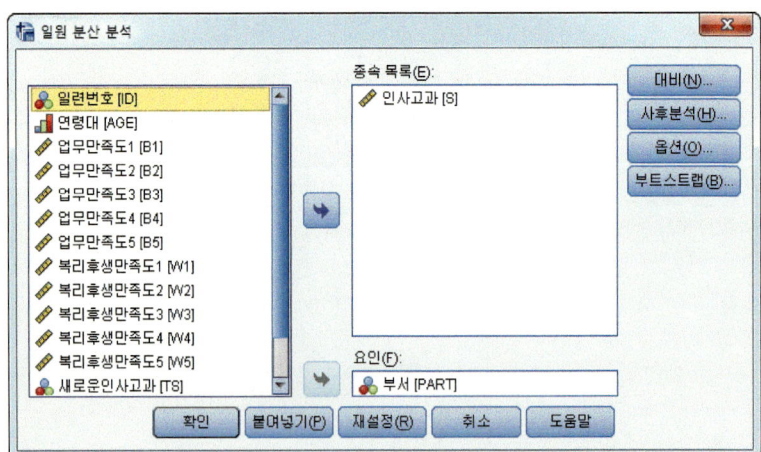

8. (가) 문제의 해결을 위해서 각 범주별 평균과 표준편차를 알기 위해 일원배치 분산 분석 대화상자에서 옵션을 선택한 후, 기술통계를 선택한다. 또한 (나) 문제의 해결을 위해서 분산 동질성 검정을 선택한다.

옵션 지정

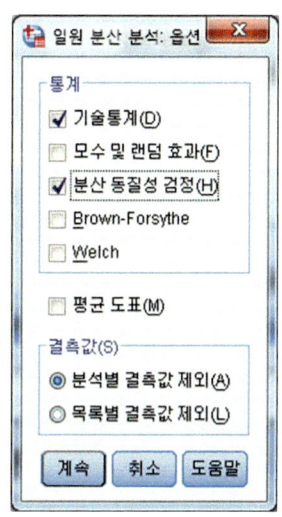

9. 일원배치 분산 분석 대화상자에서 확인을 클릭하면 분석 결과를 얻을 수 있다.

해설 문제04-(가)

1. 일원배치 분산 분석 결과에서 기술통계 결과는 다음과 같다.

기술통계

인사고과

	N	평균	표준 편차	표준 오차	평균의 95% 신뢰구간 하한	평균의 95% 신뢰구간 상한	최솟값	최댓값
마케팅	52	3.85	.751	.104	3.64	4.06	2	5
상품개발	55	3.98	.805	.109	3.76	4.20	2	5
기 타	47	4.40	.496	.072	4.26	4.55	4	5
총 계	154	4.06	.738	.059	3.95	4.18	2	5

2. 위의 결과를 이용하여 다음 표를 완성할 수 있다.

부 서	인사고과 표본 수	인사고과 평균	인사고과 표준편차
마케팅	52	3.85	0.751
상품개발	55	3.98	0.805
기 타	47	4.40	0.496
전 체	154	4.06	0.738

문제04-(나)

1. 분산의 동질성 검정에 대한 가설은 다음과 같다.

   귀무가설(H_0) : 부서에 따라 인사고과의 분산은 동일하다.

   대립가설(H_1) : 부서에 따라 인사고과의 분산은 동일하지 않다.

2. 일원배치 분산 분석 결과에서 분산의 동질성 검정 결과는 다음과 같다.

분산의 동질성 검정

인사고과

Levene 통계	df1	df2	유의확률
.422	2	151	.657

3. 위의 결과를 보면 Levene의 통계량은 0.422, 유의확률은 0.657로 유의수준 0.05에서 귀무가설을 기각할 수 없다. 즉, 부서별 인사고과의 분산은 동일하다.

문제04-(다)

1. 일원배치 분산 분석 결과에서 기술통계 결과는 다음과 같다.

분산 분석

인사고과

	제곱합	df	평균 제곱	F	유의확률
그룹 사이	8.280	2	4.140	8.328	.000
그룹 내	75.070	151	.497		
총 계	83.351	153			

2. 위의 결과를 이용하여 다음 표를 완성할 수 있다.

구 분	제곱합	자유도	평균 제곱	F	유의확률
그룹 간	8.280	2	4.140	8.328	0.000
그룹 내	75.070	151	0.497		
합 계	83.351	153			

문제04-(라)

1. 문제해결을 위한 가설은 다음과 같다.
    - 귀무가설(H_0) : 부서에 따라 인사고과의 평균 차이가 없다.
    - 대립가설(H_1) : 부서에 따라 인사고과의 평균 차이가 있다.
       또는
       적어도 하나의 부서의 인사고과의 평균 차이가 있다.

문제04-(마)

- 결과 : 유의수준 0.05에서 귀무가설을 기각한다. 부서에 따라 인사고과의 평균 차이가 있다. 즉, 적어도 하나의 부서의 인사고과의 평균 차이가 있다.
- 이유 : 검정통계량 F값이 8.328, 유의확률이 0.000으로 매우 작아 유의수준 0.05에서 귀무가설을 기각한다.

문제04-(바)

1. (마)에서 귀무가설을 기각하였다고 가정하면, 사후분석(다중 비교)을 통하여 어느 집단에서 평균 차이가 존재하는지 확인할 수 있다.
2. 일원배치 분산 분석 대화상자에서 종속 변수(종속목록)에 인사고과(S)를, 요인에 부서(PART)를 지정한다. 이때 사후분석을 위하여 사후분석 옵션을 선택하고 Tukey를 선택한다.

사후분석(다중 비교) 방법 지정

3. 일원배치 분산 분석 대화상자에서 확인을 클릭하면 사후분석 결과를 얻을 수 있다.

다중 비교

종속 변수 : 인사고과
Tukey HSD

(I) 부서	(J) 부서	평균 차이 (I-J)	표준 오차	유의확률	95% 신뢰구간	
					하한	상한
마케팅	상품개발	-.136	.136	.581	-.46	.19
	기 타	-.558*	.142	.000	-.89	-.22
상품개발	마케팅	.136	.136	.581	-.19	.46
	기 타	-.422*	.140	.008	-.75	-.09
기 타	마케팅	.558*	.142	.000	.22	.89
	상품개발	.422*	.140	.008	.09	.75

※ *. 평균 차이가 0.05 수준에서 유의합니다.

인사고과

Tukey HSD^{a,b}

부 서	N	알파의 서브세트 = 0.05	
		1	2
마케팅	52	3.85	
상품개발	55	3.98	
기 타	47		4.40
유의확률		.595	1.000

※ 동일 서브세트에 있는 그룹의 평균이 표시됩니다.

4. 위의 결과를 이용하여 다음 표를 완성할 수 있다.

평균순위	1	2	3
부 서	기 타	상품개발	마케팅
유의한 평균 차이	(1)----[V]----(2)		
	(1)-----------[V]------------(3)		
		(2)-----[ ]----(3)	

www.정훈에듀.com

05 업무만족도 1~5(B1~B5)에 대한 상관계수를 구하고 가장 높은 상관계수를 가지고 있는 두 개의 항목을 찾고자 한다. 상관계수의 절댓값이 가장 큰 두 개의 변수를 찾고 아래 표를 완성하시오.

변수명	상관계수

해설 1. 업무만족도 다섯 항목(B1~B5) 간에 상관계수를 구하기 위하여 이변량 상관분석을 실시한다.

　　분석(A)
　　　상관분석(C)
　　　　이변량 상관계수(B)

2. 이변량 상관계수 대화상자에서 B1, B2, B3, B4, B5를 우측 변수에 지정하고 상관계수는 피어슨(Pearson)을 선택한다.

상관분석 변수 지정

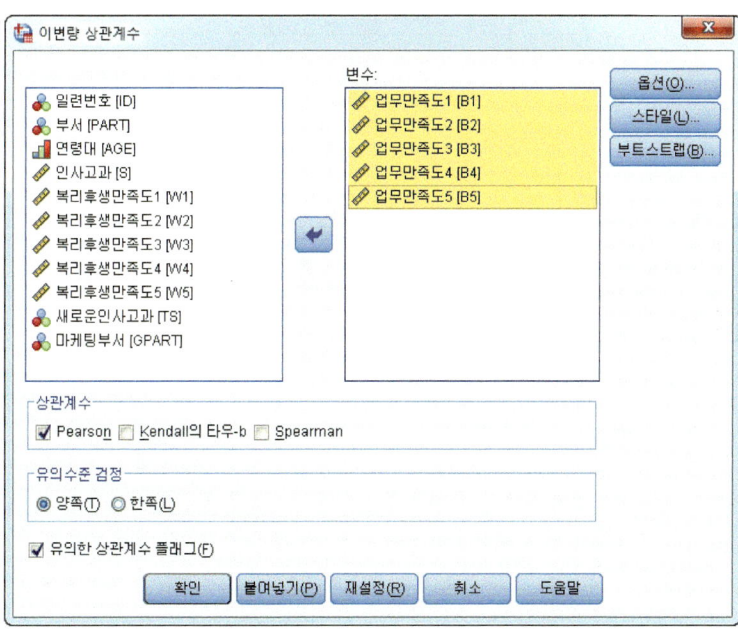

제3장 작업형 기출유사문제 **287**

3. 모든 설정이 끝난 후, 이변량 상관계수 대화상자에서 확인을 클릭하면 다음과 같은 결과를 얻을 수 있다.

상 관

		업무만족도1	업무만족도2	업무만족도3	업무만족도4	업무만족도5
업무만족도1	Pearson 상관계수	1	.108	.163**	.047	.069
	유의확률(양쪽)		.065	.005	.435	.241
	N	298	295	296	278	290
업무만족도2	Pearson 상관계수	.108	1	.144*	.196**	−.090
	유의확률(양쪽)	.065		.013	.001	.125
	N	295	297	295	277	289
업무만족도3	Pearson 상관계수	.163**	.144**	1	.245**	.086
	유의확률(양쪽)	.005	.013		.000	.142
	N	296	295	298	278	290
업무만족도4	Pearson 상관계수	.047	.196**	.245**	1	.051
	유의확률(양쪽)	.435	.001	.000		.395
	N	278	277	278	280	275
업무만족도5	Pearson 상관계수	.069	−.090	.086	.051	1
	유의확률(양쪽)	.241	.125	.142	.395	
	N	290	289	290	275	292

※ **. 상관이 0.01 수준에서 유의합니다(양쪽).
※ *. 상관이 0.05 수준에서 유의합니다(양쪽).

4. 위의 결과를 이용하여 다음 표를 완성할 수 있다.

변수명	상관계수
업무만족도3(B3)	0.245
업무만족도4(B4)	

06 업무만족도 5개 문항(B1~B5)와 복리후생만족도 5개 문항(W1~W5)에 대한 각각의 업무만족도평균(MB)과 복리후생만족도평균(MW)을 생성하고, 종속 변수를 인사고과(S)로, 업무만족도평균(MB)과 복리후생만족도평균(MW)을 독립변수로 하여 회귀분석을 실시하고자 한다. 이때 업무만족도평균(MB)과 복리후생만족도평균(MW)을 생성할 때, 결측값이 있는 경우 결측값을 제외한 평균을 이용하도록 한다.

(가) 다중 회귀분석을 실시하고 다음 분산 분석표를 완성하시오.

구 분	제곱합	자유도	평균 제곱	F	유의확률
회귀모형					
잔 차					
합 계					

(나) (가)에서의 가설을 작성하고 유의수준 0.05에서 검정하시오.

귀무가설(H_0) :

대립가설(H_1) :

- 결과 :

(다) (가)의 결과를 이용하여 유의성과 관계없이 모든 독립변수를 고려한 회귀방정식을 작성하시오.

- 회귀식 :

(라) (다) 회귀식에 대한 결정계수와 수정된 결정계수를 구하시오.

결정계수	수정된 결정계수

문제해결을 위한 기초작업

1. 먼저 업무만족도평균(MB)과 복리후생만족도평균(MW)을 생성하도록 한다. 연속형 변수의 수학적 연산을 통한 변수 생성은 변수 계산을 이용하며, 업무만족도평균(MB)을 생성하는 과정은 다음과 같다.

   > 변환(T)
   >   변수 계산(C)

2. '업무만족도평균(MB)'을 생성하기 위하여 변수 계산 대화상자에서 대상변수로 MB를, 숫자표현식에 MEAN(B1,B2,B3,B4,B5)을 입력한다.

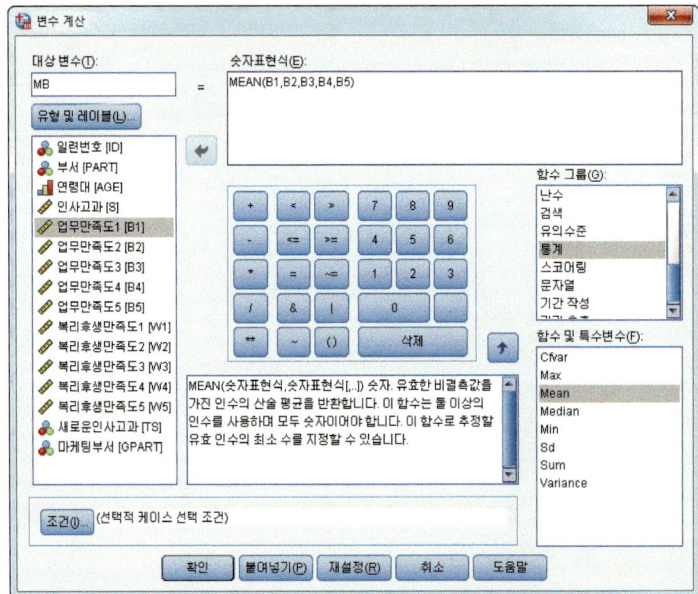

> ✓ **[알아두기]**
> - 변수 계산 시 결측값 지정이 되어 있는지 반드시 확인하자.
> - MEAN 함수가 아닌 (B1+B2+B3+B4+B5)/5와 같은 수식을 이용하는 경우 결측값이 있으면 해당 변수는 결측값으로 생성된다.

3. 변수 계산 대화상자에서 확인을 클릭하면 새로운 변수 '업무만족도평균(MB)'이 생성된다.
4. 이와 같은 과정을 복리후생만족도평균(MW)에 대하여 MEAN(B1,B2,B3,B4,B5)을 이용하여 반복하면 다음과 같이 업무만족도평균(MB)과 복리후생만족도평균(MW)을 생성할 수 있다.

새로운 변수 MB, MW 생성

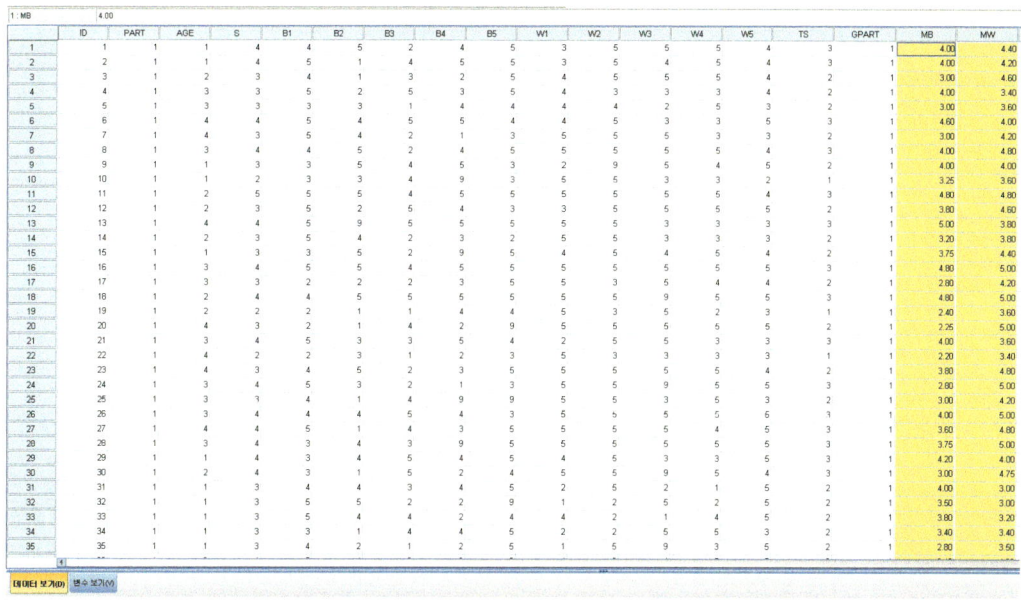

5. 문제해결을 위하여 다중 회귀분석을 실시한다.

　　분석(A)
　　　　회귀분석(R)
　　　　　　선형(L)

6. 선형 회귀분석 대화상자에서 종속변수로 인사고과(S)를, 독립변수로 업무만족도평균(MB)과 복리후생만족도평균(MW)을 지정한다.

다중 회귀분석의 종속 변수와 독립변수 지정

제3장 작업형 기출유사문제 ●●● **291**

7. 선형 회귀분석 대화상자에서 확인을 클릭하면 (가)-(라)에 대한 결과를 얻을 수 있다.

해설 문제06-(가)

1. 회귀분석 결과에서 분산 분석표는 다음과 같다.

분산 분석[a]

모 형		제곱합	df	평균 제곱	F	유의확률
1	회귀분석	58.612	2	29.306	85.637	.000[b]
	잔 차	101.638	297	.342		
	총 계	160.250	299			

※ a. 종속 변수 : 인사고과
※ b. 예측 변수 : (상수), 복리후생만족도평균, 업무만족도평균

2. 위의 결과를 이용하여 다음 표를 완성할 수 있다.

구 분	제곱합	자유도	평균 제곱	F	유의확률
회귀모형	58.612	2	29.306	85.637	0.000
잔 차	101.638	297	0.342		
합 계	160.250	299			

문제06-(나)

분산 분석표에 대한 가설은 다음과 같다.
1. 귀무가설(H_0) : 모든 회귀계수가 0이다($\beta_1 = \beta_2$).
   대립가설(H_1) : 적어도 하나의 회귀계수가 0이 아니다.
   또는
2. 귀무가설(H_0) : 회귀모형이 유의하지 않다.
   대립가설(H_1) : 회귀모형이 유의하다.
- 결과 : F값이 85.637이고 유의확률이 0.000으로 유의수준 0.05에서 귀무가설을 기각한다. 즉, 적어도 하나의 회귀계수가 0이 아니다. 다시 말해 회귀모형이 유의하다.

문제06-(다)

1. 회귀분석 결과에서 추정된 계수에 대한 결과는 다음과 같다.

계수[a]

모 형		비표준 계수		표준 계수	t	유의확률
		B	표준 오차	베타		
1	(상수)	.822	.249		3.298	.001
	업무만족도평균	.460	.052	.421	8.901	.000
	복리후생만족도평균	.386	.051	.355	7.518	.000

※ a. 종속 변수 : 인사고과

2. 1.의 결과를 이용하여 다음과 같이 회귀방정식을 작성할 수 있다.
   - 회귀식 : 인사고과 = 0.822+0.460×업무만족도평균+0.386×복리후생만족도평균

문제06-(라)

1. 회귀분석 결과에서 결정계수에 대한 결과는 다음과 같다.

모형 요약

모 형	R	R 제곱	조정된 R 제곱	표준 추정값 오류
1	.605[a]	.366	.361	.585

※ a. 예측 변수 : (상수), 복리후생만족도평균, 업무만족도평균

2. 1.의 결과를 이용하여 다음과 같이 결정계수를 작성할 수 있다.

결정계수	수정된 결정계수
0.366	0.361

02 제2회 작업형 모의고사

요구사항 아래의 모든 질문에 대한 답안은 통계 패키지(package)를 이용하여 수행한 결과(화면이용)를 바탕으로 문제지에 직접 작성하시기 바랍니다.

※ 주어진 자료는 전국의 주거 및 환경에 따른 주거 스트레스를 측적하기 위하여 단순임의 추출된 216명의 사람들을 대상으로 수집한 자료이다. 데이터 파일은 지급 받은 디스켓에 [2014.txt]로 저장되어 있으며, 아래의 〈표1〉는 데이터의 코딩 양식이다. 주거 스트레스 측정은 스트레스지수로 측정이 되었으며, 이와 관련한 설비 안전도, 소음, 혼잡도를 지수화하여 측정하였다. 이와 같은 지수들은 1~10점의 값을 가지며 결측값은 99로 부여하였다. 분석을 위하여 이와 같은 결측값은 5점으로 변환하여 분석하도록 한다.

〈표1〉 자료 파일의 코딩 양식

변수명	내 용	변수 설명
ID	일련번호	일련번호
Age	① 20대, ② 30대, ③ 40대, ④ 50대 이상	연령대
Region	① 대도시, ② 도시, ③ 시외	지 역
Home	① 단독주택, ② 아파트, ③ 빌라, ④ 기타	주거형태
In	1~10의 측정 점수, 결측값 99	설비안전도지수
No		소음지수
Co		혼잡지수
St		스트레스지수

◀문제해결을 위한 기초작업▶

1. 자료 불러오기
   사회조사분석사 시험문제는 탭(tab)으로 구분된 텍스트(text) 파일로 제공된다. 제공된 파일을 SPSS로 불러오기 위해서는 텍스트 가져오기 마법사를 사용해야 한다.

   파일(F)
   　　텍스트 데이터 읽기(D)

   ① 제공된 [2014.txt]는 첫 번째 행에 변수 이름이 있고 탭으로 구분되어 있어 텍스트 가져오기 마법사 2단계에서 다음과 같이 구분자에 의한 배열이 되어 있고, 변수이름이 파일의 처음에 되어 있다고 지정한다.

   텍스트 가져오기 마법사 2단계

   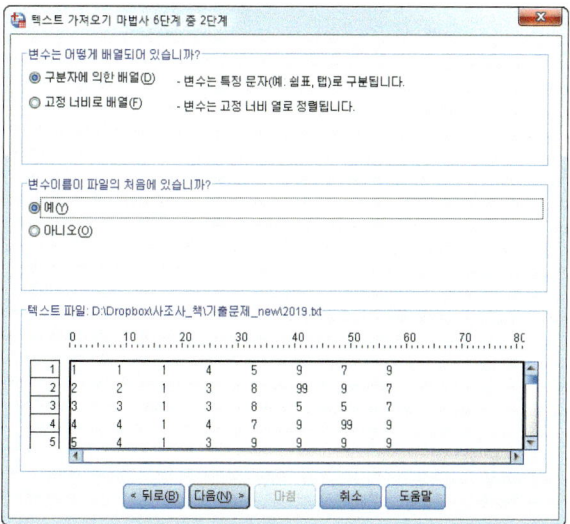

   ② 텍스트 가져오기 마법사 4단계에서는 구분자를 탭(T)으로 지정한다.

   텍스트 가져오기 마법사 4단계

   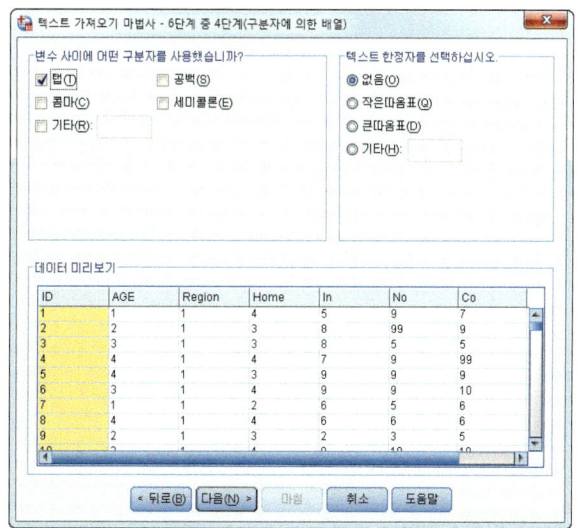

③ 다음과 같이 SPSS로 불러온 자료를 확인한다.

텍스트 가져오기로 [2014.txt] 불러온 결과

ID	AGE	Region	Home	In	No	Co	St	변수	변수
1	1	1	4	5	9	7	9		
2	2	1	3	8	99	9	7		
3	3	1	3	8	5	5	7		
4	4	1	4	7	9	99	9		
5	4	1	3	9	9	9	9		
6	3	1	4	9	9	10	6		
7	1	1	2	6	5	6	6		
8	4	1	4	6	6	6	3		
9	2	1	3	2	3	5	9		
10	3	1	4	8	10	10	10		
11	2	1	4	9	10	10	8		
12	2	1	2	9	5	10	9		
13	4	1	3	9	9	9	7		
14	3	1	4	4	9	9	9		
15	4	1	3	9	9	10	10		
16	3	1	4	9	10	10	8		
17	3	1	3	9	9	6	10		
18	3	1	4	10	9	9	9		
19	4	1	4	9	9	10	10		
20	3	1	4	10	9	9	8		
21	1	1	4	8	10	6	9		
22	2	1	4	9	9	10	3		
23	1	1	3	3	4	99	5		
24	1	1	3	7	3	2	4		
25	1	1	3	3	3	10	5		
26	1	1	3	1	9	10	7		
27	2	1	4	8	6	8	6		
28	3	1	4	4	9	8	4		
29	4	1	3	5	3	1	8		
30	3	1	3	8	7	8	4		
31	3	1	2	99	8	2	9		
32	4	1	3	10	7	8	5		
33	1	1	3	6	99	5	8		
34	4	1	4	7	9	8	5		
35	1	1	4	7	3	4	2		

그리고 분석을 실시하기에 앞서 변수 보기에서 변수들의 특성을 지정한다. 각 변수에 대한 레이블(설명)과 측도를 지정한다. 이때 명목측도가 되는 변수는 ID, Region, Home이며, 서열측도가 되는 변수는 Age이다. 척도(등간·비율척도)가 되는 변수는 In, No, Co, St이다.

각 변수별 속성 지정

	이름	유형	너비	소수점이...	레이블	값	결측값	열	맞춤	측도	역할
1	ID	숫자	3	0	일련번호	없음	없음	8	오른쪽	척도(S)	입력
2	Age	숫자	1	0	연령대	{1, 20대}...	없음	8	오른쪽	순서(O)	입력
3	Region	숫자	1	0	지역	{1, 대도시}...	없음	8	오른쪽	명목(N)	입력
4	Home	숫자	1	0	주거형태	{1, 단독주택...	없음	8	오른쪽	명목(N)	입력
5	In	숫자	2	0	설비안전도지수	없음	99	8	오른쪽	척도(S)	입력
6	No	숫자	2	0	소음지수	없음	99	8	오른쪽	척도(S)	입력
7	Co	숫자	2	0	혼잡지수	없음	99	8	오른쪽	척도(S)	입력
8	St	숫자	2	0	스트레스지수	없음	99	8	오른쪽	척도(S)	입력

④ 문제에서 설비안전도지수(In), 소음지수(No), 혼잡지수(Co), 스트레스지수(St)의 결측값은 5점으로 대체하여 분석하도록 하였다. 따라서 해당 변수들의 결측값들을 5점으로 변환해야 한다. 이를 위하여 같은 변수로 코딩변경을 실행한다.

변환(T)
　　같은 변수로 코딩변경(S)

⑤ 같은 변수로 코딩변경 실행 후, 대화상자에서 설비안전도지수(In), 소음지수(No), 혼잡지수(Co), 스트레스지수(St)를 숫자변수로 이동한다.

코딩변경할 변수 지정

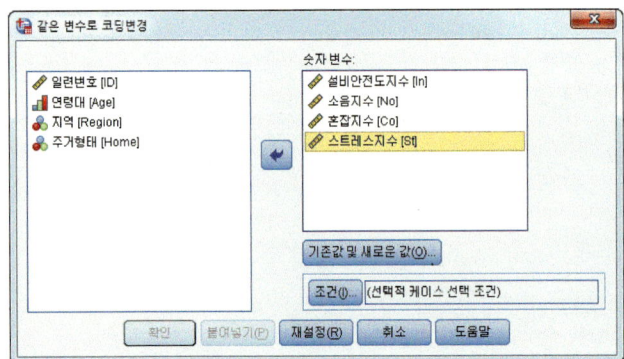

⑥ 새로 코딩될 값을 지정하기 위하여 기존값 및 새로운 값을 클릭하여 대화상자에서 다음 시스템 또는 사용자 결측값을 새로운 값인 5로 설정한다.

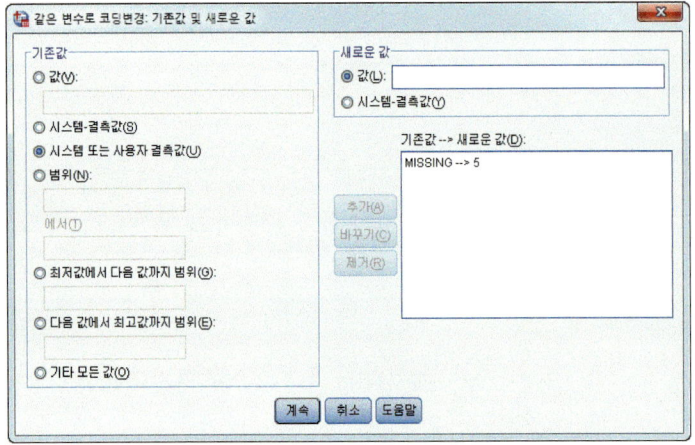

이때 설비안전도지수(In), 소음지수(No), 혼잡지수(Co), 스트레스지수(St)에 대한 결측값 99를 변수 보기의 사용자 결측값으로 지정하지 않았다면, 기존값 99를 5로 바꾸도록 지정하여도 된다.

⑦ 조건을 지정한 후, 새로운 변수로 코딩변경 대화상자에서 확인을 클릭하면 결측값들이 새로운 값 5로 전환된다.

결측값 변환된 결과

	ID	Age	Region	Home	In	No	Co	St	변수
1	1	1	1	4	5	9	7	9	
2	2	2	1	3	8	5	9	7	
3	3	3	1	3	8	5	5	7	
4	4	4	1	4	7	9	5	9	
5	5	4	1	3	9	9	9	9	
6	6	3	1	4	9	9	10	6	
7	7	1	1	2	6	5	6	6	
8	8	4	1	4	6	6	6	3	
9	9	2	1	3	2	3	5	9	
10	10	3	1	4	8	10	10	10	
11	11	2	1	4	9	10	10	8	
12	12	2	1	2	9	5	10	9	
13	13	4	1	3	9	9	9	7	
14	14	3	1	4	4	9	9	9	
15	15	4	1	3	9	9	10	10	
16	16	3	1	4	9	10	10	8	
17	17	3	1	3	9	9	6	10	
18	18	3	1	4	10	9	9	9	
19	19	4	1	4	9	9	10	10	
20	20	3	1	4	10	9	9	8	
21	21	1	1	4	8	10	6	9	
22	22	2	1	4	9	9	10	3	
23	23	1	1	3	3	4	5	5	
24	24	1	1	3	7	3	2	4	
25	25	1	1	3	3	3	10	5	
26	26	1	1	3	1	9	10	7	
27	27	2	1	4	8	6	8	6	
28	28	3	1	4	4	9	8	4	
29	29	4	1	3	5	3	1	8	
30	30	3	1	3	8	7	8	4	
31	31	3	1	2	5	8	2	9	
32	32	4	1	3	10	7	8	5	
33	33	1	1	3	6	5	5	8	
34	34	4	1	4	7	9	8	5	
35	35	1	1	4	7	3	4	2	

01 설비안전도지수(In), 소음지수(No), 혼잡지수(Co)의 합을 종합요인지수(T)라고 한다. 새로운 변수 종합요인지수(T)에 대하여 주거형태별 기술통계량을 구하시오. (소수점 둘째 자리까지)

주거형태	평 균	표준편차	사분위범위	왜 도
단독주택				
아파트				
빌 라				
기 타				

해설 1. 먼저 설비안전도지수(In), 소음지수(No), 혼잡지수(Co)의 합 변수를 생성하도록 한다. 연속형 변수의 수학적 연산을 통한 변수 생성은 변수 계산을 이용한다.

> 변환(T)
>   변수 계산(C)

2. 종합요인지수(T)를 생성하기 위하여 변수 계산 대화상자에서 대상변수로 T를, 숫자표현식에 SUM(In, No, Co) 또는 In+No+Co를 입력한다.

변수 계산에서 새로운 변수명과 숫자표현식 입력

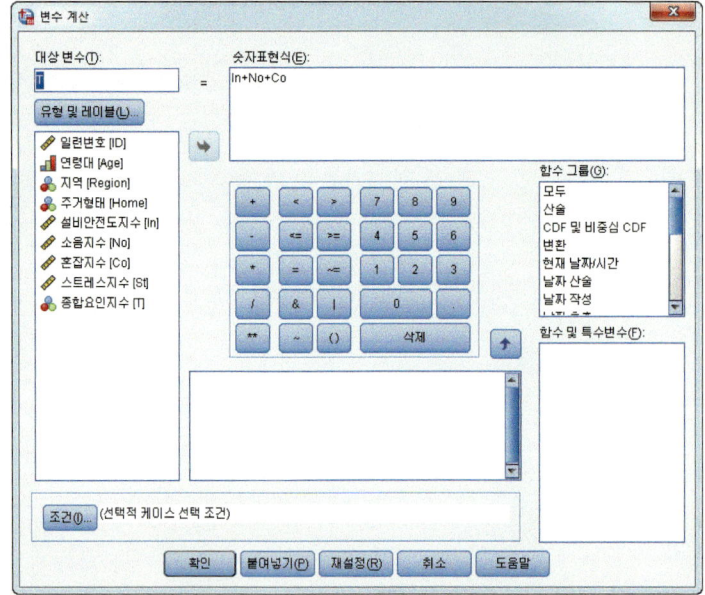

✓ **[일러두기]**
* 변수 계산 시 결측값 지정이 되어 있는지 반드시 확인하기 바란다.
* SUM 함수 또는 덧셈(+) 연산을 통하여 새로운 변수를 생성할 때 변수 계산에 사용되는 변수 중 하나의 결측값이 존재하면 새로운 변수는 결측값을 갖는다.

③ 변수 계산 대화상자에서 확인을 클릭하면 새로운 변수 종합요인지수(T)가 생성된다.

새로운 변수 생성

	ID	Age	Region	Home	In	No	Co	St	T
1	1	1	1	4	5	9	7	9	21.00
2	2	2	1	3	8	5	9	7	22.00
3	3	3	1	3	8	5	5	7	18.00
4	4	4	1	4	7	9	5	9	21.00
5	5	4	1	3	9	9	9	9	27.00
6	6	3	1	4	9	9	10	6	28.00
7	7	1	1	2	6	5	6	6	17.00
8	8	4	1	4	6	6	6	3	18.00
9	9	2	1	3	2	3	5	9	10.00
10	10	3	1	4	8	10	10	10	28.00
11	11	2	1	4	9	10	10	8	29.00
12	12	2	1	2	9	5	10	9	24.00
13	13	4	1	3	9	9	9	7	27.00
14	14	3	1	4	4	9	9	9	22.00
15	15	4	1	3	9	9	10	10	28.00
16	16	3	1	4	9	10	10	8	29.00
17	17	3	1	3	9	9	6	10	24.00
18	18	3	1	4	10	9	9	9	28.00
19	19	4	1	4	9	9	10	10	28.00
20	20	3	1	4	10	9	9	8	28.00
21	21	1	1	4	8	10	6	9	24.00
22	22	2	1	3	9	9	10	3	28.00
23	23	1	1	3	3	4	5	5	12.00
24	24	1	1	4	7	3	2	4	12.00
25	25	1	1	3	3	3	10	5	16.00
26	26	1	1	3	1	9	10	7	20.00
27	27	2	1	4	8	6	8	6	22.00
28	28	3	1	4	4	9	8	4	21.00
29	29	4	1	3	5	3	1	8	9.00
30	30	3	1	3	8	7	8	4	23.00
31	31	3	1	2	5	8	2	9	15.00
32	32	4	1	3	10	7	8	5	25.00
33	33	1	1	3	6	5	5	8	16.00
34	34	4	1	4	7	9	8	5	24.00
35	35	1	1	4	7	3	4	2	14.00

4. 범주별(지역) 평균과 표준편차 등의 기술통계량을 구하기 위해 기술통계의 탐색을 이용하도록 한다.

    분석(A)
        기술통계(E)
            탐색(E)

5. 탐색 대화상자에서 종속 변수(종속목록)에 종합요인지수(T)를, 요인에 주거형태(Home)를 지정한다.

종속 변수 및 요인 설정

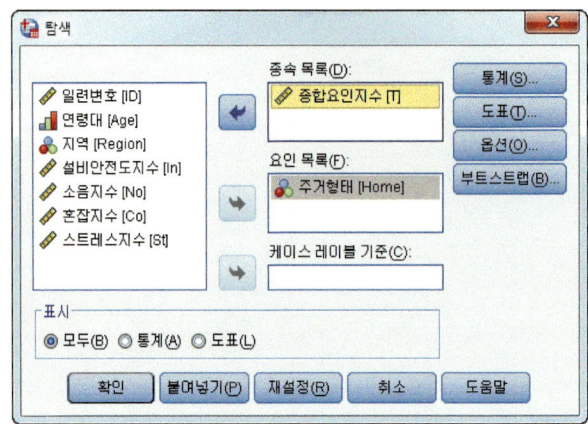

6. 각 범주별 평균과 표준편차를 알기 위해 탐색 대화상자에서 통계를 선택한 후, 기술통계를 선택한다.

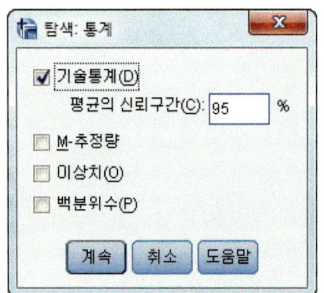

7. 탐색 대화상자에서 확인을 클릭하면 결과를 얻을 수 있다. 이 경우 결과의 양이 방대하여 교재에서 생략하도록 한다.
8. 결과를 이용하여 다음의 표를 완성할 수 있다.

주거형태	평 균	표준편차	사분위범위	왜 도
단독주택	24.35	3.97	5.00	−0.99
아파트	17.17	4.71	7.25	−0.11
빌 라	17.60	6.20	11.00	0.01
기 타	20.54	5.13	7.00	−0.28

02

도시(대도시, 도시)와 시외지역 연령대의 연관성을 알고자 한다. 이를 위하여 거주 지역(Region) 변수를 이용하여 도시와 시외 지역을 구분하는 새로운 변수 도시여부(City)를 생성하시오.

(가) 도시여부(City)에 따라 거주하는 사람들의 연령대(Age)가 차이가 있는지 파악하기 위한 교차표를 완성하시오. (소수점 둘째 자리에서 반올림)

도시여부(City)		연령대(Age)			
		20대	30대	40대	50대 이상
도 시	사람 수				
	행 백분율(%)				
시 외	사람 수				
	행 백분율(%)				
사람 수 합계					

(나) 문제해결을 위한 귀무가설과 대립가설을 적고, 이를 해결하기 위한 검정통계량과 유의확률을 구하시오.

귀무가설(H_0) :

대립가설(H_1) :

검정통계량 값	
유의확률	

(다) (나)의 결과를 이용하여 유의수준 0.1에서 검정하고, 그 이유를 적으시오.

- 결과 :

- 이유 :

◀문제해결을 위한 기초작업▶

1. 지역(Region)을 다음과 같이 도시여부(City) 변수로 변환해야 한다.

지역(Region)	도시여부(City)
1, 2	1
3	2

2. 이를 위하여 다른 변수로 코딩변경을 실행한다.

> 변환(T)
>   다른 변수로 코딩변경(R)

3. 다른 변수로 코딩변경 실행 후, 대화상자에서 지역(Region)을 숫자 변수로 이동하고, 결과 변수에 도시여부(City)를 입력하여 바꾸기를 클릭한다.

새로운 변수 지정

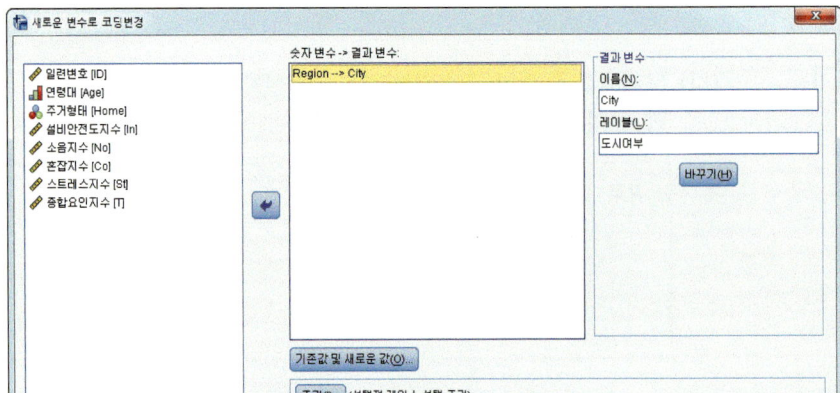

4. 새로 코딩될 값을 지정하기 위하여 기존값 및 새로운 값을 클릭하여 대화상자에서 1.의 기준에 맞게 기존값을 새로운 값으로 설정한다. 이때 범위, 최젓값에서 다음 값까지 범위, 다음 값에서 최곳값까지 범위를 적절히 이용한다.

[기존값 → 새로운 값] 조건 설정

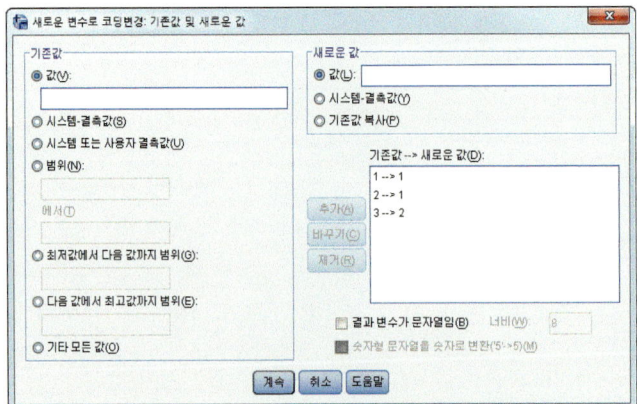

5. 조건을 모두 지정한 후, 새로운 변수로 코딩변경 대화상자에서 확인을 클릭하면 새로운 변수 도시여부 (City)가 생성된다.

새로운 변수 도시여부(City) 생성

ID	Age	Region	Home	In	No	Co	St	T	City
1	1	1	4	5	9	7	9	21.00	1.00
2	2	1	3	8	5	9	7	22.00	1.00
3	3	1	3	8	5	5	7	18.00	1.00
4	4	1	4	7	9	5	9	21.00	1.00
5	4	1	3	9	9	9	9	27.00	1.00
6	3	1	4	9	9	10	6	28.00	1.00
7	1	1	2	6	5	6	6	17.00	1.00
8	4	1	4	6	6	6	3	18.00	1.00
9	2	1	3	2	3	5	9	10.00	1.00
10	3	1	4	8	10	10	10	28.00	1.00
11	2	1	4	9	10	10	8	29.00	1.00
12	2	1	2	9	5	10	9	24.00	1.00
13	4	1	3	9	9	9	7	27.00	1.00
14	3	1	4	4	9	9	9	22.00	1.00
15	4	1	3	9	9	10	10	28.00	1.00
16	3	1	4	9	10	10	8	29.00	1.00
17	3	1	3	9	9	6	10	24.00	1.00
18	3	1	4	10	9	9	9	28.00	1.00
19	4	1	4	9	9	10	10	28.00	1.00
20	3	1	4	10	9	9	8	28.00	1.00
21	1	1	4	8	10	6	9	24.00	1.00
22	2	1	4	9	9	10	3	28.00	1.00
23	1	1	3	3	5	5	5	12.00	1.00
24	1	1	3	7	3	2	4	12.00	1.00
25	1	1	3	3	3	10	5	16.00	1.00
26	1	1	3	1	9	10	7	20.00	1.00
27	2	1	4	8	6	8	6	22.00	1.00
28	3	1	4	4	9	8	4	21.00	1.00
29	4	1	3	5	7	1	8	9.00	1.00
30	3	1	3	8	7	8	4	23.00	1.00
31	3	1	2	5	8	2	9	15.00	1.00
32	4	1	3	10	7	8	5	25.00	1.00
33	1	1	3	6	5	5	8	16.00	1.00
34	1	1	4	7	9	6	5	24.00	1.00
35	1	1	4	7	3	4	2	14.00	1.00

6. 이후 분석의 용이성을 위하여 변수 보기에서 변숫값을 입력한다.

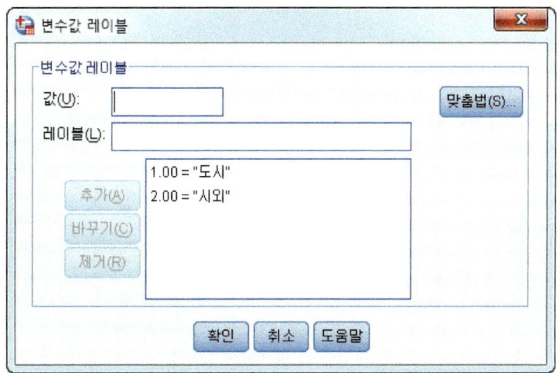

해설 문제02-(가)

1. 두 범주(도시여부와 연령대)에 대한 빈도와 비율을 구하는 문제로 교차표(분할표)가 필요하다.

   분석(A)
   　　기술통계량(E)
   　　　　교차 분석표(C)

2. 교차 분석표 대화상자에서 행은 도시여부(City)로, 열은 연령대(Age)로 지정한다.

교차표를 위한 행(City)와 열(Age) 지정

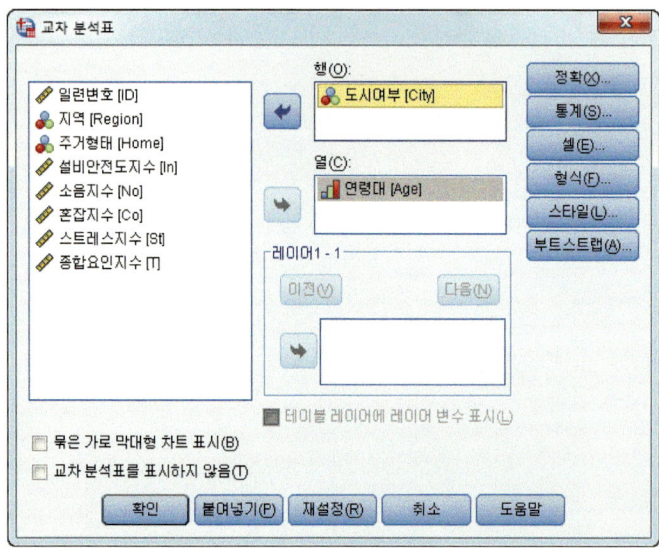

3. 이때 빈도와 함께 각 행에 대한 비율이 필요하므로 셀 옵션을 선택하여 관측빈도와 행 백분율을 선택한다.

관측빈도와 행 백분율 표시 지정

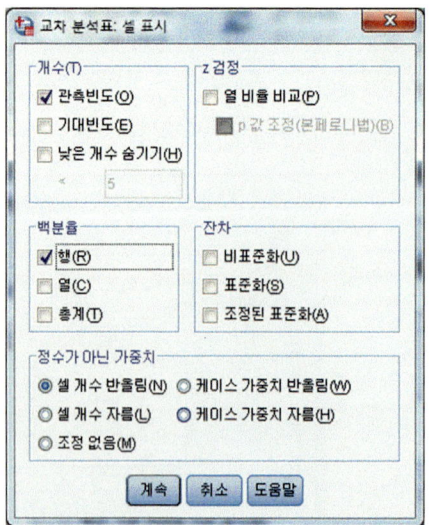

4. 모든 설정이 끝난 후, 교차 분석표 대화상자에서 확인을 클릭하면 결과를 얻을 수 있다.

도시여부 * 연령대 교차 분석표

			연령대				총 계
			20대	30대	40대	50대 이상	
도시여부	도 시	개 수	31	36	37	40	144
		도시여부 내 %	21.5%	25.0%	25.7%	27.8%	100.0%
	시 외	개 수	22	13	17	20	72
		도시여부 내 %	30.6%	18.1%	23.6%	27.8%	100.0%
총 계		개 수	53	49	54	60	216
		도시여부 내 %	24.5%	22.7%	25.0%	27.8%	100.0%

5. 교차표(분할표)를 이용하여 다음의 표를 완성할 수 있다.

도시여부(City)		연령대(Age)			
		20대	30대	40대	50대 이상
도 시	사람 수	31	36	37	40
	행 백분율(%)	21.5	25.0	25.7	27.8
시 외	사람 수	22	13	17	20
	행 백분율(%)	30.6	18.1	23.6	27.8
사람 수 합계		53	49	54	60

문제02-(나)

1. 문제를 해결하기 위한 가설은 다음과 같다.

   귀무가설(H_0) : 도시여부(City)와 연령대(Age) 간에 연관성이 없다.
   대립가설(H_1) : 도시여부(City)와 연령대(Age) 간에 연관성이 있다.

2. 두 범주(도시여부와 연령대)에 대한 교차 분석을 실시하는 문제이다.

   분석(A)
   　기술통계량(E)
   　　교차 분석표(C)

3. 교차 분석표 대화상자에서 행은 도시여부(City)로, 열은 연령대(Age)로 지정한다.

교차 분석표를 위한 행(City)와 열(Age) 지정

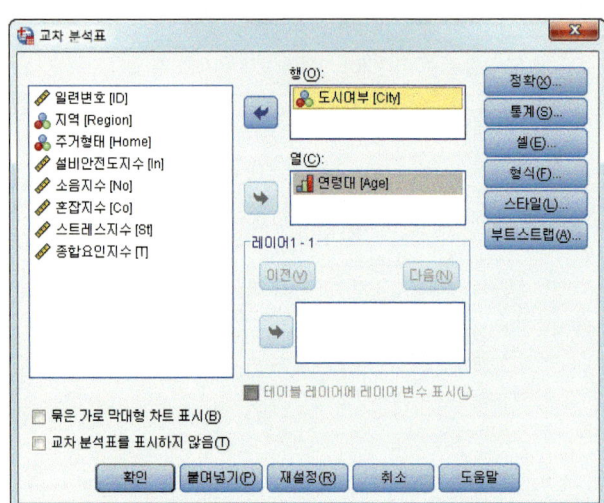

4. 이때 교차 분석을 위하여 통계 옵션에서 카이제곱을 선택한다.

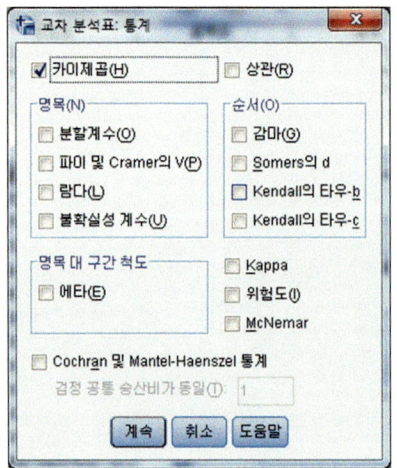

5. 모든 설정이 끝난 후, 교차 분석표 대화상자에서 확인을 클릭하면 교차 분석 결과를 얻을 수 있다.

카이제곱 검정

	값	df	점근 유의확률(양면)
Pearson 카이제곱	2.698[a]	3	.441
우도비	2.685	3	.443
선형 대 선형 연결	.456	1	.499
유효 케이스 N	216		

※ a. 0 셀(0.0%)에 5 미만의 개수가 있어야 합니다. 예상되는 최소 개수는 16.33입니다.

6. 교차 분석 결과를 이용하여 다음의 표를 완성할 수 있다(소수점 넷째 자리에서 반올림).

검정통계량 값	2.698
유의확률	0.441

문제02-(다)

- 결과 : 유의수준 0.1에서 귀무가설을 기각할 수 없다. 즉, 도시여부(City)와 연령대(Age) 간에 연관성이 없다.
- 이유 : 검정통계량인 카이제곱통계량이 2.689, 자유도가 3이며 유의확률이 0.441로 유의수준 0.1보다 크다. 따라서 유의수준 0.1에서 귀무가설을 기각할 수 없다.

03 문제02에서 생성한 도시여부(City)에 따른 스트레스지수의 모평균 차이가 있는지 확인하고자 한다.

(가) 문제 해결을 위한 귀무가설과 대립가설을 작성하시오.

> 귀무가설(H_0) :
>
> 대립가설(H_1) :

(나) 도시여부(City)에 따른 스트레스지수(St)의 모평균 차이가 있는지 확인하기 위한 다음의 평균, 검정통계량 등을 구하시오. (단, 두 집단은 등분산을 가진다고 가정함)

형 식	관측값의 수	평 균	검정통계량	유의확률
도 시				
시 외				

(평균, 검정통계량, 유의확률은 소수점 둘째 자리까지)

(다) 도시여부(City)에 따른 스트레스지수(St)의 모평균 차이가 있는지 유의수준 0.1에서 검정하시오.

> – 결과 :
>
> – 이유 :

해설 문제03-(가)

문제 해결을 위한 가설은 다음과 같다.

귀무가설(H_0) : 도시여부에 따른 스트레스지수의 모평균 차이가 없다($\mu_1 = \mu_2$).
대립가설(H_1) : 도시여부에 따른 스트레스지수의 모평균 차이가 있다($\mu_1 \neq \mu_2$).

문제03-(나)

1. 도시여부(City)에 따른 스트레스지수(St)의 모평균 차이가 있는지 확인하기 위하여 독립표본 T 검정을 실시한다.

    분석(A)
        평균 비교(M)
            독립표본 T 검정(T)

2. 독립 표본 T 검정 대화상자에서 검정변수로 스트레스지수(St)를, 그룹화(집단)변수로 도시여부(City)를 지정한다.

검정변수와 그룹화(집단)변수 지정

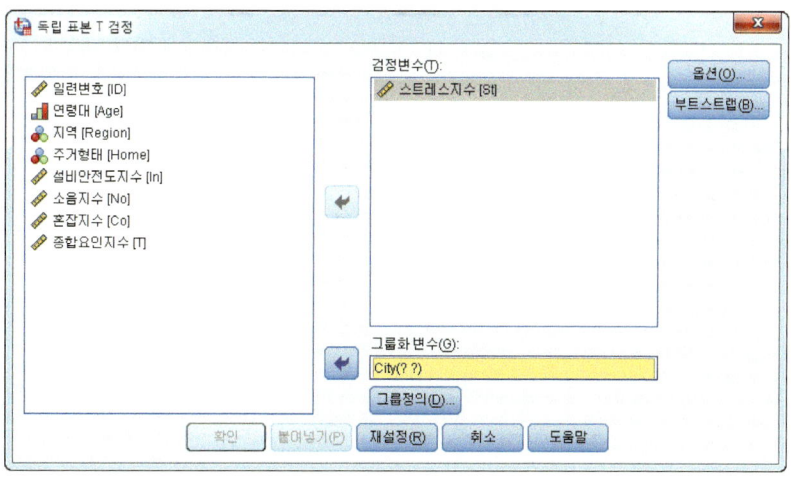

3. 그룹(집단)정의를 선택하여, 그룹(집단)정의 중 지정값 사용에 두 집단을 지정하는 값을 입력한다. 본 문제의 경우, 도시인 그룹(집단) 1에 1을, 시외인 그룹(집단) 2에 2를 입력한다.

그룹(집단) 정의

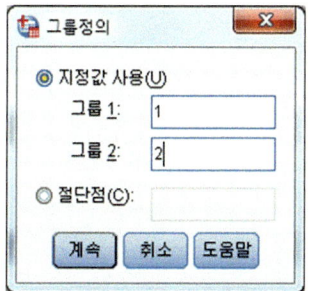

4. 모든 설정이 끝난 후, 독립표본 T 검정 대화상자에서 확인을 클릭하면 다음과 같은 결과를 얻을 수 있다.

그룹통계

	도시여부	N	평균	표준 편차	표준 오차 평균
스트레스지수	도 시	144	6.93	2.037	.170
	시 외	72	7.40	1.624	.191

독립표본 검정

		Levene의 등분산 검정		평균등식에 대한 T 검정						
		F	유의확률	t	df	유의확률 (양쪽)	평균 차이	표준 오류 편차	차이의 95% 신뢰구간	
									하한	상한
스트레스지수	등분산을 가정함	8.026	.005	-1.713	214	.088	-.472	.276	-1.016	.071
	등분산을 가정하지 않음			-1.846	173.341	.067	-.472	.256	-.977	.033

5. 집단(그룹) 통계와 두 모집단의 등분산 가정하는 등분산 T 검정 결과를 이용하여 다음의 표를 완성할 수 있다.

형식	관측값의 수	평균	검정통계량	유의확률
도 시	144	6.93	-1.71	0.09
시 외	72	7.40		

(평균, 검정통계량, 유의확률은 소수점 둘째 자리까지)

문제03-(다)

- 결과 : 유의수준 0.1에서 귀무가설을 기각한다. 즉, 도시여부(City)에 따른 스트레스지수(St)의 모평균 차이가 있다($\mu_1 \neq \mu_2$).
- 이유 : t값이 -1.71, 유의확률이 0.09로 유의수준 0.1보다 작으므로 귀무가설을 기각한다.

04 주거형태(Home)를 단독주택, 공용주택(아파트, 빌라), 기타로 구분하여 새로운 주거형태(Home2)를 고려하도록 한다. 그리고 새로운 주거형태에 따른 혼잡지수(Co)의 모평균 차이가 있는지 확인하고자 한다. 이때 집단별 분산은 동질하다고 가정하며, 다음에 답하시오.

(가) 새로운 주거형태(Home2)에 따른 혼잡지수(Co)의 기술통계표를 작성하시오.
(소수점 둘째 자리까지)

주거형태	혼잡지수		
	평 균	표준 편차	평균의 표준 오차
단독주택			
공용주택			
기 타			
전 체			

(나) 분산 분석표를 작성하시오. (소수점 셋째 자리까지)

구 분	제곱합	자유도	평균제곱	F	유의확률
그룹 간					
그룹 내					
합 계					

(다) 문제 해결을 위한 귀무가설과 대립가설을 작성하시오.

귀무가설(H_0) :

대립가설(H_1) :

(라) 새로운 주거형태(Home2)에 따른 혼잡지수(Co)의 모평균 차이가 있는지 유의수준 0.05에서 검정하시오.

− 결과 :

− 이유 :

(마) (라)에서 귀무가설을 기각하였다면, 구체적으로 어떤 유형의 주거형태에 따른 혼잡지수의 모평균 차이 있는지 Scheffe 방법으로 사후분석을 실시하시오. 혼잡지수(Co)의 평균 크기순으로 주거형태를 쓰고 유의수준 0.05에서 가장 평균이 높은 집단과 통계적으로 유의한 집단에 (V)로 표시하시오.

평균순위	1	2	3
주거형태(Home)			
유의한 평균 차이	(1)------[ ]------(2)		
	(1)--------------[ ]--------------(3)		

〖문제해결을 위한 기초작업〗

1. 주거형태(Home)를 다음과 같이 새로운 주거형태(Home2) 변수로 변환해야 한다.

주거형태(Home)	새로운 주거형태(Home2)
1	1
2, 3	2
4	3

2. 이를 위하여 다른 변수로 코딩변경을 실행한다.

   변환(T)
      다른 변수로 코딩변경(R)

3. 다른 변수로 코딩변경 실행 후, 대화상자에서 주거형태(Home)를 숫자변수로 이동하고 출력변수에 새로운 주거형태(Home2)를 입력하여 바꾸기를 클릭한다.

새로운 변수 지정

4. 새로 코딩될 값을 지정하기 위하여 기존값 및 새로운 값을 클릭하여 대화상자에서 1.의 기준에 맞게 기존값을 새로운 값으로 설정한다. 이때 범위, 최젓값에서 다음 값까지 범위, 다음 값에서 최곳값까지 범위를 적절히 이용한다.

[기존값 → 새로운 값] 조건 설정

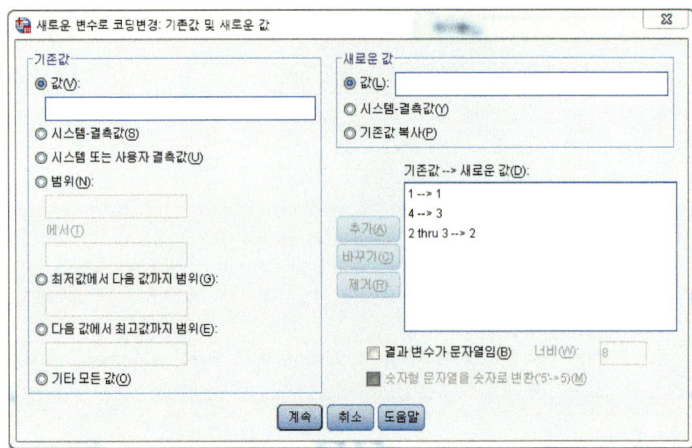

5. 조건을 모두 지정한 후, 새로운 변수로 코딩변경 대화상자에서 확인을 클릭하면 새로운 변수 새로운 주거형태(Home2)가 생성된다.
6. 이제 새로운 주거형태에 따른 혼잡지수의 모평균 차이 등을 구하기 위해 일원배치 분산 분석을 이용하도록 한다.

> 분석(A)
>   평균 비교(M)
>   일원배치 분산분석(O)

7. 일원배치 분산분석 대화상자에서 종속변수(종속목록)에 혼잡지수(Co)을, 요인에 새로운 주거형태를 지정한다.

일원배치 분산분석의 종속변수와 요인 지정

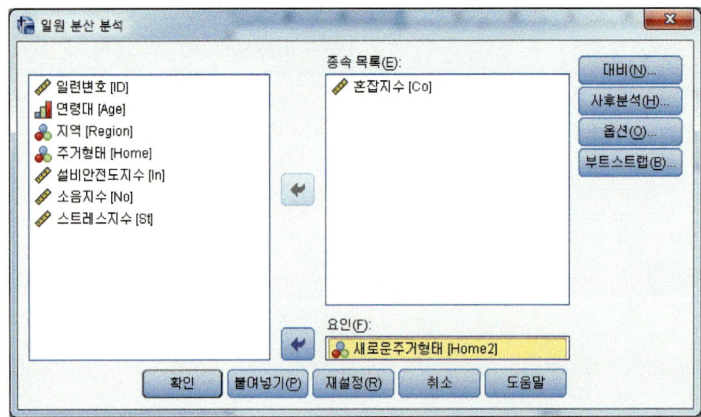

8. (가) 문제의 해결을 위해서 각 범주별 평균과 표준편차를 알기 위해 일원배치 분산분석 대화상자에서 옵션을 선택한 후, 기술통계를 선택한다.

9. 일원배치 분산분석 대화상자에서 확인을 클릭하면 분석 결과를 얻을 수 있다.

해설 문제04-(가)

1. 일원배치 분산분석 결과에서 기술통계 결과는 다음과 같다.

기술통계

혼잡지수

	N	평균	표준 편차	표준 오차	평균의 95% 신뢰구간		최솟값	최댓값
					하한	상한		
단독주택	60	7.95	2.325	0.300	7.35	8.55	1	10
공용주택	36	5.97	2.913	0.485	4.99	6.96	1	10
기 타	120	7.07	2.549	0.233	6.61	7.53	1	10
전 체	216	7.13	2.622	0.178	6.78	7.48	1	10

2. 위의 결과를 이용하여 다음 표를 완성할 수 있다.

주거형태	혼잡지수		
	평 균	표준 편차	평균의 표준 오차
단독주택	7.95	3.33	0.30
공용주택	5.97	2.91	0.49
기 타	7.07	2.55	0.23
전 체	7.13	2.62	0.18

문제04-(나)

1. 일원배치 분산분석 결과에서 분산분석 결과는 다음과 같다.

분산 분석

혼잡지수

	제곱합	df	평균 제곱	F	유의확률
그룹 사이	89.081	2	44.541	6.829	.001
그룹 내	1389.289	213	6.522		
총 계	1478.370	215			

2. 위의 결과를 이용하여 다음 표를 완성할 수 있다.

구 분	제곱합	자유도	평균 제곱	F	유의확률
그룹 간	89.081	2	44.541	6.829	0.001
그룹 내	1389.289	213	6.522		
합 계	1478.370	215			

문제04-(다)
1. 문제해결을 위한 가설은 다음과 같다.
   귀무가설(H_0) : 새로운 주거형태에 따른 혼잡지수의 모평균 차이가 없다(모든 집단의 평균이 같다).
   대립가설(H_1) : 새로운 주거형태에 따른 혼잡지수의 모평균 차이가 있다.
                   또는
                 적어도 한 주거형태의 혼잡지수의 모평균 차이가 있다.

문제04-(라)
- 결과 : 유의수준 0.05에서 귀무가설을 기각한다. 주거형태에 따른 혼잡지수의 모평균 차이가 있다. 즉, 적어도 한 유형의 주거형태에 따른 혼잡지수의 모평균 차이가 있다.
- 이유 : 검정통계량 F값이 6.829, 유의확률이 0.001으로 유의수준 0.05보다 작아 귀무가설을 기각한다.

문제04-(마)
1. (라)에서 귀무가설을 기각하였다. 따라서 사후분석(다중비교)를 통하여 어느 집단에서 평균 차이가 존재하는지 확인할 수 있다.
2. 일원배치 분산분석 대화상자에서 종속변수(종속목록)에 혼잡지수(Co)을, 요인에 주거형태(Home)을 지정한다. 이때 사후분석을 위하여 사후분석 옵션을 선택하고 Scheffe를 선택한다.

사후분석(다중 비교) 방법 지정

3. 일원배치 분산분석 대화상자에서 확인을 클릭하면 사후분석 결과를 얻을 수 있다.

다중 비교

종속 변수 : 혼잡지수
Scheffe

(I) 새로운 주거형태	(J) 새로운 주거형태	평균 차이 (I-J)	표준 오차	유의확률	95% 신뢰구간	
					하 한	상 한
단독주택	공용주택	1.978*	.538	.001	.65	3.30
	기 타	.883	.404	.094	-.11	1.88
공용주택	단독주택	-1.978*	.538	.001	-3.30	-6.5
	기 타	-1.094	.485	.081	-2.29	.10
기 타	단독주택	-.883	.404	.094	-1.88	.11
	공용주택	1.094	.485	.081	-.10	2.29

※ *. 평균 차이가 0.05 수준에서 유의합니다.

혼잡지수

Scheffe^{a,b}

새로운 주거형태	N	알파의 서브세트 = 0.05	
		1	2
공용주택	36	5.97	
기 타	120	7.07	7.07
단독주택	60		7.95
유의확률		.076	.185

※ 동일 서브세트에 있는 그룹의 평균이 표시됩니다.

4. 위의 결과를 이용하여 다음 표를 완성할 수 있다.

평균순위	1	2	3
주거형태(Home)	단독주택	기 타	공용주택
유의한 평균 차이	(1)-----[ ]-----(2)		
	(1)--------------[V]--------------(3)		

05 연속형 변수인 설비안전도지수(In), 소음지수(No), 혼잡지수(Co), 스트레스지수(St)에 대한 피어슨 상관계수를 고려하도록 한다.

(가) 각 변수 간의 피어슨 상관계수를 구하여 다음 표를 채우시오. (소수점 셋째 자리까지)

구 분	설비안전도지수(In)	소음지수(No)	혼잡지수(Co)	스트레스지수(St)
설비안전도지수(In)				
소음지수(No)				
혼잡지수(Co)				
스트레스지수(St)				

(나) 단독주택에 거주하는 사람들을 대상으로 피어슨 상관분석을 실시한 후, 설비안전도지수(In), 소음지수(No), 혼잡지수(Co), 스트레스지수(St) 중 가장 상관계수의 절댓값이 높은 두 변수를 찾고, 두 변수 간에 상관계수를 구하시오.

변수명	상관계수

해설 문제05-(가)

1. 4가지 지수인 설비안전도지수(In), 소음지수(No), 혼잡지수(Co), 스트레스지수(St)에 대한 선형관계를 확인하기 위하여 이변량 상관분석을 실시한다.

> 분석(A)
>   상관분석(C)
>   이변량 상관계수(B)

2. 이변량 상관계수 대화상자에서 설비안전도지수(In), 소음지수(No), 혼잡지수(Co), 스트레스지수(St)를 우측 변수에 지정하고 상관계수는 피어슨(Pearson)을 선택한다.

상관분석 변수 지정

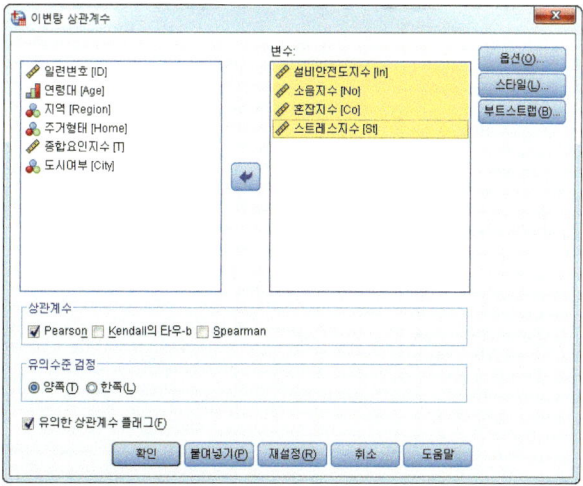

3. 모든 설정이 끝난 후, 이변량 상관계수 대화상자에서 확인을 클릭하면 다음과 같은 결과를 얻을 수 있다.

상 관

		설비안전도지수	소음지수	혼잡지수	스트레스지수
설비안전도 지수	Pearson 상관계수	1	.188**	.141*	.020
	유의확률(양쪽)		.006	.038	.768
	N	216	216	216	216
소음지수	Pearson 상관계수	.188**	1	.263**	.044
	유의확률(양쪽)	.006		.000	.952
	N	216	216	216	216
혼잡지수	Pearson 상관계수	.141*	.263**	1	.102
	유의확률(양쪽)	.038	.000		.134
	N	216	216	216	216
스트레스 지수	Pearson 상관계수	.020	.004	.102	1
	유의확률(양쪽)	.768	.952	.134	
	N	216	216	216	216

※ **. 상관이 0.01 수준에서 유의합니다(양쪽).
※ *. 상관이 0.05 수준에서 유의합니다(양쪽).

4. 위의 결과를 이용하여 다음 표를 완성할 수 있다.

구 분	설비안전도지수(In)	소음지수(No)	혼잡지수(Co)	스트레스지수(St)
설비안전도지수(In)	1.00	0.188	0.141	0.020
소음지수(No)		1.00	0.263	0.004
혼잡지수(Co)			1.00	0.102
스트레스지수(St)				1.00

문제05-(나)

1. 통계분석을 실시하기에 앞서 주거형태(Home) 변수가 '1'인 대상을 선택하도록 한다. 이를 위하여 케이스 선택을 실행한다.

> 데이터(D)
> 　케이스 선택(S)

2. 케이스 선택 대화상자에서 조건을 만족하는 케이스를 선택한다.

조건을 만족하는 케이스 선택

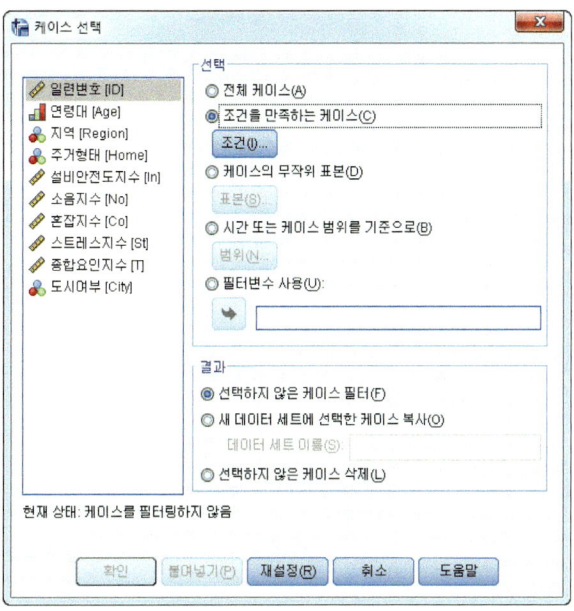

3. 성별 변수가 남자인 경우를 조건으로 입력하기 위하여 조건을 선택하고 주거형태(Home) 변수에 단독주택(Home=1)을 입력한다.

주거형태(Home) 변수에 단독주택(Home=1) 조건 입력

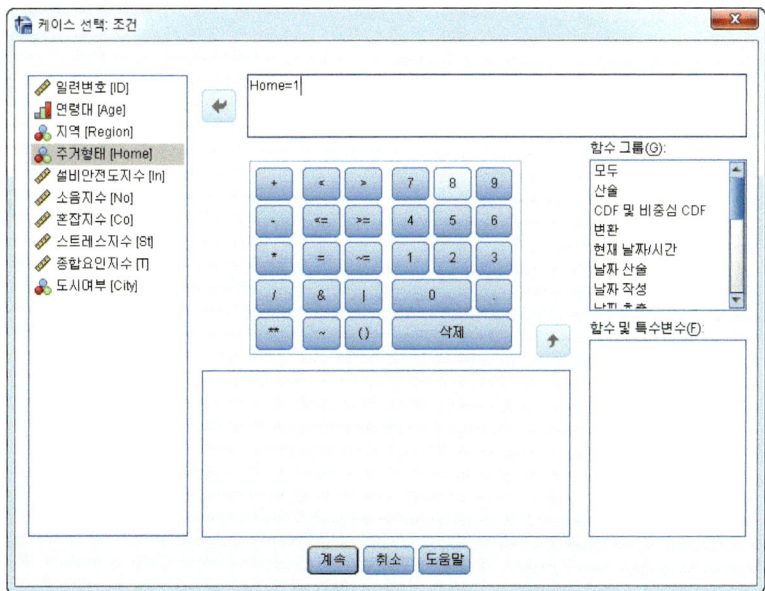

4. 조건을 입력하였으면, 케이스 선택 대화상자에서 확인을 클릭하면 주거형태가 단독주택인 케이스만 선택된다.

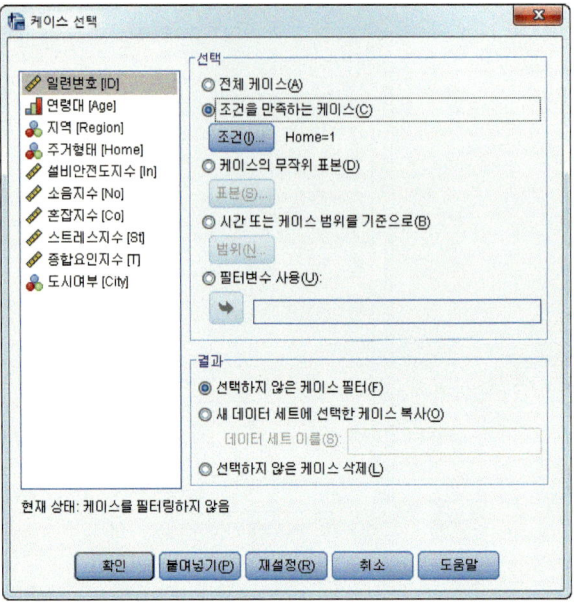

5. 다음과 같이 선택된 케이스(관측값)에 대하여 분석을 실시한다.

ID	Age	Region	Home	In	No	Co	St	T	City	filter_$
58	4	2	3	8	10	5	9	23.00	1	0
59	3	2	4	10	9	7	6	26.00	1	0
60	2	2	4	4	5	10	7	19.00	1	0
61	4	2	4	10	4	4	7	18.00	1	0
62	3	2	4	6	8	10	7	24.00	1	0
63	3	2	1	10	3	7	6	20.00	1	1
64	3	2	4	3	10	9	5	22.00	1	0
65	2	2	1	2	7	10	6	19.00	1	1
66	2	2	1	5	4	10	5	19.00	1	1
67	4	2	4	1	8	10	7	19.00	1	0
68	1	2	1	7	6	7	6	21.00	1	1
69	1	2	4	6	3	10	9	19.00	1	0
70	2	2	4	9	10	7	9	26.00	1	0
71	2	2	1	9	10	8	5	27.00	1	1
72	4	2	4	4	5	9	8	18.00	1	0
73	4	2	1	10	4	9	9	23.00	1	1
74	1	3	1	9	7	10	9	26.00	2	1
75	1	3	1	10	10	7	3	27.00	2	1
76	1	3	3	1	4	6	8	11.00	2	0
77	4	3	1	8	8	10	6	26.00	2	1
78	1	3	1	7	3	7	7	17.00	2	1
79	3	3	1	9	3	10	9	22.00	2	1
80	2	3	1	10	10	7	9	27.00	2	1
81	4	3	4	9	10	7	6	26.00	2	0
82	3	3	1	4	5	10	7	19.00	2	1
83	3	3	1	7	9	4	6	20.00	2	1
84	2	3	3	5	8	3	9	16.00	2	0
85	3	3	4	10	7	8	5	25.00	2	0
86	4	3	1	5	5	7	9	17.00	2	1
87	2	3	1	5	9	8	5	22.00	2	1
88	2	3	4	3	4	10	5	17.00	2	0
89	4	3	4	2	8	10	7	20.00	2	0
90	4	3	4	6	10	4	8	20.00	2	0
91	1	3	4	7	10	9	7	26.00	2	0
92	1	3	4	7	10	4	8	21.00	2	0

6. 4가지 지수인 설비안전도지수(In), 소음지수(No), 혼잡지수(Co), 스트레스지수(St)에 대한 선형관계를 확인하기 위하여 이변량 상관분석을 실시한다.

　　분석(A)
　　　　상관분석(C)
　　　　　　이변량 상관계수(B)

7. 이변량 상관계수 대화상자에서 설비안전도지수(In), 소음지수(No), 혼잡지수(Co), 스트레스지수(St)를 우측 변수에 지정하고 상관계수는 피어슨(Pearson)을 선택한다.

상관분석 변수 지정

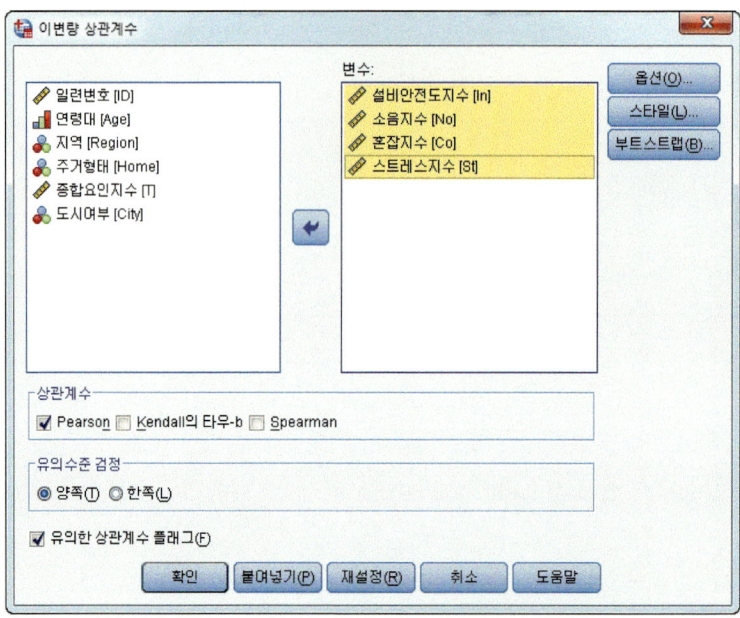

8. 모든 설정이 끝난 후, 이변량 상관계수 대화상자에서 확인을 클릭하면 다음과 같은 결과를 얻을 수 있다.

상 관

		설비안전도지수	소음지수	혼잡지수	스트레스지수
설비안전도지수	Pearson 상관계수	1	.328*	-.077	.083
	유의확률(양쪽)		.011	.557	.526
	N	60	60	60	60
소음지수	Pearson 상관계수	.328*	1	-.037	-.196
	유의확률(양쪽)	.011		.778	.134
	N	60	60	60	60
혼잡지수	Pearson 상관계수	-.077	-.037	1	.135
	유의확률(양쪽)	.557	.778		.303
	N	60	60	60	60
스트레스지수	Pearson 상관계수	.083	-.196	.135	1
	유의확률(양쪽)	.526	.134	.303	
	N	60	60	60	60

※ *. 상관이 0.05 수준에서 유의합니다(양쪽).

9. 결과를 이용하여 다음과 같이 표를 완성할 수 있다.

변수명	상관계수
설비안전도지수	0.328
소음지수	

06 스트레스지수(St)를 종속 변수로 두고 연속형 변수인 설비안전도지수(In), 소음지수(No), 혼잡지수(Co)와 범주형 변수인 지역(Region)을 독립변수로 하여 회귀분석을 실시하고자 한다. 이때 각 독립변수는 선형독립이며, 지역은 다음과 같은 가변수(dummy variable)를 생성하여 사용하도록 한다.

구 분	지역1(Region1)	지역2(Region2)
대도시	1	0
도 시	0	1
시 외	0	0

(가) 다중 회귀분석을 실시하고 다음 분산 분석표를 완성하시오.

구 분	제곱합	자유도	평균제곱	F	유의확률
회귀모형					
잔 차					
합 계					

(나) 유의성과 관계없이 모든 독립변수를 고려한 회귀방정식을 작성하시오.

- 회귀식 :

(다) (나) 회귀식에 대한 결정계수와 수정된 결정계수를 구하시오.

결정계수	수정된 결정계수

(라) 주거형태가 빌라에 거주하는 사람들을 대상으로 회귀분석을 문제의 동일한 변수 조건으로 수행한 후, 결정계수와 조정된 결정계수를 쓰시오.

결정계수	수정된 결정계수

〔문제해결을 위한 기초작업〕

1. 먼저 지역(Region)에 대한 가변수를 생성해야 한다. 이를 위해 다른 변수로 코딩변경을 이용한다.

   변환(T)
   　　다른 변수로 코딩변경(R)

2. 다른 변수로 코딩변경 실행 후, 대화상자에서 지역(Region)을 숫자변수로 이동하고 출력변수에 Region1을 입력하여 바꾸기를 클릭한다.

3. 새로 코딩될 값을 지정하기 위하여 기존값 및 새로운 값을 클릭하여 대화상자에서 다음 기준에 맞게 기존값을 새로운 값으로 설정한다. 이때 지역1(Region1)을 생성하기 위해 '대도시'는 1로, 나머지 '도시'와 '시외'는 0으로 설정한다.

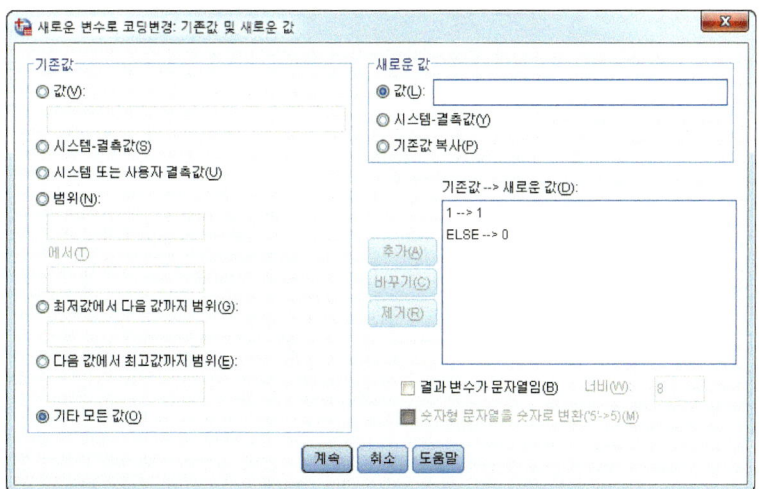

4. 2.-3.의 과정을 반복하여 지역2(Region2)을 생성한다. 이때 지역2(Region2)에서 '도시'는 1로, '대도시'와 '시외'는 0으로 설정한다.

5. 생성된 지역1(Region1)과 지역2(Region2)는 다음과 같다.

ID	Age	Region	Home	In	No	Co	St	T	City	Region1	Region2
1	1	1	4	5	9	7	9	21.00	1	1.00	.00
2	2	1	3	8	5	9	7	22.00	1	1.00	.00
3	3	1	3	8	5	5	7	18.00	1	1.00	.00
4	4	1	4	7	9	5	9	21.00	1	1.00	.00
5	4	1	3	9	9	9	9	27.00	1	1.00	.00
6	3	1	4	9	9	10	6	28.00	1	1.00	.00
7	1	1	2	6	5	6	6	17.00	1	1.00	.00
8	4	1	4	6	6	6	3	18.00	1	1.00	.00
9	2	1	3	2	3	5	9	10.00	1	1.00	.00
10	3	1	4	8	10	10	10	28.00	1	1.00	.00
11	2	1	4	9	10	10	8	29.00	1	1.00	.00
12	2	1	2	9	5	10	9	24.00	1	1.00	.00
13	4	1	3	9	9	9	7	27.00	1	1.00	.00
14	3	1	4	4	9	9	9	22.00	1	1.00	.00
15	4	1	3	9	9	10	10	28.00	1	1.00	.00
16	3	1	4	9	10	10	8	29.00	1	1.00	.00
17	3	1	3	9	9	6	10	24.00	1	1.00	.00
18	3	1	4	10	9	9	9	28.00	1	1.00	.00
19	4	1	4	9	9	10	10	28.00	1	1.00	.00
20	3	1	4	10	9	9	8	28.00	1	1.00	.00
21	1	1	4	8	10	6	9	24.00	1	1.00	.00
22	2	1	4	9	9	10	3	28.00	1	1.00	.00
23	1	1	3	3	4	5	5	12.00	1	1.00	.00
24	1	1	3	7	3	2	4	12.00	1	1.00	.00
25	1	1	3	3	3	10	5	16.00	1	1.00	.00
26	1	1	3	1	9	10	7	20.00	1	1.00	.00
27	2	1	4	8	6	8	6	22.00	1	1.00	.00
28	3	1	4	4	9	8	4	21.00	1	1.00	.00
29	4	1	3	5	3	1	8	9.00	1	1.00	.00
30	3	1	3	8	7	8	4	23.00	1	1.00	.00
31	3	1	2	5	8	2	9	15.00	1	1.00	.00
32	4	1	3	10	7	8	5	25.00	1	1.00	.00
33	1	1	3	6	5	5	8	16.00	1	1.00	.00
34	4	1	4	7	9	8	5	24.00	1	1.00	.00
35	1	1	4	7	3	4	2	14.00	1	1.00	.00

6. 문제해결을 위하여 다중 회귀분석을 실시한다.

　　분석(A)
　　　회귀분석(R)
　　　　선형(L)

7. 선형 회귀분석 대화상자에서 종속 변수로 스트레스지수(St)를 독립변수로 설비안전도지수(In), 소음지수(No), 혼잡지수(Co)와 가변수인 지역1(Region1)과 지역2(Region2)를 지정한다.

회귀분석의 종속 변수와 독립변수 지정

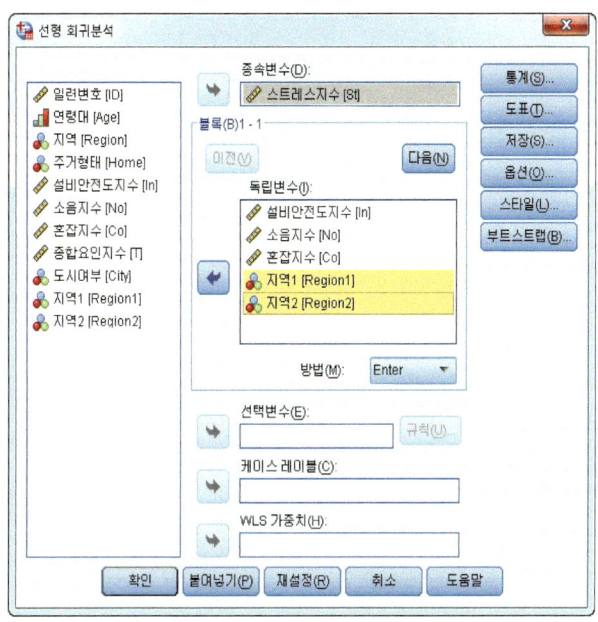

8. 선형 회귀분석 대화상자에서 확인을 클릭하면 (가)-(다)에 대한 결과를 얻을 수 있다.

해설 문제06-(가)

1. 회귀분석 결과에서 분산 분석표는 다음과 같다.

분산 분석[a]

모 형		제곱합	df	평균 제곱	F	유의확률
1	회귀분석	23.594	5	4.719	1.291	.269[b]
	잔 차	767.735	210	3.656		
	총 계	791.329	215			

※ a. 종속 변수 : 스트레스지수
※ b. 예측 변수 : (상수), 지역2, 혼잡지수, 설비안전도지수, 소음지수, 지역1

2. 위의 결과를 이용하여 다음 표를 완성할 수 있다.

구 분	제곱합	자유도	평균제곱	F	유의확률
회귀모형	23.594	5	4.719	1.291	0.269
잔 차	767.735	210	3.656		
합 계	791.329	215			

문제06-(나)

1. 회귀분석 결과에서 추정된 계수에 대한 결과는 다음과 같다.

계수[a]

모 형		비표준 계수		표준 계수	t	유의확률
		B	표준 오차	베타		
1	(상수)	7.004	.570		12.294	.000
	설비안전도지수	.005	.051	.007	.097	.923
	소음지수	-.032	.050	-.046	-.636	.525
	혼잡지수	.082	.052	.112	1.573	.117
	지역1	-.301	.317	-.075	-.949	.344
	지역2	-.652	.324	-.159	-2.012	.046

※ a. 종속 변수 : 스트레스지수

회귀식 : 스트레스지수 = 7.004+0.005×설비안전도지수-0.032×소음지수
　　　　　　　　　　+0.082×혼잡지수-0.301×지역1-0.652×지역2

문제06-(다)

1. 회귀분석 결과에서 결정계수에 대한 결과는 다음과 같다.

모형 요약

모 형	R	R 제곱	조정된 R 제곱	표준 추정값 오류
1	.173[a]	.030	.007	1.912

※ a. 예측 변수 : (상수), 지역2, 혼잡지수, 설비안전도지수, 소음지수, 지역1

2. 1.의 결과를 이용하여 다음과 같이 결정계수를 작성할 수 있다.

결정계수	수정된 결정계수
0.030	0.007

문제06-(라)

1. 통계분석을 실시하기에 앞서 주거형태(Home) 변수가 '3'인 대상을 선택하도록 한다. 이를 위하여 케이스 선택을 실행한다.

> 데이터(D)
> 　케이스 선택(S)

2. 케이스 선택 대화상자에서 조건을 만족하는 케이스를 선택한다.

www.정훈에듀.com

조건을 만족하는 케이스 선택

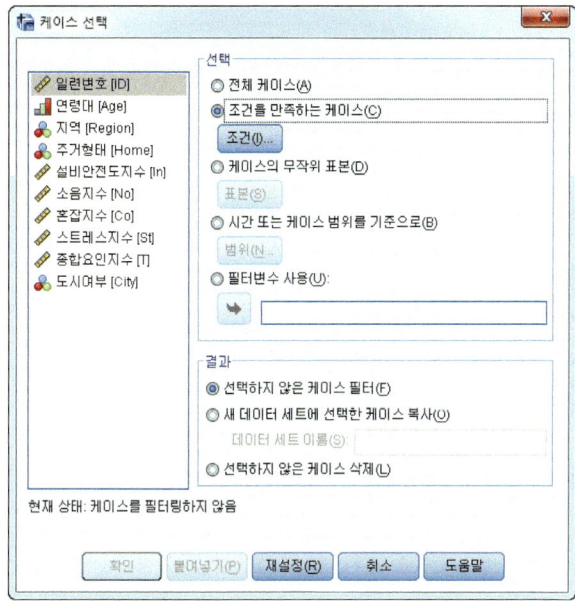

3. 성별 변수가 남자인 경우를 조건으로 입력하기 위하여 조건을 선택하고 주거형태(Home) 변수가 단독주택(Home=1)을 입력한다.

주거형태(Home) 변수가 빌라(Home=3) 조건 입력

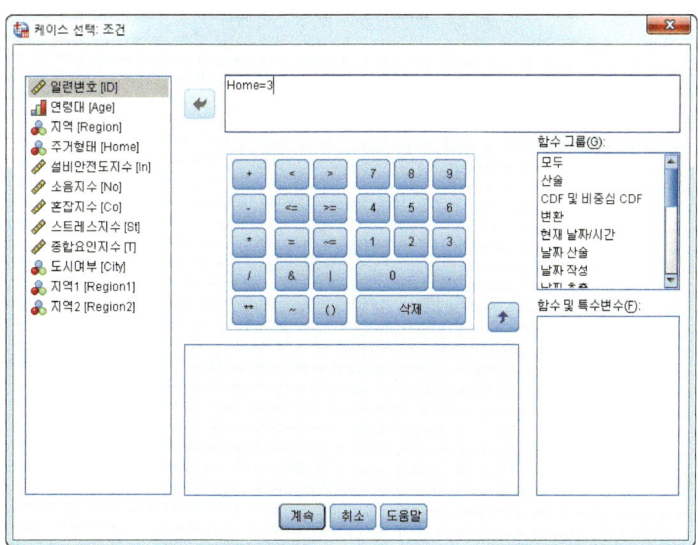

4. 조건을 입력하였으면, 케이스 선택 대화상자에서 확인을 클릭하면 주거형태가 빌라인 케이스만 선택된다.
5. 이와 같이 주거형태가 빌라인 케이스만 선택한 후, 앞에서 실시한 회귀분석을 다시 실시한다.
6. 이때 주거형태가 빌라인 대상으로만 회귀분석을 실시한 결과는 다음과 같다.

모형 요약

모 형	R 주거형태= 빌라(선택됨)	R 제곱	조정된 R 제곱	표준 추정값 오류
1	.446[a]	.199	.032	1.991

※ a. 예측 변수 : (상수), 지역2, 소음지수, 혼잡지수, 설비안전도지수, 지역1

분산 분석[a,b]

모 형		제곱합	df	평균 제곱	F	유의확률
1	회귀분석	23.657	5	4.731	1.194	.342[c]
	잔 차	95.143	24	3.964		
	총 계	118.800	29			

※ a. 종속 변수 : 스트레스지수

계수[a,b]

모 형		비표준 계수 B	비표준 계수 표준 오차	표준 계수 베타	t	유의확률
1	(상수)	6.820	1.572		4.340	.000
	설비안전도지수	-.121	.128	-.201	-.949	.352
	소음지수	.285	.153	.356	1.865	.074
	혼잡지수	.015	.140	.021	.107	.916
	지역1	-1.114	1.322	-.277	-.842	.408
	지역2	-.200	1.405	-.047	-.142	.888

※ a. 종속 변수 : 스트레스지수

7. 이때 주거형태가 빌라인 대상으로만 실시한 회귀분석 결과들은 다음과 같다.

결정계수	수정된 결정계수
0.199	0.032

8. (TIP) 1.-5.와 같은 방법 이외에 회귀분석 대화상자에서 조건을 만족하는 대상만을 고려한 회귀분석이 가능하다.

> 회귀분석 대화상자에서 선택변수(E)는 원하는 변수를 지정하고 그에 대한 조건을 만족하는 대상(케이스)만 고려한 분석을 실시하게 하는 기능을 가지고 있다.

9. (TIP) 회귀분석 대화상자에서 선택변수에 '주거형태(HOME)'를 지정한다.

회귀분석 대화상자에서 선택변수 지정

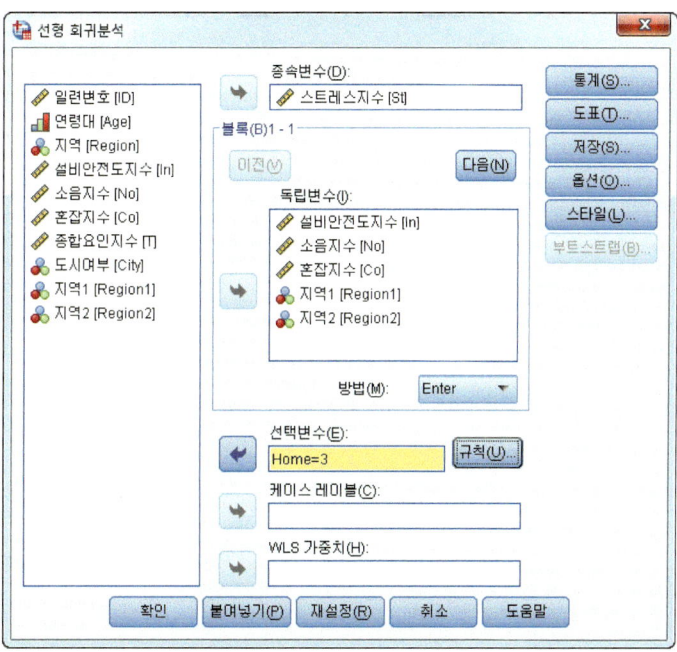

10. (TIP) 선택변수를 지정한 후, 규칙을 클릭하고 선택 규칙을 정의할 수 있다. 이때 주거형태가 빌라(3)인 대상을 지정하기 위해 규칙으로 [같음]을 값으로 3을 설정한다.

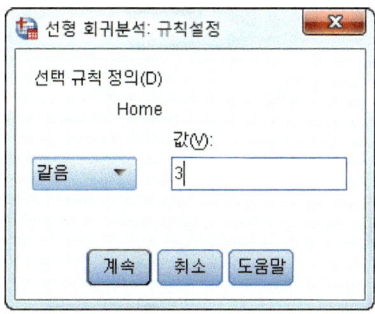

11. (TIP) 조건을 설정한 후, 선형 회귀분석 대화상자에서 확인을 클릭하면 주거형태가 빌라(3)인 대상들만을 고려한 회귀분석이 실시된다.

03 제3회 작업형 모의고사

요구사항 아래의 모든 질문에 대한 답안은 통계 패키지(package)를 이용하여 수행한 결과(화면이용)를 바탕으로 문제지에 직접 작성하시기 바랍니다.

※ 주어진 자료는 헬스장과 거래하는 고객 150명에 대한 고객 만족도를 조사결과이며 [2013.txt]로 저장되어 있다. 만족도에 대한 세부항목은 2가지에 대한 만족도와 종합적인 만족도에 대하여 조사하였다. 그리고 고객에 대한 정보를 같이 수집하였다. 다음의 〈표1〉은 자료의 코딩 양식이며 변수와 변수 간에는 탭(tab)으로 구분되어 있다. 결측값은 시스템 결측값으로 입력되어 있다.

〈표1〉 자료 파일의 코딩 양식

변수명	내 용	기 타
ID	응답자의 일련번호	일련번호
GENDER	⓪ 남, ① 여	성 별
AGE	① 30세 미만, ② 30-39세, ③ 40-49세, ④ 50세 이상	연령대
JOB	① 주부, ② 회사원, ③ 자영업, ④ 공무원, ⑤ 학생, ⑥ 기타	직 업
D	M(미터)	자택과의 거리
S	① 하고 있음, ② 하지 않음	헬스장 이외 운동여부
TIME	① 1개월 미만, ② 1~3개월, ③ 3~6개월, ④ 6개월~1년, ⑤ 1년 이상	헬스장 이용 기간
A1-A4	① 전혀 그렇지 않다, ② 그렇지 않다, ③ 보통이다, ④ 그렇다, ⑤ 매우 그렇다	직원친절만족도
B1-B4		운동설비만족도
C1		종합만족도

문제해결을 위한 기초작업

1. 자료 불러오기

   사회조사분석사 시험문제는 탭(tab)으로 구분된 텍스트(text) 파일로 제공된다. 제공된 파일을 SPSS로 불러오기 위해서는 텍스트 가져오기 마법사를 사용해야 한다.

   파일(F)
   　　텍스트 데이터 읽기(D)

   ① 제공된 [2013.txt]는 첫 번째 행에 변수 이름이 있고 탭으로 구분되어 있어 텍스트 가져오기 마법사 2단계에서 다음과 같이 구분자에 의한 배열이 되어 있고, 변수이름이 파일의 처음에 되어 있다고 지정한다.

   텍스트 가져오기 마법사 2단계

   ② 텍스트 가져오기 마법사 4단계에서는 구분자를 탭(T)으로 지정한다.

   텍스트 가져오기 마법사 4단계

   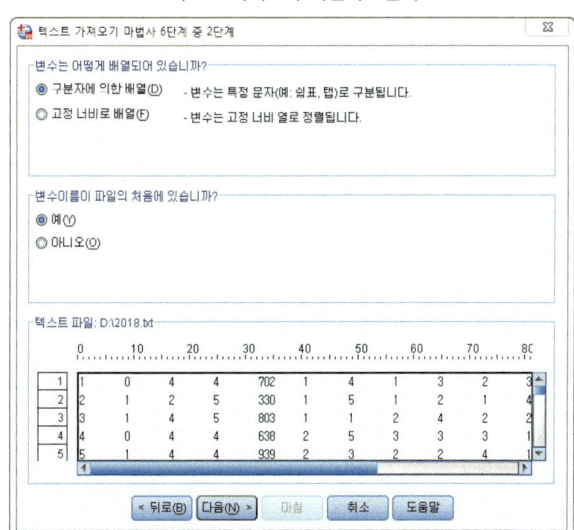

제3장 작업형 기출유사문제 ● ● ● **337**

③ 다음과 같이 SPSS로 불러온 자료를 확인한다.

텍스트 가져오기로 [2013.txt] 불러온 결과

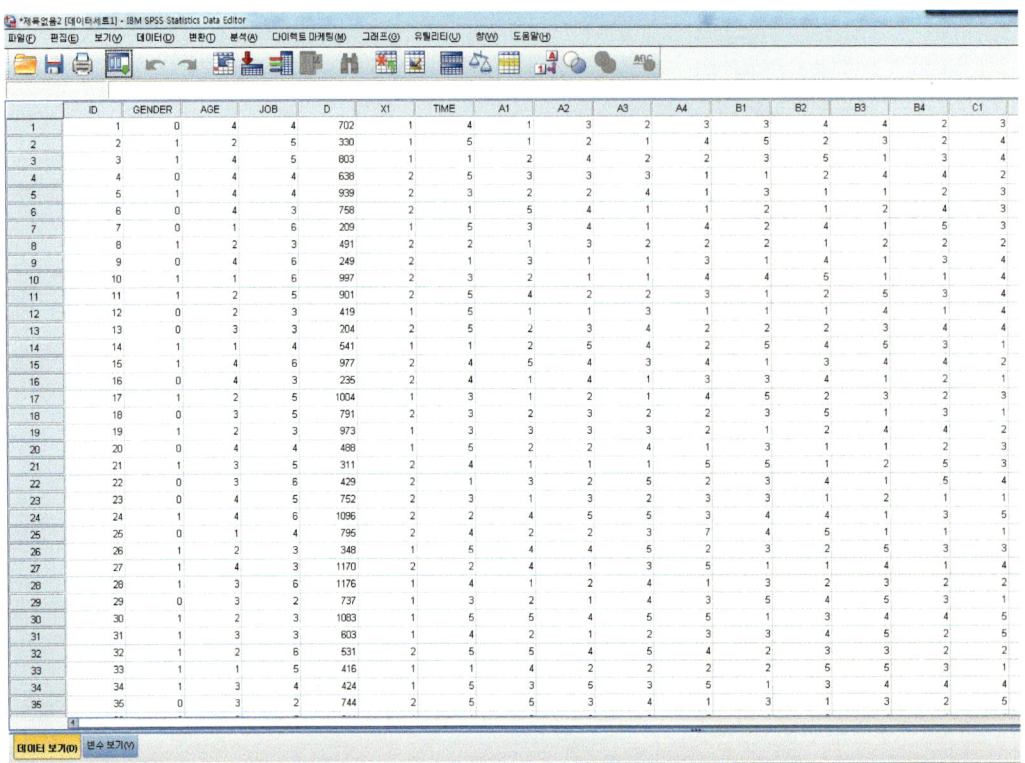

그리고 분석을 실시하기에 앞서 변수 보기에서 변수들의 특성을 지정한다. 각 변수에 대한 레이블(설명)과 측도를 지정한다. 이때 명목측도가 되는 변수는 ID, GENDER, JOB, S이며, 서열측도가 되는 변수는 AGE, D, TIME이다. 척도(등간·비율척도)가 되는 변수는 A1-A4, B1-B4, C1이다.

> ☑ **[일러두기]**
> · 리커드 척도는 서열(순서)척도이지만 통계분석에서 등간척도로 구분하여 분석하여도 상관없다.

각 변수별 속성 지정

	이름	유형	너비	소수점이...	레이블	값	결측값	열	맞춤	측도	역할
1	ID	숫자	3	0	일련번호	없음	없음	8	오른쪽	명목(N)	입력
2	GENDER	숫자	1	0	성별	없음	없음	8	오른쪽	명목(N)	입력
3	AGE	숫자	1	0	연령대	없음	없음	8	오른쪽	순서(O)	입력
4	JOB	숫자	1	0	직업	없음	없음	8	오른쪽	명목(N)	입력
5	D	숫자	4	0	자택과의 거리	없음	없음	8	오른쪽	척도(S)	입력
6	S	숫자	1	0	헬스장 이외 운동여부	없음	없음	8	오른쪽	명목(N)	입력
7	TIME	숫자	1	0	헬스장 이용 기간	없음	없음	8	오른쪽	순서(O)	입력
8	A1	숫자	1	0	직원친절 만족도 1	없음	없음	8	오른쪽	척도(S)	입력
9	A2	숫자	1	0	직원친절 만족도 2	없음	없음	8	오른쪽	척도(S)	입력
10	A3	숫자	1	0	직원친절 만족도 3	없음	없음	8	오른쪽	척도(S)	입력
11	A4	숫자	1	0	직원친절 만족도 4	없음	없음	8	오른쪽	척도(S)	입력
12	B1	숫자	1	0	운동설비 만족도 1	없음	없음	8	오른쪽	척도(S)	입력
13	B2	숫자	1	0	운동설비 만족도 2	없음	없음	8	오른쪽	척도(S)	입력
14	B3	숫자	1	0	운동설비 만족도 3	없음	없음	8	오른쪽	척도(S)	입력
15	B4	숫자	1	0	운동설비 만족도 4	없음	없음	8	오른쪽	척도(S)	입력
16	C1	숫자	1	0	종합만족도	없음	없음	8	오른쪽	척도(S)	입력

01 헬스장과 거래하고 있는 고객들의 자택과의 거리를 ① 200~400미터 미만, ② 400~600미터 미만, ③ 600~800미터 미만, ④ 800미터 이상으로 구분하여 거리에 대한 범주를 구한 후 거리 범주와 헬스장 이외 운동여부 간에 연관성이 있는지 알아보고자 한다.

(가) 자택과의 거리가 200~400미터 미만인 응답자 중 헬스장을 6개월 이상 다니고 있는 응답자의 빈도수와 전체 응답자에 대한 비율을 쓰시오.

(나) 자택과의 거리가 800미터 이상이고 헬스장 이용기간이 3~6개월 미만인 응답자의 관측도수, 기대도수, 해당 자택과의 거리 범주 중 비율(%) 및 해당 헬스장 이용기간 중 비율(%)을 구하시오. 이때 비율은 소수점 첫째 자리까지 표기하시오.

자택과의 거리 800미터 이상 헬스장 이용기간 3~6개월	관측도수	
	기대도수	
	자택과의 거리 범주 중 %	
	헬스장 이용기간 범주 중 %	

(다) 헬스장을 이용하는 고객들에 대하여 자택과의 거리 범주와 헬스장 이용기간 간에 연관성이 있는지를 유의수준 5%에서 검정하고자 한다. 적절한 가설을 적으시오.

귀무가설(H_0) :

대립가설(H_1) :

(라) (다)를 검정하기 위한 검정통계량 값 및 유의확률을 구하고 검정결과를 설명하시오.

Pearson Chi-Square 통계량	자유도(df)	유의확률(양측)

- 결과 :

- 이유 :

《문제해결을 위한 기초작업》

1. 연속형 변수인 미터(D)를 다음과 같은 범주형 변수로 변환해야 한다.

기존 자택과의 거리	범주 자택과의 거리
200~400미터 미만	1
400만~600미터 미만	2
600~800미터 미만	3
800미터 이상	4

2. 이를 위하여 다른 변수로 코딩변경을 실행한다.

　　변환(T)
　　　　다른 변수로 코딩변경(R)

3. 다른 변수로 코딩변경 실행 후, 대화상자에서 자택과의 거리(D)를 숫자변수로 이동하고 출력변수에 gD(자택과의 거리 범주)를 입력하여 바꾸기를 클릭한다.

새로운 변수 지정

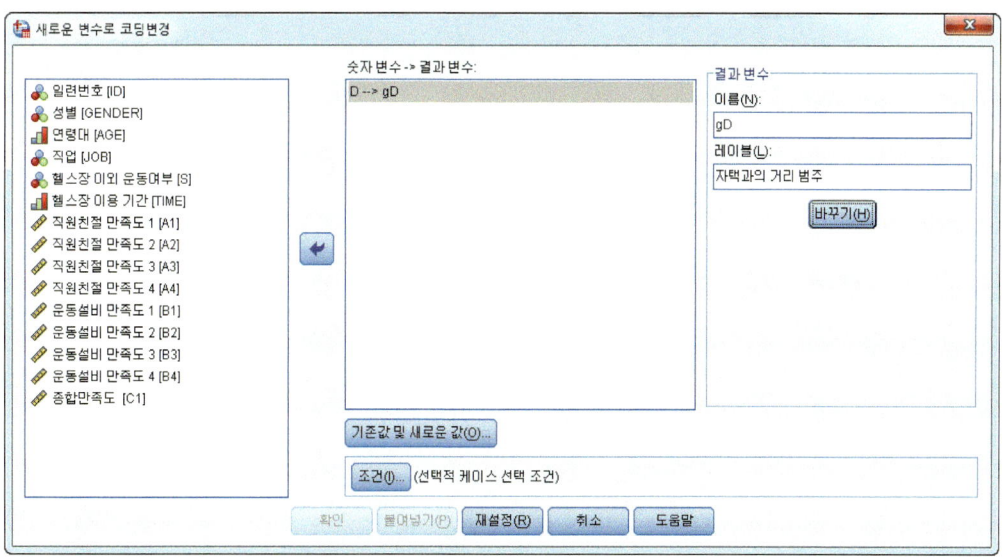

4. 새로 코딩될 값을 지정하기 위하여 기존값 및 새로운 값을 클릭하여 대화상자에서 1.의 기준에 맞게 기존값을 새로운 값으로 설정한다. 이때 범위, 최젓값에서 다음 값까지 범위, 다음 값에서 최곳값까지 범위를 적절히 이용한다.

[기존값 → 새로운 값] 조건 설정

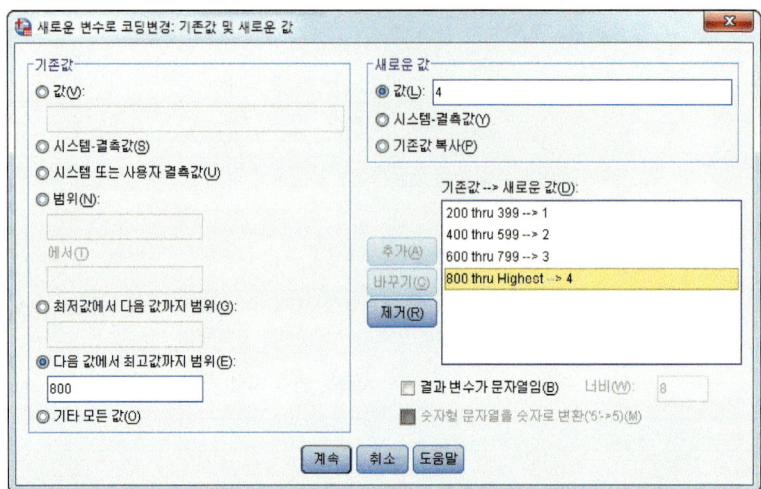

5. 조건을 모두 지정한 후, 새로운 변수로 코딩변경 대화상자에서 확인을 클릭하면 새로운 변수 gD가 생성된다.

gD 생성

ID	GENDER	AGE	JOB	D	S	TIME	A1	A2	A3	A4	B1	B2	B3	B4	C1	gD
1	0	4	4	702	1	4	1	3	2	3	3	4	4	2	3	3
2	1	2	5	330	1	5	1	2	1	4	5	2	3	2	4	1
3	1	4	5	803	1	1	2	4	2	2	3	5	1	3	4	4
4	0	4	4	638	2	5	3	3	3	1	1	2	4	4	2	3
5	1	4	4	939	2	3	2	2	4	1	3	1	1	2	3	4
6	0	3	3	758	2	1	5	4	1	1	2	1	2	4	3	3
7	0	1	6	209	1	3	4	1	4	2	1	2	1	5	3	1
8	1	2	3	491	2	2	1	3	2	2	2	1	2	2	2	1
9	0	4	6	249	2	1	3	1	1	3	1	4	1	3	4	1
10	1	1	6	997	2	3	2	1	1	4	1	4	5	1	4	4
11	1	2	5	901	2	5	4	2	3	1	1	2	5	3	4	4
12	0	3	3	419	2	5	2	1	3	1	3	1	1	1	4	2
13	0	3	3	204	2	5	2	3	4	2	2	2	3	4	4	1
14	1	1	4	541	1	2	5	4	3	1	5	4	5	3	1	2
15	1	4	6	977	2	4	5	4	3	4	1	3	4	4	2	4
16	0	4	3	235	2	4	1	4	1	3	4	1	2	1	1	1
17	1	2	5	1004	1	3	1	2	1	5	2	3	2	3	4	4
18	0	3	5	791	2	3	2	3	2	2	3	5	1	3	1	3
19	1	2	2	973	1	3	3	3	2	3	2	1	2	4	4	4
20	0	4	4	488	1	5	2	2	2	4	1	1	1	2	3	2
21	1	5	5	311	2	4	1	1	1	5	5	1	2	5	3	1
22	0	3	6	429	2	1	3	2	5	2	3	4	1	5	4	2
23	0	4	5	752	2	3	1	3	2	4	3	1	2	1	1	3
24	1	4	6	1096	2	2	4	5	5	3	4	4	1	3	5	4
25	0	1	4	795	2	4	2	2	3	7	4	5	1	1	1	3
26	1	2	3	348	2	2	4	4	3	2	1	2	5	3	3	1
27	1	4	3	1170	2	2	2	1	3	5	1	1	4	1	4	4
28	1	3	6	1176	2	1	1	4	3	5	2	3	1	1	4	4
29	0	3	2	737	1	3	2	1	4	3	5	4	5	3	1	3
30	1	3	3	1083	1	5	5	4	5	1	3	1	3	2	4	4
31	1	3	3	603	1	3	4	2	1	2	3	3	4	5	2	3
32	1	2	6	531	2	5	5	4	4	5	4	2	5	3	2	2
33	1	3	5	416	1	1	4	2	2	2	2	5	5	3	1	2
34	1	3	4	424	1	5	3	5	3	5	1	3	4	4	4	2
35	0	3	2	744	2	5	3	4	1	1	3	2	5	3

6. 이후 분석이 용이성을 위하여 변수 보기에서 변숫값을 입력한다.

gD의 변숫값

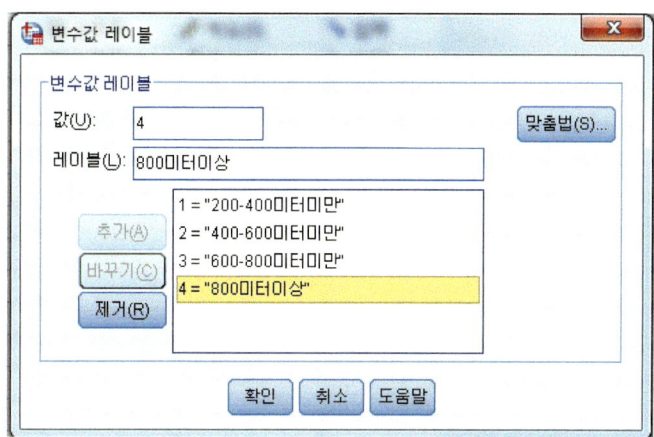

■해설■ 문제01-(가)

1. 두 범주(자택과의 거리 범주와 헬스장 이용기간)에 대한 빈도와 비율을 구하는 문제로 교차표(분할표)가 필요하다.

   분석(A)
       기술통계량(E)
           교차 분석표(C)

2. 교차 분석표 대화상자에서 행은 gD(자택과의 거리 범주)로, 열은 TIME(헬스장 이용 기간)로 지정한다.

교차표를 위한 행(gD)과 열(TIME) 지정

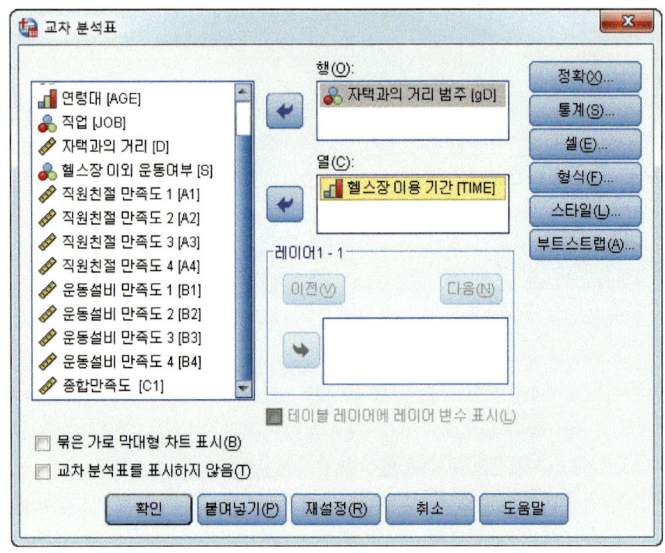

3. 이때 빈도와 함께 전체 응답자에 대한 비율이 필요하므로 셀 옵션을 선택하여 관측빈도와 전체(총계) 백분율을 선택한다.

관측빈도와 전체 백분율 표시 지정

4. 모든 설정이 끝난 후, 교차 분석표 대화상자에서 확인을 클릭하면 결과를 얻을 수 있다.

자택과의 거리 범주 * 헬스장 이용 기간 교차 분석표

			헬스장 이용 기간					총계
			1개월 미만	1~3개월	3~6개월	6개월~ 1년 미만	1년 이상	
자택과의 거리 범주	200~400미터 미만	개 수	8	5	6	7	6	32
		총계의 %	5.3%	3.3%	4.0%	4.7%	4.0%	21.3%
	400~600미터 미만	개 수	6	7	3	2	6	24
		총계의 %	4.0%	4.7%	2.0%	1.3%	4.0%	16.0%
	600~800미터 미만	개 수	6	7	7	10	4	34
		총계의 %	4.0%	4.7%	4.7%	6.7%	2.7%	22.7%
	800미터 이상	개 수	15	12	8	13	12	60
		총계의 %	10.0%	8.0%	5.3%	8.7%	8.0%	40.0%
총 계		개 수	35	31	24	32	28	150
		총계의 %	23.3%	20.7%	16.0%	21.3%	18.7%	100.0%

5. 교차표(분할표)를 이용하여 다음의 표를 완성할 수 있다.
   빈도수 : 7+6=13
   비율 : 4.7+4.0=8.7

전체 응답자에 대한 비율	빈도수	비율(소수점 첫째 자리까지)
	13	8.7

문제01-(나)

1. 두 범주(자택과의 거리 범주와 헬스장 이용기간)에 대한 빈도와 비율을 구하는 문제로 교차표(분할표)가 필요하다.

> 분석(A)
>   기술통계량(E)
>   교차 분석표(C)

2. 교차 분석표 대화상자에서 행은 gD(자택과의 거리 범주)로, 열은 TIME(헬스장 이용 기간)으로 지정한다.

교차표를 위한 행(gD)과 열(TIME) 지정

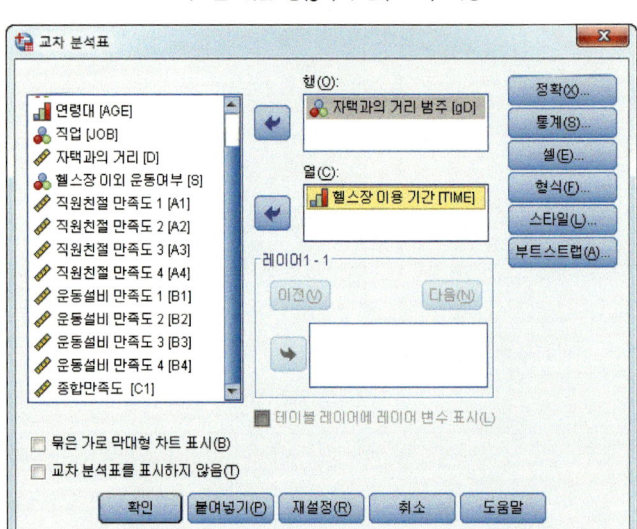

3. 이때 빈도와 함께 전체 응답자에 대한 비율이 필요하므로 셀 옵션을 선택하여 관측빈도, 기대도수, 열 백분율과 행 백분율을 선택한다.

셀 표시 옵션 지정

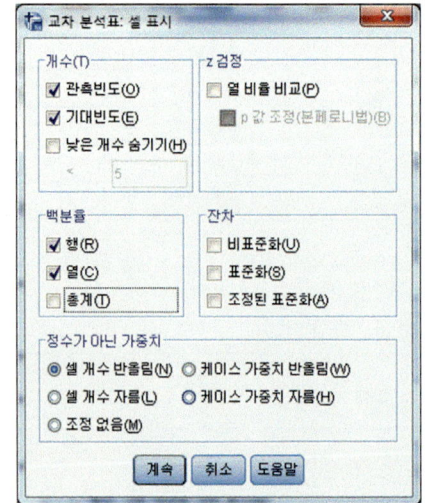

4. 모든 설정이 끝난 후, 교차 분석표 대화상자에서 확인을 클릭하면 결과를 얻을 수 있다.

자택과의 거리 범주 * 헬스장 이용 기간 교차 분석표

			헬스장 이용 시간					총 계
			1개월 미만	1~3개월	3~6개월	6개월~ 1년 미만	1년 이상	
자택과의 거리 범주	200~400미터 미만	개 수	8	5	6	7	6	32
		기대개수	7.5	6.6	5.1	6.8	6.0	32.0
		자택과의 거리 범주 내 %	25.0%	15.6%	18.8%	21.9%	18.8%	100.0%
		헬스장 이용 기간 내 %	22.9%	16.1%	25.0%	21.9%	21.4%	21.3%
	400~600미터 미만	개 수	6	7	3	2	6	24
		기대개수	5.6	5.0	3.8	5.1	4.5	24.0
		자택과의 거리 범주 내 %	25.0%	29.2%	12.5%	8.3%	25.0%	100.0%
		헬스장 이용 기간 내 %	17.1%	22.6%	12.5%	6.3%	21.4%	16.0%
	600~800미터 미만	개 수	6	7	7	10	4	34
		기대개수	7.9	7.0	5.4	7.3	6.3	34.0
		자택과의 거리 범주 내 %	17.6%	20.6%	20.6%	29.4%	11.8%	100.0%
		헬스장 이용 기간 내 %	17.1%	22.6%	29.2%	31.3%	14.3%	22.7%
	800미터 이상	개 수	15	12	8	13	12	60
		기대개수	14.0	12.4	9.6	12.8	11.2	60.0
		자택과의 거리 범주 내 %	25.0%	20.0%	13.3%	21.7%	20.0%	100.0%
		헬스장 이용 기간 내 %	42.9%	38.7%	33.3%	40.6%	42.9%	40.0%
총 계		개 수	35	31	24	32	28	150
		기대개수	35.0	31.0	24.0	32.0	28.0	150.0
		자택과의 거리 범주 내 %	23.3%	20.7%	16.0%	21.3%	18.7%	100.0%
		헬스장 이용 기간 내 %	100.0%	100.0%	100.0%	100.0%	100.0%	100.0%

5. 교차표(분할표)를 이용하여 다음의 표를 완성할 수 있다.

	관측도수	8
자택과의 거리 800미터 이상 헬스장 이용기간 3~6개월	기대도수	9.6
	자택과의 거리 범주 중 %	13.3
	헬스장 이용기간 범주 중 %	33.3

문제01-(다)

귀무가설(H_0) : 자택과의 거리 범주와 헬스장 이용기간 간에 연관성이 없다.
대립가설(H_1) : 자택과의 거리 범주와 헬스장 이용기간 간에 연관성이 있다.

문제01-(라)
1. 두 범주(자택과의 거리 범주와 헬스장 이용기간)에 대한 교차 분석을 실시하는 문제이다.

> 분석(A)
>   기술통계량(E)
>   교차 분석표(C)

2. 교차 분석표 대화상자에서 행은 gD(자택과의 거리 범주)로, 열은 TIME(헬스장 이용 기간)으로 지정한다.

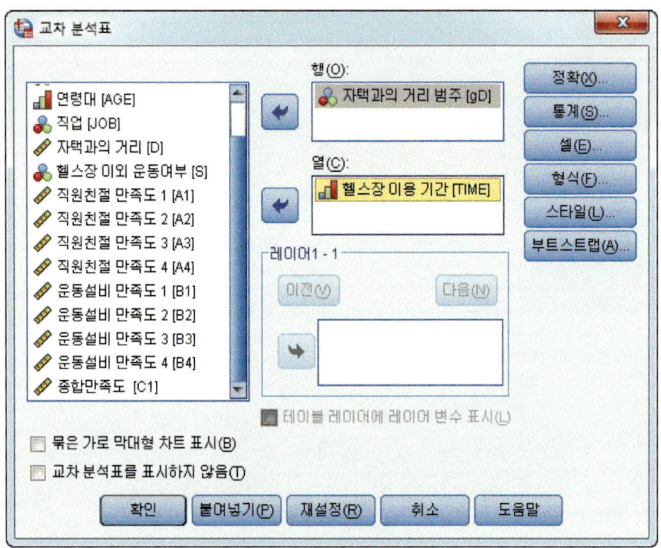

교차 분석을 위한 행(gD)과 열(TIME) 지정

3. 이때 교차 분석을 위하여 통계 옵션에서 카이제곱을 선택한다.

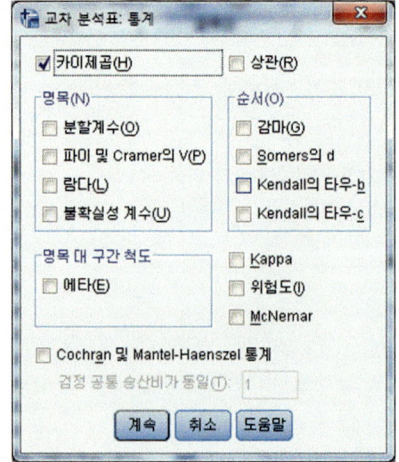

4. 모든 설정이 끝난 후, 교차 분석표 대화상자에서 확인을 클릭하면 교차 분석 결과를 얻을 수 있다.

카이제곱 검정

	값	df	점근 유의확률(양면)
Pearson 카이제곱	7.293[a]	12	.838
우도비	7.809	12	.800
선형 대 선형 연결	.006	1	.940
유효 케이스 N	150		

※ a. 3 셀(15.0%)에 5 미만의 개수가 있어야 합니다. 예상되는 최소 개수는 3.84입니다.

5. 교차 분석 결과를 이용하여 다음의 표를 완성할 수 있다(소수점 넷째 자리에서 반올림).

Pearson Chi-Square 통계량	자유도(df)	유의확률(양측)
7.293	12	0.838

- 결과 : 유의수준 5%에서 귀무가설을 기각할 수 없다. 즉, 자택과의 거리 범주와 헬스장 이용 기간 간에 연관성이 없다.
- 이유 : 피어슨(Pearson) 카이제곱 통계량이 7.293, 자유도가 12이며 이에 대한 유의확률이 0.838이므로 유의수준 5%보다 크기 때문에 귀무가설을 기각할 수 없다.

02 여자 회원들을 대상으로 문제 01에서 생성한 자택과의 거리범주에 대한 빈도표와 자택과의 거리에 대한 기술통계량을 구하고자 한다.

(가) 자택과의 거리 범주에 따른 빈도표를 구하시오.

		빈 도	비 율
자택과의 거리 범주	200~400미터 미만		
	400만~600미터 미만		
	600~800미터 미만		
	800미터 이상		
총계			

(나) 자택과의 거리에 대한 다음의 기술통계량을 구하시오.

평 균	표준편차	범 위	1사분위수	3사분위수

문제해결을 위한 기초작업

1. 통계분석을 실시하기에 앞서 성별(GENDER) 변수가 '1'인 대상을 선택하도록 한다. 이를 위하여 케이스 선택을 실행한다.

   데이터(D)

   케이스 선택(S)

2. 케이스 선택 대화상자에서 조건을 만족하는 케이스를 선택한다.

조건을 만족하는 케이스 선택

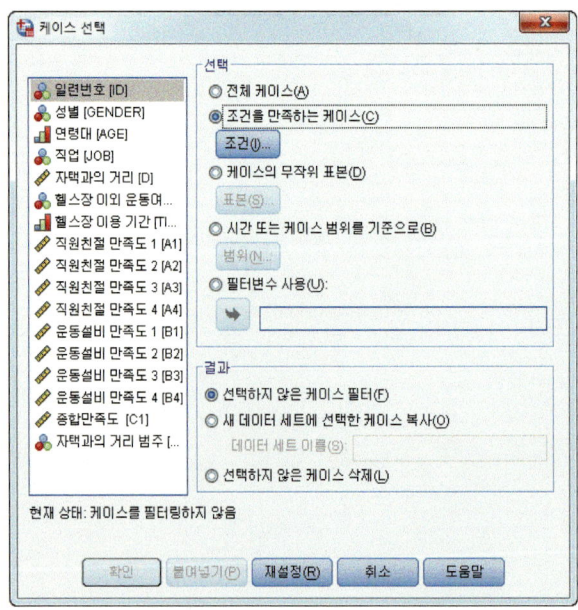

3. 성별 변수가 여자인 경우를 조건으로 입력하기 위하여 조건을 선택하고 성별(GENDER) 변수가 여자인 조건(GENDER=1)을 입력한다.

성별(GENDER) 변수가 남자(1)인 조건 입력

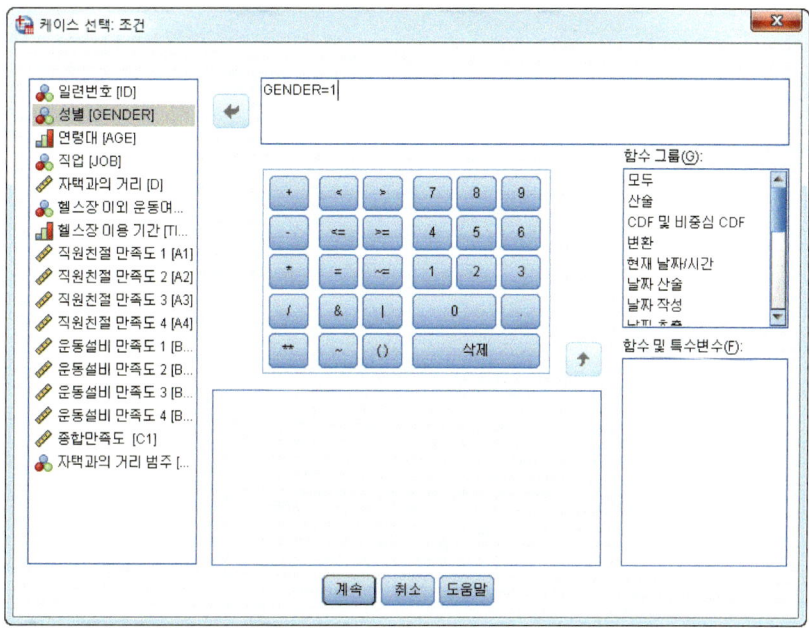

4. 조건을 입력하였으면, 케이스 선택 대화상자에서 확인을 클릭하면 성별 변수가 여자인 케이스만 선택된다.

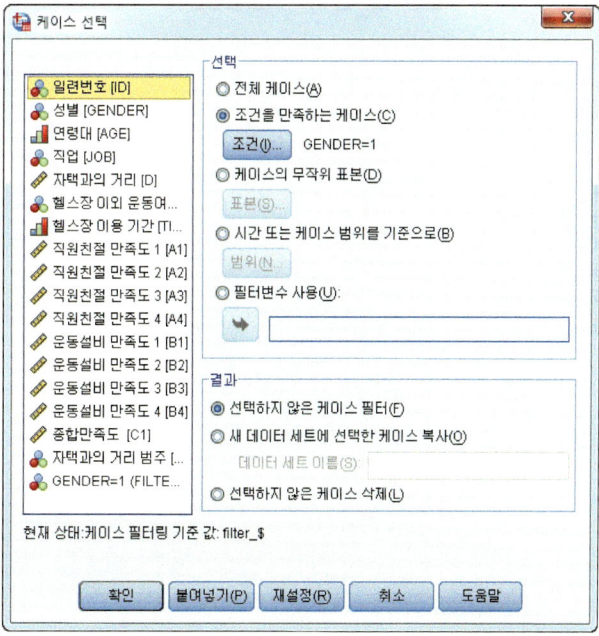

제3장 작업형 기출유사문제 ••• 351

5. 다음과 같이 선택된 케이스(관측값)에 대하여 분석을 실시한다.

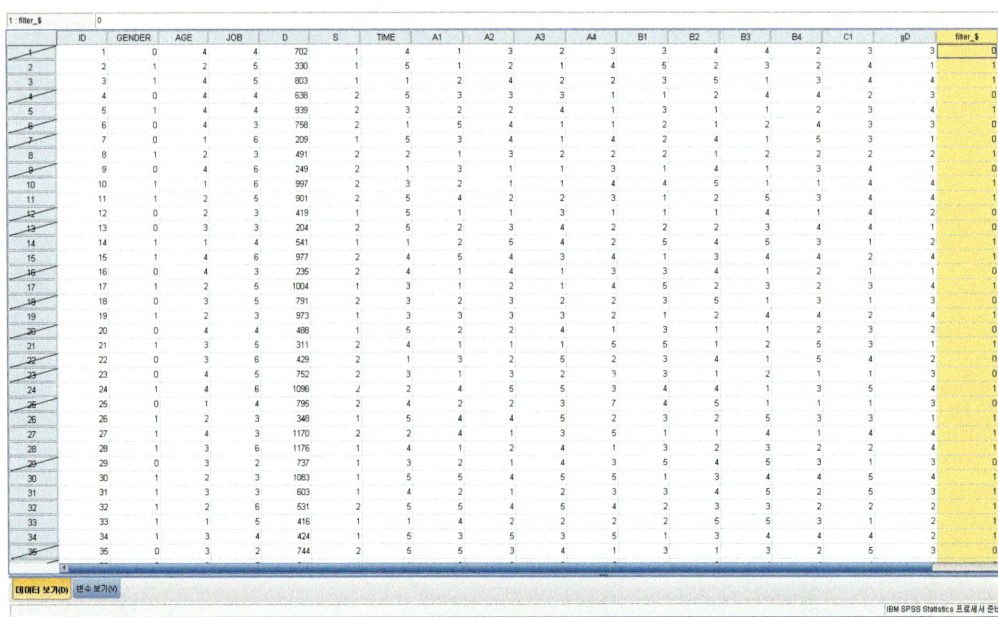

해설 문제02-(가)

1. 자택과의 거리 범주(gD)별 빈도분석표를 작성하기 위하여 빈도분석을 실시한다.

   분석(A)
   　　기술통계(E)
   　　　　빈도(F)

2. 빈도분석 대화상자에서 자택과의 거리 범주(gD)를 선택하여 우측의 변수에 지정한다(더블클릭 또는 화살표 클릭).

빈도분석 변수 지정

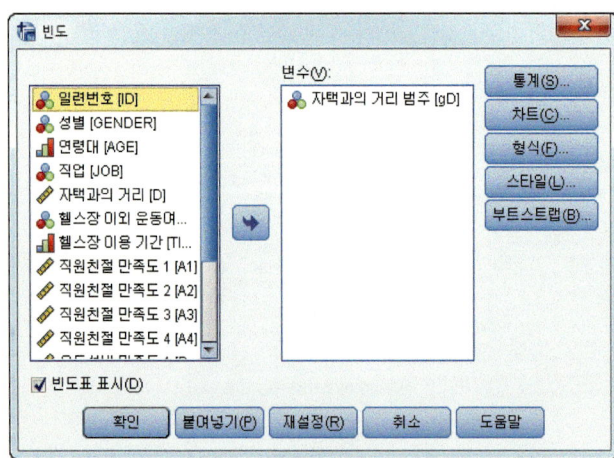

3. 빈도분석 대화상자에서 확인을 클릭하면 다음과 같은 결과를 얻는다.

자택과의 거리 범주

		빈 도	퍼센트	올바른 퍼센트	누적 퍼센트
유효함	200~400미터 미만	20	24.1	24.1	24.1
	400~600미터 미만	11	13.3	13.3	37.3
	600~800미터 미만	15	18.1	18.1	55.4
	800미터 이상	37	44.6	44.6	100.0
	총 계	83	100.0	100.0	

4. 위의 결과를 이용하여 다음의 표를 완성할 수 있다.

		빈 도	비 율
자택과의 거리 범주	200~400미터 미만	20	24.1
	400만~600미터 미만	11	13.3
	600~800미터 미만	15	18.1
	800미터 이상	37	44.6
	총 계	83	100.0

문제|02-(나)

1. 자택과의 거리에 대한 기술통계량을 구하기 위하여 기술통계분석을 실시하나, SPSS 기술통계 분석에서는 문제에서 요구하는 사분위수를 제공하지 않는다. 따라서 이 경우는 빈도분석을 이용한 기술통계분석이 필요하다.

    분석(A)
        기술통계(E)
            빈도분석(F)

2. 빈도분석 대화상자에서 자택과의 거리(D)를 선택하여 우측의 변수에 지정한다(더블클릭 또는 화살표 클릭). 그리고 불필요한 빈도표 결과를 얻지 않기 위하여 좌측하단의 빈도표 표시를 해제한다.

기술통계 변수 지정

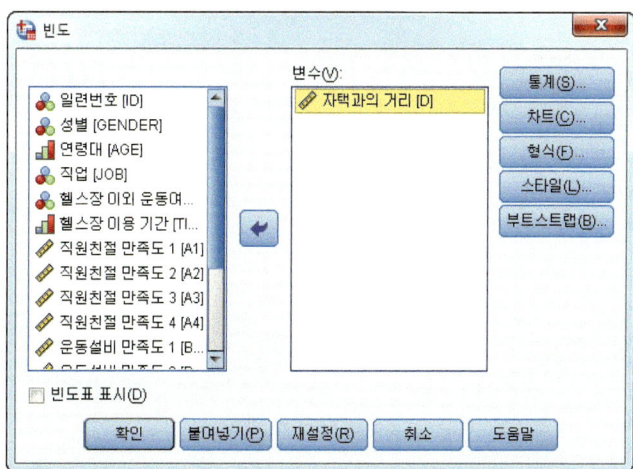

3. 이때 기술통계량을 구하기 위하여 통계 옵션을 선택하여 사분위수, 평균, 표준편차와 범위를 선택한다.

통계옵션 지정

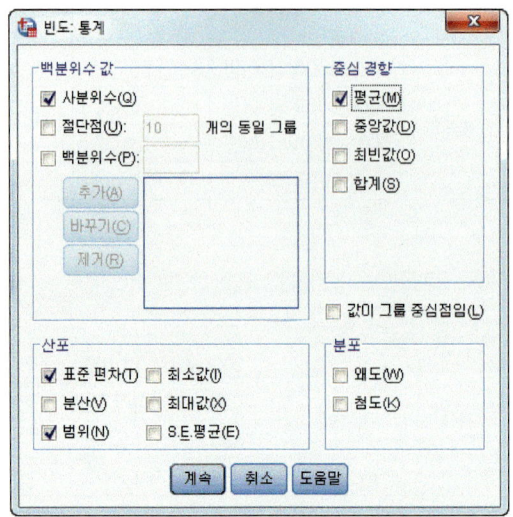

4. 빈도 대화상자에서 확인을 클릭하면 다음과 같은 결과를 얻을 수 있다.

통 계

자택과의 거리

N	유효함	83
	결측값	0
평 균		711.20
표준 편차		302.906
범 위		968
백분위수	25	407.00
	50	752.00
	75	980.00

5. 위의 결과를 이용하여 다음의 표를 완성할 수 있다.

평 균	표준편차	범 위	1사분위수	3사분위수
711.2	302.9	968	407.0	980.0

03 직원친절만족도(A1-A4), 운동설비만족도(B1-B4)에 대한 설문조사 결과자료를 이용하여 각 항목에 대한 평균만족도를 평가하고자 한다. 즉, 직원친절만족도(Y1), 운동설비만족도(Y2)를 평가하고자 한다. 다음에 답하시오. (소수점 넷째 자리에서 반올림)

(가) 응답자들의 설문조사 결과 고객들의 각 항목에 대한 다음의 평균만족도 통계량을 구하시오.

변 수	평 균	중앙값	분 산	평균의 표준 오차	제3사분위수	사분위 범위
Y1						
Y2						

(나) 평균만족도 Y1, Y2의 선형 상관계수를 구하시오.

상관계수

(다) Y1과 Y2 사이의 상관계수를 ρ라 할 때, (나)의 결과를 이용하여
가설 $H_0 : \rho = 0$ vs $H_1 : \rho \neq 0$을 유의수준 5%에서 검정하고자 한다. 검정결과와 그 이유를 설명하시오.

- 결과 :

- 이유 :

◀문제해결을 위한 기초작업▶

1. 직원친절만족도(Y1), 운동설비만족도(Y2)를 생성하기 위하여 변수 계산을 이용한다.

   변환(T)
      변수 계산(C)

2. 먼저 직원친절만족도(Y1)를 생성하도록 한다. 직원친절만족도(Y1)를 생성하기 위하여 변수계산 대화상자에서 대상변수로 Y1을, 숫자표현식에 MEAN(A1, A2, A3, A4) 또는 (A1+A2+A3+A4)/4를 입력한다.

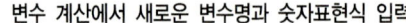
변수 계산에서 새로운 변수명과 숫자표현식 입력

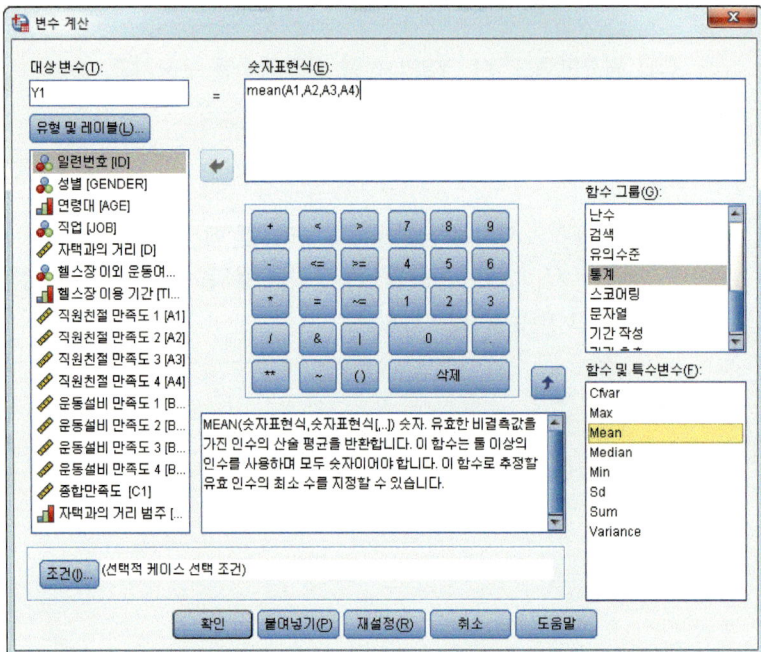

3. 변수 계산 대화상자에서 확인을 클릭하면 새로운 변수 직원친절만족도(Y1)가 생성된다.

4. 이와 같은 과정을 운동설비만족도(Y2)에 대하여 반복하면 다음과 같이 Y1, Y2를 생성할 수 있다.

Y1, Y2 생성

ID	GENDER	AGE	JOB	D	S	TIME	A1	A2	A3	A4	B1	B2	B3	B4	C1	gD	Y1	Y2
1	1	0	4	702	1	4	1	3	2	3	3	4	4	2	3	3	2.25	3.25
2	2	1	2	330	1	5	1	2	1	4	5	2	3	2	4	1	2.00	3.00
3	3	1	4	803	1	1	2	4	2	3	2	5	1	3	4	4	2.00	3.00
4	4	0	4	638	2	5	3	3	3	1	1	2	4	4	4	4	2.50	3.00
5	5	1	4	939	2	3	2	4	2	1	3	1	1	2	3	4	2.50	2.75
6	6	0	4	758	2	1	5	4	1	1	2	1	2	4	3	4	2.25	1.75
7	7	0	1	209	1	5	3	4	4	2	4	1	5	3	1		2.75	2.25
8	8	1	2	491	2	2	1	3	2	2	2	1	2	2	2		3.00	3.00
9	9	0	4	249	2	1	3	1	1	3	1	4	3	4	1		2.00	1.75
10	10	1	1	997	2	3	2	1	1	4	4	5	1	1	4		2.00	2.25
11	11	1	2	901	2	5	4	2	2	3	1	2	5	3	4	4	2.75	2.75
12	12	0	2	419	1	5	1	2	1	3	1	1	2	4	1	4	1.50	1.75
13	13	0	3	204	2	5	2	3	3	4	2	2	3	4	4	1	2.75	2.75
14	14	1	1	541	1	1	2	5	4	2	5	4	5	3	1		3.25	4.25
15	15	1	4	977	2	4	5	4	3	4	1	3	4	4	2	4	4.00	3.00
16	16	0	4	235	2	4	1	4	1	3	3	4	1	2	1		2.25	2.50
17	17	1	2	1004	1	3	1	2	1	4	5	2	3	2	3	4	2.00	3.00
18	18	0	3	791	2	3	2	3	2	2	3	5	1	3	1		2.25	3.00
19	19	1	2	973	1	3	3	3	3	2	1	2	4	4	2		2.75	2.75
20	20	0	4	406	1	5	2	2	4	1	3	1	1	2	3		2.25	1.75
21	21	1	3	311	2	4	1	1	1	5	5	1	2	5	3	1	2.00	3.25
22	22	0	3	429	2	1	3	2	5	2	3	4	1	5	4		3.00	3.25
23	23	0	4	752	2	3	1	3	2	3	3	1	2	1	4		2.50	1.75
24	24	1	4	1096	2	2	4	6	5	3	4	1	3	5	4		4.25	3.00
25	25	0	1	795	2	4	2	2	3	7	4	5	1	1	3		3.50	2.75
26	26	1	2	348	1	5	4	4	5	2	3	2	5	3	3		3.75	3.25
27	27	1	4	1170	2	2	4	1	3	5	1	1	1	1	4		3.25	1.75
28	28	1	3	1176	1	4	1	2	4	1	3	2	3	2	2		2.00	2.50
29	29	0	3	737	1	3	2	1	4	3	5	4	5	3	1		2.50	4.25
30	30	1	2	1083	1	5	5	4	5	5	1	3	4	4	5		4.75	3.00
31	31	1	3	603	1	4	2	1	2	3	3	4	5	2	5		3.00	3.50
32	32	1	2	531	2	5	5	4	5	4	2	3	3	2	2		4.50	2.50
33	33	1	1	416	1	4	2	2	2	5	5	3	1		2		2.50	3.75
34	34	1	3	424	1	5	3	5	3	5	1	3	4	4	4	2	4.00	3.00
35	35	0	3	2	744	5	5	3	4	1	3	1	3	2	5		3.25	2.25

해설 문제03-(가)

1. 직원친절만족도(Y1), 운동설비만족도(Y2)에 대한 기술통계량을 구하기 위하여 빈도분석을 실행한다.

   분석(A)
     기술통계(E)
       빈도(F)

2. 빈도분석 대화상자에서 기술통계량을 구하려는 변수 Y1, Y2를 우측 변수에 지정한다. 이때 Y1, Y2는 연속형 변수이므로 빈도표 표시를 해제하도록 한다.

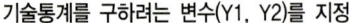

기술통계를 구하려는 변수(Y1, Y2)를 지정

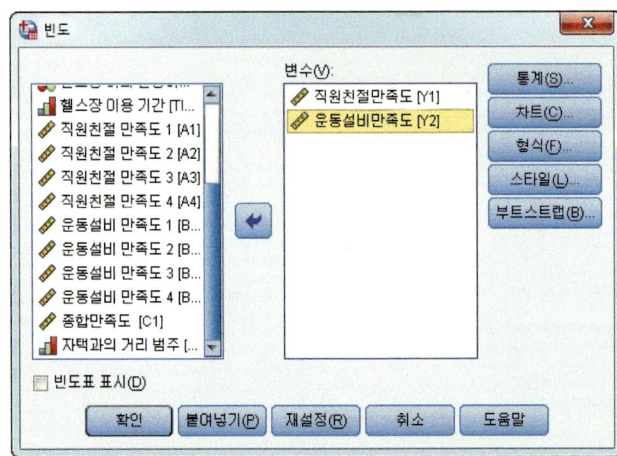

3. 빈도분석 대화상자에서 통계 옵션을 선택하여 구하려는 기술통계량[평균, 중앙값, 분산, 평균의 표준오차(S.E 평균), 사분위수]를 선택한다.

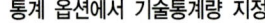

통계 옵션에서 기술통계량 지정

4. 모든 설정이 끝난 후, 빈도분석 대화상자에서 확인을 클릭하면 다음과 같은 기술통계량을 얻을 수 있다.

통 계

		직원친절만족도	운동설비만족도
N	유효함	150	150
	결측값	0	0
평 균		2.9217	2.7633
평균의 표준 오차		.06702	.05292
중앙값		2.7500	2.7500
분 산		.674	.420
백분위수	25	2.2500	2.2500
	50	2.7500	2.7500
	75	3.5000	3.0000

5. 위의 결과를 이용하여 다음의 표를 완성할 수 있다.

변 수	평 균	중앙값	분 산	평균의 표준 오차	제3사분위수	사분위 범위
Y1	2.922	2.75	0.674	0.067	3.500	1.250
Y2	2.763	2.75	0.420	0.053	3.000	0.750

☑ **[일러두기]**
- 사분위수 범위 : 제3사분위수 − 제1사분위수

문제03-(나)

1. 두 변수[직원친절만족도(Y1), 운동설비만족도(Y2)]에 대한 선형관계를 확인하기 위하여 이변량 상관분석을 실시한다.

　　분석(A)
　　　　상관분석(C)
　　　　　　이변량 상관계수(B)

2. 이변량 상관계수 대화상자에서 Y1, Y2를 우측 변수에 지정하고 상관계수는 피어슨(Pearson)을 선택한다.

상관분석 변수지정

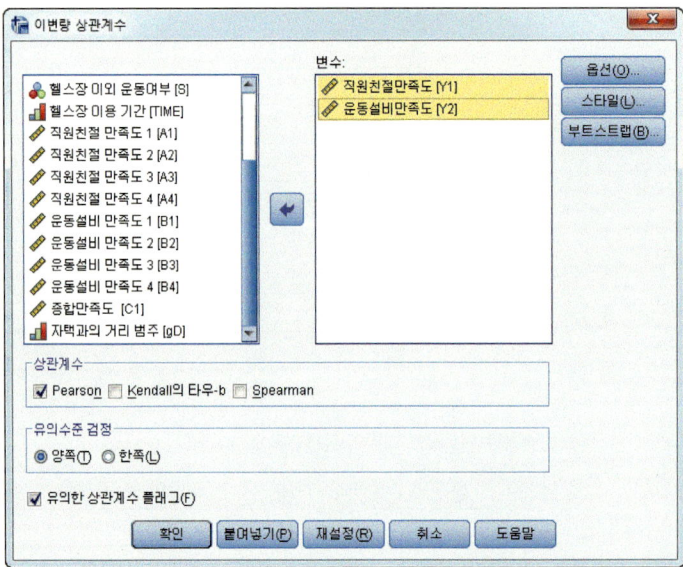

3. 모든 설정이 끝난 후, 이변량 상관계수 대화상자에서 확인을 클릭하면 다음과 같은 결과를 얻을 수 있다.

상 관

		직원친절만족도	운동설비만족도
직원친절만족도	Pearson 상관계수	1	.183*
	유의확률(양쪽)		.025
	N	150	150
운동설비만족도	Pearson 상관계수	.183*	1
	유의확률(양쪽)	.025	
	N	150	150

※ *. 상관이 0.05 수준에서 유의합니다(양쪽).

4. 추정된 피어슨(Pearson) 상관계수는 다음과 같다.

상관계수
0.183

문제03-(다)

- 결과 : 귀무가설을 기각할 수 있다. 즉, Y1과 Y2 사이의 상관계수를 ρ는 0이 아니다($\rho \neq 0$).
- 이유 : 피어슨(Pearson) 상관계수가 0.183, 유의확률이 0.025로 유의수준 5%에서 귀무가설을 기각할 수 있다.

04 헬스장 회원 중 헬스장 이외의 운동을 하고 있는 여부(S)에 따른 종합만족도(C1)의 모평균에 차이가 있는지 확인하고자 한다. (소수점 셋째 자리까지)

(가) 헬스장 이외의 운동을 하고 있는 여부(S)에 따른 종합만족도(C1)의 모평균에 차이를 확인하기 위한 가설을 적으시오.

귀무가설(H_0) :

대립가설(H_1) :

(나) 헬스장 이외의 운동을 하고 있는 여부(S)에 따른 종합만족도(C1)의 모평균 차이에 대한 검정통계량을 구하시오.

검정통계량의 값

(다) 헬스장 이외의 운동을 하고 있는 여부(S)에 따른 종합만족도(C1)의 모평균 차이에 대한 95% 신뢰구간을 구하시오.

95% 신뢰구간 하한	
95% 신뢰구간 상한	

(라) (가)에 대한 유의확률을 구하고, 유의수준 1%에서 검정하시오.

유의확률

- 결과 :

- 이유 :

해설 문제04-(가)

귀무가설(H_0) : 헬스장 이외의 운동을 하고 있는 여부(S)에 따른 종합만족도(C1)의 모평균에 차이가 없다 ($\mu_1 = \mu_2$).

대립가설(H_1) : 헬스장 이외의 운동을 하고 있는 여부(S)에 따른 종합만족도(C1)의 모평균에 차이가 있다 ($\mu_1 \neq \mu_2$).

문제04-(나)

1. 헬스장 이외의 운동을 하고 있는 여부(S)에 따른 종합 만족도(C1)의 모평균 차이가 있는지 확인하기 위하여 독립표본 T 검정을 실시한다.

   > 분석(A)
   >   평균 비교(M)
   >   독립표본 T 검정(T)

2. 독립표본 T 검정 대화상자에서 검정변수로 종합 만족도(C1)를, 그룹화(집단)변수로 헬스장 이외의 운동을 하고 있는 여부(S)을 지정한다.

   검정변수와 그룹화(집단)변수 지정

   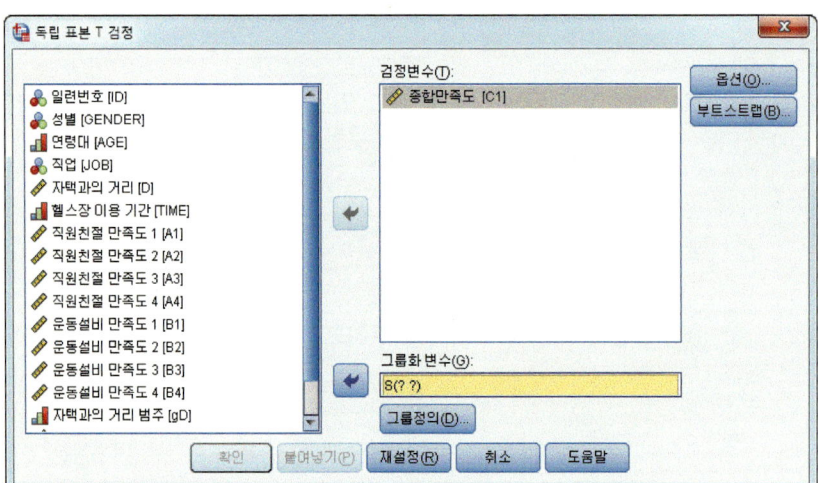

3. 그룹(집단)정의을 선택하여, 그룹(집단)정의 중 지정값 사용에 두 집단을 지정하는 값을 입력한다. 본 문제의 경우, 헬스장 이외에 운동을 하는 그룹(집단) 1에 1을, 헬스장 이외에 운동을 하지 않는 그룹(집단) 2에 2를 입력한다.

   그룹(집단)정의

   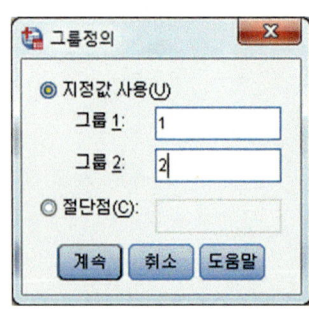

www.정훈에듀.com

4. 모든 설정이 끝난 후, 독립표본 T 검정 대화상자에서 확인을 클릭하면 다음과 같은 결과를 얻을 수 있다.

독립표본검정

		Levene의 등분산 검정		평균등식에 대한 T 검정						
		F	유의 확률	t	df	유의 확률 (양쪽)	평균 차이	표준 오류 편차	차이의 95% 신뢰구간	
									하한	상한
종합 만족도	등분산을 가정함	1.917	.168	1.553	148	.122	.361	.233	-.098	.821
	등분산을 가정하지 않음			1.556	148.000	.122	.361	.232	-.098	.820

5. 독립표본 T 검정에서 분산의 동질성을 확인하여 위하여 Levene의 등분산 검정 결과를 보면, F값이 1.917, 유의확률이 0.168로 유의수준 5%에서 분산의 동질성에 대한 귀무가설을 기각할 수 없다. 즉, 두 집단의 분산이 동일하다고 볼 수 있다.
6. 따라서 등분산을 가정한 독립표본 T 검정 결과를 이용한다.
7. 두 모집단의 등분산 가정하는 등분산 T 검정 결과를 이용하여 다음의 표를 완성할 수 있다.

검정통계량의 값	1.553

문제04-(다)

1. (나)의 해답에서 등분산을 가정한 독립표본 T 검정 결과를 이용함을 확인하였다.
2. 두 모집단의 등분산 가정하는 등분산 T 검정 결과를 이용하여 다음의 표를 완성할 수 있다.

95% 신뢰구간 하한	-0.098
95% 신뢰구간 상한	0.821

문제04-(라)

1. (나)의 해답에서 등분산을 가정한 독립표본 T 검정 결과를 이용함을 확인하였다.
2. 두 모집단의 등분산 가정하는 등분산 T 검정 결과를 이용하여 다음의 표를 완성할 수 있다.

유의확률
0.122

- 결과 : 유의수준 1%에서 귀무가설을 기각할 수 없다. 즉, 헬스장 이외의 운동을 하고 있는 여부(S)에 따른 종합 만족도(C1)의 모평균에 차이가 없다($\mu_1 = \mu_2$).
- 이유 : t값이 1.553, 95 신뢰구간이 [-0.098, 0.821]이며 유의확률이 0.122로 유의수준 1%에서 귀무가설을 기각할 수 없다.

05 고객들의 직업에 따라 회원들의 자택과의 평균 거리에 차이가 있는지 분석하고자 한다. 또한 직업에 따라 회원들의 자택과의 거리에 평균 차이가 있다면 어떤 직업 간에 회원들의 자택과의 평균 거리 차이가 있는지를 알고자 한다. (소수점 셋째 자리까지)

(가) 문제해결을 위한 가설을 적으시오.

> 귀무가설(H_0) :
>
> 대립가설(H_1) :

(나) 검정통계량의 분포와 값을 구하시오. 그리고 유의확률을 구하시오.

검정통계량 분포	
검정통계량 값	
유의확률	

(다) (가)와 (나)의 결과를 토대로 유의수준 0.1에서 가설 검정하시오.

> – 결과 :
>
> – 이유 :

(라) 만일 유의수준 0.05에서 귀무가설이 기각여부에 상관없이, Scheffe의 다중 비교를 이용하여 회원들의 직업별로 자택과의 평균 거리에 대한 아래 표에 동일집단군을 다음의 표에 (V)로 표시하시오.

	주 부	회사원	자영업	공무원	학 생	기 타
주 부						
회사원						
자영업						
공무원						
학 생						
기 타						

해설 문제05-(가)

귀무가설(H_0) : 직업에 따라 회원들의 자택과의 평균 거리 차이가 없다.

대립가설(H_1) : 적어도 한 직업의 회원들의 자택과의 평균 거리 차이가 있다.

문제05-(나)

1. 직업에 따라 회원들의 자택과의 평균 거리 차이가 있는지 확인하기 위하여 일원배치 분산 분석을 실시한다.

    분석(A)
        평균 비교(M)
            일원배치 분산 분석(O)

2. 일원배치 분산 분석 대화상자에서 종속 변수(종속목록)에 자택과의 거리(D)를, 요인에 직업(JOB)을 지정한다.

일원배치 분산 분석의 종속 변수와 요인 지정

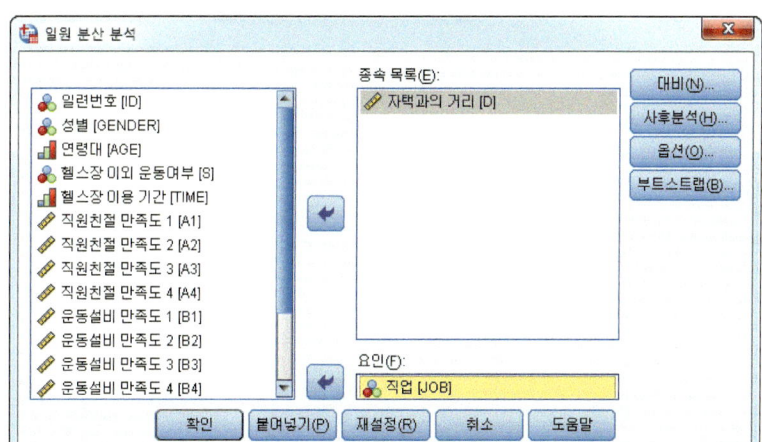

3. 일원배치 분산 분석 대화상자에서 확인을 클릭하면 다음과 같은 결과를 얻을 수 있다.

분산 분석

자택과의 거리

	제곱합	df	평균 제곱	F	유의확률
그룹 사이	205891.902	4	51472.975	.577	.680
그룹 내	12940266.79	145	89243.219		
총 계	13146158.69	149			

4. 위의 결과를 이용하여 다음의 표를 완성할 수 있다. 이때 일원배치 분산 분석의 검정통계량은 F-분포를 따른다.

검정통계량 분포	F-분포
검정통계량 값	0.577
유의확률	0.680

문제05-(다)
- 결과 : 유의수준 10%에서 귀무가설을 기각할 수 없다. 즉, 직업에 따른 회원들의 자택과의 평균 거리가 같다.
- 이유 : 검정통계량이 0.577, 유의확률이 0.680으로 유의수준 0.1에서 귀무가설을 기각할 수 없다.

문제05-(라)
1. 사후분석(다중 비교)를 통하여 어느 집단에서 평균 차이가 존재하는지 확인할 수 있다.
2. (나)의 해설과 동일하게 일원배치 분산 분석 대화상자에서 종속 변수(종속목록)에 자택과의 거리(D)를, 요인에 직업(JOB)을 지정한다. 이때 사후분석을 위하여 사후분석 옵션을 선택하고 Scheffe를 선택한다.

사후분석(다중 비교) 방법 지정

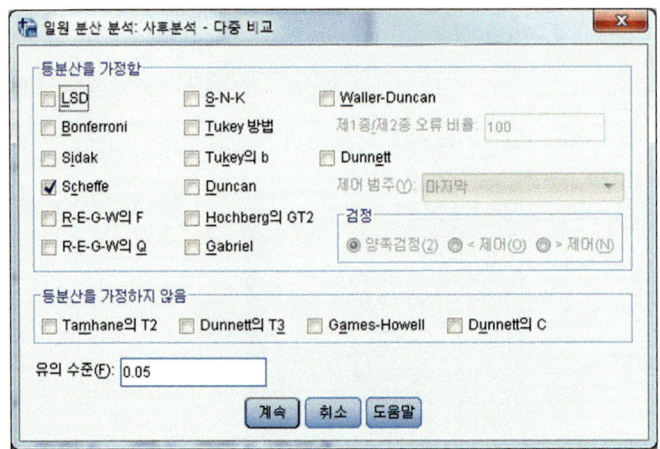

3. 일원배치 분산 분석 대화상자에서 확인을 클릭하면 사후분석 결과를 얻을 수 있다.

다중비교

종속 변수 : 자택과의 거리
Scheffe

(I) 직업	(J) 직업	평균차이 (I-J)	표준 오차	유의확률	95% 신뢰구간	
					하한	상한
회사원	자영업	-104.559	112.715	.930	-456.26	247.15
	공무원	-151.869	112.340	.767	-502.40	198.67
	학 생	-115.166	108.338	.889	-453.21	222.88
	기 타	-155.630	114.984	.766	-514.41	203.15
자영업	회사원	104.559	112.715	.930	-247.15	456.26
	공무원	-47.310	74.116	.982	-278.57	183.95
	학 생	-10.607	67.898	1.000	-222.47	201.26
	기 타	-51.071	78.065	.980	-294.66	192.52
공무원	회사원	151.869	112.340	.767	-198.67	502.40
	자영업	47.310	74.116	.982	-183.95	278.57
	학 생	36.703	67.273	.990	-173.21	246.61
	기 타	-3.761	77.522	1.000	-245.65	238.13
학 생	회사원	115.166	108.338	.889	-222.88	453.21
	자영업	10.607	67.898	1.000	-201.26	222.47
	공무원	-36.703	67.273	.990	-246.61	173.21
	기 타	-40.464	71.600	.988	-263.88	182.95
기 타	회사원	155.630	114.984	.766	-203.15	514.41
	자영업	51.071	78.065	.980	-192.52	294.66
	공무원	3.761	77.522	1.000	-238.13	245.65
	학 생	40.464	71.600	.988	-182.95	263.88

자택과의 거리

Scheffe[a,b]

직 업	N	알파의 서브세트 = 0.05
		1
회사원	9	579.22
자영업	32	683.78
학 생	49	674.39
공무원	33	731.09
기 타	27	734.85
유의확률		.568

※ 동일 서브세트에 있는 그룹의 평균이 표시됩니다.

4. 사후분석 결과에서 첫 번째 결과는 각 집단별로 다른 집단과의 차이 여부에 따른 결과를 표로 나타낸 것이다. 이는 각 집단별 평균 차이와 그에 대한 신뢰구간을 보여주지만, 평균이 동일한 집단군에 대한 정리가 되어 있지 않다.
5. 따라서 평균 차이가 있는 집단군으로 정리한 결과를 제공하는 동일 집단군(동일서브세트) 결과를 이용하면 어떤 집단 사이에 평균 차이가 있는지 쉽게 확인할 수 있다.
6. 위의 결과를 이용하여 모든 집단에 대하여 자택과의 거리의 평균 차이가 없음을 알 수 있다. 즉, 모든 집단의 평균 거리가 같다.

	주 부	회사원	자영업	공무원	학 생	기 타
주 부						
회사원	V					
자영업	V	V				
공무원	V	V	V			
학 생	V	V	V	V		
기 타	V	V	V	V	V	

06 문제03에서 생성한 직원친절만족도(Y1)와 운동설비만족도(Y2)가 종합 만족도(C1)에 얼마나 영향을 미치는지 분석하고자 한다. 이를 위하여 종합만족도(C1)를 종속 변수로, 직원친절만족도(Y1), 운동설비만족도(Y2)를 독립변수로 하는 다중 회귀분석을 고려한다. (소수점 셋째 자리까지)

(가) 회귀모형에 대한 분산 분석표를 작성하시오.

구 분	제곱합	자유도	평균 제곱	F	유의확률
회귀모형					
잔 차					
합 계					

(나) 회귀분석 결과를 작성하시오.

구 분	비표준화계수	표준화계수	t값	유의확률
(상수)				
직원친절만족도				
운동설비만족도				

결정계수 :   , 조정된 결정계수 :

(다) 추정된 회귀방정식을 쓰고 직원친절만족도가 종합만족도에 미치는 영향에 대하여 해석하시오.

- 회귀식 :

- 해석 :

문제해결을 위한 기초작업

1. 문제해결을 위하여 다중 회귀분석을 실시한다.

   분석(A)
   　회귀분석(R)
   　　선형(L)

2. 선형 회귀분석 대화상자에서 종속 변수로 종합만족도(C1)를 독립변수로, 직원친절만족도(Y1)와 운동설비만족도(Y2)를 지정한다.

다중 회귀분석의 종속 변수와 독립변수 지정

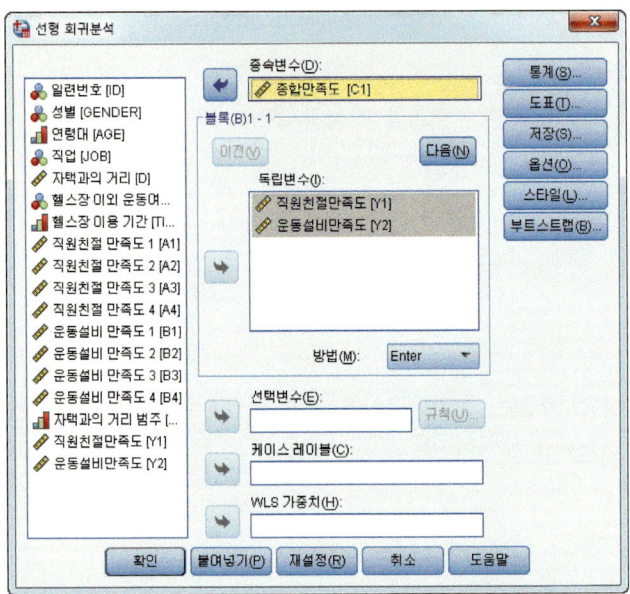

3. 선형 회귀분석 대화상자에서 확인을 클릭하면 (가)와 (나)에 대한 결과를 얻을 수 있다.

해설 문제06-(가)

1. 다중 회귀분석 결과에서 분산 분석표는 다음과 같다.

분산 분석[a]

모 형		제곱합	df	평균 제곱	F	유의확률
1	회귀분석	27.892	2	13.946	7.400	.001[b]
	잔 차	277.048	147	1.885		
	총 계	304.940	149			

※ a. 종속 변수 : 종합만족도
※ b. 예측 변수 : (상수), 운동설비만족도, 직원친절만족도

2. 위의 결과를 이용하여 문제의 분산 분석표를 완성할 수 있다.

구 분	제곱합	자유도	평균 제곱	F	유의확률
회귀모형	27.892	2	13.946	7.400	0.001
잔 차	277.048	147	1.885		
합 계	304.940	149			

문제06-(나)

1. 다중 회귀분석 결과에서 모형에 대한 요약통계량과 계수들에 대한 결과는 다음과 같다.

모형 요약

모 형	R	R 제곱	조정된 R 제곱	표준 추정값 오류
1	.302[a]	.091	.079	1.373

※ a. 예측 변수 : (상수), 운동설비만족도, 직원친절만족도

계수[a]

| 모 형 | | 비표준 계수 | | 표준 계수 | t | 유의확률 |
		B	표준 오차	베타		
1	(상수)	3.263	.586		5.567	.000
	직원친절만족도	.411	.139	.236	2.952	.004
	운동설비만족도	-.523	.176	-.237	-2.964	.004

※ a. 종속 변수 : 종합만족도

2. 위의 결과를 이용하여 문제의 표를 완성할 수 있다.

구 분	비표준화계수	표준화계수	t값	유의확률
(상수)	3.263		5.567	
직원친절만족도	0.411	0.236	2.952	0.004
운동설비만족도	-0.523	-0.237	-2.964	0.004
결정계수 : 0.091, 조정된 결정계수 : 0.079				

문제06-(다)

1. 회귀식 : 종합 만족도(C1) = 3.263+0.411×직원친절만족도(Y1)-0.523×운동설비만족도(Y2)
   또는
   회귀식 : C1 = 3.263+0.411×Y1-0.523×Y2
2. 해석 : 직원친절만족도가 1씩 증가할 때, 종합만족도의 평균이 0.411씩 증가한다.

04 제4회 작업형 모의고사

요구사항 아래의 모든 질문에 대한 답안은 통계 패키지(package)를 이용하여 수행한 결과를 바탕으로 문제지에 직접 작성하시기 바랍니다.

※ 주어진 자료는 레스토랑 방문고객 300명을 대상으로 만족도를 조사한 자료이다. 응답자에 대한 성별, 연령대, 연간 방문횟수와 시설 만족도, 서비스 만족도, 음식 만족도를 각각 4개 문항씩 리커드 7점 척도로 조사하였다. 조사결과는 〈표1〉의 항목과 코딩으로 입력되어 있으며 [2017.txt] 파일로 저장되어 있다. 변수와 변수 간에는 탭(Tab)으로 구분되었으며, 결측값은 9로 입력되어 있다.

〈표1〉 자료 파일의 코딩 양식

변수명	내 용(변숫값)	자릿수	변수 설명
ID	일련번호	3	일련번호
GENDER	1: 남자, 2: 여자	1	성별
AGE	1: 20대, 2: 30대, 3: 40대, 4: 50대, 5: 60대	1	연령대
C1	1: 매우 불만족 2: 불만족 3: 약간 불만족 4: 보통 5: 약간 만족 6: 만족 7: 매우 만족 9: 결측값	1	시설 만족도
C2		1	
C3		1	
C4		1	
S1		1	서비스 만족도
S2		1	
S3		1	
S4		1	
F1		1	음식 만족도
F2		1	
F3		1	
F4		1	
USE	연간 방문횟수	2	연간 방문횟수

문제해결을 위한 기초작업

1. 자료 불러오기

  사회조사분석사 기출문제는 탭(Tab)으로 구분된 텍스트(text) 파일로 제공된다. 제공된 파일을 SPSS로 불러오기 위해서는 텍스트 가져오기 마법사를 사용해야 한다.

  > 파일(F)
  >   텍스트 데이터 읽기(D)

  ① 제공된 [2017.txt]는 첫 번째 행에 변수 이름이 있고 탭으로 구분되어 있어 텍스트 가져오기 마법사 2단계에서 다음과 같이 구분자에 의한 배열이 되어 있고, 변수이름이 파일의 처음에 되어 있다고 지정한다.

  텍스트 가져오기 마법사 2단계

  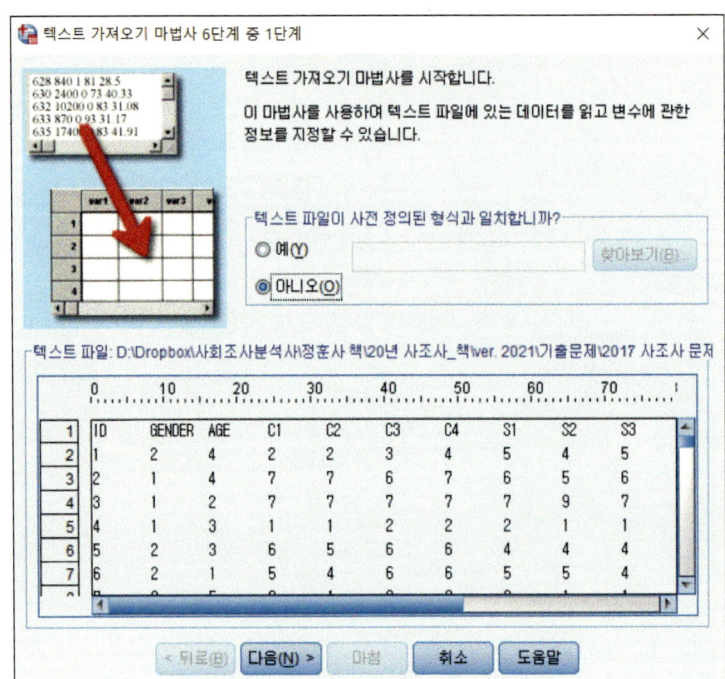

  ② 텍스트 가져오기 마법사 4단계에서는 구분자를 탭(Tab)으로 지정한다.

텍스트 가져오기 마법사 4단계

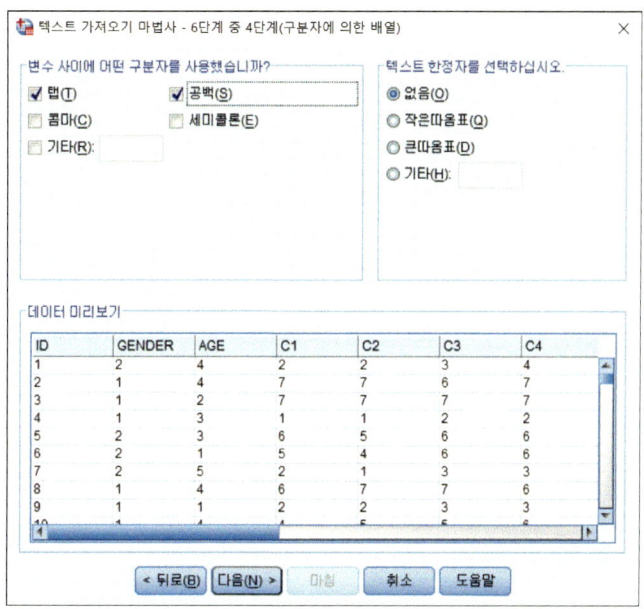

③ 다음과 같이 SPSS로 불러온 자료를 확인한다.

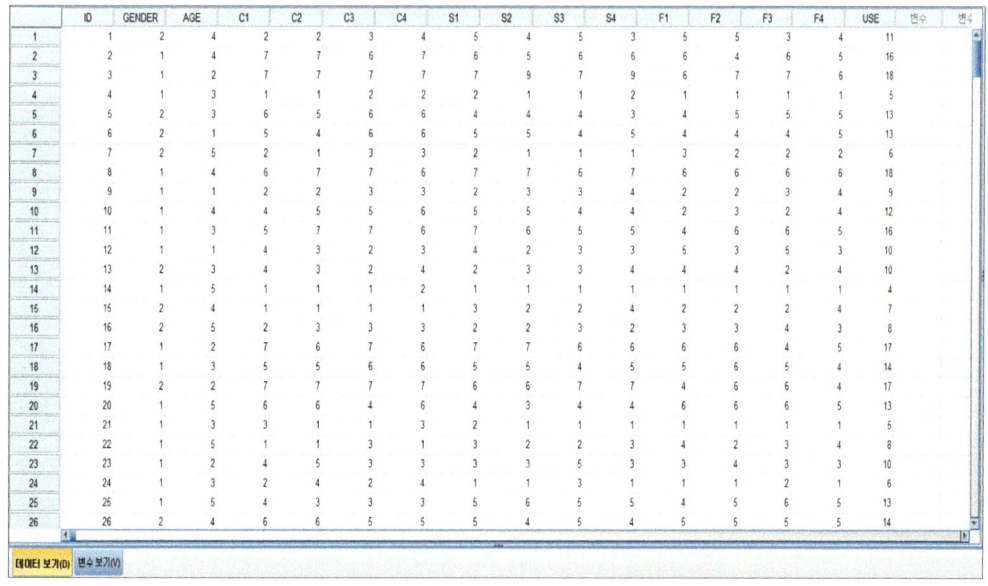

그리고 분석을 실시하기에 앞서 변수 보기에서 변수들의 특성을 지정한다. 각 변수에 대한 레이블(설명)과 측도를 지정한다. 이때, 명목측도가 되는 변수는 일련번호(ID), 성별(GENDER), 순서측도가 되는 변수는 연령대(AGE), 척도(등간·비율척도)가 되는 변수는 연간방문횟수(USE), 시설만족도(C1-C4), 서비스 만족도(S1-S4), 음식만족도(F1-F4)이다. 만족도 12문항에 대한 결측값은 9로 입력한다.

제3장 작업형 기출유사문제 ●●● 375

각 변수별 속성 지정

	이름	유형	너비	소수점이	레이블	값	결측값	열	맞춤	측도	역할
1	ID	숫자	3	0	일련번호	없음	없음	8	오른쪽	명목(N)	입력
2	GENDER	숫자	1	0	성별	없음	없음	8	오른쪽	명목(N)	입력
3	AGE	숫자	1	0	연령대	없음	없음	8	오른쪽	순서(O)	입력
4	C1	숫자	1	0	시설만족도1	없음	9	8	오른쪽	척도(S)	입력
5	C2	숫자	1	0	시설만족도2	없음	9	8	오른쪽	척도(S)	입력
6	C3	숫자	1	0	시설만족도3	없음	9	8	오른쪽	척도(S)	입력
7	C4	숫자	1	0	시설만족도4	없음	9	8	오른쪽	척도(S)	입력
8	S1	숫자	1	0	서비스만족도1	없음	9	8	오른쪽	척도(S)	입력
9	S2	숫자	1	0	서비스만족도2	없음	9	8	오른쪽	척도(S)	입력
10	S3	숫자	1	0	서비스만족도3	없음	9	8	오른쪽	척도(S)	입력
11	S4	숫자	1	0	서비스만족도4	없음	9	8	오른쪽	척도(S)	입력
12	F1	숫자	1	0	음식만족도1	없음	9	8	오른쪽	척도(S)	입력
13	F2	숫자	1	0	음식만족도2	없음	9	8	오른쪽	척도(S)	입력
14	F3	숫자	1	0	음식만족도3	없음	9	8	오른쪽	척도(S)	입력
15	F4	숫자	1	0	음식만족도4	없음	9	8	오른쪽	척도(S)	입력
16	USE	숫자	2	0	연간방문횟수	없음	없음	8	오른쪽	척도(S)	입력

01 응답자 성별에 따른 연간방문횟수를 분석하고자 한다. 이때 답안은 소수점 둘째 자리까지 구하시오(소수점 셋째 자리에서 반올림한다).

(가) 다음의 분석표를 작성하시오.

구분	관측값 수	평균 연간방문횟수
남자		
여자		

해설 문제01-(가)

1. 범주별(성별) 종속변수(연간방문횟수)의 평균을 구하기 위하여 기술통계의 탐색을 이용하도록 한다.

　　분석(A)
　　　　기술통계(E)
　　　　　　탐색(E)

2. 탐색 대화상자에서 종속변수(종속목록)에 연간방문횟수(USE)를 요인에 평형(GENDER)을 지정한다.

종속변수 및 요인 설정

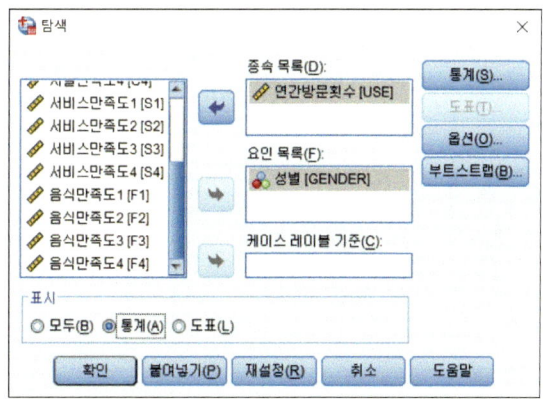

제3장 작업형 기출유사문제 **377**

3. 각 범주별 평균과 표준편차를 알기 위해 탐색 대화상자에서 통계를 선택한 후, 기술통계를 선택한다.

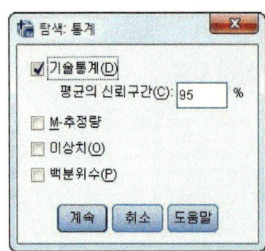

4. 탐색 대화상자에서 계속을 클릭하면 결과를 얻을 수 있다. 이 경우 결과의 양이 방대하여 교재에서 생략하도록 한다.

5. 결과를 이용하여 다음의 표를 완성할 수 있다.

구분	관측값 수	평균 연간방문횟수
남자	159	10.30
여자	141	9.95

02 설문지를 검토하는 과정에서 결측값 9는 만족(6)을 잘못 입력하였음이 밝혀졌다. 이를 감안하여 레스토랑의 시설 평균만족도를 X1, 서비스 평균만족도를 X2, 음식 평균만족도를 X3이라고 하자. 이때 답안은 소수점 둘째 자리까지 구하시오(소수점 셋째 자리에서 반올림한다).

(가) 다음의 표를 작성하시오.

변수	평균	표준편차	왜도	첨도
X1				
X2				
X3				

(나) 세 가지 만족도의 상관관계를 구하고자 한다. 다음의 표를 작성하시오.

변수	X1	X2	X3
X1	1.00		
X2		1.00	
X3			1.00

◀문제해결을 위한 기초작업▶

1. 결측값 9로 입력된 값을 6으로 변환하여야 한다. 먼저 시설만족도1(C1)을 수정한다고 하면 다음과 같이 변경된다.

시설만족도1(C1)	시설만족도1(C1_1)
결측값(9)	6
그 외	기존값

2. 이를 위하여 다른 변수로 코딩변경을 실행한다.

   변환(T)
      다른 변수로 코딩변경(R)

   이때 같은 변수로 코딩변경을 실시하여도 되지만, 자료 분석 시 원자료를 최대한 수정하지 않고 작업을 실시하는 방안이 좋다. 실제 자료분석 업무를 진행하다 보면, 기존 자료를 덮어씌우는 작업으로 원자료 복구가 필요한 시점에 문제가 발생하는 경우가 빈번하다. 이에 따라 본 교재에서는 다른 변수로 코딩변경을 하고 모든 변수에 대한 새로운 변수를 생성한다.

3. 다른 변수로 코딩변경 실행 후, 대화상자에서 시설만족도1(C1)을 숫자변수로 이동하고 출력변수에 시설만족도1(C1_1)을 입력하여 바꾸기를 클릭한다. 모든 만족도 변수에 대하여 바꿀 변수명을 그림과 같이 지정한다.(교재의 경우 _1을 추가하여 변수를 생성한다.)

새로운 변수 지정

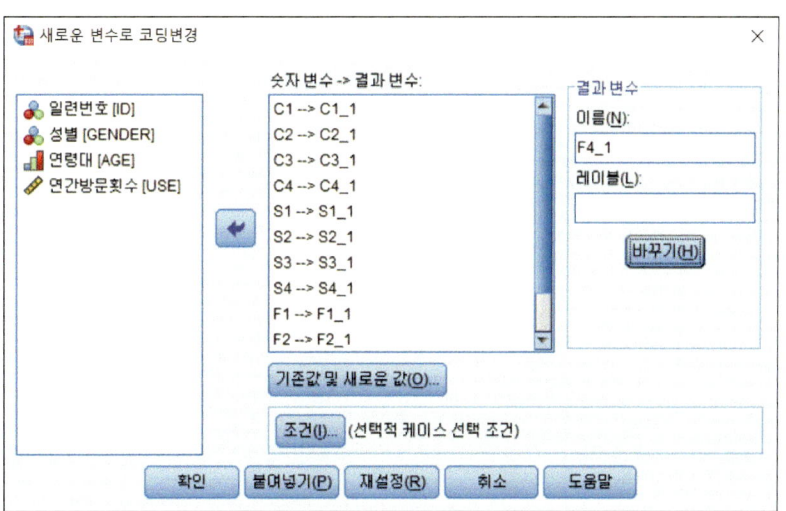

4. 새로 코딩될 값을 지정하기 위하여 기존값 및 새로운 값을 클릭하여 대화상자에서 1의 기준에 맞게 기존값을 새로운 값으로 설정한다. 이때 범위, 최젓값에서 다음 값까지 범위, 다음 값에서 최곳값까지 범위를 적절히 이용한다.

[기존값 → 새로운 값] 조건 설정

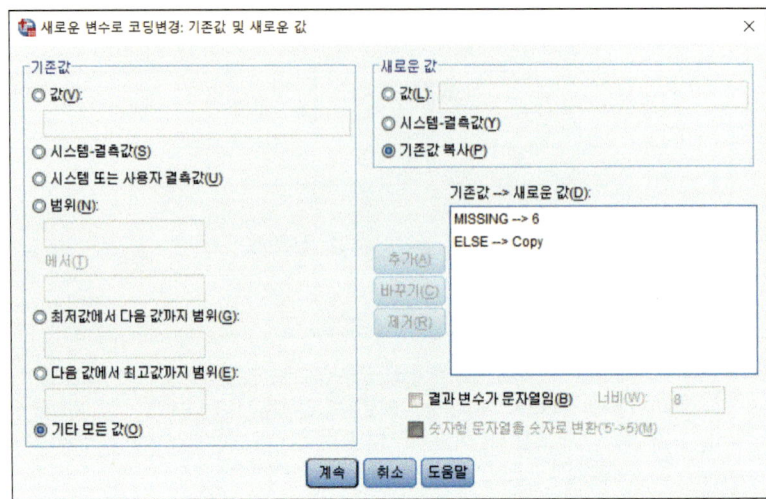

5. 조건을 모두 지정한 후, 새로운 변수로 코딩변경 대화상자에서 확인을 클릭하면 새로운 변수들이 생성된다.

새로운 변수 생성

6. 이후 분석의 용이성을 위하여 변수 보기에서 변숫값을 입력한다.

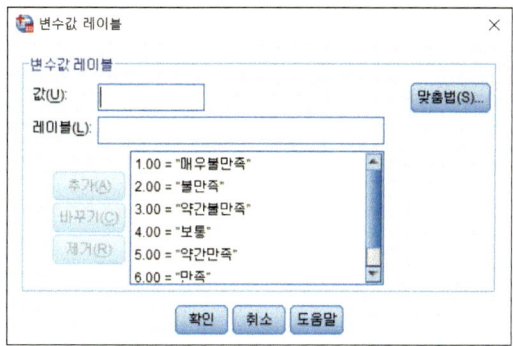

7. 시설만족도(C1_1, C2_1, C3_1, C4_1), 서비스만족도(S1_1, S2_1, S3_1, S4_1), 음식만족도 (F1_1, F2_1, F3_1, F4_1) 각각에 대한 평균을 구하여 평균시설만족도(X1), 평균서비스만족도(X2), 평균음식만족도(X3) 변수를 생성해야 한다.

8. 이를 위하여 변수계산을 실행한다.

    변환(T)
        변수 계산(C)

9. 변수계산 대화상자에서 먼저 평균시설만족도(X1)를 다음과 같이 생성한다. 시설만족도(C1_1, C2_1, C3_1, C4_1)의 평균 계산식 (C1_1+C2_1+C3_1+C4_1)/4을 숫자표현식에 입력하고 대상변수에 새로 생성하고자 하는 변수명 X1을 입력한다.

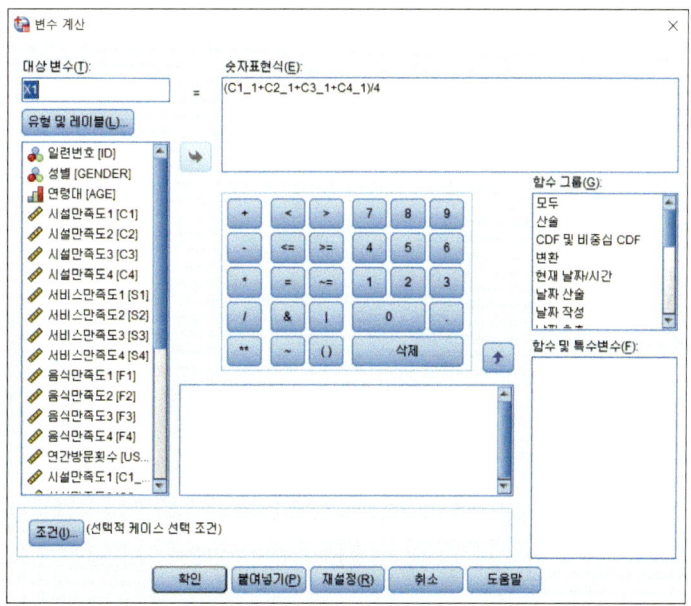

10. 조건을 모두 지정한 후, 대화상자에서 확인을 클릭하면 새로운 변수 평균시설만족도(X1)가 생성된다.

11. 8~9 과정을 평균서비스만족도(X2), 평균음식만족도(X3)에 대하여 반복하여 원하는 변수를 생성한다.

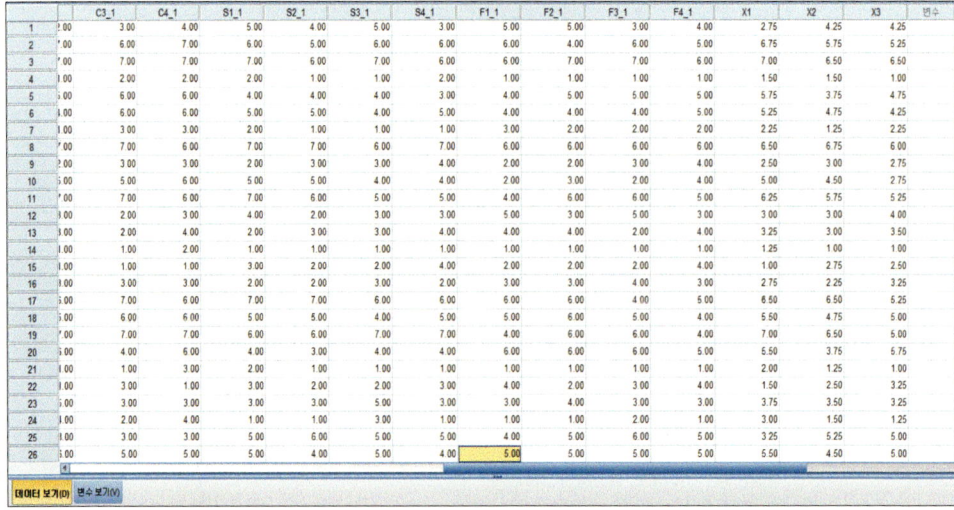

해설

문제02-(가)

1. 생성한 변수 평균시설만족도(X1), 평균서비스만족도(X2), 평균음식만족도(X3)에 대한 기술통계량을 구하기 위하여 기술통계의 기술통계을 이용하도록 한다.

> 분석(A)
>   기술통계(E)
>   기술통계(D)

2. 탐색 대화상자에서 종속변수(종속목록)에 평균시설만족도(X1), 평균서비스만족도(X2), 평균음식만족도(X3)를 지정한다.

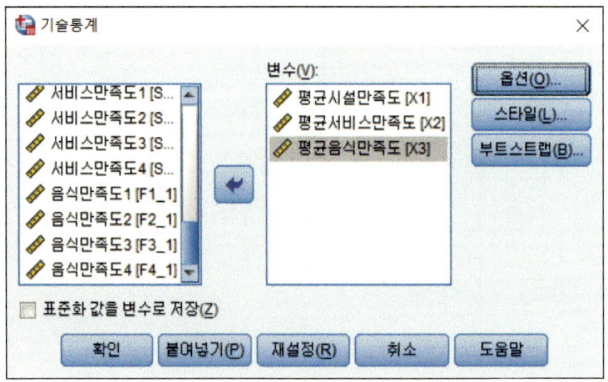

3. 이때, 옵션 대화상자에서 원하는 기술통계를 선택할 수 있다.

4. 탐색 대화상자에서 확인을 클릭하면 결과를 얻을 수 있다.

기술통계

	N	최솟값	최댓값	평균	표준편차	왜도		첨도	
	통계	통계	통계	통계	통계	통계	표준오차	통계	표준오차
평균시설만족도	300	1.00	7.00	3.9950	1.91709	-.010	.141	-1.400	.281
평균서비스만족도	300	1.00	7.00	3.8850	1.87365	-.024	.141	-1.251	.281
평균음식만족도	300	1.00	7.00	3.8975	1.90189	.010	.141	-1.261	.281
유효한 N(목록별)	300								

5. 결과를 이용하여 다음의 표를 완성할 수 있다.

변수	평균	표준편차	왜도	첨도
X1	3.96	1.92	-0.01	-1.40
X2	3.89	1.87	-0.02	-1.25
X3	3.90	1.90	-0.01	-1.26

문제02-(나)

1. 평균시설만족도(X1), 평균서비스만족도(X2), 평균음식만족도(X3)의 상관계수를 구해야 하므로 변수 간 선형관계를 확인하기 위하여 이변량 상관분석을 실시한다.

> 분석(A)
>   상관분석(C)
>   이변량 상관계수(B)

2. 이변량 상관계수 대화상자에서 평균시설만족도(X1), 평균서비스만족도(X2), 평균음식만족도(X3)를 우측 변수에 지정하고 상관계수는 피어슨(Pearson)을 선택한다.

상관분석 변수 지정

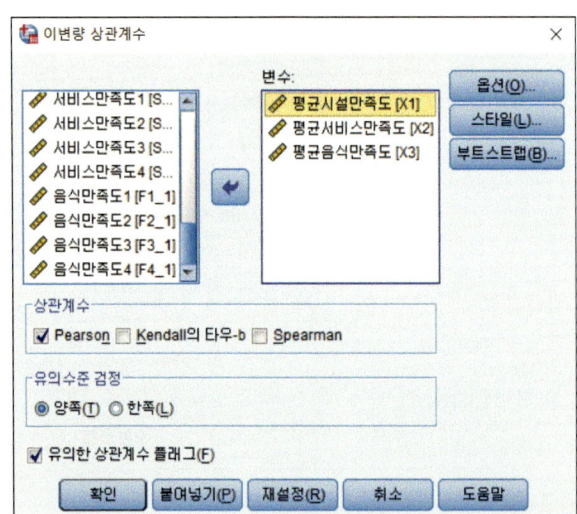

3. 이변량 상관계수 대화상자에서 확인을 클릭하면 다음과 같은 결과를 얻을 수 있다.

상관

		평균시설만족도	평균서비스만족도	평균음식만족도
평균시설 만족도	Pearson 상관계수 유의수준(양쪽) N	1 300	.894** .000 300	.838** .000 300
평균서비스 만족도	Pearson 상관계수 유의수준(양쪽) N	.894** .000 300	1 300	.893** .000 300
평균음식 만족도	Pearson 상관계수 유의수준(양쪽) N	.838** .000 300	.893** .000 300	1 300

** 상관이 0.01 수준에서 유의합니다.(양쪽)

4. 결과를 이용하여 다음의 표를 완성할 수 있다.

변수	X1	X2	X3
X1	1.00		
X2	0.89	1.00	
X3	0.84	0.89	1.00

03 성별(GENDER)에 따른 평균시설만족도(X1)의 차이를 파악하고자 한다. 이때 답안은 소수점 셋째 자리까지 구하시오(소수점 넷째 자리에서 반올림한다).

(가) 문제 해결을 위한 귀무가설과 대립가설을 각각 작성하시오.

> 귀무가설(H_0) :
>
> 대립가설(H_1) :

(나) 성별(GENDER)에 따라 평균시설만족도(X1)에 차이가 있는지 확인하기 위한 평균, 검정통계량을 각각 구하시오(단, 두 집단은 등분산을 갖는다고 가정한다).

성별	빈도 수	평균	검정통계량	유의확률
남자				
여자				

(다) 성별(GENDER)에 따라 평균시설만족도(X1)의 모평균 차이가 있는지 유의수준 0.05에서 검정하시오.

> 결과 :
>
> 이유 :

해설

문제03-(가)

1. 문제 해결을 위한 가설은 다음과 같다.
   귀무가설(H_0): 성별(GENDER)에 따른 평균시설만족도(X1)의 모평균 차이가 없다($\mu_1 = \mu_2$).
   대립가설(H_1): 성별(GENDER)에 따른 평균시설만족도(X1)의 모평균 차이가 있다($\mu_1 \neq \mu_2$).

문제03-(나)

1. 건축형식(DIV)에 따른 평균전기사용량(ME)의 모평균 차이가 있는지 확인하기 위하여 독립표본 T 검정을 실시한다.

   분석(A)
   　기술 통계(M)
   　　독립표본 T 검정(T)

2. 독립표본 T 검정 대화상자에서 검정변수로 평균전기사용량(ME)을, 그룹화(집단)변수로 건축형식(DIV)을 지정한다.

검정변수와 그룹화(집단)변수 지정

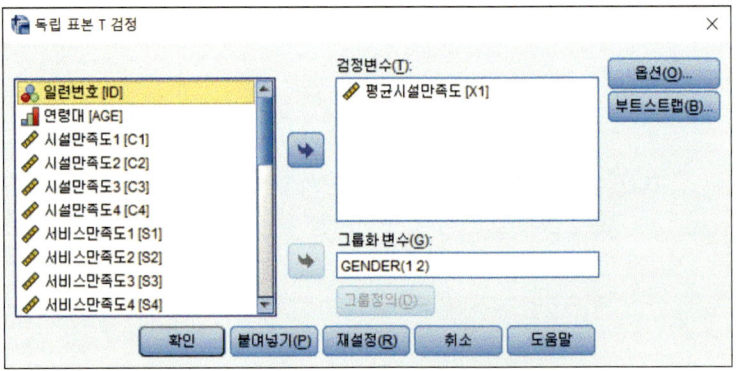

3. 그룹(집단)정의를 선택하여, 그룹(집단)정의 중 지정값 사용에 두 집단을 지정하는 값을 입력한다. 본 문제의 경우, 남자(집단) 1에 1을, 여자(집단) 2에 2를 입력한다.

그룹(집단) 정의

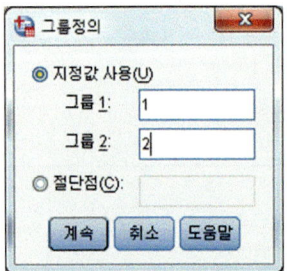

4. 모든 설정이 끝난 후, 독립표본 T 검정 대화상자에서 확인을 클릭하면 다음과 같은 결과를 얻을 수 있다.

그룹 통계

	성별	N	평균	표준편차	표준오차 평균
평균시설만족도	1	159	4.0283	1.91740	.15206
	2	141	3.8723	1.92020	.16171

독립표본 검정

		Levene의 등분산 검정		평균 등식에 대한 T검정					차이의 95% 신뢰구간	
		F	유의수준	t	df	유의수준 (양쪽)	평균 차이	표준 오류 편차	하한	상한
평균시설만족도	등분산을 가정함	.136	.712	.703	298	.483	.15596	.22195	-.28083	.59276
	등분산을 가정하지 않음			.703	293.624	.483	.15596	.22197	-.28090	.59282

5. 집단(그룹) 통계와 두 모집단의 등분산 가정하는 등분산 T 검정 결과를 이용하여 다음의 표를 완성할 수 있다.

성별	빈도 수	평균	검정통계량	유의확률
남자	159	4.028	0.703	0.483
여자	141	3.872		

문제03-(다)

- 결과 : 유의수준 0.05에서 귀무가설을 기각하지 못한다. 즉, 성별(GENDER)에 따른 평균시설만족도 (X1)의 모평균 차이가 없다($\mu_1 = \mu_2$).
- 이유 : t값이 0.709, 유의확률이 0.483로 유의수준 0.05보다 크므로 귀무가설을 기각할 수 없다.

04 연령대(AGE)에 따라 평균서비스만족도(X2)의 평균 차이가 있는지 유의수준 0.05에서 파악하고자 한다. 분석결과에 상관없이 분산의 동질성을 만족한다고 가정한다. 이때 답안은 소수점 셋째 자리까지 구하시오(소수점 넷째 자리에서 반올림한다).

(가) 연령대(AGE)에 따라 평균서비스만족도(X2)의 기술통계표를 작성하시오.

연령대	서비스 평균만족도(X2)		
	관측값 수	평균	표준편차
20대			
30대			
40대			
50대			
60대			

(나) 분산분석표를 작성하시오.

구 분	제곱합	자유도	평균제곱	F	유의확률
그룹 간					
그룹 내					
합계					

(다) 문제 해결을 위한 귀무가설과 대립가설을 각각 작성하시오.

귀무가설(H_0) :

대립가설(H_1) :

(라) 연령대(AGE)에 따라 평균서비스만족도(X2)의 모평균 차이가 있는지 유의수준 0.05에서 검정하시오.

결과 :

이유 :

해설

문제04-(가), (나)

1. 연령대(AGE)에 따라 평균서비스만족도(X2)의 모평균 차이를 확인하기 위해 일원배치 분산분석을 이용하도록 한다.

   분석(A)
      평균 비교(M)
         일원배치 분산분석(O)

2. 일원배치 분산분석 대화상자에서 종속변수(종속목록)에 평균서비스만족도(X2)을, 요인에 연령대(AGE)을 지정한다.

   일원배치 분산분석의 종속변수와 요인 지정

   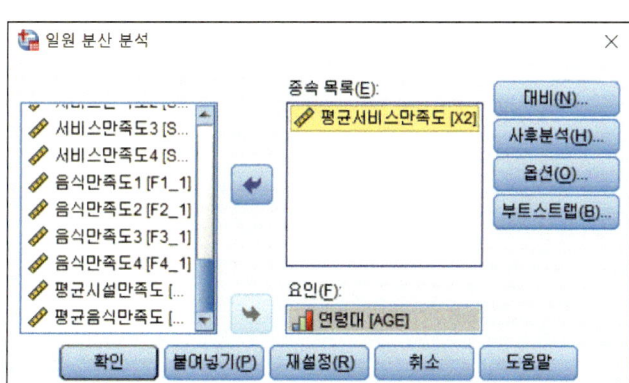

3. (가) 문제의 해결을 위해서 각 범주별 평균과 표준편차를 알기 위해 일원배치 분산분석 대화상자에서 옵션을 선택한 후, 기술통계를 선택한다.

   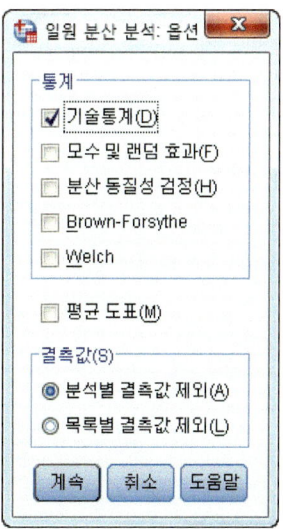

4. 일원배치 분산분석 대화상자에서 확인을 클릭하면 분석 결과를 얻을 수 있다.

제3장 작업형 기출유사문제 **389**

① 일원배치 분산분석 결과에서 기술통계 결과는 다음과 같다.

기술통계

평균서비스만족도

	N	평균	표준편차	표준오차	평균의 95% 신뢰구간		최솟값	최댓값
					하한	상한		
1	62	3.8992	1.81832	.23093	3.4374	4.3610	1.00	7.00
2	55	4.1818	1.80884	.24390	3.6928	4.6708	1.00	6.75
3	62	4.0685	1.92650	.24467	3.5793	4.5578	1.00	7.00
4	55	3.6136	2.02863	.27354	3.0652	4.1621	1.00	7.00
5	66	3.6780	1.79249	.22064	3.2374	4.1187	1.00	6.75
총계	300	3.8850	1.87365	.10818	3.6721	4.0979	1.00	7.00

② 위의 결과를 이용하여 다음 표를 완성할 수 있다.

연령대	서비스 평균만족도(X2)		
	관측값 수	평균	표준편차
20대	62	3.899	1.818
30대	55	4.181	1.809
40대	62	4.069	1.927
50대	55	3.614	2.029
60대	66	3.678	1.792

문제04-(나)

1. 일원배치 분산분석 결과는 다음과 같다.

분산분석

평균서비스만족도

	제곱합	df	평균제곱	F	유의확률
그룹 간	13.824	4	3.456	.984	.416
그룹 내	1035.833	295	3.511		
합계	1049.658	299			

2. 위의 결과를 이용하여 다음 표를 완성할 수 있다.

구 분	제곱합	자유도	평균제곱	F	유의확률
그룹 간	13.824	4	3.456	0.984	0.416
그룹 내	1035.833	295	3.511		
합계	1049.658	299			

문제04-(다)

1. 문제해결을 위한 가설은 다음과 같다.

귀무가설(H_0) : 연령대(AGE)에 따라 평균서비스만족도(X2)의 모평균 차이가 없다.
(모든 집단의 모평균들이 같다.)

대립가설(H_1) : 연령대(AGE)에 따라 평균서비스만족도(X2)의 모평균 차이가 있다.
또는 적어도 한 연령대에서 평균서비스만족도(X2)의 모평균 차이가 있다.

문제04-(라)
- 결과 : 유의수준 0.05에서 귀무가설을 기각할 수 없다. 즉, 연령대(AGE)에 따라 평균서비스만족도(X2)의 모평균 차이가 없다.
- 이유 : 검정통계량 F값이 0.984, 유의확률이 0.416으로 유의수준 0.05보다 커 귀무가설을 기각할 수 없다.

> 분산분석의 귀무가설을 기각하지 못하는 경우, 모든 집단의 평균이 동일함을 의미한다. 이런 상황에서는 일반적으로 사후분석 등을 통하여 집단별 평균 차이를 살펴보지 않지만, 사회조사분석사 시험 등에서는 기각 여부에 관계없이 사후분석을 요구하는 경우가 있다.

05 연령대(AGE)가 너무 세분화되어 있다고 판단되어 30대 이하, 40대, 50대 이상으로 새로 구분하여 연령대2(AGE2)라고 하자. 새로운 연령대2(AGE2)별로 성별이 고르게 조사되었는지 유의수준 0.05에서 검정하시오.

(가) 연령대2(AGE2)별로 성별의 차이가 있는지 파악하기 위하여 다음의 교차표를 완성하시오.

연령대2(AGE2)		성별(GENDER)	
		남자	여자
30대 미만	빈도 수		
	백분율(%)		
40대	빈도 수		
	백분율(%)		
50대 이상	빈도 수		
	백분율(%)		

(나) 문제해결을 위한 귀무가설과 대립가설을 적고, 문제를 해결하기 위한 검정통계량과 유의확률을 구하고 유의수준 0.05에서 검정하시오. 이때 답안은 소수점 셋째 자리까지 구하시오(소수점 셋째 자리에서 반올림한다).

귀무가설(H_0) :

대립가설(H_1) :

검정통계량 값	
유의확률	

《문제해결을 위한 기초작업》

1. 연령대(AGE) 변수를 다음과 같이 연령대2(AGE2) 변수로 변환해야 한다.

연령대(AGE)	연령대2(AGE2)
1, 2	1
3	2
4, 5	3

2. 이를 위하여 다른 변수로 코딩변경을 실행한다.

> 변환(T)
>   다른 변수로 코딩변경(R)

3. 다른 변수로 코딩변경 실행 후, 대화상자에서 연령대(AGE)을 숫자변수로 이동하고 출력변수에 연령대2(AGE2)를 입력하여 바꾸기를 클릭한다.

새로운 변수 지정

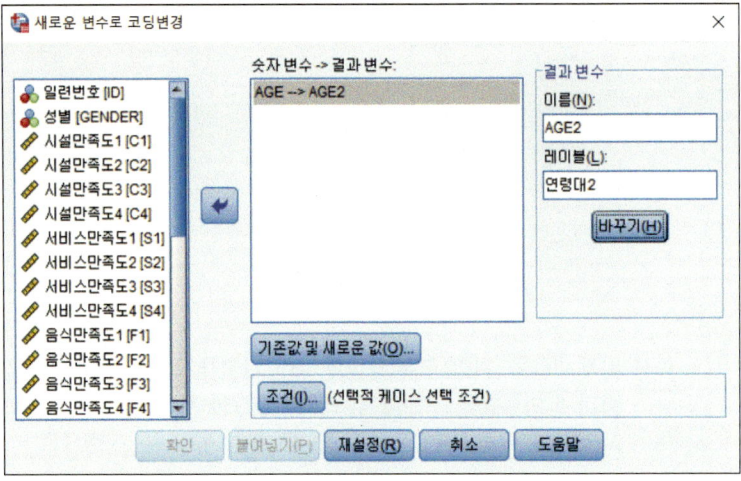

4. 새로 코딩될 값을 지정하기 위하여 기존값 및 새로운 값을 클릭하여 대화상자에서 1의 기준에 맞게 기존값을 새로운 값으로 설정한다. 이때 범위, 최젓값에서 다음 값까지 범위, 다음 값에서 최곳값까지 범위를 적절히 이용한다.

[기존값 → 새로운 값] 조건 설정

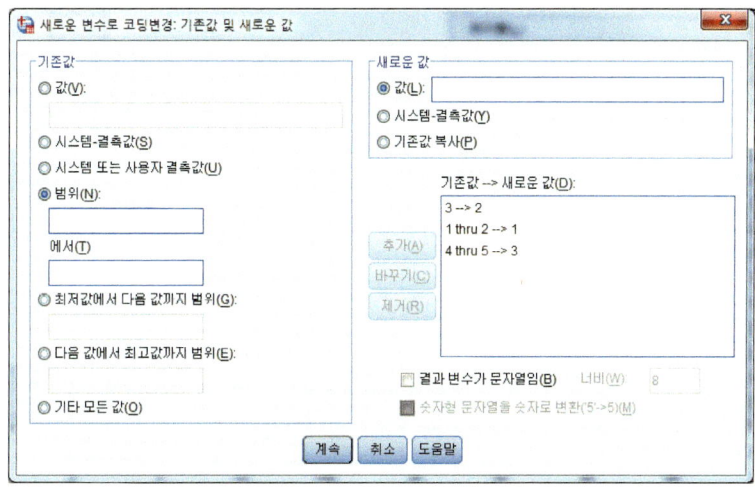

5. 조건을 모두 지정한 후, 새로운 변수로 코딩변경 대화상자에서 확인을 클릭하면 새로운 변수 연령대 2(AGE2)가 생성된다.

새로운 변수 생성

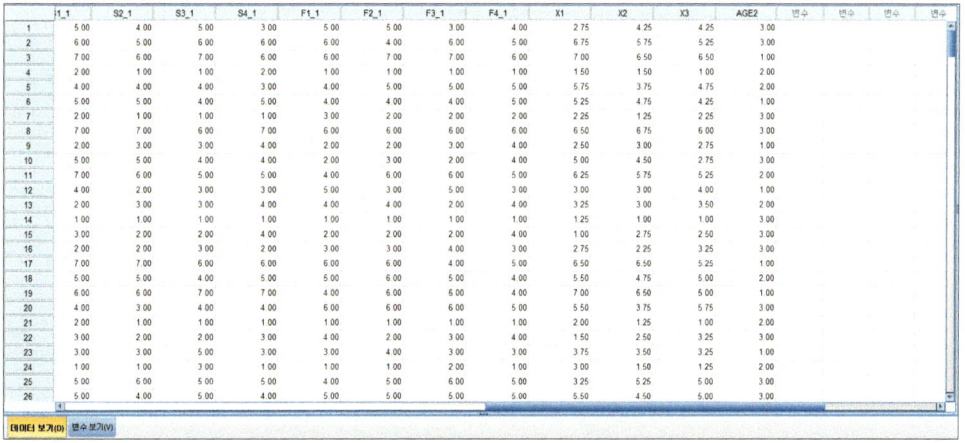

6. 이후 분석의 용이성을 위하여 변수 보기에서 변숫값을 입력한다.

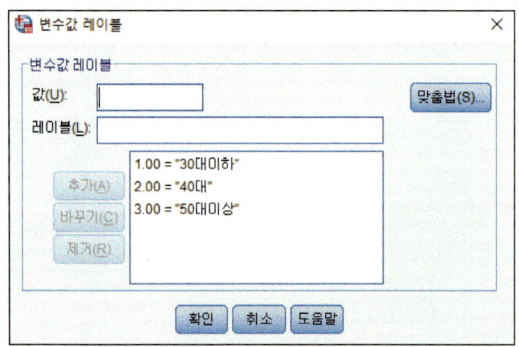

해설 문제05-(가)

1. 두 범주(주거형태와 전력단계)에 대한 빈도와 비율을 구하는 문제로 교차표(분할표)가 필요하다.

> 분석(A)
>   기술통계량(E)
>   교차분석표(C)

2. 교차분석표 대화상자에서 행은 연령대2(AGE2)로, 열은 성별(GENDER)으로 지정한다.

교차표를 위한 행(TYPE)과 열(LEVEL) 지정

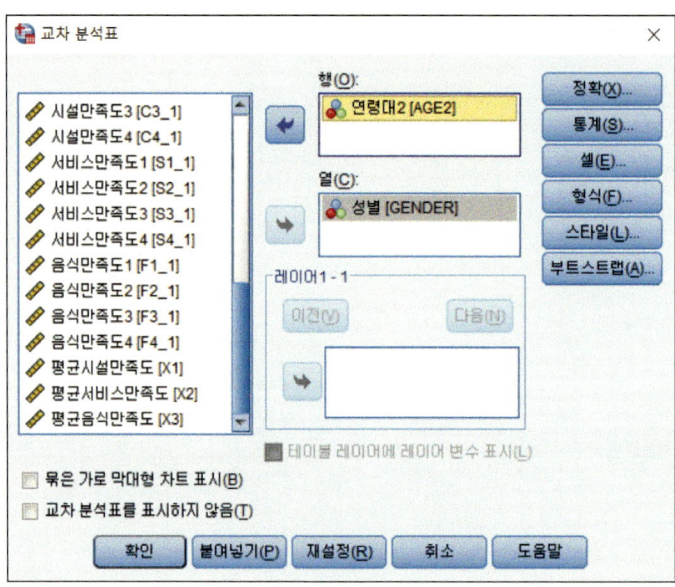

3. 이때 빈도와 함께 각 행에 대한 비율이 필요하므로 셀 옵션을 선택하여 관측빈도와 총계 백분율을 선택한다.

관측빈도와 백분율 표시 지정

4. 모든 설정이 끝난 후, 교차분석표 대화상자에서 계속을 클릭하면 결과를 얻을 수 있다.

연령대2* 성별 교차 분석표

			성별		총계
			남자	여자	
연령대2	30대 이하	개수 총계의 %	62 20.7%	55 18.3%	117 39.0%
	40대	개수 총계의 %	33 11.0%	29 9.7%	62 20.7%
	50대 이상	개수 총계의 %	64 21.3%	57 19.0%	121 40.3%
총계		개수 총계의 %	159 53.0%	141 47.0%	300 100.0%

5. 교차표(분할표)를 이용하여 다음의 표를 완성할 수 있다.

연령대2(AGE2)		성별(GENDER)	
		남자	여자
30대 이하	빈도 수	62	55
	백분율(%)	20.7	18.3
40대	빈도 수	33	29
	백분율(%)	11.0	9.7
50대 이상	빈도 수	64	57
	백분율(%)	21.3	19.0

문제05-(나)

1. 문제를 해결하기 위한 가설은 다음과 같다.
   귀무가설(H_0) : 연령대2(AGE2)별로 성별(GENDER)의 차이가 없다.
   대립가설(H_1) : 연령대2(AGE2)별로 성별(GENDER)의 차이가 있다.

2. 두 범주에 대한 교차분석을 실시하는 문제이다.

   분석(A)
   　　기술통계량(E)
   　　　　교차분석표(C)

3. 교차분석표 대화상자에서 행은 연령대2(AGE2)로, 열은 성별(GNDER)으로 지정한다.

교차표를 위한 행(TYPE)과 열(LEVEL) 지정

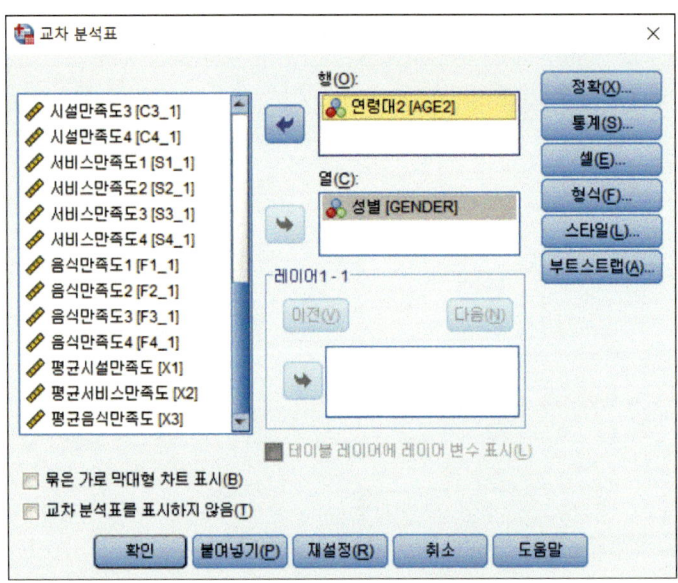

4. 이때 교차분석을 위하여 통계 옵션에서 카이제곱을 선택한다.

5. 모든 설정이 끝난 후, 교차분석표 대화상자에서 계속을 클릭하면 교차분석 결과를 얻을 수 있다.

카이제곱 검정

	값	df	점근 유의수준 (양면)
Pearson 카이제곱	.002[a]	2	.999
우도비	.002	2	.999
선형 대 선형 연결	.000	1	.988
유효 케이스 N	300		

a. 0셀(0.0%)에 5 미만의 개수가 있어야 합니다. 예상되는 최소 개수는 29.14입니다.

6. 교차분석 결과를 이용하여 다음의 표를 완성할 수 있다.

검정통계량 값	0.002
유의확률	0.999
유의수준 0.05에서 귀무가설을 기각할 수 없다. 연령대2에 따라 성별의 차이가 없다	

06 각 평균만족도들(시설평균만족도 X1, 서비스평균만족도 X2, 음식평균만족도 X3)이 연간 방문횟수(USE)에 미치는 정도를 파악하고자 한다. 이때 각 독립변수는 선형독립을 가정한다. 답안은 소수점 셋째 자리까지 구하시오(소수점 넷째 자리에서 반올림한다).

(가) 다중 회귀분석을 실시하고 다음 분산분석표를 완성하시오.

구분	제곱합	자유도	평균제곱	F	유의확률
회귀모형					
잔차					
합계					

(나) 유의성에 관계없이 모든 독립변수를 고려한 회귀방정식을 작성하시오.

(다) (나) 회귀식에 대한 결정계수와 수정된 결정계수를 구하시오.

결정계수	수정된 결정계수

(라) 응답자가 여성인 경우에 대하여, 유의성에 관계없이 모든 독립변수를 고려한 회귀방정식을 작성하시오.

문제해결을 위한 기초작업

1. 문제해결을 위하여 다중 회귀분석을 실시한다.

   분석(A)
   　　회귀분석(R)
   　　　　선형(L)

2. 선형 회귀분석 대화상자에서 종속변수로 연간 방문횟수(USE)를 독립변수로 평균만족도들(시설평균만족도 X1, 서비스평균만족도 X2, 음식평균만족도 X3)을 지정한다.

회귀분석의 종속변수와 독립변수 지정

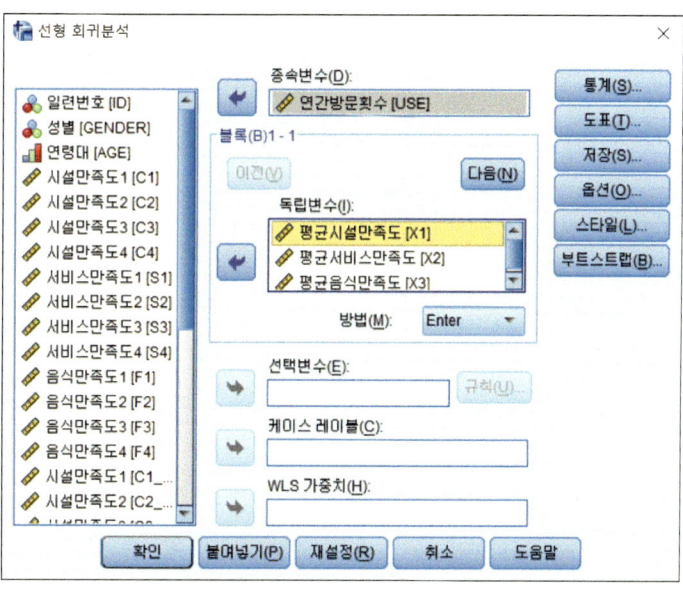

3. 선형 회귀분석 대화상자에서 확인을 클릭하면 (가)-(다)에 대한 결과를 얻을 수 있다.

해설 문제06-(가)

1. 회귀분석 결과에서 분산분석표는 다음과 같다.

분산분석[a]

모형		제곱합	df	평균제곱	F	유의수준
1	회귀분석	1197.108	3	399.036	57.948	.000[b]
	잔차	2038.289	296	6.886		
	총계	3235.397	299			

a. 종속변수 : 연간방문횟수
b. 예측변수 : (상수), 평균음식만족도, 평균시설만족도, 평균서비스만족도

2. 위의 결과를 이용하여 다음 표를 완성할 수 있다.

구 분	제곱합	자유도	평균제곱	F	유의확률
회귀모형	1197.108	3	399.036	57.948	0.000
잔차	2038.289	296	6.886		
합계	3235.397	299			

※ 유의확률은 매우 작은 값으로 소수점 셋째 자리까지 0.000으로 표기한다.

문제06-(나)

1. 회귀분석 결과에서 추정된 계수에 대한 결과는 다음과 같다.

계수[a]

모형		비표준계수		표준계수	t	유의수준
		B	표준오차	베타		
1	(상수)	5.899	.360		16.368	.000
	평균시설만족도	.378	.180	.220	2.094	.037
	평균서비스만족도	.730	.224	.416	3.264	.001
	평균음식만족도	-.023	.180	-.013	-.129	.897

a. 종속변수 : 연간방문횟수

- 회귀식 : 평균만족도 = 5.899+0.378×평균시설만족도+0.730×평균서비스만족도
  -0.023×평균음식만족도

문제06-(다)

1. 회귀분석 결과에서 결정계수에 대한 결과는 다음과 같다.

모형 요약

모형	R	R 제곱	조정된 R 제곱	표준 추정값 오류
1	.608[a]	.370	.364	2.624

a. 예측변수 : (상수), 평균음식만족도, 평균시설만족도, 평균서비스만족도

2. 1의 결과를 이용하여 다음과 같이 결정계수를 작성할 수 있다.

결정계수	수정된 결정계수
0.370	0.364

문제06-(라)

1. 회귀분석에서 선택변수 설정으로 원하는 변수에 대한 일부 집단에 대한 회귀분석 결과를 얻을 수 있다.

2. 회귀분석 대화상자에서 선택변수에 집단을 선택하고자 하는 변수인 성별(GENDER)를 입력하고 우측의 규칙을 선택한다.

3. 선택 규칙 정의 대화상자에서 해당 변수에 대한 선택 규칙을 지정할 수 있다. 본 문제의 경우 여성(2)인 경우를 선택해야 하므로 2와 같음으로 설정한다.

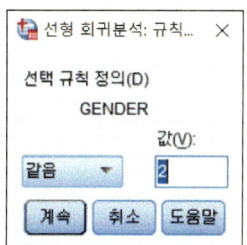

4. 선택변수를 지정한 결과는 다음과 같다.

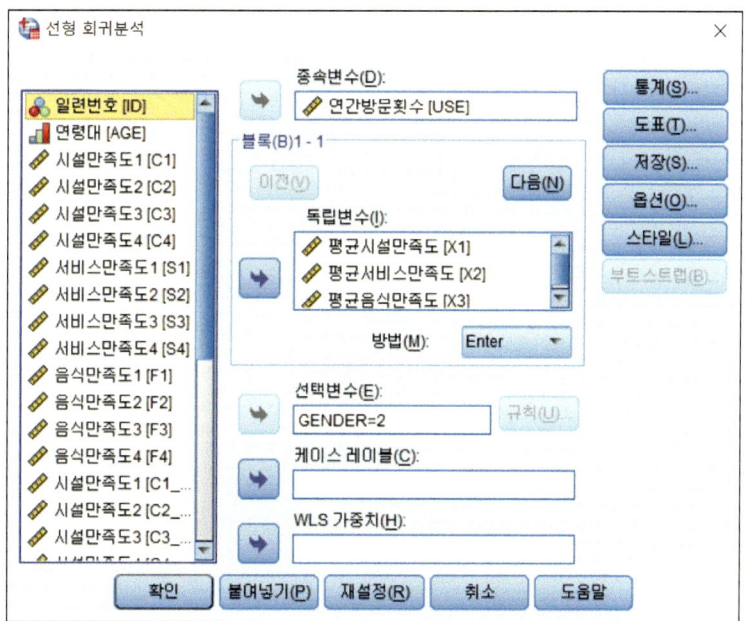

5. 선형 회귀분석 대화상자에서 확인을 클릭하면 원하는 결과를 얻을 수 있다.

모형 요약

모형	R 성별= 여자 (선택됨)	R 제곱	조정된 R 제곱	표준 추정값 오류
1	.588[a]	.346	.332	2.821

a. 예측변수 : (상수), 평균음식만족도, 평균시설만족도, 평균서비스만족도

분산분석[a, b]

모형		제곱합	df	평균제곱	F	유의수준
1	회귀분석	576.489	3	192.163	24.149	.000[c]
	잔차	1090.163	137	7.957		
	총계	1666.652	140			

a. 종속변수 : 연간방문횟수
b. 성별=여자인 케이스만 선택
c. 예측변수: (상수), 평균음식만족도, 평균시설만족도, 평균서비스만족도

계수[a, b]

모형		비표준계수		표준계수	t	유의수준
		B	표준오차	베타		
1	(상수)	5.729	.553		10.366	.000
	평균시설만족도	.444	.281	.247	1.579	.117
	평균서비스만족도	.619	.347	.340	1.785	.076
	평균음식만족도	.034	.277	.019	.121	.904

a. 종속변수 : 연간방문횟수
b. 성별=여자인 케이스만 선택

6. 여성인 집단에 대한 회귀식은 다음과 같다.
　　- 회귀식 : 연간방문횟수 = 5.729+0.444×평균시설만족도+0.619×평균서비스만족도
　　　　　　　　+0.034×평균음식만족도

05 제5회 작업형 모의고사

요구사항 아래의 모든 질문에 대한 답안은 통계 패키지(package)를 이용하여 수행한 결과(화면이용)를 바탕으로 문제지에 직접 작성하시기 바랍니다.

※ 주어진 자료는 아파트 관리비 내역에 관한 200호수를 조사한 결과이며 아파트가 위치한 지역, 건축 형식, 평형, 거주자의 절약정신(리커트 5점 척도), 아파트 관리비, 전기 및 가스 사용량에 대하여 조사한 결과이다. 아파트 거주에 따른 전기사용량, 가스사용량, 관리비로 나누어 계절별로 조사하였다. 조사결과는 〈표1〉의 항목과 코딩으로 입력되어 있으며 [2018.txt] 파일로 저장되어 있다. 변수와 변수 간에는 탭(tab)으로 구분되었으며, 결측값은 99 또는 999로 입력되어 있다.

〈표1〉 자료 파일의 코딩 양식

변수명	내 용(변숫값)	자리수	변수 설명
ID	일련번호	3	일련번호
LOCATION	1 : 서울시, 2 : 광역시, 3 : 기타시도	1	지역
DIV	1 : 복도식, 2 : 계단식	1	건축형식
AREA	1 : 25평형, 2 : 32평형	1	평형
SAVE	1 : 매우 낮음, 2 : 낮음, 3 : 보통, 4 : 높음, 5 : 매우 높음	1	절약정신
M1	단위 : 천원 결측값 : 999	3	관리비(봄)
M2		3	관리비(여름)
M3		3	관리비(가을)
M4		3	관리비(겨울)
E1	단위 : Kwh 결측값 : 99	2	전기사용량(봄)
E2		2	전기사용량(여름)
E3		2	전기사용량(가을)
E4		2	전기사용량(겨울)
G1	단위 : 입방미터 m^3 결측값 : 99	2	가스사용량(봄)
G2		2	가스사용량(여름)
G3		2	가스사용량(가을)
G4		2	가스사용량(겨울)

《문제해결을 위한 기초작업》

1. 자료 불러오기

   사회조사분석사 기출문제는 탭(Tab)으로 구분된 텍스트(text) 파일로 제공된다. 제공된 파일을 SPSS로 불러오기 위해서는 텍스트 가져오기 마법사를 사용해야 한다.

   > 파일(F)
   >   텍스트 데이터 읽기(D)

   ① 제공된 [2018.txt]는 첫 번째 행에 변수 이름이 있고 탭으로 구분되어 있어 텍스트 가져오기 마법사 2단계에서 다음과 같이 구분자에 의한 배열이 되어 있고, 변수이름이 파일의 처음에 되어 있다고 지정한다.

   텍스트 가져오기 마법사 2단계

   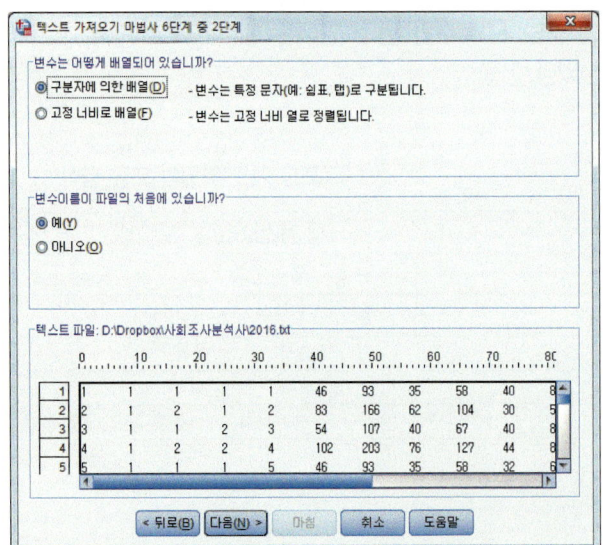

   ② 텍스트 가져오기 마법사 4단계에서는 구분자를 탭(T)으로 지정한다.

텍스트 가져오기 마법사 4단계

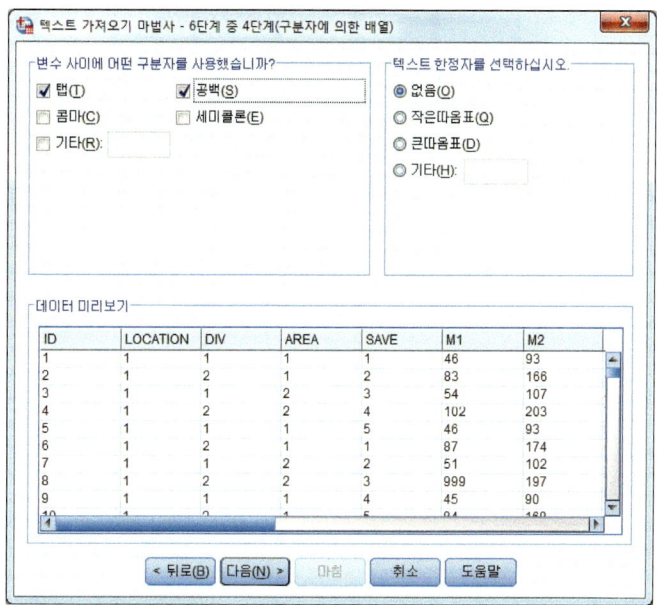

③ 다음과 같이 SPSS로 불러온 자료를 확인한다.

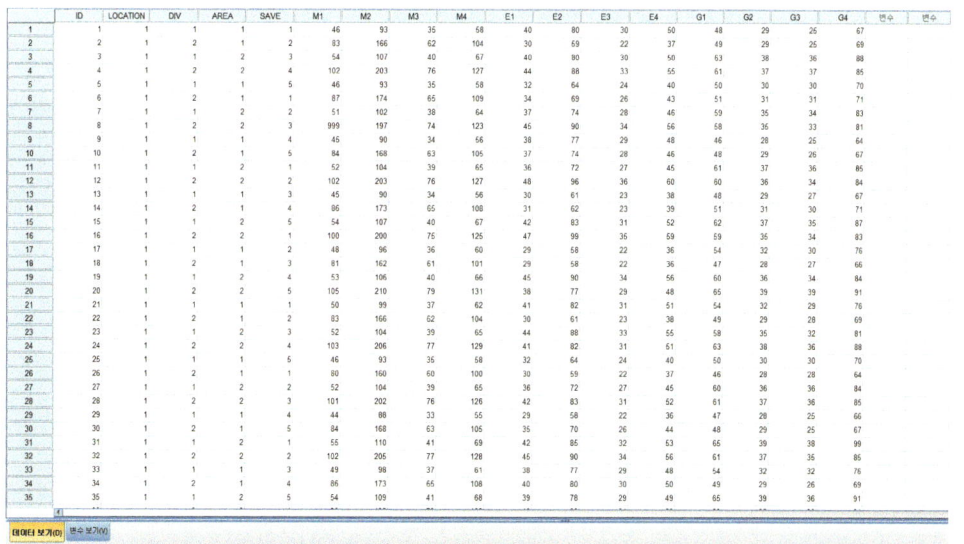

그리고 분석을 실시하기에 앞서 변수 보기에서 변수들의 특성을 지정한다. 각 변수에 대한 레이블(설명)과 측도를 지정한다. 이때 명목측도가 되는 변수는 일련번호(ID), 지역(LOCATION), 건축형식(DIV), 평형(AREA)이며, 척도(등간·비율척도)가 되는 변수는 절약정신(SAVE), 계절별 관리비(M1-M4), 계절별 전기사용량(E1-E4), 계절별 가스사용량(G1-G4)이다. 그리고 계절별 관리비(M1-M4)에 대한 결측값 999, 계절별 전기사용량(E1-E4), 계절별 가스사용량(G1-G4)에 대한 결측값 99를 입력한다.

각 변수별 속성 지정

	이름	유형	너비	소수점이하	레이블	값	결측값	열	맞춤	측도	역할
1	ID	숫자	3	0	일련번호	없음	없음	8	오른쪽	명목(N)	입력
2	LOCATION	숫자	1	0	지역	없음	없음	8	오른쪽	명목(N)	입력
3	DIV	숫자	1	0	건축형식	없음	없음	8	오른쪽	명목(N)	입력
4	AREA	숫자	1	0	평형	없음	없음	8	오른쪽	명목(N)	입력
5	SAVE	숫자	1	0	절약정신	없음	없음	8	오른쪽	척도(S)	입력
6	M1	숫자	3	0	관리비(봄)	없음	999	8	오른쪽	척도(S)	입력
7	M2	숫자	3	0	관리비(여름)	없음	999	8	오른쪽	척도(S)	입력
8	M3	숫자	2	0	관리비(가을)	없음	999	8	오른쪽	척도(S)	입력
9	M4	숫자	3	0	관리비(겨울)	없음	999	8	오른쪽	척도(S)	입력
10	E1	숫자	2	0	전기사용량(봄)	없음	99	8	오른쪽	척도(S)	입력
11	E2	숫자	2	0	전기사용량(여름)	없음	99	8	오른쪽	척도(S)	입력
12	E3	숫자	2	0	전기사용량(가을)	없음	99	8	오른쪽	척도(S)	입력
13	E4	숫자	2	0	전기사용량(겨울)	없음	99	8	오른쪽	척도(S)	입력
14	G1	숫자	2	0	가스사용량(봄)	없음	99	8	오른쪽	척도(S)	입력
15	G2	숫자	2	0	가스사용량(여름)	없음	99	8	오른쪽	척도(S)	입력
16	G3	숫자	2	0	가스사용량(가을)	없음	99	8	오른쪽	척도(S)	입력
17	G4	숫자	2	0	가스사용량(겨울)	없음	99	8	오른쪽	척도(S)	입력

01 계절별 관리비를 분석하고자 한다. 이때 결측값이 포함되어 있는 관측값은 제외한다. 이때 답안은 소수점 둘째자리까지 구하시오(소수점 셋째자리에서 반올림).

(가) 계절별 관리비 분석표를 작성하시오.

계절별 관리비	관측값 수	평균 관리비	표준편차
봄			
여름			
가을			
겨울			

(나) 계절 및 평형별 평균을 구하여 아래 표를 작성하시오.

| 계절별 관리비 | 평형 | |
	25평형	32평형
봄		
여름		
가을		
겨울		

해설 문제01-(가)

1. 계절별 관리비(M1-M4)의 평균을 구하기 위하여 기술통계의 기술통계를 이용하도록 한다.

   분석(A)
   　　기술통계(E)
   　　　　기술통계(D)

2. 탐색 대화상자에서 종속변수(종속목록)에 계절별 관리비(M1-M4)를 지정한다.

종속변수 및 요인 설정

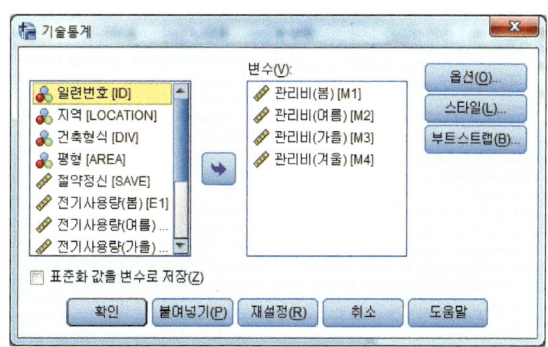

3. 이때 옵션 대화상자에서 원하는 기술통계를 선택할 수 있다..

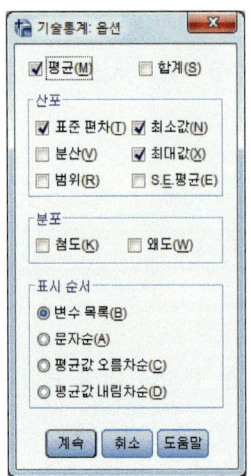

4. 탐색 대화상자에서 확인을 클릭하면 결과를 얻을 수 있다.

기술통계

	N	최솟값	최댓값	평균	표준편차
관리비(봄)	199	44	109	71.78	23.087
관리비(여름)	200	88	218	143.88	46.186
관리비(가을)	200	33	82	53.97	17.315
관리비(겨울)	199	55	136	89.81	28.911
유효한 N(목록별)	198				

5. 결과를 이용하여 다음의 표를 완성할 수 있다.

계절별 관리비	관측값 수	평균 관리비	표준편차
봄	199	71.78	23.09
여름	200	143.88	46.19
가을	200	53.97	17.32
겨울	199	89.81	28.91

문제01-(나)

1. 범주별(평형, AREA), 계절별 관리비(M1-M4)의 평균을 구하기 위하여 기술통계의 탐색을 이용하도록 한다.

   분석(A)
   　　기술통계(E)
   　　　　탐색(E)

2. 탐색 대화상자에서 종속변수(종속목록)에 봄 관리비(M1)를 요인에 평형(AREA)을 지정한다.

종속변수 및 요인 설정

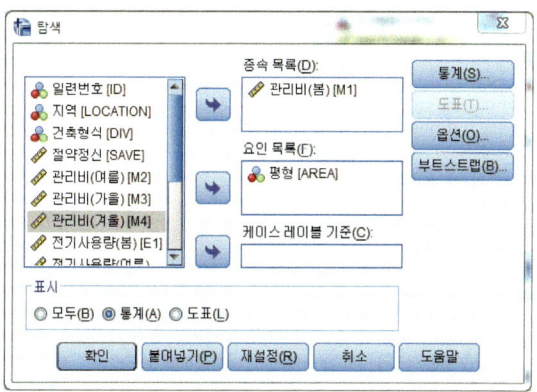

이때 종속변수(종속목록)에 여러 개의 변수를 지정할 수 있지만, 문제와 같은 경우는 변수별로 분석을 따로 시도해야 한다. 여러 변수를 종속변수(종속목록)에 지정하는 경우, 지정된 변수 중 하나의 변수에 결측값이 포함된다면 해당 관측값(케이스)은 분석에서 제외하기 때문이다.

3. 각 범주별 평균과 표준편차를 알기 위해 탐색 대화상자에서 통계를 선택한 후, 기술통계를 선택한다.

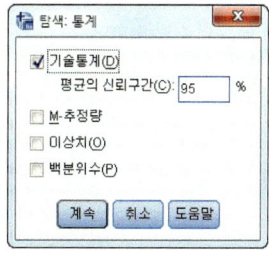

4. 탐색 대화상자에서 확인을 클릭하면 결과를 얻을 수 있다. 이 경우 결과의 양이 방대하여 교재에서 생략하도록 한다.

5. 기술통계의 탐색을 여름, 가을, 겨울 관리비에 대하여 반복하도록 한다.

6. 결과를 이용하여 다음의 표를 완성할 수 있다.

계절별 관리비	평형	
	25평형	32평형
봄	65.96	77.67
여름	132.03	155.73
가을	49.52	58.41
겨울	82.23	97.32

02 절약정신(SAVE) 변수를 이용하여 절약정신을 낮은 편(매우 낮음, 낮음), 보통, 높은 편(높음, 매우 높음) 3가지로 구분하는 새로운 변수 절약의식(SAVE2)을 생성하도록 하자. 그리고 새로운 전기절약정신(SAVE2)을 활용하여 지역별로 전기절약정신의 차이가 있는지 유의수준 0.05에서 검정하시오. 이때 답안은 소수점 셋째자리까지 구하시오(소수점 넷째자리에서 반올림).

(가) 지역(LOCATION)별로 절약의식(SAVE2)의 차이가 있는지 파악하기 위하여 교차표를 완성하시오.

지역(LOCATION)		절약의식(SAVE2)		
		낮음	보통	높음
서울시	빈도 수			
	백분율(%)			
광역시	빈도 수			
	백분율(%)			
기타시도	빈도 수			
	백분율(%)			

(나) 문제해결을 위한 귀무가설과 대립가설을 적고, 문제를 해결하기 위한 검정통계량과 유의확률을 구하고 유의수준 0.05에서 검정하시오.

귀무가설(H_0) :

대립가설(H_1) :

검정통계량 값	
유의확률	

〖문제해결을 위한 기초작업〗

1. 절약정신(SAVE)을 다음과 같이 절약의식(SAVE2) 변수로 변환해야 한다.

절약정신(SAVE)	절약의식(SAVE2)
1, 2	1
3	2
4, 5	3

2. 이를 위하여 다른 변수로 코딩변경을 실행한다.

   변환(T)
   　　다른 변수로 코딩변경(R)

3. 다른 변수로 코딩변경 실행 후, 대화상자에서 절약정신(SAVE)을 숫자변수로 이동하고 출력변수에 절약의식(SAVE2)을 입력하여 바꾸기를 클릭한다.

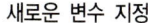

새로운 변수 지정

4. 새로 코딩될 값을 지정하기 위하여 기존값 및 새로운 값을 클릭하여 대화상자에서 1.의 기준에 맞게 기존값을 새로운 값으로 설정한다. 이때 범위, 최젓값에서 다음 값까지 범위, 다음 값에서 최곳값까지 범위를 적절히 이용한다.

[기존값 → 새로운 값] 조건 설정

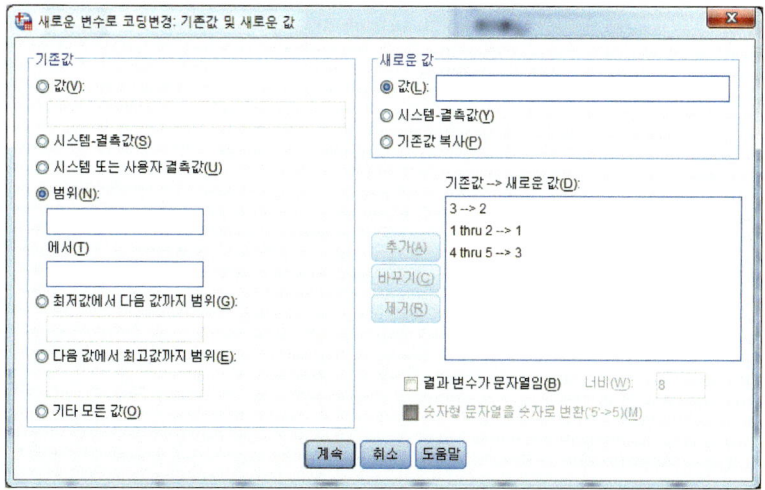

5. 조건을 모두 지정한 후, 새로운 변수로 코딩변경 대화상자에서 확인을 클릭하면 새로운 변수 절약의식 (SAVE2)이 생성된다.

새로운 변수 절약의식(SAVE2) 생성

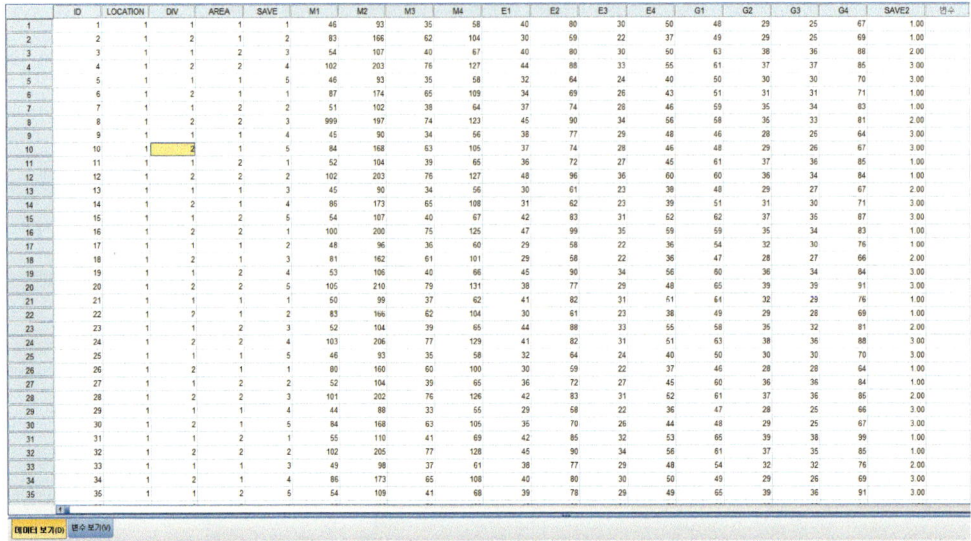

6. 이후 분석의 용이성을 위하여 변수 보기에서 변숫값을 입력한다.

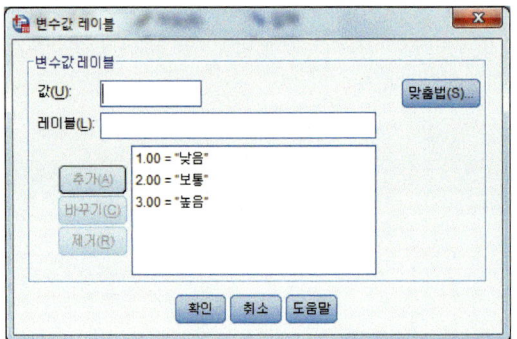

해설 문제02-(가)

1. 두 범주(주거형태와 전력단계)에 대한 빈도와 비율을 구하는 문제로 교차표(분할표)가 필요하다.

    분석(A)
        기술통계량(E)
            교차분석표(C)

2. 교차분석표 대화상자에서 행은 지역(LOCATION)으로 열은 절약의식(SAVE2)으로 지정한다.

교차표를 위한 행(TYPE)과 열(LEVEL) 지정

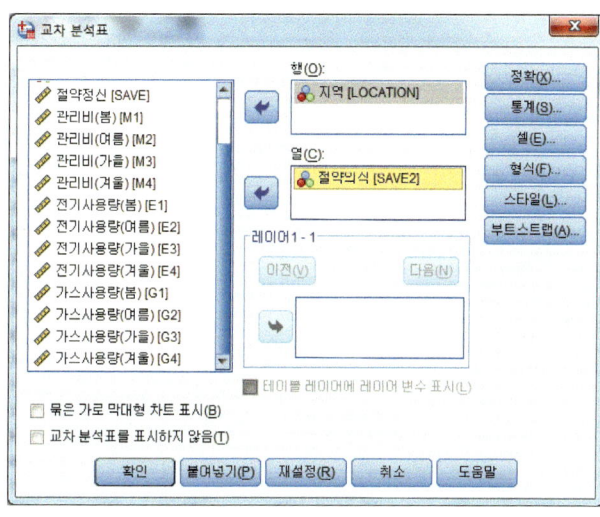

3. 이때 빈도와 함께 각 행에 대한 비율이 필요하므로 셀 옵션을 선택하여 관측빈도와 총계 백분율을 선택한다.

관측빈도와 백분율 표시 지정

4. 모든 설정이 끝난 후, 교차분석표 대화상자에서 확인을 클릭하면 결과를 얻을 수 있다.

지역 * 절약의식 교차 분석표

			절약의식			총계
			낮음	보통	높음	
지역	서울시	개수	34	20	36	90
		총계의 %	17.0%	10.0%	18.0%	45.0%
	광역시	개수	24	12	24	60
		총계의 %	12.0%	6.0%	12.0%	30.0%
	기타시도	개수	20	10	20	50
		총계의 %	10.0%	5.0%	10.0%	25.0%
총계		개수	78	42	80	200
		총계의 %	39.0%	21.0%	40.0%	100.0%

5. 교차표(분할표)를 이용하여 다음의 표를 완성할 수 있다. % 표시된 셀들을 클릭하면 소수점 셋째자리까지 구할 수 있다.

지역(LOCATION)		절약의식(SAVE2)		
		낮음	보통	높음
서울시	빈도 수	34	20	36
	백분율(%)	17.000	10.000	18.000
광역시	빈도 수	24	12	24
	백분율(%)	12.000	6.000	12.000
기타시도	빈도 수	20	10	20
	백분율(%)	10.000	5.000	10.000

문제02-(나)

1. 문제를 해결하기 위한 가설은 다음과 같다.
   귀무가설(H_0) : 지역(LOCATION)별로 절약의식(SAVE2)의 차이가 없다.
   대립가설(H_1) : 지역(LOCATION)별로 절약의식(SAVE2)의 차이가 있다.

2. 두 범주(지역과 절약의식)에 대한 교차분석을 실시하는 문제이다.

> 분석(A)
>   기술통계량(E)
>   교차분석표(C)

3. 교차분석표 대화상자에서 행은 지역(LOCATION)으로, 열은 절약의식(SAVE2)으로 지정한다.

교차표를 위한 행(TYPE)과 열(LEVEL) 지정

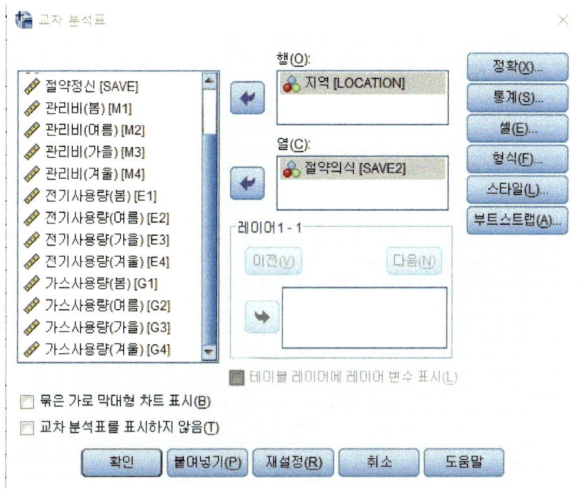

4. 이때 교차분석을 위하여 통계 옵션에서 카이제곱을 선택한다.

5. 모든 설정이 끝난 후, 교차분석표 대화상자에서 확인을 클릭하면 교차분석 결과를 얻을 수 있다.

카이제곱 검정

	값	df	점근 유의확률
Pearson 카이제곱	.179[a]	4	.996
우도비	.179	4	.996
선형 대 선형 연결	.024	1	.876
유효 케이스 N	200		

a. 0 셀(0.0%)에 5 미만의 개수가 있어야 합니다. 예상되는 최소 개수는 10.50입니다.

6. 교차분석 결과를 이용하여 다음의 표를 완성할 수 있다.

검정통계량 값	0.179
유의확률	0.996

유의수준 0.05에서 귀무가설을 기각할 수 없다. 즉, 지역(LOCATION)별로 절약의식(SAVE2)의 차이가 없다.

- 이유 : 검정통계량인 카이제곱통계량이 0.179, 자유도가 4이며 유의확률이 0.996으로 유의수준 0.05보다 크다. 따라서 유의수준 0.05에서 귀무가설을 기각할 수 없다.

03 아파트 건축형식별(DIV)로 평균전기사용량(ME)에 차이가 있는지 유의수준 0.05에서 알고자 한다. 이때 평균전기사용량(ME)은 각 계절별 전기사용량의 평균값이며, 결측값을 가진 관측값은 분석에서 제외하도록 한다. 이때 답안은 소수점 셋째자리까지 구하시오(소수점 넷째자리에서 반올림).

(가) 문제 해결을 위한 귀무가설과 대립가설을 작성하시오.

귀무가설(H_0) :

대립가설(H_1) :

(나) 건축형식별(DIV)로 평균전기사용량(ME)에 차이가 있는지 확인하기 위한 평균, 검정통계량을 구하시오(단, 두 집단은 등분산을 갖는다고 가정함).

형식	빈도 수	평균	검정통계량	유의확률
계단식				
복도식				

(다) 건축형식별(DIV)에 따른 평균전기사용량(ME)의 모평균 차이가 있는지 유의수준 0.05에서 검정하시오.

결과 :

이유 :

「문제해결을 위한 기초작업」

1. 각 관측값별로 계절별 전기사용량(E1-E4)의 평균을 구하여 평균전기사용량(ME) 변수를 생성해야 한다.

2. 이를 위하여 변수계산을 실행한다.

    변환(T)
      변수계산(C)

3. 변수계산 대화상자에서 계절별 전기사용량(E1-E4)의 평균 계산식 (E1+E2+E3+E4)/4를 숫자표현식에 입력하고 대상변수에 새로 생성하고자 하는 변수명 ME를 입력한다.

4. 조건을 모두 지정한 후, 대화상자에서 확인을 클릭하면 새로운 변수 평균전기사용량(ME)이 생성된다.

새로운 변수 평균전기사용량(ME)이 생성

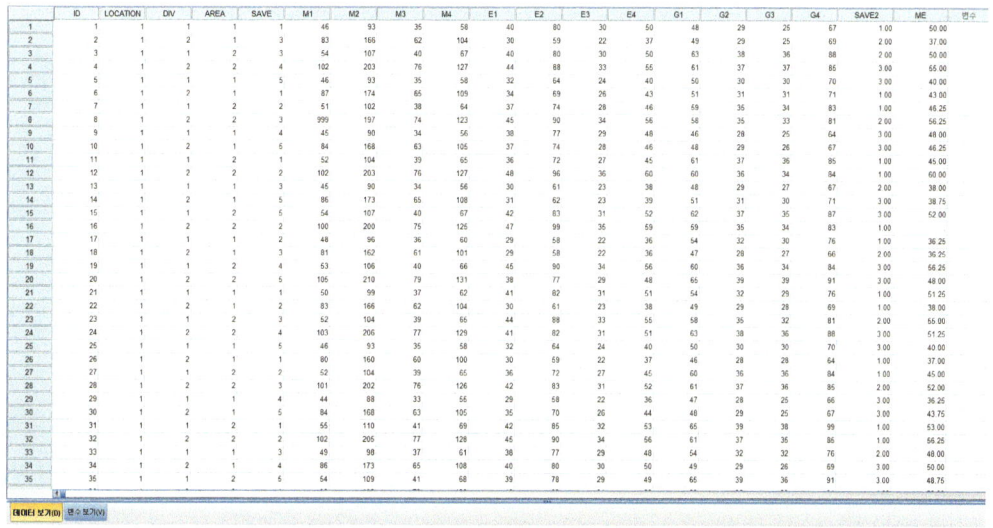

제3장 작업형 기출유사문제 ●●● **417**

변수계산 대화상자의 숫자표현식에서 계절별 평균을 구하기 위하여 SPSS에서 제공하는 통계함수 MEAN을 사용할 수도 있다. 즉, MEAN(E1,E2,E3,E4)과 같은 함수표현으로 새로운 변수 생성이 가능하다.
MEAN함수는 결측값을 제외한 평균을 구하여 새로운 변수를 생성한다. 예로 16번 응답자의 여름 전기사용량은 결측값이며 MEAN함수를 이용하여 새로운 변수를 생성하는 경우 여름 전기사용량을 제외한 봄, 가을, 겨울 세 변수의 평균값을 가지는 평균전기사용량을 생성한다.
반면, 풀이와 같이 평균 계산식을 직접 입력하면 계산식에 포함되는 변수 중 일부가 결측값을 가진 경우는 새로운 변수에서 자동으로 결측값으로 생성된다. 예로 16번 응답자의 경우 평균 계산식을 직접 입력하여 새로운 변수를 생성하는 경우 16번 응답자의 평균전기사용량은 결측값으로 생성한다.

해설 문제03-(가)

1. 문제 해결을 위한 가설은 다음과 같다.
   귀무가설(H_0) : 건축형식(DIV)에 따른 평균전기사용량(ME)의 모평균 차이가 없다($\mu_1 = \mu_2$).
   대립가설(H_1) : 건축형식(DIV)에 따른 평균전기사용량(ME)의 모평균 차이가 있다($\mu_1 \neq \mu_2$).

문제03-(나)

1. 건축형식(DIV)에 따른 평균전기사용량(ME)의 모평균 차이가 있는지 확인하기 위하여 독립표본 T 검정을 실시한다.

   분석(A)
      평균 비교(M)
         독립표본 T 검정(T)

2. 독립표본 T 검정 대화상자에서 검정변수로 평균전기사용량(ME)을, 그룹화(집단)변수로 건축형식(DIV)을 지정한다.

검정변수와 그룹화(집단)변수 지정

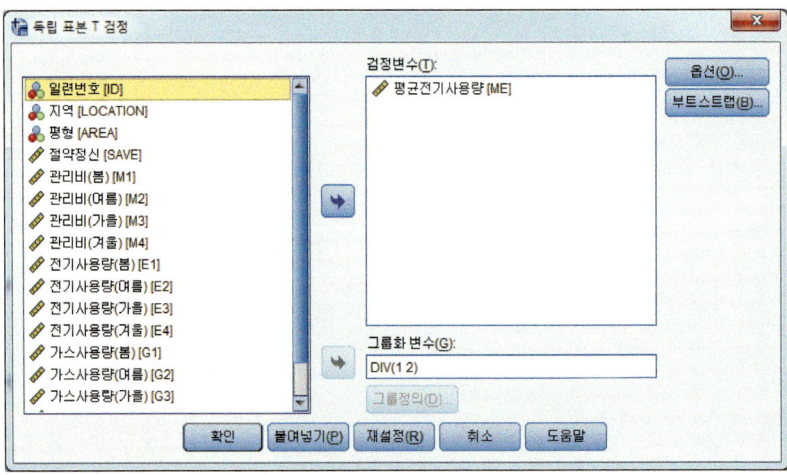

3. 그룹(집단)정의를 선택하여, 그룹(집단)정의 중 지정값 사용에 두 집단을 지정하는 값을 입력한다. 본 문제의 경우, 복도식 그룹(집단) 1에 1을, 계단식 그룹(집단) 2에 2를 입력한다.

그룹(집단) 정의

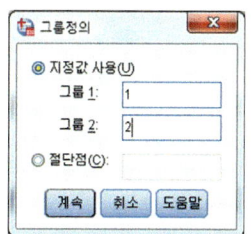

4. 모든 설정이 끝난 후, 독립표본 T 검정 대화상자에서 확인을 클릭하면 다음과 같은 결과를 얻을 수 있다.

그룹 통계

건축형식		N	평균	표준편차	평균의 표준오차
평균전기사용량	복도식	100	47.6375	6.96867	.69687
	계단식	99	48.1237	6.91958	.69544

독립표본 검정

		Levene의 등분산 검정		평균등식에 대한 T 검정						
		F	유의확률	t	df	유의확률 (양쪽)	평균 차이	차이의 표준오차	차이의 95% 신뢰구간	
									하한	상한
평균전기사용량	등분산을 가정함	.029	.864	-.494	197	.622	-.48624	.98455	-2.42784	1.45537
	등분산을 가정하지 않음			-.494	196.998	.622	-.48624	.98451	-2.42777	1.45530

7. 집단(그룹) 통계와 두 모집단의 등분산을 가정하는 등분산 T 검정 결과를 이용하여 다음의 표를 완성할 수 있다.

형식	빈도 수	평균	검정통계량	유의확률
계단식	99	48.124	-0.494	0.622
복도식	100	47.638		

문제03-(다)
- 결과 : 유의수준 0.05에서 귀무가설을 기각하지 못한다. 즉, 건축형식(DIV)에 따른 평균전기사용량 (ME)의 모평균 차이가 없다($\mu_1 = \mu_2$).
- 이유 : t값이 -0.494, 유의확률이 0.622로 유의수준 0.05보다 크므로 귀무가설을 기각할 수 없다.

04 문제 03에서 생성한 평균전기사용량(ME)에 대하여 절약정신(SAVE)에 따른 차이가 있는지 유의수준 0.05에서 알고자 한다. 분석결과에 상관없이 분산의 동질성을 만족한다고 가정한다. 이때 답안은 소수점 셋째자리까지 구하시오(소수점 넷째자리에서 반올림).

(가) 절약정신(SAVE)에 따른 평균전기사용량(ME)의 기술통계표를 작성하시오.

SAVE	ME		
	관측값 수	평균	표준편차
매우 낮음			
낮음			
보통			
높음			
매우 높음			

(나) 분산분석표를 작성하시오.

구 분	제곱합	자유도	평균제곱	F	유의확률
그룹 간					
그룹 내					
합계					

(다) 문제 해결을 위한 귀무가설과 대립가설을 작성하시오.

귀무가설(H_0) :

대립가설(H_1) :

(라) 절약정신(SAVE)에 따른 평균전기사용량(ME)의 모평균 차이가 있는지 유의수준 0.1에서 검정하시오.

결과 :

이유 :

◀문제해결을 위한 기초작업▶

1. 절약정신(SAVE)에 따른 평균전기사용량(ME)의 모평균 차이 등을 구하기 위해 일원배치 분산분석을 이용하도록 한다.

   분석(A)
   　평균 비교(M)
   　　일원배치 분산분석(O)

2. 일원배치 분산분석 대화상자에서 종속변수(종속목록)에 평균전기사용량(ME)을, 요인에 절약정신(SAVE)을 지정한다.

일원배치 분산분석의 종속변수와 요인 지정

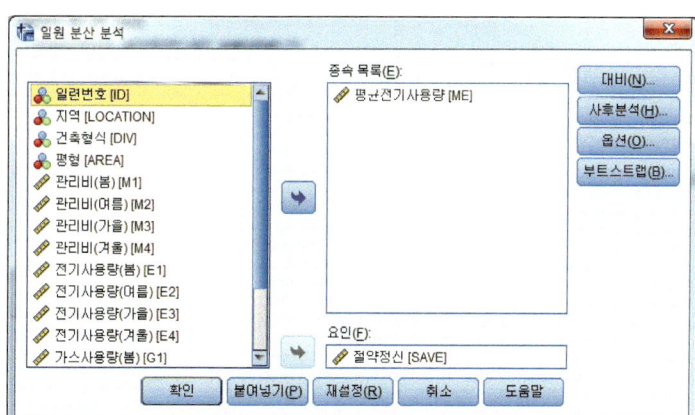

3. (가) 문제의 해결을 위해서 각 범주별 평균과 표준편차를 알기 위해 일원배치 분산분석 대화상자에서 옵션을 선택한 후, 기술통계를 선택한다.

4. 일원배치 분산분석 대화상자에서 확인을 클릭하면 분석 결과를 얻을 수 있다.

해설 문제04-(가)

1. 일원배치 분산분석 결과에서 기술통계 결과는 다음과 같다.

기술통계

평균전기사용량

	N	평균	표준편차	표준 오차	평균의 95% 신뢰구간		최솟값	최댓값
					하한	상한		
매우 낮음	38	48.3947	7.32813	1.18878	45.9860	50.8034	35.00	60.00
낮음	39	47.5833	6.94772	1.11253	45.3311	49.8355	36.25	60.00
보통	42	47.2143	6.91622	1.06720	45.0590	49.3695	35.00	58.75
높음	40	48.4938	7.45596	1.17889	46.1092	50.8783	36.25	58.75
매우 높음	40	47.7625	6.22957	.98498	45.7702	49.7548	37.00	60.00
총계	199	47.8794	6.93102	.49133	46.9105	48.8483	35.00	60.00

2. 위의 결과를 이용하여 다음 표를 완성할 수 있다.

SAVE	ME		
	관측값 수	평균	표준편차
매우 낮음	38	48.395	7.328
낮음	39	47.583	6.948
보통	42	47.214	6.916
높음	40	48.494	7.456
매우 높음	40	47.763	6.230

문제04-(나)

1. 일원배치 분산분석 결과에서 분산분석 결과는 다음과 같다.

분산분석

평균전기사용량

	제곱합	df	평균제곱	F	유의확률
그룹 간	47.734	4	11.933	.245	.913
그룹 내	9463.997	194	48.783		
총계	9511.731	198			

2. 위의 결과를 이용하여 다음 표를 완성할 수 있다.

구 분	제곱합	자유도	평균제곱	F	유의확률
그룹 간	47.734	4	11.933	0.245	0.913
그룹 내	9463.997	194	48.783		
합계	9511.731	198			

www.정훈에듀.com

문제04-(다)

1. 문제해결을 위한 가설은 다음과 같다.

    귀무가설(H_0) : 절약정신(SAVE)에 따른 평균전기사용량(ME)의 모평균 차이가 없다.
    (모든 집단의 모평균들이 같다.)

    대립가설(H_1) : 대립가설은 H_0가 아니다.
    또는 절약정신(SAVE)에 따른 평균전기사용량(ME)의 모든 모평균들이 같은 것은 아니다.

문제04-(라)

- 결과 : 유의수준 0.1에서 귀무가설을 기각할 수 없다. 즉, 절약정신에 따른 평균전기사용량의 모평균 차이가 없다.
- 이유 : 검정통계량 F값이 0.245, 유의확률이 0.913으로 유의수준 0.1보다 커 귀무가설을 기각할 수 없다.

분산분석의 귀무가설을 기각하지 못하는 경우, 모든 집단의 평균이 동일함을 의미한다. 이런 상황에서는 일반적으로 사후분석 등을 통하여 집단별 평균 차이를 살펴보지 않지만, 사회조사분석사 시험 등에서는 기각 여부에 관계없이 사후분석을 요구하는 경우가 있다.

05

아파트 평형(AREA)과 계절별 전기사용량(E1-E4) 및 가스사용량(G1-G4)에 피어슨 상관관계를 구하시오. 이때 답안은 소수점 둘째자리까지 구하시오(소수점 셋째자리에서 반올림).

변수	계절	변수	
		전기사용량 (E1-E4)	가스사용량 (G1-G4)
평형 (AREA)	봄		
	여름		
	가을		
	겨울		

해설 문제05

1. 계절별 전기사용량과 가스사용량의 상관계수를 구해야 하므로, 먼저 계절이 봄인 경우 평형(AREA)과 전기사용량(E1)과 가스사용량(G1)의 상관관계를 구하도록 한다. 변수 간 선형관계를 확인하기 위하여 이변량 상관분석을 실시한다.

> 분석(A)
>   상관분석(C)
>   이변량 상관계수(B)

2. 이변량 상관계수 대화상자에서 평형(AREA)과 전기사용량(E1)과 가스사용량(G1)을 우측 변수에 지정하고 상관계수는 피어슨(Pearson)을 선택한다.

상관분석 변수 지정

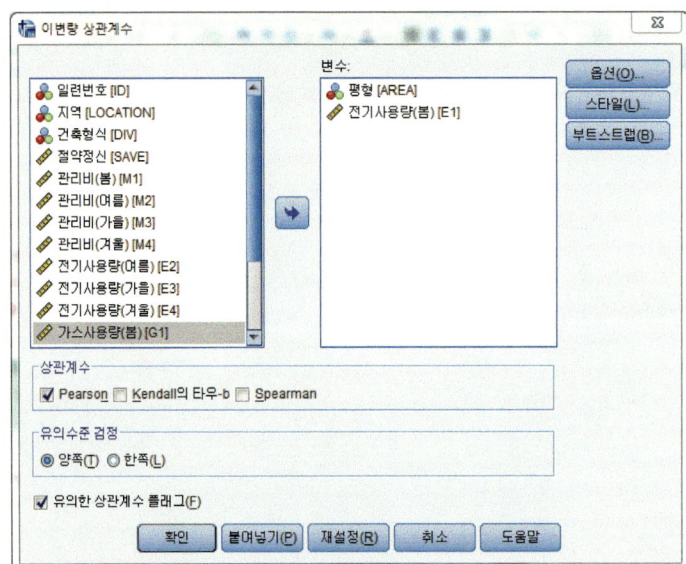

3. 이변량 상관계수 대화상자에서 확인을 클릭하면 다음과 같은 결과를 얻을 수 있다.

상관

		평형	전기사용량(봄)
평형	Pearson 상관계수	1	.747**
	유의확률(양쪽)		.000
	N	200	200
전기사용량(봄)	Pearson 상관계수	.747**	1
	유의확률(양쪽)	.000	
	N	200	200

**. 상관이 0.01 수준에서 유의합니다(양쪽).

4. 1.~3.을 가스사용량에 대하여 반복하면 다음과 같이 봄에 대한 평형(AREA)과 전기사용량(E1), 가스사용량(G1)의 상관계수를 알 수 있다.

변수	계절	변수	
		전기사용량 (E1-E4)	가스사용량 (G1-G4)
평형 (AREA)	봄	0.75	0.92

5. 이와 같은 과정을 계절별로 각각 평형과 전기사용량과 가스사용량의 상관계수를 반복하면 계절별 평형에 대한 전기사용량과 가스사용량의 상관계수를 알 수 있다. 그러나 이러한 작업은 불필요한 반복을 요구하며 상관분석 행렬을 통하여 결과를 한 번에 얻을 수 있다. 이변량 상관계수 대화상자에서 평형(AREA)과 관계를 알고자 하는 각 계절별 전기사용량(E1-E4)과 가스사용량(G1-G4)을 우측 변수에 지정하고 상관계수는 피어슨(Pearson)을 선택한다.

상관행렬을 위한 분석 변수 지정

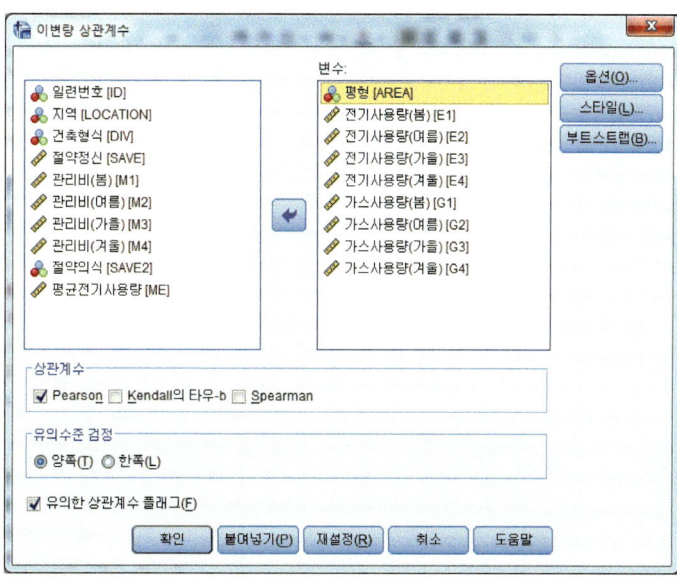

6. 이변량 상관계수 대화상자에서 확인을 클릭하면 다음과 같은 결과를 얻을 수 있다.

상관

		평형	전기사용량 (봄)	전기사용량 (여름)	전기사용량 (가을)	전기사용량 (겨울)	가스사용량 (봄)	가스사용량 (여름)	가스사용량 (가을)	가스사용량 (겨울)
평형	Pearson 상관계수	1	.747**	.741**	.743**	.740**	.920**	.918**	.875**	.919**
	유의확률(양쪽)		.000	.000	.000	.000	.000	.000	.000	.000
	N	200	200	199	200	200	199	200	200	198
전기사용량 (봄)	Pearson 상관계수	.747**	1	.999**	.997**	.999**	.654**	.655**	.611**	.654**
	유의확률(양쪽)	.000		.000	.000	.000	.000	.000	.000	.000
	N	200	200	199	200	200	199	200	200	198
전기사용량 (여름)	Pearson 상관계수	.741**	.999**	1	.999**	1.000**	.650**	.653**	.607**	.649**
	유의확률(양쪽)	.000	.000		.000	.000	.000	.000	.000	.000
	N	199	199	199	199	199	198	199	199	197
전기사용량 (가을)	Pearson 상관계수	.743**	.997**	.999**	1	.998*	.651**	.653**	.610**	.652**
	유의확률(양쪽)	.000	.000	.000		.000	.000	.000	.000	.000
	N	200	200	199	200	200	199	200	200	198
전기사용량 (겨울)	Pearson 상관계수	.740**	.999**	1.000**	.998**	1	.647**	.649**	.606**	.647**
	유의확률(양쪽)	.000	.000	.000	.000		.000	.000	.000	.000
	N	200	200	199	200	200	199	200	200	198
가스사용량 (봄)	Pearson 상관계수	.920**	.654**	.650**	.651**	.647**	1	.997**	.951**	.999**
	유의확률(양쪽)	.000	.000	.000	.000	.000		.000	.000	.000
	N	199	199	198	199	199	199	199	199	197
가스사용량 (여름)	Pearson 상관계수	.918**	.655**	.653**	.653**	.649**	.997**	1	.956**	.994**
	유의확률(양쪽)	.000	.000	.000	.000	.000	.000		.000	.000
	N	200	200	199	200	200	199	200	200	198
가스사용량 (가을)	Pearson 상관계수	.875**	.611**	.607**	.610**	.606**	.951**	.956**	1	.946**
	유의확률(양쪽)	.000	.000	.000	.000	.000	.000	.000		.000
	N	200	200	199	200	200	199	200	200	198
가스사용량 (겨울)	Pearson 상관계수	.919**	.654**	.649**	.652**	.647**	.999**	.994**	.946**	1
	유의확률(양쪽)	.000	.000	.000	.000	.000	.000	.000	.000	
	N	198	198	197	198	198	197	198	198	198

**. 상관이 0.01 수준에서 유의합니다(양쪽).

7. 이변량 상관계수 대화상자에 지정된 모든 변수별 조합에 대한 상관계수를 얻을 수 있다. 이때 문제에서 구하고자 하는 평형(AREA)과 계절별 전기사용량(E1-E4), 가스사용량(G1-G4)에 대한 상관계수만을 정리한다(맨 좌측 1열 또는 맨 위측 1행의 결과).

변수	계절	변수	
		전기사용량 (E1-E4)	가스사용량 (G1-G4)
평형 (AREA)	봄	0.75	0.92
	여름	0.74	0.92
	가을	0.74	0.88
	겨울	0.74	0.92

06 각 계절별 관리비, 전기사용량, 가스사용량의 평균인 평균관리비(MM), 평균전기사용량(ME), 평균가스사용량(MG)을 고려하도록 한다. 평균관리비(MM)를 종속변수로 두고 연속형 변수인 평균전기사용량(ME), 평균가스사용량(MG), 절약의식(SAVE2)과 범주형 변수인 건축형식(DIV)을 독립변수로 하여 회귀분석을 실시하고자 한다. 각 독립변수는 선형독립이며, 모든 변수 중 결측값이 포함되어 있는 관측값은 제외한다. 또한 건축형식(DIV)은 다음과 같은 가변수(dummy variable)을 생성하여 사용하도록 한다. 마지막으로 답안은 소수점 둘째자리까지 구하시오(소수점 셋째자리에서 반올림).

구분	건축형식2(DIV2)
계단식	1
복도식	0

(가) 다중 회귀분석을 실시하고 다음 분산분석표를 완성하시오.

구분	제곱합	자유도	평균제곱	F	유의확률
회귀모형					
잔차					
합계					

(나) 유의성에 관계없이 모든 독립변수를 고려한 회귀방정식을 작성하시오.

(다) (나) 회귀식에 대한 결정계수와 수정된 결정계수를 구하시오.

결정계수	수정된 결정계수

《문제해결을 위한 기초작업》

1. 각 관측값별로 계절별 관리비(M1-M4)의 평균을 구하여 평균관리비(MM)의 변수를 생성해야 한다.
2. 이를 위하여 변수계산을 실행한다.

    변환(T)
    　　　변수계산(C)

3. 변수계산 대화상자에서 계절별 관리비(M1-M4)의 평균 계산식 (M1+M2+M3+M4)/4를 숫자표현식에 입력하고 대상변수에 새로 생성하고자 하는 변수명 MM을 입력한다.

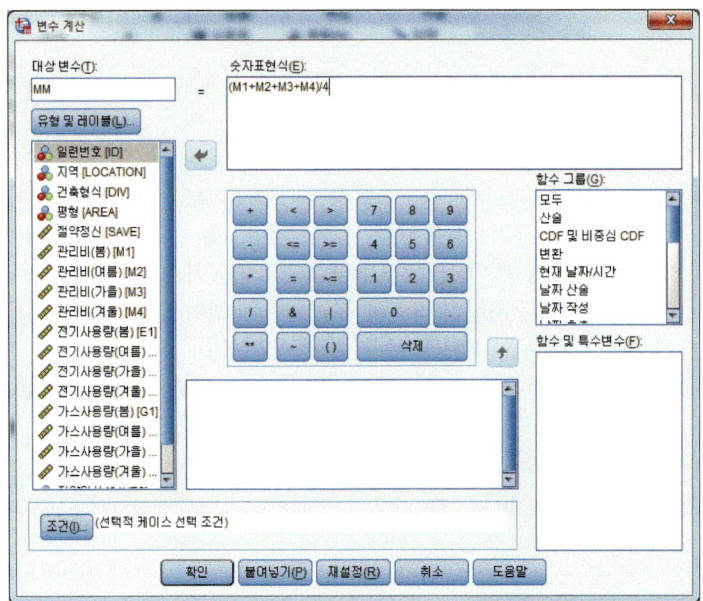

4. 조건을 모두 지정한 후, 대화상자에서 확인을 클릭하면 새로운 변수 평균관리비(MM)가 생성된다.

새로운 변수 평균관리비(MM)가 생성

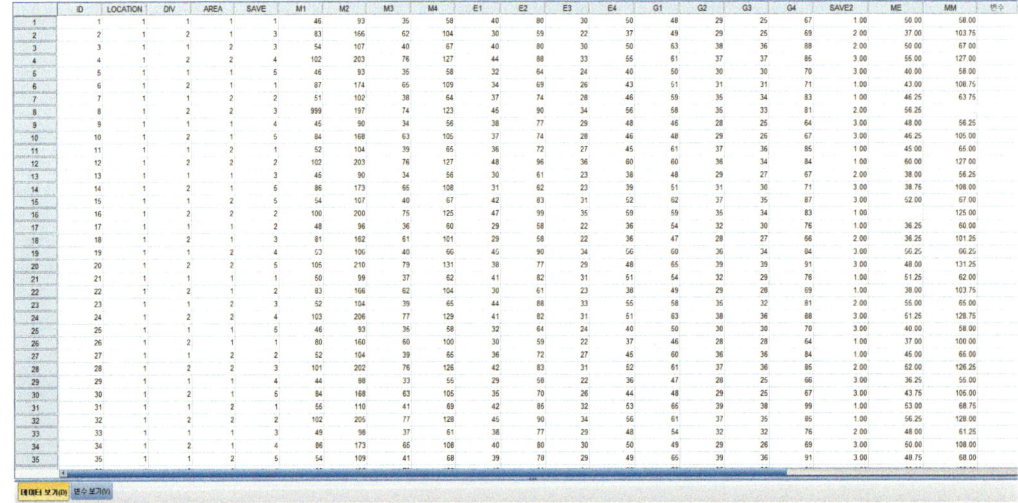

5. 2.~4.를 반복하여 평균전기사용량과 평균가스사용량을 생성하도록 한다.
6. 건축형태(DIV)에 대한 가변수를 생성해야 한다. 이를 위해 다른 변수로 코딩변경을 이용한다.

   변환(T)
        다른 변수로 코딩변경(R)

7. 다른 변수로 코딩변경을 실행 후, 대화상자에서 건축형태(DIV)를 숫자변수로 이동하고 출력변수에 건축형식2(DIV2)를 입력하여 바꾸기를 클릭한다.

8. 새로 코딩될 값을 지정하기 위하여 기존값 및 새로운 값을 클릭하여 대화상자에서 다음 기준에 맞게 기존값을 새로운 값으로 설정한다. 이때 건축형식2(DIV2)를 생성하기 위해 '계단식(2)'는 1로 '복도식(1)'은 0으로 설정한다.

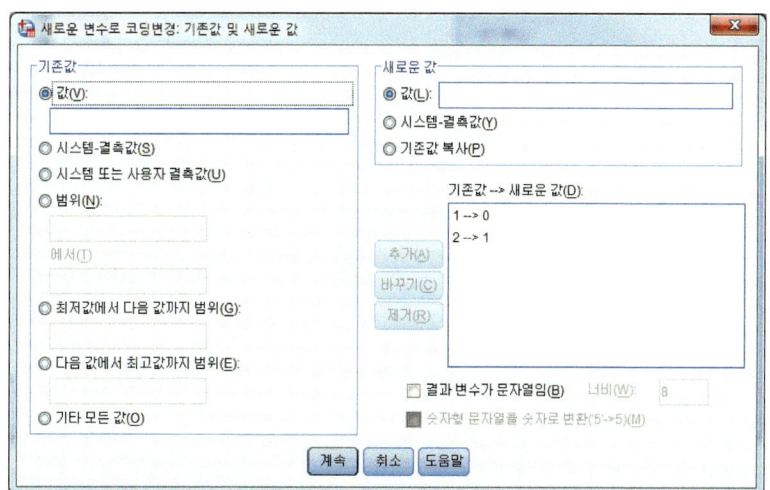

9. 생성된 건축형식2(DIV2)는 다음과 같다.

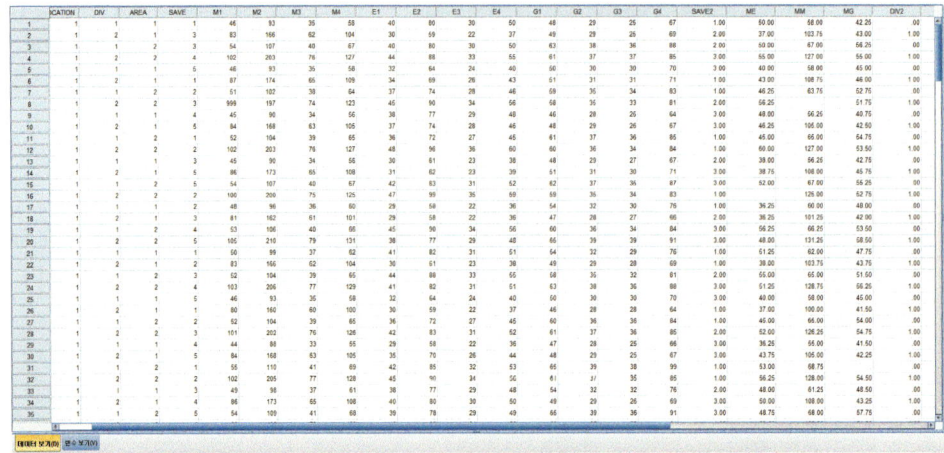

10. 문제해결을 위하여 다중 회귀분석을 실시한다.

　　분석(A)
　　　　회귀분석(R)
　　　　　　선형(L)

11. 선형 회귀분석 대화상자에서 종속변수로 평균관리비(MM)를 독립변수로 평균전기사용량(ME), 평균가스사용량(MG), 절약의식(SAVE2)과 가변수인 건축형식2(DIV2)를 지정한다.

회귀분석의 종속변수와 독립변수 지정

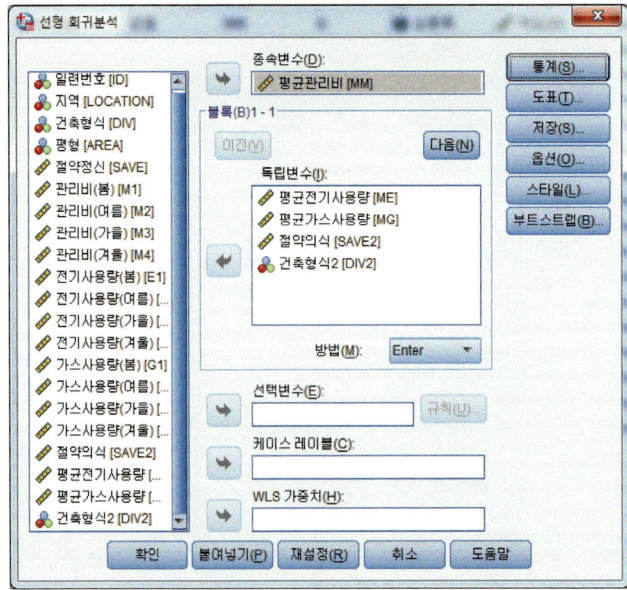

12. 선형 회귀분석 대화상자에서 확인을 클릭하면 (가)~(다)에 대한 결과를 얻을 수 있다.

해설 문제06-(가)

1. 회귀분석 결과에서 분산분석표는 다음과 같다.

분산분석[a]

모형		제곱합	자유도	평균제곱	F	유의확률
1	회귀모형	159057.527	4	39764.382	3842.246	.000[b]
	잔차	1956.009	189	10.349		
	합계	161013.536	193			

a. 종속변수: 평균관리비
b. 예측값: (상수), 건축형식2, 평균가스사용량, 절약의식, 평균전기사용량

2. 위의 결과를 이용하여 다음 표를 완성할 수 있다.

구 분	제곱합	자유도	평균제곱	F	유의확률
회귀모형	159057.53	4	39764.38	3842.25	0.00
잔차	1956.01	189	10.35		
합계	161013.54	193			

※ 유의확률은 매우 작은 값으로 소수점 둘째자리까지 0.00으로 표기함

문제06-(나)

1. 회귀분석 결과에서 추정된 계수에 대한 결과는 다음과 같다.

계수[a]

| 모형 | | 비표준화 계수 | | 표준화 계수 | t | 유의확률 |
		B	표준 오차	베타		
1	(상수)	-5.901	2.049		-2.879	.004
	평균전기사용량	.235	.044	.057	5.381	.000
	평균가스사용량	1.147	.052	.235	22.217	.000
	절약의식	-.022	.201	-.001	-.108	.914
	건축형식2	54.974	.463	.954	118.858	.000

a. 종속변수: 평균관리비

- 회귀식: $\widehat{평균관리비}$ = -5.90 + 0.24×평균전기사용량 + 1.15×평균가스사용량 - 0.02×절약의식 + 54.97×건축형식2

문제06-(다)

1. 회귀분석 결과에서 결정계수에 대한 결과는 다음과 같다.

모형 요약

모형	R	R 제곱	조정된 R 제곱	추정값의 표준오차
1	.994[a]	.988	.988	3.21703

a. 예측변수 : (상수), 건축형식2, 평균가스사용량, 절약의식, 평균전기사용량

2. 1.의 결과를 이용하여 다음과 같이 결정계수를 작성할 수 있다.

결정계수	수정된 결정계수
0.99	0.99

06 제6회 작업형 모의고사

요구사항 아래의 모든 질문에 대한 답안은 통계 패키지(package)를 이용하여 수행한 결과(화면이용)를 바탕으로 문제지에 직접 작성하시기 바랍니다.

※ 주어진 자료는 업종대분류를 기준으로 도소매업(G), 건설업(H), 운수업(T), 서비스업(S)에 해당되는 전국사업체조사 자료이다. 각 업종별로 전국에서 400개 업체에 대하여 조사한 결과이며 [2019.txt]로 저장되어 있다. 매출액과 업종주수익금, 급여총액, 임차료, 공과금, 종사자 수를 조사하였으며 결측값은 없다. 다음의 〈표1〉은 자료의 코딩양식이며 변수와 변수 간에는 탭(tab)으로 구분되어 있다.

〈표1〉 자료 파일의 코딩 양식

변수명	내 용	변수 설명
L	11 : 서울특별시 21-26 : 광역시 31-39 : 기타시도	지역
C	G : 도소매업, H : 건설업, T : 운수업, S : 서비스업	업종대분류
V1	단위 : 백만 원 (2014년)	매출액
V2	단위 : 백만 원 (2014년)	주산업수익금
V3	단위 : 백만 원 (2014년)	급여총액
V4	단위 : 백만 원 (2014년)	임차료
V5	단위 : 백만 원 (2014년)	공과금
V6	단위 : 명 (2014년 12월 31일 기준)	종사자 수

◀문제해결을 위한 기초작업▶

1. 자료 불러오기
   사회조사분석사 기출문제는 탭(Tab)으로 구분된 텍스트(text) 파일로 제공된다. 제공된 파일을 SPSS로 불러오기 위해서는 텍스트 가져오기 마법사를 사용해야 한다.

   > 파일(F)
   >   텍스트 데이터 읽기(D)

   ① 제공된 [2019.txt]는 첫 번째 행에 변수 이름이 있고 탭으로 구분되어 있어 텍스트 가져오기 마법사 2단계에서 다음과 같이 구분자에 의한 배열이 되어 있고, 변수이름이 파일의 처음에 되어 있다고 지정한다.

텍스트 가져오기 마법사 2단계

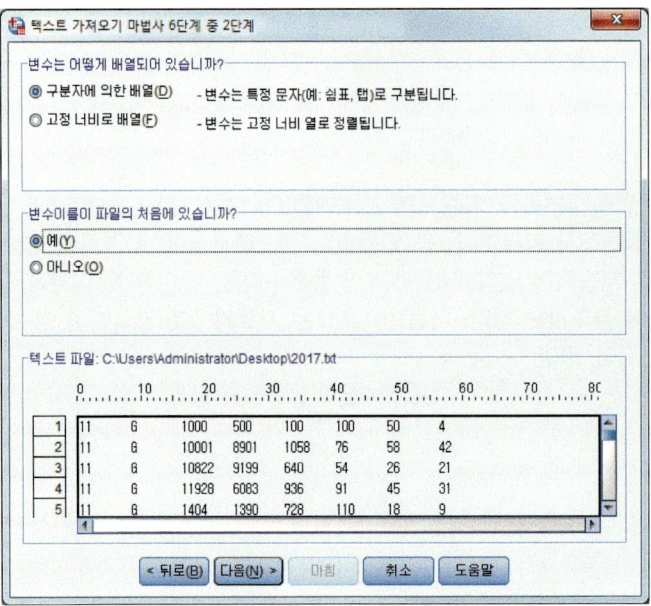

② 텍스트 가져오기 마법사 4단계에서는 구분자를 탭(T)으로 지정한다.

텍스트 가져오기 마법사 4단계

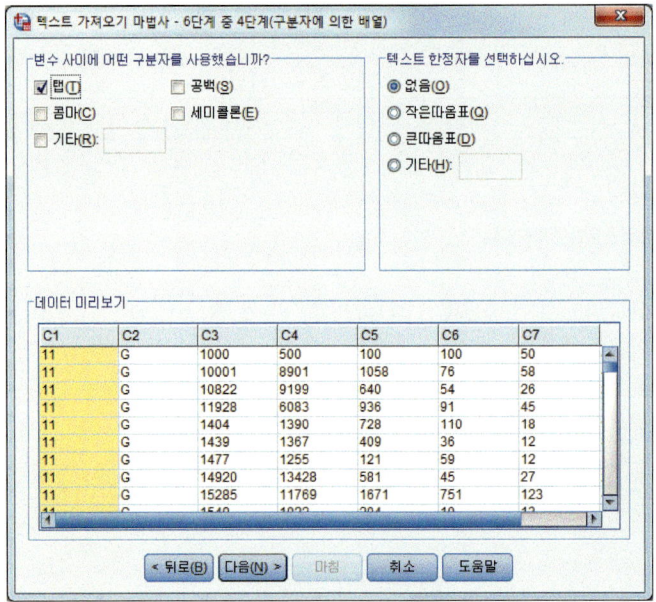

③ 다음과 같이 SPSS로 불러온 자료를 확인한다.

텍스트 가져오기로 [2019.txt] 불러온 결과

	C1	C2	C3	C4	C5	C6	C7	C8	변수	변수
1	11	G	1000	500	100	100	50	4		
2	11	G	10001	8901	1058	76	58	42		
3	11	G	10822	9199	640	54	26	21		
4	11	G	11928	6083	936	91	45	31		
5	11	G	1404	1390	728	110	18	9		
6	11	G	1439	1367	409	36	12	8		
7	11	G	1477	1255	121	59	12	12		
8	11	G	14920	13428	581	45	27	20		
9	11	G	15285	11769	1671	751	123	49		
10	11	G	1549	1022	204	10	13	12		
11	11	G	15875	9843	1996	262	67	43		
12	11	G	16210	10212	387	28	48	9		
13	11	G	16569	13255	4717	214	101	40		
14	11	G	1734	1214	306	11	12	10		
15	11	G	18087	13384	834	43	58	37		
16	11	G	18150	17606	1192	124	87	23		
17	11	G	1875	1313	44	22	20	2		
18	11	G	1927	1484	334	112	13	20		
19	11	G	19781	15825	485	54	19	12		
20	11	G	2106	1664	258	25	12	12		
21	11	G	2128	1702	198	44	13	7		
22	11	G	2143	1929	524	21	45	9		
23	11	G	21520	15064	1998	223	74	26		
24	11	G	2215577	2193421	17376	6859	6321	156		
25	11	G	22779	19590	1623	119	152	46		
26	11	G	2294	2065	319	62	11	8		
27	11	G	2398	1439	197	20	14	13		
28	11	G	23985	23265	1041	203	29	64		
29	11	G	2403	1226	615	114	19	24		
30	11	G	2499	1499	43	113	17	32		
31	11	G	2609	2348	227	48	14	3		
32	11	G	27811	27533	1156	781	57	35		
33	11	G	27845	26731	896	129	131	18		
34	11	G	27876	25088	2453	238	14	56		
35	11	G	2862	2576	595	35	20	15		

데이터 보기(D)   변수 보기(V)

그리고 분석을 실시하기에 앞서 변수 보기에서 변수들의 특성을 지정한다. 각 변수에 대한 레이블(설명)과 측도를 지정한다. 이때 명목측도가 되는 변수는 지역(L), 업종대분류(C)이며, 척도(등간·비율척도)가 되는 변수는 매출액(V1), 주산업수익금(V2), 급여총액(V3), 임차료(V4), 공과금(V5), 종사자 수(V6)이다.

각 변수별 속성 지정

	이름	유형	너비	소수점이...	레이블	값	결측값	열	맞춤	측도	역할
1	L	숫자	2	0	지역	없음	없음	8	오른쪽	명목(N)	입력
2	C	문자열	1	0	업종대분류	없음	없음	5	왼쪽	명목(N)	입력
3	V1	숫자	7	0	매출액	없음	없음	8	오른쪽	척도(S)	입력
4	V2	숫자	7	0	주산업수익금	없음	없음	8	오른쪽	척도(S)	입력
5	V3	숫자	5	0	급여총액	없음	없음	8	오른쪽	척도(S)	입력
6	V4	숫자	5	0	임차료	없음	없음	8	오른쪽	척도(S)	입력
7	V5	숫자	4	0	공과금	없음	없음	8	오른쪽	척도(S)	입력
8	V6	숫자	3	0	종사자수	없음	없음	8	오른쪽	척도(S)	입력

01 도소매업종에 대한 다음 표를 작성하시오. 이때 답안은 소수점 셋째자리에서 반올림하여 표시하시오.

구분	서울특별시	광역시	기타시도
빈도 수			
평균 매출액			
평균 급여총액			
평균 종사자 수			

해설 문제01

1. 케이스 선택을 활용하여 지역별 조건에 맞는 케이스를 선택하여 분석이 가능하다. 우선 도소매업종이면서 지역이 서울특별시인 경우의 빈도 수, 평균 매출액, 평균 급여총액, 평균 종사자 수를 구하기 위하여, 데이터의 케이스 선택을 이용한다. 이때 케이스 선택 대화상자에서 조건을 만족하는 케이스(C)를 선택한다.

   데이터(D)
       케이스 선택(S)

케이스 선택

2. 케이스 선택 : 조건 대화상자의 조건문을 적절히 입력한다. 만약 지역이 서울특별시인 경우는 [L=11], 지역이 광역시인 경우는 [((21〈=L)&(L〈=26)], 지역이 기타시도인 경우 [((31〈=L)&(L〈=39)]과 같이 입력한다. 도소매업종이 분석되므로 지역조건들에 각각 &(C="G")가 첨가된다.

케이스 선택 : 조건에서 지역이 광역시이면서 도소매업종인 경우의 선택조건들 입력

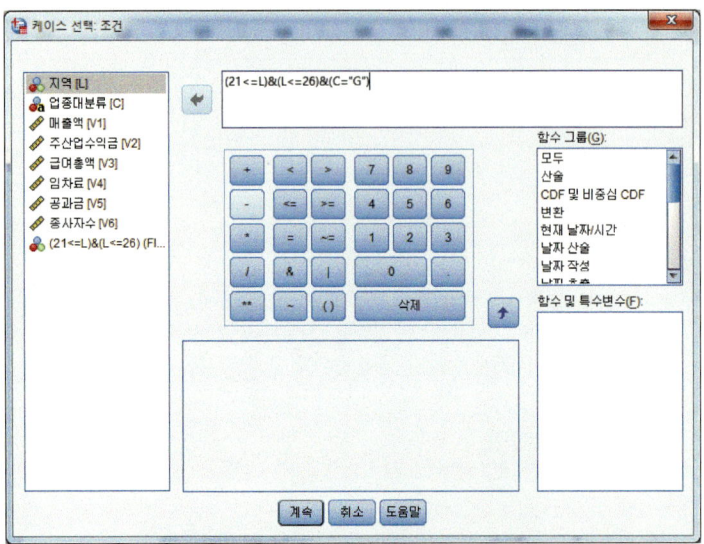

3. 선택된 케이스에 대하여 매출액, 급여총액, 종사자 수에 대한 기술통계를 실시한다.

분석(D)
    기술통계(E)
        기술통계(D)

기술통계 변수 선택

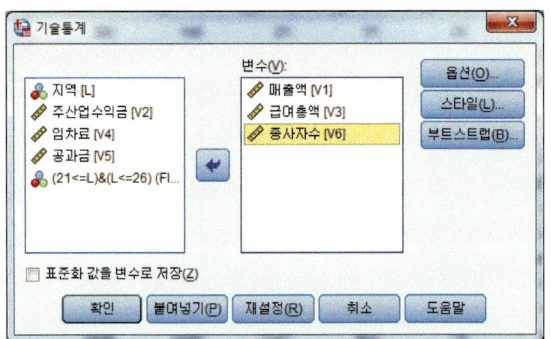

4. 원하는 변수를 선택한 후 기술통계 대화상자에서 확인을 클릭하면 결과를 얻을 수 있다. 다음은 도소매업종이면서 지역이 광역시인 경우 빈도 수, 평균 매출액, 평균 급여총액, 평균 종사자 수를 구한 결과이다.

기술통계량

	N	최솟값	최댓값	평균	표준편차
매출액	26	374	111700	15697.08	28088.642
급여총액	26	17	13452	1022.62	2573.824
종사자 수	26	2	528	34.35	101.049
유효한 N(목록별)	26				

5. 2.~4.의 단계를 지역이 서울특별시(조건: L=11), 기타시도(조건: (31<=L)&(L<=39))인 경우의 조건을 사용하여 작업을 반복한다. 도소매업종이 분석되므로 지역조건들에 각각 &(C="G")가 첨가된다.

6. 결과를 이용하여 다음의 표를 완성할 수 있다.

구분	서울특별시	광역시	기타시도
빈도 수	69	26	73
평균 매출액	64587.39	15697.08	12643.78
평균 급여총액	1624.26	1022.62	782.99
평균 종사자 수	34.88	34.35	20.00

02 서울특별시와 기타지역(광역시 및 기타시도) 간 종사자 평균급여 차이가 있는지 파악하고자 한다. 지역변수를 이용하여 서울특별시(1)와 그 외 지역(2)을 구분하는 새로운 변수 서울여부(S)를 생성하고 서울특별시와 기타지역 간 종사자 평균급여(M=급여총액/종사자 수)의 차이가 있는지 유의수준 0.05에서 검정하시오. 이때 답안은 소수점 셋째자리에서 반올림하여 표시하시오.

(가) 문제 해결을 위한 귀무가설과 대립가설을 작성하시오.

귀무가설(H_0) :

대립가설(H_1) :

(나) 서울여부(S)에 따른 종사자 평균급여(M)의 모평균 차이가 있는지 확인하기 위한 다음의 평균, 검정통계량 등을 구하시오(단, 두 집단은 등분산을 갖는다고 가정함).

형식	빈도 수	평균	검정통계량	유의확률
서울특별시				
그 외 지역				

(다) 서울여부(S)에 따른 종사자 평균급여(M)의 모평균 차이가 있는지 유의수준 0.05
에서 검정하시오.

결과 :

이유 :

《문제해결을 위한 기초작업》

1. 지역(L)을 이용하여 다음과 같이 서울여부(S) 변수를 생성해야 한다.

지역(L)	서울여부(S)
11	1
21~26, 31~39	2

2. 이를 위하여 다른 변수로 코딩변경을 실행한다.

　변환(T)
　　　다른 변수로 코딩변경(R)

3. 다른 변수로 코딩변경 실행 후, 대화상자에서 지역(L)을 숫자변수로 이동하고 출력변수에 서울여부
(S)를 입력하여 바꾸기를 클릭한다.

새로운 변수 지정

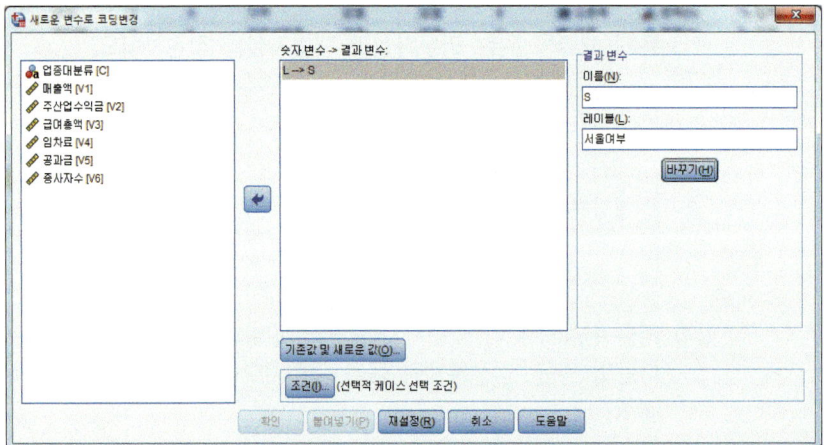

4. 새로 코딩될 값을 지정하기 위하여 기존값 및 새로운 값을 클릭하여 대화상자에서 1.의 기준에 맞게 기존값을 새로운 값으로 설정한다. 이때 범위, 최젓값에서 다음 값까지 범위, 다음 값에서 최곳값까지 범위를 적절히 이용한다. 문제 해결을 위해서 기존 지역(L)이 11인 경우는 새로운 값에 1을 기존 지역(L)이 11 이외의 값인 경우는 새로운 값에 2가 되도록 입력한다.

[기존값 → 새로운 값] 조건 설정

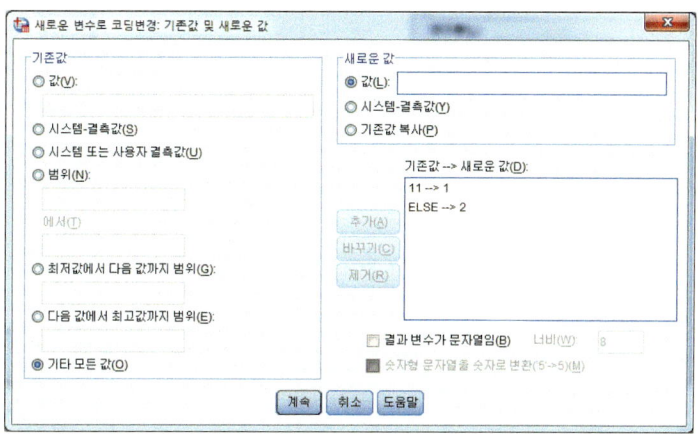

5. 조건을 모두 지정한 후, 새로운 변수로 코딩변경 대화상자에서 확인을 클릭하면 새로운 변수 서울여부(S)가 생성된다.

새로운 변수 수도여부(CAPITAL)가 생성

	L	C	V1	V2	V3	V4	V5	V6	S	변수	변수
1	11	G	1000	500	100	100	50	4	1.00		
2	11	G	10001	8901	1058	76	58	42	1.00		
3	11	G	10822	9199	640	54	26	21	1.00		
4	11	G	11928	6083	936	91	45	31	1.00		
5	11	G	1404	1390	728	110	18	9	1.00		
6	11	G	1439	1367	409	36	12	8	1.00		
7	11	G	1477	1255	121	59	12	12	1.00		
8	11	G	14920	13428	581	45	27	20	1.00		
9	11	G	15285	11769	1671	751	123	49	1.00		
10	11	G	1549	1022	204	10	13	12	1.00		
11	11	G	15875	9843	1996	262	67	43	1.00		
12	11	G	16210	10212	387	28	48	9	1.00		
13	11	G	16569	13255	4717	214	101	40	1.00		
14	11	G	1734	1214	306	11	12	10	1.00		
15	11	G	18087	13384	834	43	58	37	1.00		
16	11	G	18150	17606	1192	124	87	23	1.00		
17	11	G	1875	1313	44	22	20	2	1.00		
18	11	G	1927	1484	334	112	13	20	1.00		
19	11	G	19781	15825	485	54	19	12	1.00		
20	11	G	2106	1664	258	25	12	12	1.00		
21	11	G	2128	1702	198	44	13	7	1.00		
22	11	G	2143	1929	524	21	45	9	1.00		
23	11	G	21520	15064	1998	223	74	26	1.00		
24	11	G	2215577	2193421	17376	6859	6321	156	1.00		
25	11	G	22779	19590	1623	119	152	46	1.00		
26	11	G	2294	2065	319	62	11	8	1.00		
27	11	G	2398	1439	197	20	14	13	1.00		
28	11	G	23985	23265	1041	203	29	64	1.00		
29	11	G	2403	1226	615	114	19	24	1.00		
30	11	G	2499	1499	43	113	17	32	1.00		
31	11	G	2609	2348	227	48	14	3	1.00		
32	11	G	27811	27533	1156	781	57	35	1.00		
33	11	G	27845	26731	896	129	131	18	1.00		
34	11	G	27876	25088	2453	238	14	56	1.00		
35	11	G	2862	2576	595	35	20	15	1.00		

6. 이후 분석의 용이성을 위하여 변수 보기에서 변숫값을 입력한다.

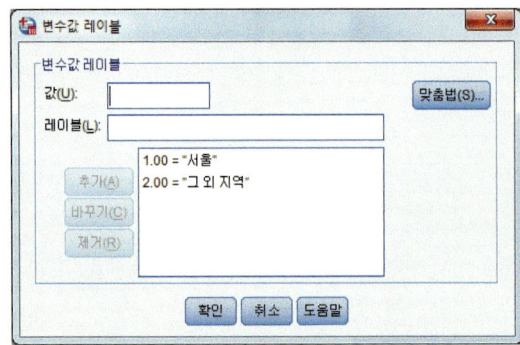

7. 각 관측값별로 종사자 평균급여(M) 변수를 생성해야 한다.
8. 이를 위하여 변수계산을 실행한다.

    변환(T)
        변수계산(C)

9. 변수계산 대화상자에서 종사자 평균급여를 구하기 위한 계산식 V3/V6를 숫자표현식에 입력하고 대상 변수에 새로 생성하고자 하는 변수명 M을 입력한다.

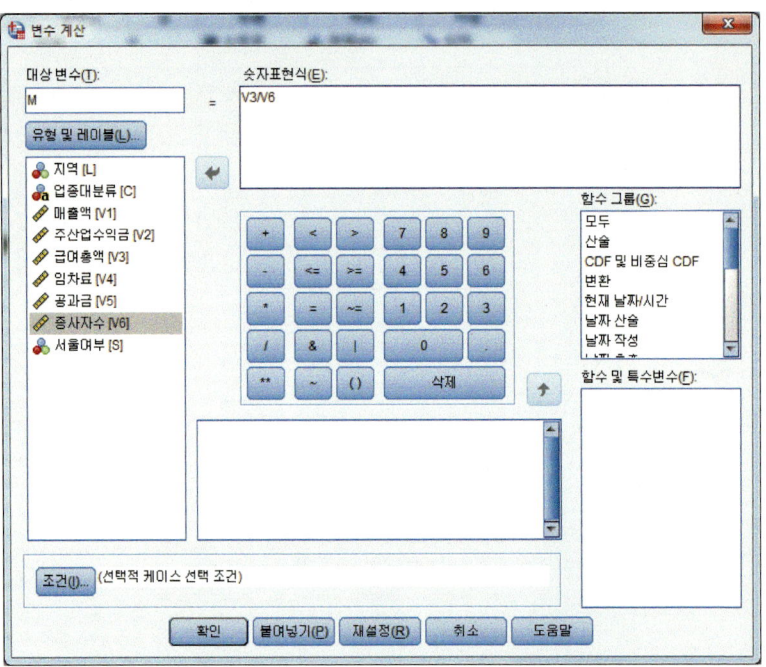

10. 조건을 모두 지정한 후, 대화상자에서 확인을 클릭하면 새로운 변수 종사자 평균급여(M)가 생성된다.

새로운 변수 종사자 평균급여(M)가 생성

	L	C	V1	V2	V3	V4	V5	V6	S	M	변수	변수
1	11	G	1000	500	100	100	50	4	1.00	25.00		
2	11	G	10001	8901	1058	76	58	42	1.00	25.19		
3	11	G	10822	9199	640	54	26	21	1.00	30.48		
4	11	G	11928	6083	936	91	45	31	1.00	30.19		
5	11	G	1404	1390	728	110	18	9	1.00	80.89		
6	11	G	1439	1367	409	36	12	8	1.00	51.13		
7	11	G	1477	1255	121	59	12	12	1.00	10.08		
8	11	G	14920	13428	581	45	27	20	1.00	29.05		
9	11	G	15285	11769	1671	751	123	49	1.00	34.10		
10	11	G	1549	1022	204	10	13	12	1.00	17.00		
11	11	G	15875	9843	1996	262	67	43	1.00	46.42		
12	11	G	16210	10212	387	28	48	9	1.00	43.00		
13	11	G	16569	13255	4717	214	101	40	1.00	117.93		
14	11	G	1734	1214	306	11	12	10	1.00	30.60		
15	11	G	18087	13384	834	43	58	37	1.00	22.54		
16	11	G	18150	17606	1192	124	87	23	1.00	51.83		
17	11	G	1875	1313	44	22	20	2	1.00	22.00		
18	11	G	1927	1484	334	112	13	20	1.00	16.70		
19	11	G	19781	15825	485	54	19	12	1.00	40.42		
20	11	G	2106	1664	258	25	12	12	1.00	21.50		
21	11	G	2128	1702	198	44	13	7	1.00	28.29		
22	11	G	2143	1929	524	21	45	9	1.00	58.22		
23	11	G	21520	15064	1998	223	74	26	1.00	76.85		
24	11	G	2215577	2193421	17376	6859	6321	156	1.00	111.38		
25	11	G	22779	19590	1623	119	152	46	1.00	35.28		
26	11	G	2294	2065	319	62	11	8	1.00	39.88		
27	11	G	2398	1439	197	20	14	13	1.00	15.15		
28	11	G	23985	23265	1041	203	29	64	1.00	16.27		
29	11	G	2403	1226	615	114	19	24	1.00	25.63		
30	11	G	2499	1499	43	113	17	32	1.00	1.34		
31	11	G	2609	2348	227	48	14	3	1.00	75.67		
32	11	G	27811	27533	1156	781	57	35	1.00	33.03		
33	11	G	27845	26731	896	129	131	18	1.00	49.78		
34	11	G	27876	25088	2453	238	14	56	1.00	43.80		
35	11	G	2862	2576	595	35	20	15	1.00	39.67		

데이터 보기(D)   변수 보기(V)

해설 문제02-(가)

1. 문제 해결을 위한 가설은 다음과 같다.
   귀무가설(H_0) : 서울여부에 따른 종사자 평균급여의 모평균 차이가 없다($\mu_1 = \mu_2$).
   대립가설(H_1) : 서울여부에 따른 종사자 평균급여의 모평균 차이가 있다($\mu_1 \neq \mu_2$).

문제02-(나)

1. 서울여부(S)에 따른 종사자 평균급여(M)의 모평균 차이가 있는지 확인하기 위하여 독립표본 T 검정을 실시한다.

   분석(A)
   　　평균 비교(M)
   　　　　독립표본 T 검정(T)

2. 독립표본 T 검정 대화상자에서 검정변수로 종사자 평균급여(M)를, 그룹화(집단)변수로 서울여부(S)를 지정한다.

검정변수와 그룹화(집단)변수 지정

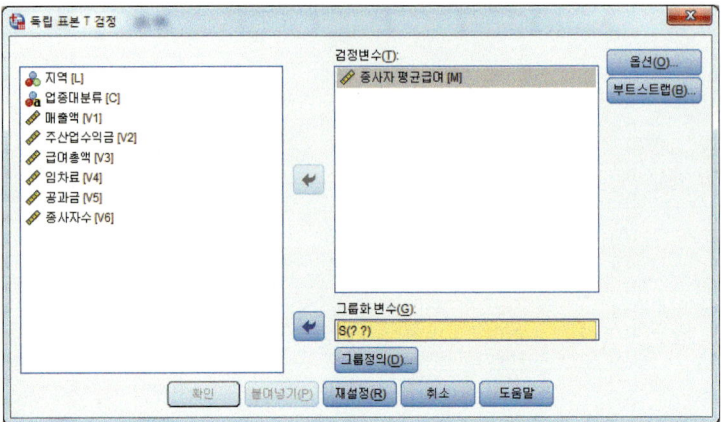

3. 그룹(집단)정의를 선택하여, 그룹(집단)정의 중 지정값 사용에 두 집단을 지정하는 값을 입력한다. 본 문제의 경우, 서울인 그룹(집단) 1에 1을, 그 외 지역인 그룹(집단) 2에 2를 입력한다.

그룹(집단) 정의

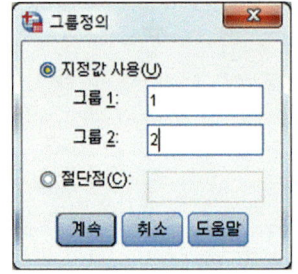

4. 모든 설정이 끝난 후, 독립표본 T 검정 대화상자에서 확인을 클릭하면 다음과 같은 결과를 얻을 수 있다.

그룹 통계

	서울여부	N	평균	표준편차	평균의 표준오차
종사자 평균급여	서울	136	42.3975	27.73276	2.37806
	그 외 지역	264	41.5545	35.16938	2.16453

독립표본 검정

		Levene의 등분산 검정		평균등식에 대한 T 검정						
		F	유의확률	t	df	유의확률 (양쪽)	평균 차이	차이의 표준오차	차이의 95% 신뢰구간	
									하한	상한
종사자 평균급여	등분산을 가정함	.073	.788	.243	398	.808	.84299	3.46586	-5.97070	7.65667
	등분산을 가정하지 않음			.262	333.758	.793	.84299	3.21564	-5.48250	7.16847

5. 집단(그룹) 통계와 두 모집단의 등분산 가정하는 등분산 T 검정 결과를 이용하여 다음의 표를 완성할 수 있다.

형식	빈도 수	평균	검정통계량	유의확률
서울특별시	136	42.40	0.24	0.81
그 외 지역	264	41.55		

문제02-(다)

- 결과 : 유의수준 0.05에서 귀무가설을 기각하지 못한다. 즉, 서울여부(S)에 따른 종사자 평균급여의 모평균 차이가 없다($\mu_1 = \mu_2$).
- 이유 : 검정통계량 t값이 0.24, 유의확률이 0.81로 유의수준 0.05보다 크므로 귀무가설을 기각할 수 없다.

03 매출액을 ① 1,000백만 미만, ② 1,000백만~5,000백만 미만, ③ 5,000백만~10,000백만, ④ 10,000백만 이상으로 구분하는 구간매출액(SALES) 변수를 생성한 후, 업종대분류(C)와 새로 생성된 구간 매출액(SALES) 간의 연관성을 파악하고자 한다. 다음 물음에 답하시오. 이때 빈도 수를 제외한 답안은 소수점 넷째자리에서 반올림하시오.

(가) 업종대분류(C)별로 구간매출액(SALES)의 연관성 파악을 위한 교차표를 완성하시오.

업종대분류(C)		구간매출액(SALES)			
		1,000백만 미만	1,000백만~ 5,000백만 미만	5,000백만~ 10,000백만 미만	10,000백만 이상
도소매업	빈도 수				
	백분율(%)				
건설업	빈도 수				
	백분율(%)				
운수업	빈도 수				
	백분율(%)				
서비스업	빈도 수				
	백분율(%)				

(나) 문제해결을 위한 귀무가설과 대립가설을 적으시오.

귀무가설(H_0) :

대립가설(H_1) :

(다) 문제를 해결하기 위한 검정통계량과 유의확률을 구하고 유의수준 0.05에서 검정하시오.

검정통계량 값	
유의확률	

문제해결을 위한 기초작업

1. 매출액(V1)을 다음과 같이 구간매출액(SALES) 변수로 변환해야 한다.

매출액(V1)	구간매출액(SALES)
0~1,000백만	1
1,000백만~5,000백만 미만	2
5,000백만~10,000백만 미만	3
10,000백만 이상	4

2. 이를 위하여 다른 변수로 코딩변경을 실행한다.

   변환(T)
   　　다른 변수로 코딩변경(R)

3. 다른 변수로 코딩변경 실행 후, 대화상자에서 매출액(V1)을 숫자변수로 이동하고 출력변수에 구간매출액(SALES)을 입력하여 바꾸기를 클릭한다.

새로운 변수 지정

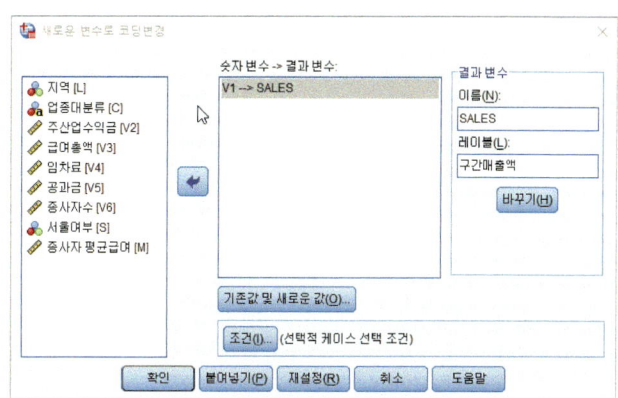

4. 새로 코딩될 값을 지정하기 위하여 기존값 및 새로운 값을 클릭하여 대화상자에서 1.의 기준에 맞게 기존값을 새로운 값으로 설정한다. 이때 범위, 최젓값에서 다음 값까지 범위, 다음 값에서 최곳값까지 범위를 적절히 이용한다.

[기존값 → 새로운 값] 조건 설정

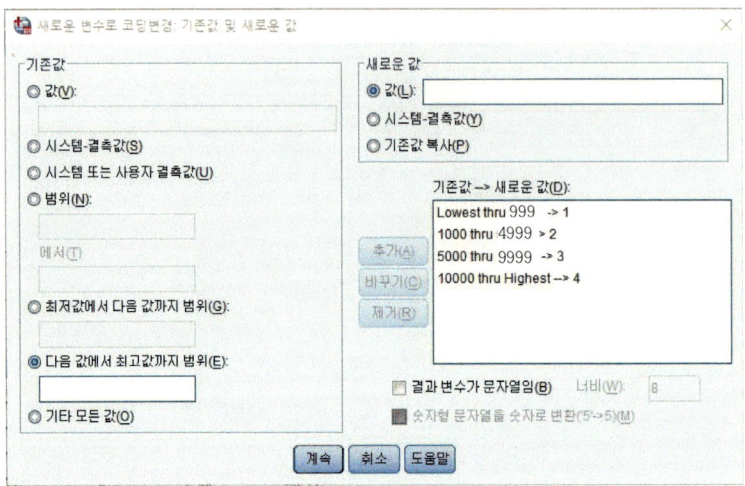

5. 조건을 모두 지정한 후, 새로운 변수로 코딩변경 대화상자에서 확인을 클릭하면 새로운 변수 구간매출액(SALES)이 생성된다.

새로운 변수 구간매출액(SALES) 생성

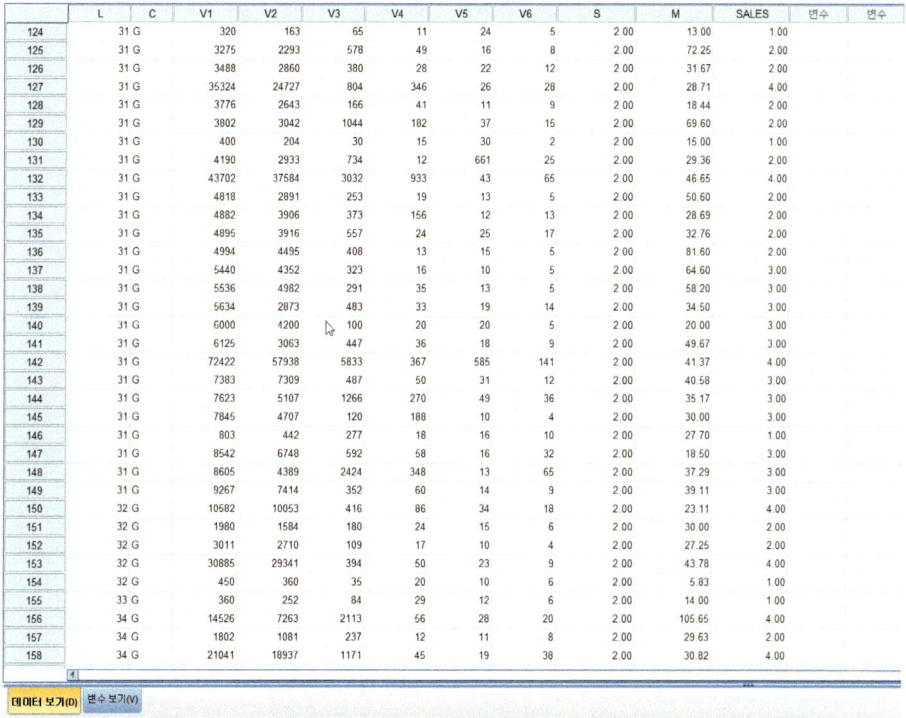

6. 이후 분석의 용이성을 위하여 변수 보기에서 변숫값을 입력한다.

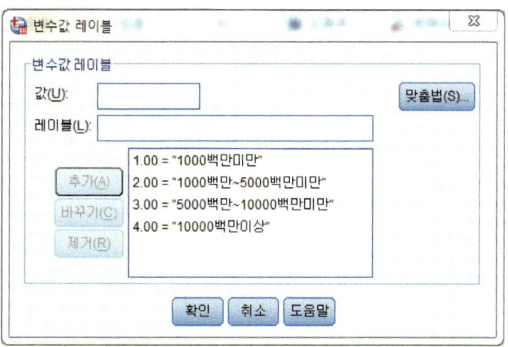

해설 문제03-(가)

1. 두 범주에 대한 빈도와 비율을 구하는 문제로 교차표(분할표)가 필요하다.

   분석(A)
   　　기술통계량(E)
   　　　　교차분석표(C)

2. 교차분석표 대화상자에서 행은 업종대분류(C)로, 열은 구간매출액(SALES)으로 지정한다.

교차표를 위한 행(C)과 열(SALES) 지정

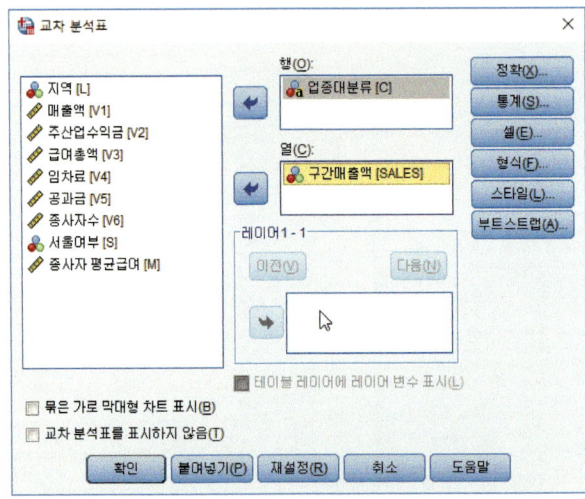

3. 이때 빈도와 함께 각 행에 대한 비율이 필요하므로 셀 옵션을 선택하여 관측빈도와 총계 백분율을 선택한다.

관측빈도와 백분율 표시 지정

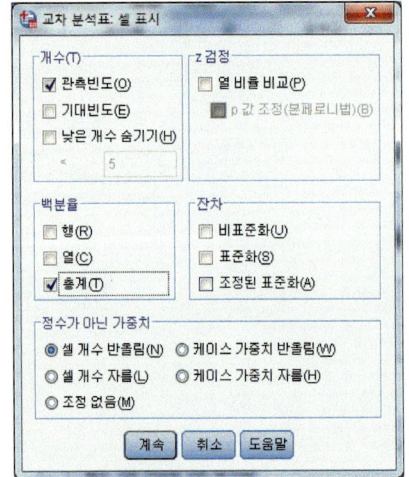

4. 모든 설정이 끝난 후, 교차분석표 대화상자에서 확인을 클릭하면 결과를 얻을 수 있다.

업종대분류 * 구간매출액 교차 분석표

			구간매출액				총계
			1,000백만 이하	1,000백만~ 5,000백만 미만	5,000백만~ 10,000백만 미만	10,000백만 이상	
업종대분류	G	개수	13	69	29	57	168
		총계의 %	3.3%	17.3%	7.3%	14.3%	42.0%
	H	개수	5	49	12	36	102
		총계의 %	1.3%	12.3%	3.0%	9.0%	25.5%
	S	개수	13	43	9	16	81
		총계의 %	3.3%	10.8%	2.3%	4.0%	20.3%
	T	개수	3	12	12	22	49
		총계의 %	0.8%	3.0%	3.0%	5.5%	12.3%
총계		개수	34	173	62	131	400
		총계의 %	8.5%	43.3%	15.5%	32.8%	100.0%

5. 소수점 넷째자리 반올림을 위하여 결과값의 정확한 값을 확인하기 위해서 표 안의 셀을 더블클릭하면 확인이 가능하다.

			구간매출액				총계
			1,000백만 이하	1,000백만~ 5,000백만 미만	5,000백만~ 10,000백만 미만	10,000백만 이상	
업종대분류	G	개수	13	69	29	57	168
		총계의 %	3.250%	17.250%	7.250%	14.250%	42.0%
	H	개수	5	49	12	36	102
		총계의 %	1.250%	12.250%	3.000%	9.000%	25.5%
	S	개수	13	43	9	16	81
		총계의 %	3.250%	10.750%	2.250%	4.000%	20.250%
	T	개수	3	12	12	22	49
		총계의 %	0.750%	3.000%	3.000%	5.500%	12.250%
총계		개수	34	173	62	131	400
		총계의 %	8.500%	43.250%	15.500%	32.750%	100.0%

6. 교차표(분할표)를 이용하여 다음의 표를 완성할 수 있다.

업종대분류(C)		구간매출액(SALES)			
		1,000백만 미만	1,000백만~ 5,000백만 미만	5,000백만~ 10,000백만 미만	10,000백만 이상
도소매업	빈도 수	13	69	29	57
	백분율(%)	3.250	17.250	7.250	14.250
건설업	빈도 수	5	49	12	36
	백분율(%)	1.250	12.250	3.000	9.000
운수업	빈도 수	3	12	12	22
	백분율(%)	0.750	3.000	3.000	5.500
서비스업	빈도 수	13	43	9	16
	백분율(%)	3.250	10.750	2.250	4.000

문제 03 - (나), (다)

1. 문제를 해결하기 위한 가설은 다음과 같다.
   귀무가설(H_0) : 업종대분류(C)와 구간매출액(SALES) 간에 연관성이 없다.
   대립가설(H_1) : 업종대분류(C)와 구간매출액(SALES) 간에 연관성이 있다.

2. 두 범주(도시여부와 연령대)에 대한 교차분석을 실시하는 문제이다.

   분석(A)
     기술통계량(E)
       교차분석표(C)

3. 교차분석표 대화상자에서 행은 업종대분류(C)로, 열은 구간매출액(SALES)으로 지정한다.

교차표를 위한 행(C)과 열(SALES) 지정

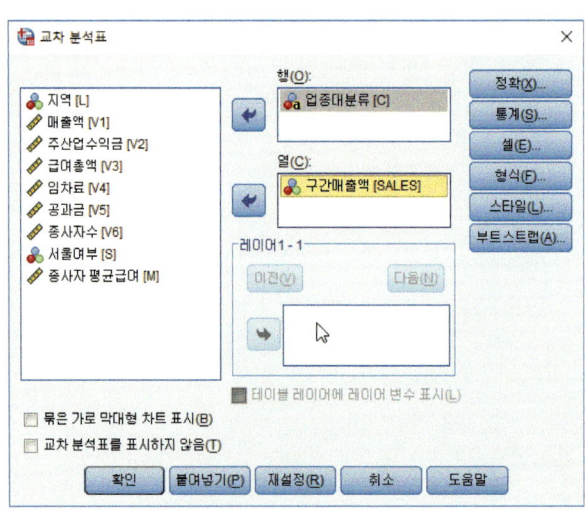

4. 이때 교차분석을 위하여 통계 옵션에서 카이제곱을 선택한다.

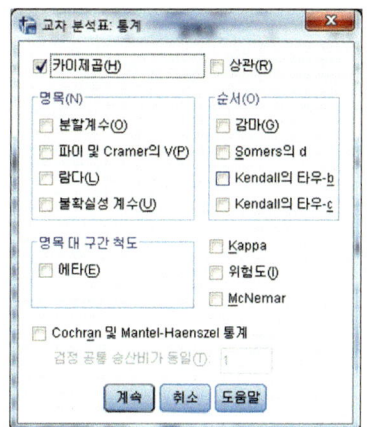

5. 모든 설정이 끝난 후, 교차분석표 대화상자에서 확인을 클릭하면 교차분석 결과를 얻을 수 있다.

카이제곱 검정

	값	df	점근 유의확률
Pearson 카이제곱	25.425[a]	9	.003
우도비	25.476	9	.002
유효 케이스 N	400		

a. 1 셀(6.3%)에 5 미만의 개수가 있어야 한다. 예상되는 최소 개수는 4.17이다.

6. 교차분석 결과를 이용하여 다음의 표를 완성할 수 있다.

검정통계량 값	25.425
유의확률	0.003

유의수준 0.05에서 귀무가설을 기각한다. 즉, 업종대분류(C)와 구간매출액(SALES) 간에 연관성이 있다.

- 이유 : 검정통계량인 카이제곱통계량이 25.425, 자유도가 9이며 유의확률이 0.003으로 유의수준 0.05보다 작다. 따라서 유의수준 0.05에서 귀무가설을 기각할 수 있다.

04 문제 03에서 생성한 구간매출액(SALES)별 주산업수익금(V2)의 차이가 있는지 알아보고자 한다. 이때 빈도 수를 제외한 답안은 소수점 셋째자리에서 반올림하시오.

(가) 다음의 기술통계표를 작성하시오.

구간매출액	주산업수익금		
	빈도 수	평균	표준편차
1,000백만 미만			
1,000백만~ 5,000백만 미만			
5,000백만~ 10,000백만 미만			
10,000백만 이상			
전체			

(나) 분산분석표 중 빈칸을 완성하시오.

구 분	제곱합	자유도	평균제곱	F	유의확률
그룹 간	******		******		
그룹 내	******		******		
합계	******				

(다) 문제 해결을 위한 귀무가설과 대립가설을 작성하시오.

귀무가설(H_0) :

대립가설(H_1) :

(라) 구간매출액(SALES)별 주산업수익금(V2)의 모평균 차이가 있는지 유의수준 0.05에서 검정하시오.

결과 :

이유 :

(마) Scheffe방법을 이용하여 다음 두 업종 간에 모평균 차이가 있는지 "O"으로 표시하시오.

	비교 집단		모평균 차이 여부
구분 1	1,000백만 미만	1,000백만~ 5,000백만 미만	
구분 2	1,000백만~ 5,000백만 미만	10,000백만 이상	

《문제해결을 위한 기초작업》

1. 구간매출액(SALES)에 따른 주산업수익금(V2)의 모평균 차이 등을 구하기 위해 일원배치 분산분석을 이용하도록 한다.

2. 일원배치 분산분석을 위하여 [분석] → [평균 비교] → [일원배치 분산분석]을 실시한다.

    분석(A)
        평균 비교(M)
            일원배치 분산분석(O)

3. 일변량 분석 대화상자에서 종속변수에 주산업수익금(V2)을, 요인에 구간매출액(SALES)을 지정한다.

일원배치 분산분석의 종속변수와 요인 지정

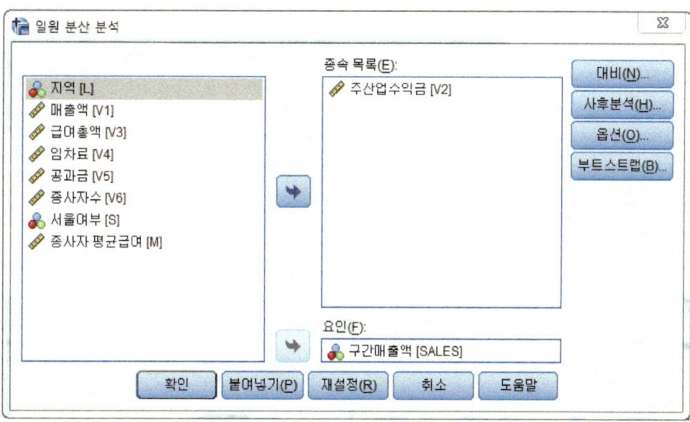

4. (가) 문제의 해결을 위한 각 범주별 평균과 표준편차 등 기술통계를 알기 위해 일원배치 분산분석 대화상자에서 옵션을 선택한 후, 기술통계를 선택한다.

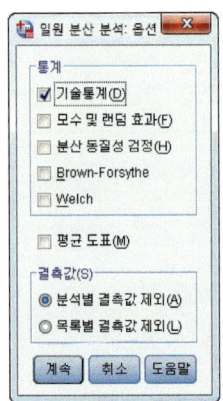

5. (마) 문제 해결을 위하여 일원배치 분산분석 대화상자에서 사후분석을 선택한다. 사후분석-다중비교 대화상자에서 Scheffe방법을 선택한다.

사후비교에서 Scheffe방법 선택

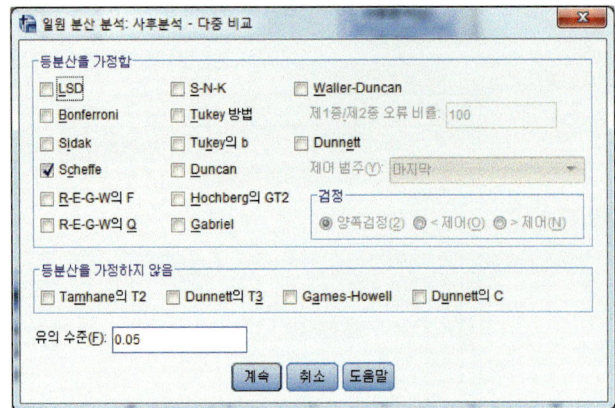

6. 일원배치 분산분석 대화상자에서 확인을 클릭하면 분석 결과를 얻을 수 있다.

해설 문제04-(가)

1. 일원배치 분산분석 결과에서 기술통계 결과는 다음과 같다.

기술통계

주산업수익금

	N	평균	표준편차	표준오차	평균의 95% 신뢰구간		최솟값	최댓값
					하한	상한		
1,000백만 미만	34	406.21	217.308	37.268	330.38	482.03	114	891
1,000백만~5,000백만 미만	173	2,061.02	941.739	71.599	19,19.69	2,202.34	569	4,610
5,000백만~10,000백만 미만	62	5,271.21	1,658.773	210.664	4,849.96	5,692.46	2,200	8,619
10,000백만 이상	131	83,097.91	272,138.213	23,776.826	36,058.30	130,137.52	2,896	2,193,421
총계	400	28,957.52	159,884.484	7,994.224	13241.46	4,4673.58	114	2,193,421

2. 위의 결과를 이용하여 다음 표를 완성할 수 있다.

구간매출액	주산업수익금		
	빈도 수	평균	표준편차
1,000백만 미만	34	406.21	217.31
1,000백만~5,000백만 미만	173	2,061.02	941.74
5,000백만~10,000백만 미만	62	5,271.21	1,658.77
10,000백만 이상	131	83,097.91	272,138.21
전체	400	28,957.52	159,884.48

문제04-(나)

1. 일원배치 분산분석 결과에서 분산분석 결과는 다음과 같다.

분산분석

주산업수익금

	제곱합	df	평균제곱	F	유의확률
그룹 간	5.716E+11	3	1.905E+11	7.837	.000
그룹 내	9.628E+12	396	2.431E+10		
총계	1.020E+13	399			

2. 위의 결과를 이용하여 다음 표를 완성할 수 있다.

구 분	제곱합	자유도	평균제곱	F	유의확률
그룹 간	******	3	******	7.84	0.00
그룹 내	******	396	******		
합계	******	399			

※ 유의확률은 매우 작은 값으로 소수점 둘째자리까지 0.00으로 표기함

문제04-(다)

1. 문제해결을 위한 가설은 다음과 같다.
   귀무가설(H_0) : 구간매출액(SALES)에 따른 주산업수익금(V2)의 모평균 차이가 없다.
   (모든 집단의 모평균들이 같다.)
   대립가설(H_1) : H_0가 아니다. 또는 구간매출액(SALES)에 따른 주산업수익금(V2)의 모든 모평균들이 같은 것은 아니다.

문제04-(라)

- 결과 : 유의수준 0.05에서 귀무가설을 기각할 수 있다. 즉, 구간매출액(SALES)에 따른 주산업수익금(V2)의 모평균 차이가 있다.
- 이유 : 검정통계량 F값이 7.84, 유의확률이 0.00으로 유의수준 0.05보다 작아 귀무가설을 기각할 수 있다.

문제04-(마)

1. Scheffe방법을 활용한 사후분석 결과는 다음과 같다.

다중 비교

종속변수 : 주산업수익금
Scheffe

(I)구간매출액	(J)구간매출액	평균차이 (I-J)	표준오차	유의확률	95% 신뢰구간	
					하한	상한
1,000백만 이하	1000백만~5000백만 미만	-1654.811	29251.190	1.000	-83778.91	80469.29
	5000백만~10000백만 미만	-4865.004	33275.239	.999	-98286.81	88556.81
	10000백만 이상	-82691.703	30011.503	.057	-166950.42	1567.01
1,000백만 ~5,000백만 미만	1000백만 이하	1654.811	29251.190	1.000	-80469.29	83778.91
	5000백만~10000백만 미만	-3210.192	23080.005	.999	-68008.40	61588.02
	10000백만 이상	-81036.891*	18059.219	.000	-131739.00	-30334.78
5,000백만 ~10,000백만 미만	1000백만 이하	4865.004	33275.239	.999	-88556.81	98286.81
	1000백만~5000백만 미만	3210.192	23080.005	.999	-61588.02	68008.40
	10000백만 이상	-77826.699*	24036.323	.016	-145309.82	-10343.58
10,000백만 이상	1000백만 이하	82691.703	30011.503	.057	-1567.01	166950.42
	1000백만~5000백만 미만	81036.891*	18059.219	.000	30334.78	131739.00
	5000백만~10000백만 미만	77826.699*	24036.323	.016	10343.58	145309.82

* 평균 차이가 0.05 수준에서 유의합니다.

주산업수익금

Scheffe[a,b]

구간매출액	N	알파의 서브세트 = 0.05	
		1	2
1,000백만 이하	34	406.21	
1,000백만~5,000백만 미만	173	2,061.02	
5,000백만~10,000백만 미만	62	5,271.21	
10,000백만 이상	131		8,3097.91
유의수준		.998	1.000

동일 서브세트에 있는 그룹의 평균이 표시된다.

a. 조화 평균 표본 결과 = 67.849를 사용한다.

b. 그룹 크기가 서로 같지 않다. 그룹 크기의 조화 평균이 사용된다.
   유형 I 오류 수준이 보장되지 않는다.

2. 위의 결과를 이용하여 다음 표를 완성할 수 있다.

	비교 집단		모평균 차이 여부
구분 1	1,000백만 미만	1,000백만~5,000백만 미만	
구분 2	1,000백만~5,000백만 미만	10,000백만 이상	O

05

업종대분류(C)별 종사자 수(V6)와 급여총액(V3), 임차료(V4)의 상관계수를 구하여 다음 빈칸을 채우시오. 이때 답안은 소수점 셋째자리에서 반올림하시오.

변수1	변수2	업종대분류			
		도소매업	건설업	운수업	서비스업
종사자 수	급여총액				
	임차료				

해설 문제05

1. 업종대분류(C)별 상관분석을 실시하기 전에 먼저 업종대분류(C) 변수의 값이 'G'인 대상을 선택하도록 한다. 이를 위하여 케이스 선택을 실행한다.

   데이터(D)
   　　케이스 선택(S)

2. 케이스 선택 대화상자에서 조건을 만족하는 케이스를 선택한다.

조건을 만족하는 케이스 선택

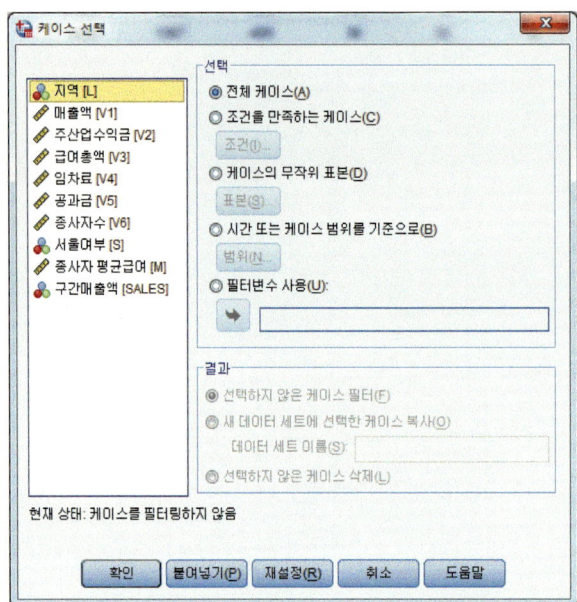

3. 업종대분류(C)가 도소매업인 경우를 조건으로 입력하기 위하여 조건을 선택하고 업종대분류 변수가 도소매업(C="G")을 입력한다.

업종대분류(C) 변수가 도소매업(G) 조건 입력

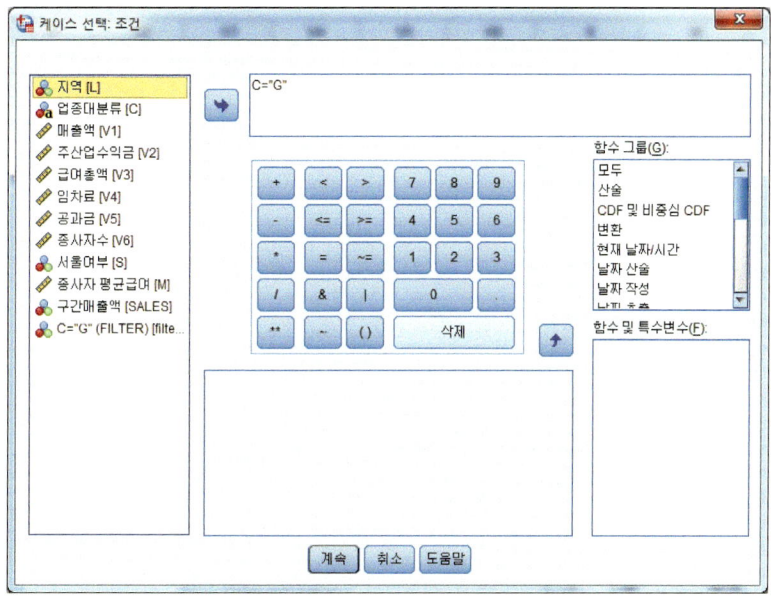

4. 조건을 입력하였으면, 케이스 선택 대화상자에서 확인을 클릭하면 업종형태가 도소매업인 케이스만 선택된다.

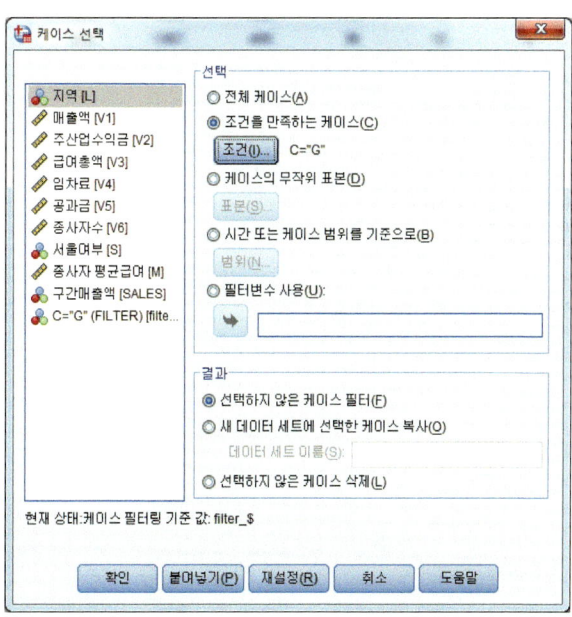

5. 다음과 같이 선택된 케이스(관측값)에 대하여 확인을 실시한다.

6. 선택된 케이스에 대하여, 종사자 수(V6)에 대한 급여총액(V3)과 임차료(V4) 선형 상관관계를 확인하기 위하여 이변량 상관분석을 실시한다.

> 분석(A)
>   상관분석(C)
>   이변량 상관계수(B)

7. 이변량 상관계수 대화상자에서 종사자 수(V6), 급여총액(V3), 임차료(V4)를 우측 변수에 지정하고 상관계수는 피어슨(Pearson)을 선택한다.

상관분석 변수 지정

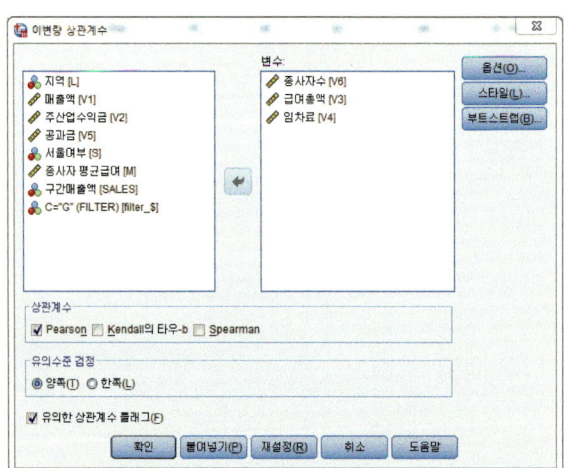

8. 모든 설정이 끝난 후, 이변량 상관계수 대화상자에서 확인을 클릭하면 다음과 같은 결과를 얻을 수 있다.

상관

		종사자 수	급여총액	임차료
종사자 수	Pearson 상관계수	1	.872**	.707**
	유의확률(양쪽)		.000	.000
	N	168	168	168
급여총액	Pearson 상관계수	.872**	1	.520**
	유의확률(양쪽)	.000		.000
	N	168	168	168
임차료	Pearson 상관계수	.707**	.520**	1
	유의확률(양쪽)	.000	.000	
	N	168	168	168

** 상관이 0.01 수준에서 유의합니다(양쪽).

9. 이를 통하여 도소매업의 종사자 수(V6)에 대한 급여총액(V3)과 임차료(V4)의 상관계수를 알 수 있다.

변수1	변수2	상관계수
종사자 수	급여총액	0.87
	임차료	0.71

10. 2.~9.의 결과를 건설업(C="H"), 운수업(C="T"), 서비스업(C="S")에 대하여 반복하면 업종대분류별 종사자 수(V6)에 대한 급여총액(V3)과 임차료(V4)의 상관계수를 알 수 있다.

변수1	변수2	업종대분류			
		도소매업	건설업	운수업	서비스업
종사자 수	급여총액	0.87	0.80	0.97	0.96
	임차료	0.71	0.47	0.05	0.18

06 매출액(V1)을 종속변수로 두고 연속형 변수인을 주산업수익금(V2), 급여총액(V3), 임차료(V4), 공과금(V5)을 독립변수로 하여 회귀분석을 실시하고자 한다. 이때 답안은 소수점 넷째자리에서 반올림하시오.

(가) 다중 회귀분석을 실시하고 다음 분산분석표 중 빈칸을 완성하시오.

구분	제곱합	자유도	평균제곱	F	유의확률
회귀모형	******		******		
잔차	******		******		
합계	******				

(나) 유의성에 관계없이 모든 독립변수를 고려한 회귀방정식을 작성하시오.

(다) (나) 회귀식에 대한 결정계수와 수정된 결정계수를 구하시오.

결정계수	수정된 결정계수

(라) 각 독립변수에 대한 표준화 회귀계수를 쓰고, 종속변수인 매출액(V4)에 가장 영향을 많이 미치는 독립변수를 쓰시오.

변수명	표준화 회귀계수
주산업수익금	
급여총액	
임차료	
공과금	
가장 영향을 미치는 변수	

◀문제해결을 위한 기초작업▶

1. 문제해결을 위하여 다중 회귀분석을 실시한다.

   분석(A)
   　회귀분석(R)
   　　선형(L)

2. 선형 회귀분석 대화상자에서 종속변수로 매출액(V1)을 독립변수로 주산업수익금(V2), 급여총액(V3), 임차료(V4), 공과금(V5)을 지정한다.

회귀분석의 종속변수와 독립변수 지정

3. 선형 회귀분석 대화상자에서 확인을 클릭하면 (가)-(라)에 대한 결과를 얻을 수 있다.

해설 문제06-(가)

1. 회귀분석 결과에서 분산분석표는 다음과 같다.

분산분석[a]

모형		제곱합	df	평균제곱	F	유의확률
1	회귀분석	1.117E+13	4	2.792E+12	19,710.881	.000[b]
	잔차	5.595E+10	395	141,646,743.1		
	총계	1.122E+13	399			

a. 종속변수 : 매출액
b. 예측변수 : (상수), 공과금, 임차료, 급여총액, 주산업수익금

2. 위의 결과를 이용하여 다음 표를 완성할 수 있다.

구분	제곱합	자유도	평균제곱	F	유의확률
회귀모형	******	4	******	19710.881	0.000
잔차	******	395	******		
합계	******	399			

※ 유의확률은 매우 작은 값으로 소수점 셋째자리까지 0.000으로 표기함

문제06-(나)

1. 회귀분석 결과에서 추정된 계수에 대한 결과는 다음과 같다.

계수[a]

모형		비표준 계수		표준 계수	t	유의확률
		B	표준오차	베타		
1	(상수)	-24.858	643.753		-.039	.969
	주산업수익금	1.009	.006	.962	174.975	.000
	급여총액	1.469	.126	.050	11.655	.000
	임차료	-.035	.035	-.004	-.991	.322
	공과금	5.350	1.593	.018	3.359	.001

a. 종속변수 : 매출액

- 회귀식 : 매출액 = -24.858 + 1.009×주산업수익금 + 1.469×급여총액
  -0.035×임차료 + 5.350×공과금

문제06-(다)

1. 회귀분석 결과에서 결정계수에 대한 결과는 다음과 같다.

모형 요약

모형	R	R 제곱	조정된 R 제곱	표준 추정값 오류
1	.998[a]	.995	.995	11901.544

a. 예측변수 : (상수), 공과금, 임차료, 급여총액, 주산업수익금

2. 1.의 결과를 이용하여 다음과 같이 결정계수를 작성할 수 있다.

결정계수	수정된 결정계수
0.995	0.995

문제06-(라)

1. 문제해결을 위하여 회귀분석 결과에서 추정된 계수 중 표준계수에 대한 결과를 살펴보도록 한다.

계수^a

모형		비표준 계수		표준 계수	t	유의확률
		B	표준오차	베타		
1	(상수)	-24.858	643.753		-.039	.969
	주산업수익금	1.009	.006	.962	174.975	.000
	급여총액	1.469	.126	.050	11.655	.000
	임차료	-.035	.035	-.004	-.991	.322
	공과금	5.350	1.593	.018	3.359	.001

a. 종속변수 : 매출액

2. 1.의 결과를 이용하여 다음과 같이 표준화 회귀계수를 작성할 수 있다.

변수명	표준화 회귀계수
주산업수익금	0.962
급여총액	0.050
임차료	-0.004
공과금	0.018

3. 독립변수 중 가장 영향을 미치는 변수는 표준화 회귀계수의 절댓값이 가장 큰 변수이다. 2.의 결과에 따라 종속변수에 가장 영향을 미치는 변수는 다음과 같다.

가장 영향을 미치는 변수	주산업수익금

NOTE

제2편 필답형

제1장 • 조사방법론
제2장 • 필답형 기출유사문제
제3장 • 설문지 작성법

사회조사분석사 2급 실기
한방에 끝내기

미디어정훈에서는 교재의 잘못된 부분을 아래의 홈페이지에서 확인할 수 있도록 하였습니다.

www.정훈에듀.com > 고객센터 > 정오표

제1장 조사방법론

01 과학적 연구방법과 조사연구

1 과학적 연구방법의 의의

(1) 지식의 접근방법
① **권위적 방법** : 사회적 또는 학술적으로 지식을 산출할 수 있다고 인정받는 사람들의 권위에 의존하여 지식을 획득
② **신비적 방법** : 초자연적 권위자의 계시, 예언 등을 지식으로 획득
③ **개인 경험적 방법** : 개인적인 경험을 지식으로 획득. 선택적 관찰, 비논리적인 추론, 후광효과(halo effect) 등의 문제가 있음
④ **합리적 방법** : 주어진 정보를 기반으로 논리 원칙을 이용하여 지식을 획득
⑤ **과학적 방법** : 이론과 가설을 토대로 관찰한 사실을 일반화하여 지식을 획득

(2) 과학적 지식
① 과학은 논리와 경험을 토대로 수립된 지식으로서 자연과학, 공학뿐만 아니라 사회현상에 대한 지식도 포함된다.
  ㉠ 과학은 자연, 사회현상은 질서와 규칙성이 있으며, 어떤 현상(결과)에 대하여 원인이 있다고 가정한다.
  ㉡ 이러한 인과관계를 설명하기 위해 확률론적인 인과모형(probabilistic causal model)을 이용한다.
  ㉢ 과학적 방법에 의한 지식은 객관적인(objective) 경험적 증거(empirical evidence)를 기반으로 가설의 검증을 통하여 얻어진 일반화된 지식이다.
  ㉣ 우리가 관찰한 사실을 확률론적인 모형을 기반으로 확률이론(probability theory)에 적합하여 특정 현상에 대한 인과관계 여부를 판단한다.
② 과학적 지식의 특징
  ㉠ **재생가능성(reproducibility)** : 우리가 관찰하는 현상은 이전 연구와 같은 또는 표준화된 절차와 방법을 되풀이했을 때, 같은 결과가 나타나는 가능성을 의미한다.
  ㉡ **객관성(objectivity)** : 정상적인 감각기관에 의한 인지 결과 또는 과학적 도구를 통한 측정으로 관찰된 사실을 판단하는 기준이 동일함을 의미한다.
  ㉢ **경험성(empiricism)** : 과학적 지식은 인간의 감각기관을 통하여 지각이 가능해야 한다.

(3) 과학적 연구과정의 방법

과학적 지식 획득을 위한 논리체계는 다음과 같이 연역적 논리와 귀납적 논리에 의한 추론 방법이 있다.

① 연역적 논리에 의한 추론
  ㉠ 연역적 방법은 일반적인 이론에서 출발하여 가설을 세우고, 이에 대한 관찰을 토대로 결론을 내리는 방법이다. '이론 → 가설 → 조작화 → 관찰 → 가설의 검증'의 단계를 거친다.
  ㉡ 어떤 전제(가정)로부터 기대되는 결과에 대해 추론 하는 방법으로 결론의 타당성이 전제의 타당성에 달려 있다.

② 귀납적 논리에 의한 추론
  ㉠ 귀납적 방법은 특정한 현상에 대한 관심이 있을 때, 특정한 현상이 체계적으로 반복되는 사실을 확인하고 이를 토대로 일반적인 논리를 세우는 방법이다. '주제 선정 → 관찰 → 유형의 발견 → 일반화 → 결론(이론정립)'의 단계를 거친다.
  ㉡ 귀납적 방법은 현상에 대한 객관적이고 중립적인 관찰을 요구하며 추론의 결과는 관찰을 토대로 한 잠정적인 결론(tentative conclusion)이다. 귀납적 방법은 질적 연구 또는 탐색적 연구에서 많이 사용된다.

③ 연역적 논리와 귀납적 논리는 상호 보완적인 성격을 가지고 있다. 실제 연구과정에서는 연역적 논리와 귀납적 논리가 반복하여 작용하며 이러한 과정은 이론과 조사방법과 관련이 있다. 이론에서 가설을 설정하고 이러한 가설을 바탕으로 관찰한 결과를 일반화할 수 있는지 논의를 거쳐 다시 이론을 수정하는 과정을 반복한다.

2 과학적 연구의 목적

과학적 연구는 최종적으로 증명가능한 축적적 지식체계(이론) 개발이다. 과학적 연구의 목적을 세분화하여 파악하면 다음과 같이 제시할 수 있다.

(1) 탐색

연구문제에 대한 사전 연구나 사전 지식이 충분하지 않을 때 좀 더 정확한 조사를 위한 연구문제를 형성하거나 가설을 세우는 것을 의미한다.

(2) 현상의 기술

기술(description)은 개인이나 사회 현상이 관찰되었을 때, 관찰된 사실들을 일반적 수준에서 요약하여 기록함으로써 현상 그 자체의 속성을 묘사하고, 연구대상들이 가지는 특성의 유사점 또는 차이점을 보여준다.

(3) 과학적 설명

기술은 현상이 '무엇(what)'인가를 밝히는 데 중점이 있으나, 설명은 현상이 '왜(why)' 발생하는지 밝히는 데 목적이 있다. 즉, 연구자가 관심 갖는 현상에 대한 단순한 기술을 넘어 현상의 원인을 파악하는 데 목적이 있다.

(4) 예측

원인이 되는 현상이 관찰되었을 때, 결과를 예측(prediction)할 수 있다. 사회과학에서의 예측은 미래의 특정한 사회적 행태 측면에 대한 예상이나 기대를 의미한다. 어떤 현상에 대한 원인을 알고 있다면 현재 상태를 파악함으로써 미래가 어떻게 될지 예측이 가능하다.

(5) 통제

원인이 되는 현상에 대한 개입을 통하여 결과를 객관적으로 관찰할 수 있다. 다시 말해 원인이 되는 변수가 있다면 이를 조작 또는 변화시켜 원하는 결과 상태를 달성하는 것이다. 이러한 과정을 통제(control)라 한다.

연구 목적에 따른 분류

탐색적 연구	기술적 연구	설명적 연구
기초적 사실과 배경 및 특정 현상에 대하여 파악하고 연구 수행을 위한 연구문제를 파악한다. 새로운 가설의 설정 및 과학적 연구 실행에 대한 검토가 이뤄진다.	관찰된 현상에 대한 상세한 요약 및 기술을 요구한다. 이때 표와 그림을 이용하여 상황의 배경 및 맥락에 대한 구체적인 정보를 제공한다.	이론적 예측 및 검증을 필요로 하며 이론의 설명을 정교하고 풍부하게 한다. 기존의 이론을 입증하거나 반박하며 여러 이론들을 연계, 비교하여 현상을 설명한다.

3 인과관계

하나의 사건(원인)이 다른 사건(결과)을 일으킬 경우 둘의 관계를 인과관계라 한다.

(1) 인과관계의 의의

① 모든 연구가 인과관계 규명에 목적을 두지 않는다. 그러나 많은 연구에서 '통제'가 되어 있는 상황에서의 인과관계 규명에 관심을 두고 연구가 진행된다.
② 인과관계를 밝혀냄으로써 과거에 일어난 일의 원인을 설명(explanation)하거나, 미래에 일어날 일에 대한 예측(prediction)이 가능하다.

(2) 인과적 추론의 조건

인과적 추론을 위한 조건으로 영국의 철학자 밀(Mill)은 세 가지 원칙을 제시하였다.
① **시간적 선행성** : 원인이 결과보다 시간적으로 먼저여야 한다.
② **상시 연결성(공동변화)** : 원인과 결과가 서로 관련이 있어야 한다.
③ **경쟁가설 배제** : 다른 인과적인 설명은 배제되어야 한다. 즉, 결과는 원인에 의해서만 설명되어야 하고, 다른 원인에 의한 설명 가능성은 통제가 되어야 한다.

[일러두기]
✓ 경우에 따라 원인과 결과 모두 발생해야 함을 조건으로 고려할 때도 있다.

적중예상문제

01 조사연구의 대표적 세 가지 목적을 쓰고 이를 기술하시오.

02 사회과학의 목적 중 하나는 현상을 설명하는 데 있다. 설명은 인과관계를 측정하는 것이다. 인과관계란 무엇이며, 그 조건에 대해 설명하시오.

03 조사연구의 목적에 따른 세 가지 분류를 쓰고 이를 기술하시오.

해설 문제01
1. 기술
   개인이나 사회 현상에 대한 사설을 요약·기록함으로써 현상 그 자체의 속성을 그대로 묘사하는 것이다.
2. 설명
   현상의 원인을 파악하여 인과관계를 밝히는 것으로 '왜'라는 물음에 답하는 것이다. 기술은 연구자가 관심 갖는 현상이 무엇인가에 대한 물음에 답하는 것이라면, 설명은 연구자가 관심 갖는 현상에 대하여 원인을 밝히는 데 목적이 있다.
3. 예측
   원인이 되는 현상을 통하여 현상의 결과를 예상하는 것으로, 사회과학에서의 예측은 관찰에 의해 입증될 수 있는 미래의 특정한 사회적 행태 측면에 대한 예상이나 기대를 의미한다.

문제02
1. 인과관계
   독립변수의 변화에 따라 종속변수의 변화가 일정한 방향으로 일어나는 것
2. 인과관계의 조건
   ① 독립변수가 종속변수보다 시간적으로 선행하여 발생할 것
   ② 종속변수가 독립변수와 공동으로 변화하였을 것
   ③ 허위, 억제, 외생변수 등 제3의 변수의 영향이 통제되어 있을 것

문제03
1. 탐색적 연구
   조사계획을 세우기 위해, 문제가 정확히 어떤 것인지를 알기 위해 예비지식을 넓히고 관련 변수와의 관계를 밝히도록 문제를 규명하는 조사하는 연구
2. 기술적 연구
   관찰된 현상에 대한 상세한 요약 및 기술을 제공하는 연구, 연구문제 또는 모집단의 특성을 파악하기 위하여 조사하는 연구
3. 설명적 연구
   이론적 예측 및 검증을 필요로 하며 이론의 설명을 정교하고 풍부하게 하며 인과관계 대한 설명이나 미래에 대해 예측하는 연구

02 연구문제와 모형

1 연구문제

(1) 연구문제의 의의
연구문제란 현상이나 사건에 대해 밝히고자 하는 변수들 간의 관계를 의문문의 형태로 표현한 것으로 가설을 통하여 간접적으로 검증된다.

(2) 연구문제 제기의 이유
연구문제는 다음과 같은 이유로 제기된다.
① 기존지식체계의 한계에 의해서이다.
  ㉠ 연구자가 알고자 하는 현상에 대하여 해답을 얻을 수 없을 때 문제의식을 느끼거나 기존의 연구결과들이 서로 상충하여 진정한 인과관계를 찾을 필요가 있을 때
  ㉡ 새로운 사실이나 현상이 기존의 지식체계와 연결이 되지 않아 추가적인 연구가 필요할 때와 같이 기존지식체계(이론)으로 현상이 설명되지 않은 경우
② 정부 또는 연구재단, 사회단체 등 사회적 요청에 의해 특정 문제를 해결하고자 연구가 시작되는 경우이다.
③ 연구자의 개인적 경험에 의하여 문제를 설정하게 되는 경우이다.

(3) 연구문제에서 고려사항
① 해당 연구 주제의 독창성
② 이론적 의의
③ 현실문제 해결에 대한 기여도
④ 연구문제의 검증가능성

2 이론

이론은 사회현상 및 현상에 대한 이해와 설명을 제공하고, 경험적으로 검증 가능하며, 법칙과 같은 일반화를 포함하는 체계적으로 관련된 일련의 진술이다.

(1) 연구문제와 이론
① 연구문제가 선정되면 자료수집 이전에 연구문제와 관련된 이론의 검토가 필요하다.
② 이론은 연구문제와 관련된 주요 개념들을 제공하고 연구문제의 범위와 내용을 규정하며 연구의 준거틀/개념틀 및 가설 설정의 근거를 제공한다.

(2) 이론의 역할
① 연구 범위 및 방향 제시
    ㉠ 역사학자들이 역사적 사실들을 사관을 통해서 판단하듯이 사회과학자들은 규명하려는 사회 현상을 이론적 배경에 비추어 판단한다.
    ㉡ 관심 있는 현상을 연구하고자 할 때 연구자가 먼저 하는 일은 연구하고자 하는 현상에 관한 기존 이론이나 연구 결과의 검토이다.
    ㉢ 기존 이론이나 연구 결과를 검토하여 대략적인 연구 범위와 방향을 결정하거나, 기존 이론의 취약점 또는 기존 이론이 설명해 주지 못하는 부분을 파악하여 새로운 연구 범위나 방향을 잡을 수 있다.
    ㉣ 이론은 연구자들이 연구해야 할 범위와 방향을 제시한다.
② 개념화 및 사실의 분류
    ㉠ 사회과학자가 연구하려는 사회 현상은 무척 복잡하다. 그러한 복잡한 현상을 단순화시켜 주는 방법 중 가장 기본적인 것이 분류인데, 분류는 이론을 바탕으로 이루어진다.
    ㉡ 이론은 복잡한 현상을 분류하는 데 도움을 주고, 개념화하는 방법을 제시해 준다.
③ **요약** : 이론은 보편화된 언명이다. 개개의 사실로부터 보편적인 법칙을 끄집어내어 일반화시킨 것으로, 이론은 복잡한 사회 현상을 일반화하여 요약해 주는 기능을 가진다.
④ **예측** : 이론을 통해 우리는 앞으로 전개될 사실을 예측할 수 있다. 이론을 가지고 어떤 원인이 되는 현상이 나타났을 때 결과를 예측할 수 있다.
⑤ **지식의 간극을 메워 줌** : 이론은 이미 알고 있는 사실을 요약하여 일반화한 것이기 때문에 우리가 조사하고 검증해야 할 부분을 제시해 줌으로써 알려지지 않은 사실에 대한 탐구를 가능하게 해 준다.

3 개 념

개념이란 관찰된 현상을 설명하고 인지 가능하도록 현상 또는 사건에 대한 일반적 속성을 나타낼 수 있는 단어 또는 명제로 추상화한 것을 의미한다. 또한 개념은 우리의 지각, 경험 등에서 나온 논리적 구성물이다.

(1) 개념의 기능

① 의사전달의 매체 : 개념은 사람들 사이의 의사소통을 위한 매개체 역할을 담당한다. 설문조사의 경우 조사자와 피조사자 사이의 의사전달은 개념을 통하여 이루어진다.
② 경험의 감지 : 개념은 경험적 지시 대상이 없거나 빈약한 현상에 대해서도 이해할 수 있는 방법을 제공한다. 곧, 인간의 감각 기관에 의하여 인지하기 어려운 현상에 대해서도 공통적인 의미를 전달할 수 있다(예 인권, 국민, 성실 등).
③ 분류, 일반화 : 개념을 통하여 복잡한 현상을 분류할 수 있고, 규칙성을 띠는 현상을 일반화할 수 있다.
④ 이론 구축 및 지식의 축적 : 개념은 논리적 연관성을 통하여 과학적 지식이 체계적인 구조를 가질 수 있게 한다. 즉, 연역적 체계를 통하여 개념은 이론을 형성할 수 있게 한다. 개념을 사용하여 추상적 관념을 언어나 기호로 표현할 수 있으므로 개념은 지식의 축적이나 확장을 가능하게 한다.
⑤ 조사 연구의 방향 제시 : 조사 연구에서 나타나는 주요 개념들은 그 연구의 출발점을 시사할 뿐만 아니라 연구의 방향도 제시한다. 또한 경험적 객관성을 가질 수 있도록 조작화가 필요한 경우, 취급해야 할 문제를 특정화시켜주고 주요 변수를 제시함으로써 연구 문제를 명백해준다.

(2) 좋은 개념의 조건

① 한정성(determinacy) : 어떤 현상의 특정 측면을 적절하게 나타낼 수 있어야 한다. 그렇지 않으면 명확성이 떨어지므로 모호한 개념이 된다.
② 통일성(uniformity, 제일성) : 개념의 전달 시 사람 사이에 동일한 의미를 지녀야 한다.
③ 추상화의 정도 : 개념이 가지는 추상화의 정도가 적절하여야 한다. 여기서 추상화의 정도란 개념이 나타내는 범위를 의미한다. 추상화와 한정성은 표리관계이기 때문에 너무 추상적이면 한정성이 떨어져 모호한 개념이 되고, 추상화의 정도가 낮으면 개념의 한정성은 높아지나 개념의 사용이 제약된다.
④ 체계적 중요성 : 명제 및 이론과의 체계적 관계에서 개념이 나타내고자 하는 지시 대상을 제대로 나타내어 그 관계에 충분한 의미를 부여할 수 있어야 한다.

4 개념적 정의와 조작적 정의

조사연구는 개념적 정의와 조작적 정의에 기초하여 진행된다. 과학적 연구에서는 관찰 대상이 되는 사실은 연구자에게 똑같이 나타나야 한다. 따라서 추상적 개념을 전달하는 용어는 구체적이고, 가능하다면 지각 가능한 의미를 전달할 수 있어야 한다. 이를 위하여 연구 대상에 대한 현상의 개념화, 재개념화, 조작적 정의가 필요하다.

(1) 개념적 정의(conceptional definition, 재개념화)
① 연구의 대상이 되는 사람이나 사물의 행태나 속성, 그리고 사회적 현상을 개념적으로 정의하는 것이다(연구에 사용되는 용어의 정의). 개념적 정의는 반드시 정의하려는 대상의 특성이나 자질을 지적하고 다른 대상들과 구별되도록 해야 한다.
② 순환론에 빠지거나 이중의 뜻을 가지면 안 된다. 추상적인 개념을 구체적인 개념으로 세분화하면 변수를 도출하여 방향을 제시하는 데 도움이 된다.
③ 조작적 정의를 위한 전 단계이다.

(2) 조작적 정의(operational difinition)
① 추상적인 개념을 관찰 가능한 구체적인 지표로 바꾸어 표현하는 것이다.
② 개념적 정의가 내려진 추상적인 개념을 구체적인 실제 현상과 연결시켜 측정하기 위해서 관찰 가능한 형태로 정의해 놓은 개념이다.
③ 개념적 수준과 구체적인(관찰 가능한) 수준의 간극을 메워주는 역할을 한다.
④ 경험적 과학의 관찰 내지 실험에 적용될 수 있도록 정의되어야 한다.

조사연구에서 개념적 정의와 조작적 정의의 역할

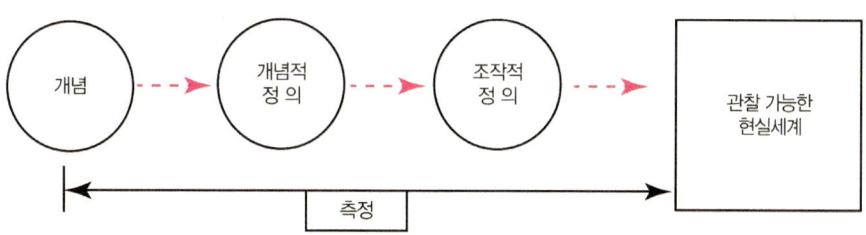

5 가설

① 가설은 두 개 이상의 변수 또는 현상 간의 관계를 검증 가능한 형태로 서술한 연구 문제에 대한 잠재적인 설명으로서 과학적 연구/조사에 의하여 경험적 검증이 가능하여야 한다.
② 가설은 제기된 문제에 대한 잠정적 해답으로, "문제의 해답은 이러한 것이다."와 같이 서술된 문장이다.

(1) 가설의 기능

① **이론의 검증** : 이론 그 자체를 직접 검증할 수 없기 때문에 관심 있는 현상을 설명하기 위하여 가설을 세우고 이를 검증하여 이론에 대한 검증을 시도한다.
② **이론의 제시** : 검증된 가설의 결과를 근거로 이론의 구성이 가능하다.
③ **사회현상의 기술 및 지식의 증가** : 가설 검증결과를 통하여 지식을 축적하고, 현상의 발생원인에 대하여 연구자가 가지고 있는 지식을 증가시킨다.

(2) 가설의 평가 기준

① **경험적으로 검증가능성** : 가설은 경험적으로 옳고 그름을 판단할 수 있어야 한다.
② **입증의 명백성** : 가설은 명백하게 입증 가능해야 한다.
③ **개연성** : 가설은 연구문제의 정답에 대한 잠정적인 결론이므로 이에 대한 개연성을 갖추어야 한다.
④ **간결성** : 가설은 논리적으로 간결해야 한다. 가설은 변수 간의 관계를 간단한 논리로 설명할 수 있어야 한다.
⑤ **계량가능성** : 가설은 과학적 측정이 가능하여야 한다. 계량된 결과를 이용하여 통계적인 분석이 가능하다.

6 연구모형과 변수

연구모형은 현상들을 구성하는 핵심들을 모아서 구조화시킨 것으로 복잡한 사회현상을 쉽고 간단하게 이해하기 위해 작성한다.

(1) 연구모형의 구성절차

연구모형을 구성하기 위해서 주요 개념들을 먼저 식별한 후, 변수 간의 관계를 설정한다. 변수들의 관계는 대칭적 관계(상관관계), 상호인과적 관계, 인과적 관계(기본적인 인과관계 : 비대칭적 관계)가 있다.

(2) 변수의 유형

로젠버그(Rosenberg)의 인과관계에 영향을 미치는 변수는 다음과 같다.

① 독립변수(independent variable) : 종속변수의 변화를 설명하거나 예측하는 변수로 설명변수, 예측변수라고도 한다.
② 종속변수(dependent variable) : 독립변수가 변화하면 그 영향으로 결과가 변화하는 변수로 반응변수라고도 한다.
③ 매개변수(intervening variable) : 독립변수와 종속변수 사이에서 독립변수의 결과인 동시에 종속변수의 원인이 되는 변수이다.
④ 선행변수(antecedent variable) : 인과관계에서 독립변수에 앞서면서 독립변수에 대하여 영향력을 행사하는 변수이다.
⑤ 구성변수(component variable) : 포괄적 개념의 하위개념을 나타내는 변수이다. 예를 들어 사회계층과 같은 포괄적인 개념을 구성하는 교육수준, 직업, 수입 등과 같은 하위개념을 뜻하는 변수를 구성할 수 있다.
⑥ 허위변수(spurious variable) : 독립변수와 종속변수의 관계가 표면적으로는 인과적 관계에 있는 것처럼 보이지만 실제로는 우연히 다른 변수와 연결되어 있어 관계가 있는 것처럼 보이게 하는 변수이다. 외재적 변수(extraneous variable)라고도 한다.
⑦ 억제변수(suppressor variable) : 두 변수가 서로 관계가 있는데도 관계가 없어 보이게 하는 제3의 변수이다.
⑧ 왜곡변수(distorter variable) : 두 변수의 관계를 정반대로 나타나게 하는 제3의 변수이다.
⑨ 조절변수(mediating variable) : 두 변수의 관계를 조절하거나 영향을 미쳐 그 관계를 강화 또는 약화시키는 제3의 변수이다.
⑩ 통제변수(control variable) : 외재적 변수의 일종으로서 그 영향을 검토하지 않기로 하는 변수이다. 실험의 경우 실험집단과 대비되는 통제집단(control group)을 도입하면 외재변수에 대한 통제가 이뤄지지만, 비실험적 연구(관찰 연구)에서는 통제변수의 효과를 통계적으로 제거하여 원래 의도하였던 독립변수와 종속변수의 관계를 파악해야 한다.

적중예상문제

01 로젠버그 검정요인 중 외재적 변수, 매개변수, 선행변수, 억제변수의 의미를 간략히 쓰시오.

02 개념적 정의와 조작적 정의를 비교·설명하시오.

03 선행변수의 의미를 설명하고, 독립변수와의 차이점을 2가지 쓰시오.

04 연구에 사용할 가설이 좋은 가설인지의 여부를 판단할 수 있는 평가기준을 4가지만 쓰시오.

해설 문제01

1. 외재적 변수
   독립변수와 종속변수의 관계가 표면적으로는 인과적 관계에 있는 것처럼 보이지만 실제로는 우연히 다른 변수와 연결되어 있어 관계가 있는 것처럼 보이게 하는 변수
2. 매개변수
   독립변수와 종속변수 사이에서 독립변수의 결과인 동시에 종속변수의 원인이 되는 변수
3. 선행변수
   인과관계에서 독립변수에 앞서면서 독립변수에 대하여 영향력을 행사하는 변수
4. 억제변수
   두 변수가 서로 관계가 있는데도 관계가 없어 보이게 하는 제3의 변수

문제02

1. 개념적 정의
   ① 어떤 개념을 다른 개념을 사용하여 묘사하는 것
   ② 보다 간단한 다른 용어에 의하여 어떤 개념을 정의함
   ③ 부정적 개념보다 긍정적 개념을 선호
2. 조작적 정의
   ① 가능한 한 관찰 가능한 조작을 명확하게 표현한 용어로 구성
   ② 이론적 수준과 경험적 수준의 간극을 메워주는 것
   ③ 가능한 한 실행 가능하고 관찰 가능한 조작을 명확하게 표현한 용어로 구성
   ④ 의미의 정확한 전달 및 재생가능성의 기능

문제03

1. 선행변수의 의미
   선행변수는 독립변수보다 인과적으로 선행하며 독립변수에 유의한 영향을 미치는 변수
2. 독립변수와의 차이점
   ① 독립변수와 달리 독립변수가 통제되면 종속변수에 영향을 미치지 않음
   ② 선행변수가 통제되더라도 독립변수와 종속변수의 관계는 유지된다.

문제04

1. 경험적 검증가능성
   가설은 실증조사를 통하여 옳고 그름을 판단할 수 있어야 함
2. 입증의 명백성
   가설은 조사연구를 통하여 명백하게 입증이 가능해야 함
3. 가설 자체의 개연성
   가설은 연구문제의 정답에 대한 잠정적인 추정이며 개연성이 필요함
4. 논리적 간결성
   두 개 정도의 변수 간의 관계를 간단한 논리로 설명
5. 계량화 가능성
   계량화는 현상을 수치화하여 통계적인 분석이 가능해야 함을 의미
6. 타 가설이나 이론과의 높은 관련성 존재

03 측정

1. 분석단위

(1) 분석단위
① 정의 : 연구자가 그 속성 또는 특징에 관한 자료를 수집하고 기술·설명하고자 하는 대상에 대한 자료수집이 이뤄지는 단위
② 종류 : 개인, 집단, 조직, 단체, 국가 등이 있으며 연구목적에 따라 적절한 분석단위를 고려해야 한다.

(2) 분석단위의 오류
① 생태학적 오류 : 집단수준의 연구를 개인수준으로 일반화시킴으로써 발생되는 오류
② 개인주의적 오류 : 생태학적 오류와 반대로 개인수준의 연구를 집단수준으로 일반화시킴으로써 발생되는 오류

2. 측 정

(1) 측정의 의의
① 측정이란 추상적인 개념을 경험화하는 작업으로 일정한 기준에 따라 대상·사건에 숫자 또는 기호를 부여하는 과정
② 측정은 추상적인 개념이나 변수를 수치나 기호를 부여하여 구체적인 지표로 나타냄으로 이론적인 세계와 경험적인 세계를 연결하는 수단이 된다.
③ 측정하려는 특성을 수치나 기호로 할당할 때 일대일 대응관계를 가져야 한다.
④ 하나의 특성이 여러 가지 수치나 기호로 표현되거나, 하나의 수치나 기호가 여러 특성을 대변하고 있다면 측정이 될 수 없다.
⑤ 측정의 규칙은 일관성 있게 적용되어야 한다.
⑥ 좋은 측정은 측정의 타당성(정확성)과 신뢰도(일관성)가 뒷받침되어야 한다.

(2) 측정의 기능
① 일치의 기능 : 이론과 현실을 연결한다. 즉, 추상적인 세계와 경험적인 세계를 연결한다.
② 객관화와 표준화의 기능 : 측정이 없다면 경험적인 검증이 어렵고, 검증이 어려우면 이론을 일반화하는 것이 어렵다.
③ 계량화의 기능 : 측정은 현상을 세분화하고 통계적 분석이 가능하도록 한다.
④ 반복과 의사소통의 기능 : 측정은 연구결과를 다른 사람에게 제공하고 그 결과를 반증수 있도록 한다.

3 척도

(1) 척도의 의의
① 측정을 발전시킨 개념이 척도(scale)이다.
② 척도는 측정대상이 위치하고 있는 연속적인 체계이다.
③ 측정대상의 속성에 수치를 부여할 때에는 일정한 규칙을 따르게 된다.
④ 대상에 수치를 부여하는 규칙이 그 측정에서 사용되는 척도의 성격을 규정한다.
⑤ 명목척도나 서열척도로 측정된 변수는 범주형 변수이다.
⑥ 등간척도나 비율척도에 측정된 변수는 연속형 변수이다.

(2) 명목척도(nominal scale)
① 측정대상을 분류하기 위해 사용되는 척도
② 예를 들어 성별(남자, 여자), 지역(서울, 경기 등), 운동선수의 등번호, 주민등록번호와 같이 대상의 특성을 분류할 목적으로 수치 또는 기호를 부여하는 것이다.
③ 명목척도에서 부여된 숫자는 단순히 구분의 목적만을 가지고 있으며 수학적인 연산을 적용할 수 없다.
④ 성별의 경우 'M'이면 남자로 'F'이면 여자로 부여하거나, '1'이면 남자로, '2'이면 여자로 부여가 가능하다.
⑤ 성별을 문자(기호) 또는 숫자로 지정할 수 있으나 숫자의 경우 숫자로서의 기능은 하지 않는다.

(3) 서열(순위)척도(ordinal scale)
① 서열척도는 순위(1위, 2위, 3위) 또는 선호도와 같이 측정대상 간의 순서관계를 밝혀주는 척도이다.
② 서열척도는 측정대상이 어떤 범주에 속하고 있는가는 물론, 측정대상 간에 대소관계나 높고-낮음 등의 순위를 내포한다.
③ 그러나 서열척도가 갖는 수치 자체는 어떤 절대적인 수나 양, 크기를 나타내지 않기 때문에 수학적인 연산을 적용할 수 없다.
④ 공무원 직위의 경우 장관 〉차관 〉실장 〉국장 〉과장 〉계장과 같은 서열 관계가 성립하나, 장관과 차관의 차이와 과장과 계장의 차이가 같은 의미를 갖는다고 볼 수 없다.
⑤ 직위와 같은 서열척도로 높고 낮음은 알 수 있지만 그 차이가 대상들의 크기를 의미하진 않는다.

(4) 등간척도(interval scale)
① 측정대상의 속성에 숫자로 된 순위를 부여하고, 순위 사이에 동일한 간격을 갖도록 하는 척도를 등간척도이다.
② 등간척도는 양적인 정도를 나타내며 차이에 대한 의미가 존재한다.
③ 그러나 해당 특성이 전혀 없음을 나타내는 절대적인 원점은 존재하지 않는다.
④ 등간척도로 측정된 결과는 가감은 가능하지만 승제 계산은 의미가 없다.
⑤ 온도의 경우 섭씨 10도와 섭씨 20도의 차이는 10도인데 이는 섭씨 0도와 섭씨 10도의 차이 10도와 동일한 값이다. 그러나 섭씨 10도가 섭씨 20도보다 2배 뜨겁다는 의미를 갖지 않는다. 또한 섭씨 0도의 의미는 온도가 존재하지 않음을 뜻하지 않는다.
⑥ 등간척도에서 0은 기준의 값이며, 존재성을 나타내지 않는다.
⑦ 사회과학연구의 태도 측정 분야에서 사용되는 리커드 척도는 엄밀한 의미에서 서열척도이다. 예로 5점 리커드 척도인 경우 어떤 상황에 대하여 '매우 그렇다 – 그렇다 – 보통이다 – 그렇지 않다 – 전혀 그렇지 않다'로 응답할 수 있으며 이를 각각 1~5의 점수로 환산하여 사용한다. 이때 5점 리커드 척도는 대상에 대한 서열관계로 측정되는 것이나, 통계적 활용을 위하여 응답에 부여된 수치를 등간척도로 간주하여 사용한다.

(5) 비율척도(ratio scale)
① 등간척도가 갖는 특성에서 추가적으로 측정값 사이의 비율의 의미가 존재하며, 절대적인 원점이 존재하는 척도를 비율척도라 한다.
② 비율척도는 사칙연산 등 모든 수학적인 연산이 가능하다.
③ 비율척도의 값이 '0'으로 측정됨의 의미는 측정대상의 특성이 존재하지 않는다는 의미를 가진다.
④ 소득, 나이, 방송청취율, 구매율, 실업률 등 숫자로 나타낼 수 있는 양적 자료 중 많은 측정자료는 비율척도에 해당한다.
⑤ 비율척도인 소득이 200만 원인 경우와 소득이 100만 원인 경우 그 차이가 의미가 있을 뿐만 아니라 2배라는 비율로서의 의미도 갖는다.

척도별 비교

척도	특성	적용 가능 분석방법	예
명목척도	상호배타성	빈도분석, 교차분석	성별, 운동선수 번호, 종교, 존재 유무
서열척도	상호배타성, 서열비교	비모수통계, 교차분석, 서열 상관관계	후보자 선호순위, 직위, 사회계층, 학력
등간척도	상호배타성, 서열비교, 표준측정단위	모수통계, 비모수통계	온도, 광고인지도, 선호도
비율척도	상호배타성, 서열비교, 표준측정단위, 절대적 원점 존재	모수통계, 비모수통계	나이, 소득, 투표율, 실업률, 구매율

4 타당도

타당도란 측정하고자 하는 개념이나 특성을 얼마나 일관성 있게 측정하였는가에 대한 정도로서 조사설계의 타당도와 측정의 타당도로 분류할 수 있다.

(1) 조사설계의 타당도

조사설계의 타당도는 외적 타당도와 내적 타당도가 해당된다.

① 외적 타당도
  ㉠ 외적 타당도란 결과의 일반화 가능성 수준을 의미함
  ㉡ 표본을 대표성 있게 뽑고, 최대한 인위적인 조작을 배제하면 외적 타당도를 높일 수 있음
  ㉢ 다만 외적 타당도를 높이게 되면 내적 타당도는 낮아지게 됨
  ㉣ 외적 타당도의 저해요인
    ⓐ 조사대상의 차이 : 조사대상의 개인적 특성(성별, 나이 등)이 특별한 경우, 얻어진 조사 결과를 일반화하는데 영향을 줌
    ⓑ 연구자들의 고유한 차이 : 동일한 실험이나 조사를 진행하더라도 연구자에 따라 다른 결과를 가질 수 있으며 연구자의 효과라 함
    ⓒ 실험처치의 대표성 : 실험처치가 새로운 대상에 적용되거나 새로운 연구자에 의해서 실험이 처지될 때 원래 실험처치와 다른 결과가 발생

② 내적 타당도
  ㉠ 내적 타당도는 인과관계의 정확한 추론 정도를 의미함
  ㉡ 실험설계가 정교할수록, 즉 외생변수를 통제하면 내적 타당도를 높일 수 있음
  ㉢ 다만 내적 타당도를 높이게 되면 외적 타당도는 낮아짐
  ㉣ 내적 타당도의 저해요인
    ⓐ 성숙요인 : 시간의 경과에 따라 집단의 속성이 바뀌는 성숙요인에 의하여 내적 타당도가 저해될 수 있음
    ⓑ 역사요인 : 반대로 조사기간 동안 외부의 우연한 사건이 결과에 영향을 줄 수 있음
    ⓒ 검사요인 : 실험집단과 통제집단을 구성할 때 기본적으로 집단 간에 차이가 있는 선발요인에 의하여 내적 타당도 저해될 수 있다. 실험처치 시 다른 측정도구의 혼용으로 인하여 오차가 발생할 수도 있다. 유사한 실험을 동일집단에 자주 실행하는 경우에는 대상의 실험에 대한 친숙도가 높아져 결과가 왜곡될 수도 있음

(2) 측정의 타당도

측정하고자 하는 대상을 얼마나 실제에 가깝게 측정하고 있는가 하는 정도를 의미한다. 조사설계의 타당도보다 좁은 개념이며 내용 타당도, 기준 타당도, 구성개념 타당도가 있다.

① 내용 타당도
  ㉠ 내용 타당도(content validity) : 측정도구에 포함된 내용이 측정하고자 하는 내용을 대표하는 있는지를 나타냄
  ㉡ 액면 타당도(face validity) 혹은 논리적 타당도(logical validity)라고도 함
  ㉢ 측정도에 포함된 지표(문항)가 내용의 모집단을 대표하는지의 정도를 의미하며 측정도구의 대표성, 문항의 적절성과 관련 있다.
  ㉣ 내용 타당도는 전문가나 경험이 많은 연구자의 의견을 활용하여 판단함

② 기준 타당도
  ㉠ 기준 타당도(criterion-related validity) : 이미 경험적으로 타당도가 입증된 다른 기준과 비교하여 측정도구에 대한 타당도를 의미함
  ㉡ 경험적 타당도(empirical validity)라고도 함
  ㉢ 종류
    ⓐ 예측 타당도(predictive validity) : 연구자가 관심 있는 측정도구를 이용하여 현재 시점에서 측정하고, 기준이 되는 다른 기준(타당도가 있다고 알려진 측정)이 미래 시점에서 나타나는 경우이며 관심 있는 측정도구를 이용하여 미래의 기준을 예측하는 데 있다.
    ⓑ 동시적 타당도(concurrent validity) : 연구자가 관심 있는 측정도구를 현재 시점에서 측정하고 기준은 동시에 같은 시점에서 나타나는 경우를 의미함
  ㉣ 일반적으로 기준 타당도의 평가는 연구자가 관심 있는 측정도구와 기준을 통한 결과의 상관분석을 이용

③ 구성개념 타당도
  ㉠ 구성개념 타당도(construct validity) : 연구자가 측정하고자 하는 추상적 개념이 측정도구에 의하여 제대로 측정되었는지 혹은 추상적 개념과 측정지표가 어느 정도 일치하는지를 의미함. 개념적 타당도라고도 함
  ㉡ 종류
    ⓐ 수렴적 타당도(convergent validity) : 동일한 개념을 상이한 측정도구(방법)로 측정할 때 측정값은 하나로 수렴해야 한다는 것을 의미함
    ⓑ 판별적 타당도(discriminant validity) : 서로 다른 개념을 측정하는 경우에 동일한 측정도구를 사용하더라도 측정값은 차별적으로 나타나야 한다는 것을 의미함
    ⓒ 이해적 타당도(nomological validity) : 측정된 개념 간의 관계가 이론적 구성을 토대로 체계적·논리적으로 나타나고 있는지 의미함
  ㉢ 구성개념 타당도의 측정은 요인분석(factor analysis) 또는 다속성-다층적 행렬분석(multitrait-multimethod matrix analysis)을 이용하여 측정하며, 요인분석을 주로 이용

5 신뢰도

(1) 신뢰도의 의의
① 신뢰도(reliability)란 측정하고자 하는 현상을 일관되게 측정하는 정도이다.
② 동일한 개념에 대해 측정을 반복했을 때 동일한 측정값을 얻는 가능성이다.
③ 신뢰도는 안정성 신뢰도, 동등성 신뢰도, 코더간 신뢰도, 모집단 대표성 신뢰도로 나눌 수 있다.

(2) 측정의 타당도
① 안정성 신뢰도
  ㉠ 안정성 신뢰도(stability reliability) : 시간의 경과와 관계 없이 안정적인 결과가 나타나는가를 의미함
  ㉡ 안정성 신뢰도를 만족하는지 확인하기 위해 재검사법(test-retest method) 또는 복수양식법(multiple forms techniques)을 사용함
    ⓐ 재검사법은 동일한 측정도구를 동일한 상황에서 서로 다른 시점에 측정한 결과를 비교하는 방법임
    ⓑ 재검사법은 조사시행 후 일정기간이 경과한 후에 동일한 측정도구를 동일한 대상에게 조사하여 그 결과를 비교하는 방법
    ⓒ 재검사법은 동일한 대상에게 동일한 조사를 반복함으로써 비용과 시간이 들며, 응답자가 불쾌감을 느낄 가능성이 있으며 검사요인, 성숙요인, 역사요인 등 내적 타당도를 저해하는 요인이 작용할 가능성이 존재
    ⓓ 복수양식법은 재검사법이 시간 간격 때문에 발생할 수 있는 내적 타당도의 저해를 극복하기 위해 유사한 형태의 두 개 이상의 측정도구를 사용하여 동일한 대상에게 측정한 결과를 비교하는 방법
    ⓔ 복수양식법에서 너무 유사한 측정도구를 사용하는 경우 검사요인에 의해 내적 타당도가 저해될 수 있다. 또한 둘 이상의 유사한 측정도구 개발이 어렵다는 단점이 있다.

② 동등성 신뢰도
  ㉠ 동등성 신뢰도(equivalence reliability) : 설문조사에서 연구자가 하나의 구상개념을 복수의 문항으로 측정하는 것과 같이 복수의 측정지표를 사용할 때, 상이한 지표들 사이에서 일관성 있는 결과가 나타나는 정도를 의미함
  ㉡ 동등성 신뢰도를 만족하는지 확인하기 위해 반분법(split-half method) 또는 내적일관성 분석을 사용함
    ⓐ 반분법은 측정도구를 임의로 반으로 나누어 각각 독립된 척도로 보고 이들의 결과를 비교하는 방법
    ⓑ 반분법은 측정도구 사이에 동질성 확보가 어려우며, 항목을 나누는 방법에 따라서 신뢰도 계수 추정치가 달라지는 문제점이 있다.

ⓒ 내적일관성 분석은 반분법이 단일 신뢰도 계수를 계산할 수 없다는 단점을 보완하고자, 가능한 모든 반분신뢰도를 계산하여 그 평균값을 신뢰도로 추정하는 방법

ⓓ 내적일관성 분석은 크론바하(Cronbach)에 의하여 계발된 계산 방법이 일반적으로 사용되며 보편적으로 크론바하 α 계수 0.6 이상을 기준으로 한다.

③ 코더간 신뢰도
　ⓐ 코더간 신뢰도(inter-coder reliability) : 동등성의 특수한 형태로, 동일한 정보에 대하여 복수의 관찰자 또는 코더(coder)를 활용할 때 그 측정값의 일치 정도를 의미한다.
　ⓑ 코더간 신뢰도는 둘 이상의 코더들이 같은 내용을 동일범주를 사용하여 집계하도록 하여 두 코더의 결과들의 일치도를 이용한다.

④ 모집단 대표성 신뢰도
　ⓐ 여러 하위 모집단에 적용될 때 동일한 응답을 얻어내는 정도에 대한 신뢰도
　ⓑ 연구자가 하위 모집단에 관한 사전지식을 활용하여 동일한 측정도구를 하위 모집단에 적용한 결과들의 일치도를 이용한다.

(3) 타당도와 신뢰도의 관계
① 타당도가 높으면 신뢰도는 항상 높다.
② 반대로 신뢰다가 낮으면 타당도는 항상 낮다.
③ 타당도가 낮으면 신뢰도는 높을 수도 낮을 수도 있다. 신뢰도가 높을 때 타당도는 높을 수도 낮을 수도 있다.
④ 체계적 오차가 있으면 타당성이 낮으며, 무작위 오차가 있으면 타당성은 물론 신뢰성도 낮다.

6 측정오차

① 측정오차(measurement error) : 측정대상이 갖는 참값(true value)과 측정도구를 이용한 측정값 사이의 불일치 또는 차이를 의미하며 체계적 오차(systematic error)와 무작위 오차(random error)로 구분한다.
② 체계적 오차 : 측정하려는 변수에 체계적으로 영향을 줌으로써 나타나는 오류. 측정결과가 모두 높아지거나 낮아지는, 즉 일정한 방향으로 오차가 나타나는 경향을 의미하며 타당도와 관계가 있다.
③ 무작위 오차 : 오차의 값이 인위적이거나 편향되지 않고 우연히 일시적으로 일어나는 오차를 의미한다. 측정대상, 과정, 측정도수 등에 일관성 없이 영향을 주어 발생한다. 이는 신뢰도와 관계가 있다.
④ 표본조사의 경우, 무작위 오차는 표본 오차(sampling error)와 비표본 오차(nonsampling error)로 구분한다.

　㉠ 표본 오차는 표본추출과정에서 생기는 오차로 표집오차라고도 한다. 이는 모집단과 표본의 차이로 인하여 발생한다.
　㉡ 비표본 오차는 조사설계상의 오차(성숙요인, 역사요인, 검사요인 등) 또는 자료처리·입력상의 오차 등에 인하여 발생한다.

7 척도의 구성

(1) 서스톤 척도

① 서스톤 척도(thurstone scale) : 구성 방법 어떤 개념을 표현한다고 간주되는 많은 지표(문항)들을 확보하고 후 이들 사이에 존재하는 관계와 구조를 경험적으로 판단하여 하나의 등간척도를 구성하는 방법이다.
② 각 문항은 측정대상에 대하여 우호적인 태도와 비우호적인 태도를 나타내는 등간격 응답으로 분류한다.
③ 서스톤 척도는 유사 등간척도(equal-appearing-interval scale)라고도 하며 척도 구성 방법으로 유사등간기법, 순차적 등간기법, 1대1 비교기법 등이 있다.
④ 대표적인 유사등간기법의 경우 다음과 같은 절차를 통하여 척도를 구성한다.
　㉠ 관련 문항의 수집 : 측정을 통해 관심 있는 개념에 관련되어 있는 문장을 수집한다.
　㉡ 평가자들에 의한 문항 분류 : 다수의 평가자로부터 이들의 문항을 11개 정도의 범주로 분류한다. 이때 11개 범주는 가장 우호적인 것부터 비우호적인 것에 이르는 척도이다.
　㉢ 척도가치의 결정 : 평가자들이 각각의 문항을 어디에 분류하였는가 파악하여 척도값을 측정한다.
　㉣ 척도문항의 산정 : 모호성의 기중에 의한 척도문항을 산정한다(예로 점수의 분포가 지나치게 분산된 문장들은 태도가 불분명한 것이므로 문항을 배제한다).
　㉤ 최종척도의 구성 : 남은 문장들 가운데 태도의 한 극단에서 다른 극단에 고르게 분포되도록 최종문항을 선택하고 이를 최종 척도로 사용한다.
⑤ 유사등간척도는 많은 수의 의견수집과 문항의 등간격성 확보가 곤란하다는 점과 평가자의 편견이 개입 그리고 비용과 시간이 소요된다는 단점을 가지고 있다.

서스톤 척도의 예 : 대중매체 태도 조사(7개 범주인 경우)

항 목	척도값
1. 모든 대중 매체는 유해하다.	1
2. 대중매체는 지식습득의 방해요인이다.	2
3. 대중매체는 정보를 제공한다.	4
4. 대중매체는 유익하다.	5
5. 대중매체는 좋지 않은 영향을 준다.	3
6. 대중매체는 활용도가 높다.	6
7. 대중매체는 반드시 필요하다.	7

서스톤 척도의 예 : 대중매체 태도 조사 결과

문항	척도값(1 : 비우호적 ~ 7 : 우호적)						
	1	2	3	4	5	6	7
1	60	28	12	0	0	0	0
2	25	58	32	0	0	0	0
3	0	12	52	27	9	0	0
4	0	4	13	41	29	13	0
5	0	0	8	18	52	22	0
6	0	0	0	8	11	59	22
7	0	0	0	0	11	21	68

(2) 거트만 척도

① 거트만 척도(Guttman scale) : 태도를 특정하기 위한 척도법으로 스켈로그램 또는 누적 척도라고도 한다.
② 거트만 척도의 문항들은 순서대로 배열한다.
③ 하위 문항 간에 일정한 논리적 위계구조를 갖도록 만드는 방법
  ㉠ 어떤 개념에 대하여 약한 정도를 측정하는 문항에서 보다 강한 정도를 측정하는 문항 순으로 척도를 배열
  ㉡ 강한 정도를 측정하는 문항에 긍정적인 응답자는 당연히 약한 정도를 측정하는 문항에 긍정적이어야 한다는 논리를 경험적으로 확인하는 절차를 취한다.
④ 거트만 척도는 누적적(cumulative)인 개념을 이용하여 어떤 응답자가 마지막으로 동의한 문항을 알면 그 응답자의 다른 문항에 대한 응답을 예측할 수 있음을 고려한다.
⑤ 커트만 척도의 평가는 재생계수(CR; Coefficient of Reproducibility)를 이용한다. 이는 높은 강도의 설문문항에 응답하였을 경우 그보다 낮은 강도의 설문문항을 반드시 응답하여야 한다는 응답패턴을 어긴 사례의 비율을 측정한 것으로 다음과 같이 계산한다.

$$CR = 1 - \frac{응답의\ 오차\ 수}{문항\ 수 \times 응답자\ 수}$$

⑥ 재생계수가 1일 경우 이상적인 거트만 척도에 접근함을 뜻하며 통상 0.9 이상은 되어야 바람직한 척도로 간주된다.

거트만 척도의 예 : 쓰레기 매립시설 유치에 대한 의견 조사

항 목	응답자			
	A	B	C	D
우리 시(市)에 쓰레기 매립시설 유치에 찬성한다.	O	O	O	O
우리 구(區)에 쓰레기 매립시설 유치에 찬성한다.	O	O	O	X
우리 동(洞)에 쓰레기 매립시설 유치에 찬성한다.	O	O	X	X
이웃 동네에 쓰레기 매립시설 유치에 찬성한다.	O	X	X	X
우리 동네에 쓰레기 매립시설 유치에 찬성한다.	X	X	X	X

(3) 보가더스 척도

① 보가더스 척도(Bogardus scale) : 거트만 척도의 예라고 볼 수 있다.
② 인종이나 사회계급과 같은 사회집단에 대한 사회적 거리(social distance)를 측정한다.
③ 보가더스 척도에서 응답자들은 순서가 매겨진 일련의 문항에 응답하며, 가장 위협적이거나 거리가 먼 문항을 끝에 배치하고 반대로 덜 위협적이거나 가장 친밀한 문항을 다른 끝에 배치한다.
④ 접촉을 거부하거나 사회적으로 거리가 있는 문항에 대하여 불편한 느낌을 가진 응답자는 사회적으로 가까운 거리의 문항을 거부한다.

보가더스 척도의 예 : 외국인 태도에 대한 조사

항 목	중국인	미국인	일본인	한국인
결혼하여 가족구성원으로 받아들임				
개인적인 교류				
동네 이웃으로 받아들임				
같은 직장 동료로 받아들임				
우리나 국민으로 받아들임				
방문객으로 허용				

(4) 어의차별 척도(의미분화척도)

① 어의차별 척도(semantic differential scale) : 측정하고자 하는 개념에 대하여 다양한 평가를 확보하고, 각각의 평가에 대하여 상반된 형용사적 표현을 양방향 끝에 배열하여 응답자로 하여금 해당 항목별로 평가하도록 하는 방법
② 일반적으로 7점 척도를 주로 사용하며 척도구성이 용이하고 주관적인 개념 측정이 용이한다.
③ 다만 어의 차이가 애매한 경우 많아 판단 기준, 적절한 평가차원 확보하기 어려우며 구성을 평가할 적절한 평가자 집단을 구하기도 곤란하며, 특정 어의척도를 상이한 장소와 시간에 일반화하여 적용하기 어렵다.

어의차별 척도의 예 : 정책 이미지 조사

A 정책에 대한 이미지에 대하여 선택하시오.							
적극적임	□	□	□	□	□	□	소극적임
현대적임	□	□	□	□	□	□	전통적임
공정함	□	□	□	□	□	□	불공정함
단순함	□	□	□	□	□	□	복잡함
신속함	□	□	□	□	□	□	느림

(5) 리커드 척도

① **리커드 척도(Likert scale)** : 여러 가지 척도구성 방법 중 실용성이 높고, 사회과학연구에서 가장 널리 사용되고 있는 척도이다.

② 특정 사항에 대한 응답자들의 태도를 측정하기 위하여 구성되는 척도로, 연구자가 제시한 문항들에 대한 응답을 바탕으로 관련 항목의 값들을 모두 더하여 측정한다.

③ 문항에 대한 응답의 강도를 요구하는데 응답 범주는 3, 5, 7 등으로 구성되는 평정법(rating method)을 사용한다.

④ 일반적으로 하나의 개념에 대한 하위 항목(문항)의 값들을 더하거나(총화평점척도) 평균을 내어 사용한다.

⑤ 리커드 척도 구성방법은 다음과 같다.
  ㉠ 측정하고자 하는 현상에 대해 긍정적 또는 부정적으로 묻는 여러 문항들을 개발한다. 이때 문항은 중립적인 문항보다는 긍정이나 부정을 확실히 표현할 수 있는 문항들로 구성하여야 한다.
  ㉡ 각각의 문항들에 대해 찬성 또는 반대하는 정도를 나타내는 응답범주를 제시한다 (매우 그렇다, 그렇다, 보통이다, 그렇지 않다, 전혀 그렇지 않다).
  ㉢ 같은 전공의 연구자나 그 외의 응답자에게 각 문항별로 자기가 생각하는 것과 가장 가까운 응답범주를 골라 표시하게 된다.
  ㉣ 긍정적인 문항과 부정적인 문항을 구별하여 점수를 부여, 부정적인 문항은 점수를 역으로 부여하여야 한다. 이때 우호적인 문항을 위주로 구성하였다면, 부정적인 문항의 값은 역으로 코딩해야 한다. 예로 5개의 범주로 응답이 가능한 경우, 긍정적인 응답을 기준으로 부정적인 문항에 대한 값을 코딩한다면 부정적인 응답의 1점은 5점으로, 2점은 4점으로, …와 같이 역의 순서로 값을 입력한다.

⑥ 리커드 척도를 이용하는 경우 하위 문항들이 본 개념을 얼마나 잘 측정되었는가를 확인한다. 대표적으로 단일차원성을 검증을 위해 신뢰도 분석을 통해 각 문항들과 전체 척도와의 일관성을 크론바하 α 계수를 이용하여 검증하거나, 요인분석 등을 이용하여 하위 문항의 일관성을 확인하여 저해하는 문항은 사용하지 않도록 한다.

리커드 척도의 예 : 회사 만족도 조사

1. 내가 다니고 있는 회사로 출퇴근하는 교통편이 잘 갖춰져 있다. 　① 전혀 그렇지 않다 ② 그렇지 않다 ③ 보통이다 ④ 그렇다 ⑤ 매우 그렇다
2. 내가 다니고 있는 회사는 직원들에 대한 복지가 잘되어 있다. 　① 전혀 그렇지 않다 ② 그렇지 않다 ③ 보통이다 ④ 그렇다 ⑤ 매우 그렇다
3. 내가 하고 있는 업무에 대하여 적절한 연봉을 받고 있다. 　① 전혀 그렇지 않다 ② 그렇지 않다 ③ 보통이다 ④ 그렇다 ⑤ 매우 그렇다

8 지수

① 지수(index)는 하나의 개념을 측정하기 위해 둘 이상의 복수 문항을 사용하여 측정하는 도구라는 부분에서 척도와 유사하다.
② 척도에 비해 객관적 지표들로 구성된다.
③ 조사연구보다 경제 분야(생산성지수, 소비자물가지수 등)에서 주로 사용된다.
④ 지수는 구체적인 숫자 자체의 크기보다는 시간의 흐름에 따라 수량이나 가격 등 해당 수치가 어떻게 변화되었는지를 쉽게 파악할 수 있도록 만든 것으로 통상 비교의 기준이 되는 시점(기준시점)을 100으로 하여 산출한다.

(1) 지수의 예(물가지수)

① 최초의 물가지수는 1675년에 영국의 경제학자인 라이스 본(Rice Vaughan)이 화폐론(A discourse of coin and coinage)에서 곡물, 가축 등 몇 개의 품목을 대상으로 1352년과 1650년의 물가를 비교한 데서 비롯된 것으로 알려져 있으며, 그 후 많은 변천과 발전을 거쳐 오늘날에 있어서는 가장 대표적인 경제통계의 하나가 되고 있다. 우리나라에서도 물가지수는 가장 오래된 경제통계의 하나로서 생산자(도매)물가지수의 경우 1910년부터 작성되어 왔다.
② 물가지수는 그 목적에 따라 여러 가지로 작성될 수 있는데 우리나라에서는 현재 한국은행에서 작성하는 생산자물가지수 및 수출입물가지수, 통계청에서 작성하는 소비자물가지수, 농업협동조합중앙회에서 작성하는 농가판매 및 구입가격지수 등이 있다.
③ 생산자물가지수는 국내생산자의 제1차 거래단계에서 모든 재화 및 서비스의 평균적인 가격변동을 측정하기 위하여 작성되는 것으로 그 대상 품목의 포괄범위가 넓어 전반적인 상품의 수급동향이 반영된 일반적인 물가수준의 변동을 측정할 수 있기 때문에 보통 일반목적지수라고 불린다.
④ 소비자물가지수는 일반 도시가구가 소비생활을 영위하기 위하여 구입하는 재화의 가격과 서비스요금의 변동을 종합적으로 측정하기 위하여 작성되는 물가지수로서 최종소비자 구입단계에서의 물가변동을 파악하여 일반 도시가구의 평균적인 생계비 내지 소비자구매력을 측정하기 위한 특수목적지수이다.

(2) 지수 작성의 예

예를 들어, 10년 전 한국에서 생산한 자동차가 총 10대라고 하면 이것을 100으로 계산한다. 그러고 나서 올해의 자동차 생산량을 조사했더니 모두 20대라고 할 때, 오늘의 자동차 생산지수는 200이 된다.

$$지수 = \frac{비교년도\ 수치}{기준년도\ 수치} \times 100 = \frac{20대}{10대} \times 100 = 2 \times 100 = 200$$

적중예상문제

01 생태학적 오류와 개인주의적 오류에 대하여 설명하고 예를 드시오.

02 체계적 오차와 비체계적 오차의 차이점에 대하여 설명하시오.

03 척도를 구성하는 통계적 기법에 대해 설명하시오.

04 신뢰도에 대해 설명하고, 신뢰도를 높이기 위한 5가지 방법을 쓰시오.

05 의미분화 척도법에 대해 설명하고, 그 특징을 예를 들어 설명하시오.

해설 문제01

1. 생태학적 오류
   집단단위의 자료를 바탕으로 개인의 특성을 추리할 때에 발생하는 오류이다. 예로는 가톨릭 집단의 특성을 분석한 다음 그 결과를 토대로 가톨릭교도 개개인의 특성을 해석해서는 안 된다.
2. 개인주의적 오류
   개인의 특성에서 집단이나 사회의 성격을 규명하고자 할 때 발생하는 오류이다. 예로는 어느 사회 개인들의 질서의식이 높은 것으로 나타났다고 해서 바로 그 사회를 질서 있는 사회라고 할 수는 없다.

문제02

1. 체계적 오차
   측정하려는 변수에 체계적으로 영향을 줌으로써 나타나는 오류. 측정결과가 모두 높아지거나 낮아지는, 즉 일정한 방향으로 오차가 나타나는 경향을 의미하며 타당도와 관계가 있다.
2. 비체계적 오차
   오차의 값이 인위적이거나 편향되지 않고 우연히 일시적으로 일어나는 오차를 의미한다.

문제03

1. 개별문항과 척도 간의 상관분석을 통한 방법
   상관관계가 높은 문항들로 척도를 구성하고 낮은 문항은 제외
2. 요인분석에 의한 척도 구성
   요인분석을 통해 공통요인을 많이 가지고 있는 문항들로 척도 구성
3. 회귀분석을 이용한 척도 구성
   단계별 회귀분석을 통해 설명력이 큰 문항들로 척도 구성
4. 기준변수와의 관계 분석을 통한 척도 구성
   기준변수와 상관관계가 높은 문항들로 척도 구성

문제04

1. 신뢰도
   측정도구가 측정하려는 대상을 일관성 있게 측정할 수 있는 능력
2. 신뢰도 제고방안
   ① 응답자별로 오해가 생기거나 해석이 상이하지 않도록 질문이 명확
   ② 조사자의 태도, 조사환경, 응답여건을 동일
   ③ 무성의한 대답이나 일관성이 없는 응답은 배제
   ④ 신뢰성을 검증받은 검증도구를 사용
   ⑤ 응답항목을 늘리고 중요한 질문은 유사한 질문을 늘려 일관성을 철저히 검증
   ⑥ 상호 영향을 줄 수 있는 질문은 분리하여 배치
   ⑦ 동일한 척도는 모아서 배열

문제05

1. 의미분화 척도법(어의차별 척도)
   정반대의 의미를 가진 형용사를 척도의 양 극단에 놓고 그 사이의 구간을 선택할 수 있도록 척도를 구성한 후 응답자로 하여금 어느 쪽에 가까운지 선택하도록 하는 척도법
2. 특 징
   ① 하나의 개념을 측정하기 위해 다양한 차원의 의미분화척도(어의차별척도)를 구성할 수도 있는데, 가령 H기업의 이미지를 측정하기 위해, H기업의 제품을 어떻게 평가하는지, 사후관리 서비스를 어떻게 평가하는지, 언론에 비치는 이미지는 어떻다고 생각하는지 등으로 구성할 수 있다.
   ② 적극적임 ☐ ☐ ☐ ☐ ☐ ☐ ☐ 소극적임
   　 현대적임 ☐ ☐ ☐ ☐ ☐ ☐ ☐ 전통적임

06 안정성을 기준으로 신뢰도 평가하는 방법을 설명하고 한계점을 서술하시오.

07 척도의 종류 중 등간척도에 대해서 한 가지 예를 들어 구체적으로 서술하시오.

08 서스톤 척도에서 유사등간척도에 대해서 서술하시오.

09 분석단위의 의미와 종류는 무엇인가?

10 리커트 척도의 구성절차 4단계를 적으시오.

11 총화고정척도법(고정총합척도법)이란 무엇인가?

해설 문제06
1. 신뢰도 평가방법
   재검사법, 반분법, 동형법, 내적 일관성법 등
2. 안정성을 기준으로 평가하기 위한 재검사법
   동일한 응답자를 대상으로 재검사를 실시하여 얻은 2개의 결과 간의 상관관계로 신뢰도를 평가한다.
3. 한계점
   짧은 기간에 쉽게 변하는 문항이나 척도를 사용해서는 안 되며, 검사요인(기억효과)로 인하여 내적 타당도의 문제가 발생할 가능성이 있다.

문제07
등간척도는 온도와 같이 기준이 되는 0점이 존재하나 절대영점은 아니고 순서는 있고 간격이 일정하여 덧셈, 뺄셈이 가능한 척도이다. 예로는 물가지수, 온도 등이 있다.

문제08
1. 척도 구성방법
   ① 연구자가 연구하려는 주제에 대해 가능한 한 많은 문항을 만든다.
   ② 다수의 평가자가 이 문항들을 11개 정도의 범주로 분류
   ③ 평가자들이 각 범주를 대표할 수 있는 문항을 선정하여 척도를 구성
2. 선정된 문항 사이의 간격이 거의 동일하기 때문에 유사등간척도 기법이라고 하며, 척도 구성에 많은 시간과 비용이 들고 평가자의 주관이 개입될 여지가 크다.

문제09
1. 분석단위의 의미 : 연구자가 그 속성 또는 특징에 관한 자료를 수집하고 기술·설명하고자 하는 대상에 대한 자료수집이 이뤄지는 단위이다.
2. 분석단위의 종류 : 개인, 집단, 조직, 단체, 국가 등이 있으며 연구목적에 따라 적절한 분석단위를 고려해야 한다.

문제10
1. 현상에 대해 긍정적으로 또는 부정적으로 묻는 여러 문항들을 개발
2. 각 문항에 대한 찬성 또는 반대하는 정도를 나타내는 응답범주를 제시
3. 연구자 또는 응답자들이 응답범주에 표시(기입)
4. 긍정적인 문항과 부정적인 문항을 구별하여 점수를 부여

문제11
응답결과에 대한 하위문항들에 점수를 매기고, 하나의 개념에 대한 하위 항목(문항)의 값들의 합계점수를 개념에 대한 척도로 평가하도록 하는 방법이다.

12 의미분화척도를 간략히 설명하고, 제품디자인의 기능성을 측정하는 3개 문항을 7점 척도로 작성하시오.

13 기본척도인 명목척도, 서열척도, 등간척도, 비율척도의 의미를 예를 들어 2가지씩 들어 설명하시오.

14 측정의 동질성 혹은 동일성을 기준으로 측정의 신뢰도를 평가하는 대표적인 두 가지 방법을 제시하고 이를 설명하시오.

15 동시적 타당도를 간단히 설명하고, 범위의 제한이 동시적 타당도를 어떻게 제한하는지 설명하시오.

16 실험연구에서 외적 타당도의 의미와 외적 타당도에 영향을 미칠 수 있는 것 3가지를 설명하시오.

해설 문제12
의미분화척도란 어의차이척도법이라고도 하며 척도의 양 극점에 상반되는 형용사나 표현을 제시하고 응답자들의 생각을 측정하는 방법이다.

문제13
1. 명목척도
   측정대상을 분류하거나 확인할 목적으로 측정대상의 속성에 부호나 수치를 부여하는 것이다(예 성별, 종교, 출생지, 자녀의 유무, 주민등록번호 등).
2. 서열척도
   측정대상 간의 순서관계를 밝혀주는 척도로서 측정대상에 크기나 순위를 부여해 주는 척도이다(예 학점, 선호도, 계급 등).
3. 등간척도
   측정대상을 그 속성에 따라서 서열화하는 것뿐만 아니라 서열 간의 간격이 동일하도록 수치를 부여하는 것이다. 범주 간의 거리측정이 가능하나 범주 간의 크기와 차이 값이 존재한다고 해서 절대적인 원점이 존재하는 것은 아니다(예 온도, 지능지수, 물가지수, 생산성지수, 대학 학년 등).
4. 비율척도
   측정대상의 속성에 절대적인 영 또는 자연적인 영을 가진 척도를 가지고 수치를 부여하는 것이다. 따라서 모든 수학적 연산이 가능하다(예 중량, 시간, 거리, 시청률, 투표율, 신문 구독률 등).

문제14
1. 재검사법
   측정대상의 속성을 측정하고 난 다음, 일정기간이 지난 후 동일한 방법으로 같은 대상의 속성을 다시 측정하고, 먼저의 측정값과 나중의 측정값을 비교하여 신뢰도를 평가하는 방법이다.
   ① 장점 : 적용이 간편하고, 측정도구 자체를 직접 비교할 수 있다.
   ② 단점 : 두 검사시점 사이에 성장이나 역사요인과 같은 외생변수의 영향 등으로 대상의 속성이 실제로 변할 수 있어서 이것이 두 측정값의 차이로 나타날 수 있기 때문에 이러한 변화를 측정할 수 없다. 주시험 효과로서 첫 번째 검사 자체가 두 번째 검사에 영향을 줄 수 있으며 이것이 두 검사의 점수의 차이로 나타날 수 있다.
2. 반분법
   측정도구를 임의로 반으로 나누어, 같은 시간에 각각 독립된 두 개의 척도로 사용함으로써 신뢰도를 추정하는 방법이다.
   ① 장점 : 반분된 측정도구로 동시에 측정함으로써 재검사법이 갖고 있는 단점들, 즉 외생변수의 영향과 주시험효과를 배제할 수 있다.
   ② 단점 : 반으로 나누어진 각각의 측정문항들을 완전히 동등하게 만들기가 어려울 뿐만 아니라, 측정문항이 적은 경우에는 사용할 수 없다.

문제15
1. 동시적 타당도의 의미
   기존에 타당성을 입증받은 검사도구 및 척도와의 유사성, 연관성을 기준으로 타당성을 검증하는 방법이다.
2. 동시적 타당도의 제한
   범위의 제한으로 인해 기준이 될 수 있는 타당성을 검증받은 검사도구가 없는 경우, 동시적 타당도는 적용될 수 없으며, 그러한 도구가 있더라도 기준 타당성 검사도구에 의존하게 되는 제한이 발생한다.

문제16
1. 외적 타당도
   실험연구에서 얻은 결과를 일반화할 수 있는지의 여부
2. 영향요인
   ① 조사대상의 차이 : 조사대상의 개인적 특성(성별, 나이 등)이 특별한 경우, 얻어진 조사 결과를 일반화하는데 영향을 준다.
   ② 연구자들의 고유한 차이 : 동일한 실험이나 조사를 진행하더라도 연구자에 따라 다른 결과를 가질 수 있으며 연구자의 효과라 한다.
   ③ 실험처치의 대표성 : 실험처치가 새로운 대상에 적용되거나 새로운 연구자에 의해서 실험이 처치될 때 원래 실험처치와 다른 결과가 발생한다.

04 조사설계

1 조사설계의 의의

① 조사설계는 연구자가 연구문제에 대한 답을 얻는 데 필요한 경험적 증거를 수집하기 위한 조사연구의 계획을 의미한다.
② 조사설계의 기본목적은 경제적인 방법으로 연구문제에 대한 해답을 구하고자 함이다.
③ 조사설계에서 앞으로 수행할 경험적 조사의 전반적인 틀, 연구대상과 표본추출방법, 주요변수의 개념화와 조작화, 자료수집방법 및 분석방법 등을 계획한다.

2 탐색적 조사설계

(1) 예비조사

① 정의 : 연구문제와 연구모형 및 가설 설정 사이에 이루어지는 절차로서 조사설계의 탐색적 조사설계와 동일하다. 예비조사는 연구모형 및 가설의 설정에 필요한 개념 추출 및 개념 간의 관계를 파악하는 데 유용하다.
② 예비조사 방법 : 기존문헌 검토, 전문가조사, 사례조사, 현지조사 등이 있다.

> **plus study**
> **사전조사**
> 기획 및 설계를 마친 조사계획의 적절성을 알아보기 위한 조사로, 본 조사에 들어가기 전에 실시하는 소규모 조사를 의미한다.

(2) 탐색적 조사

① 탐색적 조사설계는 연구문제를 발견하고 변수를 규정하고, 가설을 세우기 위하여 실시하는 조사로서 예비적 조사로 실시한다.
② 탐색적 조사설계는 개념을 분명하게 하고 연구의 우선순위를 파악하며, 조사를 시행하기 위한 절차를 구체화하면 그 외 조사연구를 시행하는 데 필요한 정보를 입수한다.

③ 탐색적 조사의 방법은 다음과 같은 방법으로 구분할 수 있다.
  ㉠ 문헌조사 : 경제적이고 신속한 방법으로 기존에 발간된 문헌을 이용하는 방법
  ㉡ 전문가조사 : 전문가의 지식과 경험으로부터 정보를 얻어내는 방법으로 문헌조사의 보완적 방법
  ㉢ 경험자조사 : 유사 연구를 수행한 경험이 있는 연구자의 도움을 받아 정보를 얻는 방법
  ㉣ 사례조사 : 주어진 문제와 유사한 사례를 찾아, 이를 분석하는 방법
    예1) 1980년대 AIDS가 처음 나타났을 때 그 증상은 무엇인지, 질병인지 아닌지, 전염여부, 전파과정에 대한 조사
    예2) 1990년대 말 우리나라의 노숙자가 증가로 인한 노숙자들의 일반적 행동과 생활양태, 연령, 사회적/가족적 배경, 주로 모이는 장소 등에 대한 조사

> **plus study**
>
> **탐색적 연구를 위한 질적 연구 방법**
>
> 1. 브레인스토밍(brain storming)
>   전문가 및 이해관계자가 모여 동등한 조건 아래서 무형식으로 토의를 진행하여, 연구자는 토의내용을 통하여 중요·필요한 내용을 얻어내는 방법, 문제를 해결·분석하려는 토의과정에서 창의성 있는 결과를 얻게 된다.
> 2. 델파이(Delphi)
>   특정 주제에 대하여 전문가 패널을 구성하여 추상적인 개념을 세분화하여 반복조사하여 문제를 구체화하는 방법으로 다음과 같은 원칙을 갖는다. 우선 참여하는 전문가는 익명성이 보장되어야 하며, 전문가 개개인의 판단을 집계하여 이를 다시 모든 참여자에게 알려주고 다시 판단을 수정할 수 있도록 피드백(feedback)과정이 필요하다. 또한 응답에 대한 통계적 처리를 통하여 결과를 요약하고, 참여 전문가들의 합의를 최대한 이끌어 내야 한다.
> 3. 표적집단면접법(Focus Group Interview, FGI)
>   전문지식을 보유한 조사자가 소수의 응답자 집단을 대상으로 특정한 주제에 대하여 토론을 벌이게 하고 토론 내용에서 필요한 정보를 획득하는 방법이다. 이때 훈련된 사회자(moderator)가 토론 과정을 진행하는 자연스러운 과정을 통하여 연구자가 미처 생각하지 못한 새로운 사실을 발견하는 데 목적이 있다.

3 기술적 조사설계

(1) 기술적 조사설계의 의의

① 기술적 조사설계는 현상이나 모집단의 특성을 파악하기 위하여 실시하는 조사이다. 횡단적 조사(cross-sectional approach)와 종단적 조사(longitudinal approach)가 있다.
② 기술적 조사는 탐색적 조사에 비해 조사절차와 내용이 체계적이고 정확하며, 일반적으로 실태조사라고도 한다.
③ 조사결과는 특성을 파악하기 쉽게 비율, 빈도 등 모집단의 분포를 파악할 수 있는 결과를 제공한다.

(2) 횡단적 조사
① 고정시점에서 많은 표본을 대상으로 수행하는 조사방법이다.
② 일정 시점을 기준으로 관련된 모든 변수에 대한 자료를 수집하는 연구이다. 현실적인 조사방법상의 문제로 1~2개월에 걸쳐 자료를 수집하는 경우도 있다.
③ 이는 연구대상이 지리적으로 널리 분포되어 있거나, 연구 대상의 수가 많으며, 많은 변수에 대한 자료수집이 필요한 경우 적절하다.
④ 현황조사, 마케팅조사, 시장조사, 여론조사 등의 경우 많이 사용된다.

(3) 종단적 조사
① 종단적 조사는 반복시점에서 적은 표본을 대상으로 이뤄진다.
② 한 연구대상을 일정 기간동안 관찰하여 그 대상의 변화를 파악하는 데 초점을 두고 있으며, 한 대상에 대하여 적어도 두 번 이상을 관찰하거나 자료를 수집한다.
③ 종단적 조사는 어떤 연구의 동태적 변화나 발전과정을 파악하는 데 적절하다.
④ 시계열 연구(time series study), 추세 연구(trend study), 패널 연구(panel study), 코호트 연구(cohort study) 등이 있다.
  ㉠ 시계열 연구 : 같은 대상, 다른 대상에 대해 같은 정보를 시차를 두고 두 번 이상 수집하는 조사
  ㉡ 추세 연구 : 일정기간 동안 광범위한 연구대상의 속성을 여러 시기를 두고 관찰 및 비교하는 방법
  ㉢ 패널 연구 : 패널(panel)이라고 지칭되는 특정 응답자 집단을 정해놓고 이들로부터 장시간에 걸쳐 지속적 또는 주기적으로 필요한 정보를 수집하는 방법. 동일한 응답자에 대한 추적 조사하여 시간의 흐름에 따른 변화를 측정
  ㉣ 코호트 연구 : 일정기간 동안 한정된 부분의 모집단 변화를 연구하는 방법. 특정 경험을 같이하는 사람들이 갖는 특성에 대하여 두 번 이상의 다른 시기에 걸쳐서 비교하는 방법

> **plus study**
> **패널연구의 장단점**
> 1. 장점 : 사건에 대한 변화를 분석 가능, 정확한 정보 제공
> 2. 단점 : 대표성 있는 패널의 구성, 패널의 교체 및 탈락, 동일한 대상으로 인한 정보의 유연성 부족

4 설명적 조사설계

(1) 개요
① 설명적 조사설계는 현상에 대한 인과관계를 설명하고자 할 때 사용되는 조사방법이다.
② 사실의 인과관계를 규명하거나 미래의 사실에 대해 예측하는 조사로서 전자를 진단적 조사, 후자를 예측적 조사라고 한다.
③ 설명적 조사와 기술적 조사의 차이를 예로 보면 다음과 같이 구분된다.

기술적 조사/설명적 조사의 비교(아동학대에 대한 조사 예)	
기술적 조사	부모의 10%가 아동학대하고 있다는 사실 발견
설명적 조사	아동학대의 원인은 무엇인가 발견

④ 인과관계의 세 가지 조건인 시간적 선행성, 상시 연결성(공동변화), 경쟁가설 배제(외생변수 통제)의 조건이 충족되는가에 따라서 완전실험설계, 유사(준)실험설계, 원시실험설계로 나누어진다.

구 분	완전실험설계 (experimental research)	유사실험설계 (quasi-experimental research)	원시실험설계 (non-experimental research)
시간적 선행성	O	O	O
상시 연결성	O	O	X
경쟁가설 배제	O	X	X

(2) 완전실험설계
① 시간적 선행성, 상시 연결성, 경쟁가설 배제(외생변수 통제)가 모두 보장되는 실험설계로 외생변수의 효과가 철저히 통제된다.
② 완전실험설계는 다른 연구자에 의한 재현가능성이 높고, 명확한 인과관계의 검증이 가능하다.
③ 다만 인위적이고, 윤리적인 문제가 지적될 수 있는 대상에 대하여 실험이 어렵다.
④ 완전실험설계는 내적타당도(인관관계에 대한 추론 정도)가 높으나, 외적타당도(일반화 가능 정도)가 낮다.

⑤ 완전실험설계에서 자주 사용되는 종류는 다음과 같다.
   ㉠ 사후측정 통제집단 실험설계(posttest-only control group design) : 먼저 실험처치와 통제처치를 받을 대상을 무작위로 할당 후, 할당된 처치를 시행하고 그에 대한 결과를 관측하는 방법이다. 사전측정이 문제를 일으킬 수 있거나 불가능한 경우 사용하며, 시간과 비용이 절약된다. 두 집단을 무작위화(random)를 통하여 선정하므로 두 집단의 모든 외생변수의 영향은 동일하다고 가정한다.

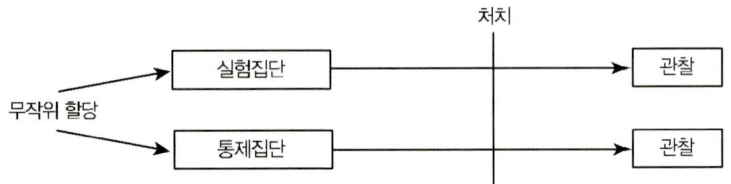

   ㉡ 전후측정 통제집단 실험설계(pretest-posttest control group design) : 실험처치와 통제처치를 받을 대상을 무작위로 할당하고 할당된 처치를 시행하기 전에 먼저 측정을 실시하고, 할당한 처치를 실행한 뒤에 다시 처치의 결과를 관측하는 방법이다. 어떤 처치를 실행하기 전에 사전측정을 포함하고 있어 두 집단의 동질성을 검증할 수 있다. 그리고 실험집단과 통제집단 모두 검사요인을 통제할 수 없다.

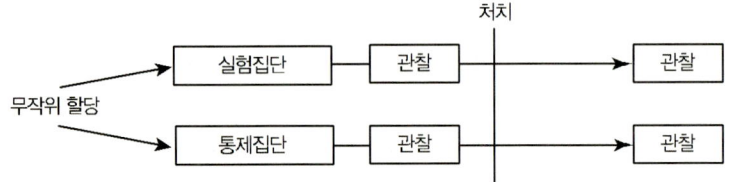

   ㉢ 솔로몬 4단계 : 사후측정 통제집단 실험설계와 전후측정 통제집단 실험설계를 합친 방법이다. 강력한 실험설계 유형으로 각 외생변수별 효과의 분리가 가능하다. 다만 실험/통제집단 선정 및 관리가 어렵고 반복실험이므로 비용이 많이 든다.

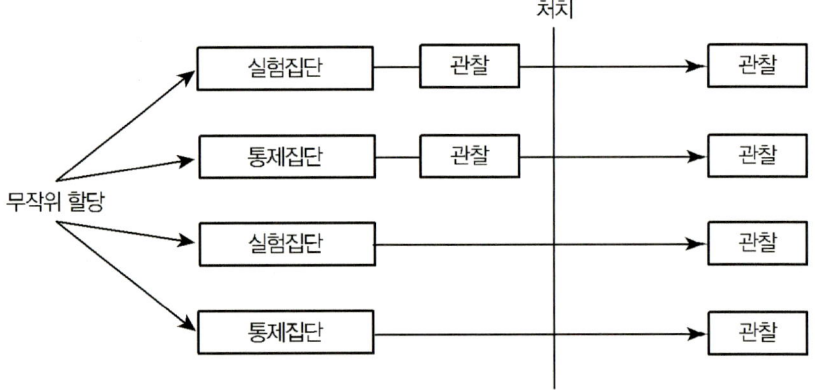

(3) 유사실험설계

① 시간적 선행성, 상시 연결성은 보장되나 경쟁가설 배제가 보장되지 않는 실험설계이다.
② 사회과학분야에서 많이 사용되며, 외적타당도(일반화 가능 정도)가 높으나 내적타당도 (인관관계에 대한 추론 정도)는 낮다.
③ 유사실험설계의 자주 사용되는 종류는 다음과 같다.
   ⊙ 시계열 실험설계(time-series experiment) : 대상의 실험집단과 통제집단을 나눌 수 없을 때 주로 사용되며, 실험변수를 노출시키기 전후에 일정한 기간을 두고 정기적으로 측정하고 대상이 실험변수에 노출되고 일정한 기간을 두고 정기적으로 측정하는 방법이다.
   ⓒ 비동일 통제집단 실험설계(nonequivalent control group design) : 실험조건상 조사대상을 실험집단과 통제집단으로 나눌 수 있으나, 집단에 대한 배정을 무작위화하지 못하는 경우 사용하는 방법이다. 실험변수에 대한 처치를 시행하기 전에 측정을 실시하고 실험변수 처치 후 다시 한 번 측정을 실시하는 면에서 전후측정 통제집단 실험설계와 측정방법은 동일하다. 다만 두 집단에 대한 무작위화가 이뤄지지 않는다. 집단에 대한 무작위화가 이뤄지지 않아 우발적 사건, 주시험효과에 대한 통제가 가능하지만 표본의 편중 및 통계적 회귀 문제는 제거할 수 없다.

(4) 원시실험설계

① 시간적 선행성만 보장되는 실험설계로서 실험변수의 조작이 어렵고, 실험변수의 노출시기와 대상을 무작위할 수 없다. 비실험설계라고 하기도 한다.
② 원시실험설계의 자주 사용되는 종류는 다음과 같다.
   ⊙ 단일사례연구(one-shot case study) : 실험변수에 노출된 하나의 집단에 대하여 사후 결과를 측정하는 방법이다. 실험변수의 조작이나 집단의 무작위화가 이뤄지지 않고, 연구자 임의로 대상을 선정한다. 사전측정이 이뤄지지 않아 실험의 순수한 효과를 측정할 수 없으며 외생변수의 통제가 불가능하기 때문에 내적/외적 타당도가 모두 낮다.
   ⓒ 단일집단 전후측정설계(one-group pretest-posttest design) : 단일집단에 대하여 실험변수가 가해지기 전에 결과변수에 대한 측정을 실시하고 실험변수가 처치된 후 다시 결과변수의 변화를 측정한다.
   ⓒ 집단비교설계(static-group comparison) : 어떤 처치를 받은 집단을 실험집단으로, 받지 않은 집단(또는 다른 처치를 받은 집단)을 통제집단으로 하여 결과를 비교하는 방법이다. 예를 들어 광고노출효과를 보고자 하는 연구에서, 광고에 노출된 집단을 실험집단으로 광고에 노출되지 않은 집단을 통제집단으로 하고 결과변수를 측정한다. 이러한 집단비교설계는 실험이 간편하고 시간과 비용이 저렴하여 마케팅에서 자주 사용된다.

적중예상문제

01 실험방법에 비해 설문조사가 갖는 장·단점을 쓰시오.

02 포커스 그룹의 정의를 기술하고, 다른 조사연구와 차이점을 쓰시오.

03 실험의 핵심요소 중 2가지를 쓰시오.

04 조사연구와 비교해서 참여관찰의 단점 3가지를 서술하시오.

05 질문지법, 실험법, 관찰법, 문헌연구의 의미에 대하여 서술하시오.

해설

문제 01
1. 장점
   많은 사람들로부터 정보 획득, 한 번의 조사로 다양한 주제에 대한 정보 획득, 현실의 상태를 반영하는 외적타당성이 높은 자료, 비용/시간 절감 가능
2. 단점
   변수에 대한 통제가 곤란하므로 내적타당성 결여 가능, 한 시점에 행해지므로 시계열 자료 X, 응답자 심리적 상태를 파악할 수 없는 피상적 자료

문제 02
1. 포커스 그룹 면접법(집단심층 면접법)
   ① 특정 주제에 대해 관련 분야에 대한 경험이나 지식을 갖추고 있다고 판단되는 응답자 5~7명을 모아 놓고 사회자의 통제하에 자유로운 발언, 토론 등을 하게 하며 조사자는 모니터링을 통해 결과를 얻는 방법
   ② 장점 : 심도 있는 정보 획득 가능, 그룹 내의 시너지효과 획득 가능
   ③ 단점 : 표본의 대표성 X, 사회자의 능력에 좌우, 사회자의 주관 개입 우려, 조사자의 편의대로 해석 우려
2. 다른 조사연구와의 차이점
   표본을 무작위로 선출하지 않으며 일정한 조사도구나 질문지를 사용하지 않고, 조사환경이나 여건의 표준화에 대한 부담도 없다.

문제 03
1. 무작위 배정
   독립집단과 종속집단에 배정될 기회가 동일한 조건하에서 대상자를 이들 두 집단 중 하나에 배정하는 방법
2. 짝짓기(매칭)
   연구의 가설과 관련이 있는 변수를 중심으로 유사한 것끼리 둘씩 짝을 지은 다음 하나는 독립집단에 하나는 종속집단에 배정함으로써 제3의 요인에 대해 두 집단을 동등화

문제 04
1. 표본을 추출하여 조사하는 조사연구에 비해 참여관찰은 관찰자가 직접 관찰한 결과를 바탕으로 연구를 하므로 비용과 시간소요가 큼
2. 참여관찰은 관찰자의 주관이 개입될 여지가 크며, 사적인 영역이나 관심사에 대한 자료를 수집하기 곤란
3. 참여관찰을 통해 방대한 양의 자료를 수집할 수는 있지만 표준화되어 있지 않으므로 통계적 처리가 곤란하고 일반화하기 어려움

문제 05
1. 질문지법
   연구자가 조사하고자 하는 일련의 질문들을 체계적으로 담고 있는 질문지를 이용하여 응답자에게 배포하여 스스로 기입하게 하는 방법으로 사회조사나 마케팅 조사에서 가장 널리 이용되는 조사방법. 연구조사과정에서 조사의 목적에 맞는 유용한 자료를 수집하는 수단이 되며 이를 통해 얻어진 자료를 이용하여 결론을 도출하는 중요한 조사방법이다.
2. 실험법
   다른 조건들을 통제하였을 때 하나의 변수가 다른 변수에 어떠한 영향을 미치는지 알아보는 방법. 주로 자연과학 분야에서 널리 사용되는 것이지만, 심리학이나 교육학, 사회학 등 사회과학 분야에서도 많이 활용되고 있다.
3. 관찰법
   조사자가 연구대상자들의 생활공간에 직접 들어가 그 현상을 관찰하면서 기술하는 방법이다.
4. 문헌연구
   문헌 등에 기록되어 있는 자료들을 통해 과거 또는 현재의 현상을 기술하고 설명하는 방법으로 주로 본 연구에 대한 예비연구의 성격으로 이용한다.

06 코호트연구와 패널연구의 유사점과 차이점에 대하여 서술하시오.

07 예비조사를 하는 이유에 대해 서술하시오.

08 예비조사, 탐색조사, 사전조사의 의미를 쓰시오.

09 조사연구와 비교해서 참여관찰의 단점 3가지를 서술하시오.

해설

문제 06

1. 유사점
  코호트 연구와 패널연구 모두 시계열분석의 일환으로 상이한 시점 간에 동태적 변화현상을 연구하기 위한 조사방법
2. 차이점
  패널연구는 동일한 구성원의 집단이 어떻게 변화하였는지 주기적으로 관찰하는 조사라면, 코호트연구는 집단의 구성원은 변화하되 동일한 경험적 특성을 가진 집단의 변화를 연구
3. 코호트연구와 패널연구의 예
  ① 코호트 연구의 예 : 서울대 행정대학원의 졸업생 진로(5년마다)
  ② 패널연구의 예 : 2000년 서울대 행정대학원 졸업생의 진보/보수화(5년마다)

문제 07

실제 조사하고자 하는 연구문제에 대한 정보나 지식이 없을 경우 질문지 및 면접조사 등 실태조사의 도구를 초안하기 위하여 실시하는 조사로, 주로 개방형 질문지를 이용하여 비구조적 조사인 탐색조사 또는 각종 문헌을 이용한 문헌조사, 전문가조사 등으로 이루어진다.

문제 08

1. 예비조사
  데이터의 수집 및 본 조사 전에 조사대상에 대한 필요한 정보수집과정을 의미한다.
2. 탐색조사
  연구 주제에 대한 자료를 수집할 목적으로 조사문제의 규명, 연구가설을 명확히 하기 위하여 실시하는 조사를 의미한다.
3. 사전조사
  기획 및 설계를 마친 조사계획의 적절성을 알아보기 위한 조사로, 본 조사에 들어가기 전에 실시하는 소규모 조사를 의미한다.

문제 09

1. 표본을 추출하여 조사하는 조사연구에 비해 참여관찰은 관찰자가 직접 관찰한 결과를 바탕으로 연구를 하므로 비용과 시간소요가 큼
2. 참여관찰은 관찰자의 주관이 개입될 여지가 크며, 사적인 영역이나 관심사에 대한 자료를 수집하기 곤란
3. 참여관찰을 통해 방대한 양의 자료를 수집할 수는 있지만 표준화되어 있지 못하므로 통계적 처리가 곤란하고 일반화하기 어려움

05 표본추출

1. 표본추출의 의의

표본(sample)은 모집단(population) 전체로부터 선택된 일부를 의미하며, 모집단으로부터 표본을 선택하는 과정을 표본추출(sampling)이라고 한다. 표본추출에서 주된 관심사는 모집단의 성격을 대표할 수 있을 표본을 어떻게 추출할 수 있을 것이냐이다.

(1) 모집단
연구의 대상이 되는 집단으로 일정한 속성을 가지고 있는 대상들의 확정된 집합이다. 모집단 내 각 원소들의 속성은 수(數)로 대응하여 표현할 수 있다. 즉, 측정이 가능하다. 통계학적으로 모집단은 확률분포를 갖는다.

(2) 전수조사
전수조사는 조사대상이라고 생각되는 모든 대상, 모집단 전부를 조사하는 방법이다. 전수조사인 경우 비표본 오차의 문제가 크다. 우리나라의 경우 5년마다 실시하는 인구주택총조사가 전수조사의 대표적인 예이다.

(3) 표본조사의 장점
① 비용과 시간의 절약
② 비표본 오차를 줄여 전수조사보다 정확한 자료를 얻을 수 있다.
③ 파괴적인 조사에 이용(표본 추출 시 파괴되는 경우 : 타이어 마모도 조사)
④ 비용·시간의 절약으로 더 많은 조사항목을 포함한 정보획득

(4) 표본조사의 단점
① 모집단에 대한 대표성이 부족할 수 있다.
② 모집단이 작은 경우 불필요하다.
③ 복잡한 표본설계를 요구하는 경우, 시간과 비용이 많이 든다.
④ 표본 오차가 발생한다.

2 표본추출의 과정

(1) 개관
표본은 다음의 과정을 통하여 추출된다.
① 모집단의 확정
② 표본추출틀 결정
③ 표본추출방법 결정
④ 표본크기 결정
⑤ 표본추출

(2) 모집단의 확정
① 모집단의 개념 : 연구대상이 되는 집단
② 모집단 규정 : 대상이 되는 집단의 시간, 범위, 내용을 명확하게 규정
③ 모집단 규정의 예 : 대통령 지지율
  ㉠ 시간 : 2015.01.01~2015.02.28
  ㉡ 범위 및 내용 : 대한한국 서울시에 거주하는 만 19세 이상의 사람

(3) 표본추출틀(표본프레임 : sampling frame) 결정
① 표본추출틀 : 모집단의 구성요소나 표본추출 단위가 수록된 목록
② 이상적인 표본추출틀 : 모집단을 잘 대표한다.
③ 표본추출틀 오차 : 실제 모집단과 표본추출틀이 일치하지 않아 발생하는 오차
④ 표본추출틀 오차의 예 : 선거여론조사에서 표본추출틀로 전화번호부를 사용하는 데, 다음과 같은 문제가 발생할 수 있다.
  ㉠ 전화를 보유하지 않은 유권자
  ㉡ 전화는 가구별로 가입되어 있어 한 가구에 여러 유권자가 존재 가능
  ㉢ 투표권이 없는 미성년자, 회사의 전화번호 등 유권자가 아닌 대상도 포함
⑤ 표본추출틀 오차를 줄이는 방법
  ㉠ 표본프레임에 맞게 모집단을 재규정
  ㉡ 표본추츨틀에서 부적절한 대상을 제외

(4) 표본추출방법 결정
다음 표본추출방법에서 자세히 설명하도록 한다.

(5) 표본 크기 결정

표본크기가 커지면 비표본오차가 증가하며 표본크기가 적으면 표본오차가 증가한다. 따라서 표본의 크기는 다음을 고려하여 결정한다.

① 모집단의 성격
  ㉠ 모집단의 규모 : 모집단의 규모가 작을수록 표본비율이 커야 한다. 우리나라 성인 대상 여론조사는 일반적으로 1,000~1,500명을 추출한다.
  ㉡ 모집단의 이질성 여부 : 모집단이 이질적인 경우 표본크기가 더 필요하다.
② 연구의 목적과 방법
  ㉠ 분석할 변수 및 범주의 수 : 분석하려는 변수가 많거나, 이산형 변수들의 범주의 조합이 많을수록(예 4종류의 종교와 성별을 고려한다면 범주가 8개가 되며 각 범주별로 일정한 표본을 요구한다.) 표본이 필요하다.
  ㉡ 허용오차의 크기 : 표본크기는 허용오차에 영향을 준다. 모수를 추정하려고 하는 신뢰한계가 정해져 있다면 이를 감안하여 표본크기를 정해야 한다.
③ 시간과 비용 : 조사에 소요되는 비용과 시간을 고려하여 표본크기를 결정해야 한다.
④ 허용오차(e)와 표본크기(n)의 관계식
  ㉠ 일반적인 설문조사의 경우 선택항목에 대한 비율을 추정하므로 분산 $\sigma^2 = p(1-p)$와 같이 계산한다.
  ㉡ 관찰치(the observed percentage)는 보통 최대 표본오차를 구하기 위해서 $p = 0.5$를 사용한다.
  ㉢ 관계식에 의하여 원하는 허용오차를 정하였을 때 표본크기를 계산할 수 있다. 또한, 표본크기가 주어졌을 때, 허용오차를 계산할 수 있다.

$$n = \frac{Z_{\alpha/2}^2 \times \sigma^2}{e^2}, \ e = Z_{\alpha/2}\sqrt{\frac{\sigma^2}{n}}$$

3 표본추출방법

(1) 확률 표본추출방법
① 단순무작위표본추출(Simple Random Sampling; SRS)
  ㉠ 개념 : 모집단을 구성하는 각 요소에 대하여 표본으로 선택될 확률을 동등하게 부여하는 방법이다.
  ㉡ 예 모집단의 크기가 N이고 표본의 크기가 n이면 각 구성요소가 뽑힐 확률은 n/N으로 동일하다.
  ㉢ 기본조건
    ⓐ 단순무작위표본추출은 모든 표본추출 단위는 표본으로 추출될 기회가 동일하게 부여되며, 정확한 목록표(표본추출틀)가 작성·확보되어야 한다.
    ⓑ 각 구성요소에 고유번호를 부여할 수 있어야 한다.
    ⓒ 표본크기 결정 후, 무작위(추첨, 난수표 등)로 표본 추출이 가능해야 한다.

ㄹ 장점
　　　　ⓐ 모집단에 대한 사전 지식을 요구하지 않는다.
　　　　ⓑ 외적 타당도를 통계적으로 추론할 수 있다.
　　　　ⓒ 대표집단(표본)을 쉽게 얻을 수 있다.
　　　　ⓓ 분류에 따른 오류 가능성이 낮다.
　　　ㅁ 단점
　　　　ⓐ 모집단에 대한 완전한 목록이 필요하다.
　　　　ⓑ 다른 표본추출방법에 비해 표본오차가 큰 경향이 있다.
　　　　ⓒ 표본추출방법에 여러 단계가 포함되면 비용이 증가한다.
② 계통표본추출(systematic sampling)
　　ㄱ 개념 : 모집단의 구성요소들이 배열된 목록에서 매 k번째 구성요소를 추출하여 표본을 형성하는 방법이다. 이때 표본추출 간격은 모집단의 수를 표본크기로 나눈 값을 이용한다.
　　ㄴ 대표적인 사례 : 대선이나 총선과 같은 선거에서 선거 후 유권자를 대상으로 하는 출구조사(exit poll)가 대표적인 계통표본추출의 예이다. 각 투표소별로 일정한 간격으로 투표를 마친 유권자에게 어느 후보에게 투표하였는지 조사한다.
　　ㄷ 계통추출의 순서
　　　　ⓐ 모집단의 규모 파악
　　　　ⓑ 표본크기를 결정
　　　　ⓒ 모집단을 형성하는 구성단위의 배열 및 순서 파악
　　　　ⓓ 무작위로 선정된 k번째마다 표본을 추출
　　ㄹ 장점
　　　　ⓐ 표본의 선정이 쉬움
　　　　ⓑ 모집단일 큰 경우, 모집단 전체에 걸쳐 공평하게 표본을 추출(대표성이 높음)
　　ㅁ 단점
　　　　ⓐ 모집단에 대한 명부가 필요하다(출구조사는 필요 없음).
　　　　ⓑ 매 k번째 조사단위의 사이에 있는 대상이 무시된다.
　　　　ⓒ 모집단의 배열이 주기성을 갖는 경우 대표성이 심하게 저해된다.
③ 층화표본추출(stratified sampling)
　　ㄱ 개념 : 모집단이 일정한 기준에 따라 2개 이상의 동질적인 층(소집단)으로 구분될 때, 각 층별로 단순무작위추출방법을 적용하는 방법이다.
　　ㄴ 장점
　　　　ⓐ 중요 집단은 빼놓지 않고 표본에 포함 가능
　　　　ⓑ 동질적 대상의 표본을 줄이고 이질적인 층의 표본을 확보하여 대표성 확보
　　　　ⓒ 표본오차(표집오차)가 감소
　　ㄷ 단점
　　　　ⓐ 모집단에 대한 지식이 필요하다(층에 대한 지식이 필요).

ⓑ 이질적인 층을 구분할 수 있는 목록이 필요하며, 없을 경우 목록 작성에 비용과 시간이 소요된다.
ⓒ 층별로 응답률이 차이가 존재할 수 있음
ⓔ 유의사항
ⓐ 각 표본추출단위는 반드시 하나의 층에 소속된다.
ⓑ 층화의 기준은 조사목적과 관련이 있어야 한다.
ⓒ 층화의 기준 또는 변수에 대한 자료가 명확해야 한다.
ⓓ 각 층 내에서 표본추출 시에는 반드시 단순무작위추출방법을 사용
ⓔ 층화의 기준이 너무 많으면 안 된다.
ⓜ 종류
ⓐ 비례 층화표본추출(proportional stratified sampling) : 모집단에서 각 층이 차지하는 크기에 비례하여 각 층에서 추출되는 표본크기를 할당하여 표본을 추출하는 방법
ⓑ 비비례 층화표본추출(disproportional stratified sampling) : 표본추출의 능률을 위하여 각 층에 상이한 가중값을 주어서 추출하는 방법, 가령 동질적인 층은 이질적인 층보다 적은 수의 표본으로도 대표성 확보가 가능하다고 보고 이질적인 층보다 더 적은 수의 표본을 할당한다.
ⓗ 표본 배분의 예
ⓐ 비례배분법(proportional allocation) : 층화추출에서 가장 많이 사용되는 방법으로 각층 내의 모집단 크기에 비례하여 표본크기를 배분하는 방법으로 비례 층화표본추출을 위한 각층별 표본크기 배분 방법이다.
ⓑ 배분공식

$$n_h = \frac{N_h}{\sum_{i=1}^{H} N_h}, \ h = 1, 2, ..., H \ (h\text{는 각 층의 번호를 의미})$$

ⓒ 비례배분의 예

○○지역의 종업원 규모에 따른 각 사업체조사를 진행하고자 한다. 이때, 지역 내 종업원 규모가 아래 표와 같을 때, 규모(종업원 수)를 기준으로 층화를 진행하여 500개 표본 추출을 비례배분법으로 표본을 배정하시오.

층	규모(종업원 수)	기업의 수
1	50인 미만	15,000
2	50인 이상 100인 미만	5,000
3	100인 이상 300인 미만	2,000
4	300인 이상	500

- 층1 : $n_1 = 500 \times \dfrac{15,000}{25,000} = 300$
- 층2 : $n_2 = 500 \times \dfrac{7,000}{25,000} = 140$
- 층3 : $n_3 = 500 \times \dfrac{2,500}{25,000} = 50$
- 층4 : $n_4 = 500 \times \dfrac{500}{25,000} = 10$

④ 집락표본추출(cluster sampling)
  ㉠ 개념 : 모집단을 이질적인 구성요소를 포함하는 여러 개의 집락을 구분하고 구분된 집단을 표본추출단위로 하여 무작위로 몇 개의 집락을 표본으로 추출하고, 그 집락을 전수조사하거나 단순무작위 표본추출하는 방법이다.
  ㉡ 장점
    ⓐ 모집단의 일부만 고려 가능
    ⓑ 광범위 모집단에 적용 가능
    ⓒ 집락을 잘 규정하면 비용이 절감
    ⓓ 집락의 특성과 모집단의 특성을 비교 가능
  ㉢ 단점
    ⓐ 표본오차가 발생
    ⓑ 각 집락의 이질성 확보를 위한 기준 설정의 어려움

> **plus study**
> 일반적으로 표본크기가 같다면 표본오차의 크기는 층화표본추출, 단순무작위표본추출, 집락표본추출의 순이다.

층화표본추출과 집락표본추출의 특징

		표본추출법	
		층화표본추출	집락표본추출
공통점		확률표본추출법, 모집단을 하위 집단으로 구분	
차이점	표본추출단위	하위집단의 구성요소	하위집단 전체 또는 구성요소
	하위집단 구성	동질적	이질적
	집단 간 차이	이질적	동질적

(2) 비확률 표본추출방법

① 편의/임의표본추출(convenience sampling or accidental sampling)
  ㉠ 개념 : 정해진 크기의 표본이 선정될 때까지 연구자가 닥치는 대로 모집단에서 표본을 추출하는 방법이다. 즉, 연구자가 쉽게 이용한 대상을 표본으로 선택하는 방법이다.
  ㉡ 장점
    ⓐ 시간과 비용이 절약된다.
    ⓑ 신속한 조사결과를 얻을 수 있음
  ㉢ 단점
    ⓐ 모집단에 대한 대표성 결여(연구 결과의 일반화가 어려움)
    ⓑ 표본이 편중되기 쉬움
    ⓒ 오차의 발생을 방지하거나 평가하기 어려움

② 판단표본추출(judgment sampling)
  ㉠ 개념 : 연구자가 연구목적상 모집단을 가장 잘 대표한다고 생각하는 표본을 선정하는 방법이다. 연구자가 모집단에 대한 사전지식을 가지고 있을 때 적용 가능하다.
  ㉡ 장점
    ⓐ 비용이 적게 들고 편리하다.
    ⓑ 연구설계와 관련이 있는 요소들을 표본에 포함 가능
    ⓒ 할당표본추출보다 연구목적을 충족하는 요소를 정밀하게 고려 가능하다.
  ㉢ 단점
    ⓐ 모집단에 대한 충분한 지식을 요구한다.
    ⓑ 표본추출에 대한 오차 계산이 불가능
    ⓒ 오차의 발생을 방지하거나 평가하기 어려움

③ 할당표본추출(quota sampling)
  ㉠ 개념 : 추출된 표본이 모집단의 특성을 잘 대표할 수 있도록 모집단의 특성을 나타내는 하위집별로 집단을 분류한 후 표본을 추출하는 방법이다. 그러나 마지막 단계에서 조사원의 판단에 따라 할당표의 할당량을 채우는 방법이다(무작위 표본추출이 아님).
  ㉡ 장점
    ⓐ 비용이 저렴하고 신속하다.
    ⓑ 임의표본추출 또는 판단표본추출법에 비하여 대표성이 높음
    ⓒ 다양한 집단을 적절하게 대표하는 층화의 효과가 있음
  ㉢ 단점
    ⓐ 모집단의 특성에 대한 최신 자료 획득이 어려움
    ⓑ 표본추출 시 조사자의 편견이 개입될 가능성이 높음
    ⓒ 작위적 표본추출로 인한 오차가 발생

④ 눈덩이표본추출(snowball sampling)
  ㉠ 개념 : 연구자가 임의로 선정한 제한된 표본에 해당되는 사람들로부터 새로운 표본대상을 추천받고, 이 과정을 되풀이함으로써 표본을 누적해가는 방법이다(눈덩이 굴리듯이 표본을 누적시킴).
  ㉡ 장점
    ⓐ 탐색적 연구에서 유용하다.
    ⓑ 연구자가 특수한 모집단의 구성원 파악을 못하고 있을 때(표본프레임이 없을 때) 유용하다.
  ㉢ 단점
    ⓐ 일반화 가능성이 낮음
    ⓑ 계량화가 어려움

확률표본추출과 비확률표본추출의 비교

확률표본추출	비확률표본추출
무작위 표본추출	인위적 표본추출
편의 발생하지 않음	편의 발생
일반화 가능	일반화 어려움
표본오차의 추정 가능	표본오차의 추정 불가능
시간과 비용이 많이 듦	시간과 비용이 적게 듦

적중예상문제

01 층화추출법과 집락추출법에 대해 설명하고 특징을 기술하시오.

02 모집단의 크기, 신뢰구간, 유의도, 모집단의 분산 등의 통계적 유의성 외에 표본의 크기를 결정하는 데 고려해야 할 요인 5가지를 쓰시오.

03 군집(집락)표본추출의 추출방법을 예를 들어 설명하고, 장단점을 쓰시오.

04 층화표집의 특징 중 5가지를 쓰시오.

해설 문제01

1. 층화표본추출
    모집단을 일정한 기준에 따라 2개 이상의 동질적인 층으로 구분하고, 각 층별로 단순 무작위추출방법을 적용하는 방법이다. 모집단에 대한 기존지식을 이용하여 모집단을 몇 개의 소집단으로 분류하되 각 집단내의 구성요소들이 전체 모집단의 구성요소보다 더 동질적으로 구성한 후에 무작위 표본추출을 적용하므로 표본의 표준오차를 줄일 수 있고, 표본의 대표성은 높아진다. 표본추출단위는 구성요소이며, 부분집단은 이질적, 집단 내는 동질적이다.
2. 집락표본추출
    모집단을 이질적인 구성요소를 포함하는 여러 개의 집락으로 구분한 다음 구분된 집락을 표출단위로 하여 무작위로 몇 개의 집락을 표본으로 추출하고 이를 표본으로 추출된 집락에 대하여 그 구성단위를 전수조사하거나 무작위 표출한다. 표본추출단위는 집락이며, 부분집단은 동질적, 집단 내는 이질적이다.

문제02

1. 모집단의 동질성 정도
    모집단의 요소들이 유사한 속성을 많이 갖고 있다면 표본의 크기는 작아도 된다.
2. 표집방법 및 조사방법의 유형
    확률표집의 구체적인 표집방법에 따라 요구되는 신뢰도와 정확도 수준이 달라지고 따라서 필요한 표본의 크기도 달라진다.
3. 분석범주 및 변수의 수
    한 변수내의 범주의 수가 많아질수록, 각각의 범주에 일정한 수의 표본을 확보해야 하기 때문에, 전체 표본의 수는 증가하게 된다. 또한 연구하고자 하는 변수의 수가 증가할수록 표본의 크기는 커져야 한다.
4. 이론과 표본설계
    표본을 선정 시 연구문제의 특성, 기존의 연구결과나 검증된 이론 등을 고려하여 표본을 선정하면 작은 크기의 표본이라도 의미 있는 정보를 제공할 수 있다.
5. 소요되는 비용, 시간, 인력
    실제적으로 가장 큰 영향을 미침

문제03

1. 군집(집락) 표본추출의 예
    서울시 고등학생의 흡연율을 조사하기 위해 무작위로 몇 개의 고등학교를 표본 추출하여 흡연율을 조사
2. 장·단점
    ① 장점 : 몇 개의 집락에만 집중하면 되므로 비용과 시간 절약 가능, 집락의 특성을 평가하고 모집단의 특성과 비교 가능
    ② 단점 : 하나의 단일표본이 아니라 두개 이상의 표본이므로 표집오차가 커질 수 있고, 집락이 동질적이라면 오차의 가능성이 큼

문제04

1. 층간은 이질적이나 층내는 동질적
2. 층을 잘 분류하였을 경우, 적은 수의 표본으로도 높은 대표성 확보
3. 모집단의 특성을 알고 있어야 하고, 층화의 근거가 되는 명부가 필요
4. 중요한 집단은 빼놓지 않고 포함시킬 수 있음
5. 층화과정에서 비용이나 시간이 소요됨

05 층화표본추출의 의미와 장·단점을 각각 2개씩 서술하시오.

06 확률표본추출의 의미를 비확률표본추출의 의미와 비교하여 서술하고, 확률표본추출의 장점을 서술하시오.

07 표본추출방법 중 할당표본추출에 대하여 설명하고, 할당표본추출법이 가지는 장·단점에 대해서 서술하시오.

08 통계추정치와 모수치가 다른, 즉 오차가 발생하는 근원은 무엇이라고 생각하는가?

해설 문제 05

1. 층화표집(층화표본추출)의 의미
   모집단을 일정한 기준에 따라 2개 이상의 동질적인 층으로 구분하고, 각 층별로 단순 무작위추출방법을 적용하는 방법
2. 장점과 단점
   ① 장점
      ㉠ 모집단을 상호배타적인 집단으로 층화하므로 표본의 대표성이 높아지고 층별 특성을 파악할 수 있다.
      ㉡ 단순무작위표본추출보다 대표성을 높일 수 있다.
   ② 단점
      ㉠ 층화를 하기위해 많은 정보가 필요하다.
      ㉡ 층화가 너무 복잡하거나 잘못된 경우 오히려 표본오차가 더 커질 수 있다.
      ㉢ 시간과 비용이 증가할 수 있다.

문제 06

1. 확률표본추출
   모집단의 모든 구성요소가 표본으로 선정될 확률이 알려져 있고 그 확률이 0이 아닌 경우에 사용할 수 있는 표본추출방법으로 단순무작위표본추출, 계통표본추출, 층화표본추출, 군집표본추출 등이 있다.
2. 비확률표본추출
   모집단 요소의 추출확률이나 모집단에 대한 정보나 목록이 없을 때 이용되는 표본추출방법으로 임의표본추출, 판단표본추출, 할당표본추출, 연속적 표본추출, 눈덩이표본추출 등이 있다.
3. 확률표본추출의 장점
   표본오차의 추정이 가능하고 분석결과를 일반화하기가 쉽다.

문제 07

1. 할당표본추출
   모집단의 특성을 고려하여 층화집단을 선정하고 층화집단별로 구성원 수에 비례하게 표본크기를 할당하는 방법으로 선거에 관련된 조사나 일반적인 여론조사에서 많이 사용되는 방법이다.
2. 장점과 단점
   ① 장점
      ㉠ 같은 크기의 무작위 표본보다 적은 비용으로 표본을 추출할 수 있다.
      ㉡ 각 집단을 적절히 대표하게 하는 층화의 효과가 있다.
      ㉢ 시간이 적게 소요된다.
   ② 단점
      ㉠ 무작위를 보장하는 수단의 결여로 일반화에 문제가 있다.
      ㉡ 조사자가 접근하기 쉬운 사람들만 조사할 가능성이 많다.
      ㉢ 모집단에 대한 정보부족으로 모집단을 층화하는 과정에서 오차가 발생할 가능성이 높다.
      ㉣ 외생변수를 통제하기 곤란하다.

문제 08

1. 오류에는 표집오류와 측정오류가 있으며 표집오류는 표본의 대표성에서 발생하는 오류이다. 즉, 아무리 정교하게 추출된 표본이더라도 모집단과 동일할 수는 없기 때문에 표집오류는 제거할 수 없는 오류이다. 따라서 표본을 분석하여 도출한 통계추정치와 모집단의 통계량인 모수치는 다르게 되는 것이다.
2. 측정오류는 측정의 타당도와 관련해서 측정할 것을 측정하는지에 관한 체계적 오류와 일관성 있는 결과를 얻을 수 있는 지와 관련된 측정의 신뢰도에 영향을 미치는 비체계적 오류로 구분된다.

09 표본틀(sample frame)에 대해 설명하고, 표집 오차가 생기는 경우와 발생 억제 방법을 논하시오.

10 단순 무작위 추출의 장·단점은 무엇인가?

11 비확률 표본추출을 하는 경우를 4가지 쓰시오.

12 계통표본추출방법의 의미에 대해 설명하고, 장점과 단점을 설명하시오.

13 할당표본추출 크기 구하기

전체 1,000명 중 남자 400명, 여자 600명
20대 40%, 30대 40%, 40대 이상 20%

	남자	여자	전체
20대			
30대			
40대 이상			
전체			200

해설 문제 09

1. 표본틀(sample frame) : 표본 추출단위를 목록화한 것(=추출대장)
2. 표본 오차가 생기는 경우 : 표본 프레임이 모집단내에 포함될 때 / 모집단이 표본 프레임 내에 포함될 때 / 포함관계에 있지 않고 일부분만 일치할 때
3. 억제방법 : 표본 프레임에 맞게 모집단 재규정 / 자료 수집 과정에서 선별질문을 통해 조사 시작 전 부적격 연구대상 제거 / 자료 분석 과정에서 수집된 자료에 가중치를 적용하여 자료 조정

문제 10

1. 장점 : 모집단에 대한 사전지식 불필요, 높은 대표성을 확보 가능
2. 단점 : 모집단에 대한 기존지식 사장, 층화표출에 비해 표집오차가 클 우려

문제 11

1. 연구대상이 표본으로 추출될 확률을 모를 때
2. 모집단에 대한 정보나 목록이 없을 때
3. 모집단을 잘 모르거나 조사 대상자가 잘 띄지 않아 일상적인 표본추출방법으로는 현실적으로 조사수행이 어려운 경우에 사용
4. 시간이나 비용을 절약하기 위하여
5. 신속하게 정보를 얻기 위하여

문제 12

1. 의미
   추출단위에 일련번호를 부여하고 이를 등간격으로 나눈 후 첫 구간에서 하나의 번호를 랜덤으로 선정한 다음 등간격으로 떨어져 있는 번호들을 계속하여 추출해 나가는 방법
2. 장점과 단점
   ① 장점
      ㉠ 표본의 선정이 쉬움
      ㉡ 모집단일 큰 경우, 모집단 전체에 걸쳐 공평하게 표본을 추출(대표성이 높음)
   ② 단점
      ㉠ 모집단에 대한 명부가 필요하다(출구조사는 필요없음).
      ㉡ 매 k번째 조사단위의 사이에 있는 대상이 무시된다.
      ㉢ 모집단의 배열이 주기성을 갖는 경우 대표성이 심하게 저해된다.

문제 13

성별과 연령대별로 표본을 할당해야 한다. 모집단에 대한 성별과 연령대별 비율을 알고 있으므로 적절하게 표본크기를 분배해야 한다.
남자는 전체의 40%, 여자는 전체의 60%이므로 다음과 같은 표본이 배정된다.

예 남자 + 20대의 표본크기 = $0.4 \times 0.4 \times 200 = 32$

	남자	여자	전체
20대	32	48	80
30대	32	48	80
40대 이상	16	24	40
전체	80	120	200

14 신뢰구간을 이용하여 표본 크기를 정하는 것의 의미와 그 과정에 대해서 설명하시오.

15 층화표본추출 방법의 과정을 3단계로 구분하여 설명하시오.

해설 문제14

1. 의미
   신뢰구간의 크기가 표본의 크기와 분산의 정도에 의해서 결정된다는 것을 역으로 이용하는 방법
2. 과정
   ① 허용할 수 있는 오차의 양 결정(최대한으로 허용할 수 있는 표본평균과 모집단평균의 차이)
   ② 신뢰도의 수준 결정(예 90%)
   ③ 신뢰도에 따른 Z값(standard error) 결정
   ④ 모집단의 표본오차를 추정
   ⑤ 표본크기 결정

문제15

1. 조사대상 모집단을 특징에 따른 상호 독립적인 하위집단으로 나눈다.
2. 각 소집단들에서 얻을 표본의 비율을 정해 각 소집단별 표본의 수를 결정(비례, 불비례)한다.
3. 각 소집단별로 단순무작위 추출한다.

06 설문지 작성과 자료 조사

1 설문지 작성

① 설문지의 필요성 : 조사연구에서 설문지를 이용하면 다음과 같은 장점을 갖는다.
　㉠ 표준화된 설문지 이용을 통하여 결과의 비교 가능성을 높일 수 있다.
　㉡ 빠른 시간에 핵심적인 정보 취득이 가능하다.
　㉢ 객관성 확보가 가능하다.

② 설문지 작성 절차
　㉠ 필요한 정보 규명 : 가설검증을 위해 측정해야 할 개념과 현상의 기술을 위해 필요한 변수들을 규정한다.
　㉡ 자료수집방법의 결정 : 우편, 전화, 면접 등 어떤 자료수집방법을 사용할 것인가를 결정해야 하며, 설문지의 형식 및 양을 결정한다.
　㉢ 설문문항 내용의 결정 : 필요한 개념(변수)을 측정하기 위해서 어떤 내용의 문항이 포함되어야 할지 결정한다.
　㉣ 질문형식의 결정 : 내용이 결정되면 응답형식을 개방형 또는 폐쇄형으로 할지, 또는 여러 가지 질문의 형태를 결정한다.
　㉤ 문항 작성 : 문항을 명확하게 표현한다. 이때 문항이 편향되거나 유도적인 성향을 보이면 안 된다.

> **plus study**
>
> **질문의 원칙**
> 1. 가치중립성
>   편견이 개입된 질문이 없어야 한다(조사자의 가치가 개입되면 안 된다). 특정 대답을 암시하거나 유도하면 안 된다.
> 2. 균형성
>   상반된 의견을 묻는 경우 한쪽으로 치우치지 않도록 같은 비중을 가진다.
> 3. 응답범주
>   응답범주 간의 거리가 동일해야 하며, 상반되는 응답 간의 균형이 유지되어야 한다.
> 4. 간결성
>   질문은 간결해야 하며 부연설명이나 단어의 중복된 사용을 피한다.
> 5. 명료성
>   묻는 내용의 뜻이 애매모호하거나 상이한 해석의 여지가 있는 단어사용을 피한다.
> 6. 대응성
>   하나의 항목에 하나의 내용을 질의한다.

　㉥ 문항의 순서 배열 : 문항의 순서는 응답하기 쉬우면서 솔직한 응답이 가능하도록 배열한다. 일반적으로 처음에는 간단하고 흥미를 주는, 응답자가 편하게 응답할 수 있는 질문을 배치하고 설문지 후반에 민감한 질문을 배치한다.
　㉦ 사전검사(pre-test) 실시 : 최종 설문을 완성하기 전에 소규모의 사전조사를 실시하여, 잘못된 문항을 수정하거나, 삭제, 추가, 문항 순서의 재배열을 실시한다. 이때 신뢰도와 타당도의 검증을 같이 실시하여 문항의 완성도를 높인다.

> **plus study**
>
> **사전검사에서 고려할 사항**
> 1. 사전검사에 참여한 응답자들이 모집단을 대표하는가?
> 2. 연구자의 의도하는 내용이 응답자에게 충분히 전달되는가?
> 3. 응답항목이 빠져 있지 않은가?
> 4. 설문지에 사용된 용어들이 응답자에게 쉽게 이해가 되는가?
> 5. 응답자들이 응답을 회피하는 문항이 존재하는가?
> 6. 설문지 내 각종 지시문이 적절한가?

◎ 설문지의 최종 확정 : 설문 문항의 최종 점검과 함께, 설문지의 외형을 결정한다. 인쇄방식이나, 설문지의 크기, 제본 방식 및 표지 구성을 적절하게 결정한다.

2 질문의 형식

① 개방형 질문
  ㉠ 주관식, 서술형 형태의 질문형식
  ㉡ 응답의 형태에 제약을 가하지 않고 자유롭게 대답하도록 하는 유형
  ㉢ 응답의 범위 파악에 용이
  ㉣ 탐색적 조사연구나 의사결정의 초기 단계에서 유용
  ㉤ 연구자가 기대하지 못한 응답을 얻을 수 있고, 응답자에게 자기표현의 기회를 제공
  ㉥ 응답자에게 부담을 주어 무응답이 많이 발생하고, 응답 내용을 수치화하기에 노력과 시간이 많이 소요된다.

② 폐쇄형 질문
  ㉠ 객관식 형태의 질문형식
  ㉡ 응답내용을 범주화하여 보기로 제공하고 그중 한 가지를 선택하게 하는 유형
  ㉢ 응답범주는 총망라성과 상호배타성이 지켜져야 한다.
  ㉣ 집계 및 부호화, 분석이 편리하다.
  ㉤ 응답자에게 가능한 응답을 제시하여 응답상의 오류를 줄이고 응답률을 높임
  ㉥ 응답자가 건성으로 응답을 할 가능성이 존재한다.
  ㉦ 질문을 제작하는 데 시간과 노력이 필요하다.
  ㉧ 새로운 정보의 획득이 어렵고 연구자가 응답범위에 대한 충분한 지식과 정보를 가지고 있어야 한다.

③ 폐쇄형 질문의 유형
  ㉠ 이분형 또는 찬부형 : 예/아니오 또는 찬성/반대로 응답하는 방법
  ㉡ 선다형 : 해당되는 응답범주를 모두 고르도록 유도하는 방법
  ㉢ 서열형 : 응답범주 내에서 순위에 따라 2순위 혹은 3순위까지 선택을 하는 방법
  ㉣ 매트릭스형/행렬형 : 리커드 척도와 같이 동일한 응답범주를 사용하는 여러 개의 질문문항들을 체계적으로 묶어 하나의 질문군을 작성하는 방법

3 설문조사의 종류

① **직접 질문법** : 질문지를 이용하여 사실에 관한 태도와 의견을 직접적으로 질문하는 방법
② **간접 질문법** : 전혀 다른 질문으로 필요한 정보를 얻는 방법으로서, 투사법(projective method), 오류선택법(error-choice method), 정보검사법(information test)이 있다.
  ㉠ 투사법
    ⓐ 직접 질문하기 어렵거나 직접질문 시 타당성 있는 응답이 나올 가능성이 없을 때 사용하는 방법이다.
    ⓑ 특정 자극상황을 만들어 이에 대한 응답자의 반응을 보고 의향을 파악한다.
    ⓒ 언어적 기법, 회화적 기법, 역할수행 기법으로 분류한다.
    ⓓ 언어적 기법 : 비슷한 단어들을 보여주고 떠오르는 이미지를 묻는 단어연상법, 미완성 문장을 응답자로 하여금 완성하도록 하는 문장완성법 등이 있다.
    ⓔ 회화적 기법 : 모호한 그림을 보여주고 느낀 점을 묻는 통각시험법, 만화를 보여주고 제목이나 대사를 완성하게 하는 만화완성법 등이 있다.
    ⓕ 역할수행 기법 : 역할극에서 어떤 역할을 수행하게 함으로써 조사대상자의 태도나 감정을 감지하는 방법이다.
  ㉡ 오류선택법
    ⓐ 어떤 질문에 대한 틀린 답을 여러 개를 쓰고 응답자의 태도를 보는 방법이다.
    ⓑ 응답자가 틀린 답을 선택함으로써 대상에 대한 긍적적/부정적 이미지를 갖고 있는지 파악한다.
  ㉢ 정보검사법
    ⓐ 어떤 주제에 대한 개인이 가지고 있는 정보의 양과 종류가 개인의 태도를 결정한다고 보는 방법이다.
    ⓑ 어떤 질문에 대한 응답자가 가지고 있는 정보를 파악한다.
  ㉣ 간접 질문법은 사회적 규범과 윤리, 집단이나 인간관계로 인한 압력 등이 작용하는 경우 정확한 응답을 얻을 수 없을 때, 사용이 적절하다.

4 자료의 종류

① 1차 자료
- ㉠ 연구자가 연구목적을 달성하기 위하여 직접적으로 수집하는 자료
- ㉡ 연구목적과 자료 수집의 목적이 일치한다.
- ㉢ 타당도와 신뢰도의 측정이 가능
- ㉣ 연구목적이 필요한 시기에 이용이 가능
- ㉤ 자료 수집을 위한 시간과 비용 등이 소요된다.

② 2차 자료
- ㉠ 연구목적에 활용이 가능한 기존의 모든 자료
- ㉡ 연구자가 직접 수집하거나 작성한 1차 자료를 제외한 모든 자료를 의미한다.
- ㉢ 2차 자료는 수집이 쉽고 비용이 저렴하다.
- ㉣ 자료의 내용, 측정단위, 조작적 정의 등이 연구목적과 불일치할 수 있음
- ㉤ 경우에 따라 2차 자료의 접근이 어렵거나 제한되어 있을 수 있음

5 질문지법

질문지법은 작성된 설문지를 이용하여 자료를 수집하는 방법이다.

① 장점
- ㉠ 큰 표본에 적용이 가능하다.
- ㉡ 다른 방법에 비해 상대적으로 비용이 적게 듦
- ㉢ 표준화된 설문지를 사용한다면 조사자 편견의 개입이 줄어듦
- ㉣ 자료수집방법에 따라 응답자에게 충분한 시간적 여유를 제공하여 질 높은 응답결과를 기대할 수 있음
- ㉤ 질문지를 통해서만 접근이 가능한 대상에게 사용 가능

② 단점
- ㉠ 무응답률이 높음
- ㉡ 설문지에 대한 통제가 어려움
- ㉢ 설문지에 대한 보충 또는 부연 설명이 어려움
- ㉣ 대상으로 정한 응답자가 응답했는지 확인이 어려움

③ 집합조사(집단조사)
- ㉠ 일정한 장소에 모인 응답자들에게 질문지를 배포하고 현장에서 응답자가 직접 기재하도록 하는 방법
- ㉡ 시간이 절약되고 조사가 간편하다.
- ㉢ 적은 조사원으로 설문조사가 가능하다.
- ㉣ 응답자와 조사원의 상호소통이 가능하여 오류를 감소시킴
- ㉤ 응답자를 한자리에 모으기가 어려움
- ㉥ 경우에 따라 집단상황이 응답을 왜곡시킬 수 있음

④ 배포조사
  ㉠ 직장이나 가정에 질문지를 전달하여 응답자가 직접 기입하게 하고 일정 시간 이후에 재방문하여 회수하는 방법
  ㉡ 비용이 적게 들고 응답자에게 생각할 시간적 여유 제공
  ㉢ 비용이 적게 듦
  ㉣ 응답을 오기재 하는 경우 시정이 어려움
  ㉤ 타인의 영향을 배제할 수 없음

⑤ 전화조사
  ㉠ 표준화된 질문지를 이용하여 짧은 시간 동안 전화를 통하여 자료를 수집하는 방법
  ㉡ 조사가 간단하고 신속할 뿐만 아니라 비용이 저렴하다.
  ㉢ 접근이 어려운 대상에게 전화상 조사가 가능
  ㉣ 전화번호부라는 표본프레임이 존재한다.
  ㉤ 조사자의 외모나 차림새에 의한 오류가 없음
  ㉥ 전화 소유자만 조사대상이 되는 문제를 가짐
  ㉦ 표준화된 간단한 질문만 가능하다.
  ㉧ 조사시간대에 민감하다.

⑥ 우편조사
  ㉠ 질문지를 우편으로 우송하여 기록하도록 한 뒤 반송용 봉투 등을 이용하여 우편으로 회수하는 방법
  ㉡ 조사비용과 노력이 절약된다.
  ㉢ 넓은 범위의 대상과 조사가 어려운 대상에게도 접근 가능
  ㉣ 응답에 대한 충분한 시간 제공
  ㉤ 회수율이 낮음
  ㉥ 응답내용이 모호한 경우 확인이 어려움
  ㉦ 대상으로 정한 응답자가 응답했는지 확인이 어려움

> **plus study**
> **우편조사의 회수율 높이는 방안의 예**
> 1. 설문의 내용을 지나치게 어렵거나 대답하기 곤란한 내용을 작성하지 않음
> 2. 응답에 대한 사은품 제공
> 3. 응답자에 대한 전화번호를 알고 있으면, 응답과 반송에 대한 부탁
> 4. 응답이 없을 때는 설문지 재송부하여 응답기회를 다시 부여

⑦ 인터넷조사
  ㉠ 인터넷을 이용하여 자료를 수집하는 방법
  ㉡ 조사비가 저렴하고 거리와 시간의 제약이 없음
  ㉢ 신속한 결과 도출이 가능
  ㉣ IT 기술의 활용으로 경우에 따라 코딩 비용이 획기적으로 절감된다.
  ㉤ 표본의 대표성이 낮음(인터넷 사용자만 응답을 하기 때문)
  ㉥ 문제에 관심 있는 사람만 응답할 가능성이 큼
  ㉦ 조사시간대와 기간에 따라 표본이 바뀜

6 면접법

면접법은 조사자와 조사대상자가 대면을 통해 상호작용을 하면서 필요한 자료를 수집하는 방법이다.

① 장점
- ㉠ 자료수집의 과정에서 제3자의 개입 방지
- ㉡ 면접자가 상황을 조절할 수 있음
- ㉢ 캐어묻기(probing), 질문의 반복, 문항의 해석 등을 적절히 활용가능
- ㉣ 복잡한 문항에 대한 조사 가능
- ㉤ 무응답의 최소화

② 단점
- ㉠ 질문지법에 비하여 시간과 비용이 많이 듦
- ㉡ 조사자(면접자)의 편견의 개입될 가능성이 높음
- ㉢ 표준화된 자료 수집 불가능
- ㉣ 특수한 대상에 대한 접근이 어려움

③ 표준화 면접
- ㉠ 일정하게 표준화된 질문을 이용하여 모든 응답자에게 동일한 순서에 따라 동일한 질문을 수행하는 방법
- ㉡ 면접결과의 부호화(코딩)가 쉬움
- ㉢ 신뢰도가 높아 반복적인 연구가 가능
- ㉣ 면접자에 대한 오류가 적음
- ㉤ 새로운 사실의 발견이 어려움
- ㉥ 특정 분야에 대한 깊이 있는 측정이 어려움

④ 비표준화 면접
- ㉠ 면접 조사도구 없이 질문의 형식이나 순서에 구애받지 않고 자료를 수집하는 방법
- ㉡ 조사자와 응답자의 언어적 상호작용으로 타당성 높은 자료 획득
- ㉢ 새로운 사실의 발견 가능성이 높음
- ㉣ 면접결과의 부호화가 어려움
- ㉤ 신뢰도가 낮고, 면접자에 좌우됨

⑤ 반표준화 면접
- ㉠ 표준화 면접과 비표준화 면접의 중간단계
- ㉡ 일정 기준의 질문만 표준화 면접으로 진행 후, 나머지는 비표준화 면접으로 진행
- ㉢ 주제나 내용을 표준화하되, 상황에 따라 질문순서나 방법은 조사자의 재량으로 변경하는 융통성을 가짐

7 관찰법

관찰법은 조사대상을 통제하지 않고 일정한 시간에 걸쳐 특성이나 행태를 관찰하고 기록함으로써 자료를 수집하는 방법이다.

① 특징
   ㉠ 연구대상의 행위나 행동을 즉각적으로 포착 가능
   ㉡ 언어와 문자에 의한 제약이 적음
   ㉢ 무의식적 행동이나 비언어적 행동으로 정보 획득이 가능
   ㉣ 피조사자가 관찰행위를 의식하면 다른 결과를 얻을 수 있음
   ㉤ 관찰자의 능력에 따른 왜곡된 일반화가 발생 가능

② 참여관찰
   ㉠ 관찰자가 관찰대상집단 내부로 참여하여 구성원과 하나가 되어 함께 생활하거나 활동하면서 관찰하는 방법
   ㉡ 피관찰자와 의미 있는 접촉을 유지 가능
   ㉢ 대상집단의 비밀스러운 행위도 관찰 가능
   ㉣ 신념, 동기 등 외부로부터 드러나지 않는 사실도 관찰 가능
   ㉤ 관찰자의 신분이 노출되면 수집되는 자료가 부정확하거나 왜곡될 가능성이 있음
   ㉥ 관찰대상에 의해 관찰자의 가치관이나 시각이 왜곡될 수 있음

③ 비참여관찰
   ㉠ 연구자가 관찰대상과 어떤 상호작용도 하지 않고 제3자적 입장에서 관찰하는 방법
   ㉡ 피관찰자에게 관찰 사실을 숨기는 것이 용이
   ㉢ 객관적 입장에서 관찰이 가능
   ㉣ 자료의 표준화가 쉬움
   ㉤ 민감한 내용에 대한 관찰이 어려움

④ 준참여관찰
   ㉠ 관찰자가 참여자임을 밝히고 관찰대상과 함께하지만 객관성을 유지하는 방법
   ㉡ 중·고등학교에서의 교생실습을 예로 볼 수 있음
   ㉢ 참여관찰과 비참여관찰의 중간형태

8 표적집단면접법(FGI; Focus Group Interview)

표적집단면접법은 전문지식을 보유한 조사자가 소수의 응답자 집단을 대상으로 특정한 주제에 대하여 토론을 벌이게 하고 토론 내용에서 필요한 정보를 획득하는 방법으로 훈련된 사회자(moderater)가 토론 과정을 진행하는 자연스러운 과정을 통하여 연구자가 미처 생각하지 못한 새로운 사실을 발견을 목적으로 한다.

① 특징
    ㉠ 집단구성원을 개별적으로 조사하는 것보다 더 많은 정보 획득이 가능
    ㉡ 조사 집단 내 타인의 의견에 따라 응답자의 심층적인 응답 획득이 가능
    ㉢ 표적집단의 동질성으로 응답자의 편안한 의견 수집이 가능
    ㉣ 종종 대규모 설문조사 시 초점집단면접을 통해 설문문항을 수정 및 확정을 위한 방법으로 사용이 가능함
    ㉤ 진행자에 의한 조사결과의 오류가 발생할 가능성이 있음
    ㉥ 표적집단이 모집단을 대표하기 어려움. 즉 조사결과의 일반화가 어려움

② 진행순서
    ㉠ 조사기획 : 조사목적을 확인하고 문제의 파악과 가설 수립
    ㉡ 가이드라인 작성 : 참석자의 자격조건을 결정하고 설문지 작성
    ㉢ 조사대상 모집 : 훈련된 사회자(moderator)와 적합한 조사 대상을 모집
    ㉣ 면접(FGI) 진행 : 훈련된 사회자(moderator)가 사전에 협의된 가이드라인에 따라 진행하고 토의 내용을 모니터링 및 정리
    ㉤ 결과분석 : 정리된 내용을 각 집단별로 자세하고 분석

③ 훈련된 사회자(moderator)
    ㉠ FGI에서 집단 면접을 진행하는 사회자를 모더레이터(moderator)라고 함
    ㉡ 경험이 많고 조사하고자 하는 내용에 대한 이해도가 높은 인력을 배정
    ㉢ 모더레이터의 역량에 따라 조사결과의 편차가 발생

④ 토의 진행 절차
    ㉠ 소개단계(Warm-up Stage) : 참석자들을 편안하게 하여 친밀감을 형성하고 참석자 간 상호작용이 이뤄지도록 진행함
    ㉡ 분위기 조성 단계(Bridge Stage) : 참석자 불안 해소를 위한 일반적인 질문으로 진행하며 각 참석자들이 공동체 의식을 가질 수 있도록 함
    ㉢ 본주제 토의단계(Main Stage) : 구체적이고 서술적인 문제를 토의할 수 있도록 구성하며 조사 목적을 탐색하고 심층적인 이유나 정보를 획득함
    ㉣ 마무리 단계(Ending Stage) : 토의된 내용을 요약하고 각 참석자의 의견을 정리할 수 있도록 기회를 마련함

적중예상문제

01 질문자가 응답자로부터 충분한 답을 얻지 못했을 경우 보다 충분한 결과를 얻기 위해서 사용하는 기술을 무엇이라고 하는가?

02 사전조사를 실시하는 목적과 실시방법에 대해 서술하시오.

03 개방형 질문(open-ended)과 폐쇄형 질문(close-ended)의 장·단점을 설명하시오.

04 인터넷 조사결과 실제와 많은 편차가 발생하였다. 편차 발생의 이유를 설명하시오.

해설 문제01

1. 프로빙
2. 캐어묻기라고도 하며 응답자가 어떤 질문에 대해 부적합한 대답을 할 때 또는 대답의 정확성에 의문이 있을 때 다시 캐내어 확인해 보는 일종의 보조방법

문제02

1. 목적
   ① 질문어구의 구성 확인
   ② 본 조사에 필요한 자료수집
   ③ 신뢰도와 타당도 검증
2. 실시방법
   질문지의 초안을 작성한 후에 모집단의 일부를 선정하여 예정된 본 조사와 동일한 절차와 방법으로 질문지를 시험하여 질문의 내용, 어구구성, 반응형식, 질문순서 등의 오류를 찾아내어 질문지의 신뢰도 및 타당도를 높인다.

문제03

1. 개방형 질문
   자유 응답형 질문으로 응답자가 할 수 있는 응답의 형태에 제약을 가하지 않고 자유롭게 표현하는 방법
   ① 장점
      ㉠ 연구자들이 응답의 범위를 아는 데 도움이 되어 탐색적 조사연구나 의사결정의 초기 단계에서 유용하다.
      ㉡ 강제성이 없어 다양한 응답을 기대할 수 있음
      ㉢ 응답자가 상세한 부분까지 언급 가능하므로 새로운 정보의 획득이 가능
      ㉣ 대답이 불분명한 경우 면접자가 설명을 요구할 수 있으므로 오해를 제거 가능
   ② 단점
      ㉠ 응답의 부호화가 어렵고, 세세한 정보의 부분이 유실될 수 있다.
      ㉡ 응답 표현상의 차이로 상이한 해석이 가능하다.
      ㉢ 표현능력이 부족한 응답자에게 문제가 발생할 수 있고 무응답률이 높다.
2. 폐쇄형 질문
   사전에 응답할 항목을 연구자가 제시해 놓고 그중에서 택하게 하는 방법
   ① 장점
      ㉠ 채점과 코딩이 간편하다.
      ㉡ 응답항목이 명확하고 신속한 응답이 가능하다.
      ㉢ 반송가능성이 높아진다.
      ㉣ 조사자의 편견개입을 방지할 수 있다.
   ② 단점
      ㉠ 몇 개의 한정된 응답지 가운데 선택해야 하므로 응답자의 충분한 의견반영이 곤란하다.
      ㉡ 응답항목의 배열에 따라 응답이 달라지며 주요항목이 빠지는 경우 치명적일 수 있다.

문제04

1. 표본추출에 따른 편의 : 표본추출 시 모집단을 이루는 각 개체가 표본으로 뽑힐 확률이 같지 않을 때 발생
2. 선택된 자료에 따른 편의 : 조사대상인 표본이 조사 대상에서 빠지는 경우에 발생
3. 반응도에 따른 편의 : 조사에 참여하는 대상자의 반응에 의해 발생
4. 조사자에 따른 발생 : 조사자의 주관이 개입함으로 인해 발생

제1장 조사방법론

05 사전조사(pre-test)의 의미와 설문지 수정 시 주로 고려해야 할 점을 설명하시오.

06 전화조사법, 우편조사법, 면접조사법의 장·단점을 비교·설명하시오.

07 질문지 작성순서를 바르게 나열하시오.

08 우편조사를 할 경우 응답률을 높이는 방법을 제시하시오.

해설 문제05

1. 사전조사
   설문지 내지 질문지가 작성되면 질문지의 문제점을 최종적으로 판단하기 위하여 실시한다.
2. 설문지 수정 시 고려할 사항
   ① 응답의 내용이 일관성이 있도록 문항을 수정한다.
   ② 응답의 내용이 어느 한쪽으로 치우치지 않도록 수정한다.
   ③ 모른다는 응답이나, 무응답이 발생하지 않도록 문항을 수정한다.
   ④ 응답에 실질적인 변화가 일어나지 않도록 질문의 어구 구성을 검토한다.

문제06

1. 전화조사
   ① 의미 : 조사자가 직접 응답자를 만나는 대신에 전화를 이용하여 조사하는 방법이다.
   ② 장점
      ㉠ 조사대상과의 접촉이 쉬우며, 조사비용이 경제적
      ㉡ 접근이 어려운 대상에 대한 조사가 가능
   ③ 단점
      ㉠ 질문의 길이와 내용에 제한을 받으며 보조도구를 사용하기 어려움
      ㉡ 전화가 없는 대상이 선정되지 않아 대표성의 문제가 있음
2. 우편조사
   ① 의미 : 질문지를 우편으로 우송한 후 동봉한 반송용 봉투를 이용하여 응답을 받는 방법이다.
   ② 장점
      ㉠ 광범위한 지역과 대상을 조사할 수 있고, 익명성이 보장
      ㉡ 조사원이 개입하지 않기 때문에 조사원의 오해, 사절 등에 대한 정보의 왜곡이 없음
   ③ 단점
      ㉠ 회수율이 낮으며, 질문지를 누가 기입했는지 알 수 없음
      ㉡ 모호한 응답일 경우 더 이상 물어볼 수가 없음
3. 면접조사
   ① 의미 : 미리 훈련된 조사원이 지정된 조사대상을 방문, 면접하여 정해진 조사표에 의해 필요한 정보를 얻는 방법이다.
   ② 장점
      ㉠ 응답률이 비교적 높고, 복잡한 문항에 대한 설명이 가능
      ㉡ 조사원의 보충설명이 가능하며, 시각자료의 이용이 가능
   ③ 단점
      ㉠ 조사비용과 시간 소요가 큼
      ㉡ 부재중인 경우 조사가 어려움

문제07

1. 질문어구의 구성 및 순서결정
2. 질문지 작성의 목적 및 범위의 확정
3. 질문항목의 선정
4. 조사항목의 설정
5. 사전조사

문제08

1. 반송용 봉투를 동봉하여 조사대상자의 편의를 도모한다.
2. 인사장을 동봉하여 조사의 협력을 구하고 조사표의 기입요령을 알기 쉽게 전달한다.
3. 물질적 보상 등을 통해 질문응답에 대한 동기부여를 한다.
4. 독촉서신을 보내는 등의 후속조치를 취한다.

09 전화번호부를 이용하여 표집을 하려는 경우 일반적으로 아래와 같은 문제점이 나타난다. 이러한 문제점을 해결하고 표본의 대표성을 보다 높일 수 있는 적정한 방안을 제시하시오.

10 응답자의 대답을 잘 받기 위한 질문의 요건을 쓰시오.

11 인터넷 설문조사의 결과해석에서 유의할 점을 쓰시오.

12 프로빙의 의미를 설명하고, 사례를 들어 기법을 서술하시오.

13 질문지 배열 시 고려사항 3가지를 서술하시오.

해설 문제09
1. 문제점
   ① 전화번호부에는 누락된 전화번호가 있다.
   ② 모집단의 구성요소가 아닌 단위가 포함되어 있다.
   ③ 전화번호부는 일반적으로 가구별로 기입된 구성요소 목록이다.
2. 해결방안
   ① 가장 최근의 전화번호부를 표본틀로 확보
   ② 시, 군, 구 등으로 분류된 전화번호부를 활용하여 층화표집을 실시
   ③ 표본의 크기를 충분히 확보하여 표집오차를 최대한 줄임

문제10
1. 질문의 내용은 구체적이고 명확해야 한다.
2. 표준화된 용어를 사용한다.
3. 부정적인 질문은 지양한다.
4. 핵심적인 질문은 질문지의 앞에 위치하는 등 질문의 양과 위치를 고려한다.
5. 조사목적, 조사기관을 충분히 밝혀 신뢰감을 제공한다.
6. 민감한 질문은 제3자의 경우를 가정하는 등 익명성, 진솔한 답변의 여건을 보장한다.
7. 조사자의 교육을 철저히 실시한다.

문제11
1. 인터넷 조사와 일반조사 방법을 병행하는 것이 바람직하다.
2. 설문 동기를 유발할 필요가 있다.
3. 응답자의 익명성을 철저히 보장할 수 있는 방법 필요하다.
4. 모집단에 대한 대표성을 만족하는지 확인이 필요하다.

문제12
1. 응답자의 대답이 불명확하거나 완전하지 않을 때 다시 캐어 묻는 것
2. 대답의 방향을 제시하거나 암시하여서는 안 된다(비지시성).
3. 예시
   "해외여행 다녀오셨습니까?"라는 질문에 대해 불명확한 대답을 하였을 경우, 잠시 지그시 응시함으로써 무언의 프로빙을 하거나 "아시아 지역에 다녀오셨습니까?"라는 재질문을 하거나, 응답자의 대답을 반복함으로써 보다 명료한 대답을 유도

문제13
1. 개인정보나 민감한 주제는 가급적 뒷부분에 배치
2. 유사한 개념이나 비슷한 사항을 평가하려는 문항은 모아서 배치
3. 앞부분에는 대답하기 쉬운 문항이나 가벼운 문항으로 응답자 주의 환기
4. 핵심적이고 가장 중요한 질문은 가운데 부분에 배치

14 응답자의 태도에 따른 응답오류 발생원인 3가지를 서술하시오.

15 조사연구와 비교해서 참여관찰의 단점 3가지를 서술하시오.

16 2차 자료의 의미와 필요성에 대해서 서술하고 그 한계에 대해서 서술하시오.

17 집단면접과 집단조사의 의미를 구분하고 비교하시오.

18 질문지 작성 시 어휘의 선택과 사용에 있어서 주의할 점 3가지를 적으시오.

19 설문지를 이용한 사회조사를 할 때 예비조사 단계의 개방형 질문 문항이 유용하게 사용되는 이유와 본조사에 어떻게 활용되는지 설명하시오.

해설 문제14
1. 응답자가 응답을 기피하거나 사전지식이 부족한 경우
2. 응답자가 사회적으로 바람직한 방향으로 응답하려는 편향을 보이거나 극단적인 방향으로 응답하는 편향, 질문자의 구미에 맞추어 응답하려는 편향, 항상 중간치로 대답하려는 편향을 보일 때
3. 지극한 사적 영역에 관한 질문 등 대답하기 곤란한 질문인 경우
4. 응답자가 피곤하거나 시장하는 등 조사시점이 문제인 경우

문제15
1. 표본을 추출하여 조사하는 조사연구에 비해 참여관찰은 관찰자가 직접 관찰한 결과를 바탕으로 연구를 하므로 비용과 시간소요가 큼
2. 참여관찰은 관찰자의 주관이 개입될 여지가 크며, 사적인 영역이나 관심사에 대한 자료를 수집하기 곤란
3. 참여관찰을 통해 방대한 양의 자료를 수집할 수는 있지만 표준화되어 있지 못하므로 통계적 처리가 곤란하고 일반화하기 어려움

문제16
1. 의미
   조사자가 직접 수집하거나 작성한 결과인 1차 자료를 제외한 자료
2. 필요성
   저렴한 비용으로 쉽게 구할 수 있으며, 연구주제를 구체화하기 위한 예비조사나 모집단에 대한 사전지식이 없는 경우 유용
3. 한계
   자료의 적실성 결여, 시간이 지남에 따라 설명력 부족, 연구대상의 대표성 부족

문제17
1. 집단조사
   응답자들을 한자리에 모아놓고 설문지를 배부한 다음 응답자가 설문지를 직접 기입한 후에 회수하는 집단질문지법(집단조사)
2. 집단면접
   집단을 하나의 조사대상으로 하여 대화나 토론을 하게 한 다음 면접하여 자료를 수집하는 집단면접조사

문제18
1. 간단명료한 단어를 사용하여 응답자의 질문의 요지를 쉽게 파악할 수 있도록 한다.
2. 애매하거나 사람에 따라 다르게 해석될 수 있는 단어는 사용하지 않는다.
3. 중립적인 단어를 사용하고 전문용어는 가급적 피한다.
4. 거부감을 줄 수 있는 질문이나 단어는 피한다.
5. 응답 항목에 사용되는 어구는 상호 배타적이어야 한다.
6. 특정 응답을 유도할 수 있는 어휘는 사용하지 않는다.

문제19
1. 예비조사
   실제 하고자하는 연구문제에 대한 정보나 지식이 없는 경우, 질문지 및 면접조사 등 실태조사의 도구를 초안하기 위하여 실시하는 조사이다.
2. 개방형 질문
   문항에 대한 응답을 객관식으로 구성하여 질문 자체에 융통성을 부여하는 방법으로 새로운 사실을 발견할 수 있는 가능성이 있음
3. 예비조사에서 개방형 질문을 통하여 연구문제에 대한 새로운 사실을 발견하거나 주제의 구체적인 방향성을 세울 수 있음
4. 예비조사가 충분히 시행되어 본조사에 적용되면 본 조사에서 발견될 수 있는 문제점 해결과 조사기간의 단축, 오차의 통계를 가능하게 한다.

20 동일한 일련의 응답범주를 가지고 있는 여러 개의 질문들을 묻기 원할 경우 행렬방식 질문구성을 사용한다. 행렬방식 질문의 장·단점은?

21 온라인 조사 시 고려할 사항에 대해 쓰시오.

22 사회적으로 바람직하게 보이려는 편의(social desirability bias)의 발생원인과 이것을 줄일 수 있는 방법을 3가지만 쓰시오.

해설 문제20

1. 다수의 문항을 동일한 척도로 측정하고자 할 때 동일한 응답범주를 활용하여 여러 개의 질문에 대한 응답을 유도하는 매트릭스형 척도 활용
2. 장점
   표준화된 응답범주를 활용 통계적으로 처리하기 용이하고 일관된 자료 획득 가능
3. 단점
   응답의 상호 영향, 모든 문항을 중간값으로 응답하려는 편향이 발생

문제21

1. 표본의 대표성이 없는 단점을 보완이 필요
2. 응답률을 높일 수 있는 방법이 필요
3. 복잡한 질문을 피하고, 질문의 양이 적절하도록 해야 함

문제22

1. 발생원인
   사회적 바람직성에 의한 응답성향은 사회의 통념적 가치에 대한 질문에는 사회규범에 입각하여 응답하려는 경향을 보인다. 이러한 사회의 통념에 따라 응답할 가능성이 매우 높은 설문조사에서는 사회적 편향성을 판단할 수 있는 설문을 질문지에 삽입하고 사후에 그런 성향이 높은 응답지는 분석에서 제외시키는 것이 바람직하다.
2. 감소 방법
   ① 개인적인 질문을 일반적인 질문으로 변경한다.
   ② 유도질문을 제외한다.
   ③ 도덕성을 강요하는 문구를 제외한다.
   ④ 사회적 편향을 알 수 있는 질문을 삽입해 편향이 큰 응답자는 데이터에서 제외한다.

제2장 필답형 기출유사문제

01-1 2024년 필답형 제3회 기출유사문제

01 귀납적 이론 도출방법과 연역적 이론 도출방법의 정의와 예시를 적으시오.

02 부호화에 대하여 설명하고 부호책(code book)에 포함되어야 하는 정보 3가지를 적으시오.

03 질문지 작성과 관련된 포괄성에 대해 예시를 들어 설명하고, 상호배제성에 대해 예시를 들어 설명하시오.

04 예비조사에 대해 설명하고 예비조사 방법에 대해 적으시오.

해설 문제01

1. 귀납적 이론 도출방법
   ① 정 의
   귀납적 이론 도출방법은 특정한 현상에 대한 관심이 있을 때, 특정한 현상이 체계적으로 반복되는 사실을 확인하고 이를 토대로 일반적인 논리를 세우는 방법이다.
   이는 '주제선정 → 관찰 → 유형의 발견 → 일반화 → 결론(이론정립)'의 단계를 거친다.
   ② 예 시
   사람 A는 죽는다. → 사람 B도 죽는다. → 모든 사람은 죽는다.
2. 연역적 이론 도출방법
   ① 정 의
   연역적 이론 도출방법은 일반적인 이론에서 출발하여 가설을 세우고, 이에 대한 관찰을 토대로 결론을 내리는 방법이다.
   이는 '이론 → 가설 → 조작화 → 관찰 → 가설의 검증'의 단계를 거친다.
   ② 예 시
   모든 사람은 죽는다. → 소크라테스는 사람이다. → 소크라테스는 죽는다.

문제 02

1. 의의
   부호화(coding)란 원자료를 표준화된 형태로 전환시키는 과정이다.
2. 부호책(code book)에 포함되어야 하는 정보 3가지
   변수명, 변수이름, 레이블, 정보와 변수의 구분 등

문제 03

1. 포괄성
   ① 정 의
   하나라도 범주에 포함되지 않는 것이 생겨서는 안 된다는 원칙이다.
   ② 예 시
   귀사는 기업이윤의 몇 퍼센트를 재투자하십니까?
   ㉠ 0%~20%이하 ㉡ 20%초과~40%이하 ㉢ 40%초과~60%이하 ㉣ 80%초과~100%이하
   라고 한다면 60%초과 80%이하의 경우는 선택지가 없게 되어 포괄성의 원칙에 위배된다.
2. 상호배제성
   ① 정 의
   하나의 대상이 두 개 이상의 범주에 포함되지 않도록 해야 한다는 원칙이다.
   ② 예 시
   귀사는 기업이윤의 몇 퍼센트를 재투자하십니까?
   ㉠ 0%~ 20%이하 ㉡ 20%이상~40%이하 ㉢ 40%이상~60%이하 ㉣ 60%이상~80%이하 ㉤ 80%이상~100%이하라고 한다면, 20%, 40%, 60%, 80% 재투자하는 경우들은 각각 2개의 범주에 포함되어 상호배제성의 원칙에 위배된다.

문제 04

1. 예비조사의 의의
   예비조사(pilot study)는 연구 문제가 명확히 정의되지 않았을 때 본 연구 전에 조사대상에 대하여 필요한 정보를 수집하는 과정을 의미한다.
2. 예비조사의 방법들
   문헌조사, 경험자조사(전문가 의견조사), 특례조사(사례조사의 한 종류) 등이 있다.

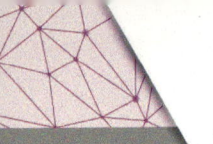

05 체계적 관찰과 비체계적 관찰에 대해 설명하시오.

06 우편조사법과 비교한 전화조사법의 장단점을 두 가지씩 적으시오.

07 신뢰도에 대해 설명하고 신뢰도 평가기준 2가지를 적고 설명하시오.

08 체계적, 비체계적 오차를 감소할 수 있는 방안을 각각 3가지씩 작성하시오.

문제 05
1. 체계적 관찰

   체계적 관찰이란 사전에 준비한 표준 양식에 관찰 사실을 기록하는 방법이다.
   ① 장점은 관찰될 내용이 미리 명확히 결정된 경우에 사용되기 때문에 구체적으로 정해진 행동 부분만 관찰 및 기록되어 효율적 관찰이 가능하다는 것이다.
   ② 단점은 사전에 결정된 행동 부분만 관찰되고 기록되기 때문에 실제로 중요한 행동 부분이 기록되지 않기도 하여 타당성이 결여될 수도 있다는 것이다.
2. 비체계적 관찰

   비체계적 관찰은 연구자가 사전에 무엇을 관찰하고 기록할 것인지 구체적으로 결정하지 않은 상태에서 관찰하고 기록하는 방법이다. 이 방법을 사용하기 위해서 관찰자는 사전에 조사 목적과 필요한 정보 등을 숙지한 상태에서 자신의 판단에 따라 관찰하고 기록한다.

문제 06
1. 장점
   ① 전화번호부를 이용해 표본을 추출할 수 있다.
   ② 빠른 시간에 저렴한 비용으로 조사를 실시할 수 있다.
2. 단점
   ① 응답내용과 응답시간이 짧은 경우에만 활용이 가능해 비구조화된 질문들을 활용한 심층적인 정보 획득이 어렵다.
   ② 시간적인 제약 때문에 질문의 양이 제한적이다.

문제 07
1. 신뢰도의 의의

   신뢰도는 측정하고자 하는 현상을 일관되게 측정하는 능력이다(일관성). 즉, 동일한 측정개념(또는 현상)에 대해 측정을 반복했을 때 동일한 측정값들을 얻을 확률을 말한다.
2. 신뢰도 평가기준 2가지
   ① 검사-재검사법 : 동일한 측정도구로 동일한 측정대상을 시간적 간격을 두고 두 번 측정하여 얻은 결괏값들 을 비교한다.
   ② 복수양식법 : 비슷한 두 형태의 측정도구들을 만들어 동일한 측정대상에 적용하여 그 결괏값들을 비교한다.
   ③ 반분법 : 측정도구를 임의로 반분하여 각각 독립된 두 개의 척도들로 간주하고 동일한 측정대상에 적용하여 그 결과를 비교한다.
   ④ 내적 일관성법 : 가능한 모든 반분 신뢰계수들을 구한 후 그 평균값을 구하며, 측정문항 상호 간에 어느정도의 일관성이 있는가를 판단한다.

문제 08
1. 체계적 오차를 감소할 수 있는 방안들 3가지
   ① 외생변수를 통제한다.
   ② 표본의 대표성을 높인다.
   ③ 우발적 사건, 성숙효과, 시험효과 등을 제거한다.
2. 비체계적 오차를 감소할 수 있는 방안들 3가지
   ① 측정방식의 일관성을 유지한다.
   ② 측정자가 표준화될 수 있도록 사전훈련을 실시한다.
   ③ 신뢰성있는 측정도구를 사용한다.

09 비표본오차의 의미를 설명하고 비표본오차를 줄이는 방법 2가지를 쓰시오.

10 대학교에서 우리나라 국민의 원자력 이용 인식 관련 여론조사를 진행하려고 한다. 단계별로 진행해야 하는 내용을 작성하시오.

문제 09

1. 비표본오차의 정의

   비표본오차는 조사설계상의 오차(성숙요인, 역사요인, 검사요인 등) 또는 자료처리·입력상의 오차 등으로 인하여 발생하는 오차를 의미한다.

2. 비표본오차 감소를 위한 방법들
   ① 명확한 설문지 작성
   ② 조사원 교육
   ③ 응답결과 입력 오차를 줄이기 위한 이중 코딩

문제 10

대학교 '우리나라 국민의 원자력 이용 인식 여론조사'의 진행 순서
① 문제의 인식과 정의단계 : 연구자는 여론조사를 통하여 탐구할 문제를 인식한 뒤 정의한다.
② 기획단계 : 문헌조사와 전문가조사 등의 예비조사를 실시한다.
③ 계획단계 : 조사방법 및 자료의 유형을 결정한다.
④ 조사단계 : 설문지가 잘 작성되어있는지 사전조사를 실시한다.
⑤ 자료수집단계 : 여론조사자료를 수집한다.
⑥ 결과분석단계 : 수집된 자료를 코딩한 후 전산처리하여 자료를 분석한다.
⑦ 보고서 작성단계 : 연구자는 여론조사 분석보고서를 작성한다.

01-2　2024년 필답형 제2회 기출유사문제

01 생태학적 오류의 개념을 예를 들어 설명하시오.

02 피임에 대한 조사를 실시할 때, 우편조사와 면접조사에서 결과가 차이나는 이유를 설명하시오.

03 예비조사에서 개방형 질문이 유용하게 사용되는 이유와 본조사에서 어떻게 활용될 수 있는지 서술하시오.

04 기술조사의 개념과 활용상황을 쓰시오.

05 사전조사에서 기대했던 응답의 분산이 나오지 않았을 때 설문지를 어떻게 수정하면 되는지 서술하시오.

해설 문제01

1. 개 념

생태학적 오류는 집단단위의 자료를 바탕으로 개인의 특성을 추리할 때에 발생하는 오류이다.

2. 예

가톨릭 집단의 특성을 분석한 다음 그 결과를 토대로 가톨릭교도 개개인의 특성을 해석할 경우 생태학적 오류가 발생할 수 있다.

문제02

1. 면접조사에 비해 우편조사가 우월한 경우

면접조사는 피임과 같은 사생활 관련 문제의 경우 응답자가 사회적으로 바람직한 방향으로 응답하려는 편향을 보이는 반면에 우편조사의 경우는 좀더 솔직한 답변이 가능하므로 결과에 차이가 날 수 있다.

2. 우편조사에 비해 면접조사가 우월한 경우

면접조사는 면접자가 캐어묻기(probing) 기법을 활용하여 피임과 같은 사생활 관련 문제에 대한 응답자의 거짓 응답을 걸러낼 수 있는 반면 우편조사는 조사자가 응답자의 거짓 응답을 통제하기가 어려우므로 결과에 차이가 날 수 있다.

조사자는 피임과 같은 사생활 관련 문제의 조사를 위하여 시간과 비용의 제약이 심한 경우 우편조사를 활용할 수 있으며, 시간과 비용의 제약이 심하지 않은 경우 익명성이 확보된 면접조사(예 : 음성변조기술을 활용한 칸막이 면접조사)를 활용할 수 있다.

문제03

1. 예비조사에서 개방형 질문이 유용하게 사용되는 이유

개방형 질문은 응답자가 아무런 제약 없이 자유롭게 대답을 하도록 구성된 질문이다. 개방형 질문의 경우 비교적 자유로운 의견 수렴이 가능하여 연구자가 미리 예상하지 못한 문제를 발굴하거나 새로운 정보를 얻는 데 도움이 된다. 특히, 개방형 질문은 연구자가 연구의 초기 단계에서 응답의 범위를 파악하는 데 도움이 되어 예비조사(pilot test)에서 사용하기에 가장 적합하다.

2. 개방형 질문이 본조사에서 활용될 수 있는 방법

개방형 질문은 특정 행동에 대한 동기조성과 같은 깊이 있는 내용을 다루고자 하는 경우, 응답자들의 지식수준이 높아 면접자의 도움 없이 독자적으로 응답할 수 있는 경우 등에 유용하다.

문제04

1. 기술조사의 개념

기술조사는 사회현상에 대한 기술을 목적으로 하거나, 사회현상에 대한 정보를 얻기 위해 실시하는 조사를 의미한다.

2. 활용상황들

신문의 구독률 조사, 물가조사, 실업자 조사 등

문제05

1. 설문지 자체가 구체적이지 못하고 애매해서 응답자가 이해를 잘못했을 경우가 발생할 수 있으므로 설문지를 더 이해하기 쉽고 명확하게 수정한다.
2. 설문지의 응답지가 5점 척도로 작성되었다면 7점 척도로 더 세분화한다.

06 측정과정에서 발생할 수 있는 오차의 원인 3가지를 설명하시오.

07 판단유보범주의 예를 들고 포함을 결정할 때 고려할 사항 2가지를 쓰시오.

08 1차 자료와 비교한 2차 자료의 장단점 2가지를 쓰시오.

09 표본오차의 개념과 감소방안 2가지를 쓰시오.

10 할당추출의 문제점을 설명하시오.

문제06

1. 체계적 오류
체계적 오류(systematic error)는 변수에 일성하게 체계적으로 영향을 주어 측정결과가 모두 높아지거나 낮아지게 되는 편향된 경향을 보이는 오류로서 인구통계학적 특성으로 인한 오류, 사회경제학적 특성으로 인한 오류, 개인적 성향으로 인한 오류 등이 체계적 오류에 속한다.

2. 무작위적 오류
무작위적 오류(random error)는 오류의 값이 인위적이거나 편향된 것이 아니라 다양하게 분산되어 있어 무작위적으로 발생하는 오류이다. 측정자로 인한 오류, 측정대상자로 인한 오류, 측정상황적 요인으로 인한 오류, 측정도구로 인한 오류 등이 무작위적 오류에 속한다.

3. 연구대상인 표본이 불충분하거나 무작위로 선정되지 않아서 발생하는 오류

문제07

1. 예
판단유보범주는 '모른다.' 등과 같은 응답으로 판단을 보류하거나 의견을 밝히지 않는 응답범주를 의미하며, 연구자는 '모른다.'의 의미가 질문의 뜻을 모른다는 것인지 뜻은 알지만 의견형성이 안되어 있다는 것인지 응답을 회피하기 위해서 모른다고 응답하는 것인지 알아내야 한다.

2. 판단유보범주의 포함을 결정할 때 고려할 사항들 2가지
① 판단유보범주가 필요한 경우, 위와 같은 내용을 고려하여 응답자의 신뢰성을 검증하기 위한 문항을 삽입하여 편향된 응답자의 응답은 배제해야 한다.
② 또한 면접조사의 경우 응답자의 반응을 분석하기 위하여 의사소통방식, 태도 등을 참조할 필요가 있다.

문제08

1. 2차 자료의 의미
2차 자료(secondary data)는 다른 목적을 위해 이미 수집되고 정리된 자료로서 직·간접적으로 조사 목적에 도움을 줄 수 있는 기존의 모든 자료를 말한다.

2. 2차 자료의 장점
저렴한 비용으로 쉽게 구할 수 있으며, 연구주제를 구체화하기 위한 예비조사나 모집단에 대한 사전지식이 없는 경우 유용하다.

3. 2차 자료의 단점
자료의 적실성이 결여될 수 있으며, 시간이 지남에 따라 설명력이 부족해질 수 있고, 연구대상의 대표성 부족 등으로 인하여 자료의 유용성이 결여될 수 있다.

문제09

1. 개념
표본오차는 모집단의 일부를 사용하여 모집단을 추정하기 때문에 발생하는 오차를 뜻한다.

2. 표본오차의 감소방안들
① 표본의 크기를 크게 한다.
② 확률표본추출방법을 사용한다.

문제10

1. 모집단의 특성에 대한 최신 자료를 얻기가 쉽지 않다.
2. 표본을 추출할 때 조사자의 편견이나 여러 가지 상황적 요인이 개입될 가능성이 높다. 따라서 표본추출의 성공 여부는 조사자의 능력 및 성실성에 달려 있다.
3. 할당표본추출(quota sampling)은 비확률표본추출방법(non-probability sampling)으로 표본추출의 무작위성을 보장하는 수단이 없기에 결과의 일반화가 곤란하다.

11 질문지] 인간노동에 대한 만족도

> [질문지] 귀하는 지금 하고 있는 일에 대해 어느 정도 만족하십니까?
> 100점을 만점으로 하여 만족도를 점수로 표시하여 주십시오. ( )점

문제1] 위 질문지의 문제점을 두 가지만 지적하시오.

문제2] 그러한 문제점이 있음에도 불구하고 위의 질문형태를 택한 이유를 설명하시오.

문제11

1. 위 질문지의 문제점들

① 일의 정의가 모호하다. 일에는 일 전반, 일과 관련된 역량의 발전, 일과 관련된 급여, 일과 관련된 작업환경, 일과 관련된 인간관계들 등 다양한 측면들이 있는데 상기 질문은 일을 모호하게 정의하고 있다.

② 상기 질문은 복수직업자들에게는 적합하지 않다.

2. 상기 문제점들에도 불구하고 위의 질문형태를 택한 이유

위의 질문형태는 일 전반에 대한 만족도 측정에 도움을 주므로 상기 문제점들에도 불구하고 활용될 수 있다.

01-3 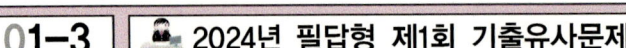 2024년 필답형 제1회 기출유사문제

01 간접질문방법의 종류 2가지를 쓰고 설명하시오.

02 폐쇄형질문의 의의와 장단점을 기술하시오.

03 면접조사와 비교한 전화조사의 단점을 3가지 쓰시오.

04 집단조사의 장단점 2가지를 기술하시오.

해설 문제01

1. 간접질문의 유형
① 투사법 : 응답자에 대한 심리적인 자극 등을 통해 우회적으로 응답을 얻어내는 방법
② 오류선택법 : 어떤 질문에 대한 틀린 답들을 여러 개 제시해 놓은 후 그것을 선택하도록 함으로써 응답자의 태도를 파악하는 방법
③ 토의완성법 : 응답자에게 미완성된 문장 등을 제시해 놓은 후 그것을 빠른 속도로 완성하도록 하는 방법
④ 정보검사법 : 어떤 주제에 대하여 개인이 가지고 있는 정보의 양과 종류를 파악하여 응답자의 태도를 찾아내는 방법
⑤ 단어연상법 : 어떤 문제에 대해 찬성과 반대를 표시하는 단어라든가 그림 또는 문장을 다수 수집하여 놓고 체크하도록 하는 방법

문제02

1. 폐쇄형 질문의 의의
폐쇄형 질문(closed-ended question)은 응답 항목들을 미리 제시해놓고 그 중에서 선택하도록 구성된 질문이다.

2. 장점
① 개방형 질문보다 응답하기가 쉬워 무응답률이 낮고, 수집된 자료의 처리·분석이 쉽다. 특히 측정에 있어서 통일성을 기할 수 있어서 신뢰성이 높다.
② 응답 항목이 명확하여 신속한 응답을 얻을 수 있으며, 수집된 자료 해석에 있어서 편견의 개입 가능성이 낮다.

3. 단점
① 몇 개의 한정된 응답 항목들 가운데 선택해야 하므로 응답자의 의견이 충분히 반영되기가 곤란한 점이 있다.
② 응답 항목들의 배열에 따라 응답 결과가 달라질 수 있으며, 주요 항목이 빠지는 경우 치명적인 문제가 야기될 수 있다.

문제03

1. 전화조사는 시간적 제약 때문에 질문의 양이 제한적이다.
2. 응답내용과 응답시간이 짧은 경우에만 가능해 상세한 정보획득이 곤란하다.
3. 구조화된 질문을 주로 활용하므로 심층적인 정보를 얻기가 어렵다.
4. 전화 통화(음성)만으로 조사를 하기 때문에 시각적 보조 자료를 활용할 수 없다.

문제04

1. 장 점
① 집단이 속한 조직으로부터의 적절한 협조가 있으면 비용과 시간을 절약할 수 있는 조사기법이다.
② 조사조건을 동일하게 유지하기가 쉽다.
③ 응답자들과 동시에 직접 대화할 기회가 있어 질문에 대한 오해를 줄일 수 있다.

2. 단 점
① 집단으로 조사되므로 주변사람이 응답자에 영향을 미칠 가능성이 높다.
② 응답자가 일반적으로 집단조사를 승인한 조직체나 단체에 유리한 쪽으로 응답할 가능성이 높다.

05 조작적 정의의 개념과 사회경제적 지위에 가장 일반적으로 사용되는 변수 2개를 기술하시오.

06 층화표본추출법, 집락표본추출법의 정의와 특징을 쓰시오.

07 좋은 가설의 판단기준 4가지를 기술하시오.

문제 05

1. 개념
변수는 실제 현상에서 측정이 가능한 형태로 변환되어야 하는데, 이러한 변환 작업이 조작화(operationalization)이며, 이를 통해 개념적 정의(conceptual definition)가 변환된 것이 조작적 정의(operational definition)이다. 조작화의 결과, 변수는 지표(indicator) 또는 지수(index)의 형태로 나타나게 된다.

2. 사회경제적 지위에 가장 일반적으로 사용되는 변수 2개
소득, 학력, 직업, 종교

문제 06

1. 층화표본추출법(Stratified Sampling)
① 정의 : 층화표본추출법은 모집단을 구성하고 있는 단위들을 표집 전에 2개 이상의 내부 동질성이 있는 계층(소집단)들로 구분한 뒤 각각의 계층으로부터 무작위 추출하는 방법이다.
② 특징
    ⓐ 관련된 변수의 대표성이 보장된다.
    ⓑ 다른 모집단들과의 비교가 가능하다.
    ⓒ 동질적인 집단에서 표본이 추출된다.
    ⓓ 표본오차(표집오차)가 감소된다. 일반적으로 표본크기가 같다면 표본오차의 크기는 층화표집, 단순무작위표집, 집락표집의 순이다.
    ⓔ 중요한 집단을 빼지 않고 표본에 포함시킬 수 있다.
    ⓕ 동질적인 대상은 표본의 수를 줄이더라도 정확을 기할 수 있다.
    ⓖ 면접자가 직접 표본을 뽑을 경우 지역(quarter)만 정해주면 쉽게 뽑을 수 있다.
    ⓗ 우편조사의 경우에는 회수율이 상당히 높아질 수 있다.
    ⓘ 단순무작위 표본추출보다 지역적으로 더 좁은 지역에 조사를 집중시킬 수 있으므로 시간, 노력, 경비가 절약될 수 있다.

2. 집락표본추출법(Cluster Sampling)
① 정의 : 모집단을 구성하고 있는 집락(cluster)들 중에서 일부의 집락을 단순무작위 추출하여, 추출된 집락에 속한 모든 구성요소들을 전수조사하거나 추출된 집락들 내의 일부 구성요소들을 단순무작위 추출하여 조사하는 방법이다.
② 특징
    ⓐ 완전한 표본틀(sampling frame)이 없는 경우에도 사용가능하며, 비교적 비용이 적게 든다는 장점이 있기 때문에 전국 규모의 조사에 많이 사용된다.
    ⓑ 모집단의 일부분만 고려하면 된다.
    ⓒ 집락을 잘 규정하면 비용이 절감되며, 집락의 특성을 평가하고 이를 모집단의 특성과 비교할 수 있다.

문제 07

좋은 가설의 평가 기준(2020년 필답형 기출)
① 경험적 검증가능성 : 가설은 실증조사를 통하여 옳고 그름을 판단할 수 있어야 함
② 입증의 명백성 : 가설은 조사연구를 통하여 명백하게 입증이 가능해야 함
③ 가설 자체의 개연성 : 가설은 연구문제의 정답에 대한 잠정적인 추정이며 개연성이 필요함
④ 논리적 간결성 : 두 개 정도의 변수들 간의 관계를 간단한 논리로 설명해야 함
⑤ 계량화 가능성 : 연구자가 가설을 계량화하여 현상을 수치화한 뒤 통계적으로 분석할 수 있어야 함
⑥ 이론적 관련성 : 가설은 다른 이론이나 가설과의 높은 관련성을 갖고 있어야 함

08 대상자의 주관적 가치나 태도를 평가하는 면접 중 비표준화 면접의 특징 4가지를 쓰시오.

09 외생변수의 통제방법 중 우발적 사건, 시험효과, 성숙효과에 대해 서술하시오.

10 표본크기 선정 요인을 신뢰수준, 모분산과 같은 통계적 요인을 제외하고 서술하시오.

문제 08

1. 부호화가 어렵다.
2. 심층적인 질문이 가능하다.
3. 미개척 분야의 개발에 적합하다.
4. 구조화 면접보다 면접자의 편의(bias)가 개입될 가능성이 크다.

문제 09

1. 우발적 사건(History)
사전조사와 사후조사 사이에 발생한 통제 불가능한 사건이 미치는 영향을 의미한다.
2. 시험효과(Testing Effect)
측정이 반복됨으로써 얻어지는 학습효과가 실험대상자의 반응에 영향을 미치는 것을 의미한다.
3. 성숙효과(Maturation Effect)
추정된 인과관계가 사전조사와 사후조사 사이에서 발생한 조사대상집단의 신체적 또는 심리적 성숙에 기인한 경우를 의미한다.

문제 10

1. 표본크기의 선정 요인들
① 동시에 분석해야 할 변수의 수가 많다면 표본크기는 커야 한다.
② 동시에 분석해야 할 범주의 수가 많다면 표본크기는 커야 한다.
③ 모집단의 규모가 작을수록 표본비율이 커야 한다. 모집단의 규모가 클 경우 표본비율은 큰 의미가 없다. 우리나라 성인 대상 여론조사의 표본은 1,000명~1,500명 정도이다.
④ 모집단의 이질성이 클수록 표본크기는 커야 한다. 단, 층화가 가능하면 표본 수를 줄일 수 있다.
⑤ 일반적으로 표본의 크기가 증가하면 자료수집 및 처리에 투입되는 비용과 시간이 증가한다. 즉, 비용과 시간에 여유가 있다면 표본크기를 충분히 크게 할 수 있다.

02 2023년 필답형 기출유사문제

01 집단조사의 의의와 장단점 3개씩 서술하시오 (5점)

02 표본조사가 전수조사보다 오류가 적은 이유 3가지와 표본 조사시 유의할 점 2가지를 서술하시오 (5점)

03 실험의 내·외적타당도를 저해하는 요인 3가지를 서술하시오. (6점)

04 신뢰도 검증방법인 검사-재검사법의 문제점 2가지를 예시를 들어 설명하시오. (6점)

해설 문제 01
1. 집단조사
    일정한 장소에 모인 응답자들에게 질문지를 배포하고 응답자가 현장에서 직접 기재하도록 하는 조사방법이다.
2. 장·단점
    ① 장점
        ㉠ 시간이 절약되고 조사가 간편하다.
        ㉡ 적은 조사원으로 설문조사가 가능하다.
        ㉢ 응답자와 조사원의 상호소통이 가능하여 오류를 감소시킬 수 있다.
    ② 단점
        ㉠ 응답자를 한자리에 모으기가 어렵다.
        ㉡ 집단상황의 영향으로 응답을 왜곡시킬 수 있다.
        ㉢ 조사자의 능력에 따라 결과가 달라질 수 있다.

문제 02
① 표본조사가 전수조사보다 오류가 적은 이유
    ㉠ 전수조사에 비해 시간과 비용이 절약된다.
    ㉡ 비표본 오차를 줄여 전수조사보다 정확한 자료를 얻을 수 있다.
    ㉢ 파괴적인 조사와 같이 전수조사가 불가능한 경우에도 조사를 실시할 수 있다.
② 유의할 점
    ㉠ 의사결정자와 조사자 간의 대화로 규명된 모집단을 잘 대표할 수 있는 자료를 획득해야 한다.
    ㉡ 신뢰성 있는 결과를 얻을 수 있도록 표본의 정확성을 확보해야 한다.
    ㉢ 주어진 비용과 시간을 효율적으로 사용해야 한다.

문제 03
1. 실험의 내적 타당도 저해요인들
    ① 성숙 또는 시간적 경과 : 시간의 흐름에 따라 조사대상집단의 신체적 또는 심리적 성숙이 연구결과에 영향을 미치는 요인을 말한다.
    ② 시험효과/검사 : 시험효과란 측정이 반복됨으로써 얻어지는 학습 효과가 실험결과에 영향을 주는 요인으로, 주시험효과와 상호작용 시험효과로 나눌 수 있다.
    ③ 선택적 편의/선발요인/표본의 편중 : 실험을 실시하기 전에 이미 차이가 있는 두 집단들을 실험집단과 비교집단으로 선정함으로써 오는 저해요인이다.
2. 실험의 외적 타당도 저해요인들
    ① 표본의 대표성 저해 : 연구가 실제 상황에 일반화될 수 있으려면 연구대상은 모집단을 대표할 수 있어야 한다. 하지만 표본추출 과정의 편향 및 오류가 대표성을 저해한다.
    ② 실험조사에 대한 반응성 : 조사대상자가 자신이 실험에 참여하고 있다는 것을 의식해서 자연적인 평소의 상황과는 다른 행동과 반응을 보인다면 일반 연구에서는 나타나지 않는 결과가 나타날 수 있다.
    ③ 중다처치에 의한 간섭 효과 : 같은 피험자에게 여러 실험변인을 적용시켰을 때 나타나는 요인으로, 앞에 있었던 실험처치의 효과가 남아 있어서 뒤의 실험변인에 영향을 미쳐 외적타당도를 저해한다.

문제 04
1. 검사요인이 작용할 수 있다.
    동일한 측정도구가 활용되므로 이전의 학습 효과가 실험 대상자의 반응에 영향을 줄 수 있다.
    예를 들어 영어능력측정도구로 동일한 TOEIC 시험이 활용될 경우 이전의 학습 효과가 실험 대상자의 반응에 영향을 줄 수 있다.
2. 성숙요인이 작용할 수 있다.
    시간의 경과에 따라 실험 대상자가 성숙해지고 그 결과 실험 대상자의 반응이 달라질 수 있다.
    예를 들어 영어능력측정도구로 동일한 TOEIC 시험이 어느정도 기간이 지난 후에 다시 시행될 경우 실험대상자의 성숙요인이 실험결과에 영향을 줄 수 있다.

05 표적집단면접법(FGI; Focus Group Interview)의 의의와 장단점을 서술하시오. (4점)

06 확률표본추출법 및 비확률표본추출법 각각 2가지씩 쓰시오. (4점)

07 생태학적 오류의 의미를 예시를 들어 설명하시오 (4점)

08 외적변수와 억제변수에 대해 서술하시오. (4점)

09 매트릭스식(행렬식)질문의 문제점을 해결할 수 있는 방안을 서술하시오. (3점)

문제 05
1. 의의
    전문지식을 보유한 조사자가 소수의 응답자 집단을 대상으로 특정한 주제에 대하여 토론을 벌이게 하고 토론 내용에서 필요한 정보를 획득하는 방법
2. 장·단점
 ① 장점
    ㉠ 심도있는 정보획득이 가능하다.
    ㉡ 높은 내용타당도를 가진다.
    ㉢ 새로운 정보획득이 가능하다.
 ② 단점
    ㉠ 조사결과의 일반화가 어렵다.
    ㉡ 표적집단 선정이 곤란하다.
    ㉢ 사회자의 능력에 따라 결과의 차이가 크다.

문제 06
1. 확률표본추출법의 종류 : 단순무작위표본추출, 계통표본추출, 층화표본추출, 군집표본추출
2. 비확률표본추출법의 종류 : 임의표본추출, 판단표본추출, 할당표본추출, 연속적표본추출, 눈덩이표본추출

문제 07
1. 생태학적 오류의 의미 : 집단단위의 자료를 바탕으로 개인의 특성을 추리할 때에 발생하는 오류
   예 가톨릭 집단의 특성을 분석한 다음 그 결과를 토대로 가톨릭교도 개개인의 특성을 해석하는 오류

문제 08
1. 외적변수 : 독립변수와 종속변수의 관계가 표면적으로는 인과적 관계에 있는 것처럼 보이는 경우에도, 실제로는 두 변수들이 우연히 어떤 다른 변수와 연결됨으로써 관계가 있는 것처럼 보이게 하는 제3의 변수이다. 외적변수에는 허위변수와 혼란변수가 있다.
2. 억제변수 : 두 변수들이 서로 관계가 있는데도 관계가 없는 것으로 나타나게 하는 제3의 변수이다.

문제 09
매트릭스식 질문은 여러 개의 질문들에 대해 동일한 응답카테고리를 적용할 때 사용하는 질문이다.
예를 들어 A호텔의 음식 맛, 객실 가격, 객실 서비스 등에 대하여 동일한 리커트 5점 척도
(1. 매우 불만족, 2. 불만족, 3. 보통, 4. 만족, 5. 매우 만족)로 응답카테고리를 구성하는 경우 매트릭스식 질문들이 활용되었다고 볼 수 있다.
매트릭스식 질문의 경우 동일한 응답카테고리로 구성되었다는 선입관으로 인해 응답자가 질문의 내용을 상세히 검토하지 않고 모든 질문들에 유사하게 응답할 가능성이 있다는 문제점이 있다.
매트릭스식 질문의 문제점 극복을 위하여 객관식 문항들과 주관식 문항들의 동시 활용(객관식 문항들의 응답이유들을 주관식 문항들로 기술), 각각의 질문에 따라 상이한 응답카테고리 활용 등이 해결방안이 될 수 있다.

10 우편조사와 비교한 면접조사의 장점 5가지를 쓰시오. (5점)

11 질문지 문항 구성 순서와 배열에서 주의해야 할 점 5가지를 쓰시오 (4점)

12 특정정당에 대한 선호도 조사와 관련하여 프로빙 질문 및 리커트 5점척도를 이용하여 조사지를 작성하시오. (10점)

문제 10
1. 면접조사의 경우 응답자가 질문 내용을 이해하지 못하는 경우에도 조사자의 자세한 설명이 가능하기 때문에 우편조사법보다 조사자가 상세하고 다양한 내용을 질문할 수 있어 양질의 정보를 얻어낼 수 있다.
2. 면접조사의 경우 면접자와 응답자 간에 비밀스럽게 수행되고 조사자가 면접환경을 표준화(구조화)할 수 있어 우편조사에 비해 조사자의 환경의 통제가 가능하다.
3. 우편조사에 비해 면접조사의 경우 대면면접법의 활용, 사례품 증정 등을 통하여 조사자가 응답률을 높이고 성실한 답변을 얻을 수 있다.
4. 우편조사의 경우 타인이 대신 설문지 작성을 할 수 있어 왜곡이 발생할 수 있으나 면접조사의 경우 본인이 직접 응답하므로 왜곡이 발생하지 않는다.
5. 면접조사의 경우 우편조사에 비해 상대적으로 자료 수집 기간이 짧아진다.

문제 11
1. 첫 번째 질문은 응답자가 가능한 한 쉽게 응답할 수 있고 흥미를 유발할 수 있어야 한다.
2. 응답자의 인적 사항에 대한 질문은 가능한 한 나중에 해야 한다.
3. 조사자는 질문 항목 간의 관계를 고려해야 한다.
4. 응답자가 심각하게 고려해 응답해야 하는 성질의 질문은 위치 선정에 주의해야 한다.
5. 문항이 담고 있는 내용의 범위가 넓은 것에서부터 점차 좁아지도록 문항을 배열하는 것이 좋다(깔때기형 배열).

문제 12
A 정당의 경제정책에 대한 선호도(만족도)를 선택해 주시기 바랍니다.
　① 매우 불만족　② 불만족　③ 보통　④ 만족　⑤ 매우 만족
2. A 정당의 보건정책에 대한 선호도(만족도)를 선택해 주시기 바랍니다.
　① 매우 불만족　② 불만족　③ 보통　④ 만족　⑤ 매우 만족
3. A 정당의 복지정책에 대한 선호도(만족도)를 선택해 주시기 바랍니다.
　① 매우 불만족　② 불만족　③ 보통　④ 만족　⑤ 매우 만족
4. A 정당의 고용노동정책에 대한 선호도(만족도)를 선택해 주시기 바랍니다.
　① 매우 불만족　② 불만족　③ 보통　④ 만족　⑤ 매우 만족
5. A 정당의 에너지산업정책에 대한 선호도(만족도)를 선택해 주시기 바랍니다.
　① 매우 불만족　② 불만족　③ 보통　④ 만족　⑤ 매우 만족
6. A 정당의 국토교통정책에 대한 선호도(만족도)를 선택해 주시기 바랍니다.
　① 매우 불만족　② 불만족　③ 보통　④ 만족　⑤ 매우 만족
7. A 정당 전반에 대한 선호도(만족도)를 선택해 주시기 바랍니다.
　① 매우 불만족　② 불만족　③ 보통　④ 만족　⑤ 매우 만족

〈참고〉 프로빙 질문을 이용한 설문지 사례

> 1. A 정당의 복지정책에 대한 선호도(만족도)를 선택해 주시기 바랍니다.
> 　① 매우 불만족　② 불만족　③ 보통　④ 만족　⑤ 매우 만족
>
> 2. 1에서 (　)를 선택해 주셨는데, 왜 그렇게 생각하셨습니까?
>
> 3. A 정당이 가장 우선적으로 해결해야 할 복지정책 1가지만 적어주십시오.

03 2022년 필답형 기출유사문제

01 집락표본추출 절차 및 장단점 2개씩을 쓰시오. (6점)

02 비확률표본추출의 장단점 2개씩을 쓰시오. (4점)

03 층화표본추출 절차 3단계를 쓰시오. (6점)

04 과학적연구에서 간결성의 의미를 쓰시오. (4점)

05 역사요인의 의미를 쓰시오. (4점)

06 비구조화 도구의 의미 및 비구조화 도구를 활용한 면접법 2개를 설명하시오. (4점)

07 분석단위가 개인, 조직, 국가인 예들을 제시하시오. (5점)

08 다음 설문지 문항의 문제점을 적시하고 알맞게 수정하시오. (3점)

> 귀하께서는 현재 근무하는 회사의 임금수준과 작업조건에 대해 만족하고 계십니까?

해설 문제 01

① 절차
  ㉠ 모집단을 상호배타적인 집락(소집단)으로 구분한다.
  ㉡ 분류된 소집단 중에서 무작위로 일부 소집단들을 선정한다(제1집락 표집).
  ㉢ 선정된 각각의 집락(소집단)에서 표본을 전수조사하거나 단순무작위추출한다(제2집락 표집).
② 장점
  ㉠ 모집단의 일부분만 고려하면 된다.
  ㉡ 집락을 잘 규정하면 비용이 절감된다.
  ㉢ 집락의 특성을 평가하고 이를 모집단의 특성과 비교할 수 있다.
③ 단점
  ㉠ 표본오차가 있다.
  ㉡ 집락이 모집단을 대표하지 못할 수 있다.

문제 02

① 장점
  ㉠ 비용과 시간이 확률표본추출에 비하여 절약된다.
  ㉡ 표본추출이 쉽고 편리하다.
② 단점
  ㉠ 표본의 대표성이 없어 일반화에 한계가 있다.
  ㉡ 많은 편견이 개입된다.

문제 03

① 조사대상 모집단을 상호배타적이고 포괄적인 계층들로 나눈다.
② 각 계층이 모집단 내에서 차지하는 상대적 비율을 정하고, 전체 표본의 수에 각 계층의 상대적 비율을 곱하여 각 계층별로 추출할 표본의 수를 정한다.
③ 각 계층별로 단순무작위표집법이나 체계적 표집법을 사용하여 표본을 추출한다.

문제 04

어떤 현상을 이해함에 있어 필요한 최소한의 설명변수만을 사용하여 가능한 최대의 설명력을 얻어내고자 하는 원리를 말한다.

문제 05

사전조사와 사후조사 사이에 발생한 통제 불가능한 사건이 미치는 요인을 말한다.

문제 06

① 비구조화의 의미 : 표준화된 조사표를 활용하는 구조화 도구와는 달리 질문의 내용, 형식, 순서를 미리 정하지 않고 면접상황에 따라서 비교적 자유롭게 면접자와 응답자의 상호작용에 따라서 자료를 수집하는 방법이다.
② 비구조화 도구를 활용한 면접법
  심층면접법(depth interview), FGI

문제 07

분석단위가 개인인 경우는 개인을 대상으로 한 설문조사를 그 예로서 들 수 있다.
분석단위가 조직인 경우는 회사를 대상으로 한 매출액, 당기순이익, 직원수 조사 또는 정부조직을 대상으로 한 예산, 직원수 조사를 예로 들 수 있다.
분석단위가 국가인 경우는 국가별 GDP, 1인당 GDP, 인구수 조사를 그 예로 들 수 있다.

문제 08

① 문제점
하나의 문항으로 쌍열식 질문을 하여 하나의 문항에 한가지 질문을 하여야 한다는 단순성 원칙을 위배하고 있다.
② 수정
귀하께서는 현재 근무하는 회사의 임금수준에 대해 만족하고 계십니까?
귀하께서는 현재 근무하는 회사의 작업조건에 대해 만족하고 계십니까?

09 전화면접의 의미 및 장단점 2개씩을 쓰시오. (5점)

10 문헌을 통한 자료수집의 장단점 2개씩을 쓰시오. (4점)

11 설문지 순서 구성시 유의점 3개를 쓰시오. (5점)

12 신문구독에 대한 질문지를 다음의 내용들을 넣어 작성하시오. (10점)
- 나이(만 20세 이상부터), 성별
- 신문의 종류
  중앙일보, 조선일보, 동아일보, 매일경제신문, 한국경제신문, 경향신문, 한겨레신문, 기타(없음을 포함)
- 긍정부터 배치

문제 09

① 의미 : 전화면접은 조사원이 응답자를 직접 만나는 대신에 전화를 이용해 응답자로부터 정보를 수집하는 방법이다.
② 장점
　㉠ 조사원은 전화번호부를 이용해 비교적 쉽게 모집단에서 표본인 응답 대상자를 추출할 수 있다.
　㉡ 면접조사에 비해 익명성이 보장된다.
③ 단점
　㉠ 표본을 추출할 때 대표성 있는 확률 표본을 얻기 힘들다.
　㉡ 질문 내용이 어렵고 면접시간이 길어지면 응답자의 협조를 얻어내기가 힘들다.

문제 10

① 장 점
　㉠ 비교적 저렴한 비용으로 단기간에 많은 자료를 수집할 수 있다.
　㉡ 문헌조사 이외의 방법으로 자료를 수집하기 어려운 분야에 가장 적합한 방법이다.
② 단 점
　㉠ 연구목적에 따른 문헌 그 자체가 부족하거나 또는 문헌 내용이 부실한 경우가 많다
　㉡ 문헌작성의 목적과 의도에 따라서 문헌조사에서 편견이 발생될 가능성이 많다.

문제 11

① 시작하는 질문은 쉽게 응답할 수 있고 흥미를 유발할 수 있어야 한다.
② 응답자의 인적사항에 대한 질문은 가능한 한 나중에 한다.
③ 문항이 담고 있는 내용의 범위가 넓은 것에서부터 점차 좁아지도록 문항을 배열하는 것이 좋다.

문제 12

1. 귀하의 나이는?
　① 20대　② 30대　③ 40대　④ 50대　⑤ 60대 이상
2. 귀하의 성별은?
　① 남성　② 여성
3. 귀하가 구독하고 있는 신문은? (복수응답가능)
　① 중앙일보　② 조선일보　③ 동아일보　④ 매일경제신문　⑤ 한국경제신문　⑥ 경향신문　⑦ 한겨레신문
　⑧ 기타(없음을 포함, 없음의 경우 3번에서 종료)
4. 귀하는 현재 구독하고 있으신 신문의 구독계약을 연장하시겠습니까?
　(신문 1개를 구독하는 경우를 가정합니다.)
　　① 예.　② 아니오.
5. 귀하는 현재 구독하시고 있으신 신문에 대하여 얼마나 만족하십니까?
　(신문 1개를 구독하는 경우를 가정합니다.)
　① 매우 불만족　② 불만족　③ 보통　④ 만족　⑤ 매우 만족

6. 귀하는 현재 구독하시고 있으신 신문을 타인들에게 추천하시겠습니까?
　　(신문 1개를 구독하는 경우를 가정합니다.)
　　　① 예.　② 아니오.
7. 귀하가 신문사에게 건의하시고 싶으신 내용을 써주십시오. (신문 1개를 구독하는 경우를 가정합니다.)
　　　(　　　　　　　　　　　　　　　　　　　　　　　　　　　　　　)

－ 설문에 응해주셔서 감사합니다. －

04 2021년 필답형 기출유사문제

01 설문지의 개별항목을 작성할 때 고려해야 할 사항에 대해 쓰시오.

02 표본프레임의 의미와 표본프레임의 오차 발생유형, 그 오차를 줄이는 방안에 대해서 설명하시오.

03 외생변수의 통제가 필요한 이유와 그 통제 방법에 대해 설명하시오.

04 변수와의 관계 중 선형, 대칭, 인과관계에 대하여 기술하시오

해설 문제01

① 가능한 이해하기 쉽고 의미가 명확하게 구분되는 단어를 이용한다.
② 다지선다형 응답에서 가능한 응답을 모두 제시한다. (응답을 포괄적으로 구성한다.)
③ 응답 항목들의 중복을 피해야 한다. (실질적 적합성, 총망라성, 상호 배타성 등에 입각하여 구성한다.)
④ 모호한 단어를 사용하지 않고 단어의 뜻을 정확히 설명한다.
⑤ 하나의 질문 항목은 한 가지 내용에 대해서만 질문한다.
⑥ 특정한 대답을 유도하도록 편향되지 않게 한다.
⑦ '그리고', '와(과)' 등의 사용에 주의한다.

문제02

① 표본프레임의 의미: 표본프레임(표본틀, 표집틀)은 연구대상이나 모집단의 구성요소, 표본추출단위를 목록화한 것이다.
② 오차의 유형:
 - 규정된 모집단이 표본프레임을 완전히 포함하며 동시에 더 넓은 범위를 갖고 있는 경우
 - 모집단이 표본프레임 내에 포함되는 경우
 - 표본프레임과 모집단이 서로 포함관계에 있지 않고 일부분만 일치하는 경우
③ 오차를 줄이는 방안:
 - 표본프레임에 맞게 모집단을 재규정한다.
 - 자료수집 과정 중 선별문항을 통해 부적절한 연구대상을 제거하거나 자료에 가중치를 부여하는 등 자료를 조정한다.

문제03

① 통제가 필요한 이유: 외생변수는 독립변수 이외의 변수로 종속변수로 영향을 주어 통제하지 않을 시 독립변수와 종속변수 사이의 인과관계를 파악하는데 문제가 발생하며, 이는 연구결과의 내적타당도에 영향을 미친다.
② 통제방법:
 - 제거: 외생변수가 될 가능성이 있는 변수를 제거하여 실험 상황에 영향을 미치지 못하도록 함
 - 균형화(짝짓기): 실험집단과 통제집단이 외생변수의 영향을 동일하게 받을 수 있도록 하여 동질성을 확보
 - 상쇄: 외생변수의 작용 강도가 다른 상황에서 순서를 바꿔 다른 실험을 실시하여 비교하는 등의 방법으로 외생변수 간 영향을 최소화
 - 무작위화: 모집단에서 조사대상을 무작위로 추출, 변수에 대한 영향력을 동일하게 하여 동질적인 집단으로 만듦

문제04

1. 선형(linear)
 두 변수 중 하나가 일정한 증가 또는 감소함에 따라 같이 일정한 증가 또는 감소하는 직선으로 모형화할 수 있는 관계
2. 대칭(symmetric)
 두 변수가 다른 하나의 변수의 변화에 따라 같은 방향 또는 반대 방향으로 변화하는 관계
3. 인과관계(causal relationship)
 독립변수의 변화에 따라 종속변수가 일정한 방향으로 변화하는 관계

05 소시오메트리의 적용을 위한 요건을 쓰시오.

06 불비례층화표집에 대해 설명하고 그 예시를 쓰시오.

07 가출청소년을 대상으로 조사를 하고자 할 때에 적절한 표본 추출법은 무엇이며 그 특징에 대해 쓰시오.

08 탐색적 조사(연구)와 그 연구 방법에 대해서 쓰시오.

09 유사실험설계의 장점과 단점을 쓰시오.

해설 문제 05

① 피조사자에게 집단의 한계를 명백히 규정해 주어야 한다.
② 개개인의 마음대로 선택하고 배척할 수 있어야 한다는 것으로 피조사자는 선택과 배척할 사람의 수에 어떤 제한을 받아서는 안 된다.
③ 피조사자는 일정한 기준이 설정이 되어야 한다.
④ 소시오메트리 조사결과는 집단구조를 재구조화는 사용되어야 한다.
⑤ 피조사자가 특정인을 선택 또는 배척하는 것을 다른 구성원들이 알지 못하도록 비밀이 유지되면서 시행되어야 한다.
⑥ 사용되는 질문문항은 구성원들이 충분히 이해할 수 있도록 만들어져야 한다.
⑦ 집단 구성원 간에 감정적인 유대가 형성될 수 있을 만큼 충분한시간이 경과되어야 한다.
⑧ 성원들 간에 개인적인 유대가 가능하리만큼 집단의 규모가 작아야 한다.

문제 06

모집단을 구성하는 각 층의 비율에 따라 추출하면 비례층화표집이 되나 이 비율과 비례하지 않게 표본의 수를 조정하면 불비례층화표집(비비례층화표본추출)이 된다. 모집단과 구성비가 달라지므로 표본이 모집단의 특성을 대표하지 않는 문제가 있으나 각 층 사이의 비교가 용이해져 그 특성을 파악하기에 유리하다.

예 성비차이가 큰 학과에서 남학생과 여학생을 1 : 1 비율로 표집

문제 07

가출청소년은 조사 대상을 공개적으로 모집하기 어렵기 때문에 제한적으로 확보한 조사 대상으로부터 다른 조사 대상을 소개받는 방식인 눈덩이 표본추출을 사용하는 것이 적질하다. 눈덩이 표본추출은 가출청소년 외에도 모집단을 파악하기 곤란한 불법체류자, 노숙자 등의 대상이나 외부 연결이 작은 소규모 조직을 조사하는 데에 사용할 수 있으며 조사 대상의 사생활이 보호된다는 장점이 있다. 그러나 최초 표본을 확보하는 것이 어렵고, 편견이 개입하기 쉬우며, 표본들의 대표성이 떨어져 결과를 일반화하기 어렵다.

문제 08

탐색적 조사는 조사하고자 하는 주제가 새로운 것이거나 주제에 대한 자료가 부족한 경우, 사전 지식이 부족할 때 예비적으로 실시하는 조사이다. 분야에 대한 탐색을 목적으로 하며 예비 조사이므로 기초적 사실이나 배경, 추후 연구를 위한 연구문제, 새로운 아이디어 등을 조사 내용으로 한다. 이를 위해 출간물 등의 자료를 조사하는 문헌조사, 관련 분야 전문가들의 의견을 모으는 전문가 의견 조사, 유사한 문제 발생 사례를 조사하는 사례연구 등의 연구 방법을 사용할 수 있다.

문제 09

① 장점
- 실제상황에서 이루어지므로 외적 타당성이 높음
- 일상생활과 동일한 상황에서 수행되므로 이론검증 및 현실문제 해결에 유용하며 복잡한 심리적 영향과 과정변화 연구에 적절

② 단점
- 현장 상황에서는 대상의 무작위화와 독립변수의 조작화가 어려운 경우가 많음
- 실제 상황에서의 실험이므로 독립변수의 효과와 외생변수의 효과를 분리해서 파악하기 힘듬
- 측정과 외생변수의 통제가 어려우므로 연구결과의 정밀도가 떨어짐
- 순수실험설계보다 통제력이 약해 인과관계의 명확한 규명이 떨어짐

10 사전조사의 목적과 그 실행방법에 대해 쓰시오.

11 1차 자료와 2차 자료의 의미와 예시에 대해 쓰시오.

12 층화표본추출방법의 종류에 대하여 쓰시오

해설 문제10

① 목적

질문의 내용, 질문의 형식, 질문의 양식, 어구구성, 질문문항의 배열순서 등에 있을 수 있는 오류를 찾아내어 질문지의 신뢰도와 타당도를 높이고, 본 조사에 필요한 자료를 수집하기 위함이다.

② 실시방법

질문지의 초안을 작성한 후에 모집단의 일부를 선정하여 예정된 본 조사와 동일한 절차와 방법으로 질문지를 시험하여 질문의 내용, 어구구성, 반응형식, 질문순서 등의 오류를 찾아내어 질문지의 신뢰도 및 타당도를 높인다.

문제11

① 1차 자료
- 연구자가 연구목적을 달성하기 위하여 직접적으로 수집하는 자료
- 연구목적과 자료 수집의 목적이 일치한다.
- 타당도와 신뢰도의 측정이 가능
- 연구목적이 필요한 시기에 이용이 가능
- 자료 수집을 위한 시간과 비용 등이 소요된다.
- 예 조사자의 설문조사, 면접, 행동 관찰 내용 기록 등

② 2차 자료
- 연구목적에 활용이 가능한 기존의 모든 자료
- 연구자가 직접 수집하거나 작성한 1차 자료를 제외한 모든 자료를 의미한다.
- 2차 자료는 수집이 쉽고 비용이 저렴하다.
- 자료의 내용, 측정단위, 조작적 정의 등이 연구목적과 불일치할 수 있음
- 경우에 따라 2차 자료의 접근이 어렵거나 제한되어 있을 수 있음
- 예 1차 자료를 바탕으로 작성한 보고서, 연구자료, 통계 등

문제12

① 비례층화표본추출

각 층의 비율대로 추출하는 방법이다. 모집단을 적당하게 대표하는 표본을 잡을 수 있으며, 모집단의 특성을 알기에 좋지만, 계층이 여러 개가 되면 비율적으로 뽑기 어려우며, 각 계층의 비교가 어렵다.

② 비비례층화표본추출(불비례층화표집)

각 층의 비율과 상관없이 추출하는 방법이다. 각 계층의 비교가 쉽고, 실험집단과 통제집단을 나눌 때 사용되며 경제적이나, 모집단의 특성을 파악하기 어렵고, 모집단을 적당하게 대표하는 표본을 잡기가 어려울 수 있다.

05 2020년 필답형 기출유사문제

01 개방형질문과 폐쇄형 질문의 장단점을 2가지씩 쓰시오.

02 눈덩이 추출법에 대하여 설명하고 장점을 쓰시오.

03 생태학적 오류, 개인주의적 오류에 대하여 설명하고 예를 드시오.

04 탐색적 연구를 위한 방법 중 브레인스토밍에 대하여 설명하시오.

05 확률표본추출의 의미를 비확률표본추출과 비교하여 서술하고 장점을 설명하시오.

해설 문제 01

1. 개방형 질문 : 자유 응답형 질문으로 응답자가 할 수 있는 응답의 형태에 제약을 가하지 않고 자유롭게 표현하는 방법
   ① 장점
      ㉠ 연구자들이 응답의 범위를 아는 데 도움이 되어 탐색적 조사연구나 의사결정의 초기단계에서 유용함
      ㉡ 강제성이 없어 다양한 응답을 기대할 수 있음
      ㉢ 응답자가 상세한 부분까지 언급 가능하므로 새로운 정보의 획득이 가능
      ㉣ 대답이 불분명한 경우 면접자가 설명을 요구할 수 있으므로 오해 제거 가능
   ② 단점
      ㉠ 응답의 부호화가 어렵고, 세세한 정보의 부분이 유실될 수 있음
      ㉡ 응답의 표현상 차이로 상이한 해석 가능
      ㉢ 표현능력이 부족한 응답자에게 문제가 발생할 수 있고 무응답률이 높음
2. 폐쇄형 질문 : 사전에 응답할 항목을 연구자가 제시해 놓고 그 중에서 택하게 하는 방법
   ① 장점
      ㉠ 채점과 코딩이 간편함
      ㉡ 응답항목이 명확하고 신속한 응답이 가능
      ㉢ 반송가능성이 높아짐
      ㉣ 조사자의 편견개입을 방지할 수 있음
   ② 단점
      ㉠ 몇 개의 한정된 응답지 가운데 선택해야 하므로 응답자의 충분한 의견반영이 곤란함
      ㉡ 응답항목의 배열에 따라 응답이 달라지며 주요항목이 빠지는 경우 치명적일 수 있음

문제 02

- 눈덩이추출법 : 연구자가 임의로 선정한 제한된 표본에 해당되는 사람들로부터 새로운 표본대상을 추천받고, 이 과정을 되풀이함으로써 표본을 누적해가는 방법
- 장점
  - 탐색적 연구에서 유용함
  - 연구자가 특수한 모집단의 구성원 파악을 못하고 있을 때(표본프레임이 없을 때) 유용함

문제 03

1. 생태학적 오류 : 집단단위의 자료를 바탕으로 개인의 특성을 추리할 때에 발생하는 오류
   예 가톨릭 집단의 특성을 분석한 다음 그 결과를 토대로 가톨릭교도 개개인의 특성을 해석해서는 안된다.
2. 개인주의적 오류 : 개인의 특성에서 집단이나 사회의 성격을 규명하고자 할 때 발생하는 오류
   예 어느 사회 개인들의 질서의식이 높은 것으로 나타났다고 해서 바로 그 사회를 질서 있는 사회라고 할 수는 없다.

문제 04

- 브레인스토밍 : 전문가 및 이해관계자가 모여 동등한 조건 아래 무형식으로 토의를 진행하여 연구자는 토의내용을 통하여 중요하거나 필요한 내용을 얻어내는 방법이다. 문제를 해결, 분석하려는 토의과정에서 창의성 있는 결과를 얻게 된다.

문제 05

- 확률표본추출 : 모집단의 모든 구성요소가 표본으로 선정될 확률이 알려져 있고, 그 확률이 0이 아닌 경우에 사용할 수 있는 표본추출방법으로 단순무작위표본추출, 계통표본추출, 층화표본추출, 군집표본추출 등이 있다.
- 비확률표본추출 : 모집단 요소의 추출확률이 알려져 있지 않고, 모집단에 대한 정보나 목록이 없을 때 이용되는 표본추출방법으로 임의표본추출, 판단표본추출, 할당표본추출, 연속적표본추출, 눈덩이표본추출 등이 있다.
- 확률표본추출의 장점 : 표본오차의 추정이 가능하고 분석결과를 일반화하기가 쉽다.

06 신뢰도를 평가하는 재검사법과 반분법에 대하여 설명하시오.

07 신뢰도에 대하여 설명하고 신뢰도를 높이기 위한 3가지 방법을 쓰시오.

08 우편조사의 장점과 응답률 높이는 방법을 각각 3가지 제시하시오.

09 연구에 사용할 가설이 좋은 가설인지의 여부를 판단 할 수 있는 평가기준을 4가지를 쓰시오.

10 질문지 작성 시 다음 질문의 문제점을 쓰고, 보다 적합한 형태로 질문으로 수정하시오.

[귀하의 직업과 소득 수준에 대하여 만족하고 계십니까?]

해설 문제06

1. 재검사법 : 측정대상의 속성을 측정하고 난 다음, 일정기간이 지난 후 동일한 방법으로 같은 대상의 속성을 다시 측정하고, 먼저의 측정값과 나중의 측정값을 비교하여 신뢰도를 평가하는 방법이다.
2. 반분법 : 측정도구를 임의로 반으로 나누어 같은 시간에 각각 독립된 두 개의 척도로 사용함으로써 신뢰도를 추정하는 방법이다.

문제07

- 신뢰도 : 측정도구가 측정하려는 대상을 일관성 있게 측정할 수 있는 능력
- 신뢰도 제고방안
  - 응답자 별로 오해가 생기거나 해석이 상이하지 않도록 질문이 명확해야 한다.
  - 조사자의 태도, 조사환경, 응답여건을 동일시한다.
  - 무성의한 대답이나 일관성이 없는 응답은 배제한다.
  - 신뢰성을 검증 받은 검증도구를 사용한다.
  - 응답항목을 늘리고 중요한 질문은 유사한 질문을 늘려 일관성을 철저히 검증한다.
  - 상호 영향을 줄 수 있는 질문은 분리하여 배치한다.
  - 동일한 척도는 모아서 배열한다.

문제08

- 우편조사의 장점
  - 광범위한 지역과 대상에 대하여 조사 가능하다.
  - 조사원이 개입하지 않기 때문에 조사원의 오해, 사절 등에 대한 정보의 왜곡이 없다.
  - 응답자의 익명성이 보장된다.
  - 면접조사에 비해 비용이 적다.
- 우편조사의 응답률을 높이는 방법
  - 반송용 봉투를 동봉하여 조사대상자의 편의를 도모한다.
  - 인사장을 동봉하여 조사의 협력을 구하고 조사표의 기입요령을 알기 쉽게 전달한다.
  - 물질적 보상 등을 통해 질문응답에 대한 동기부여를 한다.
  - 독촉서신을 보내는 등의 후속조치를 취한다.

문제09

- 가설의 평가 기준
  - 경험적 검증가능성 : 가설은 실증조사를 통하여 옳고 그름을 판단할 수 있어야 함
  - 입증의 명백성 : 가설은 조사연구를 통하여 명백하게 입증이 가능해야 함
  - 가설 자체의 개연성 : 가설은 연구문제의 정답에 대한 잠정적인 추정이며 개연성이 필요함
  - 논리적 간결성 : 두 개 정도의 변수들 간의 관계를 간단한 논리로 설명해야 함
  - 계량화 가능성 : 계량화는 현상을 수치화하여 통계적인 분석이 가능해야 함
  - 타 가설이나 이론과의 높은 관련성이 존재해야 함

문제10

1. 문제점 : 하나의 질문에 두 가지 내용(직업, 소득)에 대한 조사가 진행되어 대응성(단순성)이 결여되어 있다.
2. 수정 : 질문의 대응성(단순성)을 만족시키기 위하여 문항을 직업과 소득 수준에 대해서 분리한다.
   ① 귀하의 직업에 대하여 만족하고 계십니까?
   ② 귀하의 소득 수준에 대하여 만족하고 계십니까?

06 2019년 필답형 기출유사문제

01 우편조사법, 전화조사법, 면접조사법에 대하여 서술하시오.

02 확률표본추출과 비확률표본추출에 대하여 설명하고, 그 종류를 2가지씩 쓰시오.

03 코호트연구와 패널연구에 대하여 서술하시오.

04 명목척도, 서열척도, 등간척도, 비율척도의 의미를 예를 들어 설명하시오.

해설 문제01

1. 우편조사법 : 질문지를 우편으로 우송한 후 동봉한 반송용 봉투를 이용하여 응답을 받는 방법
   ① 장점 : 광범위한 지역과 대상을 조사할 수 있고, 익명성이 보장된다.
   　　　　조사원이 개입하지 않기 때문에 조사원의 오해, 사절 등에 대한 정보의 왜곡이 없다.
   ② 단점 : 회수율이 낮고, 질문지를 누가 기입했는지 알 수 없다.
   　　　　모호한 응답일 경우 더 이상 물어볼 수가 없다.
2. 전화조사법 : 조사자가 직접 응답자를 만나는 대신 전화를 이용하여 조사하는 방법
   ⓐ 장점 : 조사대상과의 접촉이 쉽고, 조사비용이 경제적이다.
   　　　　접근이 어려운 대상에 대한 조사가 가능하다.
   ⓑ 단점 : 질문의 길이와 내용에 제한을 받으며 보조도구를 사용하기 어렵다.
   　　　　전화가 없는 대상이 선정되지 않아 대표성의 문제가 발생한다.
3. 면접조사법 : 미리 훈련된 조사원이 지정된 조사대상을 방문, 면접하여 정해진 조사표에 의해 필요한 정보를 얻는 방법
   ⓐ 장점 : 응답률이 비교적 높고, 복잡한 문항에 대한 설명이 가능하다.
   　　　　조사원의 보충설명이 가능하며 시각자료의 이용이 가능하다.
   ⓑ 단점 : 조사비용과 시간 소요가 크다.
   　　　　부재중인 경우 조사가 어렵다.

문제02

1. 확률표본추출 : 모집단의 모든 구성요소가 표본으로 선정될 확률이 알려져 있고, 그 확률이 0이 아닌 경우에 사용할 수 있는 표본추출방법으로 표본오차의 추정이 가능하고 분석결과를 일반화하기가 쉽다.
   • 종류 : 단순무작위표본추출, 계통표본추출, 층화표본추출, 군집표본추출
2. 비확률표본추출 : 모집단 요소의 추출확률을 모를 때 사용하는 방법으로 모집단에 대한 정보나 목록이 없을 때 이용되는 표본추출방법이다.
   • 종류 : 임의표본추출, 판단표본추출, 할당표본추출, 연속적표본추출, 눈덩이표본추출

문제03

1. 코호트 연구 : 집단의 구성원은 변화하되 동일한 경험적 특성을 가진 집단의 변화를 연구한다. 특정 집단이 시간에 따라 어떻게 변화하는지 조사한다.
   예 5년마다 실시하는 서울대 행정대학원 졸업생의 진로 방향 조사
2. 패널연구 : 동일한 구성원의 집단이 어떻게 변화하였는지 주기적으로 관찰하는 조사이다.
   예 2016년에 간을 이식받은 100명의 환자들에 대한 5년간의 추적조사

문제04

1. 명목척도 : 측정대상을 구분, 분류할 목적으로 측정대상의 속성에 부호나 수치를 부여한 척도이다.
   예 성별, 종교, 출생지, 자녀의 유무, 주민등록번호 등
2. 서열척도 : 측정대상에 크기나 순위에 따라서 대상 간의 순서관계를 보여주는 척도이다.
   예 학점, 선호도, 계급 등
3. 등간척도 : 측정대상을 그 속성에 따라 서열화하고 서열 간의 간격이 동일한 척도이다. 각 값들 간의 거리측정이 가능하나 차이 값이 절대적인 값을 의미하지 않는다.
   예 온도, 지능지수, 물가지수, 생산성지수 등
4. 비율척도 : 측정대상의 속성에 절대적인 영(0)을 가진 척도이다. 모든 수학적 연산이 가능하다.
   예 시간, 거리, 시청률, 투표율 등

05 층화표본추출의 장·단점을 각각 2가지씩 쓰시오.

06 프로빙의 의미를 설명하고 그 예를 쓰시오.

07 구성 타당도에 대하여 설명하고 종류 2가지를 쓰시오.

08 2차자료의 의미와 필요성 및 장·단점에 대해 서술하시오.

09 예비조사, 탐색조사, 사전조사의 의미를 쓰시오.

해설 문제 05

- 층화표본추출의 장점
  - 중요 집단은 빼놓지 않고 표본에 포함할 수 있다.
  - 동질적 대상의 표본을 줄이고 이질적인 층의 표본을 확보하여 대표성이 확보된다.
  - 표본오차(표집오차)가 감소한다.
- 층화표본추출의 단점
  - 모집단에 대한 지식이 필요하다. 즉, 층에 대한 지식이 필요하다.
  - 층별로 응답률의 차이가 존재할 수 있다.
  - 층화를 위한 명부가 필요하다.

문제 06

- 캐어묻기(probing) : 응답자가 질문의 의도와 맞지 않는 엉뚱한 응답을 했을 경우나 응답자의 응답만으로는 부족하여 좀 더 자세한 응답이 필요할 때, 질문에 맞는 정확한 응답을 얻어내기 위하여 부가적인 질문을 하는 방법이다.
  - 예 '정부 정책에 대한 의견은 어떻습니까?'라는 질문에 대해 불명확한 내답을 하였을 경우, 잠시 "그것에 대해 선생님의 자세한 설명을 좀 더 듣고 싶습니다."와 같이 구체적인 대답을 듣기 위하여 재질문을 하는 경우 등

문제 07

- 구성 타당도(construct validity) : 연구자가 측정하고자 하는 추상적 개념이 측정도구에 의하여 제대로 측정되었는지 혹은 추상적 개념과 측정지표가 어느 정도 일치하는지를 의미하며 개념타당도라고도 한다.
- 구성타당도의 종류 : 수렴적 타당도(convergent validity), 판별적 타당도(discriminant validity), 이해적 타당도(nomological validity)

문제 08

- 2차자료의 의미 : 조사자가 직접 수집하거나 작성한 결과인 1차자료를 제외한 자료이다.
- 2차자료의 장점 : 저렴한 비용으로 쉽게 구할 수 있으며, 연구주제를 구체화하기 위한 예비조사나 모집단에 대한 사전지식이 없는 경우 유용하다.
- 2차자료의 단점 : 자료의 적실성 결여, 시간이 지남에 따라 설명력 부족, 연구대상의 대표성 부족 등

문제 09

- 예비조사 : 연구 문제에 대하여 명확하지 않을 때 본 연구 전에 조사대상에 대한 필요한 정보수집과정을 의미한다.
- 탐색조사 : 연구주제에 대한 자료를 수집할 목적으로 조사문제의 규명, 연구가설을 명확히 하기 위하여 실시하는 조사이다.
- 사전조사 : 기획 및 설계를 마친 조사계획의 적절성을 알아보기 위한 조사로, 본 조사에 들어가기 전에 실시하는 소규모 조사를 의미한다.

제3장 설문지 작성법

01 설문지 설계 및 작성

1 설문지의 필요성

조사연구에서 표준화된 설문지를 이용하면 타 연구와의 결과를 쉽게 비교할 수 있을 뿐만 아니라, 빠른 시간 내로 자료 확보가 가능하다. 또한, 정교화된 설문지를 이용하여 조사를 실시하면 객관적인 정보확보와 함께 비표본오차를 줄일 수 있다.

앞서 조사방법에서 설문지 작성과 관련한 내용을 기술하였지만, 설문지 작성의 이해를 높이기 위해 설문지 작성과 관련한 주요 내용을 예시를 포함하여 다시 한 번 기술하도록 한다.

2 설문지 작성 절차

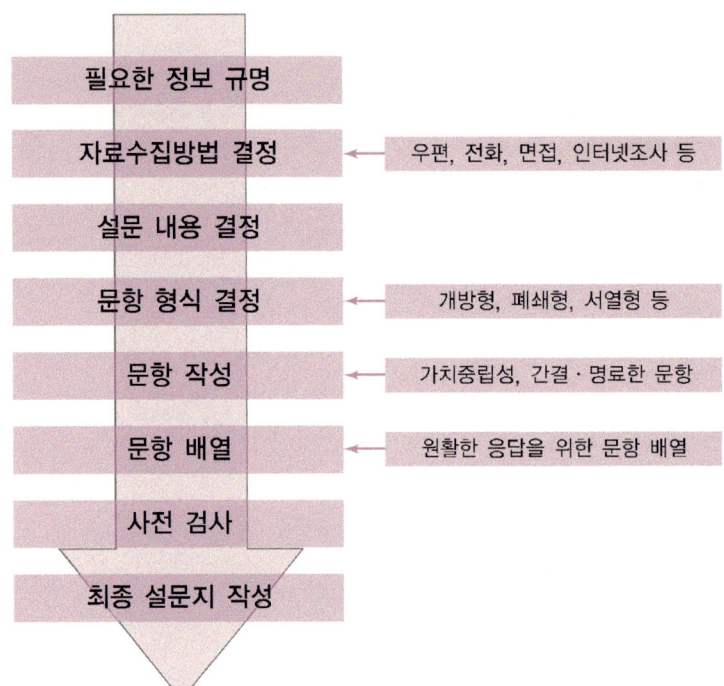

(1) 필요한 정보 규명

가설검증을 위해 측정해야 할 개념과 현상의 기술을 위해 필요한 변수들을 규정한다. 이때 문제의 개념적 정의와 조작적 정의를 구체화하여 향후 설문문항 내용 작성 시 응답자들이 문항을 객관적으로 이해할 수 있도록 해야 한다.

(2) 자료수집 방법 결정

우편, 전화, 면접 등 어떤 자료수집방법을 사용할 것인가를 결정해야 하며, 설문지의 형식과 양을 결정한다.

(3) 설문문항 내용의 결정

필요한 개념(변수)을 측정하기 위해서 어떤 내용의 문항이 포함되어야 할지 결정한다.

(4) 문항 형식 결정

내용이 결정되면 응답형식을 개방형 또는 폐쇄형으로 할지, 또는 여러 가지 질문의 형태를 결정한다.

① **개방형 문항**: 자유 응답형 질문으로 응답자가 할 수 있는 응답의 형태에 제약을 가하지 않고 자유롭게 표현하는 방법으로 흔히 주관식 형태의 문항을 지칭한다. 연구자들이 응답의 범위를 아는 데 도움이 되어 탐색적 조사연구나 의사결정의 초기 단계에서 유용하며 강제성이 없어 다양한 응답을 기대할 수 있다. 그러나 응답의 부호화가 어렵고, 응답 표현상의 차이로 응답을 받아들이는 연구자별로 상이한 해석이 가능한 단점이 있다.

> [예제]
> 귀하가 거주하고 싶은 주택은 어떤 형태입니까?   (   )

② **폐쇄형 문항**: 사전에 응답할 항목을 연구자가 제시해 놓고 그중에서 택하게 하는 방법으로 흔히 객관식 형태의 문항을 지칭한다. 응답항목이 명확하고 신속한 응답이 가능할 뿐만 아니라 설문결과를 정리하기 위한 코딩도 간단하다. 몇 개의 한정된 응답지 가운데 선택해야 하므로 응답자의 충분한 의견반영이 곤란하며 응답항목의 배열에 따라 응답이 달라질 가능성이 있어 주요 항목의 순서에 따라 결과가 바뀔 위험이 있다.

> [예제]
> 귀하가 거주하고 싶은 주택은 다음 중 어떤 형태입니까?
> ① 단독주택   ② 단지형 아파트   ③ 연립/다세대주택   ④ 오피스텔   ⑤ 공동주택

③ **찬반형 문항**: 특정 이슈에 대한 찬성·반대와 같은 양자택일의 응답을 요구하는 경우 사용된다. 질문형태가 간단하나 향후 통계분석의 방법에 제한이 생길 수 있다.

> [예제]
> 귀하가 거주하는 지역에 임대형 공동주택을 건설하는데 어떻게 생각하십니까?
> ① 찬성   ② 반대

④ **서열식 문항** : 여러 개의 응답 항목을 나열하고 그중 선호 또는 중요한 순으로 우선순위에 따라 응답을 선택하는 문항형식이다. 보통 1~2순위 또는 3순위까지의 응답을 선택하도록 한다.

> [예제]
> 귀하가 거주하고 싶은 주택형태를 다음 중 선호하는 순으로 선택하여 주십시오.
> 1순위 (   )   2순위 (   )
> ① 단독주택 ② 단지형 아파트 ③ 연립/다세대주택 ④ 오피스텔 ⑤ 공동주택

⑤ **평정식 문항** : 제시된 답이 연속성을 띠고 정도를 알아내려는 방식에 적합한 문항 형식이다. 리커드 척도(Likert scale)를 이용한 문항이 대표적인 예로 볼 수 있으며 척도점의 수는 3, 5, 7점 등이 많이 사용된다.

> [예제]
> 귀하가 거주하는 지역의 공원시설에 대한 만족도는 어떻습니까?
> ① 매우 불만족 ② 불만족 ③ 보통 ④ 만족 ⑤ 매우 만족

(5) 문항 작성

문항을 명확하게 표현한다. 이때 문항이 편향되거나 유도적인 성향을 보이면 안 된다.
① 가치중립성을 가져야 한다. 연구자의 편견이 개입된 질문이 없어야 하며 특정 대답을 암시하거나 유도하면 안 된다.
② 문항은 균형성을 가져야 한다. 어떤 문제에 대한 찬반 또는 상반된 의견을 묻는 경우 어느 한쪽으로 유도하는 문항을 사용하지 않아야 한다.
③ 문제에 대한 개념 및 응답자의 생각을 측정할 때는 응답범주 간 거리가 동일해야 하며 상반되는 응답 간 균형이 유지되어야 한다.
④ 폐쇄형 문항의 경우 응답 가능한 항목은 모두 제시해야 하며 서로 중복되지 않도록 한다.

> [예제] 응답자의 가구소득 조사 문항 작성의 예
> 귀하의 월평균 가구소득은?
> ① 200만 원 미만
> ② 200만 원 이상~300만 원 미만
> ③ 300만 원 이상~400만 원 미만
> ④ 400만 원 이상~500만 원 미만
> ⑤ 500만 원 이상~600만 원 미만
> ⑥ 600만 원 이상

⑤ 질문은 간결해야 한다. 한 문항에서 두 가지 질문을 피해야 하며, 문항 내에서 부연설명이나 단어의 중복된 사용을 피해야 한다.
⑥ 질문은 명료해야 한다. 질문의 뜻이 모호하거나 상이한 해석의 여지가 있는 단어사용을 피해야 한다. 또한, 부적절한 강조로 인하여 편의를 발생하여서 안 된다.

(6) 문항의 순서 배열

문항의 순서는 응답하기 쉬우면서 솔직한 응답이 가능하도록 배열한다. 일반적으로 처음에는 간단하고 흥미를 주는, 응답자가 편하게 응답할 수 있는 질문을 배치하고 설문지 후반에 민감한 질문을 배치한다.

① 일반적인 질문, 인구사회학적 특성은 설문지의 처음 또는 끝에 배치하여 연구문제와 관련된 내용과 분리한다.
② 설문지 처음에는 응답하기 쉽고 간단한 내용을 배치하고 뒤로 갈수록 심화적인 내용을 배치하도록 한다.
③ 민감한 질문 또는 개방형 문항은 설문지 후반부에 배치하여 응답 도중에 응답 포기를 하지 않도록 유도한다.
④ 시간순서대로 질문하거나 관련된 질문들을 묶어서 배열한다. 즉 질문을 내용에 따라 주제별로 구분하여 한 주제에 관한 질문을 배열한 후 다른 주제와 관련된 질문들을 배열하여 응답자가 논리적으로 설문을 이해하도록 돕는다.

(7) 사전검사(예비조사, pre-test) 실시

최종 설문을 완성하기 전에 소규모의 사전조사를 실시하여, 잘못된 문항을 수정하거나, 삭제, 추가, 문항 순서를 재배열한다. 이때 신뢰도와 타당도의 검증을 같이 실시하여 문항의 완성도를 높인다.

> **plus study**
>
> **사전검사에서 고려할 사항**
> ① 사전검사에 참여한 응답자들이 모집단을 대표하는가?
> ② 연구자의 의도하는 내용이 응답자에게 충분히 전달되는가?
> ③ 응답항목이 빠져 있지 않은가?
> ④ 설문지에 사용된 용어들이 응답자에게 쉽게 이해가 되는가?
> ⑤ 응답자들이 응답을 회피하는 문항이 존재하는가?
> ⑥ 설문지 내 각종 지시문이 적절한가?

(8) 최종 설문지 작성

설문 문항의 최종 점검과 함께, 설문지의 외형을 결정한다. 인쇄 방식이나, 설문지의 크기, 제본 방식 및 표지 구성을 적절하게 결정한다.

02 척도와 문항

1 평정 척도(리커드 척도, Likert scale)

(1) 여러 가지 척도구성 방법 중 실용성이 높고, 사회과학연구에서 가장 널리 사용되고 있는 척도로 특정 사항에 대한 응답자들의 태도를 측정하기 위하여 구성되는 척도로, 연구자가 제시한 문항들에 대한 응답을 바탕으로 관련 항목의 값들을 모두 더하여 측정하는 방법이다.

(2) 문항에 대한 응답의 강도를 요구하는데 응답 범주는 3, 5, 7 등으로 구성되는 평정법(rating method)을 사용한다.

> **plus study**
>
> **리커드 척도 구성방법**
> ① 측정하고자 하는 현상에 대해 긍정적으로 또는 부정적으로 묻는 여러 문항을 개발한다. 이때 문항은 중립적인 문항보다는 긍정이나 부정을 확실히 표현할 수 있는 문항들로 구성하여야 한다.
> ② 각각의 문항들에 대해 찬성 또는 반대하는 정도를 나타내는 응답범주를 제시한다.
>   - 매우 그렇다, 그렇다, 보통이다, 그렇지 않다, 전혀 그렇지 않다
> ③ 긍정적인 문항과 부정적인 문항을 구별하여 점수를 부여하고, 부정적인 문항은 점수를 역으로 부여한다. 이때 우호적인 문항을 위주로 구성하였다면, 부정적인 문항의 값은 역으로 코딩한다.
>   - 5개의 범주로 응답이 가능한 경우, 긍정적인 응답을 기준으로 부정적인 문항에 대한 값을 코딩한다면 부정적인 응답의 1점은 5점으로, 2점은 4점으로…와 같이 역의 순서로 값을 입력한다.

2 거트만 척도(Guttman scale)

(1) 태도를 특정하기 위한 척도법으로 스켈로그램 또는 누적척도(cumulative scale)라고도 한다.

(2) 문항들을 순서대로 배열하여 하위 문항 간에 일정한 논리적 위계구조를 갖도록 만드는 방법이다. 이때 누적적인 위계구조란 어떤 개념에 대하여 약한 정도를 측정하는 문항에서 보다 강한 정도를 측정하는 문항 순으로 문항을 구성하는 것을 의미한다.

(3) 누적적(cumulative)인 개념을 이용하여 어떤 응답자가 마지막으로 동의한 문항을 알면 그 응답자의 다른 문항에 대한 응답을 예측할 수 있음을 고려하며, 누적적으로 응답이 발생하지 않는다면(응답의 일관성이 떨어진다면) 이는 오차가 있는 응답으로 간주한다.

> **재생계수(CR; Coefficient of Reproducibility)**
> $$CR = 1 - \frac{응답의\ 오차수}{문항수 \times 응답자\ 수}$$
> - 거트만 척도에서는 재생계수가 0.9 이상이 되어야 바람직한 척도로 간주한다.

거트만 척도의 예 : 주변 이민자 거주에 대한 의견 조사

항목	응답자			
	A	B	C	D
우리 시(市)에 이민자가 거주하는 것에 찬성한다.	O	O	O	O
우리 구(區)에 이민자가 거주하는 것에 찬성한다.	O	O	O	×
우리 동(洞)에 이민자가 거주하는 것에 찬성한다.	O	O	×	×
이웃 동네에 이민자가 거주하는 것에 찬성한다.	O	×	×	×
우리 동네에 이민자가 거주하는 것에 찬성한다.	×	×	×	×

A 응답자의 경우 이웃동네까지 이민자 거주에 찬성하므로 그보다 약한 지역 범위인 동(洞), 구(區), 시(市) 이민자 거주에 찬성한다. 반대로 D 응답자의 경우 구(區)에서 이민자가 거주하는 것을 반대하여 그보다 강한 지역 범위인 동(洞), 이웃, 우리 동네에 이민자 거주를 반대한다.

3 어의차별 척도(의미분화 척도, semantic differential scale)

(1) 측정하고자 하는 개념에 대하여 다양한 평가를 확보하고, 각각의 평가에 대하여 상반된 형용사적 표현을 양방향 끝에 배열하여 응답자로 하여금 해당 항목별로 평가하도록 하는 방법이다.

(2) 평가 대상이 되는 현상이나 사물과 같은 특정 개념에 포함된 의미를 파악하기 위해 하나의 개념을 주고 몇 개의 분화된 차원에서의 개념을 평가하도록 하는 척도로, 구성과 주관적인 개념 측정이 용이하다.

어의차별 척도의 예 : 정책 이미지 조사

A 기업에 대한 이미지에 대하여 선택하시오.							
적극적임	☐	☐	☐	☐	☐	☐	소극적임
현대적임	☐	☐	☐	☐	☐	☐	전통적임
공정함	☐	☐	☐	☐	☐	☐	불공정함
단순함	☐	☐	☐	☐	☐	☐	복잡함
신속함	☐	☐	☐	☐	☐	☐	느림

03 설문지 작성 예제

[예제 1] 다음과 같은 목적을 가진 조사를 실시하고자 한다.

(연구목적)
1. 선행학습의 정보획득 경로 파악
2. 주요 선행학습 수행 과목 및 현황 파악
3. 선행학습이 학생들의 학습의욕에 영향을 주는 정도 파악

문제를 파악하기 위하여 다음과 같은 설문지를 일부 작성하였다.

설문지의 예

〈안내문〉

안녕하십니까?
　바쁘신 가운데 본 조사에 응해 주셔서 진심으로 감사드립니다. 저희 연구진은 학생들의 선행학습이 교육현장에서 미치는 영향을 연구하기 위하여 설문조사를 실시하고 있습니다. 귀하의 솔직한 응답은 본 연구의 귀중한 자료가 될 것이며, 귀하께서 작성하시는 모든 응답은 통계적으로 처리되어 학문적인 목적 이외에는 사용되지 않을 것입니다.
　귀하의 의견은 본 연구에 큰 도움이 될 것이므로 바쁘시더라도 부디 한 문항도 빠뜨리지 마시고 응답해 주시면 대단히 감사 하겠습니다.
　설문 작성에 소중한 시간을 할애해 주신 점 다시 한 번 감사 드립니다.

20XX년 XX월　OO대학교 연구책임자 OOO

〈설문지〉

01 귀하의 성별은 무엇입니까?

① 남　　　　　　　　② 여

02 귀하가 사는 지역은 어디입니까?

① 서울특별시　② 부산광역시　③ 인천광역시　④ 대전광역시　⑤ 광주광역시
⑥ 대구광역시　⑦ 울산광역시　⑧ 세종특별자치시　⑨ 경기도　⑩ 강원도　⑪ 충청북도
⑫ 충청남도　⑬ 경상북도　⑭ 경상남도　⑮ 전라북도　⑯ 전라남도　⑰ 제주도

03 선행학습을 위한 관련 정보를 주로 어디에서 얻었습니까?

① 주변 학부모　　　　② 언론(신문, 방송) 및 인터넷
③ 전단지　　　　　　④ 학교 선생님
⑤ 자녀 친구　　　　　⑥ 학원 관계자
⑦ 기타 (　　　　　　　　　　)

04 주로 선행학습을 실시하는 과목은 무엇입니까?

① 국어　② 수학　③ 영어　④ 과학　⑤ 사회　⑥ 그 외 과목

작성된 문항 이외에 추가문항들을 요구사항에 맞게 작성하여 설문지를 완성하시오.

① 찬반형 문항 작성 : 응답자가 다음 학기에 선행학습을 실시할지 파악하고자 한다. 다음 학기 선행학습 실시 여부에 대한 문항을 작성하시오.

05

답안 예제

05 교육프로그램 내용은 원하는 내용을 충분히 포함하고 있었다.
　　① 예　　　　　　　　② 아니다

[해설] 응답자가 응답을 쉽게 하기 위하여 예/아니오, 또는 찬/반으로 문항을 작성하는 것이 좋다. 문항은 응답자가 확실한 응답을 할 수 있도록 불필요한 용어를 사용하지 않는다.

② 폐쇄형 문항 작성 : 주로 선행학습을 실시하는 과목에 대한 사교육비를 조사하고자 한다. 폐쇄형 문항으로 7개 항목이 되도록 작성하되, 최대 30만 원까지 일정한 단위로 사교육비의 구간을 나누고 30만 원 이상인 경우 별도의 항목으로 분류하도록 한다. 또한, 30만 원 이상인 경우 정확한 사교육비를 조사할 수 있도록 추가 문항을 개방형으로 작성하시오.

06 주로 선행학습을 실시하는 과목의 사교육비는 얼마입니까?
　　①　　　　　　　　②
　　③　　　　　　　　④
　　⑤　　　　　　　　⑥
　　⑦

06-1

답안 예제

06 주로 선행학습을 실시하는 과목의 사교육비는 얼마입니까?
　　① 5만 원 미만　　　　　　② 5만 원 이상~10만 원 미만
　　③ 10만 원 이상~15만 원 미만　④ 15만 원 이상~20만 원 미만
　　⑤ 20만 원 이상~25만 원 미만　⑥ 25만 원 이상~30만 원 미만
　　⑦ 30만 원 이상

06-1 (문제06에서 ⑦ 30만 원 이상 응답한 경우 작성) 주로 선행학습을 실시하는 과목의 사교육비가 30만 원 이상인 경우, 얼마를 지출하고 있습니까?

　　　　　　　　　　　　　　　　　　　　(　　　　　)

[해설] 문제06에서 조건에서 30만 원 이상인 경우는 별도의 항목으로 분류하도록 하였으므로 ⑦번 항목은 30만 원 이상으로 분류한다. 그리고 ①~⑥항목은 동일한 구간으로 나누어 5만 원 단위로 나누어 문항을 작성한다. 이때 연속형 변수인 비용의 정확한 구간을 나누기 위하여 미만과 이상을 적절하게 사용하여 응답자의 혼란을 방지하여야 한다.

문 6-1을 작성할 때는 조건에서 명시하였듯이 문6에서 ⑦항목을 응답한 사람들만 작성하도록 조건을 명시해야 한다. 특정 조건을 만족하는 응답자들만 응답을 할 수 있도록 명확한 조건을 명시해야 한다.

③ 리커드 문항 작성 : 주변 학생들이 선행학습을 하였을 때, 교과시간에 학습의욕이 저하되는지 파악하고자 한다. 학습의욕 저하 정도를 파악하기 위하여 5점의 리커드 척도(평정척도)를 이용하여 문항을 작성하시오.

07

답안 예제

07 수강하고 있는 수업의 선행학습을 실시하였을 때, 수업시간 동안 수업내용에 대한 학습의욕은 어떻습니까?
① 학습의욕이 매우 없어졌다.　② 학습의욕이 약간 없어졌다.
③ 보통이다.　④ 학습의욕이 약간 생겼다.
⑤ 학습의욕이 매우 생겼다.

[해설] 응답항목은 중립적인 견해를 기준으로 서로 대칭이 되도록 하며 5점 척도로 작성하는 경우 가운데 항목은 **중립(보통)**의 의견이 반영되도록 문항을 작성한다.

[예제 2] 다음과 같은 목적을 가진 조사를 실시하고자 한다.

> (연구목적)
> 1. 원자력 발전에 대한 선호도
> 2. 원자력 발전소에 대한 인지
> 3. 원자력 발전소 설립에 대한 거리감

문제를 파악하기 위하여 다음과 같은 설문지를 일부 작성하였다.

설문지의 예

〈안내문〉

안녕하십니까?
　바쁘신 가운데 본 조사에 응해 주셔서 진심으로 감사드립니다. 저희 연구진은 최근 이슈가 되고 있는 원자력 발전과 관련하여 설문조사를 실시하고 있습니다. 귀하의 솔직한 응답은 본 연구의 귀중한 자료가 될 것이며, 귀하께서 작성하시는 모든 응답은 통계적으로 처리되며 개인정보가 보호됩니다.
　귀하의 의견은 본 연구에 큰 도움이 될 것이므로 바쁘시더라도 부디 한 문항도 빠뜨리지 마시고 응답해 주시면 대단히 감사 하겠습니다.
　설문 작성에 소중한 시간을 할애해 주신 점 다시 한 번 감사드립니다.

20XX년 X월　OOO리서치 연구소

〈설문지〉

01 귀하의 성별은 선택하여 주십시오.
　① 남　　　　　　　　　② 여

02 귀하가 살고 있는 지역을 선택하여 주십시오.
　① 서울특별시　② 부산광역시　③ 인천광역시　④ 대전광역시　⑤ 광주광역시
　⑥ 대구광역시　⑦ 울산광역시　⑧ 세종특별시　⑨ 경기도　⑩ 강원도　⑪ 충청북도
　⑫ 충청남도　⑬ 경상북도　⑭ 경상남도　⑮ 전라북도　⑯ 전라남도　⑰ 제주도

03 귀하가 월평균 소득은 선택하여 주십시오.
　① 200만 원 미만　　　　　　② 200만 원 이상~300만 원 미만
　③ 300만 원 이상~400만 원 미만　④ 400만 원 이상~500만 원 미만
　⑤ 500만 원 이상~600만 원 미만　⑥ 600만 원 이상

작성된 문항 이외에 추가문항들을 요구사항에 맞게 작성하여 설문지를 완성하시오.

① 폐쇄형 문항 작성 : 응답자의 연령을 조사하고자 한다. 이를 위한 폐쇄형 문항을 작성하시오.

04

답안 예제

04 귀하의 연령대를 선택하여 주십시오.
　　① 20세 미만　　　　　　② 20세 이상~30세 미만
　　③ 30세 이상~40세 미만　④ 40세 이상~50세 미만
　　⑤ 50세 이상~60세 미만　⑥ 60세 이상

[해설] 문제04에서 응답자의 연령을 폐쇄형 문항으로 작성하기 위해서 응답 가능한 연령대를 구분하여야 한다. 본 예제에서는 20대부터 60세까지는 10세 단위로 구분하고 20세 미만과 60세 이상을 별도의 항목으로 나누어 문항을 작성하였다.

② 리커드 척도 작성 : 원자력 발전 방식에 대한 선호도를 조사하고자 한다. 이를 파악하기 위하여 7점의 리커드 척도(평정 척도)를 이용하여 문항을 작성하시오.

05

답안 예제

05 원자력 발전에 대하여 얼마나 찬성하십니까?
　　① 매우 반대　② 반대　③ 약간 찬성　④ 보통　⑤ 약간 찬성　⑥ 찬성　⑦ 매우 찬성

[해설] 응답항목은 중립적인 견해를 기준으로 서로 대칭이 되도록 하며 5점 척도로 작성하는 경우 가운데 항목은 **중립(보통)**의 의견이 반영되도록 문항을 작성하였다.

③ 어의분화 척도 작성 : 원자력 발전소에 사람들의 인지를 조사하고자 한다. 어의분화 척도를 이용하여 위험성을 조사하는 문항을 작성하시오.

06

> 답안 예제

06 원자력 발전에 대한 이미지에 대하여 선택하여 주시기 바랍니다.

A 기업에 대한 이미지에 대하여 선택하시오.							
신뢰함	☐	☐	☐	☐	☐	☐	신뢰 못 함
안정적임	☐	☐	☐	☐	☐	☐	불안함
편안함	☐	☐	☐	☐	☐	☐	두려움
안전함	☐	☐	☐	☐	☐	☐	위험함

[해설] 어의분화 척도로 문항을 작성하기 위하여 조사하고자 하는 개념을 반영할 수 있는 형용사를 양극단에 배치한다. 이때 하나의 개념에 대하여 여러 가지 차원에서 이 개념을 평가할 수 있는 형용사를 적절히 배치하여야 한다.

④ 거트만 척도 작성 : 원자력 발전소 설립 장소에 대한 지를 조사하고자 한다. 거트만 척도를 이용하여 원자력 발전소 건립 가능한 범위에 대하여 문항을 작성하시오.

07

> 답안 예제

07 원자력 발전소를 다음 장소에 건립하는 데 찬성하시면 괄호 안에 ○, 반대하시면 X를 기입하여 주십시오.
  ① 거주지로부터 300km 내 발전소 건립에 찬성한다.   (   )
  ② 거주지로부터 200km 내 발전소 건립에 찬성한다.   (   )
  ③ 거주지로부터 100km 내 발전소 건립에 찬성한다.   (   )
  ④ 거주지로부터 50km 내 발전소 건립에 찬성한다.   (   )
  ⑤ 거주지로부터 10km 내 발전소 건립에 찬성한다.   (   )

[해설] 응답항목은 거리가 먼 곳(또는 가까운 곳)을 기준으로 점차 가까운 거리(또는 먼 거리)를 제시하는 형태로 작성한다. 조사하고자 하는 내용에 따라서 문항 내용은 거리가 될 수도 특정한 지역이나 공동체의 크기가 될 수도 있다.

참고문헌

김동욱, 『통계학원론』, 박영사, 2015
남궁평, 『표본조사설계와 분석』, 탐진, 2007
박성현, 김종욱, 『현대실험계획법』, 민영사, 2015
홍종선, 『SAS와 통계자료분석』, 탐진, 2012
R.A. Johnson 외, 『Applied Multivariate statistical Analysis』, PearsonGroup, 2002
박성현 외, 『실험계획법의 이해』, 민영사, 2005
이재원 외, 『생명과학연구를 위한 통계적 방법』, 자유아카데미, 2007
소정현, 『Win 사회조사분석사 2급 SPSS 2차 실기』, 시대고시, 2016
사경환 외, 『사경환 바른통계 사회조사분석사 2급 실기 작업형 핵심자료집』, 서원각, 2015
이종환, 『조사방법론 및 SPSS 통계분석: 사회조사분석사 2급실기대비(제2판)』, 공동체, 2010
박훈 외, 『사회조사분석사 2급 필기 한권으로 올인하기』, 정훈사, 2017
이기성, 『한글 SPSS 통계자료분석』, 자유아카데미, 2012
데이타솔루션, 『SPSS Statistics 기술통계와 상관분석』, 데이타솔루션, 2013
D.C. Montgomery 외, 『Introduction to Linear Regression Analysis』, Wiley, 2006